東南民族研究

第二集

蒋炳钊 著

厦门大学出版社
XIAMEN UNIVERSITY PRESS

国家一级出版社
全国百佳图书出版单位

序　言

　　1958年,我的导师林惠祥教授因病英年早逝,致使我中断研究生的学习生活,于1959年提前分配在他创办的厦门大学人类博物馆工作。该馆曾为我校历史系学生开设考古民族专门化课程。林先生生前曾说过:由于我们学校的地理位置决定了我们研究的重点和方向,应以福建为重点,面向东南区(包括台湾)和东南亚。为秉承林师的遗愿,馆内几位研究人员,有的侧重于考古专业,我选择了民族学方面。这是因为早在1958年,我曾参加全国少数民族社会历史调查,加入福建组工作,开始对畲族的调查研究,前后历时约一年。这是我第一次接触到的少数民族。在调查组告一段落之后,便有计划地继续在福建以及浙江等畲区进行调查研究,开始写出一些研究心得文章,并出版《畲族史稿》一书。可以说我的民族研究是从畲族开始,以后可逐步扩展开来。

　　改革开放以来,学术研究也迎来了阵阵春风。1980年,在民族学界前辈的倡议下,成立了“中国百越民族史研究会”,并在我校召开首次学术会议,我荣幸地又被推选为学会主要负责人,从秘书长直至会长。在我的任内曾先后主持召开过十届学术会议,会后都出版论文集,在民族学界颇得好评。对于"百越"的研究，工作的职责是一种推动，迫使我不得转向，多投入一些精力去挑起这一担子。通过实际的工作也悟出了研究当代少数民族离不开对当地古代民族的了解。

1990 年，在香港中文大学召开"首届中国客家学国际大会"，并成立"中国客家学学会"。之后，在福建、广东和江西也相继成立各种研究会，召开各种学术会议，出版杂志刊物，形成一股"客家热"。客家最早是形成于闽、粤、赣三省交界地区内，该地区早是畲族的聚居区，于是客家的形成与当代土著畲族关系如何？在客家研究的热潮中，我这个不是客家人的门外汉，也就情不自禁地被卷入，参加到这一研究行列中来。

正因为如此，1992 年应台湾"中研院"民族研究所之邀，首次访问台湾。1994 年，又应邀再渡台湾，并作两个月的短期访问。从而与台湾同行的沟通与合作得到进一步的加深。

随着研究的逐步深入，我们进一步了解到，福建除了畲族外，还有回族，虽然人数不多，且已汉化，可是他们在历史上具有重要的地位。还有蛋民，俗称水上居民，还有惠东的长住娘家以及惠东女的特殊娘俗和奇异的服饰，她们是否少数民族等问题，特别是福建历史上是闽越族住居地，而今汉族又成为主体民族，其发展变化又是如何？这些又都是人们想了解的问题。

从实践中感悟到，民族研究的视野，必须不断拓宽，必须研究解决古今民族发展变化的历史脉络。这是我从事民族研究工作 30 多年的回顾与体会。

　　1995 年退休后,在同行的鼓励和厦门大学出版社的支持下,从研究成果中选出 27 篇论文结集出版《东南民族研究》一书,已于 2002 年由厦门大学出版社出版。书中附有 20 幅作者学术活动的彩照。特别幸荣的是台湾"中研院"院士、著名的人类学家李亦园教授为拙作作序,指出该书出版"确是人类学界值得庆幸的事",予以鼓励。吴春明、王公明先生还为本书写了一篇《东南民族研究半世纪》的书评,指出"品读《研究》各篇不难发现,蒋光生秉承了其导师林惠祥教授的学术传统,运用民族学、历史学、考古学与文化人类学相结合的方法治理东南民族,内容涉及古代百越民族和当代畲族、回族、蛋民、东南汉民族及客家等族群文化,几乎涵盖了建国以来学术界在东南民族研究上的所有领域,不愧为我国东南民族研究半世纪的缩影。"同行们的鼓励给予了力量,自己也感到在这个领域内仍有诸多问题需要继续努力探讨。于是在退休后仍穷其力参与有关学术活动,撰写一些学习心得,故此次再选出 30 篇左右论文结集出版,定名为《东南民族研究》第二集,冀望通过该书的出版,唤起同仁更多的关注,把东南民族研究再往前推进,也希望得到更多读者的批评与教正。

蒋炳钊于厦大北村寓所

2011 年 12 月 14 日

目　录

20 世纪百越民族史研究概述

"百越"名称是吴国、越国灭国之后出现的。《吕氏春秋·恃君》篇曰："扬汉之南,百越之际。"《汉书·地理志》注引臣瓒言:"自交趾至会稽七八千里,百越杂处,各有种姓。"是知"百越"不是一个单一民族,它是我国东南和南部地区古代民族的统称。

汉武帝统一南越和闽越之后,百越民族已是一个消亡了的古代民族。史书留下的文献资料不多,只有《史记》、《汉书》几篇《世家》和《列传》。虽然"百越"已成为历史上的民族,但是对于东南地区广大越人的去向,它与现代该地区少数民族关系、百越文化的传承,特别是百越各族的历史就是当地的古代史。因而向来还是引起史家的重视。在近百年来,有不少学者曾作过诸多研究,取得令人注目的成就。

本文拟对 20 世纪百越民族史的研究成果作个简单概述。按年代先后分为新中国成立前百越民族史研究概述、新中国成立后前 30 年(1949—1979)百越民族史研究概况、改革开放 20 年取得丰硕的研究成果和展望 21 世纪四个部分。

一、新中国成立前百越民族史研究概述

百年百越民族史研究，按年代划分正好新中国成立前后各 50 年。1920 年《岭南学报》发表童振藻《牂牁江考》与西南地区越人有些关系，它是所见第一篇研究有关百越民族史的文章。因此新中国成立前实际只能介绍 30 年研究情况。新中国成立前 30 年间发表不少有关百越民族史研究文章，但是发展不平衡。1936 年成立"吴越史地研究会"，它是这时期学术研究上的大事，该会组织做了一些研究工作，出版研究文集。故在这一时期，以吴、越史事研究居多，成果比较突出。现将 30 年主要研究成果简介于下：

（一）专著

1. 吴越史地研究会编《吴越文化论丛》（1937 年）。这是一本论文集，书中收入吴越文化研究论文 24 篇。

2. 罗香林《中夏系统中之百越》（1943 年）。书中列出百越民族支系有：于越、瓯越、闽越、东鳀、扬越、山越、南越、西瓯、骆越、越裳、掸国、腾越、滇越、越嶲、焚国、夜郎、夔越等 17 个，这是第一部较完整系统研究百越历史的专著。书中介绍各支系的历史，并提出百越的文化特征有：文身、使用戉与铜剑、铜鼓、舟楫及水师等。对越族方言也略有探讨。对当代少数民族黎族和僰夷（傣族），认为它是越族的后裔。在百越来源方面，他在《古代越族考上篇》中认为越族不同于华夏族，后来成书的《中夏系统中之百越》则改变观点，认为百越源出中夏系统，越族为夏族之后裔。

（二）中国民族史及其他专著中论述越族

在这类书中主要有吕思勉《中国民族史》（1934 年），林惠祥《中国民族史》（1936 年），徐松石《粤江流域人民史》（1941 年）、《傣族僮族粤族考》和吕振羽《中国民族简史》（1947 年）等。

吕思勉在粤族一章中提出越族的原始居住地"似居中央亚细亚高原,后乃南下,散居于亚洲沿海之地",东抵朝鲜,南至海中入南洋群岛,东北抵日本,更东抵美洲。"自江以南则曰越",其后留川滇者为僚与哀牢。

林惠祥书中有"百越系"和"僰掸系"二章,百越系介绍于越、扬越、瓯越、闽越、南越、骆越和山越,指出百越分布在中国东南及南方,如今之浙江、江西、福建、广东、广西、越南或至安徽、湖南诸省。越族文化特征有断发文身,契臂,食异物,巢居,有不同语言,使舟及水战,善铸青铜剑、铜锌和铜鼓。族源方面,他认为:"越族为华夏以外之异种","《史记》言越王勾践为夏禹之后,此不过越人托古之辞"。并提出黎人和蛋民的来源与越族有关。

僰掸系介绍上古之濮,汉时西南夷的僰掸族(哀牢、滇、昆明夷),元朝之僚,为今日壮族、傣族之先民。

吕振羽认为,中国人种的第二个主要来源是马来人,从其共同的生活习惯、面貌、体质各方面考察,扬越、东瓯、闽越及百越各族都有断发文身等共同的风俗习惯,这与泰国、越南、缅甸、马来人风俗习惯相似,具备马来人种的特征。至于现代的黎、高山、畲族及蛋民,可能是扬越、东瓯、闽越、南越各越的孑遗。

徐松石两本专著论证僮(壮)族为"旧越人",系两广的土著。后来史载所谓俚、僚、乌浒、土人等,都是属于僮族。

(三)论文

根据《百越民族史论集》(1982 年)收录 1920—1949 年发表的有关研究百越的文章有 148 篇目,还有日本学者 12 篇,内容广泛,择其要者并分类简介:

1. 研究我国民族历史联系到越族

梁启超《中华民族之成分》(1923 年),文中提出百越族包括越、瓯越、闽越、南越、山越等,百越还分布于贵州南部、广西、广东西南以及越南、泰国、缅甸,甚至于南洋群岛、南印度的一部。文身断发为百越族人最主要的文化特点。龙灂《中国与安南》(1928年)、郎擎霄《中国南方民族源流考》(1933年)、王辑生《越南史述略》(1933年)、韩振华《越南半岛古史钩沉》(1944年)等文,都认为南方民族与古代越族有历史渊源关系。

2.关于百越民族专题研究

主要有刘芝祥《山越考》(1924年),叶国庆《三国时代山越的分布区域》(1934年),杨向奎《夏本纪·越王勾践世家地理考实》(1934年)和潘蔚《汉初诸国越族考》(1935年)、《汉南海王织考》(1935年)等。叶文提出三国时代山越分布有九郡,跨有今江苏、浙江、安徽、江西等省地,盖占西汉时闽越、南越之旧境。故山越为汉之越。汉高祖十二年立南武侯织为南海王,潘文论证:"织所据地,在今江西东南以迄福建之西南,界于闽越和南越之间。"

3.关于吴越历史文化研究成果

这时期吴越文化研究成果主要集中于《吴越文化论丛》一书,共有24篇论文。其中,卫聚贤研究成果最为突出,提出一些新观点,如在《吴越释名》一文中认为,吴字即鱼字,越即钺,为斧钺之钺,为浙江古民族所发明。吴越原系一个民族,后越人发明钺而独立,故越有超越之意。他在《吴越民族》一文中认为,吴民族不是中原南下民族,而是本地土著民与中原同化的民族;越民族来源也不是夏民族后裔,夏是北方民族,越是南方民族。吴越民族的文化与北方民族不同。《殷民族由江浙迁于河南》和《中国古文化由东南传播于黄河流域》等文的观点也有独特之处,如殷人从何地到河南? 司马迁主张是陕西,王静安是山东,傅斯年也持山东,他从殷人文化等10个方面论述殷人系"自江浙往山东至河北,南下至河南"。又应用考古器物与资料加以比较论证,中国古文化由东南传播于黄河流域。

利用地下出土的资料研究吴越文化,在研究方法上是一大突破。主要有:施昕更《杭县第二区远古文化遗址试掘简报》、慎微之《湖州钱山漾石器之发现与中国文化之起源》、卫聚贤《浙江石器年代的讨论》等。慎文曾根据钱山漾石器的发现,推论中国之文化起源于东南之说。此外,罗香林《古代越族文化》、陆树枬《吴越民族文身考》、苏铁《吴越文化之探查》等,列举吴越文化特征并加以阐述。还有一些专论,如何天行《仲雍之国》、吕思勉《越之姓》、卫聚贤《吴越考古汇志》(1940 年)、齐宣《西施考》(1940年)、殷廛《吴史疑义举例》(1943 年)、卫聚贤《范蠡事迹考》(1943年)、《中国东南沿海古文化遗迹之探讨》(1943 年)、王淑民《鸱夷子不是范蠡》(1948 年)等,对吴越历史人物进行考证和史迹的追寻。

4. 关于闽越历史文化研究

主要有胡适之、顾颉刚《论闽中文化》(1923 年),吴高梓《研究福建民族的范围和方法》(1932 年),田剑光《福建人种的由来及初期文化之发展》(1932 年),叶国庆《古闽地考》(1934 年),郭毓麟《福建之民族与地势》(1935 年),劳干《汉晋闽中建置考》(1935 年),叶国庆《冶不在今福州市辨》(1936 年),王新民《越王勾践子孙移民考》(1944 年),陈文涛《闽人蛇种及福建非闽之辨证》(1944 年),林惠祥《福建民族之由来》(1946 年),谢道芬《闽北越王遗迹考》(1948 年)等。概其内容主要有:关于闽越族来源,有赞同司马迁观点,认为越王无诸为勾践之后裔,越被楚并后,于越君长被迫南迁,闽越即是越国南迁的遗族。《周礼·职方氏》出现"闽"和"七闽"记载。关于"闽"的地望,叶文认为:"谓闽先以指浙江南部,后拓地至福建北部,其终遂遍及全福建。"《史记·东越列传》记载:"汉五年,复立无诸为闽越王,王闽中故地,都东冶。"《汉书》作"都冶"。关于"冶"及"冶都"地点的争议,劳文谓闽越都冶,即东部侯官,在今福州。闽越立国先在海岸,后暨山地,其后拓地日广,渐及今之八闽。叶文从闽地望之观察,冶不得更名为东部侯官,泉山不在今福州,章安故冶说可信等方面考证,认为

《续汉书·郡国志》"章安故冶,闽越地,光武更名"的记载是可信的,故冶不可能在福州,应在浙江南部。关于福建古代民族,大都学者均主张为越族。林文还指出在东晋以前福建均为闽越所居,汉族人迁后越人开始与汉族同化,成为汉族四大来源之一。中国东南部的越人均如此。

5. 关于两广地区古代民族的研究

两广地区古代民族为越人,这在《史记》、《汉书》中已有载述。可是随着研究的深入,对广东土著民族又有一些新观点,主要有越族、壮族和黎族三种。罗香林《广东通志民族略族系篇》(1933年)持越族说,并提出越族来源于苗蛮。他说:"广东一省原为苗民丛集之地,大约荆楚的三苗族……当嬴秦之时,已多徙入于云、贵、桂、粤各地","楚人灭越,越人逃之南服,居址定后,遂挟其较高文化,部勒土著,自为君长,以是而百粤的苗蛮和摆夷始与越族人互相混化"。

徐松石《粤江流域人民史》持僮(壮)族说。他说:"古代两粤大河流的土著都是僮人,只有粤省极东部分,今潮汕地方,少有僮人罢了。""至迟在周朝初年,僮人已经布满了两粤流域。所谓百越,所谓骆越、所谓路人,所谓俚僚,所谓乌浒,所谓土人,都是僮类。"

谭其骧《粤东初民考》(1932年)则持黎族说。他说:"古代粤东境内居民属于何种类,自来说者不一,有以为越族者,有以为蛋族者,有以为瑶族者,细案之则臆度之谈。由余考之,有史以来最先定居于粤东境内者,实为今日僻处于海南岛之黎族。汉唐时称为'里'或'俚'者是也。"

据史书记载,僮族名称最早见于南宋范成大《桂海虞衡志》。黎族名称最早见于《新唐书·杜佑传》。《太平寰宇记》、《桂海虞衡志》、《岭外代答》和《诸蕃志》等宋代文献都以黎代替俚、僚名称,用来专指今海南岛黎族。由此可知,僮族、黎族不是广东的土著,它们应是越人的后裔。今人学者多主此说。

6.西南地区越族研究

专论西南地区越人文章不多见,大都是从西南民族、历史地理研究去追溯古代越族的。如童振藻《牂牁江考》(1920 年);杨成志《西南民族研究》(1932 年);朱希明《中国西南民族由来考》(1933 年);郑啸痒《西南边疆民族之来源及其现状》(1937 年);罗香林《南诏种属考》(1941 年),《僰夷种属考》(1943 年),都有涉及西南各民族来源中与古代越族的关系。此外,江应樑《云南西部僰夷民族社会生活》(1938 年)、朱希祖《云南濮族考》(1939 年)、方周喻《僰人与白子》(1939 年)、岑家梧《西南种族研究之回顾与前瞻》(1940 年)等,是专论西南的濮人的历史,濮与越的关系早已引起学者的关注。

7.现代少数民族与古代的越族关系的研究

主要是论证黎族、畬族和历史上蛋民来源于越族。如罗香林《唐代蛋族考上篇》(1933 年)、《海南黎人源出越族考》(1939 年),刘咸《海南黎族起源之初步探讨》(1940 年)和傅衣凌《福建畬姓考》(1944 年)等。除了文献上的考证外,有的还深入实地调查,刘文即是其中之一。他从历史资料、体质和文化特征结合实地考察,认为汉代赵佗所建立的南粤国,其民族由今证之,大部分为黎族。历相三王丞相吕嘉,实为黎族的酋豪,后兵败率族遁入海洲,即海南岛,为黎族由大陆迁入海南的明文记载之始,可见吕氏族属可稽为黎族之祖先。

二、新中国成立后 30 年(1949—1979)
百越民族史研究概况

新中国建立后,百业待兴,政治经济文化和学术研究等方面都有良好的开端。但是由于种种原因,特别是十年"文化大革命"的破坏,因此在这30年间百越民族史研究未能得到应有的发展。从发表的有关研究著作可以看出,大陆学者发表不多,而在中国台湾、香港和越南、日本的学者则有研究成果,兹介绍如下:

(一)专著

1. 罗香林《百越源流与文化》(1955年),台湾出版。内容有《越族源出于夏民族考》、《古代百越分布考》、《古代越族方言考》、《古代越族文化考》、《蜑民源流考》、《马来人与古代越族关系》等九篇。大部分文章在他的《中夏系统中之百越》一书中已发表过,只是再增加一些新资料,学术观点仍坚持百越出自华夏族。

2. 徐松石《东南亚民族的中国血缘》(1954年),香港出版。主要论证东南亚马来族祖先出自中国的越族。马来人自浙江、福建迁去约在楚杀无疆之时,大批乘船出海,漂洋过海到苏门答腊,逼走当地的波利尼西亚人,又征服了当地的小黑人,吸收了他们的血素,遂形成一个棕色的马来民族。

(二)论文

1. 有关百越民族研究

主要有傅乐成《孙吴与山越之开发》(1951年)、凌纯声《南洋土著与中国古代百越民族》(1954年)、高亚伟《孙吴开辟蛮越考》(1953年)、陈荆和《华夷译语中越族部分之研究安南译语考释》(1953年)、施之勉《南海八郡境》(1953年)、萧璠《秦汉时期对南方的经营》(1973年)等。这些都是台湾学者,其文章大都研究秦汉以后历代王朝对越人地区的开发及南洋土著民族与古代百越民族的关系。

据《百越民族史论集》附录一,越南《历史研究》(1966年7月—1978年8月)共刊登有关越族的研究文章64篇。如文新《越族形成和发展过程》、阮廷科《试谈越人人种之特点》、阮春邻《古代史书中的二征女起义》等。日本学者从1951年至1975年发表17篇研究越族的文章,如何原正博《秦始皇帝的岭南经略》、后藤均平《古代中国文明と越族》、白鸟芳郎《华南土著住民の种族こ民族分类とらの史的背景》、町田章《汉代南越国墓葬考》、市川健二郎《古代吴越的文化》等。外国人的研究文章均未见其译文。

关于越族来源，郭沫若主编《中国史稿》（1976 年）认为，越国是由夏人、楚人和当地人民融合而建立的。徐仲舒《夏史初曙》（1979 年）提出，夏被商灭后，其后裔有二支往南北迁徙，"一部分北迁为匈奴"，"一部分则南迁江南为越族"。

2. 考古资料研究联系百越民族史

早在 1938 年"远东史学家第三次大会"上，林惠祥宣读《福建武平新石器时代遗址》就提出几何印纹陶和有段石锛是我国东南古代文化的显著特征。后来他在研究龙岩（1951 年）、闽侯（1954 年）、台湾（1955 年）、长汀（1957 年）等新石器时代论文中，这个观点得到进一步发挥，并认为是越族先民的遗物。1958 年他又发表了《中国东南新石器文化特征之一——有段石锛》专论。1959 年，他的学生吕荣芳又写出《中国东南新石器文化特征之一——印纹陶》。朱江《关于江苏南部新石器时代陶器性质问题》（1957 年）、尹焕章《关于东南地区几何印纹陶》（1958 年）、梁钊韬《我国东南沿海新石器时代的分布和年代的探讨》（1959 年）、饶惠元《也谈印纹陶的几个问题》（1960 年）、蒋缵初《我国东南亚地区原始文化的分布》（1961）等，还有江、浙、粤、闽等有关考古报告中，都有相同的观点。1978 年在江西庐山召开"江南地区印纹陶问题学术讨论会"，与会专家普遍认为，印纹陶文化产生于新石器时代晚期，发展相当于中原的商周，衰落于战国秦汉。并认为它是百越民族发明与创造，是百越民族文化的重要特征。这次会议的成功召开，除了纠正以前把印纹陶文化都看成是新石器时代文化遗存的错误观点外，还为民族史研究者探讨百越各族的来源提供了理论上、方法上和实物上的依据。

3. 关于吴越历史文化研究

这时期吴越文化研究主要有下面几个方面：

（1）吴越青铜剑的出土与研究。如1959年在安徽淮南蔡家岗出土的"攻敔太子姑发剑"、"吴王诸樊剑"、"越王者旨于赐剑"。1964年山西原平峙峪出土的"吴王光（阖庐）剑"。1965年湖北江陵腾店出土的"越王州句（越王翁）剑"和江陵望山一号墓出土的"邵（越）王鸠浅（句践）自乍（作）鐱（剑）"。1976年湖北襄阳蔡坡和河南辉县琉璃阁出土的"吴王夫差剑"。1977年湖南盖阳赫山庙出土的"越王州勾剑"。通过这些文物研究，反映春秋战国时期吴、越两国青铜冶铸技术及其文化成就。

（2）关于历史人物研究。灵吟《西施遗迹和她的传说》（1957年）、彭庆旨《范蠡的生意经随笔》（1962年）、赵捷民《计然即文种》（1962年）、吕式毅《略读吴王夫差（随笔）》（1962年）、吴颐平《范蠡述评》（1972年）等。

（3）关于社会性质讨论。1964年发表叶国庆关于西汉闽越族一文，谈到越国的社会性质尚未进入阶级社会，仍处于原始社会末期的社会历史阶段。1978年蒋炳钊《关于春秋战国时代越国社会性质之商榷》，认为越国已处于阶级社会。

此外，还有李鉴昭《江苏无锡县古阖闾城的调查》（1958年）、绍兴文管会《浙江绍兴富盛的战国窑址》（1979年）等一些史迹的考述。

4. 关于闽越研究

（1）关于闽越族史研究。凌纯声《古代闽越人与台湾土著族》（1952年），他从《临海水土志》所记载夷州的方位和习俗，证明三国时代的夷州和隋代的流求及现在的台湾都是相符合的。夷州与东越有密切关系。叶国庆、辛土成《西汉闽越族的居住地和社会结构初探》（1963年），考证闽、瓯、冶、东冶和泉山的地望均在浙南，认为西汉时闽越社会尚未进入阶级社会的历史阶段。陈可畏《东越、山越的来源和发展》(1964 年)，认为东越是越国南迁的遗族。庄锦清、林华东《福建南安大盈出土青铜器》(1977 年)，俞越人《福建省南安县发现青铜器和福建的青铜时代》(1978 年)，认为这批春秋战国时期青铜器具有地方特色，为闽越人所铸造。吴绵吉《试论昙石山遗址的文化性质及其文化命名》(1979 年)，认为昙山石文化遗址晚期和早、中期是分属两种不同的文化，晚期已进入青铜时代。这些文章提供了闽越族来源于当地土著民的证据。

　　(2)崇安汉城。1959 年在福建崇安县城村发现一座汉代城址，并进行试掘。福建文管会《福建崇安城村汉城遗址试掘》(1960 年)，认为该城是闽越王时代。陈直《福建崇安城村汉城遗址的时代推测》(1961 年)，也认为是闽越王时期的宫殿建筑。蒋炳钊《关于福建崇安汉城的性质和时代探讨》(1978 年)，从出土大量铁器进行分析，认为该城址时代为西汉中晚期文化遗存，是汉代一处军事驻所。

　　(3)武夷山船棺。1973 年在崇安武夷山的白岩取下一具船棺，发表了蒋炳钊执笔《福建崇安县架壑船棺调查报告》、《关于福建崇安武夷山的架壑船棺》和辛土成《关于武夷山架壑船棺若干问题》(均为 1978 年)等文。认为它是古代当地民族的一种葬俗，年代有春秋和新石器时代之说，族属有闽越族和武夷族之分。1978 年，福建省博物馆在武夷山观音岩又取下一具完整的棺木，棺呈舟形，有男性骨尸一付，还有一件龟状木盘随葬品。武夷山"地仙之宅"的神仙传说从此被揭开。

　　(4)关于历史上民族研究。陈碧笙《关于福州水上居民的名称来源、特征以及是否少数民族等问题讨论》(1954 年)、韩振华《关于福建水上蛋民(白水郎)的来源》(1954 年)和陈国强《福建的古民族——"木客"试探》(1963 年)等，对于蛋民和"木客"历史来源都认为与古越族有关。

　　5.关于南越的研究

（1）关于两广地区民族的来源。有关缘茵《广东民族的构成及其性质》（1959年）、中大考古组《广东原始社会初探》（1959年）、张光直《华南史前文化史提纲》（1959年）、广东社联《广东历史上是否经过奴隶社会阶段》（1961年）、黄沫沙《开拓岭南的功臣赵佗》（1962年）、徐硕如《试论秦始皇平岭南开灵渠的功过》（1978年）、梁钊韬《西瓯族源初探》（1978年）等。这些文章大都从两广的原始文化联系到南越民族的形成和对一些历史人物的评价。关于西瓯的族源，梁文认为西瓯民族成分包含了古代骆越人、东瓯越人、倭人、楚人和中原人等。

（2）从现代少数民族研究联系到古代越族。梁钊韬《海南岛黎族社会史初步研究》（1955年）、刘介《略论僮族名称在历史上的衍化及僮族的伟大贡献》（1957年）、黄现璠《僮族在广西的历史分布情况》（1957年）、林宝航《我对僮族渊源的一点看法》（1962年）、王天奖《古代僮族社会性质试探》（1962年）等。作者在研究黎族和壮族的历史，均认为它们与古代越族有密切的渊源关系。

6. 西南地区越族研究

尤中《对秦以前西南各族历史源流研究》（1957年）、江应梁《傣族在历史上的地理分布》（1962年）、云南历史所《春秋战国时期云南的居民》（1961年）、杨庭硕《夜郎简论》（1979年）、王燕玉《夜郎沿革考》（1977年）、尤中《汉晋时期"西南夷"中的民族成分》（1979年）等，都涉及云贵地区的越人，认为云南古代居民中有越族的支派。尤文的"西南夷"民族成分中出自百越系统的各族有傣族、鸠族、濮族，他们是近代侗傣语族各兄弟民族的先民。

新中国成立后的30年，对百越民族史研究总的来说缺乏系统性，大陆学者都还没有出版过一本百越民族史专著。但是从研究内容的广度和深度比起解放前进一步深入，涉及面更广。尤为可喜的是大量考古新发现和研究的新成果，拓展研究的思路。同时增进了对百越民族史研究应坚持多学科、综合性研究的重要性的认识。

三、改革开放 20 年取得丰硕的研究成果

改革开放以来,学术研究空前活跃。在这 20 年间,百越民族史研究取得很大的成果,现分述如下:

(一)成立研究会,推动研究的深入与发展

1980 年 6 月在厦门大学成立了中国百越民族史研究会。20 年来先后在厦门、桂林、武汉、通什、西双版纳、鹰潭、杭州、凯里、长沙和龙虎山等地举办十届全国性(国际)百越民族史研讨会。出版了《百越民族史论集》(1982 年)、《百越民族史论丛》(1985 年)、《百越源流研究》(1986 年)、《百越史研究》(1987 年)、《百越史论集》(1989 年)、《百越民族研究》(1990 年)、《国际百越文化研究》(1994 年)、《百越民族史研究文集》(1998 年)、《龙虎山崖墓与百越文化》(2001 年)等论文集,收录了大约 300 篇左右论文。在其他刊物发表的有关百越民族史研究论文,数量也相当多。这些论文大都为本会会员撰写,不但数量多,而且质量较高。

(二)出版多部百越民族史研究专著

20 年来除出版多部会议论文集外,还出版一批百越民族史研究专著。计有:蒙文通遗著《越史丛考》(蒙默整理,1983 年);蒋炳钊、吴绵吉、辛土成著《百越民族文化》(1988 年);陈国强、蒋炳钊、吴绵吉、辛土成著《百越民族史》(1988 年);蒋炳钊编《百越民族史资料选编》(1988 年);董楚平著《吴越文化新探》(1988 年);何光岳著《百越源流史》(1991 年);宋蜀华著《百越》(1991 年);林蔚文《中国百越民族经济史》(1992 年初稿,2003 年出版);陈存洗主编《闽越考古研究》(1993 年);方杰主编《越国文化》(1998 年);杨琮著《闽越国文化》(1998 年);吴春明、林果著《闽越国都

城考古研究》(1998年);吴春明《中国东南土著民族历史与文化的考古学观察》(1999年);吴春明、林果编《冶城历史和福州城市考古》(1999年)等。其中《百越民族史》一书还获得1995年全国高校人文社科优秀成果二等奖。

此外,还有一些与百越民族文化有关的专著,如1981年在四川省珙县召开"悬棺葬学术讨论会",会后出版的论文集(《民族学研究》第四辑,1982年)。彭适凡《中国南方古代印纹陶》(1987年)。福建省考古博物馆学会编《福建华安仙字潭摩崖石刻研究》(1990年)。王胜先著《越族遗俗新探》(1990年)。陈明芳著《中国悬棺葬》(1992年)。上述这些专著都是研究会会员撰写的。这些丰硕成果的取得,一方面反映了百越民族史研究已向纵深发展,改变了过去滞后的研究局面;另一方面展现了一支百越民族研究队伍已经成长起来。

(三)研究成果的综述

改革开放以来,百越民族史研究不但有多部专著,且有大量的研究论文,因数量很多,不可能一一加以介绍,只能就自己所了解的研究情况,择其主要论点,作个简单的综述。

1.关于越的名称及其与闽、濮的关系

(1)"百越"一词始见于战国,而越族名称在商代已出现。大约在商代早期,越族已从"蛮苗"系统中分离出来。商汤时东方有沤深、越沤,南方有沤记载,这些应是居住在我国东南的一部分越族。西周时又有"闽"、"七闽"之名。春秋战国又有勾吴、于越、扬越、干越。汉代又有夷越、大越、内越、闽越、东越、西瓯、骆越、滇越等。商周时代出现的越称,主要指扬越和于越;战国后期出现的"百越",主要指楚败越国之后东南地区的越族。但从各地考古资料和研究来看,百越各族名称出现虽有先后,但它们都有长久发展的历史。

"越"的名称大都认为是由"戉"演变来的,但看法还有一些不同。一说越即钺，为斧钺之钺，为浙江古民族所发明。一说是夏的方国，在今河南嵩县境内的三涂山一带，勾践为少康庶子之后，故其国号称"戉"，仍沿用夏少康中兴以后的国号。一说越古音为wet. wut. wat，是古代南方土著称呼"人"的语音。由于汉人不通越语，故遂以"越"名之。有的解释戉即石斧，"用石戉开垦耕地，开辟荒山小径，成为人行小道，以逾越山林，故戉旁加走，即边开伐山林小道，边向前行走之意"。

"戉"为何物？除了斧钺、石斧之说外，尚有铧、有段石锛、双肩（有肩）斧和扁平穿孔石器等说法。

（2）"越"与"闽"的关系。《周礼》《山海经》出现"闽"、"七闽"之名，因而有的认为"闽"和"越"是两个不同的民族，并举出福建的闽越系由福建的闽族和越国之后南迁的越人组成，故称"闽越"，闽为土著，越为南迁的客族。有的认为闽与越是同一个民族，闽即越。《说文解字》："闽，东南越，蛇种"是也。有的解释为"越本国名，其族为'闽'，后亦用为族称，泛指古东南沿海地区之民族。自越王勾践灭吴称霸之后，'越'名大显于世。战国而后，又有'百越'一词，泛指古东南沿海暨岭南地区及其居民"。

（3）"越"与"濮"的关系。有的主张濮、越是同一族群的不同名称，大概在战国以前称"濮"，战国以后通称"百越"。如有的认为《尚书·牧誓》记载濮人参加武王伐纣的战斗，濮人位于"楚西南"。《史记·楚世家》"镇尔南方夷越之乱"，这个"夷越"正是濮人，故濮人也就是越人。有的还提出"濮"是自称，"越"是被称，故史书上在同一事件中有时称"濮"，有时称"越"，或称"濮越"。有的还引据《左传·昭公九年》记载的"夷越"正是濮人也就是越人。有的还引据《左传·昭公九年》记载的"夷濮"，系指山东临海的濮人，而山东近海而居的民族是莱人，故濮人也是莱人。濮、莱都是原始越人的自称族名。有的认为濮、越是我国古代南方两个不同民族，《尚书·牧誓》所载伐纣的八国，史家注"皆西南夷也"。当时濮人居地"在今湖北枝江县南",后为楚国所并。从文化系统看,濮与越也明显不同,故越(百越)为我国东南和南部地区的古代民族,濮(百濮)是西南的一个主要古代民族。

2.关于百越民族的来源

这是一个最有争论的学术公案,归纳起来主要有三种观点:一是"越为禹后"和"百越同源",起自《史记》、《汉书》。《史记·越王勾践世家》云:"越王勾践,其先禹之苗裔,而夏后帝少康之庶子,封于会稽,以奉守禹之祀。"《东越列传》又曰:"闽越王无诸及越东海王摇者,其先皆勾践之后也。"《汉书·地理志》云:"今之苍梧、郁林、合浦、交趾、九真、南海、日南、皆粤(《汉书》越作粤)分也。其君禹后,帝少康之庶子云。"这一观点在学术界有很大影响,至今还有不少学者认同这一说法,如《越国文化》一书:"自夏帝少康封无余于越,到秦王翦降百越之君,越亡止,越国约存在了近1800年。"认为越国为夏民族的后裔。有的还根据福建武夷山发现最早的船棺(悬棺)葬加以发挥,认为夏后少帝庶子"无余君",后来被写作"武夷君"。因此,越国王室世系与越人部落首领的世系都应从此开始。岭西越人是从岭东迁去的,岭西部落的首领的世系也应追溯到无余君(武夷君)。

二是认为"百越"是一个组合复杂而来源众多的大区域的民族群体。《百越源流史》认为:"越人来源于黄河上中游之西羌,与华夏集团的炎帝族、黄帝族有亲缘关系,其中一支于越于夏禹之后。……距今约有六千年,这些越人有的东迁到鲁豫之交与东夷人接触,并融入了东夷人之成分,也吸收了东夷人的习俗,既崇拜蛇图腾,又崇拜鸟图腾。……越人的一部分在夏商时已加入华夏族,另一些越人则逐渐向长江中下游迁徙,他们既同化了南方的土著部落,又同化了马来人和矮黑人。也有早在新石器时代晚期迁入东南沿海及江南的原始越人,加入了第二批北来的越人集团。以后,不断有北方的部落、方国和越人群体杂居、通婚、融合,到商周时形成了'百越'中的各个不同的支系。"

三是主张百越各族主要系由各地土著民发展形成的。这主要是运用恩格斯"从部落发展为民族"的理论和根据大量考古资料说明,从几十万年前的旧石器时代到四五千年前的新石器时代晚期,在我国东南和南部广大地域遍布了人类活动足迹。一般地说,在新石器时代末期的青铜时代到来之际,在这个地区的原始先民便逐步由原始氏族部落发展为民族,并创造出具有独特风格中的几何印纹陶文化,它被誉为百越民族文化的显著特征。1978 年在庐山举行"江南地区印纹陶学术讨论会",与会考古专家根据各地区印纹陶发现的情况,普遍认为印纹陶产生于新石器时代晚期,发展相当于中原的商周,衰落于战国秦汉。这与百越民族的形成、发展与消亡大致相符合。1981 年李伯谦《我国南方几何印纹陶遗存的分区分期及有关问题》一文,把印纹陶分为宁镇区、太湖区、赣鄱区、湖南区、岭南区、闽台区和粤东闽南区等七个分区。这些分区正与百越各族的分布范围也大体吻合。这就说明越族不是夏族后裔,百越各族主要都是由当地原始先住民发展形成的。

关于司马迁"越为禹后"之说,历来史家也持有不同的意见。《汉书·地理志》注引臣瓒言:"自交趾至会稽七八千里,百越杂处,各有种姓,不得尽云少康之后。"清代梁玉绳《史记志疑》一书,则完全持否定的态度,认为这一说法是"伪撰"、"诞哉"。"越为禹后说"的论据主要是关于禹巡狩会稽和死后葬于会稽的传说而立论。这一传说异疑颇多,史家早已指出,会稽地区当时并不属于夏王朝的统治范围,夏禹怎能到会稽来会诸侯;禹被誉为圣人,圣人死后又怎能随便葬于他国的领域呢?《论衡·书虚》曰:"儒书言:夫言舜、禹实也,言其巡狩,虚也。……舜至苍梧,禹到会稽,非其实也。……禹东治水死于会稽,贤圣家天下,故因葬焉。"东汉时王充已指出禹巡狩会诸侯至会稽不是事实,禹葬会稽之说,则是因为禹为圣人,"圣人以天下为家,不别远近,不殊内外,故遂止葬"

的缘故,不可能有禹葬会稽之说。《史记志疑》亦指出:"禹葬会稽之妄,说在夏记,夏商称帝,说在殷纪,而少康封庶子一节,即缘禹葬会稽于越伪撰。盖六国时有此谈,史公谬取入史,后之著书者,相因成实,史并谓闽越亦禹苗裔,岂不诞哉!"同时他还说:"少康之子无考,《越绝书》《吴越春秋》始言其名无余,《水经注》四十、《通志·氏族略》稽氏注,并以季杼号无余,是后杼之弟。……是知无余:季杼,即从后杼附会耳。"根本不存在夏后帝少康有庶子无余其人。因而封庶子于会稽一事,"以奉守禹之祀"之说就值得怀疑。宋蜀华《百越》一书也指出,帝少康封庶子于会稽一事,"司马迁是根据传闻写下来,所以他在《史记·夏本纪》的篇末,对此事的评述使用'或言'二字,说明他的根据是不牢靠的"。1981 年蒋炳钊《越为禹后说质疑——兼论越族的来源》一文,根据史家对"越为禹后说"的质疑,并从历史上夏、越活动范围不同;从文献记载少康至勾践世系相差近千年;从夏文化与越文化迥然不同,认为越族不是夏民族后裔,勾践非禹苗裔。越族来源主要就是由当地土著民发展形成的。陈桥驿《古代于越研究》、徐恒彬《南越先秦史初探》也论述了于越、南越形成的土著说。《百越民族史》、《百越》两书均持相同的观点。

3. 关于百越民族的分布地域

通过长期的研究,特别是在 20 世纪最后的 20 年努力,对百越各族及其分布区域的认识更清楚些。研究比较多的是勾吴、于越、东瓯、干越、闽越、南海、南越、西瓯、骆越、扬越、滇越以及台湾本岛的山夷。过去很长一段时间,对勾吴的看法不一,《史记·吴太伯世家》:"太伯之奔荆蛮,自号勾吴。荆蛮之义,从而归之千余家,立为吴太伯。"太伯系周太王之子,言下之意勾吴为周族的一支。郭沫若主编《中国史稿》也认为:"吴在先是周族的一支,后来和当地居民融合。"此外还有荆蛮说、吴族说和苗人说三种土著说的不同名称。1936 年成立的"吴越史地研究会",曾有人提出吴越原是一个民族,后为越人发明钺而独立。蒙文通《越史丛考》也认为吴、越同邦共俗,语言相通,吴越是同族。1990 年在浙江杭州举行的"首届国际百越文化学术讨论会"又提出吴、越同族和吴、越是一族两国以及吴文化是由越文化迁徙后形成的各种新的学术见解。因此,对吴、越民族历史有了更深的了解。但从百越民族的一些专著来看,大都学者还是主张吴、越是两个不同的民族,勾吴应列为百越民族之列。关于百越各族分布区域大抵如下:

勾吴领域东至于海,在太湖东南与于越错居,南达新安江上游南岸,西临彭蠡与楚为邻,北与长江为界,与南淮夷隔江相望。其范围大抵相当于现在的苏南、皖南和浙江北部的一部分地区。

于越以浙江绍兴为中心,包括今宁绍平原、杭嘉平原和金衢丘陵地。

干越分布以江西余干(汗)为中心。秦汉时余干县跨有清代的饶州、抚州、广信三府所属 11 县,包括余干、乐平、德兴、安仁、上饶、弋阳、贵溪、广丰、兴安及万年、东乡县的一部分。

东瓯分布于浙江南部瓯江流域一带,即清代温、台、处一带。

闽越主要在福建,北面可能到赣东。有的认为台湾也属闽越区。

南海王国领域,即在今闽粤赣三省交界地区。

南越地域北部到达湖南、江西南部,西部到广西北部,东部达闽越交界,南部抵香港。

西瓯与骆越有的主张是一个民族,有的认为是指两个不同民族,持后一种观点的认为,西瓯活动中心在五岭之南,南越之西,骆越之北,恰当今桂江流域和珠江中游(即浔江流域)一带,相当于秦的桂林郡。有的认为平乐地区和西江中游的中心肇庆一带是南越地盘,西瓯的东界未越过漓江和桂江。骆越分布在南越之西,西瓯之南,即今南宁的邕江及其上游,相当于秦时的象郡,汉代的交趾、九真、珠崖等郡,其活动中心在左江流域至越南的红河三角洲。

有的还提出今茂名、贵县一带是西瓯、骆越的杂居地。

台湾本岛住民为百越的一支。《三国志》和《临海水土志》所载的夷州、夷州人和山夷，即指今日台湾古代民族，就是高山族的祖先。

湖南和湖北东南部越人属扬越。舒之梅指出《国语·郑语》的"芈姓夔越"，应分读"夔"和"越"，"夔"是楚的一支，"越"则是《史记·楚世家》所指的"扬越"。

云贵高贵上越人，《史记》有"滇越"。《华阳国志·蜀志》有"夷越"的记载。据汪宁生研究认为，汉晋时代越人在云贵高原上的分布地区，大致在今云南西部、西南部和北部的金沙江沿岸和贵州乌江以南，云南韵义山、红河、曲靖地区的一部分以及广西左右江流域。分布在这里的越人不是集中居住的，而是与其他族群交错杂居，与东南地区越人聚族而居不同。

4. 吴文化研究成果

1936 年 8 月 30 日在上海成立"吴越史地研究会"，出版《吴越文化论丛》，可谓百越民族史研究最早成立的一个学术研究团体，对吴越文化研究作出了很大的贡献。由于吴越文化政区不同而形成了江苏以吴文化为研究范围，浙江以越文化为研究范围。解放后，江苏对吴文化研究很重视。1954 年宜侯矢簋的发现，引发了研究吴文化的热潮。1961 年，南京博物院院长曾昭燏和尹焕章教授发表《古代江苏历史上的两个问题》，对吴文化研究作了全面详述。后来随着考古文物的大量出土，把吴文化不断引向深入，揭示了先吴文化时期，吴地从三山文化——马家浜文化——崧泽文化——良渚文化——马桥文化的传承关系。1983 年，江苏省成立了"吴文化研究会"，1990 年更名为"吴文化学会"，举办了多次吴文化学术讨论会，取得了很多研究成果。

值得一提的是，1984 年退休教师高燮初先生带领几位退休老人，抱着"造福积德，为后人留下吴文化"的宗旨，在无锡市郊堰桥创建了华夏第一所民办文化园林——吴文化公园。1991 年又在该园内成立"吴学研究所"。在高教授的领导下，已编辑出版《吴文化资源研究与开发》等三套丛书，还有高先生专著《大吴文化研究文集》等。举办学术讨论会，开展国际学术交流，成为吴文化研究基地之一。出版刊物有《吴文化博览》。

5. 关于百越民族文化的研究

这是一个比较热门的课题，文献资料相对多一些，因而研究文章比例最大，归纳起来大体有以下内容。物质文化方面有：水稻种植、经济作物、饮食和居住方式、纺织业、冶铸业、舟楫及交通、建筑业、陶瓷业、玉器、竹器、蔬菜与水果、家禽家畜饲养、狩猎与采集，体现"水行山处"的特点。

百越民族是我国最早培育和种植水稻的民族之一。吴越青铜冶铸技术高超。印纹陶（原始青瓷）为越为所创造。舟楫文化以及纺织业、造船业等，留给后世以深远的影响。手工业技术有很大成就。农业耕作也有不少发明创造，如文献记载的"鸟田"、"象田"、"雏田"等，这是一种自然生态现象的利用，并由此得到启示，创造了"踏耕技术"，推进农耕技术的改革。

精神文化方面有：语言与文字、艺术、音乐、图腾崇拜、占卜、宗教信仰、婚俗、断发文身、凿齿（拔牙）、龙舟竞渡、崖葬等。此外，对于制度文化也有涉及。这些特征具有显明的民族特色。

关于语言文字，这是百越民族史研究中的一个难点，但已经有些突破。扬雄《方言》和《越绝书》曾记载一些越语，如"热"，越人叫"煦煅"，"短"，越语称"短媿"。"越人谓盐曰余"，"越人谓船为须虑"。韦庆隐《试论百越民族的语言》一文，他根据汉刘向《说苑·善说篇》记载《榜枻越人歌》同现在壮语进行比较研究，认为古越语与现代壮语之间很少有差别。李鸣高《侗族民歌与越人歌比较研究》和《论"榜枻越人歌"的民俗》，认为越人歌产生于湖北，同侗语更接近，民俗方面也有共通之处。二者研究成果说明越语与汉语是不同的,越语同现在的壮侗语有密切关系。

百越民族有无文字,从出土吴越青铜剑铭均为"鸟书"、"鸟篆"来看,这与中原同属一个系统。有些摩崖"仙字",还不为人所识。而在一些陶器上则发现一些刻画文字,其中以江西吴城发现最多,唐兰认为:"其中又有一些跟商代文字截然不同,很可能是另一种已经遗失的古文字。"赵峰认为:"可能就是殷代古越国的遗物。"汪宁生认为这是"目前所知的最早文字"。最近谢志民《论"女书"字符构成中反映的稻作文化现象及其与古越人的关系》一文认为:"作为汉文异形字的现代'女书'乃是古越文字的孑遗和演变。"

6. 关于社会性质的研究

这是一个重要课题,1984 年"第四届百越民族史研讨会"曾把社会性质研究作为中心议题。但是这方面研究文章较少。就目前研究情况而言,认为百越各族社会经济发展是不平衡的,就是同一个民族,由于所处地理环境不同,也有差别。平原地区发展较快,偏远山区和海岛相对滞后。

关于越国的社会发展阶段有两种观点:一是认为越国始终未进入阶级社会门槛;一说在春秋战国时期,越国已进入奴隶制时期。至勾践时期,进行一些社会经济改革,开始向封建社会转化;有的认为勾践推行改革并没有触动奴隶制。

闽越的社会结构有三种观点:一是认为西汉时期闽越社会始终未进入阶级社会,处于原始社会末期。二是"先民用金属的青铜刀子割断了原始社会的脐带,进入青铜时代",处于奴隶制社会。福建奴隶社会延续时间比较长,客观原因是地处偏远,交通闭塞,接受外来先进文化受限制;主观原因,西汉闽越国统治者争权夺利,内部长期相互残杀,对外不断与邻国直至与西汉王朝对抗,这给社会发展带来不利的因素。三是主张秦汉时代已处于封建社会,其中也有不同说法,一说秦代已使用铁器。有的从汉城中出土大量铁器和青铜器认为当时闽越"已有高度文化",即进入封建社会;有的认为汉城铁器不是闽越国制造,而是汉统一闽越后由中原引进的,它给福建社会历史发展带来重要变革,即由奴隶制向封建制转化。

南越的社会结构,有的提出继几何印纹陶之后,岭南地区进入青铜器时代,上限达商末西周,下限到战国,战国晚期已经使用铁器。青铜器时代是南越族形成和发展的时代。随着青铜文化的发展时,岭南地区的社会结构发生根本变化,产生了奴隶和奴隶主贵族,进入阶级社会。秦统一后,在岭南设置封建郡县,南越社会开始向封建制转化。有的认为广西地区社会发展较为滞后,没有经过奴隶社会发展阶段,直接向封建社会过渡。还有的指出,秦汉时期南越国奴隶制残余仍相当严重,越王赵眜墓中仍保留人殉制度,宰相吕嘉可谓是奴隶主的代表人物。

在论述百越各族社会经济的发展时,大量运用考古资料论证,并且注意到百越各族与周边民族的文化互动,特别是中原文化和楚文化以及吴越文化的影响和推动。

7. 考古研究新成果,推动百越民族史研究的深入与发展

百越民族史的文献资料极其有限,其研究所以能取得较大的进展,考古的新发现及研究成果起了很大的推动作用。主要有如下几个方面:

(1)几何印纹陶文化的研究成果。过去考古界往往把几何印纹陶当为新石器时代遗物来认识,这必然就把百越各族原始社会的下限推迟到汉代甚至更晚。自1978年在江西庐山召开"印纹陶学术研讨会"后,如今考古界普遍认为印纹陶文化是百越民族创造的,这为研究百越各族来源和社会经济发展提供了一个重要依据。

(2)各种考古实物出土,丰富研究内容。如吴越地区青铜宝剑出土,其精湛的铸作技艺,令人叫绝,说明其青铜铸造业是很发

达的。武夷山悬棺与江西贵溪崖墓出土的西周乃至春秋时期丝棉织品和纺织工具,说明闽越、干越的纺织业水平高。河姆渡出土7000年前的稻谷遗存,说明越人是最早栽培水稻的民族之一。江苏常州圩墩遗址和浙江钱山漾遗址出土的木船桨,绍兴鉴湖区坡培乡和福建连江县发现的独木舟,印证越人"习于水斗,便于用舟",且有着长久的造船技术。还有大量窑址被发现。这些资料是百越手工业发达的佐证。

(3)悬棺葬(崖葬)的发现与研究。自顾野王提到福建武夷山"半崖有悬棺数千",并谓之"地仙之宅"。宋代的朱熹以及历代方志都把这种距地面几十米高悬崖中的崖洞墓当为"神仙葬处"。1978年在武夷山的观音岩取下一具完整的"船棺";1979年在江西贵溪仙岩又清理37具棺木,出土大量文物,尤其是完整的纺织工具,引起考古界的重视。在西南地区和台湾以及中印半岛等地都不断有时代不同的悬棺被发现。1981年在四川珙县召开"悬棺葬学术讨论会"。1999年在鹰潭龙虎山又以这个主题召开"百越民族史第十届研讨会"。经研究,普遍认为这种葬俗流行于我国东南地区,武夷山年代最早(周至春秋),现代台湾红头屿的耶美人还盛行悬棺葬。这种葬俗延续时间很长,最早行此葬俗与百越民族有关。

(4)王陵与宫殿、城址的发现。至目前为止,已发现王陵有广州象岗山的南越王墓和浙江绍兴的兰亭印山越王墓。前者出土大量珍贵文物,后者虽遭到盗掘,但墓室形制特殊,规模很大。

宫殿与城址。吴越两国城址史书均有记载,但经考古者的研究又有一些新发现,1996年冬若耶溪拓宽时发现大批印纹陶和青铜器的遗址和墓葬,因而有的学者主张越国都城在勾践兵败会稽之前是在绍兴城南20公里左右的平阳。吴王阖闾元年筑吴城,亦称吴大城、阖闾大都,经考古工作者的探测,其城址为后世苏州城所掩盖。

南越王宫殿 70 年代在广州中山四路与中山五路交汇处发现一处被认为是宫署的 20 余米走道。90 年代继续发掘,发现一段长约 180 米的大型石渠,被认为是南越皇宫的御花园。南越王国的宫殿位置推定在今儿童公园及其西,即今新大新百货公司一带。

江西清江县吴城商代遗址,出土大量印纹陶、原始瓷器、釉陶器以及铸造青铜器的范上,发现 150 多个刻画在器体上的“文字”。专家认为这是“一种已经遗失的古文字”,与商代文字截然不同,很可能就是当地越人的文化遗存。有的认为也是一处城址。

关于闽越王“冶都”在哪里,这个问题已争论几十年,有闽北说和福州说两种对立观点。这不仅有论文,而且有考古资料。目前说法,福建闽越王城址宫殿已发现有两处。1959 年最早在崇安城村发现一处汉代城址,并进行发掘。80 年代至今仍继续进行发掘与研究。城址规模很大,已基本弄清城址的布局,总面积 48 万平方米,宫殿遗址集中分布在城内中部的高胡坪上。可谓在今城址中发掘时间最长,考古工作做得较细的城址之一。发掘者认为这就是汉代闽越王的“冶都”,也是闽越王宫殿遗址。1998 年福州市政府举办福州市建城 2200 年纪念,即以史载汉五年(前 202年)封无诸为闽越王,都冶。于是认为“冶都”在福州,并以此作为福州建城的始发年代。此因不久前于市新店古城村发掘一处建筑遗址,据说保留一段城墙,认为是一处古城址。同时又在屏山建设工地拾到汉代板瓦、“万岁未央”瓦当和绳纹、菱形纹铺地砖块,于是有的学者认定屏山一带为闽越王宫殿遗址,即闽越王的冶都。要解决这一长期争论不休的学术公案,只有在今后有更多考古资料佐证,特别是寄望于王陵的发现,才能得到解决。关于闽中郡设置问题,意见也很不一致,有的历史地图把闽中郡定位在今福州;有的认为秦兵从未进入福建,闽中郡是虚设的。

8. 百越民族与现代南方少数民族的关系

自汉武帝统一了南越和闽越之后,百越民族在历史上逐渐消失。此后汉人陆续入迁百越民族地区内,特别是封建郡县推行之后,汉文化作为主体文化,有一部分百越族人逐渐被汉族所同化,成为当地汉族的一重要来源。而在偏远的山区和海岛,在唐宋时代又出现一些民族名称,诸如僮、瑶、蛋、蛮僚、鸟浒、俚僚、畲、流求人等。从百越民族史研究的角度,上溯追源,下探裔属。这些新出现的民族,学者大多主张与古代当地越族有密切的渊源关系。

解放后,我国为民族识别进行的广泛的少数民族社会历史调查,获得大量的资料。1981 年以来陆续整理出版全国各少数民族简史简志。从研究所得结论来看,属壮侗语族的壮、侗、水、布依、毛南、黎、傣、高山等族以及蛋民均认为与百越民族有着密切的渊源关系。还有的主张畲族、瑶族也是百越的后裔。百越民族源远流长,其研究还是大有可为的。

9. 百越民族与周边民族的关系

百越民族分布于我国东南部广大地域里,形成了若干支系,彼此之间的关系从来都不是孤立的,同周边民族有长期的文化互动,百越各族之间也常有文化联系。在这方面已发表了很多文章说明是这个问题。

早在 30 年代,有的学者已提出越文化对中原商周文化的影响,如卫聚贤《殷人自江浙迁徙于河南》、《中国古代文化由东南传播于黄河流域》等文,他从浙江古荡出土新石器时代的石戈、矛、钺和陶器,认为这些都是吴越人最早发明的,然后传播到黄河流域,改变了中国文化是由西北传入东南的传统观点。最近有的学者提出东南地区是夏文化的发祥地,如 1994 年陈剩勇《东南地区夏文化的萌生与崛起》一文,引用大量文献和考古资料,认为"东南地区是夏文化的发祥地,中国历史上第一王朝夏朝崛起于东南"。东南指现在的浙江、安徽和江苏,夏文化指的是创建夏王朝的主体民族夏人文化。有的认为这个观点尚需进一步研究。

百越地区江河湖海纵横,有数千里的海岸线,营造了它们海外交通的有利条件,发展与海外各地区的交往,产生积极的影响。首先,文化东传对日本的影响,稻作传入日本,大都主张是从百越民族地区传去。农业考古学家陈文华著文说:"活跃在福建沿海一带的古越族,对日本古代文化的形成,曾起非常重要的作用。"日本大阪民族博物馆原馆长佐佐木高明也指出:"这些居住于沿海附近,使用舟楫,进行渔捞并且有几何印纹陶文化的水田稻作民们,对于横渡东海的栽培型和传播,在很大的程度上一定扮演过重要的角色。"越地的纺织、建筑,金属冶炼、陶器制作等方面也相继传入日本,对日本文化产生很大的影响。

其次,越文化对东南亚(南洋)地区的影响。林惠祥《马来人与中国东南人同源说》、《南洋民族与华南古民族的关系》,凌纯声《南洋土著与中国古代百越民族》都论述华南古民族与马来族的关系,越人的南迁和越文化传播对南洋文化的影响。徐松石《南洋民族的鸟田血统》一文指出:"我们有许多理由可以断定,今日南洋棕色民族的祖先,最主要的部分,发源于中国的东南沿海地带。"

最后,越文化对环太平洋文化的影响。凌纯声《中国边疆民族与环太平洋文化》、张小华《中国与大洋洲、美洲古代交往的探讨》、石钟健《论悬棺葬的起源和越人海外迁徙》等文都有论述。美籍华人杨江《马来—玻利尼西亚与中国南方文化传统的关系》一文认为:"大量的语言、习俗、物质文化方面的考证可以得出这样一个结论,即:越国人的后代与马来—玻利尼西亚文化有悠久的联系。""早在六千年前,马来—玻利尼西亚人的祖先开始从中国的福建省出行进行了长途的迁移运动。他们向南行穿越菲律宾和印度尼西亚,尔后分两个方向迁移,一路向西,到达马达加斯加;另一路向东,到达夏威夷和伊斯特岛。"石兴邦《关于中国新石器时代文化体系问题》认为"多种物证表明,距今六千年夷人和越人就已同美洲和大洋洲有了接触。距今六千年前后属于夷人和越人分布范围内的我国黄淮下游、东部沿海、渤海湾周围以及东南沿海的青莲岗文化系统,与北美洲文化体系基本一致"。

四、展望 21 世纪

20 世纪,特别是最后的 20 年,百越民族史研究取得了令人注目的成就,为我国统一多民族国家的历史作出自己的贡献。但是也应清醒地看到,还有不少问题需要作深入的研究,还存在一些学术观点的争议,需要进一步探讨。同时还必须拓宽视野,开辟研究的新领域,需要付出更大的毅力。为在新的世纪里取得更大的研究成果,除在本世纪研究的基础上,着力解决一些存疑和待决的问题。我想还有三个方面应作深入的研究。

（一）系统研究百越各族的历史并写出专著

研究百越各民族的历史,实际上就是各所在地区古代史,内容涵盖很广。目前虽然有几部百越民族史专著,但大都还是概论性,缺乏系统性。

要解决好这个问题,首先要确定研究对象,也就是说百越它包括了哪些民族。从目前出版的几部专著看,各家写法不一。宋人罗泌《路史》,根据商周以来的文献,最先提出的"百越"中包括 25 个民族:"南越、越裳、骆越、瓯越、越㑩、瓯人、且瓯、供人、海阳、且深、海葵、九菌、稽余、濮句、比带、区吴、扶摧、禽人、苍吾、蛮扬、扬越、桂国、西瓯、捐子、产里,所谓百越也"。这些族称在《史记》、《汉书》中则大都不见了。闽越和东瓯也未被列入百越系。罗香林《中夏系统中之百越》列出 17 个:于越、瓯越、闽越、东鳀、扬越、山越、南越、西瓯、骆越、越裳、掸国、腾越、滇越、越㑩、僰国、夜郎和夔越。《百越民族史》只写勾吴、于越、东瓯、闽越、南越、西瓯、骆越、山夷和山越等九族,云贵高原的夷越和滇越只在分布中论及。《百越源流史》列出于越、东瓯、闽越、干越、扬越、西瓯、骆越、滇

越、越裳、南越、外越(东鲲)、山越、越裳、交趾、儋耳、牂柯、鸟浒、
且兰、伶人、桂人等 20 支。《百越》一书介绍勾吴、于越、东越、山
越、山夷、南越、西瓯、骆越、西南夷、濮族、僚族与鸠僚族、牂柯与夜
郎、滇、滇越、哀牢和掸等 18 支。

百越是一个庞大的民族泛称,分布地区广,民族支系多。由于
它具有古老性、庞大性、分散性、断续性和复杂性的突出特点,在历
史上存在相互混合和迁徙,不同时代出现不同的称谓。因此必须
从发展变化看百越各支系的形成历史,同时也应该研究百越在不
同时代应包括哪些支系。弄清楚研究的对象,恢复其历史面貌,才
可能是完整的百越史。希望不久的将来能有较完整的百越民族史
和百越各族的专门史问世。

(二)越民族文化的传承、发展及流传

汉武帝统一南越和闽越后,百越民族在历史上逐渐消失了,但
是广大的百越族人仍大量存在,他们所创造的优秀文化并没有因
此而消失。在这个问题上,从现代南方一些少数民族的历史追溯
其族源,同古代百越联系起来,已有了很好的开端,取得很大的研
究成果。

秦汉以来,随着封建郡县制在全国推广和汉人大量入迁,民族
关系发生了很大的变化。大部分越人先后被融合于汉族,成为当
地汉族一大来源。但是文化有继承性,越人创造的优秀文化并不
会因民族不同而骤然消失。例如"饭稻羹鱼"还是东南地区人民
生活的特点。"上有天堂,下有苏杭",指出苏杭丝织品的名优特
点。海上丝绸之路的陶瓷外销以及造船业的发达,使唐宋元时海
外交通及其重要港口都在东南地区首先兴起。由此可知,百越族
人所创造的传统文化不但没有消失,而且被继承下来并加以发展。
这方面的研究已开了个好头,但还做得很不够。

(三)百越民族文化对海外的影响

《山海经》曰:"闽在海中"、"瓯在海中"。海洋的神秘,它给

人们传递这样的一个讯息,百越民族有优越的大海资源,从事海上活动,具有航海民族的特征,在中国海洋舞台上扮演了重要的角色。从目前研究资料看,已有一些文章涉及这个领域,百越民族史研究会也曾在两届学术研讨会上以百越民族与海洋文化作为主题。但是,研究还不够深入,这个领域尚有很大的潜力。以上几点,仅是个人的一些想法。

　　要写好这篇文章很不容易,一方面限于自己的水平,另一方面掌握资料也不可能全面,因此缺漏甚至错误之处一定不少,能否达到一篇概述的目的,尚祈望广大读者多加斧正。

（原载《中国民族研究年鉴》,民族出版社 2002 年版）

试论我国东南地区古代的民族名称

先秦时期,创造我国东南地区文化的主人,过去学者一般均认为是越族(百越)。可是在近年来,有些治越史者又提出一些不同的意见:(1)认为"越"本国名,其族为"闽",后亦把越用为族称;(2)福建的土著族是"闽族",汉代的"闽越"系福建土著"闽族"与南来的客族"越族"混合;(3)"越"是被称,越人自称"濮";(4)"百越"与"百濮"是同一民族在不同时代的称呼,战国以前称"濮",战国以后通称"越"。针对以上各家之说,本文也就"闽"、"越"、"濮"诸族的关系,谈一点自己的看法。

一

依史书记载,在我国东南地区的苏、皖、浙、赣、闽和台湾等省,古代居住着一些不同的民族。就各地地下出土的考古资料,新石器时代遗址则遍及各省市的每个角落,而且不同地域文化类型也各不相同,于是可以说史前时代,我国东南地区居住着若干个具有不同血缘关系的原始人群。

原始社会还没有产生民族。关于民族形成的时间,民族学界一般认为产生于原始社会即将解体、阶级和国家即将形成的历史时期。在传说的尧舜禹时代,南方地区民族的先民,被后人划归于苗蛮系统,或称"蛮"和"三苗"。大约在商周时代,已出现有"越"的名称,如《逸周书·伊尹朝献》曰:商汤时,"正东有:符娄、仇州、伊虑、沤深、九夷、十蛮、越沤"。同书《王会解》又云:"东越海蛤,欧人蝉蛇,蝉蛇顺食之美。于越纳,姑妹珍,且瓯文蜃,共人玄贝。"商朝东土的这些族称,其中也包括东南地区,如东越、越沤、欧人、姑妹、且瓯、共人等等。

西周时代,东南地区又有"七闽"和"闽"之称。《周礼》:"职方氏,掌天下之图。以掌天下之地,辨其邦国、都鄙、四夷、八蛮、七闽、九貉、五戎、六狄之人民与其财用。九谷、六畜之要素,周知其利害。"①同书还有"闽隶"记载,它是"掌役畜养鸟……"②关于"闽"的地域,《山海经》的《海内南经》和《海内东经》,分别载有"闽在海中","在闽西北人海"。"闽"所处的地理方位是在东南沿海。《周礼》记载的"七闽"和《山海经》的"闽"所指应该是相同的,它与夷、蛮、貉、戎、狄等名称一样,均是被周王朝列为中原地区以外的少数民族的泛称。至于名称之前所置量词,应该是虚词,含有多数的意思。

周代有"闽"的名称,同时亦有"越"的名称,《竹书纪年》记载:周成王二十四年(前1002年)"于越来宾"。"于越"就是后来越国的族称。

春秋战国时期,江浙地区以吴、越名称最常见。关于吴,越的

① 《周礼》卷三十三《职方氏》。
② 《周礼》卷三十六《闽隶》。

历史,在先秦诸子的著作中均有载述。战国晚期又出现"百越"一名,《吕氏春秋·恃君》云:"扬汉之南,百越之际。"同书《有始览》又曰:"东南曰扬州,越也。"作者明确指出东南地区民族泛称为"越"(百越)。"百越"民族分布广,支系又多,《汉书·地理志》注引臣瓒曰:"自交趾至会稽七八千里,百越杂处,各有种姓。"又进一步明确"百越"的大致分布范围。

秦汉时代,由于吴、越地区先后被楚、秦所并,吴、越民族在历史上逐渐消失。《史记》尚有《吴世家》和《越世家》记载。这时,又出现了一些新的族称,《史记·东越列传》记载了浙江南部瓯江流域一带的"东瓯"和主要居住在福建的"闽越",以及闽粤赣三省交界地区的"南海国"。据《台湾府志》记载,台湾亦属古代扬州之域,百越范围。台湾与福建两省相毗连,有的主张它是秦汉时代"闽越"族的一部分。《后汉书·东夷传》提到"夷洲",《三国志·孙权传》和《临海水土志》亦称台湾为夷洲。不论称台湾为"夷洲"或"山夷",论者均主张台湾的土著亦属越人的一支。

总之,秦汉以前,我国东南地区曾先后出现以上种种的族称,从时代先后来说,有闽(七闽)、越(百越)两个泛称。究竟用什么名称比较合适,也就是说东南地区的古民族最符合实际称呼的是"越"、是"闽"还是"濮"呢? 我赞同称其为"百越"这一观点。现将闽、濮说以及对它们的不同看法分述如下,以便进一步的研究。

二

主张闽族说的论点认为:"'闽'和'越'并不是同一民族。福建在古代是'七闽'的分布地区之一,'闽'是福建的土著,'越'则是由会稽南来的客族。"有的认为:"'越'本国名,其族为'闽';后亦用为族称,泛指古东南沿海地区之民族。自越王勾践灭吴称霸之后,'越'名大显于世。战国而后,又有'百越'一词,泛指古东南沿海暨岭南地区及其居民。"此说的主要依据即《周礼》记载的所谓"七闽"。

关于"七闽"和"闽",历来注家和史家曾有不同的解释:郑玄注《周礼·职方氏》接引《国语·郑语》的一句话:"闽芊蛮矣",作为"七闽"的注释。意思是"闽"为"蛮"之别种,而"七"乃同书中的四、八、九、五、六,均为周所服的国数。① 贾公彦《周礼疏》说:"叔熊居濮如蛮,居子从分七种,谓之七闽。"近人陈石遗编《福建通志》亦主此说:"七闽是因子从分为七种,故谓之七闽。闽与蛮虽七八别数,具属南方。《郑语》闽芊蛮并称,亦作蛮芊。可见闽也蛮矣,皆指南方群蛮,而与东越无与也。"② 司马贞《索隐》曰:"蛮者闽也,南方夷名,蛮亦称越。"刘逵注《左思赋》亦云:"闽,越名也。秦并天下,以其地为闽中郡。"

把"七闽"的"七"字这个量词解释为"周所服之国数",或是"子从分为七种","七"作为实词,这是不可信的。因为在西周时,"七闽"地区尚未纳入周的版图,也未曾有建立过七个国家的记载,哪来的"周所服之国数"?"子从分为七种",这个解释也难以置信,叔熊乃楚民族的先世,不属"七闽"之域。若从东南地区"七闽"的后代世系区分,"子从分为七种"这纯属是字面上的推测,没有任何的证据。"七闽",在先秦史籍仅一见,故把"七"当为实词是很难解释通的。又如把"闽"同"蛮"等同,这在当时也不是作者的原意,因为在《周礼》一书中并列出"七闽"和"八蛮",这两个名称同时出现应是指不同的两个族称。

《周礼》中的"七闽",同"八蛮"、"四夷"、"五戎"、"六狄"、"九貉"一样,前面所置的量词是虚词,有代表多数的意思。在先

---

① (清)李光波:《周礼述注》卷十九云:今本《周礼》郑玄注为"闽芊蛮矣",误写"闽芊"为"蛮芊"。

② 陈石遗编:《福建通志·地理志·沿革上》。

秦古籍中常用"三"和"九"来表示很大和极大的虚数,前人对此有过不少论述。①同样的,"七闽"中的"七"也是虚数,代表多数的意思,而不可能是实数。"七闽"的"闽"与"蛮"、"夷"、"狄"、"戎"、"貉"一样,大都是用来指族称。据有的同志分析,在《尚书》记载中有"蛮"字5个,均用作族称;"夷"字有29个,其中作为族称的23个;"戎"字有12个,其中作为族称用的3个,"狄"字有2个,其中一个是族称。"蛮夷"连称仅此见,都是出于著作年代较晚的《舜典》。②《尚书》中虽未见闽的记载,可是在《周礼》中闽同蛮、夷、戎、狄同时出现,应该同样指族称。《山海经·海内南经》云:"闽在海中,三天子障在闽西海北。"郭璞注曰:"在新安歙县东,今谓之三王山,浙江出其边也。"《海内东经》又曰:"在闽西北入海,余暨南。"郭璞注曰:"按《地理志》浙江山新安黟县南蛮中,东入海,今钱塘江是也。"余暨今浙江萧山县。"七闽"与"闽",所指应该是一样的,它的居住区在今东南沿海。

把"闽"与"越"同一看待,将"闽"解释为"越"名,我们是支持这一观点的,闽就是东南地区的越人,只是由于记载的不同,并不是不同的两个民族。至于说"越本国名,其族为闽,自越王勾践灭吴称霸之后,越名大显于世,而后亦用为族称"之说也不确,越国称霸之后,"越名大显于世"这是事实,至于越名称处始于此,"其族为闽",从史书记载上看,情况并非如此。据《史记·越世家》记载,勾践立为越王是春秋晚期的事,越灭吴称霸在战国。但在勾践之前,越的名称已经出现。《正义》引《舆地志》云:"越侯传国三十余叶,历殷至周敬王时,有越侯夫谭,子曰允常,拓地始大,称王,号曰于越。"贺循《会稽记》云:"少康,共少子号曰于越,越国之称始

---

① 参考陈廷生:《原始计数的特点》,载《化石》1985年第4期。

② 张正明:《先秦的民族结构、民族关系和民族思想——兼论楚人在其中的地位和作用》,载《民族研究》1983年第5期。

此。"把于越的来源说成是夏族后裔,未必可信,说勾践以前还有一段很长的历史则是事实。《竹书纪年》记周成王时有"于越来宾";《逸周书》亦有东越、越沤等名称,显然越的族名出现比勾践称王要早。

从先秦古籍的记载来看,七闽、闽、越和百越,这些名称所指对象相同,"七闽。仅一见,"越"的记载很多,后来的史家均用"越"或"百越"来泛指东南和南部地区的越人。这里根本不存在有国名和族名的区分。《说文解字》将"闽"解释为"东南越",泛指东南地区的越人,这一见解是可信的。它与《吕氏春秋·有始览》记载的"东南曰扬州,越也"是一个意思。可见"闽"就是"越"。

"七闽"与"百越"有关系也有区别。相同的都是指东南地区的越人;不同是"百越"一名所指比"七闽"的范围更广泛。《吕氏春秋》提出"百越",泛指"扬汉之南",《汉书·地理志》注云还包括今两广等地区的越族。战国秦汉史书,除了"百越"一名外,还出现"扬越"、"夷越"之称。《战国策·秦策》记吴起为楚悼王"南攻扬越",《史记·楚世家》记周惠王命楚成王"镇尔南方夷越之乱,毋侵中国。"史家大都认为,史载"百越",与"扬越"、"夷越"含义一样。"百越杂处,各有种姓",说明"百越"不是一个单一的族称,蒙文通先生认为它是多个民族的泛称,这是正确的。因为"百越"之"百"也是一个表示极多数的意思,并非如有的注家所说"越有百种"那样。见于史载,在百越地区的族称不外二三十种,宋罗泌《路史》曾有归纳,曰:"南越、越裳,骆越、瓯越、越㠯、欧人,且瓯、供人、海阳、目深、海癸、九菌、稽余、濮句、比带、区吴、扶摧、禽人、苍梧、蛮扬、扬越桂国、西瓯、损子、产里,所谓百越也。"因而古代的"百"字属虚词显见。为说明问题,我们这里不妨另举一个例子,战国时期的吉语印中和魏国布币铭文上有一个"全"字,过去一直没有得到合理的解释,认为是"金"字,这个谜在1978年河北平山县战国中山国墓葬发掘才揭开,原来"全"字就是"百"字。

可能在远古,"百"可表示"全部"和"完全"的意思。① 故"七闽"(闽)只泛指东南地区的越人,"百越"除包括战国秦汉时期东南地区的吴、于越、东瓯和闽越外,还包括了岭南地区的南越、西瓯、骆越等越人在内。

把"闽"解释为福建的土著族,而将"闽"与"越"分为两个不同的民族,这一观点是同样值得商榷的。历来史家、注家对"闽"的解释都认为不是专指今福建一地,如郭璞注《山海经》已指出闽的范围至少包括今浙江省境,"闽在海中",有的认为还包括了台湾,台湾亦是"百越"的一部分。有的认为它"泛指浙江南部和福建"。② 有的推定"似以浙江西南、福建西北、江西东北,即今所谓浙、闽、赣边区也"。③ 有的还认为,广义地说,"闽"还应包括江苏吴地以及台湾。

福建称"闽"或简称"闽",是有一个历史发展过程的,它的来源与"七闽"有关,尤其是秦汉时代,福建民族名称被司马迁称为"闽越","闽"便成为福建的代名词了。由于对"闽越"一词解释不同,便产生了各种意见,把"闽越"两字分开均作族称解,"闽"是土著,"越"是外来的客族,这是一种。还有的是把"闽"作地名,"越"作族名,《中国历史大辞典·闽粤条》即主此说,把"闽"作地名解是可取的。因为自越名称出现之后,"闽"称就逐渐消失,尤其是越国称霸后,在史家的笔下均用"越"名,闽就由族称向地名转化了。古代的族称,往往同时具有地名、国名职能。福建古代属"七闽地",秦汉为闽越族所居。汉武帝统一闽越之后,福建的越族大部分被后来的汉族同化,成为福建汉族的一个重要内容。越族名称在历史上消失了,"闽"便被史家用作福建的代名词了。汉

---

① 参考陈廷生:《原始计数的特点》,载《化石》1985年第4期。

② 叶国庆:《古闽地考》,载《燕京大学学报》第15期。

③ 王新民:《越王勾践子孙移闽考》,载《福建文化》第2卷第2期。

以后的史书和方志均用"闽"称福建。福建一名始见唐代,是先有闽,后有福建之名。因此"闽越"分而释之实在不妥,一方面含义一样,是指同一个民族,另一方面也是指居住在闽地的越人。

为什么"闽"就是"越",闽与越是同一个族称,还可从越的名称由来和东南越人共同文化特征的关系进一步得到说明。"越",古代作"戉",大多数学者认为这一族人首先发明和使用了戉或钺这种工具或武器,戉最早见于甲骨文。出土的春秋越王钟、越王剑,"越"都是写作"戉"。这说明先有石钺、铜钺等兵器才有越的族名。从考古资料比较,越族地区出土的钺类器物确比其他地区发达。至于后来戉字又加上走字旁,罗香林《中夏系统中之百越》一书认为:"按越族之越,甲骨文作戉,字作工,盖象斧戉之形,其后以文字之辗转假借,原义寝昧,乃加走旁为度越之越,并为越族之越。"从考古文化特征分析,在百越分布地区都出现一种在陶器表面拍印各种几何印纹纹饰的工艺,过去称为"几何印纹陶文化"。有的还加上釉,称为釉陶。1978年在庐山举行的江南印纹陶学术讨论会上,通过各地出土的印纹陶比较研究,一般认为这种文化起源于新石器时代晚期,发达于商周,衰落于战国秦汉。这正与百越民族的产生、发展和消亡的历史大致相符。考古学者普遍认为创造印纹陶文化的主人是古越族,并且把这种文化作为百越民族的一种重要文化特征。这种不同地区文化面貌的一致,反证了上古时江南越地活动的主人在族上的一致性。林惠祥教授曾在福建的一些地区作了考古的调查和发掘,他认为印纹陶和有段石锛是古越人的共同文化特征,福建境内不可能存在闽族和越族两个不同的民族。

三

有的主张战国以前南方民族称为"濮"(百濮),战国以后才通称"越"（百越）。濮、越是同一个民族在不同历史时期出现的不同名称。有的认为越是被称，濮是自称。"越人曾比拟为戉而得名。然而，戉是他称而非称族名。越人自称为濮莱。"理由是：《左传·昭公元年》赵孟曰："吴、濮有衅，楚之执事，岂其顾盟？"这是公元前541年发生的事。当时吴国已强盛，侵凌邻邦，而其最主要的敌人无疑是越国，"吴、濮"就是指"吴、越"。濮，是越人的自称。《左传·昭公九年》："然丹迁城父人于陈，以夹濮西田益之。"《越绝书·吴内传》解释夷字云："习之于夷，夷，海山。""夷濮"解为"海濮"，是指近海而居的濮人，山东近海而居的古代民族是莱人，故濮人就是莱人。因此，濮与莱是古老的原始越族的自称族名。还有主张"百濮"属"百越"系统，故有古代江南民族泛称越的说法。还有的认为"越"、"濮"只是国家和地域的概念，而不是一个民族的概念，等等。

主张战国以前称濮（百濮），战国以后称百越，或是认为南方民族先有濮，后有越的说法，其主要论据认为早期文献中讲到南方民族都不言"越"而说"濮"，如《尚书·牧誓》记载周武王伐纣时，南方民族参加者有"庸、蜀、羌、髳、微、卢、彭、濮人"等族人，这里有"濮"没有"越"，故认为"濮"即"越"，或"濮"为"越"的早期名称。但是，只要稍加分析，不难发现这一论据难以服人。武王伐纣并不是所有的民族都参加，况且当时百越并不属中原王朝管辖。周族起源于今陕西一带，所以参加武王伐纣的大都是西南一带的民族。据史家考证，在这八族（国）中没有一族是住于东南地区的，故把濮人用来包括越人显然欠妥。我国南方有许多民族，濮只是其中之一。在商周时，濮人居住地，顾颉刚认为"在今湖北枝江县南"。孔颖达推定在"江汉之南"。二者的考证是相同的。众所周知，商王朝曾把它的封国和臣属的方国按其方位称为东南西北四土，把自己直接统治的区域称为"商"。甲骨卜辞曰："己巳王卜贞，（今）岁商受年，王占曰：吉。东土受年。南土受年，吉。北土受年,吉。"①《左传·昭公九年》周景王使詹桓白辞晋的一段话把周代内属方国位置说得很清楚:"我自夏以后稷、魏、骀、芮、岐、毕,吾西土也。及武王克商,蒲姑、商奄,吾东土也。巴、濮、楚、邓,吾南土也。肃慎、燕、亳,吾北土也。"巴、濮、楚、邓为川的南土,也是商朝的南土。南土就是南部国土,又有"南邦"、"南乡"或"南国"之称。

商周王朝,南国的领域只限江汉之间,《国语·周语上》云:"宣王既丧南国之师。"韦昭注:"南国,江汉之间也。"汉贾捐之说:"武丁、成王,殷周之大仁也,然地东不过江、黄,西不过氐羌,南不到荆蛮,北不过朔方。"②《诗经·小雅·四月》云:"滔滔江汉,南国之纪。"把长江和汉水说是南国的主要水系,可见"南国"与"江汉"指的是同一地域,故濮人居住江汉与楚相邻,而与越无涉也。

根据文献的记载,江汉的楚国是依靠不断吞并与之相邻的小国而发展成为南方一个大国的。公元8世纪中,楚王蚡冒时曾给濮人以压力。《国语·郑语》云:"叔熊逃难于楚……楚蚡冒于是乎始启濮。"《左传·昭公十九年》云:"楚子以舟师伐濮。"楚武王时"于是始无濮地而有之。"③并先后出兵伐随、郧、息、邓、申、蓼等国,不断扩充势力。至春秋时,楚国已成为"奄有江淮"的一大国,"楚强,陵江汉间小国,小国皆畏之"。④

综上所述,楚族兴起后,曾向濮人居住地拓殖,迫使濮人不断向外迁徙。同时也遭到濮人的反抗,《左传·文公十六年》曰:"楚大饥……庸人帅群蛮以叛楚,麋人帅百濮聚于选,将伐楚。(楚人)斶芳贾曰:不可。……夫麋与百濮谓我饥不能师,故伐我也。

---

① 郭沫若:《殷契粹编》,科学出版社1965年版,第907页。

② 《汉书·贾捐之传》。

③ 《史记·楚世家》。

④ 《史记·楚世家》。

若我出师,必惧而归。百濮离居,将各走其邑,谁暇谋人。乃出师,旬有五日,百濮乃罢。"这次濮人联合抗楚失败,被楚庄王镇压,遂为楚并。汉晋时代,濮人活动地域均在西南一带。《蜀都赋》曰:"于东则左绵巴中,百濮所充。"《华阳国志》记载在四川、云南、贵州一带均有濮人活动,可见濮人有一部分为楚所逼而徙西南。春秋晚期,楚国东南方的吴、越两国在长江下游崛起。吴国(属百越一支)成为楚国东方的劲敌,吴、楚交战,以至"蛮夷属于楚者,吴尽取之"。① 后来,吴、越结怨,楚联越制吴,吴亦联晋制楚。由此可见,东南地区的吴、越,与江汉地区的濮明显是不同的民族。当时楚与越的界线十分清楚。《荀子·荣辱篇》云:"比之越人安越,楚人安楚,君子安雅",同书《儒效篇》又云:"居楚而楚,居越而越,居夏而夏。"楚、濮与楚、越的关系,史书上均有大量记载,濮、越虽同是古代南方的民族,但是这两个民族的分布地区明显不同,不可能是同一个民族的不同名称。至于史书上个别出现"吴濮",这是值得进一步考证的问题,但是同在《左传》一书中吴、越之称则大量出现。因此以"吴濮"一例为由,推定越人自称为濮,虽属创见,但论据不足。如果再从考古文化、语言和民族习俗加以比较研究,那么濮、越两族的差异就更明显了②。

综上所述,我国东南地区的古代民族应该称越(百越)。七闽(闽)是指东南地区的越人。闽就是越,闽、越不是两个不同的民族。福建的土著民族应是越族。濮(百濮)、越(百越)乃是古代我国南方两个不同的民族。

(原载《东南文化》1987 年第 4 期)

---

① 《左传·成公七年》。

② 蒋炳钊:《濮、越是我国古代南方两个不同的民族》,载《百越民族史论丛》,广西人民出版社 1985 年版。

关于百越民族地区社会经济发展情况的探讨

　　我国自古以来就是一个多民族的国家,我国的历史是由各族人民共同缔造的。根据历史学家研究,我国从夏代已进入奴隶制社会,春秋战国时代从奴隶社会向封建社会过渡。然而,地处我国东南和南部百越民族地区的社会经济发展情况是否如同这些地区的民族一样,或者有其自身的特点,这是百越民族史一个很重要的问题。有些学者已经注意到这个问题,并发表了各自不同的见解。本文仅就百越各族有否经过奴隶制发展阶段以及如何向封建制过渡等问题作一个大概的探述,旨在与同行共勉,希望把这个重要课题进一步深入研究。

一、百越民族地区的社会经济发展
大都经过奴隶制的发展阶段

　　"百越"是我国东南和南方古代民族的泛称。《汉书·地理志》注引臣瓒曰："自交趾至会稽七八千里,百越杂处,各有种姓。"其分布范围很广,从我国的苏南直至越南北部,包括台湾和海南等岛屿。在这一地区内的主要民族及其分布是:勾吴,大致在今苏南、皖南和浙江北部;于越,以浙江杭嘉湖平原、宁绍平原和金衢丘陵地为主要聚居区;东瓯,在今浙江南部瓯江流域;闽越,以今福建为主;南越,中心地点在今广东;西瓯,在今广西桂江流域和西江中游(浔江)一带;骆越,位于今广西左右江流域至越南红河三角洲一带,包括海南岛;还有居住在台湾的东鳀人、夷洲人等。这些民族大都在历史上曾建立过国家和政权。至汉武帝时,百越各族为汉王朝所统一,从而,百越民族在历史上逐渐消失。百越民族地区社会经济情况探讨,便以上述这些民族为主要内容。

先秦时期的史籍,大都记载中原王朝的事,偶尔涉及百越民族的点滴史事,可是对社会经济情况很少记载。同时,出于某些偏见,它们又往往把南方少数民族地区描绘成一片荒凉之地,把这里的人们说成是愚昧无知。因此,文献资料的匮乏,给研究工作带来困难,有些不真实记载,又需要认真加以甄别。幸好新中国成立以来,由于考古工作者的努力,在百越民族地区发现不少古文化遗址,从而使我们认识到,南方地方的开发很早,已有距今数万年前旧石器时代的遗址和古人类化石,新石器时代遗址则遍及各地,而且相当丰富,有距今6000年前的浙江河姆渡文化,从而说明百越先民早已劳动、生息、繁殖在这一广袤的地域里,经过了一段漫长的原始社会。

民族是社会历史发展的产物,是属于一定的历史范畴。一般认为,民族是形成于原始社会即将解体,阶级和国家即将形成的时期,民族是从氏族、部落发展形成的。因此关于百越地区各族先曾经过原始社会的发展阶段,对这一点看法,学术上没有存在分歧。至于原始社会解体之后所经历的发展阶段,主要是有否经过奴隶社会以及何时进入奴隶社会和封建社会的。对这些问题看法,学术上则存在不同的观点。

近几年来,学术界曾发表过一些百越社会经济这方面的文章,提出了许多有益的意见,比如对南越的社会面貌,徐恒彬同志提出,"继新石器时代晚期发达的几何印纹陶文化之后,岭南地区进入青铜器时代。青铜器时代上限达商末西周,下限到战国,战国晚期已经使用铁器。青铜器时代是南越族形成和发展的时代。"①关于勾吴的社会经济,辛土成同志认为:"春秋时代勾吴社会中已出现奴隶,但数量不多,而且主要是通过战争俘获的。这些奴隶是属于家内奴隶。所以到春秋晚期,勾吴还是处于早期奴隶的经济形态。"②关于于越的社会经济,拙作《关于春秋战国时代越国社会性质的商榷》一文曾提出,当时越国的社会面貌不是处于"向阶级过渡的阶段",而可能"已是由奴隶制向封建制转化","是奴隶制开始解体时期"③。辛土成同志在《试论春秋战国时期于越的社会经济》一文认为:"于越尚处在早期的奴隶制经济形态中。"④关于闽越情况,笔者支持把青铜时代作为奴隶社会开始的标志,推定至迟在周代,闽越已进入奴隶社会发展阶段⑤。关于西瓯、骆越的情况,据广西考古工作者的看法,从商周至战国时期,广西出土很多青铜器和墓葬,在分析春秋战国时墓葬形制和葬俗中也提到"这

---

① 徐恒彬:《南越族先秦史初探》,载《百越民族史论集》,中国社会科学出版社1992年版,第155页。

② 《春秋时代勾吴社会经济初探》,载《中国社会经济史研究》1984年第3期。

③ 《厦门大学学报》1979年第2期。

④ 《关于福建奴隶问题的讨论》,载《中国社会经济史研究》1984年第1期。

⑤ 《中国社会经济史研究》1982年第1期。

和当时岭南地区仍处在奴隶制阶段的社会特点有关"①。大多主张百越民族均经过奴隶制的发展阶段；也有的同志主张不存在过奴隶社会。我是赞同除个别地区外，大都是经过奴隶制的观点的，只是发展情况有所不同而已。

马克思曾经指出："各种经济时代的区别，不在于生产什么，而在于怎样生产，用什么劳动资料生产。劳动资料不仅是人类劳动发展的测量器，而且是劳动借以进行的社会关系的指示器。"②生产关系的变化和发展取决于生产力的提高和发展，而生产力的提高，首先是从生产工具的改革、耕作技术的进步开始的。考古学家和历史学家推定夏代是我国奴隶社会的开端，是从河南偃师县二里头夏文化的发现，出土了多种青铜铸造工具开始。使用金属的时代，标志着社会生产力已从石器时代进入青铜时代。生产力的发展必然引起社会的变革，推动社会向前迈进，正如毛泽东同志所说："社会的变化，主要的是由于社会内部的发展，即生产力和生产关系的矛盾，新旧之间的矛盾。由于这些矛盾的发展，推动了社会的前进，推动了新旧社会的代谢。"③至商周时期，文献和考古所提供的资料，在当时无论是在农业、畜牧业和手工业中均使用奴隶，尤其是大规模把奴隶作为祭祀的牺牲和用于殉葬在盘庚迁殷之后表现十分突出。周代比起商代奴隶制更进一步发展，土地制度是奴隶主国家土地所有制。《诗·小雅·北山》所记载的"溥天之下，莫非王土；率土之滨，莫非王臣"说明已形成了以周天子为代表的土地国有制度。

商周时代，百越地区的生产力水平如何？我们从考古资料发

---

①　文物编辑委员会编：《文物考古工作三十年》，文物出版社 1979 年版，第 342 页。

②　马克思：《资本论》，载《马克思恩格斯全集》第 23 卷，第 204 页。

③　《矛盾论》。

现,在这个时期也开始使用了青铜器。考古界从百越分布地区发现一种在陶器表面拍印几何印纹饰的陶器。这种陶器火候较高,质地坚硬,通称为印纹硬陶;有的在陶器外部加釉,又称"釉陶"或"原始青瓷",成为百越文化的重要特征。1978年举行的关于江南地区印纹陶问题的讨论会,经过与会者的讨论研究,普遍认为印纹陶文化的主人是古越人。① 同时,在印纹硬陶的遗址中往往还伴出青铜器,故大多学者认为它是属于青铜文化。"先民就用金属的青铜刀子割断了原始社会的脐带,进入了青铜器时期。"② "一般地说,在我们中国,青铜器时代是属于阶级社会的范畴了。"③ 印纹陶文化分布范围很广,在各不同的地区又表现出某些特点,李伯谦同志曾加以比较研究,把它分成七个区:宁镇区(包括皖南)、太湖区(包括杭州湾地区)、赣鄱区(以赣江、鄱阳湖为中心)、湖南区(洞庭湖周围及以南地区)、岭南区(包括广东和广西东部)、闽台区(包括福建、台湾和浙江南部)、粤东闽南区(包括福建九龙江以南和广东东江流域以东的海滨地区)。④ 这一分布区与史书上记载的百越的几个分支的分布地区正大致相符。

关于印纹陶文化的性质和年代,经过各地考古工作者的研究,除了普遍认为它是属于百越地区青铜文化的遗存外,还对它的产生、发展和衰落的时代看法也较一致,它是产生于新石器时代晚期,发达于中原的商周,衰落于战国秦汉。⑤ 这个年代的发展变化

① 《文物》1979年第1期。

② 文物编辑委员会编:《文物考古工作三十年》,文物出版社1979年版,第253页。

③ 吴绵吉:《试论昙石山遗址的文化性质及其文化命名》,载《厦门大学学报》1979年第2期。

④ 《我国南方几何印纹陶遗存的分区分期及有关问题》,载《北京大学学报》1981年第2期。

⑤ 《关于江南地区印纹陶学术讨论会纪要》,载《文物》1979年第1期。

序列,与百越各族的产生、发展和消亡的历史也大致相吻合。兹就百越民族地区生产力发展的情况作个比较:

勾吴地区,在江苏"湖熟文化"的遗址中,已发现有青铜器和铜锈渣残存①。还有挹灌调液的陶勺②。至春秋战国时期,勾吴的冶铜铸造技术已是全国闻名,出现了著名的冶铸家干将、莫邪夫妇。可以看出勾吴的青铜冶铸业已有着长久的历史,不仅有青铜兵器,而且在农业和手工业中也应用金属工具。

于越地区的情况也是如此。根据浙江省博物馆所提供的考古资料,"从中原先后建立的夏商周王朝到越国兴亡(前5—前4世纪)的阶段,正是我省几何印纹硬陶流行的时期。……从我省已发现的印纹陶遗址看,可以分为杭嘉湖平原、宁绍平原、金衢丘陵地和瓯江水系四个区域。除瓯江水系的面貌和福建有许多相似之处外,另外的三个城区的总特征还是接近的。它们既受良渚文化的影响,又较多地继承了河姆渡文化因素,应属青铜文化的产物,上限年代似可早于商代"。③ 同时,还在余杭的石赖、吴兴的棣滨以及海盐、安吉等地曾发现商代青铜器,品种有鼎、钟、瓿、瓠等,器形与中原无异,纹饰则是具明显的地方风格。浙江西北部的长兴县曾出土西周时期的两件铜钟和一件铜簋。勾践统治的越国时期,青铜器已大量普遍使用,而且还发现铁器。1959年,在浙江绍兴西施山的遗址中发掘出100多件铜制农具、工具和兵器。农具中铜和铁制的凹形锄、V字形铜犁和半月形的镰刀,兵器中有铜剑

---

① 《宁镇山脉及秦淮河地区新石器时代遗址调查报告》,载《考古学报》1959年第1期。

② 《江苏省出土文物选集》,文物出版社1963年版,插图九。

③ 文物编辑委员会编:《文物考古工作三十年》,文物出版社1979年版,第220页。

和铜镞,手工工具有铜小刀和铜锛,还有冶炼的遗址①。1965 年在湖北江陵望山一号墓出土的越王勾践青铜剑,通长 55.7 厘米、身宽 4.6 厘米、柄长 8.4 厘米。1973 年在江陵腾店一号墓又出"越王州句剑",剑格上嵌绿松石,制作精致,青铜冶炼技术的杰出成就令人叹服。

福建的闽越地区,在印纹陶遗址中也往往伴随青铜器出土。1959 年,我们在发掘福清东张白豸寺新石器时代遗址中,在遗址上层就出土一件几何纹饰的青铜器。其他印纹陶遗址中也常有青铜器发现,如闽北地区的光泽、浦城、崇安、建瓯等县;闽西地区的武平、长汀、上杭等地;闽南地区的南安、漳浦;闽中和闽东地区的莆田、福州、闽侯、大田、政和和福安等县市。青铜器分布范围很广,种类不少。生产工具有锛、斧、削刀;兵器有剑、矛、镞、戈、戚、匕首,还有重 100.35 公斤的西周青铜钟。这些青铜器制作精良,而且具有地区特点。1974 年在南安水头大盈村后寨山发现一批被认为"上限可以溯到西周,下限可能延到春秋"的青铜器。其中有戈、戚、矛、匕首、有段铜锛、铜铃,共出土的还有玉戈,玉璜等。②其中有段铜锛同本省出土的有段石锛很相似;铜戚、铜铃上的几何形花纹,也同本省所出的几何纹陶的纹饰相仿。③ 由此可见,闽越地区使用青铜器为时也很早。

广东南越地区结束了石器时代的原始社会之后,同样进入使用金属时代,时代也很早。已发现西周的青铜器有广东信宜出土的铜盉④,饶平的青铜戈。尤其是饶平这件铜戈,"形制与外地所

---

① 王士伦:《越国文物散记》,载《浙江日报》1962 年 3 月 4 日。
② 《考古》,1997 年第 3 期。
③ 《福建南安发现的青铜器和青铜文化》,载《考古》1978 年第 6 期。
④ 《文物》,1975 年第 12 期。

见差异较大,工艺较粗,是广东铸造的最早青铜器"①。清远三坑公社马头岗发现两座春秋晚期至战国早期的墓葬,肇庆、四会、罗定等地也发现同期的一批墓葬,均出土了大量青铜器。器形有提梁壶、三足盘、铜剑、铜盉等。特别是马头岗这两座墓规模较大,随葬品有盉、编钟、钲、矛、斧、钺、匕首、镞、凿、人首柱形器、篾刀等青铜器64件。表明墓主人是奴隶主贵族身份。因此,"广东出土青铜器的遗址和墓葬证明,广东从周代起已进入青铜时代。春秋以后青铜器迅速增加,到战国后期还出现了铁器。广东的青铜文化"受楚国的影响最为明显"②。

西瓯和骆越地区文化也不落后。除发现有旧石器时代的人类化石外,新石器时代文化遗址也几乎遍及广西各地,古文化还是比较发达。笔者《关于西瓯、骆越若干历史问题的讨论》一文就广西发现的大量考古资料加以论述,认为先秦时代骆越地区生产力水平也不会太低,尤其是象征财富和身份、冶铸技术复杂的铜鼓的发现与使用,这不可能是原始社会的生产力水平所能达到的。正如广西考古工作者所说,先秦时在广西发现的青铜器不少,尤其是象征统治权力的少数民族重器——铜鼓的发现,是广西"百越"各部落已进入阶级社会的标志。这个分析是有道理的③。

综上所述,分布在东南和南方地区的百越民族,从商周以来已开始使用和制造金属青铜工具。青铜工具的使用,大大提高了生产力,从而促进了原始荒野的开垦和土地的深翻。农业发展了,为手工业及其他副业的发展提供了有利条件。

---

① 文物编辑委员会编:《文物考古工作三十年》,文物出版社1979年版,第329页。

② 文物编辑委员会编:《文物考古工作三十年》,文物出版社1979年版,第330页。

③ 《广西民族研究》1987年第4期。

　　百越民族分布地区大都在沿海和丘陵地,江河纵横,气候温和,土地肥沃,适宜农作物生长。早在五六千年前勾吴先民就已种植粳米,草鞋山下层出土有炭化的粳米①。江苏句容浮山西周土墩墓出土了粮食和食物腐烂的痕迹②,江苏金坛鳌墩西周墓出土的盛储器中也普遍有存放粮食和其他食器③。至春秋战国时期,青铜的犁、锸、锄、镰、铲等农耕生产工具在各地普遍出土,农耕技术水平已有了很大提高。浙江河姆渡遗址中发现人工栽培水稻的谷粒和秆叶,水稻栽培历史可推前至 7000 年④。广东在曲江石峡和泥岭等新石器遗址中也发现籼稻,还有较多石镶,石铲等农业生产工具⑤。由此可见,百越民族地区栽培水稻已有相当长的历史。进入青铜时代,农业生产更加发达,农耕技术大大提高。

　　生产力发展必然引起生产关系的改变。关于这方面的资料虽然较少,但从点滴的资料也可以表明当时阶级分化和土地占有明显不均的情况。比如吴国,在春秋时代土地所有权即属王室所有,《越绝书》记载:"蛇门外塘波洋中世子塘者,故曰王世子造以为田";"吴北野禺东所舍大栎者,吴王田也";"吴西野鹿陂者,吴王田也"。"吴北野胥主者,吴王女胥主田也"⑥。于越的情况也是如

---

　　①　文物编辑委员会编:《文物考古工作三十年》,文物出版社 1979 年版,第 201 页。

　　②　《江苏句容浮山果园土墩墓》,载《考古》1979 年第 2 期。《江苏句浮山果园第二次发掘报告》,《文物资料丛刊》六。

　　③　转引辛土成:《春秋时代勾吴社会经济初探》,载《中国社会经济史研究》1984 年第 3 期。

　　④　游修龄:《对河姆渡遗址第四文化层出土稻谷和骨耜的几点看法》,载《文物》1976 年第 8 期。

　　⑤　文物编辑委员会编:《文物考古工作三十年》,文物出版社 1979 年版,第 237 页。

　　⑥　《越绝书·越绝外传记吴地传》。

此。勾践时"环会稽三百里者以为范蠡地"①。土地属国有制,吴越统治者可用以赏赐、赠送臣属及王室,其性质与西周的王田是一样的。《尸子·广篇》有云:"夫吴越之国,以臣妾为殉。中国闻而非之。"是说明曾存在过奴隶殉葬的事,与商周奴隶社会也有共同点。从墓葬中反映贵族身份就更多了,编钟、钲、錞、鼎都是奴隶主贵族"钟鸣鼎食"寄生生活的写照。广东清远县马头岗墓中出土一件人首柱形器,人首双耳穿孔可贯,额中黥刻↓形记号,"显然塑造了奴隶的形象"。贯耳和黥首是战国的刑法,"说明南越的奴隶制比家庭奴隶制进了一大步。②

随着奴隶制的产生和发展,首先是农业发展。农业的发展又为手工业及其他副业提供有利条件,促进手工业从农业中分离出来的第二次社会大分工。从各地出土的商周青铜器,从器形和纹饰来看同中原作风相似。这有可能一部分是从中原传入的,但是其中也有一部分具有地方风格。这应是本地能工巧匠的手工业者制作的。吴、越青铜剑名闻全国,这应该具备较先进的设备和铸造技术,如吴国制造青铜宝剑就"使童女童男三百人鼓橐装炭,金铁刀濡,遂以成剑"③。已经有较大规模的制作工场,才有可能出现干将,莫邪和欧冶子等一些名师巧匠,他们都是有一技之长的手工业者。

此外,百越地区的纺织业、制陶业和造船业在当时都是很著名的。同时随着城市的兴起,交换的发展,又大大推进社会经济的向前发展和繁荣。关于这几方面的情况,在上述几篇有关经济的文章中都有过论述。

---

① 《国语·越语下》。

② 徐恒彬:《南越族先秦史初探》,载百越民族史研究会编:《百越民族史论集》,中国社会科学出版社1982年版。

③ 《吴越春秋·阖闾内传》。

奴隶的来源是通过战争,把俘虏变成奴隶。奴隶社会的生产资料为奴隶主占有。奴隶的使用除家内外,应该还用于生产和随葬。恩格斯说:"战争提供了新的劳动力:俘虏变成了奴隶。第一次社会分工,在使劳动生产率提高,从而使财富增加并且使生产场所扩大的同时,在既定的总的历史条件下,必然带来了奴隶制。从第一次社会大分工中,也就产生了第一次社会大分裂,即分裂为两个阶级:主人和奴隶,剥削者和被剥削者。"①

从大量的考古和文献资料说明,先秦时期百越地区社会经济已有了一定的发展水平,但是地区间发展不平衡,在同一民族地区内,平原和山区海岛是有差别的。一般来说,除台湾和海南岛以及一些边远山区外,其他一些越族地区在结束原始社会后即进入阶级社会。中原地区在夏代进入奴隶社会,百越民族地区大约在商周时期起也先后进入奴隶社会,春秋战国时代继续发展,有的则开始向封建制转化。

二、封建郡县的设置标志着百越地区封建制的确立

春秋时代是我国奴隶制向封建制的过渡时期。封建制取代奴隶制是一场革命。新兴的地主是在同奴隶主进行长期的斗争中最后确立起来的。封建制取代奴隶制主要是由于生产力发展以引起生产关系的变革,是历史的序列性发展。生产力主要是从生产工具的变革开始。封建社会的生产工具是从使用铁器开始,奴隶制发展到封建制即由青铜时代发展到铁器时代。铁器比青铜器锐利、坚韧,可以使生产效率更大提高。铁器的使用导致社会生产力

---

① 《家庭、私有制和国家的起源》,载《马克思恩格斯选集》第4卷,第157页。

发生了一次革命,正如恩格斯所指出的:"铁已在为人类服务,它是在历史上起过革命作用的各种原料中最后的最重要的一种原料。所谓最后的,是指直至马铃薯的出现为止,铁使更大面积的农田耕作,开垦广阔的森林地区成为可能,它给手工业工人提供了一种其坚固和锐利非石头或当时所知道的其他金属所能抵挡的工具。"①随着封建经济的发展,诸侯、卿大夫和士这些等级中有一些人转变为封建地主及其政治上代理人,主张改革,思想上推崇法家,出现"百家争鸣";原来的等级制度开始破坏,出现"礼崩乐坏",意识形态也发生了变化。

春秋战国时期百越民族地区的社会经济发展是否如同当时中原王朝和其他较发达的国家那样开始向封建社会过渡呢?或者它是在什么时候过渡到封建制?这又是百越社会经济发展中又一个重要问题。从考古和文献资料可以得到说明,百越地区社会的经济发展,除了内部生产力的发展外,它受到中原王朝和其他民族的影响和促进这个作用是相当明显的。奴隶制的发展是这样,封建制的确立更是这样。

随着奴隶制的发展,百越民族地区社会经济发展不平衡性越来越明显,有些与中原或较先进方国关系较为密切的地区,在它们的影响下,加快了社会经济发展的步伐。比如在春秋晚期晋楚争霸中,吴、越两国开始崛起。在这次争霸的斗争中,晋联吴制楚,楚亦联越制吴。公元前494年(周敬王二十六年)吴败越北上争霸中原;公元前472年(周元王四年)越灭吴,北上会诸侯于徐州,一时号为霸主。吴、越争霸虽然已是春秋霸业的尾声,但是在这场斗争中,"它给新势力的发展提供条件。一些新势力在这个过程中壮大起来,另一方面,在各族人民频繁往来和互相影响的基础上,

---

① 《家庭、私有制和国家的起源》,载《马克思恩格斯选集》第4卷,第1~9页。

它加速了各族人民相互同化和融合的步伐。"①吴国在中原及其他国家的影响下,很快地强大起来;越国也同样在中原和其他民族的帮助下,很快强盛起来。当时楚国和晋国就有不少政治家如伍子胥、范蠡、文种和计然(倪)先后到吴国和越国协助主政,并在这些国家内进行了一些有利于社会经济发展的改革。越国经过"十年生聚、十年教训",终于灭了吴国。越国能够在这样短的时间内,从吴的一个属国反而把吴国打败,从社会经济发展的角度看,这同勾践采用范蠡、计然的经济改革措施所收到的成效不能说没有关系。最近新出版的《简明中国经济通史》把战国时代越王勾践用计然、范蠡之计,实行"农末具利"的政策鼓励商业、手工业(末业),越国因此富强。计然除了"农末具利"的主张外,还提出一套商业理论:"积著之理,务完物,无息币。以物相贸,易腐败而食之货勿留,无敢居贵,论其有余不足,则知贵贱,贵上极则反贱,贱下极则反贵。贵出如粪土,贱取如珠玉。财币欲其行如流水。"以此作为商品经济活跃的例证。②

从考古和文献资料反映了春秋战国时期吴越地区已开始使用铁器。1964年和1972年在江苏六合县程桥先后清理了两座春秋晚期墓葬,一号墓出有铁弹丸,二号墓出有铁条。经过金相检查表明,铁丸是白口生铁铸成,是目前鉴定过的最早生铁。③《吴越春秋》记载吴国铸造青铜宝剑提到"金铁乃濡,遂以成剑"。"金铁"的金是铜器,铁应是指铁器,说明春秋时代吴国已在生产和军事上使用铁器。在绍兴西施山发现过铁制的凹形锄,也反映了越国开

---

①　郭沫若主编:《中国史稿》,人民出版社1962年版,第161页。

②　郑学檬主编:《简明中国经济通史》,人民出版社2005年版,第50页。

③　文物编辑委员会编:《文物考古工作三十年》,文物出版社1979年版,第203页。

始使用铁器的历史了。

由此可见，吴、越两国社会经济发展比其他百越地区快，春秋战国时代有可能已开始向封建社会过渡，但是，由于吴、越两国社会经济发展很大程度上受华夏族及其他民族的影响，因而在社会发展过程中所表现出的不成熟性极明显，如从未发现过吴国和越国的货币，说明货币经济不发达，还停留在"以物相贸易"，即以物易物的交换阶段。越国在西施山发现这件凹铁锄还明显具有早期的特点，只是刃部用铁，其他部位还是用木头，说明铁器的使用还是处于初期阶段，生产工具基本上还是以青铜器为主。越国功臣范蠡最后离开越国，说出了他不能与越王共处的理由，也反映出了他们的这套改革措施难以持久地施行下去。勾践死后，越国便逐渐衰落下去。公元前334年被楚国灭了，因此吴越地区实现封建化应在楚国统治时期，至秦始皇统一后才最后确立起来的。

除了吴、越两国外，百越其他地区走上封建化应在秦统一全国之后开始的。首先从生产力考察，南越地区出土铁器最早是在战国，数量极少，只出土铁口锄和铁斧两件，而且是从楚国输入的。①发现秦汉时代的铁器则有300多件：兵器有矛、戟、剑、刀、匕首、镞等六种；铁工具和日用品有斧、凿、铁口锄、镰、削、锅、弓形器、钩形器、码钉、钉、条形器、环、剪、三足炉、铺首、带钩等16种，可见，大量使用铁器是在秦汉时代。铁器的普遍使用促进了牛耕的推广，这对农业生产的发展具有极其重要的意义。《史记·南越列传》记载南越国时期很需要汉王朝输入铁器、牛及其他，从西汉后期流行陶牛为明器随葬，描绘了人民对牛的喜爱。及至东汉，从出土陶水田模型清楚地说明了这一历史事实。陶俑的耕作形象，以及陶

---

① 杨式挺：《关于广东早期铁器的若干问题》，载《考古》1977年第2期。

仓、猪圈、谷物加工的石磨和杵臼等等的发现①，这些文物有力地说明两汉时期广东地区农业迅速发展的情况。

　　广西、福建地区发现最早的铁器是汉代。1967 年发掘广西贵县罗泊湾一座西汉前期地方大官吏的墓葬，墓中出土有铜器、铁器、漆木器、陶器、玉器、纺织物、植物果品等 60 多件。不少漆耳杯底有"布山"（即今贵县）烙印。这批随葬品有一部分为本地制造。1969 年间，在西林普驮曾经发现用铜鼓、铜棺作葬具的西汉前期墓，更具有浓厚的地方特色，墓中也出土有铁器。从这些统治阶级的墓葬中出土的文物，反映了秦至西汉前期，我国岭南地区政治、经济、文化的发展。西汉后期合浦县望牛岭木椁墓，随葬品以铜器为主，有些器物上朱书"九真府"。还有从外国输入的玛瑙、琉璃、琥珀等佩戴品。至东汉时期，象征庄园经济生活的各种模型在墓葬中常有出土。②

　　1959 年福建省文物工作队在崇安试挖一座汉代城址，在一处建筑遗址中出土 156 件铁器。有犁、锄、斧、锯、矛、刀、镞、釜、钉、齿轮和链条。其中一件青铜弩机残片有"河内工官"铭文，还有一件"常乐万岁"瓦当文字，均属王莽时代。因此，推断这批铁器属于西汉后期，是汉武帝统一了闽越之后由汉族地区传入的。③ 最近这个城址还继续进行发掘，据说发现有西汉早期的遗物和宫殿建筑，周围还有墓葬和冶铁遗址，于是有的主张城址属西汉早期。如是，这个城址也有可能原是闽越王宫殿。闽越国除后，成为汉王

------

　　① 文物编辑委员会编：《文物考古工作三十年》，文物出版社 1979 年版，第 331 页。

　　② 文物编辑委员会编：《文物考古工作三十年》，文物出版社 1979 年版，第 343 页。

　　③ 蒋炳钊：《关于福建崇安汉城的性质和时代的探讨》，载《厦门大学学报》1978 年第 2—3 期。

朝的军事城堡。

从上述考古资料看,两广和福建的越族地区使用铁器的时间虽然有早晚,但是大量普遍使用是在秦汉时代。先秦时期不仅数量少,而且还都是从其他地区传入的。至秦汉时代,则有些地区自己可以铸造。

秦汉时期百越地区社会经济的迅速发展,这与秦汉时代全国大统一是有极密切关系的。公元前 221 年,秦始皇完成了全国的统一,建立了专制主义中央集权,开创了中国历史发展的新阶段。自秦统一至东汉末 400 多年,这是中国封建社会生产力取得极为迅速发展的时期。同样的,在这一时期内,也是百越民族地区社会经济迅速发展的一个重要时期。因为在这一时期内,百越民族地区已从孤立分散的社会状况走向统一,在秦王朝封建中央集权统治下,汉族的先进生产技术和经验在百越地区迅速得到推广,尤其是封建郡县的建立,运用上层建筑对经济基础的作用,把封建制度移植到百越民族地区,从而加速了百越民族地区封建化,同时也促进百越民族与汉族的融合。

秦始皇统一六国后,接着便发动对"百越"的战争,"王翦遂定荆江南地,降越君,置会稽郡"①。江浙的吴越地区最早纳入秦王朝的会稽郡统治;接着发动五十万军队,用武力统一岭南后,设置南海、桂林、象三郡,同时派出官吏,实行移民戍边,把大量的汉族人民强迫迁徙到岭南"与越人杂处",从政治、军事对两广地区越族实行封建专制统治。秦末,秦朝官吏赵佗乘中原农民起义之机,割据岭南三郡,自称南越武王。西汉王朝建立,仍立佗为南越王。南越王国在西汉立国九十六年(公元前 207—前 111 年)。秦汉时期,南越与内地交往更加密切,与西汉王朝的"互市",汉族的封建经济制度和文化在南越地区广泛传播。从广州最近新发现的第二

---

① 《史记·秦始皇本纪》。

代南越王墓即可说明。墓主着玉衣,随葬器物有铜器、铁器、漆器、陶器、金银器、玉器、印章,象牙器以及料珠等计 1000 多件①。数量之多,品种之齐全,器物之精致,实属罕见。根据发掘者的意见,从墓葬器物可以看出:"南越王着玉衣入葬,表明他慕汉朝而不自外";墓中的封泥、铭刻和陶器上的戳印文字,"证明南越王国的百官制度和宫室名称都是仿效汉朝的";南越王墓中的随葬品,除一部分有地方特色外,大部分器物与中原内地同期的同类器物基本一致,表明这些器物"显然是在中原内地的影响下仿制或输入"。大量青铜器,"有相当一部分是本地铸造的,铸造技术已达到很高水平"。铁鼎和铁兵器,说明"南越国这时已掌握锻铸铁器的技术"。象牙器、料珠、水晶、玻璃等装饰品,有的不产于中国,说明广州与海外通商贸易的时间至迟在南越国时期就存在了"。这些文物充分反映了汉文化对南越地区强烈的影响。

由此观之,百越民族地区社会经济发展是不平衡的,进入封建制的时间也不可能一致。从岭南地区来说,秦始皇统一岭南和岭南地区设置封建郡县统治,可以说是封建制确立时期。西汉至东汉是岭南封建经济迅速发展的重要时期,尤其是汉武帝统一南越之后,设置南海、苍梧、合浦、郁林、交趾、九真、日南、儋耳、珠崖等九郡,直接统治了岭南地区。这时,就是比较后进的海南岛地区也得到开发,部分地区走上封建化的轨道。至东汉时,岭南大部分地区逐渐完成封建化。

海南岛的土著居民是"骆越之人"。由于地理上等各种原因,接受汉文化比较晚。自汉武帝于公元前 110 年在岛上设珠崖、儋耳二郡,派官统治,并将汉人陆续迁入。这样一来,汉族的先进生产技术得到传播,汉族的封建制度移植到海南岛。东汉时,伏波将

---

① 《考古》1984 年第 4 期。

军继续经营海南岛，"往来海南，抚定珠崖，设立城郭，置井邑"①。建立封建统治秩序，故有的认为"这是中央封建政权比较认真经营海南岛的开始"②。从考古资料发现，在今黎族地区尚未出土过奴隶制时期青铜器，也没有发现如广东大陆常见的夔纹、雷纹等纹饰的印纹陶，因此海南岛地区社会经济"有可能越过奴隶社会发展阶段，直接向封建社会过渡"③。

在骆越、西瓯一些边远地区也有类似情况，如"九真俗以射猎，不知牛耕，民常告籴交趾，每致困乏。……又骆越之民无嫁娶礼法，各因淫好，无适对匹，不识父子之性，夫妇之道"④。"后交趾所统，虽置郡县，而言语各异，重译乃通。人如禽兽，长幼无别。项髻徒跣，以布贯头而著之。后颇徙中国罪人，使杂其间，乃稍知言语，渐见礼化。"⑤封建郡县设置之后，汉族封建文化传入，情况发生了变化，如"锡光、任延守九真，于是教其耕嫁，制为冠履。初设媒聘，始知婚娶。建立学校，导之礼化"⑥。孟尝迁合浦太守，"尝到官，革易前敝，求民病利。曾未逾岁，去珠复还，百姓皆反其业，商货流通，称为神明"⑦。任延任九真太守"乃令铸作田器，教之垦辟。田畴岁岁开广，百姓充给。又骆越之民无嫁娶礼法，各因淫好，无适对匹，不识父子之性，夫妇之道。任乃移书属县，各使男年二十至五十，女年十五至四十，皆以年龄相配。其贫无礼聘，令长

---

① 道光《琼州府志》3卷二十九《官师志·马援传》。
② 《黎族简史》编写组：《黎族简史》，广东人民出版社1982年版，第34页。
③ 《黎族简史》编写组：《黎族简史》，广东人民出版社1982年版，第31页。
④ 《后汉书·循吏传》。
⑤ 《后汉书·南蛮西南夷列传》。
⑥ 《后汉书·南蛮西南夷列传》。
⑦ 《后汉书·循吏传》。

吏以下各以俸禄以赈助之,同时相娶二千余人。是岁风雨调节,谷稼丰衍……平帝时,汉中锡光为交趾太守,教导民夷,渐以礼义,化声侔于延"。"岭南华风,始于二守矣"。① 九真太守任延"始教耕犁,俗化交土,风行象林。知耕以来,六百余年,火耨耕艺法与华同。名白田种白谷,七月作,十月登熟。名赤土种赤谷,十三月作,四月登熟,所谓两熟之稻也"②。任延、锡光在骆越地区注意推广汉族先进文化,改革一些旧俗,这对促进当地社会经济文化的发展是有功绩的,得到当地人民拥护,故骆越人生子多取"任"为姓。可见,这一地区封建社会经济从东汉才有长足的进步。

闽越地区进入封建制社会比岭南地区晚,从所见资料,铁器使用也较迟,郡县设置也较晚。秦代虽有设置闽中郡记载,但是这个郡的设置与其他百越地区设郡有很大不同。根据史书记载,当时秦兵根本没有进入福建,也没有派官吏统治闽越,故"闽中郡"的设置只是一纸空文,是虚设的,确是有名无实。汉武帝太尉田蚡曾说过:闽中郡"自秦时,弃弗属"。《汉书》记载闽中郡也已成为"故地"。汉承秦制,西汉也不用"闽中郡"名,而把东越(闽越)划入会稽郡。估计当时东越诸王迫于秦兵强大的军事压力,向秦王朝表示臣服,故《史记》只说把无诸和摇"皆废为君长,以其他为闽中郡"。在推行封建郡县制的秦王朝,确有主张在东越地区设立闽中郡,实际上并没有行使过职权,闽越地区还是由无诸自己统治,仍保持其独立性。西汉情况还是这样,也未曾派兵和官吏到闽越,仍封无诸为闽越王统治闽越地区,建立臣属关系。故从当时生产力水平和闽越国的历史情况分析,还是停留在奴隶制发展阶段。公元前110年汉武帝统一闽越后,闽越国除,汉族封建生产关系才移植到福建。关于汉王朝如何统治福建,史书缺乏记载,但不可能

① 《后汉书·循吏传》。
② 《水经注》卷十六《温水》。

如同《史记》所记载那样，"诏军吏皆将其民徙处江淮间，东越地遂虚"，采取徙民虚其他的办法，而放弃福建地区不管。闽北崇安汉城发现，可能说明汉王朝最初是通过驻军，用军事统治福建。不论是采取什么统治方式，这时汉族的封建统治者已经入主福建，在闽越地区施行封建专制统治。因此，福建的封建社会应从西汉统一闽越时为起点。

台湾地区古越人，由于孤悬海岛，接受汉族先进文化更晚，社会经济发展更为缓慢。早在 12 世纪，南宋政府在澎湖建军营，隶属福建泉州晋江县。13 世纪末，元朝政府曾派人到台湾，在澎湖设巡检司，管辖台湾和澎湖岛屿。从 16 世纪中叶，大陆人民开始移居到台湾，17 世纪初，颜思齐、郑芝龙曾带领一批福建沿海居民到台湾开垦。可是后来因台湾屡遭外国殖民者侵占奴役，使得社会经济得不到应有的发展。郑成功收复台湾后，推行大陆的封建府县制度，把大陆的封建制推行到台湾。重视台湾农业的开发，除实行军屯，鼓励开垦外，还下令保护台湾高山族开垦土地的所有权，严禁侵犯他们现耕的土地。当时他们的农业生产很落后，还不知道用铁犁、耙、锄和钩镰等农具，收获禾稻是用手逐穗采拔。郑成功为了帮助他们发展农业，提高农耕技术，除奖励开垦外，还在一些主要的村社，每社派一名熟悉犁耕的汉人，并且给每社"铁犁耙各一付，熟牛一头，使教□牛耕之法，□□[种]五谷割获之方，聚教群习"①。所以郑成功治台湾时，由于推广铁农具和汉族先进农耕技术，对台湾地区社会经济发展起着很大的推动作用。康熙二十二年(1683 年)统一台湾，实现台湾与大陆的统一，从此台湾进入了一个新的历史时期。一部分与汉族接近的地区，如本岛西部的土著民(即所谓熟番)，在汉族封建制度的影响下，17 世纪以后迅速地飞越过奴隶社会而跃进封建社会。分布在中部山区和东

---

①　杨英:《从征实录》，台湾大通书局 1987 年版，第 156 页。

部平原的所谓"生番"的土著民,已进入原始社会末期,向阶级社会过渡。①。清代是高山族社会历史发展的一个重要时期。

综上所述,百越民族地区进入封建社会的时间,各个地区也有不同,吴越地区早些,海岛地区缓慢些。秦汉时代是百越民族历史发展的一个重要时期。这时期既是社会向前发展,先后进入封建社会之时,又是百越各族逐渐走上消亡的时期。

三、百越民族地区社会发展的特点

我国自古以来就是一个多民族国家,百越民族是我国多民族国家中的成员。在我国历史上,夏商周民族以它们较发达的社会经济,先后取得中原地区统治,并发展成为我国的主体民族。百越各族很早以来便同中原王朝(民族)发生关系。据《逸周书·王会解》记载伊尹献令中曾谈到:"臣请正东符娄、仇州、伊虑、沤深、九夷、十蛮、越沤,剪发文身,请令以鱼皮之鞞,鳀鲗之酱,鲛鳒利剑为献;正南瓯邓、桂国、损子、产里、百濮、九菌,请令以珠玑、玳瑁、象齿、文犀、翠羽、菌鹤、短狗为献。""正东的沤(瓯)深,越沤",应指东南地区的越人;正南的瓯邓、桂国当指岭南地区的越族。说明早在商代百越地区同中原彼此之间已有来往。周成王二十四年(公元前1002年),"于越来宾"②。不但经济上有联系,而且在政治上发生了关系,百越民族把一些土特产上贡商周王朝,而从商周王朝输入一些先进生产工具。上述在百越地区发现的一些与中原作风相似的商周青铜器,可能是在这种情况下由中原传入的;由于当时百越民族不属商周王朝统治,因而这种关系只是一种友好的交往。

---

① 《高山族简史》编写组:《高山族简史》,福建人民出版社1982年,第151页。

② 《竹书纪年》卷下。

但是由于有了这种关系存在,并随着时间的推移,关系愈来愈密切,这对于促进后进百越族地区社会经济和文化发展是产生很大影响的。除了中原民族对百越文化的影响和促进外,与百越地区相邻的一些方国,尤其是楚国文化对百越地区的影响也极为明显。这是先秦时期百越地区社会经济发展的特点之一。

秦汉大统一,尤其是把封建郡县移植到百越地区,形成封建中央大一统的政治局面,促进百越地区社会经济更迅速地与汉族共同走上封建化的轨道。至汉代,随着汉族人民大量南迁和汉族官吏入主统治,使得百越民族地区社会经济和文化逐渐与汉族融合为一体,大部分百越人民开始同化于汉族成为本地区汉族的一个主要来源。所以随着社会经济发展的同时,导致了这个古老民族加速走上消亡,逐渐与汉族走上一体化,这是百越民族社会经济发展的又一特点。

由于百越民族分布地区广阔又复杂,有平原,有山区,有海岛,因而造成社会经济发展的不平衡。总的情况是:东南沿海地区的吴、越,地理条件好,同发达的中原民族接触较早。社会经济发展较快,它们与华夏族共同走上封建化的轨道较早。至战国晚期,吴越民族已从历史上逐渐消失了。两广地区越族在先秦时期主要受楚国影响较大,社会经济发展也较快。至秦汉时代,在南越王赵佗统治下,一方面社会比较安定,对发展经济有利;另一方面他是汉族统治者入主南越,直接推行汉族封建文明,对促进南越地区封建化产生很大的作用。海南和台湾地区的越族,因是孤岛,与大陆文化接触受到限制,所以发展较为缓慢。由此可见,百越各地区社会经济发展的快慢与汉族及其前身华夏族对它的影响,关系至为密切。换句话说,与汉文化接触较早,这地区的社会经济发展就较迅速。与汉文化接触较晚,这地区的发展就较缓慢。社会发展的快慢都是在汉文化的影响和推动下进行的。由于这样,所以百越地区的社会经济发展中存在着很大的不成熟性,当进入奴隶制时,旧的原始社会残余仍然保留很多。同样的,当社会发展到封建社会时,旧的奴隶制残余也仍严重存在。比如在赵佗统治的南越王国时,他为了巩固其统治地位,自称"蛮吏大长",并"弃冠带",仿效越人"椎髻箕倨"的习俗,任用当地越人为官吏,采取"和集百越"政策。这些措施对稳定其统治地位和发展岭南经济是有作用的,但是对当地长期保存的一些落后习俗和制度尚无彻底进行改革,因此当赵佗死后,南越大权实际上已落在当地越人头目吕嘉手里,"其相嘉年长矣,相三王。宗族官仕为长吏者七十余人,男尽尚王女,女尽嫁王子兄弟宗室。及苍梧秦王有连,其居国中甚重。越人信之,多为耳目者,得众心愈於王"①。他可以不听王朝召令,可以"称病不见汉使者",最后发展到与汉王朝对抗。由此可见,南越旧的势力还相当严重,所以赵氏主南越不但没有彻底变革奴隶制的习俗,反而被"入乡随俗"。杀人殉葬这种奴隶制时代野蛮葬俗早已被汉族所革除,而至南越王墓中却还出现,即是一个证明。在广州最近发现的第二代南越王墓中发现有十多具殉葬人,根据发掘者意见认为:"其身份应是南越王生前的姬妾、侍从和杂役、奴隶,同样的情况在广西贵县罗泊湾的西瓯君夫妇墓中也发现。在中原,这种野蛮的殉葬制度,曾盛行於殷周。到了汉代已基本消失。在已发掘的汉诸侯王列侯墓中也没有发现。南越王国上层统治者仍用人殉,说明它还不愿意废弃这种落后习俗。"②1976年发掘的广西贵县罗泊湾汉墓,发现七个殉葬坑,七个殉人是13岁到26岁男女少年。考古资料证明了南越王国时期还较多地保留旧的野蛮习俗,奴隶制的残余还严重存在着。这也是百越地区社会发展的一个特点。

货币经济不发达。从百越地区考古学资料中,除发现汉代的

---

① 《史记·南越列传》。
② 《考古》1984年第3期,第230页。

"五铢"、"半两"钱外,从没有发现有自己的货币,文献也没有记载,越族可能没有自己铸造的钱币。因此当时同中原和内地甚至海外贸易还停留在"以物易物"的交换方式。这也是百越地区与中原和内地其他一些方国的不同。

秦汉时期,汉族对百越民族地区社会经济发展所起的作用,是随着它的统治势力的扩大而不断加深的。因此百越民族不但地区之间发展不平衡,就是在同一个民族地区之间也有差别。一般来说,城镇或平原地区接触汉族文化较早,山区和海岛地区较慢,比如在台湾和海南岛地区。在与汉族接触早的地方,社会经济就比较发达,在与汉族接触较少的边远山区,则保留原来旧的东西较多,社会经济比较后进。所以这些地区有的至解放后仍保留着浓厚的原始社会的残余。这种情况在两广一些边远山区也有不同程度存在着。福建也有此情况,它虽自汉代开始向封建制过渡,但是福建全省完成封建化则到唐代,个别地区还更晚,比如居住在惠安东部海岛上的小岞地区,据明嘉靖《惠安县志》记载,当时小岞还是保留着"男女作业皆归于公,家长掌之、无私蓄。衣服稍美者别藏之,有嘉事,递服以出。鸡鸣皆起,听家长命其所业,无敢怠惰。士大夫好事者或往观其家,甚为古朴之风,至今不替"。当时所处的社会没有可能还是停留在父系氏族公社。小岞妇女至今仍保留着独特的衣饰和长住娘家这种原始社会婚俗的残余。

三国时代出现的"山越",它是百越的后裔。分布在丹阳、会稽、新都、建安、吴兴、东阳、豫章、鄱阳、庐陵、长沙、零阳、苍梧和庐江等地,由于居住地区不同,社会经济发展也不很平衡。"平地居的山越,可能已处于封建社会的阶段。山居的山越,有的尚带有严重的原始社会的残余。"[1]社会经济发展参差不齐也是百越社会经

①　叶国庆、辛土成:《关于山越若干历史问题的探讨》,载《百越民族史论集》。

济发展中较为突出的问题。

　　总之,百越民族地区社会经济的发展,尽管各地间存在着不平衡,先进和落后地区差别也很大,一般还是沿着人类社会的发展规律顺序前进的。历史上汉族对百越民族地区社会的发展起着重大的推进作用,受汉文化影响很大。由于这种关系的发展,民族的界限也逐渐消失,百越民族大部分被同化于汉族,这也是社会经济发展的必然结果。但是,百越各族人民所创造的物质文化也被汉族所继承和发展,这是我国各民族历史和文化发展的一大特点。百越民族虽然在历史上消失,但是他们对缔造祖国的历史和文化所作出的积极贡献,则永远留在各族人民心中。

（原载《广西民族研究》1989 年第 4 期）

吴、越是否同族

　　吴(勾吴)与越(于越)是否都属于百越民族之列,学界素有不同的看法。关于吴、越民族的族源更是一桩悬而未决的学术公案。近来又有人提出吴、越同族或吴、越是一族两国的观点。这些都是百越民族史中亟待解决的问题。本文试就吴、越是否同族谈一点不成熟的意见。

一

　　关于勾吴的来源主要有下列八种说法:

　　1. 周族分支说。首见《史记·吴太伯世家》记载:"吴太伯、太伯弟仲雍,皆周大王之子……于是太伯、仲雍二人乃奔荆蛮。文身断发……自号勾吴。"郭沫若主编的《中国史稿》以此为据,提出"吴在先是周族的一支,后来同当地居民融合"。①

---

　　①　郭沫若主编:《中国史稿》,人民出版社 1962 年版,第 305 页。

2. 吴族说。刘和惠《荆蛮考》认为："勾吴，过去都释为地名，这是不确的。太伯、仲雍出奔，从西北来到江南这一块陌生的地方，为了生存下去和取得当地部族的信任，他们就要改习从俗，服从本地的民情风俗，因而自称为'勾吴'，和土著族一致起来。勾吴为族号，在考古资料中也得到证明，出土和传世的吴器中的'工㪯'、'攻敔'铭文，即是文献中所说的勾吴。"①

3. 古吴族说。周国荣《古吴族初探》认为，过去学术界惯常所论列之吴都肇始泰伯、仲雍，实际上吴族之史至少可以推到距今7000 年的时候。太伯奔吴说是决然不能成立的。古吴族属蚩尤集团，其后裔为"九黎"、"三苗"，殷人为古吴族的一支。吴族是土著的，具有自己独特的习俗。②

4. 荆蛮说。曾昭燏、尹焕章《试论湖熟文化》认为："当日太伯、仲雍所奔地，在今苏南地区，而住在当地的土著人，实为荆蛮族。湖熟文化既为一种土著文化，其中心地区又在江南，则其人亦为荆蛮族无疑。"③他们又在《古代江苏历史上的两个问题》一文中说："我们相信以宁镇地区为中心的荆蛮族人是经过奴隶社会这一阶段的。"④

5. 苗人说。卫聚贤主此说，他认为勾吴不是周人的一支，而是土著民族，但属苗人。⑤

6. 弓鱼族说。尹盛平《关于太伯仲雍奔荆蛮问题》一文中提出，在商末至西周中期，陕西宝鸡市区渭水两岸和凤县故道河谷一

---

①　刘和惠：《荆蛮考》，载《文物集刊》第 3 集。

②　周国荣：《古吴族初探》，载《民族研究》1988 年第 1 期。

③　曾昭燏、尹焕章：《试论湖熟文化》，载《考古学报》1959 年第 4 期。

④　曾昭燏、尹焕章：《古代江苏历史上的两个问题》，载《江苏出土文物选集》。

⑤　卫聚贤：《吴越民族》，载《吴越文化论丛》，江苏研究社 1937 年版。

带,曾有一个强国,从弓从鱼。因此工敔、攻敔、攻吴,都是弓鱼的假借。太伯奔荆蛮是投奔弓鱼族。于西周中期又南迁到四川渠江和嘉陵江中下游,成为渝水两岸的賨人,也就是板楯蛮。句氏为蜀中大姓,故巴族句氏古代以国为姓,称勾吴氏。故太伯、仲雍奔荆蛮不是指吴越地区的蛮族。所以长江下游地区商周的土著文化,当与"荆蛮"、"勾吴"族无关。吴文化中似乎包含周文化和巴族弓鱼氏文化的某些因素。①

7. "勾吴"是"句"与"吴"两个部族混合。魏嵩山《古代吴立国的发源地及其疆域的变迁》一文认为:"勾吴所以如此命名,实与勾吴同是古代居于长江下游的二个部族,后句族为吴所并,故称勾吴。"句族亦即干族或邗族。②

8. 越族说。《百越民族史》作者认为,勾吴为土著族,是百越的一支。

关于越(于越)族的来源也有诸多不同的观点:

1. 夏族后裔说。这种观点又有两种说法:一是《史记·越王勾践世家》:"越王勾践,其先禹之苗裔,而夏后帝少康之庶子也,封于会稽,以奉守禹之祀。"罗香林《中夏系统中之百越》又直接提出:"越族为夏民族之演称。"另一说法,越族是夏族灭后夏族遗民向南迁徙之一支。③ 与此相同的还有一种观点认为,夏族的本名可能也叫"戉",所以夏族南迁后便形成一个夏的后裔族叫做越(戉)。

2. 楚、越同源论。主要是根据《国语·吴语》韦昭注和

---

①　尹盛平:《关于太伯仲雍奔荆蛮问题》,载《吴越文化研究文集》,中山大学出版社1988年版。

②　魏嵩山:《古代吴立国的发源地及其疆域的变迁》,载《吴越文化研究文集》,中山大学出版社1988年版。

③　徐仲舒:《夏史初曙》,载《中国史研究》1979年第3期。

《国语·郑语》及《墨子·非攻》等记载,认为于越、夔越、闽越皆祝融之后,共姓芈,因而有一些学者持楚、越同祖观点。

3. 三苗一支的后裔。持此说者认为,江南地区几何印纹陶遗址的主人是古代越族。几何印纹陶的分布与古代三苗的活动领域大体一致,三苗的许多习俗又与百越相同。因而越族是夏王朝衰弱以后,南方地区三苗集团特别兴盛的一支。①

4. "于越"是"于人"与"越人"结合。何光岳《百越源流史》提出:"于越,为于人与越人结合而成。越人为夏禹之裔少康之后,是百越中的一支,亦即文化最发达的一支,后来与东夷族於(于)人结合成为于越。于越的结合时间当在商代中叶。商灭夏后,夏桀率领一部分夏人南逃南巢(安徽巢县),用石钺开发江淮,形成了越族。到了商代中叶,留居中原的一部分越人,为了与商朝作长期斗争,又与孟方结合,这结合的一部分人逐渐形成了于越。"②

5. 土著说。持这一观点的,除从文献记载考证外,大量应用考古资料加以论证,认为越族不是夏民族的后裔,其来源主要是由当地先住民发展形成的。③

从上述关于吴、越民族族源的种种观点来看,尽管看法不同,但不少学者都是把它们作为百越民族中的两个不同民族来看待。

提出吴、越同族这是近几年来才见有专门的论述。虽然这种观点早在 30 年代卫聚贤先生曾说过:"吴、越民族不是中原民族,而与苗民及马来半岛、南洋群岛、台湾、北极爱斯基摩人、美洲印第安人为同族。这不够从书本里提出的证据而作假定的。"④他仅作为一种假设,以后并未见他再论述这一个问题。在学界,对这种观

---

① 《南方地区几何印纹陶几个问题的探索》,载《文物集刊》第 3 集。

② 何光岳:《百越源流史》,江西教育出版社 1989 年版,第 21 页。

③ 《百越民族史》,中国社会科学出版社 1988 年版。

④ 卫聚贤:《吴越民族》,载《江苏研究 1937 年》第 3 卷第 5—6 合期。

点也未见有持赞同的意见。近几年来,专门论述吴越是同族的论文增多,有的从地名相同考证;有的从历史地理的变迁论证;有的从民族的四个特征比较;还有的文章直接以吴越文化命题。他们提出了一些令人深思的问题,这对深化百越民族史研究起了一定的促进作用。

据了解,最早明确提出吴、越同族的是我国著名的历史地理学家谭其骧教授,《谭其骧论地名学》一文云:"地名反映取这些地名的人的族属和使用的语言。古代的地名往往随着民族的迁徙而迁徙,可以据此探究部族迁徙的路线。他还详细列举了很多材料论述了今江浙地方多以'句'、'於'、'姑'、'无'、'乌'等为地名,与古代吴越语的发语音有关,认为吴越是同语系的一族两国。"①著名的历史地理学家陈桥驿教授赞同这一观点,认为谭教授的说法"是正确的"。② 他在《于越历史概论》一文中曾提出:"勾吴和于越属于一个部族的两个中心。"③王文清教授《吴越同族》一文,主张吴越同族,理由是:两国土著居民地域相邻,语言相同,均被中原人视为"夷语"、"夷言"。过着"宜谷宜稻"、"其畜宜鸡、狗、鸟兽"。其利"金、锡、竹箭"的共同经济生活。行"断发文身",文化特点相同。善于下水、用舟,具有共同性格。因此"吴越两国土著居民具有这一切特征,自是同族。两族的经济文化可以而且应该合称吴越文化"。④ 蒙文通教授从吴、越同邦共俗,语言相通,也认为吴、越是同族,甚至还提出,"闽、瓯当与吴、越同族也"。⑤ 徐杰舜和董楚平先生亦主此说。前者认为"吴越是一个民族所建立的

---

①　邹逸麟:《谭其骧论地名学》,载《地名知识》1982 年第 2 期。

②　陈桥驿:《越族的发展与流散》,载《东南文化》1989 年第 6 期。

③　陈桥驿:《于越历史概论》,载《浙江学刊》1984 年第 2 期。

④　王文清:《吴越同族》,载《江海学刊》1984 年第 4 期。

⑤　蒙文通:《越史丛考》,人民出版社 1983 年版,第 17~19 页。

两个不同的国家"。"吴越国家的建立,反映了于越原始社会的瓦解和崩溃,标志着于越各部落血缘关系向地缘关系转化的完成,百越集团中之于越在突起中形成为民族。"①后者提出要加一个时间限制:春秋时期,②意思是吴、越不是一开始就是同族,而是到春秋时期才融合为一个民族。吴、越是否同族,已是一个亟待解决的研究课题。

二

　　持吴、越同族观点的,除了从地名相同和历史地理变迁、民族形成的四个特征进行比较外,还提出了吴、越为什么是同族和应该称什么族。对此有的主张吴文化是由越文化迁徙后形成的,有的则认为越文化包括在古吴族之内。前者以陈桥驿先生《越族的发展与流散》一文为代表,他认为越族的发展是以浙江宁绍平原为基础,自从第四纪更新世以来,宁绍平原曾经历了星轮虫(发生距今10万年前,海退距今7万年前)、假轮虫(发生距今4万年前,海退距今2.5万年前)和卷转虫(约始于距今1.5万年前)三次海侵,自然界的变迁频繁而剧烈。"于越部族的祖先,是在如此得天独厚的自然环境中繁衍发展起来的。"卷转虫海侵的过程,也是宁绍平原自然环境恶化的过程,迫使越族居民发生大规模迁徙。第一阶段迁徙路线:一条是越过舟山丘陵内迁到宁绍平原;另一条可能外流漂向琉球、南日本、南洋群岛、中南半岛和今中国西南各省沿海等地。距今1万年以后,开始第二阶段的迁徙,大约有三条路线:一部分越过钱塘江进入今浙西和苏南的丘陵地;另一部分随着

---

①　徐杰舜:载《越民族形成简论》,载《中央民族学院学报》1987年第5期。

②　董楚平:《吴越文化新探》,浙江人民出版社1988年版,第178页。

宁绍平原自然环境自北向南的恶化过程,逐渐向南部丘陵区转移;还有一部分利用平原上许多孤丘特别是今三北半岛南缘和南沙半岛南缘的连绵丘陵而安土重迁。越过钱塘江进入浙西与苏南的丘陵地的越族居民,就是以后的马家浜文化、崧泽文化和良渚文化等的创造者,即历史上所称的勾吴。[①] 陈教授提出勾吴就是于越人迁浙西与苏南丘陵地区的越族居民。所以他主张勾吴和于越是属于一个部族的两个中心。

后一种意见是以周国荣先生《古吴族初探》一文为代表,他认为"吴越本同族",除了从文献记载两族习俗相同外,"再以考古而论,同时代的(距今七千年左右)的浙江余姚河姆渡遗址与江苏吴县草鞋山遗址其文化可称一致。即使从地域、经济、文化心理及语言诸要素去考察,两者实共族无异"。[②] 他还认为吴地、吴族之史至少可以推到距今 7000 年的时候,把河姆渡文化作为古吴族文化。言下之意,吴越同族,都是属于古吴族。

综上所述,陈、周二先生都是从探讨江浙地区的远古文化入手,虽然都是主张吴越同族,但是他们立论的出发点还各有不同。

三

吴、越是一个民族或是不同的两个民族;吴越文化相似是一开始就是这样的,抑或以后历史发展的结果。要讨论这个问题,必须对什么叫同族,吴、越民族是怎样形成的,吴、越文化的异同及其原因这三个方面加以探讨。

吴、越同族,这个"族",我们理解应该是指民族,而不是氏族。有的提出是"部族"。"部族"这个词在我国民族学界使用不普遍,

---

①　陈桥驿:《越族的发展与流散》,载《东南文化》1989 年第 6 期。

②　周国荣:《古吴族初探》,载《民族研究》1988 年第 1 期。

它主要用来指资本主义以前的民族。如果这个理解不误,所谓同族,应该是指相同的一个民族而言。过去古人没有民族这个概念,现在提出的百越民族中的吴与越是否同族,以及吴、越是怎样形成的,都涉及一个理论问题,即什么是民族以及民族是在什么时候才出现的,因此讨论这个问题首先得从这个命题开始。

关于民族及其形成问题,我国民族学界曾进行过长时间的讨论,尽管意见尚不统一,但有一个共同的认识,民族与氏族、部落不同,民族是以地缘为基础,而不是以血缘来划分。民族是由原始氏族、部落发展形成的。正如恩格斯所说:"住得日益稠密的居民,对内对外都不得不更密切地团结起来。亲属部落的联盟,到处都成为必要的了;不久,各亲属部落的融合,从而使各个部落领土溶合为一个民族[Volk]的共同领土,也就成为必要的了。"①恩格斯的"从部落发展成了民族和国家"的理论已为大多数学者所接受。有的还具体提出了民族开始形成于原始社会即将解体、国家即将形成的这一历史时期。可见,民族属于一定的历史范畴,是人类历史发展到一定阶段的产物。由氏族、部落发展为民族,是由于生产力发展,使得原来建立在血缘关系上的氏族、部落开始走向解体,以共同地域、语言、经济利益和文化组合为基础的部落联盟开始形成,这正如恩格斯所言,"这样就朝民族[Nation]的形成跨出了第一步"②。一个与氏族、部落不同的新的民族共同体才开始出现。

从世界民族历史的发展情况来看,民族的形成存在着多种模式,以土著民族的发展历史而言,在古代民族的形成和发展中,大都是在当地原始住民的基础上发展起来的,吴、越民族也不例外。

早在夏商周时期,我国东南地区除了吴、越这两个民族外,还有其他民族。《墨子·兼爱中》曰:"古者禹治天下,西为西河渔

---

① 《家庭、私有制和国家的起源》,《马克思恩格斯选集》第4卷。

② 《家庭、私有制和国家的起源》,《马克思恩格斯选集》第4卷。

窦……南为江汉淮汝,东流之注,五湖之处,以利荆楚、于越与南夷之民。"《吕氏春秋·开春论·爱类》亦曰:"上古龙门未开,吕梁未发,河出孟门,大溢逆流……平原高皋,尽皆灭之,名曰鸿水。禹于是疏河决江,为彭蠡之障,干东土,所活者千八百国。"《论衡·书虚》云:"禹时,吴为裸国,断发文身。"这些记载说明在禹之前,江浙地区不是一片荒无人烟的地带。

　　民族开始形成于原始社会向阶级社会过渡这一历史时期,考古学上相当于新石器时代晚期和青铜时代早期。吴、越是否同族,只要从这个时期的考古资料加以比较研究便可得到说明。在长江下游大致有三种文化类型:一是杭州湾以南以宁绍平原和舟山群岛为中心的河姆渡文化;二是以太湖为中心,主要分布在浙北、苏南的马家浜文化;三是南京的湖熟文化(或称南京北阴阳营类型文化)。马家浜文化是继承河姆渡文化,因而有的又把第一、二种文化称为"先越文化",第三种文化称为"先吴文化",说明吴越地区新石器时代有两种不同的文化类型。

　　根据《国语·越语》记载,于越的分布范围,"南至于勾吴(今浙江诸暨),北至御儿(今嘉兴县),东至鄞(今鄞县),西至于姑蔑(今太湖)"。其地望大抵在今宁绍平原、杭嘉湖平原和金衢丘陵地。《尔雅》又曰:"吴越之间有具区。"《吕览·有始》亦曰:"吴之具区",高注:"具区在吴越之间"。《淮南子·地形训》又载:"越之具区。"具区即今太湖,因而说明太湖平原为古代吴、越民族交界地。

　　从考古资料也可以得到证明,浙江发现的几处重要的新石器时代文化遗址,考古学者认为他们彼此之间都有继承关系,有的提出:"在长江下游南岸杭州湾以北的平原地区,也确认了良渚文化由马家浜文化发展而来,马家浜文化源于罗家角类型。"①浙江省

---

① 姚仲源:《二论马家浜文化》,载《中国考古学会第二次年会论文集》。

博物馆根据解放后30年的考古资料研究认为:"从我省已发现的印纹陶遗址看,可分为杭嘉湖平原、宁绍平原、金衢丘陵地和瓯江水系等四个系统。除瓯江水系的文化面貌与福建很相似外,另外三个区域的总特征还是比较接近的,它们既受到良渚文化的影响,又较多地继承了河姆渡文化因素,应属青铜文化的产物,上限年代似可早于商代。"①可以说,良渚文化层与印纹陶遗址是连续发展的,从文化发展的系列看,罗家角类型——马家浜文化——崧泽文化——良渚文化,脉络较清楚。杭嘉湖的几何印纹陶遗址一般都叠压在良渚文化之上。良渚文化层与印纹陶遗存可以说是连续发展,没有中断。这就说明这里存在着一支独立发展的古文化。因而有的提出杭嘉湖区的于越文化是根植于当地的新石器时代文化,并由当地新石器时代文化孕育而成。② 这种说法是有道理的。

从这些文化的社会性质来看,普遍认为河姆渡、马家浜文化属母系社会,良渚文化属父系社会,并开始向阶级社会过渡,这与民族形成的时间也是符合的。

勾吴的分布范围与于越相邻,据刘和惠《荆蛮考》一文考证:东至于海,在太湖东南与越族错居;南达新安江上流南岸;西临彭蠡与楚为邻;北以长江为界与南淮夷隔江相望。其地望大致相当于现在的苏南、皖南和浙江北部一部分地区。其中宁镇地区被认为是勾吴文化的发源地。自从50年代在江苏湖熟镇发现"湖熟文化"以来,对勾吴的历史研究已开始逐步引向深入。曾昭燏和尹焕章《试论湖熟文化》一文,首先提出湖熟文化是一种"土著文化"。梁白泉《太伯奔吴说》亦认为湖熟文化是吴国立国前后的地

---

① 《三十年来浙江文物考古》,载文物编辑委员会编:《文物考古工作三十年》,文物出版社1979年版。

② 参见陈国强、蒋炳钊、吴绵吉等著:《百越民族史》,中国社会科学出版社1988年版,第128～131页。

方文化。李伯谦《吴文化及其渊源初探》一文亦提出："主要分布于宁镇、皖南地区的北阴阳营下层类型、点将台下层类型与湖熟文化即先吴文化有一定关系，但缺环较多，发展脉络不清，它们虽可能与湖熟文化即先吴文化有更早的渊源关系。"①近几年来，经过考古工作者的努力，在湖熟文化与先吴文化之间的缺环上又做了大量工作，并取得较大的突破。

现已探明，湖熟文化主要集中在宁镇地区及其附近，其分布范围东至江苏武进孟河，南至天日山、黄山以北，西抵江苏九华山以东，北临与宁镇山脉相对峙的江北蜀冈丘陵地带，方圆广数千平方公里。经普查，此类遗址达 300 多处，已发掘有南京的北阴阳营、锁金村、太冈寺以及江宁的点将台等十多处，尤其是句容城头山和丹徒断山墩以及赵家窑团山等几处遗址的发现，②对湖熟文化有了较全面的认识。

湖熟文化被认为属于青铜时代。通过团山遗址的发掘，进一步弄清该文化又是从根植于当地的新石器时代文化发展而来的。《论湖熟文化分期》一文对所发现的湖熟文化遗址进行全面考察，是一篇最新的研究成果报告，作者认为："湖熟文化存在于长江下游地区，相当夏商周时期的一种地方性青铜文化。虽然它所经历的时间较长，但其整体的连贯性和系统性确是十分明显。"对鼎、鬲、瓮、罐、盆、钵、豆等湖熟文化中较稳定的一组器物群加以比较，说明湖熟文化如同所有的历史文化一样，也有着一个发生、发展乃至消亡的必然过程。我们试将这一长期而且复杂的过程分为五个阶段：第一阶段为"湖熟文化的孕育阶段，可称为前湖熟文化，实质上这是宁镇地区新石器时代晚期文化与湖熟文化之间的一种过渡性文化"。第二阶段，"是湖熟文化的形成阶段。此时，湖熟文

---

① 李伯谦：《吴文化及其渊源初探》，载《考古与文物》1982 年第 3 期。

② 《江苏丹徒赵家窑团山遗址》，载《东南文化》1989 年第 1 期。

化的基本器物群已大体形成自身的风格,其中素面弧裆鬲的出现,袋足捺窝腰甗、锥足深腹鼎、刻槽盆、折腹盆、高圈足豆等的流行;纹饰中梯格纹的独树一帜;硬陶和原始瓷的出现,并由此与夹砂陶及泥质陶一同成为文化内涵中固定的陶类等"。第三阶段,"即是湖熟文化的发展阶段,这时期鬲、甗、鼎三种炊具并存,而前二种数量已占较大的比例"。第四阶段,"是湖熟文化的变革阶段。首先饮具中鬲、甑合体型甗已被釜所取代,鬲的比例也有所下降,鼎的数量有明显上升"。第五阶段,"亦即湖熟文化的衰落阶段,饮具有鬲、鼎、釜并存"。原有的基本器物群及其纹饰"至此大多已经消失,生活用陶的器类和纹饰也越来越趋于简化,一个充满活力,一脉相承的传统文化,终于走向衰落时期"。① 湖熟文化属于青铜文化,有的已指出这一时期吴地"早已进入奴隶制国家"。② 湖熟文化直接来源于当地新石器时代晚期文化(或称为"前湖熟文化"),有着自己文化发展的系列。由此可见,宁镇地区同样存在着一支土著地方文化,这应是勾吴民族形成的主体。

　　从大量考古资料所提供的证明看,吴、越民族主要都是由当地原始住民发展形成的,是两个不同的民族。对于《史记》中所记载的吴为"太伯、仲雍",越为"夏后帝少康庶子"后裔的说法,已有不少文章提出质疑。根据吴、越民族来源的历史考察,早在夏人、周人到来之前,江浙地区已有发达的原始文化,正如有人所指出的那样,中华古文化的发祥地绝不是"源于黄河流域"的"一堆篝火",而是"神州之上繁星点点"。吴、越民族及其先民在缔造中华古文化的过程中曾作出积极的贡献。

---

① 刘建国、张敏:《论湖熟文化分期》,载《东南文化》1989 年第 1 期。
② 曾昭燏、尹焕章:《古代江苏历史上的两个问题》,载《江苏出土文物选集》。

四

吴、越民族文化确有很多共同之处，《吕氏春秋·知化篇》云："吴之与越，接土邻境壤，交通属，习俗同，语言同。"《越绝书》载范蠡言："吴、越二邦，同气共俗，地户之位，非吴则越。"①"吴越为邻，同俗共土。"②这些记载都是出自战国乃至汉代学者笔下。造成"同气共俗"的原因，是因为两族相邻，地理条件相同。到了春秋战国时期，吴、越两族文化确已达到难以区分的地步，这不仅见于文献记载，考古资料亦可获得证明。

吴、越文化逐渐融合成为一体有一个历史变化过程，并不是一开始就是这样。文化是人类为了适应、改造自然、社会环境而逐步形成并稳定下来的一种生活方式，也是一种生存能力。所以说文化相同的民族与它们所处的自然环境有着极密切的关系。文化是历史的产物，江浙地区由于地理条件大致相同，吴、越民族及其先民都是以稻作农业为主，辅之以采集和渔猎，与中原地区以粟为主的旱作农业明显不同，因而在同一生态环境中可以产生共同的文化特点。文化是形成民族诸要素中的一个重要特征，吴、越既然形成为两个不同的民族，因而在文化中必然会存在着一些差异。《战国策·赵策》云："被发文身，错臂左衽，瓯越之民也；黑齿雕题，鳀冠秫缝，大吴之国也。"说明吴、越习俗还有些差异；从经济生产来看，有的指出：吴地地处太湖平原的"卑湿之地"，"行则舟楫，食则鱼腥"，生产内容是平原水乡的桑麻稻米；越地地处东南丘陵，"人民山居"，"随陵陆而耕种，或逐禽鹿而给食"，生产内容是山间林区的茶竹薯黍。不同的地理环境和不同的劳动生产内

① 《越绝书·越绝外传记范伯第八》。
② 《越绝书·越绝外传记地传》。

容,反映吴、越这两个古老民族又有着不同的个性,首先表现在两地山歌的风格以及歌词和曲调的不尽相同。[①]

根据考古学者研究,在我国东南地区广泛分布着一种在陶器外表上印有几何纹样的印纹陶,这种陶器产生于新石器时代晚期,发达兴盛于相当于中原的商周时代,衰落于战国秦汉。它的产生、发展与消亡同百越各族的形成、发展与消亡基本是一致的。"百越"是多个民族的泛称,因而表现在"印纹陶文化"上各有其特点,这是很自然的。李伯谦《我国南方几何印纹陶遗存的分区分期及有关问题》一文,曾根据各地出土的印纹陶加以比较研究,把它划分为宁镇区(包括皖南)、太湖区(包括杭州湾)、赣鄱区、湖南区、岭南区、闽台区和粤东闽南区等七个区。再以杭嘉湖区文化遗存而论(包括太湖平原东岸、上海地区及杭州湾以北地区),其印纹陶遗存的第一期(相当于二里头文化晚期和商代早期)与宁镇地区第一期存在一定的差别。[②]吴族起源于宁镇区,越族发源于太湖区,民族来源不同,因而在印纹陶文化的分期与分区上必然也是不同的。说明吴、越民族文化还有些差异。

吴、越两地区的几何印纹陶文化遗存各自都可以分为四期,从中可看出它们之间的异同。第一期(相当于商代早期),两地文化明显有差别,陶器以红陶为主,几何印纹陶少见。太湖至宁镇区主要特点是,有贝形纹和梯格纹,炊器以鬲为主,并发现有卜骨和卜甲,但太湖至杭州湾区,主要有以模印的鱼鸟纹和云雷纹;炊器中有鼎而无鬲,也不见卜骨和卜甲出土。

第二期(相当于西周),表现两地文化共同特点的是几何印纹硬陶和原始青瓷都有一定比例,特别是在墓葬中更占突出地位。

---

①　马骧:《吴歌释名》,载《民间文艺季刊》1990 年第 1 期。

②　李伯谦:《我国南方几何印纹陶的分区分期及有关问题》,载《北京大学学报》1981 年第 1 期。

几何印纹的回字纹、云雷纹、曲折纹、席纹以及由它们组成的复合纹饰较为流行,器物以印纹陶器和原始青瓷为主。墓葬为平地起封的土墩墓,不是土坑竖穴墓。所不同的是,太湖至杭州湾区的陶器中,炊具以鼎为主,仍不见鬲。

第三期,"太湖至杭州湾区,年代约当春秋,其下限甚至到战国晚期;但在太湖至宁镇区,第三期年代,上限可至西周晚期,下限约在春秋中期。第四期,年代约与春秋晚期相当,即前者的第三期,同后者的第三、四期的年代差不多。至第三、四期,二者文化十分相似,陶器中几何印纹陶和原始瓷种类繁多,常见器物有罐、瓮、坛、盅式碗、圆足盘及三足外撇的鼎等,纹饰主要是小方格纹和席纹。二者主要差别在墓葬,后者的土墩墓已大为减少,有棺椁的土坑墓开始流行,前者土墩墓仍很流行"①。

以上情况表明,勾吴和于越的物质文化遗存,在它们的早期(即第一期),虽有共同的文化特点,但差异比较明显,存在着一定的差别;从西周以后(即第二期),文化面貌日益接近。到了春秋时代,两地文化几乎融为一体,以致达到难以区分的地步。这说明吴、越两族文化的融合是在以后的历史发展中形成的。董楚平先生《吴越文化新探》曾提出:"至春秋时,由于吴文化与越文化的融合形成了统一的吴越文化。"他把形成为统一的吴越文化的时间特定在春秋时期。可是历史的事实是,至春秋时,吴还是吴,越还是越,它们并没有融合成为一个族。由此可见,民族文化相同或相似并不等于相同的一个民族。

为什么从西周以来,特别是春秋战国时期,两族文化会达到难以区分的地步呢? 这并不是由于它们原来就是同一民族,而是在历史发展变化过程中形成的。文化的变迁有无意识变迁和有意识

---

① 参见陈国强、蒋炳钊、吴绵吉等著:《百越民族史》,中国社会科学出版社 1988 年版,第 12~13 页。

变迁两种,前者是一个缓慢的过程;后者如"变法"、"维新",文化变迁快些。吴、越两族都属于百越民族,"地域相连,生活在相同的生态环境中,长期以来两族文化交往特别密切,特别是在春秋时代,"当此之时,上无明天子,下无贤方伯,诸侯力政,强者为君。南夷与北狄交争中国,不绝如线矣。臣杀君,子杀父,天下莫能禁止"①。正是在这个时候,吴、越民族及其建立的吴国和越国已经相当强盛,参与了争霸斗争的行列。他们都想问鼎中原,必然要有一场争斗,使得吴、越两族统治者长期结怨,相互攻打。公元前496年,吴、越大战于携李(今嘉兴),吴王阖闾战伤而死,子夫差立,为报父仇,三年后大败越于夫椒,破越都会稽,越王勾践入吴为"佣仆"。勾践归国后,经过"十年生聚,十年教训",公元前482年出兵伐吴,于公元前473年灭吴。公元前334年越国又被楚灭。吴、越两国在这200多年的纷争中,大大加速了两族文化的融合。

从上所述,吴、越是两个不同民族。吴国和越国是这两个民族建立的国家,并不是一族两国,或者是一族两个中心。吴、越两族出现文化类同是在后来的历史发展中形成的,在吴、越民族历史发展中,有过相互吞并斗争的历史,这一历史进程大大加速了两族文化的融合,最后为楚国灭亡,走完了民族发展的历史进程。吴、越民族消失了,吴越人民则被同化成为当地汉族的一个重要来源。

(原载《国际百越文化研究》,中国社会科学出版社1994年版)

---

① 《越绝书·越绝外传记地传》。

闽越文化研究的历史与现状

　　"闽越"一名最早见于《史记》,关于闽越文化,古今史家都有过研究,尤其是近 20 年来,取得了丰硕的研究成果,也还存在一些有待进一步深入探讨的问题。现将闽越文化研究的历史和现状作个简要的介绍,提供研究者参考。

一、清代以前有关闽越的文献记载

　　《周礼·职方氏》最早出现"七闽"和"闽"的记载。《山海经·海内南经》又有"瓯居海中,闽在海中"。古代闽的地望应涵盖今福建省境,据此,史家认为福建的地名或族称最早可称闽。

　　"闽越"一名最早见于司马迁《史记·东越列传》,这是有关闽越的第一篇历史文献,记载了从秦统一到汉武帝闽越国除的 100 多年的历史。提出了闽越王系勾践后裔,秦统一后曾在闽越地置闽中郡。西汉建立后,汉高祖又"复立"无诸为闽越王,王闽中故地,都东治。闽越国除后,汉武帝对闽越采取移民虚其地的措施。

此外,在《史记·货殖列传》和《史记·孝武本纪》中还有关于闽越经济生活和原始宗教的记载。

《汉书·闽粤传》所载闽越史事与《史记》雷同,只是把"都东冶"改为"都冶"。可在其他传中则有些新内容,如《严助传》载淮南王刘安上书汉武帝,请慎重出兵闽越一事。并说到闽越族内部一些情况。《朱买臣传》是一篇有关闽越都城地望的主要文章。《地理志》有冶县的记载。史书记载虽然很简略,但它意味着闽越已作为我国多民族国家中的一员出现,并引起史家的重视。

汉武帝统一闽越后,闽越在史书上便很少出现。三国时,在原来百越民族居住区曾出现"山越"一名。《资治通鉴·汉纪》胡三省注曰:"山越本亦越人,依山阻险,不纳王租,故曰山越。"后来大都学者认为三国时代的"山越",即秦汉时百越的后裔。福建闽北地区三国时也有山越抗吴斗争活动的记载,孙吴派贺齐出兵镇压,并于吴永安三年(260年)分会稽南部置建安郡,领建安、汉兴、南平三县。这是福建首置郡治的可靠记载。

此后,史书有关闽越记载,大都根据《史记》、《汉书》记载或作些补充和考证。如《宋书·州郡志》则有关于冶县如何设置的记载。

关于司马迁的"越为禹后"的说法,史家也有过疑义,如《汉书·地理志》颜师古注引臣瓒言,百越"各有种姓,不得尽云少康之后"。东汉王充《论衡·书虚》对禹巡狩会稽和死后葬于会稽之说提出质疑。尤其是清代梁玉绳《史记志疑》一书,对司马迁的越为禹后和闽越为勾践之后说予以否定。他说:"禹葬会稽之妄,说在《夏纪》。夏、商称帝之妄,说在《殷纪》,而少康封庶子一节,即缘禹葬于越伪撰,盖六国时有此谈,史公谬取人《史》,后之著书相因成实。《史》并谓闽越亦禹苗裔,岂不诞哉!"

关于闽中郡和冶县设置,清王鸣盛《十七史商榷》"故郡"条、钱大昕《潜研堂文集》和王国维《观堂集林》的《秦郡考》、《汉会稽东部都尉治所考》、《后汉会稽东部侯官考》等等,都有自己的看法。

此外,《太平御览》引肖子开《建安记》曰,南朝梁人顾野王称福建武夷山为"地仙之宅,半崖悬棺数千"。所谓悬棺,即将棺木置于悬崖峭壁几十米高的洞中。《朱子大全》称这种悬棺为"架壑舟",并谓"武夷山上有仙灵"。这种"仙灵",朱熹认为:"颇疑前世道阻未通,川壅未决时夷落所居,而汉记者即其君长,盖亦避世之士为众所居服而传为仙也。"清代董天工撰《武夷山志》,对这种悬棺葬通篇充满着各种神仙传说。从而道出武夷山存在一种特殊的葬俗,这与闽越文化可能有关。

二、新中国成立前闽越文化研究的概况

从20世纪20年代直至新中国成立前,发表的一些有关闽越文化的论文和专著,大都是根据清以前的文献资料,也展开一些学术论争,现简介如下:

闽越系百越民族之一,故在一些专著中都把闽越列入"百越系"。如林惠祥《中国民族史》(1936年)"百越系"一章提出,越族不同于华夏族,《史记》所谓"越王勾践为夏禹之后,此不过是越人托古之辞",不足信也。并指出百越文化特征有:断发文身、契臂、食异物、巢居、胶着语、使舟及水战、使用铜器等。

罗香林《中夏系统中之百越》(1943年)《闽越》篇云,闽越居地,以今日闽江流域为中心,闽江似即闽越得名。唯其种人之分布区域及秦汉之际其种人之活动范围,则似东及于今台湾、澎湖、流球等海岛,而西则威力所届,似直至于赣东北等地。台湾等海岛,自昔又称东鳀,其种人虽闽越同一支派,然后以海峡所隔,故演化成为越族中之又一支派——东鳀。闽越在汉初虽种势其盛,然终

以种源本出于夏民族,又适值好勤远略之武帝,故终与中夏混化为一。

吕振羽《中国民族简史》(1947年)认为扬越、东瓯、闽越、百越各族都有断发文身的共同风俗习惯,这与泰国、越南、缅甸、马来人风俗相似,具备有马来系人种的特征。现代的黎、高山、畲和蛋民,可能是南越、扬越、东瓯、闽越各族之子遗。

专题论文有刘芝祥《山越考》(1924年)、叶国庆《三国时代山越之分布区域》(1934年),系根据《三国志·吴志》资料,列出三国时代山越的分布,遍及今安徽、江苏、浙江、福建、台湾、江西、湖南、广东和广西等省区,福建的山越在建安郡。

关于古闽及冶都地望,1934年叶国庆《古闽地考》认为,志书多称福建为周七闽地,妄也。所谓闽,本在浙江,或及福建北部,非今福建也。汉初闽越势力强盛,拓地至福建,故福建遂成为闽越居地。关于冶和东冶均在今浙江南部,而不在福建。劳𰻞《汉晋闽中建置考》(1935年)对叶文提出质疑,认为章安与冶并非一地,章安在浙南,西汉之冶、东汉之侯官,均在今福建。1936年叶国庆又发表《冶不在今福州市辨》对劳文的观点提出商榷,他从闽之地望考察、冶不得更名为东部侯官、泉山不在今福州市和章安故冶说可信等四个方面进行论述,认为冶不得改为侯官,后汉会稽郡十三县皆在今浙江省内,独一侯官远置于今福建中部,谓之合理可乎?

此外,还有王新民《越王勾践子孙移闽考》(1944年)、谢道芬《闽北越王遗迹考》(1946年)和傅衣凌《福建畲姓考》(1944年)等。

从上所述,对闽越的来源、古闽地望及冶都,提出一些有争议的学术论说,把闽越研究又推进一步。但是对闽越社会历史文化还少有研究,闽越的历史面貌还是不很清楚。

三、1949 年至 1979 年研究情况

新中国成立后 30 年,有关百越民族研究不多,专论闽越的文章就更少。但从研究的问题来看,比以前更深入,内容也更丰富,兹分述如下:

(一)闽越族研究

叶国庆、辛土成《西汉闽越族的居住地和社会结构初探》(1963 年)一文,作者考证"闽"、"瓯"以及"冶"、"东冶"和"泉山"的地望均在浙江南部,闽越族的分布地区是在浙江南部和福建北部的部分地区,而不是在福建省内。春秋战国时代浙江的越国尚处在"向阶级社会过渡的阶段"。西汉时的闽越族社会同样"始终未进入到阶级社会的历史阶段"。

陈可畏《东越、山越来源和发展》(1964 年)一文认为,"东越(闽越、东瓯)是越国南迁的遗族"。"山越是越族的后代,其中还包括一部分汉人。"

(二)从福建历史上少数民族的族源联系闽越族研究

陈碧笙《关于福州水上居民的名称、来源、特征以及是否少数民族等问题的讨论》(1954 年)认为,福州的"科题"可能是当地土著古闽族下迁于水的。韩振华《试释福建水上蛋民(白水郎)的历史来源》(1954 年)认为,福建水上蛋民即秦汉时代闽越的后裔。陈国强《福建古民族——"木客"试探》(1963 年),论述了"木客"与古代越族的异同。林惠祥《南洋马来族与华南古民族的关系》(1958 年),凌纯声《古代闽越人与台湾土著族》(1952 年)、《南洋土著与中国古代百越民族》(1954 年),林、凌文章系研究华南古越族与台湾、南洋土著马来族的密切关系。1963 年编写的《高山族简史简志》、《畲族简史简志》均提到这两个少数民族的族源与古代越族的关系。

（三）考古新发现与研究成果

新中国成立后，随着考古事业的发展，大大地丰富了闽越史的研究内容。首先是关于几何印纹陶的发现和研究，林惠祥早在1937年发掘福建武平新石器时代遗址时就提出印纹陶的主人是古越族。新中国成立后，他在研究台湾（1955年）和福建龙岩（1951年）、长汀（1957年）、闽侯（1954年）等地新石器时代论文中，认为印纹陶和石锛、有段石锛是古代越族的遗物。1978年在江西庐山召开"江南地区印纹陶问题学术讨论会"，大多数学者赞同印纹陶产生于新石器时代晚期，发达于商周，衰落于秦汉，并一致认为印纹陶是古代越族文化最显著的特征之一。考古的这一研究新成果，为百越民族史研究翻开新的一页。如福建闽侯县石山遗址，有的笼统地称之为"新石器时代遗址"，而将它的早中晚三个文化期，毫不区别地认为是"持续发展起来的文化。"吴绵吉《试论昙石山遗址的文化性质及其文化命名》（1979年）一文，通过三个文化层次出土印纹陶的数量和质地加以比较研究，认为昙石山遗址晚期和早、中期是分属两种不同的文化，晚期可能已进入青铜进时代了。

（四）崇安汉城的发现与研究

1959年福建省文管会在崇安城村发现一座汉代城址，1959年进行试掘，出土大量铁器，提出了这座古城与闽越王王城有关。陈直《福建崇安城村汉城遗址时代的推测》（1961年）一文认为，这座古城是闽越王建的宫殿。有的认为是它是越王余善所建的六城之一。还有的认为不是闽越时期的遗存，如《新中国考古收获》一书，认为该城"时代大约从西汉后期延续到东汉"。蒋炳钊《关于福建崇安汉城的性质和时代的探讨》（1978年），从出土的铁器加以比较研究，也认为不是闽越王宫殿，而是汉代统治者的一处军事驻所。

（五）关于悬棺（船棺）研究

自顾野王提出武夷山有"悬棺"后，福建省博物馆于1978年在武夷山白岩取下一具"悬棺"（二号船棺）。1973年观音岩一具悬棺遭破坏，结构呈船形（称一号船棺）。蒋炳钊《略谈福建崇安武夷山的架壑船棺》（1978年），认为当属闽越族，时代为青铜时代的产物，下限不晚于西汉。辛土成《关于武夷山架壑船棺若干问题的探讨》（1978年）一文，认为可能属新石器时代，主人可称"武夷"的少数民族。曾凡《三十年来福建考古工作的发展和成就》（1979年），认为是夏民族的遗留。也有的认为是彭祖族的葬俗。

四、改革开放20年的丰硕成果

改革开放以来，科学研究也迎来了春天。1980年6月17日在厦门大学召开首次百越民族史学术讨论会，并成立"百越民族史研究会"。20年来，该会先后举办十届全国性（国际）百越民族史研讨会，由学会主编出版十本论文集。学者还写出多部专著，如蒙文通遗著《越史丛考》（1983年），蒋炳钊、吴绵吉、辛土成合编《百越民族文化》（1988年），蒋炳钊《百越民族史资料选编》（1988年），陈国强、蒋炳钊、吴绵吉、辛土成合著《百越民族史》（1988年），何光岳《百越源流史》（1989年），宋蜀华《百越》（1991年），彭适凡《中国南方古代印纹陶》（1987年），中国民族学学会编《悬棺葬学术讨论会文集》（1982年），陈明芳著《中国悬棺葬》（1992年），吴春明《中国东南土著民族历史与文化的考古观察》（1999年），福建省博物馆主编《闽越考古研究》（1993年），杨琮著《闽越国文化》（1998年），吴春明、林果著《闽越国都城考古研究》（1998年），福建省考古博物学会编《福建华安仙字潭摩崖石刻研究》（1990年），吴春明、林果编《冶城历史与福州城市考古》（1999年）等，这些论文和专著中论述闽越史事的不少，内容涉及闽越族的方方面面，

不同的学术观点也得到充分展开,现归纳几个问题加以介绍:

（一）关于闽越的来源

自《史记》、《汉书》提出"越为禹后"和"百越同源"的观点,在学术界影响很大,一直到现在还广为流传。关于闽越的来源,主要有南迁说、混合说和土著说三种。南迁说以陈可畏《东越、山越的来源与发展》一文为代表,他认为东越（闽越和东瓯）来源是越国被楚灭后南迁的遗族。混合说以朱维干、陈元熙《闽越族的建国与北迁》（1982年）为代表,主张"闽和越并不是同一民族。福建在古代是七闽的分布地区之一,闽是福建的土著,越则是由会稽南来的客族"。汉代出现"闽越"则是原来福建土著的"闽族"与浙江越国亡后南迁的"越人"组成的。1986年出版的《福建史稿》也是持这一观点。从福建大量出土的印纹陶遗址,说明早在汉代以前,福建地区已有人类活动,这就是形成闽越的主要来源。战国晚期越被灭后,越国遗民被迫南迁,部分越人进入福建,这是有可能的,但是闽越族主要还是由早已居住在这一带的越人所形成。《百越民族史》关于闽越的来源也持土著说观点。

"闽"与"越"的关系,有的主张"闽"与"越"是两个不同的民族,有的认为是同一个民族在不同时代的称呼而已。《说文解字》已有正确解释。

学者认为,闽越族作为百越的一支,探讨闽越族来源必须与越族的来源紧密联系起来考虑。关于百越族（越族）来源,众说纷纭,司马迁最早提出越为禹后说。罗香林《中夏系统中之百越》则完成越族为夏民族之演称的全部解释。此外,徐中舒《夏史初曙》（1979年）一文认为,越族是夏族被商灭后南迁的一支。郭沫若主编的《中国史稿》（1976年）主张越与楚同祖,即楚越同源。吕思勉《中国民族史》（1934年）认为"粤族,盖今所谓马来人"。

随着新的考古资料的不断发现和研究,主张越族是几何印纹陶文化遗存的主人的观点愈来愈多。因而从考古文化论述百越各族源于当地土著民族的观点愈来愈引起学术界的重视，吴绵吉《古越族来源的考古考察》(1981 年)、《东南几何印纹陶"文化"应是古越人的文化》(1982 年)等，都论述了越族来源于当地土著民的观点。蒋炳钊《越为禹后说质疑——兼论越族的来源》(1981年)一文，从三个方面对司马迁的"越为禹后"说提出质疑。首先，浙江的会稽并不在夏王朝的疆域内，因而禹巡狩至会稽，死后葬于该处之说似乎不太合理；其次，从世系方面看，《越绝书》《吴越春秋》所载夏少康至勾践的世系是 20 余代，而钱大昕考证，"少康至桀十一传，殷汤至纣三十传，周自武王至敬王又二十五传，而越乃止二十余传，理所必无也"。两者世系相差近一千年，因而把勾践说是夏少康的后裔，实在难以令人信服。最后，夏文化和越文化迥然不同，被认为夏文化的河南偃师"二里头文化"和百越地区的"印纹陶文化"是两种不同的文化。显然，印纹陶文化不是夏文化的进一步发展，而是古代越人创造的土生土长的文化。于是，所谓越族先世为禹之苗裔或夏民族南迁江南而形成的看法，都是值得商榷。百越各族应是由当地原始先民发展形成的。《百越民族史》和《百越》等专著都持这种观点。

（二）关于闽越族的分布

关于闽越的分布地域有三种观点：叶国庆在《古闽地考》和《冶不在今福州市辨》中提出闽越主要分布在今浙江南部和福建北部。《百越》一书也赞同这一观点。第二种观点认为台湾地区也属闽越分布区，叶国庆、辛土成《住居我国大陆和台湾的古闽越族》认为，史载"闽在海中"和"外越"都包括台湾，台湾保留诸多习俗都与闽越类同。《百越》一书亦赞同此说，认为三国时代台湾的"山夷"，即今日高山族先民的主体部分。第三种意见，闽越、东瓯和山夷都属百越民族，各有自己的分布地域，东瓯分布在浙江南部的瓯江流域一带，山夷分布在台湾，闽越主要分布在福建，还有赣东的一部分。《百越民族史》主此说。

（三）关于闽中郡和冶都、冶县的争论

1974 年版的《中国历史地图集》第二册置秦闽中郡治于今福州市。80 年代初又掀起一次大争议，李祖弼《闽中疆域考》（1980年）认为："秦代闽中郡疆域范围，应该包括有旧日浙南的温、台、处三府（州）的大部分以及几乎福建全境。闽中郡的治所，可能就在今天浙江的临海县附近。在西汉初年，它曾经是闽越都城，后来被称为'故冶'，也就是西汉回浦县或东汉章安县的县治所在地。"魏嵩山《汉闽越王无诸冶都考》（1980 年）认为："汉闽越王无诸冶都自始就在今福建福州市，秦置闽中郡亦治于此，汉武帝改置为东冶县，属会稽郡。东汉光武帝改名东部侯官或简称为东侯官，至三国孙吴又改为侯官。1974 年《中国历史地图集》置秦闽中郡治于福州市是完全正确。"蒋炳钊《对闽中郡治及冶都、冶县地望的一些看法》（1981 年）认为，闽中郡是虚设的，既是虚设的，也就很难去考究它的郡治设在哪里。林汀水《也谈闽中郡、冶县与侯官》（1981 年）认为，秦设闽中郡纯属推论，汉代也当未设冶县。

90 年代以来，关于冶都地望又掀起一次学术论争。1998 年 8 月，福州市政府举办福州建城 2200 年纪念和"冶城学术讨论会"。此因，1985 年，在福州新店古城村发现一座"古城"，1997 年又在屏山土堆中找到"万岁未央"瓦当和汉代筒瓦、板瓦，据此推断福州屏山一带当为闽越都城所在地，冶都即在今福州。并以汉高祖五年（前 202 年）复立无诸为闽越王这一年为冶城始建年代。于是现在发现有两座汉城，有的主张福州较早，拟为闽越王无诸冶都，崇安汉城为余善时所建。有的认为冶城应在闽北，今崇安汉城可能性最大。

（四）关于闽越社会经济研究

关于闽越的社会经济形态研究归纳起来大致有原始社会、奴隶社会和封建社会三种意见：除《西汉闽越族的居住地和社会结构初探》一文持原始社会晚期说外，曾凡《关于福建史前文化遗存的探讨》一文(1980年)亦认为:"西汉初年,还是处于半独立状态的部落。"持奴隶制观点的有蒋炳钊《东越历史初探》(1982年)一文,该文认为:"秦汉时期闽越的社会经济已有一定的发展水平,这绝不可能停留在原始社会的发展阶段,但是也不可能已经处于'高度文化'的封建文化,应该还是停留在奴隶社会的发展阶段。"辛土成《西汉时期闽越社会经济探讨》(1985年)一文认为:"以早期奴隶制的经济形态占主导地位。"主封建论者,陈直《福建崇安城村汉城遗址的时代推测》认为:"福建地区在西汉已有高度文化发展,不是以前人所想象的东越社会经济是停滞不前的。"所谓"高度文化",我们理解为封建社会。林祥瑞《关于福建古代闽族问题的若干探讨》也认为:"到了秦始皇时代,闽越族开始向封建社会过渡,标志着封建社会的生产力水平的铁器已经开始使用。"

1984年,蒋炳钊《关于福建奴隶制和封建问题讨论》一文认为,在先秦时期,福建"先民用金属的青铜刀子割断了原始社会的脐带,进入青铜文化时期"。到了汉代,闽越族已相当强盛,经济又有了新的发展。汉武帝统一闽越后,汉文化在福建才得到广泛的传播,由此福建才开始进入使用铁器的历史,即由奴隶制逐渐向封建制转化。

(五)关于悬棺和摹崖石刻的研究

武夷山悬棺和华安仙字潭的石刻是福建古代民族的文化遗存。1978年福建省博物馆在武夷山白岩洞取下一具完整的船棺,棺中尚存一具男性尸体,一件龟状木盘随葬品,棺底垫有精细人字纹竹席,死者衣着有丝、麻和棉织品。武夷山"神仙葬处"的奥秘被揭开。后来在江西贵溪县仙岩及西南各地都有发现,1981年3月在四川珙县召开"悬棺葬学术讨论会",并出版文集。悬棺分布很广,时代从商周一直延续到近现代。武夷山悬棺年代最早。一般认为定在西周至春秋时期为宜。故有人认为,悬棺起源于福建,由东向西发展。

　　武夷山悬棺属青铜时代文化遗存,族属问题有闽越、安家、武夷族等,还有彭祖或无余君子孙臣民的说法。1982 年林华东《试谈我国东部地区悬棺葬的几个问题》,陈龙、狄宪德《武夷山崖棺葬溯源》,林忠平、梅华全《武夷山悬棺葬的年代与族属试探》,又有干越族、畲族的祖先和闽濮等观点。笔者撰写《武夷山崖洞墓问题的探讨》(1982 年)还是赞同闽越族说的观点。

　　通过对武夷山悬棺的发现和研究,福建古代闽越族行此葬俗是它们"水行山处"、"以船为家"的文化特点的反映。武夷山二号棺内死者衣着丝棉织品,一方面反映行此葬制非贵族莫属,另一方面也反映当时福建丝棉纺织的生产水平。

　　1915 年 8 月,岭南大学黄仲琴教授首次到华安仙字潭调查摩崖石刻,并写下《汰溪古文》一文,开此研究的先河。1957 年 8 月,福建省文管会又派林钊、曾凡前往考察,并进行拓片。报告一发表,引起学术界广泛关注。后来陆续发表一系列文章,掀起研究的热潮。1988 年 7 月,由福建省考古博物馆学会和漳州市文化局在漳州市召开"漳州地区摩崖石刻学术研讨会",会后出版《福建华安仙字潭摩崖石刻研究》一书,收入研究文章 30 篇。

　　经过研讨,对华安仙字潭摩崖石刻文化内涵、时代和族属的研究,大约有如下几种观点。

　　关于岩刻的性质问题是讨论最感兴趣的问题,围绕是"字"或是"画"两大不同观点展开讨论,主张是"字"的观点,认为这些字的属性有古篆、大篆、爨文、苗文、吴文字、吴籀、象表文字、图像文字、图画文字等;持"图画"说者,根据对岩刻纹样的结构、内涵、与字的本质区别,及其与其他地区相比较。属于岩刻内容说法有"宴饮说"、"媚神说"、"娱神说"、"祭祀说"、"征战说"、"纪功说"等。

　　关于年代问题,由于对崖刻性质辨识不一,时代便有很大差异,下限定在唐代,观点比较一致,上限有原始社会、商周、秦汉、唐以前等。

族属问题主要有越族、吴族和畲族三说。我们认为族属的确定与时代断定关系十分密切,因此这些说法大都带有推断性。笔者《对华安仙字潭摩崖石刻的几点看法》(1989年)一文认为,越人崇神事巫,唐人记载有祈求蛟螭不要为害这一内容,故华安仙字潭石刻可能是秦汉至唐以前当地越人及其后裔祭水神的一幅崖画。

五、几个问题的讨论

在当前闽越史研究中存在三大学术公案:闽与闽越关系、闽中郡设置和冶都地望。有的问题从30年代就开始争论,后来随着考古资料的发现,争论更进一步深入。这是一大好事,现就这些问题再谈一些粗浅看法。

(一)关于闽与闽越的关系

在古代,有些名称既可以作为地名,也可以作为国名或族称,如《周礼》中记载的“闽”,就可以作这样的理解。故福建早期族称可称为“闽”。但是这个“闽”与《周礼》中的“夷”、“狄”、“蛮”一样都是泛称,“闽”也不是专指今日的福建。

随着历史的发展,名称也会不断发生变化。如“闽”、“七闽”之称仅见《周礼》和《山海经》。在不同的书中又有不同族称的记载,如《逸周书·王会解》载,早在商代初期,四方来朝贡的各族中,东方有“翦发文身”的“越沤”,正南则有“瓯人”。“越沤”、“瓯”就是对古代东南地区部分越族的称呼。可见,越作为族名出现也很早。西周初期成王在位时,越族中的“于越来宾”,客问周王室。春秋末期,于越在浙江建立越国。进入战国以后,民族区别更明显。《荀子·荣辱篇》有“越人安越,楚人安楚,君子安雅”之分;同书《儒效篇》又有“居楚而楚,居越而越,居夏而夏”。“雅”

即"夏",把中夏、楚、越区分为三个不同民族。此时,在东南地区只有"越"称,不见"闽"称。战国晚期《吕氏春秋·恃君篇》又出现"百越"一名,泛称"扬汉之南"一带的百越各族。《汉书·地理志》注引臣瓒言:"自交趾至会稽七八千里,百粤(越)杂处,各有种姓。"又进一步把百越分布地区具体化。《史记》中在这一个分布区内又列出闽越、东瓯、南越、西瓯、骆越、扬越、滇越等等,它们都是百越民族之一支。

"闽"与"越"名称的演变及发展变化的脉络是很清楚,在早期"闽"与"越"称并存,后来闽称已被越名所取代。东汉许慎《说文解字》云:"闽,东南越,蛇种。"《史记·吴太伯世家·索隐》释"荆蛮"亦曰:"蛮者,闽也,南蛮之名,亦称越。"今人蒙文通《越史丛考》解释得更为清楚,他说:"越本国名,其族为闽,后亦用作族称,泛称东南沿海之民族。自越王勾践灭吴称霸之后,'越'名大显于世,战国而后,又有'百越'一名,泛指古东南沿海暨岭南地区及其居民。"显而易见,"闽"与"越"并不是两个不同的民族,只是不同时代的不同称呼。目前已出版的诸部百越史的著作,均通用"闽越"一名,故福建古代民族名称不宜称"闽",而称"闽越"较为恰当。

有的主张"越"是"会稽南来的客族",可能也是源于司马迁。《史记·越世家》云,越国王无彊被楚兵杀死后,"越以此散,诸族子争立,或为王,或为君,滨于江南海上,服朝于楚"。《东越列传》又言,东越的闽越王无诸和东瓯王摇都是勾践后裔。言下之意,无诸和摇就是越国灭国后南迁的"君臣"或"族子"。据此,故有人主张"东越是越国南迁的遗族"。主张"客族说",在于强调福建土著为闽,实则与"遗族说"一样,也是认为越国被楚并后,"实则(越国)并没有全部灭亡",只是"越国从此分裂",越王族散居江南海边,有的称王,有的称君。就在此时,"有一些越王族,大约就在这个时候航海入闽(福建)"。如果此说可信,那么无诸统治下的闽越国还是越国的延续,根本谈不上主客之分,大有反客为主之意。由此可能产生一个更重要的问题,即越国史和闽越国史都要重新认识,闽越史势必纳入越国史的一部分。这合乎闽越的真实历史吗? 这也是把"闽"与"越"人为地对立起来可能产生的后果。

(二)关于闽中郡和冶都地望问题

秦始皇统一中国后,为加强中央集权制,在地方实行郡县制。从全国郡县设置情况考察,实行真正的郡县制必须具备两个条件:一是在秦国统一的区域内,二是秦王朝派官治理。

秦始皇统一六国后,便对百越地区用兵。据《淮南子·人间训》载,当时秦始皇派屠睢领 50 万(可能偏多)兵分五路向岭南进兵。经过"三年不解甲驰弩……以与越人战",终于统一了岭南。置桂林、象郡和南海三郡,并委派任嚣为南海郡尉,赵佗为南海郡龙川县令。

反观闽越情况,置闽中郡只见《史记·东越列传》"闽越王无诸及东海王摇……秦已并天下,皆废为君长,以其在为闽中郡"一句话。从历史的事实看秦兵自始至终均未进入闽越。《汉书·贾捐之传》云:"以至乎秦,兴兵远攻,贪外虚内,务欲广地,不虑其害,然地南不过闽越。"秦兵既本未进入闽越,后来也未见秦朝派官吏来闽。这个"闽中郡"归谁管理? 清人王鸣盛和钱大昕均已指出,虽有郡名,实际上东越地区还是由"无诸和摇所据,秦不得而有之"。由此说明闽中郡只是一纸空文。既然是虚设的,就不存在郡治设在哪里的争论。

关于"冶都"地望,是争论最剧烈的问题。从 30 年代开始,80 年代初又掀起一次热潮。90 年代达到高潮。1998 年由福州市政府出面,把汉高祖五年(前 202 年)"复立无诸为闽越王,都东冶"作为福州建城 2200 年的始建年代。这已经是用红头文件圈定冶都是在福州。作为学术研究,我认为这个问题还有进一步深入讨论的必要。

首先，汉高祖五年为什么要"复立"无诸为闽越王。十一年为什么又派陆贾出使南越，承认赵佗刈割岭南三郡自称南越武王的事实，正式封赵佗为南越王。这与西汉刚建立时国内形势有关。《史记》、《汉书》多次提到威胁西汉王朝的势力，即北方的匈奴和南边的百越。为了稳定政局，不得不作些妥协，因此"复立"无诸为闽越王，不仅是"佐汉"有功，实质上也是在于稳定东南地区。封赵佗为南越王，目的"和集百越，毋为南边患害"。

《史记》、《汉书》记载，为什么用"复立"，说明无诸统治下的闽越国不是汉五年才出现，而是在秦统一全国之前已经存在。因此闽越王"冶都"不可能是在"复立"之时才开始兴建的。有了国家的政权组织，必定就是有个政治中心和王族贵族的居住地。这个都城出现必定在汉五年之前已经存在。

"冶都"在哪里？闽北说和福州说两种对立观点都写出一批文章，尤其是近期在福州新店古城村也发现城址，为福州说提供有力证据。我认为新店和崇安发现的城址，这两处城址所在地均名"城村"，这绝非偶然，一定有其历史原因。从出土的资料看，崇安汉城较为丰富，王城的布局较有说服力，但是单从考古资料的多寡还不能完全服众，因为它与城址被发现时间早晚和受破坏情况有关。

在这种情况下，认真分析文献记载尤为重要，而且应该运用第一手资料，《史记》、《汉书》的记载比《三山志》和明清的方志要更有说服力。现就《史记》、《汉书》中记载，列举几事，考证如下：

1. 从汉军入闽路线考察。《史记》载，汉武帝出兵闽越，共分四路，都是指向闽西北：一路为"横海将军韩说出句章，浮海从东方往"。句章属会稽，在今宁波之西，为出海之要道。有的认为这一路汉军是从杭州湾出发，沿海路攻打福州。事实上这路兵并未到达福州，而是从慈溪沿钱塘江上，经仙霞岭，最先攻打浦城。元代意大利旅行家马可·波罗从杭州到泉州也是走这条路。二为

"楼船将军杨仆出武林"。汉武林县在余干县东北,临大湖。这路军大概是从鄱阳湖南下,指向闽西北。三为"中尉王温舒出梅岭"。梅岭离豫章15公里,是一古驿道,即今宁都县东北。这一路兵是从宁都南下,指向闽西。四为"越侯为戈船、下濑将军,出若邪、白沙"。若邪即今绍兴县南,白沙在豫章北20里接鄱阳界。这一路兵可能又分两支,分别从绍兴和豫章南下。四路汉兵都是从浙赣直指闽西北。

2. 闽越军事设防重点在闽北。汉中大夫会稽太守朱买臣说:"故东(闽)越王居保泉山,一人守险,千人不得上。今闻东越王更徙处南行,去泉山五百里,居大泽中。今发兵浮海,直指泉山,陈舟列兵,席卷南行,可破也。上拜买臣会稽太守。……居岁余,买臣受诏将兵,与横海将军韩说等俱击破东越。"对这位地方最高的行政长官,直接参与战斗的朱买臣的话,持不同者,作出不同的理解。

关于"泉山"地望,史载和注家的解释共有五个:一为浙江永嘉的泉山,二为浙江衢县的泉岭山,三为闽北浦城的泉山,四为福州的越王山,五为泉州的清源山。直接标明"泉山"只有永嘉和浦城两处。持冶在浙南说提出:"或许余善南退时,曾先后居住在今永嘉县的泉山,后来才退到今福建的浦城。"持福州说者,认为"泉山"即今福州的越王山。又一种解释认为,东越王死守泉山在闽北,后来在汉兵进逼下"徙处南行,去泉山五百里,居大泽中",是知闽北为军事要地,而冶都则是在距闽北泉山五百里,居大泽中,即今福州。

"泉山"在哪里?《太平寰宇记》云:"泉山在县(浦城)东北六十里,记云山顶有泉分为两派:一人处州,一人建溪。即《汉书·朱买臣传》言"东越王居保泉山,一人守险,千人不得上",即此山。《太平御览》和《八闽通志》等书记载亦同。从汉越双方斗争的结局看,汉军最先"攻越军于汉阳",汉阳即今浦城。朱买臣所说"今发兵浮海,直指泉山",是指浦城,而不是福州,他同韩说军队最先到达地是在浦城。

3. 韩说军队能顺利打入浦城,是得到浦城吴阳旧属的内应。"故越衍侯吴阳前在汉,汉使归谕余善,余善弗听。及横海将军先至,越衍侯吴阳以其邑七百人反,攻越军于汉阳。"汉武帝元封元年冬(前110年),汉兵"咸入东越","东越将多军,汉兵至,弃其军降"。汉越之战只经汉阳一役,闽越官兵即向汉军投降。说明闽北是闽越国的军事重地和政治中心。

4. 汉军进入浦城后,闽越为什么很快就被灭国,还有一个重要原因,即汉王朝利用吴阳及其旧属策划闽越统治阶级内讧,把东越王余善杀了。"从建成侯敖,与其率,从繇王居股谋:'余善首恶,劫守吾属。今汉兵至,众疆,计杀余善,自归诸将,傥幸得脱'。乃遂俱杀余善,以其众降横海将军⋯⋯"从这一记载,说明闽越统治者也是居住在闽北。如果都城在福州,汉越之战仍将持续下去,闽越王国不会这么快就被灭国。

此外,从汉人入迁和福建的开发而言,也是从闽北开始,而逐渐向闽南、闽中和闽东扩展。三国时福建首置的建安郡也是在闽北。西晋时期的晋安郡治所才从闽南转向福州。福州开发是在晋安郡设置,随着汉人入迁,东西湖的围垦才开始发展起来的。闽北的浦城在古代是一处要地,"无事则四达必由之途,有事则百战必争之地","夫一邑而与九邑为邻,实他郡所罕睹"。因此,闽越国的政治和军事重地是在闽北,也是符合福建开发的历史的。

一般认为都城是王室贵族的住地,也是政治中心。综上所述,闽越王"冶都"在闽北,不论考古资料还是文献记载都较有说服力,历史事实清楚。现在发掘出的崇安汉城为闽越"冶都"的可能性最大。

六、对闽越族今后研究的几点思考

闽越族研究的基础原来是很薄弱的。解放以后,尤其是改革开放的 20 年来,已取得很大成绩。但是还存在不少待决的历史问题,诸如闽中郡、冶都、冶县的设置与地望,闽与越的关系、闽越的来源与社会发展等。闽越族的历史研究,实际上就是福建古代史的内容。今后必须继续深入研究,出一些研究成果。如何寻找切入点,提出几点意见供参考。

(1)组织一个专门研究小组,可由这次会议组织牵头,联合有关单位研究人员组成。

(2)闽越文献的记载极少,要重视文献资料的广泛收集,进行厘清和考证,更重要的要注意考古资料的分析与整理。发挥多学科的优势。

(3)在广东、浙江已发掘出当地越王的王陵,因而寻找闽越王陵是解决闽越史当前存在一些疑难问题的一个关键。

(4)闽越族已在历史上消去了,但这并不等于闽越人创造的文化也随之荡然无存。因此在研究汉人入迁和闽越族汉化过程中,要分析闽越文化还有哪些被继承下来,并继续发扬光大。

(原载《闽越文化研究》,海峡文艺出版社 2002 年版)

闽越史几个问题的探讨

　　闽越是百越的一支,福建古代的民族。有待探讨的问题很多,本文仅就闽越族的来源、闽越与东瓯、南海王国的关系以及闽越族消亡的历史过程谈一点粗浅的看法。

一、闽越的来源

　　"闽越"名称最早出现在西汉司马迁《史记·东越列传》,包括了闽越"和"东瓯"(东海)两个王国的史事。记载了它们从秦统一到西汉武帝元封元年闽越国除为止,大约一百多年的历史。是一篇较为详细叙述闽越历史的文献。先秦时期闽越族的史事,由于文献记载极少,因此对于闽越的历史还不很清楚,其中关于来源问题,学术上还存在着种种不同的看法。

　　有的认为闽越的来源问题与它的名称有一定的联系。福建简称"闽",并不是因省内有一条"闽江"而得名,而是同古代民族的活动历史有关。《周礼·职方氏》称我国各地少数民族为"四夷、八蛮、七闽、九貉、五戎、六狄"。夷、戎、蛮、狄后来变成为历代统治阶级对四方少数民族的一种诬称。其中所指"七闽",七可能是个虚数,闽,古代有作地名,有时兼作族名。《山海经·海内南经》云:"闽在海中",指出它在东南沿海的地理方位。这个"闽"应是指地名。越是后起的字,《吕氏春秋·恃君篇》提到"扬汉之南,百越之际"。《汉书·地理志》注引臣瓒曰:"自交趾至会稽七八千里,百粤杂处,各有种姓。"最早明确指出在我国东南和南方这一广大地区是百越的分布区。福建古代属扬州之域,先秦时期的居民当在百越民族分布之列。所以后来史家称福建为"闽越",似是地名冠以族名,以别他方。从《史记》记载"闽越"一名之后,便被用以专指福建的古代民族,许慎《说文解字》对"闽"字解释,"闽,东南越,蛇种",蛇种即指闽越人是崇拜蛇图腾,也指出"闽"和东南越的关系。

　　关于闽越的来源主要有以下三种不同的看法:混合说、南迁说和土著说。主张前二说者大都依据《史记·越世家》记载,"楚威王兴兵而伐之,大败越,杀王无彊,尽取故吴地至浙江,北破齐于徐州。而越以此散,诸族子争立,或为王,或为君,滨于江南海上,服朝于楚"①。《越绝书》又记载自无彊以后第三代的越族君长"亲",在遭到楚的攻击后败走"南山",进入福建。于是便认为于越被楚灭后,越国部分君长率其族人南迁进入福建,为闽越族的来源,或称闽越为越国的遗族。混合说者认为"闽越"是福建土著的"闽"族与越国亡后南迁的"越人"组成,故称②。有的还说"福建的'七闽',至少其中有几支是属于于越的后裔的"。"经过这些外

---

①　《史记·越世家》。

②　朱维干、陈元煦:《闽越族的由来和北迁》,载《百越民族史论文集》,中国社会科学出版社1982年版。

来越族与闽越族的融合,就形成了遍布全省的'七闽',可以相信,要不是有外来越族部落的迁入,单靠世居闽江下游的纯闽越的繁衍,决不可能在几百年之中就遍布全省。"①。南迁说者认为,包括东瓯和闽越的来源都是越国被楚灭后南迁的遗族形成的,"东越乃春秋时越国的遗族","越国破灭后,其大多数在王族的率领下,又退到浙江:(钱塘江——富春江)以后,其后又为楚所逼,再南退入灵江、瓯江流域及福建,这就是后来的东越"。② 土著说者主要从考古文化分析,作为百越文化特征的商周印纹陶文化,在福建省各地均有出土,说明早在战国秦汉以前福建已是越人居住区,所以闽越族的来源和形成,主要应是由本地区先住民发展形成的。我们支持这一说法。

混合说和南迁说论者,有一个共同的看法,即过分重视《史记》记载战国末期越国灭亡越人南迁这一史实,但却忽视闽越形成的历史时期。虽然民族的来源和形成是很复杂的,民族之间的相互同化和迁徙是经常发生的,但是其中应有一个主体。如果把闽越说成是越国遗族,这就是说,闽越族是战国晚期由于越人南迁才形成的,闽越的统治者如无诸等人就是"滨于江南海上"的于越"诸族子争立"的"君"或"王",或是于越末代王无彊的第三代亲的后裔。要是此说可以成立,那就等于在战国以前福建没有越人居住,这明显不符合考古资料所提供的史实。因此《史记》把越族说成是夏族的后裔,把秦汉时代闽越王无诸和东海王摇说成是"皆越王勾践之后"的记载都是值得怀疑的。

民族是属于一定的历史范畴,恩格斯说:"住得日益稠密的居

① 林祥瑞:《关于福建古代闽越族问题的若干探讨》,载《福建师大学报》1981年第4期。

② 陈可畏:《东越、山越的来源和发展》,载中国科学院历史所编:《历史论丛》第一辑,中华书局1964年版。

民,对内和对外都不得不更紧密地团结起来。亲属部落的联盟到处都成为必要的了;不久,各亲属部落的融合,从而各个部落领土溶合为一个民族[VOLK]的共同领土,也成为必要的了。"①民族开始形成于野蛮时代的高级阶段(这个问题目前学术界争论很大,有的主张在更早的蒙昧时期就开始形成),即原始社会解体的时期,它是由部落发展形成的。

综观这一时期,在我国百越分布的东南和南部地区,发现了一种在陶器表面拍印几何纹饰,考古界称它为"印纹陶文化"。创造这种文化的主人一般认为是越族,印纹陶是百越文化一种重要文化特征。各地区的印纹陶文化大都又是在当地的原始文化基础上发展起来的,故保有各地方的一些特色。有的同志曾综合比较研究,把它划分为七个区②。1978年在庐山召开"江南地区印纹陶问题学术讨论会",大都认为印纹陶产生于新石器时代晚期,兴盛于相当中原的商周时期,衰退于战国秦汉。这为我们探讨闽越的来源和形成提供了宝贵的考古资料的证据。

福建印纹陶文化遗址发现很多,几乎遍及全省各地。印纹陶的产生发展的年代顺序也同其他省一样,以闽侯县昙石山这个福建最为典型的遗址为例,这个遗址前后经过七次发掘,基本上区分出上中下三个文化层。以第六次发掘报告为例:几何印纹硬陶出土比例,在下层占0.33%,中层占1.69%,上层占52.63%。第七次的发掘,在将近100平方米的面积中,下层完全没有发现几何印纹硬陶。此外,在东张遗址的下层(相当于昙石山遗址的下中层),也未发现几何印纹硬陶,而"硬陶仅出于中、上层"。从出土遗物

---

① 《家庭、私有制和国家的起源》,载《马克思恩格斯选集》第4卷,第160页。

② 李伯谦:《我们南方几何形印纹陶遗存的分区、分期及其有关问题》,载《北京大学学报》1981年第1期。

比较,昙石山的上层比起中下层表现了明显的进步,因此有的同志认为:"上层同中下层是分属两种不同性质的文化,上层可能已进入青铜时代。"①福清东张遗址的下层,几何印纹硬陶是与大量的釉陶共存,同时还出土了制造水平较高的青铜器物。说明了这类遗存已进入了青铜时代。1978 年在闽侯黄土仑发现一处相当于昙石山上层的文化遗址,出土的印纹陶占全部陶器纹饰的 98%,器物造型比昙石山上层更好,而且美观,器型也多。年代经碳 14 测定为公元前 1300±150 年,大约相当于商晚或西周初期。② 在福建许多地区发现的印纹陶遗址中,往往伴出釉陶和青铜器。于是在商周时代,福建社会正经历一次重大的变化,已经从石器时代发展到青铜时代。因此,至迟在这个时期,作为闽越族先民的共同体已经存在,而且使用了青铜器,已经跨进阶级社会的门槛。这个共同体的名称,最早可能被称为"闽",秦汉时代的"闽越"主要应该是由这部分人组成的。最早记载"七闽"的《周礼》一书中,已出现有"闽隶",当时的"闽隶",除服兵役外,还要为官家管家禽服劳役。③ 1974 年在南安水头蔡盈村后寨山发现一批青铜器,主要以兵器为主,有戈、戚、矛、匕首、有段锛、铜铃等 20 件,共出的还有玉戈、玉璜。有段铜锛同本省出土的有段石锛相似;铜戚、铜铃上的几何形花纹,也同本省所出几何印纹硬陶的纹饰相仿。年代推定为"上限可上溯到西周,下限可能延到春秋"④。青铜兵器和玉器这样集中,反映墓主人很可能是统治贵族。

---

　　① 　吴绵吉:《试论昙石山遗址的文化性质及其文化命名》,载《厦门大学学报》1979 年第 2 期。

　　② 　福建省博物馆:《建国以来考古工作的主要收获》,载文物编辑委员会编:《文物考古工作三十年》,文物出版社 1979 年版。

　　③ 　李光波:《周礼述注》卷十八。

　　④ 　《考古》1977 年第 3 期。

1974年和1978年福建省博物馆和崇安文化馆先后在闽北崇安武夷山的观音岩和白岩的崖洞中取下两具相当于商周时代的船棺。白岩船棺中,除有一副完整的男性尸骨外,在尸骨上下发现有竹席和碳化了的纺织品残片,纺织品经鉴定有大麻、黄麻、丝绢和棉布(木棉)四种质料。竹席呈人字纹,篾片每条宽0.25厘米,厚0.01厘米左右,与现在使用的大致相同。这如不是有锋利的金属削刀怎能把一根毛竹削成这样细薄的竹片。而且在棺木的头部留下明显的刀砍的痕迹。棺呈船形,反映了越人"习于水斗,便于用舟",以船为家的生活特点。死者衣着丝绵织品,说明死者身份并非一般平民,是当时统治贵族。实行这种葬制应是越族统治贵族的一种葬俗。[①] 从这些考古资料说明,在战国秦汉以前,福建已是越人居住地区,福建的闽越并非战国后期越国南迁的遗族。

从文献记载分析,《史记·越王勾践世家》云:"后七世,至闽君摇,佐诸侯平秦。汉高帝复以摇为越王,以奉越后。东越、闽君,皆其后也。"首先,司马迁把东越、闽越的首领说成是勾践的后代,而勾践又是"其先禹之苗裔"。对此,清代梁玉绳《史记志疑》一书已提出异议,认为司马迁的这种说法是"伪撰"、"诞哉",是不可信的,他所列举的事实是有说服力的。其次,司马迁把闽君摇说成是越王的"后七世",世系记载得很具体,很使人相信。但是这个世系无论从勾践或是无彊以后的"后七世"计算都不符。《史记·越世家》记载越王世系:"勾践卒,子王鼫与立。王鼫与卒,子王不寿立。王不寿卒,子王翁立。王翁卒,子王翳立。王翳卒,子王之侯立。王之侯卒,子王无彊立。"从勾践至无彊是经过六世,无彊被杀后,据《越绝书》记载:"楚威王灭无彊,无彊子之侯,窃自立为君长。之侯子尊,时君长。尊子亲失众,楚伐之,走南山。亲以上至

---

①　蒋炳钊:《关于武夷山二号船棺的年代和族属》,载《福建文博》1980年第1期。

勾践,凡八君,都琅琊,二百二十四岁。无彊以上霸,称王。之侯以下微弱,称君长。"①无彊后裔之侯、尊、亲,在越被灭后,仍坚持抗楚,至亲时才被迫走"南山"。这样的世系显然与"后七世"为闽君摇是有出入的。

从百越历史考察,于越和闽越都是百越内部的两个支系,两族都有各自长久发展的历史。从于越的发展历史看,在越国最强盛的时候,其疆域和活动范围始终都未到达福建。福建早在商周时期已有越人活动,怎有可能越被灭后,诸族子"争立","或为王",向福建迁入,把原居住地的越人赶走,而在闽北地区另立政权,建立闽越王国。从秦汉时期闽越的历史考察,秦王朝对闽越的统治采用分封的羁縻统治,未尝用兵或派遣官吏入闽统治。而闽越王国能同秦汉王朝对抗,这如果不是经过长期的生息繁衍,怎能有这样的政治、经济和军事力量。如果闽越是越国退避福建南迁的遗族,在当时如不是受楚国继续进迫,也必将被秦兵陷落,怎能有力量抵挡楚、秦、汉三朝兵力进入福建。淮南王刘安上汉武帝书曾说得很清楚,"(闽)越,方外之地,劗发文身之民也,不可以冠带之国法度理也。自三代之盛,胡、越不与受正朔。……自汉初定七十二年,吴、越人相攻击者不可胜数,然天子未尝举兵而入其地也。臣闻越非有城郭邑里也,处溪谷之间,篁竹之中,习于水斗,便于用舟。地深昧而水多险,中国之人不知其势阻而入其地,虽百不当其一。……臣闻越甲卒不下数十万,所以入之,五倍乃足"②。闽越自三代以来,不受中原王朝的统治,说明它早已存在,并不是在战国晚期才冒出来的。秦汉王朝军队为何不敢轻易进入,这除了在军事上有良好的地理条件外,还有强大的军事力量固守,所以要轻易进入闽地是不容易的,这都是闽越经过长期经营的结果。

---

① 《越绝书·越绝外传记越地传第十》。
② 《汉书·严助传》。

综上所述,关于闽越的来源,我们赞同土著说的意见,闽越主要应是由当地先住民发展形成的。历史上民族的来源和形成过程是复杂的,在闽越内部包括一部分后来越国南迁的遗民,这完全是有可能的。"闽越"的得名,并非土著闽族和越国南迁越人的混合。闽越的来源不可能是越国南迁的遗族。

二、闽越与东瓯、南海王国的关系

历来有一种看法,认为汉初封了摇为东瓯王,于是东瓯才从闽越分出去。其实汉初封的东瓯、闽越和南海三王,都是当时已经存在的事实。其所以会把东瓯说成是从闽越分出,恐怕也是与历史上"闽"的地望有关系。上面谈到,"闽越"的名称与"闽"的地望既有联系也有区别,对于"闽"及其地望的解释,有的认为闽泛指蛮,"蛮亦称闽,以其地多虫多蛇,非虫种蛇种也。故职方氏八蛮、七闽并称。郑注闽蛮之别。贾疏叔熊居濮,如蛮后,子从分为七种,故谓之七闽。闽与蛮虽七八别数,具属南方。《郑语》闽芊并称,亦作蛮芊,可见闽也蛮也,皆指南方群蛮、荆蛮,而与东越无与也。"[①]有的认为指闽越先君在福建[②];有的认为它泛指浙江南部和福建[③];还有的认为"似为浙江西南,福建西北,江西东北,即地所谓闽浙赣今区也"[④]。"闽"有一定地理概称,把闽同蛮等同不足取,把"闽"限于今福建省内,自古亦并不为然。我们认为"闽"在

① 陈石遗:《福建省通志·地理志沿革上》。

② 劳干:《汉晋闽中建置考》,载"中央研究院"《历史语言研究所集刊》第五本。

③ 叶国庆:《古闽地考》,载《燕京学报》第15期。《冶不在福州市辨》,载《禹贡》第6卷第2期。

④ 王新民:《越王勾践子孙移闽考》,载《福建文化》1944年第2卷第2期。

不同时代有不同的地理概念。《山海经·海内南经》曰:"闽在海中,三天子鄣山在闽西海北。"注曰:"在新安歙县东,今谓之三王山,浙江出其也。"又《海南东经》曰:"浙江出三天子都,在其东,在闽西北,入海"。注曰:"按浙江出新全县南蛮中,东入海,今钱塘江是也。"郦道元《水经注》云"浙江又东注于海",故《山海经》曰:"浙江在闽西北入海。"该书所载的"闽",最早确实泛指了浙江南部和福建。从浙江考古资料提供了一个证明,即浙江南部瓯江水系的印纹陶和福建"有许多相似之处"①。这与古代这一地区是东越人活动可能有关。《史记·越世家》把东越(东瓯)王称为"闽君摇",把闽越王称为"闽君",这两个王国的头头都以"闽"字见称,可见浙江南部瓯江流域的东瓯和福建的闽越在历史上关系是比较密切的。

西汉王朝建立之后,因越人佐汉有功,汉高祖五年(前202年)"复立无诸为闽越王,王闽中故地,都东冶。"孝惠三年(前192年)"举高帝时越功,曰闽君摇功多,其民便附,乃立摇为东海王,都东瓯,世号为东瓯王",据此记载,有的认为孝惠年间因为封了东瓯王,东瓯才从闽越分山,把原来在浙江的闽中故地割属东瓯。② 这种解释未必妥当,因为在《史记·东越列传》中已经明确指出,西汉王朝封无诸为闽越王是"复立",封摇为东瓯王是"乃立",说明这两个王国并不是西汉才出现的。汉承秦制,早在秦代这两个王国和头头已经存在,"秦已并天下,皆废为君长,以其地为闽中郡"。可以相信,这两个王国早已存在,彼此形成的历史也比较长,故后来史家把他们区分为百越中不同的两个分支,应该是有历史原因的。《周礼》、《山海经》和《史记》等先后出现的"七

---

① 《三十年来浙江文物考古工作》,载文物编辑委员会编:《文物考古三十年》,文物出版社1979年版。

② 李祖弼:《闽中疆域考》,载《厦门大学学报》1980年第1期。

闽"、"闽"和"闽越",所指范围应有不同。泛称"闽"的,它除指今福建外,还包括与福建相邻的浙江、江西和广东的一部分,故秦代仍以"闽"为名,设置闽中郡。闽中郡的辖属大抵指这个范围。①

汉代出现的"闽越",这个冠以"闽"称的越主要是指福建。闽越在与秦汉王朝的斗争中,其势力曾一度扩张到赣东、闽粤交界地区。这些地区只能说是其扩张势力所及,并不是它的主要居住区。以后闽的地理概念逐渐具体化,故福建于今仍称"闽"。

东瓯与闽越在秦汉王朝时同样被封为王,臣属于王朝统治。秦汉时代在东越地区除了无诸和摇两个贵族集团见于记载,根据汉初陆贾出使南越时曾提到"其东闽越千人众号称王"②,闽越又像是个多王并存的情况。严助曾向淮南王安谕意说:"今闽越王狼戾不仁,杀其骨肉,所为甚多不义",又淮南王刘安书云:"臣闻道路言,闽越王弟甲弑而杀之,甲以诛死,其民未有所属"。严助言王郢攻南越及其被害情况时又云:"边又言闽王率两国击南越……闽王以八月举兵于冶南,士卒罢倦,三王之众,相与攻之,因其弱弟余善以成其(谋)。"③

从上述记载中,又道出了在闽越国中除有"三王之众"外,还有"两国",这"两国"和"三王之众"是谁? 关于这个问题,潘莳在《汉初越族诸国考》中认为:闽之三王,意即闽中部落之君长,闽王率两国击南越,是此两国必与所云三王有关。汉立繇王丑,为三王之一,另二王为南海王织和东越王余善。此二王也是从击于南越的"两国"。④ 这个解释有一定道理,但也有一些值得商榷,例如南

①　蒋炳钊:《关于闽中郡治和冶都冶县地望的一些看法》,载《厦门大学学报》1981 年第 3 期。

②　《史记·南越列传》。

③　《汉书·严助传》。

④　潘莳:《汉初越族诸国考》,载《文史汇刊》第 1 卷第 1 期。

海王织不属闽越王国,怎能成为闽越三王之一?

　　史书上对这些问题记载显然过于简略,但从当时闽越活动的史实还可以找出一些线索来。秦汉时代,第一个被封为闽越王的是无诸,无诸是怎样死的不清楚。郢为闽越王是在建元三年至六年间。建元三年以前,甲所弑的闽越王应该是无诸之子,甲之兄长,"甲之诛死",甲应该又是被其弟郢所杀。郢不久又被其弟善谋害,根据记载推定,无诸的后代至少有四个儿子,老大被其弟所杀,名不详,其次为甲、郢、余善。从高祖五年(公元前202年)始封无诸为闽越王,至建元六年(公元前135年)短短的六十多年间,尤其在无诸死后,闽越王内部接连发生三次兄弟大残杀。如此"三王之众",可能指闽越王无诸之子甲、郢和余善三人。史载"今闽越王狼戾不仁,杀其骨肉","三王之众,相与攻之",即反映了这一史实。繇君丑是无诸的孙子,他是甲、郢或被甲弑的兄长中的那一个人的儿子不清楚,但他属于三王之一的继承人则是可信的。

　　"三王"同"两国"既有联系,又有区别。所谓"闽越王率两国击南越",这应是指建元六年闽越王郢进犯南越事。潘蔚先生认为"两国"是指南海王和东越王,这个看法是有根据的。因为闽越的邻国东瓯已于建元三年闽越发兵围东瓯,汉廷出兵制之,东瓯请求归汉,其民被徙处江淮,国除。东瓯已不可能跟随闽越王郢进犯南越。闽越内部此时虽无明显记载有两国,但从此事发生之后,闽越内部有二王并存,因此击南越时其中有一部分是余善的力量。汉武帝封余善为"东越王"时已指出这一点,"余善数与郢谋乱,而后首诛郢,师不得劳"。余善杀兄郢后,"威行于国,国民多属,窃自立为王",无诸孙丑,虽为汉廷正式任命为越繇王,可是"不能矫其持正",大权旁落。汉武帝再立余善为"东越王"与"繇王并处",闽越内部有两个王并存。所以当闽越王郢出兵南越时,汉廷出兵制止其行动,结果其弟余善又乘机把兄郢杀了。这一国实际上是闽越王国内部的一王。

另一个是南海王国。南海王国是汉高祖十二年诏封的,"南武侯织亦粤之世也,立以为南海王"①。关于南武侯织的史事,《汉书·淮南王传》云:"南海民处庐江界中者反,淮南吏卒击之",淮南王安书曰:"前南海王反,陛下先臣使将军间忌将兵击之,以其军降,处于上淦"。关于南海王织封地有的推断当居于汉代庐江郡之南,在今安徽南部②。有的认为在今闽粤赣交界地区③,潘莳《汉南海王织考》作了专门的考证,认为上述二处记载南海王国事者均在淮南厉王时,"按厉王传只云淮南吏卒击庐江界反者,而无间忌入越之说,且叛者只为南海处民,自非南海全国。则淮南吏卒所击者,必与间忌所击者有异,淮南王安传又云:'南海王织(史记作南海民王织)上书献壁帛皇帝,忌擅燔其书不以闻',可见南海终厉王之世,尚复存在,未为淮南吏卒所灭。织自称为南武侯,南武,海上之豪语也,以此威其众。织所据地,在今江西之东南以迄福建之西南,介于闽越与南越之间"④。全祖望和潘莳等人考证是有说服力的。介于闽越和南越之间是南海王之封地,织亦越族后代,这一地区也是百越人分布地区。根据考古资料所提供的证据,在印纹陶七个分区中,其中有一个叫"粤东闽南区",即包括广东东江流域以东和福建汀漳以西地域里。说明这一地区很早以来就存在一个人们共同体,南武侯织"亦粤之世",说明他不属于闽越,汉初才另立一王统治这一地区。至于南武侯国何时灭国,史书不见记载。潘莳认为与闽越同时,"当在武帝元封元年也"。关于这

---

① 《汉书·高帝纪》。

② 叶国庆、辛土成:《西汉闽粤族的居住地和社会结构试探》,载《厦门大学学报》1963 年第 4 期。

③ 全祖望:《鲒埼亭集·经史问答》。

④ 《文史汇刊》第 1 卷第 2 期,中山大学,1935 年。

个王国历史史书记载极少,它与闽越关系比较密切,如元鼎五年南越相吕嘉反汉,余善"持两端";一方面"阴使南越",一方面又上书汉王朝表示愿带本族八千士兵配合杨濮击吕嘉。他把军队开到揭阳时,却借口"以海风波为解不行"。广东揭阳地当应属于南海王织封域,余善的兵能够顺利地开到这个地方,一路上未见受阻,可见此行必先是联系好南武侯王织,并得到他的支持,因此,在闽王郢进犯南越时,同样也是得到他的支持和配合的。

汉初,汉王朝在东越地区所封的东瓯、闽越和南海三个王国,说明这三个王国早已有自己的政治组织,各有其辖属。秦汉王朝对待边疆少数民族是采取羁縻政策,就是利用各族原来的头头来统治他们本地区的人民。这一史实说明,至迟在秦汉时代,它们是各不相属的三个王国。至于早期它们之间的关系,我们现在还无从知道,有可能是比较亲近的关系。在汉代,随着各个王国社会经济和军事力量发展不同,闽越发展比较快,国势较强大。在秦汉时期,凡是反对中央王朝的斗争都有它的份。秦末,"从诸侯伐秦",楚汉之争,从"附楚"到"佐汉",汉初参与吴楚七国叛乱。吕后时,南越王赵佗反汉时,仍用"财物赂遗闽越"[1],淮南厉王刘长要造反,也"遣人使闽越及匈奴发其兵"[2],江都王建因怕其封地被淮南、衡山王所并,用大量财帛讨好闽越,"约有事相助",发展到进犯邻国东瓯和南越,最后同汉王朝直接对抗,而导致灭国。

在汉武帝时期,闽越内部诸王斗争相当剧烈,尤以东越王和越繇王之间两股势力斗争为甚。余善杀兄郢后,夺取最高统治权,"自立为王"。但是被汉廷正式封为"越繇王",则伺机报复,结果余善在同汉武帝决斗时,"繇王居股"纠集其亲党又把余善杀了。闽越内部诸王斗争可以说在西汉立国的90多年间始终没有停止过。

---

① 《史记·南越列传》。
② 《史记·孝文本纪》。

三、闽越的消亡

汉武帝元封元年冬(公元前 110 年),汉兵"咸入东越",东越王余善被其族亲计杀,诸大臣和将军等文武官员向汉军投降,闽越王国灭亡。闽越人民开始逐渐被汉人同化直至消亡。

闽越族的消亡经过相当长的一段时间。在封建社会里,这个过程是复杂的,方法也是多种多样的。例如汉武帝统一闽越之后,开始"诏军吏皆将其民徙处江淮间,东越地遂虚",采取移民虚其地的做法。对倒戈的闽越族贵族封爵,如封"繇王居股为东成侯,万户;封建成侯敖为开陵侯;封越衍侯吴阳为北石侯……东越将多军……封为无锡侯"①。这些侯的封地,皆为江淮之地。汉武帝曾采纳河东太守番系利用这些被迁来的士卒在河渠东开垦荒地的建议,《史记·河渠书》曰:"予越人,令少府以为稍入",说明了越人确曾在这里参加了垦荒,所纳的租税由少府收入。《汉书,匡衡传》有"南以闽陌为界"的记载,"闽陌"有可能就是指北迁闽越人耕地的地界而言。《汉书·百官公卿表》中提到有一种叫"越骑"的,即由归附汉王朝的越人所组成的骑兵队。这批被迫迁徙到江淮去的越人,或被封侯于江淮地的闽越贵族及其亲属随从,很快地就被汉族所同化。

被迁往江淮的毕竟只是闽越人中的一部分,所谓"东越地遂虚"的记载是不可信的。淮南王刘安言:"其(闽越)甲卒不下数十万",虽然这个数字未必可信,有的同志估计东越"其人数可能在百万上下"②。闽越的人数应该不少,这么多的人怎能一下子被迁

---

① 《史记·东越列传》。

② 陈可畏:《东越、山越的来源和发展》,载中国科学院历史所编:《历史论丛》第一辑,中华书局 1964 年版。

往江淮去？《宋书·州郡志》记载："建安太守本闽越，汉武帝世，东越反，徙其民于江淮间，虚其地，后有逃遁山谷者颇出，自立为冶县。"这里说出了在汉越战争中，越人有大量逃亡，这应该是事实。因此在西汉时，福建还有大量的闽越人，这些人只是以后随着汉族人口不断陆续迁入福建，而被汉族所同化，成为福建汉民族的一个重要来源。

根据史书记载的考证，汉武帝统一闽越之后，汉王朝并没有直接在福建设置郡县统治，而是通过军事统治在闽北地区设立军事城堡。[①] 虽然西汉以后史书上不再记载闽越史事，闽越名称消失，但作为越人后裔的"山越"，则在孙吴经营南方时，掀起了大规模的反抗斗争，在《三国志·吴书》中大量出现。孙吴进兵福建时，同样遭到土著越人的反抗，《吴志·贺齐传》云："侯官既平，而建安、汉兴、南平复乱，齐进兵建安，立都尉府，是岁八年也……贼洪明、洪进、苑御、吴免、华当等五人，率各万户，连屯汉兴，吴五六千户别屯大潭，邹临六千户别屯盖竹（大潭），同出余汗，军讨汉兵，经余汗。齐以为贼将兵少，深入无继，恐为所断，令松阳长丁番留备余汗。……遂分兵留备，进讨明等，连大破之，临阵斩明。其免、当、进、御皆降。转击盖竹，军向大潭，将又降。凡讨治斩首六千级，各帅尽擒，复立县邑。"贺齐率吴军镇压建安、汉兴、南平越人的反抗才进入闽北。赤乌五年（242 年）孙权又召钟离牧领兵镇压建安等地"山民"的反抗[②]，前后经过近 40 年时间，孙吴才在闽北设置建安郡。郡下设建安、汉兴、南平诸县，即在今建瓯、浦城、南平等地。孙权说："自今已去，国家无后顾之忧，无怵惕之虑，又以恶民，以供成役"，大批越人被征调参加孙吴的军队，广大闽越人即成为供养吴军军需的负担

　　① 蒋炳钊：《关于福建崇安汉城的性质和时代的探讨》，载《厦门大学学报》1978 年第 3 期。

　　② 《三国志·吴书·钟离牧传》。

者。孙吴用武力征服土著越人后,福建便成为孙吴政权的后方,孙吴曾将一些敌对者流放到福建。"孙策检江左,邻郡逃亡,或为公私苛乱者,悉投于此,因是有长乐、将检二村之名"①。吴将徐绍被孙皓杀后,"徙其家属建安"②。汉族在福建的统治确立起来,这是一次汉族入闽比较具体的记载③。

　　西晋"永嘉之乱",中原又有一批士族南迁,他们带着自己的同宗亲党和部曲移民入福建,唐林谞《闽中记》载:"永嘉之乱,中原仕族林、黄、陈、郑四姓,先入闽。"福建广泛流传着"八姓入闽"的传说。《九国志》云:"永嘉二年(308年),中原板荡,衣冠始入闽者八族:林、黄、陈、郑、詹、邱、何、胡是也。以中原多事,畏难怀居,无复北响,故六朝间,仕官名迹,鲜有闻者。"④"晋江"一名就是"以晋南渡时衣冠避地者,多沿江而居故名"⑤。"晋永嘉末,中原士大夫多携家避难入闽,建安为闽上游,大率流寓者多,时危京为建州刺史,率其乡族来避兵,遂以占籍"⑥。莆田《陈氏家谱》也记载这时有颖川衣冠旧族八百余家移入。西晋时代,又有一批中原衣冠望族一汉族大门阀地主避难至福建。随他们而来的还有大批汉族劳动人民,这时期主要迁入于闽北、闽东、闽中和闽南等地,是规模比较大的一次。至西晋时,又从建安郡增设晋安郡⑦。梁时

---

①　张景祁:《邵武志》卷二十八《古迹》。

②　《吴志·孙皓传》。

③　张路振:《九国志》。

④　《晋江县志》卷一《沿革》。

⑤　《建瓯县志》卷十九《礼俗》。

⑥　《晋书·地理志下》。(晋安县)太康三年(282年)置,统县八,户四千三百。

⑦　《三山志·城池》。梁天监二年(503年),分晋安郡设南安郡。《泉州府志·沿革》云:"天监中,析晋安郡置南安郡,地兼今兴、泉、漳,共治即今南安县也。"

又分晋安郡置南安郡。① 郡县设置的扩大,说明汉族人口的增加和封建统治力量的加强。

唐初,高宗总章二年(669年),唐王朝为了"靖边方",又对漳汀地区用兵,派陈政、陈元光父子"率府兵三千六百将士,自副将许天正以下一百二十三员,从其号令,前往七闽百粤交界绥安县北方,相视山源,开屯建堡,靖寇患于炎荒,奠皇恩于绝域"②。

唐军到了漳汀地区后,遭到当地"蛮僚"的反抗,"自以众寡不敌,奏请益兵",唐王朝又派出陈政之兄陈敏、陈敷及其母亲魏氏,"领军校五十八姓来援","进师屯御梁山之云霄镇"③。陈氏家族率领大批军队进驻漳、汀,镇压当地少数民族。公元686年,陈元光请置漳州郡治。接着于公元736年又招募福州、潮州等地"避役百姓三千余户"至汀州,设置汀州郡治。在漳、汀地区也确立了汉族封建统治。

唐末五代,王潮、王审知又率领一批军队进入福建,进而割据福建,建立"闽国"。王审知治闽,主要是依靠中原入闽的汉人和随从军队的支持来巩固他的地位。《九国志》曰:"王氏父子据有全闽,虽号不知书,一时浮光士族,多与之俱南。其后颇折节下士,开门学馆,以育材为意,凡唐末士大夫避地而南者,皆厚礼延纳,作贤院以馆之。闽之风声习气,浸与上国争利。"建宁县的邹勇人为"建宁县邹氏入闽始祖"④,王定简由汴州迁到侯官(福州)事王审知为安远使⑤,黄予棱由洛阳入闽,事王氏,官至侍御史,住建阳。

---

① 《云霄厅志》卷十七《艺文志·诏陈政镇故绥安县地》。
② 《漳州府志》卷四十《古迹》。
③ 《十国春秋》卷九十五《闽六》。
④ 《十国春秋》卷九十五《闽六》。
⑤ 《十国春秋》卷九十五《闽六》。

《崇安新志》记载,"周德英子枢,随游、刘、翁、范诸姓入闽"[1],永泰县有"张睦带二十四姓入闽"。五代时期福建社会比较安定,又吸引大批汉人入闽,可以说这时汉族在福建的统治根基已经牢固了,宋元时期,由于泉州海外贸易的兴盛,不仅吸引大批外国人,同样也吸引一批汉人。汉人陆续不断大批迁入福建,大大促进该地区社会经济的发展,他们对开发福建是有贡献的。至元朝,福建行政地位提高,改路为省,至元二十九年(1292年),立"福建行中书省",建立省制。至此,福建行政区划便大体确立下来,汉族已经成为福建的主体民族。

从福建民族历史的发展来看,汉人的入闽,就是汉越同化的过程,这个过程也是两族人民经过长期的生息,密切了在政治、经济和文化的联系,特别是汉族的移入福建,一方面它是以统治民族出现,通过军事和政治手段对原来土著民实行统治,另一方面传进先进的生产技术和文化,这对促进福建社会经济的发展是发生过重大作用的。因而经过两个民族间的长期交往,产生了民族的同化,后进民族往往被先进民族所同化。闽越人就是在这样的情况下逐渐被汉族同化,成为福建汉人的一个重要组成部分。从闽越族消亡的历史过程,反映出福建民族古今经历了一个重大变化,而这个变化是经过一段相当长的历史过程。

(原载《中南民族学院学报》社科版 1986 年增刊)

---

① 《崇安新志》卷四《氏族》。

福建古代民族名称及其历史沿革

一、闽与闽越

（一）闽、七闽

从考古资料得知，福建曾经历了漫长的旧石器时代和新石器时代的原始社会而进入文明时代。福建的古老民族，见于文献记载，先后出现的有闽、七闽、东越和闽越等名称。这些不同名称的出现，是反映不同时代的不同族称，或是同一民族在不同时代的不同名称而已，学者对此曾存在着两种截然不同的看法，于是福建古代民族应该称"闽"或"闽越"。闽与闽越之间关系如何？

根据文献记录，商周时期，福建地区的民族被称为"闽"、"七闽"。最早记载"闽"的历史文献为《周礼》，其《夏官》篇载："职方氏掌天下之图，以掌天下之地，辨其邦国、都鄙、四夷、八蛮、七闽、九貉、五戎、六狄之人民与其财用。九谷、六畜之数要，周知其利害。"《秋官》篇又载:"象胥掌蛮、夷、闽、貉、戎、狄之国使,掌传王之言而谕说焉,以和亲之。"《秋官·司寇》亦曰:"司隶,掌五隶之法,辨其物,而掌其政令。""掌帅四翟之隶,使其皆服其邦之服。执其邦之兵,守王宫与野舍之厉禁。"而其中的"五隶"、"四翟"之一,就有"闽隶百二十人"。"闽隶"的职责是"掌役畜、养鸟而阜蕃教扰之,掌子则取隶焉"。

《周礼》系西周封建社会的政治制度、道德规范和礼节仪式的总称。从该书所载的"闽"、"七闽"看,它已是周王朝华夏族周围的六大方国或族属之一。在司寇下属的司隶,负责掌管蛮、闽、夷、貉诸族(国)的役隶。并根据各方国的技艺,为统治者服各种不同的徭役。闽隶有120人,专门负责养鸟、教鸟言及守卫王宫。

由此可见,西周时,闽族虽然还不在王朝的统治范围,但政治上却已发生关系,被列为周王朝周边六大方国之一,且向周王朝进贡方物和服徭役。

《周礼》在记载周边方国时,为何要在名称上冠以四、八、七、九、五、六等数词,这是什么意思? 郑玄在注解《周礼》时曾引用《国语·吴语》史伯曰:"闽、芈蛮矣。"并认为"八蛮"、"七闽"之八、七,皆指"周之所服之国数也"。如按此解释,则在"七闽"内还有七个小方国。后人有的解释至少有七个部落。有的认为在族称冠上的数词,不是实词。以现在的话来说,就是表示一群或多数的意思。古代没有严格的族称概念,一个名词往往包含有地名、方国或族称的意思,都是一种泛称,与后来史书上用东夷、西戎、南蛮、北狄来泛指我国四方的民族是一样的。

显而易见,"闽"与"七闽"所指是一样的,是指同一个方国和族称。《周礼》出现"闽"与"蛮"并称,说明当时二者之间还是有区别的,所指方位应有不同。有的指出所称的蛮,主要指楚蛮;闽,即指东南地区古代民族。秦汉以后,随着"闽"称的消失,闽地亦混于南蛮之中。

《周礼》中记载的"闽",没有明确指明它的方位。只是在后来的地理书《山海经》中才有涉及。《山海经·海内南经》云:"闽在海中,三天子鄣山在闽西海北。"郭璞注曰:"按浙江新安歙县东,今谓之三王山,浙江出其边。"《山海经·海内东经》又曰:"浙江出三天子都,在其东,在闽西北入海。"郭璞注曰:"按浙江新安歙县南蛮中,东入海,今钱塘江是也。"郦道元《水经注》云:"浙江又东注入海。""闽"这个名称,在先秦的史书记载,只见《周礼》和《山海经》二书。从《山海经》所载"闽"的地望,浙江"在闽西北入海",由此可见浙江也是属于当时"闽"的范围。

古代"七闽"分布地域应该是很广的。先秦时期的"闽"包括现在哪些地区? 对于这个问题,还是后来的史家作了一些考证才有所了解。如宋欧阳忞《舆地广记·福建路沿革》云:"福、建、泉三州,春秋时为七闽地。兴化军历史地理与泉州同。南剑州(今南平市及尤溪、将乐诸县)、邵武军历史地理与建州同。汀、漳二州历史地理,与南剑州同。"按照他的观点,福建历史上属于"七闽"地。明黄仲昭《八闽通志》赞同这种说法,他在《山川》一节中明确提出福建全省古代均为七闽地域。《舆地广记·广东南路》还记载:"潮州,春秋为七闽地,战国为越人所居。梅州,春秋为七闽所居,战国时属越。"欧阳忞同时指出在今广东东部的潮梅一带也是属于古代七闽辖属。

"闽"这个地名以后一直被沿用下来。《史记·东越列传》载:"闽越王无诸及越东海王摇者,其先皆越王勾践之后也……秦已并天下,皆废为君长,以其地为闽中郡。"于是有的认为秦代的闽中郡辖属就是属于"七闽"的范围。闽中郡地域范围,据宋《太平御览》引《十道志》云:"台州,秦属闽中郡,以抚其遗民。"《清一统志·温州府沿革》曰:温州,秦属闽中郡。清《浙江通志·建置》引陆广徵《志胜》及《括苍汇记》都说,处州在秦时属闽中郡。清全祖望在《浙东分地录》中亦说:"浙之温、台、处三府,则实秦闽中郡之北土。"①秦代闽中郡,还包括今江西铅山县,清同治《广信府志·地理沿革》云:"铅山县,春秋时属闽越,秦属闽中郡。"

有的从东越的历史考证,认为汉高祖始封的闽越、东瓯和南海三王国,都是从闽越族分出的。汉代闽越族分布除今福建省大部分地区外,还包括赣东的一部分。浙江的瓯江流域,即清代温、台、处为东瓯活动地域。今闽、粤、赣三省交界地即为南海王国范围。有的还认为台湾也属闽越族分布范围。

从上所述,不论从《山海经》、《舆地广记》以及地方志书记载,或从闽中郡、闽越族的分布范围来看,先秦时期所称的"闽"、"七闽"的地域包括了今浙江、江西和广东的一部分以及福建、台湾两地。由此可见,闽并不是用来专指福建。福建只是"闽"的分布地域中的一个组成部分。

福建这个名称是在唐末才出现的。唐末由节度使领福、建、泉、漳、汀五个州。公元733年(唐开元二十一年)置福建经略使,是福建命名的开始。公元1356年(元至正十六年),成立福建省,这是福建正式建省的开始,辖福州、建宁、泉州、兴化、邵武、延平、汀州、漳州等八路。明朝时省以下的路改为府。但是福建史家习惯用历史上的"闽"、"七闽"之称,早在唐代陈元光请置漳州时,就有"七闽"拟增为"八闽"的记载。南宋时设一府、五州、二军,称为"八闽",明代将福建八路改为八府,黄仲昭撰的省志,即称《八闽通志》,直至现在福建省简称为"闽",可能就是这个历史原因。

(二)闽与闽越的关系

"闽越"一名出现比"闽"晚,它是在"闽"的名称消失之后出现的,用来专门指福建的民族。该名称始见于《史记·东越列传》。东越包括了西汉时所封的闽越和东瓯两个王国,它们都是属于百越民族之一。

---

① 全祖望:《鲒埼亭集》卷四十九《外编》。

　　汉代福建的闽越族与先秦时期的"闽"的关系如何？是不同的两个民族抑或是同一个民族在不同时代的不同名称？对此学者有两种截然不同的观点。

　　1. 闽与越不是同一个民族，闽是福建的土著，越是外来的客族

　　持这种观点的一个主要论说，认为汉代福建的闽越是越国被楚灭后南迁入福建的。1964 年，陈可畏《东越、山越的来源和发展》一文提出，东越（闽越和东瓯）的来源是"越国被楚灭后南迁的遗族"。[①] 1980 年举行首次百越民族史研讨会，朱维干、陈元煦提交的《闽越的建国及北迁》一文，进一步明确指出："闽和越并不是同一民族。福建在古代是七闽的分布地区之一，闽是福建的土著，越则是由会稽南来的客族。"[②]陈元煦在《试论闽、越与畲族的关系》一文中又有详细论述，他说："闽、越是我国南方的两个古老民族。福建是闽族的世界，浙江是越族的摇篮。……随着越族的南迁，原为'古闽人'世界的福建又增加一员新的兄弟民族，他们友好相处在一起。随着时间的推移，越族经过长期的生息繁衍，力量也愈益壮大，由原来的客族地位，大有反客为主之势。在闽族聚居的福建称王是越人，如闽越王无诸，东越王郢、余善，南海王织等，甚至闽地也变成越地。……福建似乎成了越人的世界，对原来的土著闽族取而代之，致使有的人误认为越族为福建土著。"[③]林祥瑞《关于古代闽越族问题的若干探讨》一文认为："福建的七闽，至少其中有几支是属于于越的后裔的"，"经过这些外来的越族与闽越的融合，就形成了遍布全省的'七闽'。可以相信，要不是有外来的越族的入迁，单靠世居闽江下游的纯闽族的繁衍，决不可能在

---

　　①　《历史论丛》第一辑，中华书局 1964 年版。

　　②　百越民族史学会编：《百越民族史论集》，中国社会科学出版社 1982 年版。

　　③　施联朱主编：《畲族研究论文集》，民族出版社 1985 年版。

几百年中就遍布全省"。① 该文中提出了"七闽"中还包含有南迁的于越人在内,这与上述主张闽、越是两个不同民族的观点还有些不同。

欧潭生、卢美松在《先秦闽族及其考古文化》一文,对这个问题也有较详尽的论述。他们认为:"汉以前福建土著是闽族而非闽越族","先秦福建部族文化实为闽族考古文化"。于越于春秋晚期登上政治舞台建立越国,"而此时它可能还只是属于东夷的一支"。因此,"笼统地以'闽越'称指福建地域或族属,均不妥当,因为它不符合闽族的历史和文化发展实际,也不符合闽、越关系的历史逻辑"。闽族"在先秦时期是一个独立发展、颇有影响的大族群",它是"华夏周围六大方国和族属之一"。"从闽、越两族的历史发展情况看,它们应属不同地域的不同种族。"首先是地域不同,"于越族发祥地在浙江流域和杭州湾一带","闽族发祥地在闽江流域和闽江口与福州湾一带"。其次是经济生活方式和物质文化特点不同,"浙江以河姆渡为代表的新石器时代文化,较早进入农耕,而闽族以壳丘头、昙石山、黄土仑文化为代表的闽族及其先民的经济生活,长时期以捕捞、采集和狩猎为主,农耕开始较晚"。此外,"于越族崇奉鸟图腾,而闽越信仰蛇图腾。因此,从基本方面看,闽、越在古代应属不同的种族"。只是后来"由于闽、越两族在福建融合为一,越人占统治地位,闽越国正式存在92年对当时和后世影响颇巨。所以在汉以后的官私典籍中,常有以闽越称福建者,而对先秦时期的'闽族'和'闽国'历史均疏于记载,遂使'闽'族、'闽国'湮没无闻"。②

从上所述,这一种观点认为闽是福建土著,越是楚灭越国后南迁入福建的遗族,闽越族就是闽族与外来越族的混合。

---

① 《福建师范大学学报》1981年第4期。

② 陈存洗主编:《闽越考古研究》,厦门大学出版社1993年版。

2. 闽、闽越不是两个不同的民族,而是不同时代的不同名称

周代称南方族群有蛮、闽之别,有的认为,蛮是南方的楚蛮,闽即指东南地区的族群。福建在西周时代属于"闽"的范围,其族称可称"闽",但并非专称。虽然闽称出现在史书记载上早于越名,但是在越称大显于世时,闽称即消失,闽称即被越称取代,但它并不是开始于越国灭国之后。在此之前,越称已大量见于史书,而且时代也相当早。

"越"称在史书记载与出现也很早。《逸周书·王会解》云:在商汤时,正东有"符娄、仇州、伊虑、沤深、九夷、十蛮、越沤";正南有"瓯、邓、桂国、损子、产里、百濮、九菌"。"东越海蛤,瓯人蝉蛇。"这些名称,据史家考证,大多与后来越人有密切关系。越、瓯、东越名称在周代也已经出现。此后,越名见于史书记载愈来愈多,且大多指东南地区一带。如"于越"(古本《竹书纪年》)、"扬越"(《战国策·秦策》)。《荀子·荣辱篇》还有"越人安越,楚人安楚,君子安雅"的记载。至战国末年,《吕氏春秋·恃君篇》又出现"百越"一名,文曰:"扬汉之南,百越之际。"关于百越分布范围,《汉书·地理志》记载:"臣瓚曰:自交趾至会稽,七八千里,百粤杂处,各有种姓。"秦汉时期,史家都用越称来记载我国东南地区的民族,如《史记》、《汉书》所载的勾吴、于越、东越、闽越、南越、东瓯、西瓯、扬越、夷越、骆越等等,这些民族都属于百越民族的一支。所以"百越"是一个泛称,泛指我国东南地区的古代民族。由此可见,闽称仅见《周礼》,以后消失后,越名则大显于世,二者肯定是有极其密切的关系。

对于这个问题,古今学者都作出解释,汉代许慎《说文解字》对"闽"的解释:"闽,东南越,蛇种。"明确指出"闽"就是后来东南地区的越人。这与闽的地望相合,东南地区越人活动地区正是闽的范围。可见闽与越很难区分,更难以区别出它们是两个不同的民族。《史记·吴太伯世家·索隐》释"荆蛮"亦曰:"蛮者,闽也,南蛮之名,亦称越。"至于"闽"称为何被"越"名所取代,今人蒙文通遗著《越史丛考》解释最为清楚,他说:"越本国名,其族为闽,后亦用作族称,泛指古东南沿海之民族。自越王勾践灭吴称霸之后,'越'名大显于世,战国而后,又有'百越'一名,泛指在东南沿海暨岭南地区及其居民。"由此可见,闽与闽越并非有主客之分,也不是两个不同的民族,而是不同时代史家的不同称呼而已。闽称地域广泛,闽越即以居闽地之越人,用来专指福建,故福建古代民族应称为闽越族。

把闽与越对立起来,并把福建的越族说成是客族,是越国南迁的遗族,这主要受"百越同源论"和"越为禹后说"的影响。提出这一论说的是司马迁,他在《史记·越王勾践世家》中云:"越王勾践,其先禹之苗裔,而夏后帝少康之庶子也,封于会稽,以奉守禹之祀。文身断发,披草莱而邑焉。后二十余世,至于允常。允常时,与吴王阖庐战而相怨伐。允常卒、子勾践立,是为越王。楚威王兴兵而伐之,大败越,杀王无彊,尽取吴故地至浙江,北破齐于徐州。而越以此散,诸族子争立,或为王,或为君,宾于江南海上,服朝于楚。后七世,至闽君摇,佐诸侯平秦,高帝复以摇为王,以奉越后,东越、闽君,皆其后也。"《史记·东越列传》亦曰:"闽越王无诸及越东海王摇,其先皆越王勾践之后也,姓驺氏。"司马迁把越王勾践说成是夏禹之后代,而东越的无诸和摇又是勾践的子孙。班固《汉书·地理志》又把岭南地区的南越、西瓯和骆越等越人也说成是越王勾践的后代。赵晔《吴越春秋》和袁康《越绝书》都持同样说法。近人持此说者亦不少,且有所发挥,罗香林《中夏系统中之百越》一书,更是系统发挥这种观点。还有人主张夏被商灭后,夏族移民中有两支分别往南北迁移,一支北迁为匈奴,一支南迁为越族,[①]等等。于是,"越为禹后"和"百越同源"的论说,在史学界影

---

①　徐中舒:《夏史初曙》,载《中国史研究》1979 年第 3 期。

响极其深远，一直流传到现在。

近年来，随着百越民族史研究的进一步深入和考古研究取得突破性的成果，运用民族与考古研究的成果，对司马迁的这一观点提出质疑，认为越非禹后，百越不同源，"各有种姓"。百越各族都是由各地土著民族发展形成的，最近由中国社会科学出版社出版的《百越民族史》是持这一观点。

对于司马迁的这种观点，自东汉以来史家已提出异议。司马迁提出越王勾践为禹后的根据是禹巡狩会稽，死后葬于此，所以才会出现夏少康之庶子，封于会稽，"以奉守禹之祀"。夏朝浙江会稽并不属夏国领域，这个圣人何以能安葬于此？王充《论衡·书虚》对此曾指出："儒书言：舜葬于苍梧，禹葬于会稽者，巡狩年老，道死边土。圣人以天下为家，不别远近，不殊内外，故遂止葬。夫言舜、禹，实也，言其巡狩，虚也。舜至苍梧，禹至会稽，非其实也。"指出禹巡狩至会稽，非其实也。清人梁玉绳《史记志疑》说得更具体："禹巡狩葬于会稽之事，起自春秋后诸子杂说，不足依据。……盖虞夏之世，会稽不在中国（指不属夏朝——笔者注），故会稽之山，不书于禹贡，而扬越止于震泽也。""禹葬会稽之妄，说在夏纪，夏商称帝之妄，说在殷纪。而夏少康封庶子一节，即缘禹葬于越伪撰。盖六国时有此谈，史公谬取入史，后以著书者，相因成实。史并为闽越亦禹苗裔，岂不诞哉。"他最后又肯定地说："勾践非禹苗裔，而瓯、闽非勾践种族。"近人林惠祥《中国民族史》亦认为，"史记言越王勾践为夏禹之后，此不过越人托古之词"。卫聚贤《吴越民族》一文也说，"夏是北方民族，越是南方民族，两不相干"。

近年来，对于"越为禹后"和"百越同源"的说法已愈来愈多地引起学者的怀疑，1981年，蒋炳钊《"越为禹后"说质疑——兼论越族的来源》一文，比较系统地论述了这一观点。首先，夏、越分布地点不同，夏朝统治地域大抵是"西起今河南西部和山东南部，沿黄河东至今河南、河北、山东三省交界的地方,南接湖北,北入河南,和其他氏族部落形成犬牙交错的局面。今河南西部的河、洛流域,是夏人居住的中心"①。越国在会稽,会稽不属夏朝统治范围,那么禹怎能到异国他乡去巡狩,死后又葬在那里,似乎不太合理。这只能以"圣人以天下为家,不别远近,不殊内外,故遂止葬"去理解。既然禹不可能到此巡狩,也不可能止葬于此,于是夏少康封庶子于会稽,"以奉守禹之祀",就难于置信了。

　　其次,从世系论证也是不合理的。《史记》说:自少康封庶子于会稽,直至勾践之父允常,其间只"二十余世"。《吴越春秋》与《越绝书》所记夏少康至勾践的世系大致相同,都仅二十余代。据钱大昕《二十二史考异》考证:"少康至桀十一传,殷汤到纣三十传。周自武王至敬王又三十五传,而越乃止二十余传,理所必无也。"实际上自夏少康经商至周敬王共六十余代,两者世系相差近一千年。因此把勾践说成是夏少康的后裔,也难于令人信服。

　　再次,夏文化和越文化迥然不同。关于夏文化的特征,考古工作者曾在夏王朝活动中心地区,今河南西部偃师二里头发现一处重要遗址,称为"二里头"文化,类似此遗址已发现近百处。其时代晚于河南龙山文化而早于郑州二里岗商代早期文化,学术界普遍认为,二里头文化相当于夏文化。此种文化可分为早、晚两期,这两期的共同特征是:"陶器中鼎、鬲相对地较少,而以夹砂中口罐为主要炊器。瓦足簋、平底盆、绳纹小罐、研磨器等为常见器形,觚、爵、杯等酒器比较流行。生产工具中,石铲和石镰大量使用,也有小件青铜工具。卜骨大都有灼而无钻。"②

　　反观越人分布地区的文化特征,却与上述夏文化迥然不同,普遍流行的考古文化是在陶器上拍印几何形纹饰的"几何印纹陶"。

---

①　郭沫若主编:《中国史稿》第一册,人民出版社 1976 年版,第 142 页。

②　北大商周考古组:《商周考古》,文物出版社 1979 年版,第 16 页。

这在夏人主要活动地区都从未发现过。另外,在印纹陶流行地区又未发现过"二里头文化"遗址。如果夏朝亡后,部分夏人南迁于越人地区,必然会有夏文化特征反映出来,但事实并非如此。显然印纹陶文化不是夏文化的进一步发展,而是古代越人创造的土生土长的文化。文化不同,民族就不会是一样的。

司马迁是伟大的史学家,但在写这段历史时他是根据传闻而失实。梁玉绳指出司马迁记载的"越为禹后"是根据六国传闻而写入正史。其实司马迁也不回避这一事实,他在《史记·夏本纪》的篇末,对于此事评述曾使用"或言"二字,说明他的根据不牢靠,是依传闻而写的。

考古学者大都认为,印纹陶文化是越人创造的一种特有文化,它产生于原始社会晚期,发达于商周,衰落于秦汉。这与百越民族的形成、发展和消亡的历史正相符合。可以看出,几何印纹陶遗存是当地原始文化的继承和发展。由于百越民族众多,生态环境不一,在东南地区的印纹陶文化中,李伯谦在《我国几何印纹陶遗存的分区分期及有关问题》一文中又把它划分为宁镇区、太湖区、赣鄱区、湖南区、岭南区、闽台区和粤东闽南区。这七个分区与战国秦汉史书上出现的百越民族的几个分支也大致吻合,也反映了福建和台湾密切历史关系的事实。由此说明百越民族"各有种姓",不是同源,都是由当地原始先住民发展形成的。福建的闽越族也同样是由当地原始先住民发展形成的,不是夏人后裔。闽与闽越不是两个不同的民族。

(三)闽越族的来源

对于闽、闽越的关系,观点不同,对来源的看法自然不一样,而且分歧还是比较大。如果从百越民族文化特点印纹陶文化作为立足点,对闽越族的来源问题进一步探讨,也许对理解闽与闽越的关系会有帮助。

谈民族来源,首先涉及一个理论问题,即民族是在什么时候形成的？关于这个问题在我国民族学界曾经讨论很长一段时间。恩格斯在《家庭私有制和国家起源》一书中有这样的论述："住得日益稠密的居民,对内对外都不得不更密切地团结起来。亲属部落的联盟,到处都成为必要了;不久,各亲属部落的溶合,从而各个部落领土溶合为一个民族(Volk)的共同领土,也就成为必要的。"按照恩格斯的观点,民族是由部落发展形成的。于是民族开始形成于原始社会即将解体,阶级和国家即将形成的这一历史时期。这一观点,目前已为大都学者所接受。

　　基于这个认识,联系福建地区的历史,对闽越族的来源进行考查。福建新石器时代遗址发现很多,以闽侯县石山的遗址为例,这个遗址自1954年发现以来,先后进行过七次发掘,揭露面积近九百平方米。其中第六次发掘,面积近一百平方米,出土遗物相当丰富,遗址分上中下三个文化层。根据发掘者的意见:"三层中所有出土的陶器和石器,不论资料、形式和制作技术等方面,基本特征还是一致的。因此,我们认为它们是持续发展起来的文化。"[①]这篇文章发表后,引起学术界不同的反映,有的认为,昙石山的三个文化层具有性质不同的文化,不是持续发展起来的一种文化,而是分属于两种性质不同的文化,并从印纹陶出土的比例加以分析。下层的印纹陶仅占陶片总数的0.33%,中层占1.6%,上层占52.7%。可见,昙石山的上层比起中、下层有明显的进步,"上层同中、下层分属两种不同性质的变化,上层可能已进入青铜时代"。[②] 这个意见的提出,引起学术界的重视。《大百科全书·考古卷》中的"昙石山遗址"条目也赞同此观点,并明确提出,"下层

---

①　福建省博物馆:《闽侯昙石山遗址第六次发掘报告》,载《考古学报》1976年第1期。

②　吴绵吉:《试论昙石山遗址的文化性质及其命名问题》,载《厦门大学学报》1979年第2期。

和中层属新石器时代晚期,性质相同,衔接紧密。以其为代表的一类遗存被命名为昙石山文化。上层出土大量几何印纹硬陶,应属青铜时代"。1978 年在闽侯黄土仑发现一处相当于昙石山上层的文化遗址,出土的印纹陶占全部陶器的 98%,器物造型比昙石山上层更精致而且美观,器形也多样。年代经碳 14 测定为公元前1300±150 年,大约相当于晚商或西周初期。[①] 昙石山和黄土仑遗址中虽未发现过青铜器,可在福建东张的同类遗址中,出土一件制作水平较高的青铜残器。据曾凡在《关于福建史前文化遗存的探讨》一文中介绍:"东张上层出土的残铜器花纹,其线条都很纤细……艺术技巧达到相当成熟的地步,反映出当时的青铜铸造工艺已有相当的水平。"类似此类青铜器,在武平、南安等地均有发现。这些青铜器又异于北方,具有浓厚的地方特色。邹衡《商周考古》一书曾说:"福建东张和武平发现的残铜片,都有仿几何形印纹陶的花纹,表明这种文化的青铜器有其浓厚的地方特色。"由此可见,闽越族"先民用金属的青铜刀子割断了原始社会的脐带,进入青铜文化时期"。

从上述文献和考古资料证明,闽越族人在越国未被灭亡之前,已经活跃在福建的历史舞台。至迟在商周时期,闽越这个人们的共同体已经存在,它是由当地原始先住民发展形成的。在其形成和发展过程中,吸收部分其他外来的民族,这是完全有可能的。故闽越族不是越国南迁的遗族,不是勾践的子孙,更与夏民族无关。关于闽越族形成之后的历史和文化特征,将在下面加以论述。

[①]　福建省博物馆:《建国以来考古工作的主要收获》,载文物编辑委员会编:《文物考古工作三十年》,文物出版社 1979 年版。

二、闽越族历史概述

(一)先秦时期

在史书上,关于先秦时期闽或闽越的史事记载极少,因此对于这一时期闽越族的历史活动还很不清楚,但是我们从保留下来的一些传说,特别是地下出土文物提供的一些资料,使我们对先秦时期福建地区人类活动的情况,增进一些了解和认识。

1. 古代传说

在福建的方志记载中有两种比较流行的传说:一是太武夫人的传说,一为武夷君传说。

漳浦县北有太武山,上有太武夫人庙。《八闽通志》注云:"太武,旧亦名大母也。"光绪《漳州府志》卷四十《古迹》引《漳州图经》云:"太武山,其上有太武夫人坛。前志谓闽未有居人时,夫人扩土而居,因而为山名。武一作姥,闽越负海名山,多有名太姥者。"传说以太武夫人为闽中人类的始祖母,反映福建初期人类社会的历史曾经历过母系社会的发展阶段。

崇安县(现以武夷山得名改为武夷山市)武夷山有武夷君传说。

武夷君见于记载在汉代。司马迁《史记》卷二十八《封禅书第六》云:汉祀"武夷君用乾鱼"。汉武帝喜欢祭祀天下名山大川,曾派使者到武夷山祭祀,故此山又别名"汉祀山"。由此产生许多神仙传说。

自顾野王称武夷山崖洞墓为"地仙之宅"后,神仙之说内容不断增加。《太平寰宇记·建州建阳县》云:"武夷山,其高五百仞,岩石悉红、紫二色,望之若朝霞,有石壁峭拔数仞于烟岚之中,其间有木礁、磨、簸箕、箩箸、什物等物,靡不有之。野王谓之地仙之宅。半岩有悬棺数千。传云:昔有神人武夷君居此,故得名。又

《神之录》云,建阳县上百余里,有仙人葬处,亦神仙所居之地。《郡国志》云:汉武帝好祀天下岳渎,此山与祭,故曰汉祀山。"又曰:"栏杆山在县二百九十里。《建安记》曰:栏杆山南与武夷山相对,半岩有石室,可容六十人。岩口有大栏杆,飞阁栈道……悬棺仙葬,多类武夷,云是仙人葬骨。"

朱熹《武夷图序》说:"武夷君之名,著自汉世,祀以乾鱼,不知果何神也? 今建宁府崇安县南二十余里,有山名武夷,相传即神所宅。峰峦岩壑,秀拔奇伟,清溪九曲,流出其间。两崖绝壁,人迹所不到处,往往有枯槎插石罅间,以庋舟船棺枢之属。枢中遗骸,外列陶器,尚皆未坏。颇疑前世道阻未通,川壅未决时,夷落所居,而汉祀者即其君长……后而传以为仙也。"①

清代董天工编的《武夷山志》,在《仙篇》中又集了各种传说。除武夷君外,还有众多神仙到过此地,如魏王子骞"学仙于武夷……后皆仙去。子骞脱骨在小藏峰,其头颅尚在仙馆岩罅中"。"(秦)皇太姥,相传为神星之精,母子二人来居武夷,采黄精以饵。能呼风檄雨,乘云而行,秦人呼为圣母,众仙称为皇太姥,今称太元夫人。""相传昔有神仙降仙中,自称武夷君,受上帝命,统录群仙,授馆于此。""武夷君与皇太姥、魏王子骞辈,置酒会乡人于顶峰,召男女二千余人。虹桥跨空,鱼贯而上,设彩屋幔亭可数百间。"又曰,在陶唐时代,"商贤大夫,即所谓老彭,隐居于此,善养生术,寿七百七十七岁。子二:曰武、曰夷,同居于此,或曰山因是得名"。上述几则神话,引出了武夷君、皇太姥、魏公子骞和彭祖等仙人,曾居武夷山,死后还葬于此。由于受神仙说的支配,故书中把崖洞墓的船棺概称为"仙船"、"仙蜕"、"仙函"、"舟"、"艇"等等。

为了解开神仙之迷,福建省博物馆和崇安县文化馆于 1973 年

---

① 朱熹:《晦庵先生朱文公集》卷七十六。

和 1978 年先后在观音岩和白岩取下二具船棺,尤其是白岩船棺中保留一具男性尸骨,在尸骨上下覆盖有粗细两种竹席,均为人字形织纹,死者衣着丝麻织品,还有一件龟状木盘随葬品。棺木系用两根完整的楠木刳成,通长 4.6 米,通高 0.87 米,宽 0.52 米,分为棺盖和棺身两部分,子母口套合,不施钉。盖作半圆形,象征船篷。棺身作长方形的槽,以殓死体。首尾两端上翘如舟。朱熹称它为船棺,为古代夷落遗存。棺呈船形,即反映闽越族人的文化内涵。年代约在春秋至战国时期(有的学者主张商周),它是闽越族的一处墓葬群,并非神仙葬处。

　　2. 考古资料所反映的先秦闽越族活动史迹

　　地面上的考古资料,首推华安县汰内仙字潭摩崖石刻。1915年,岭南大学黄仲琴教授最早进行调查,并发表《汰溪古文》一文。1957 年,福建省博物馆派员再进行详细调查和临摹,共有六处,自东往西分布,约长 20 米,所刻的文字多者一二十字,少的仅一二字,深浅不一,又没有规则,字形难于辨认。为了进一步深入研究,1988 年由福建省考古博物馆学会主办,在漳州召开"漳州地区古代摩崖石刻学术讨论会"。通过这次学术讨论会,与会者写出一批文章,提出不少新的观点。会后由中央民族学院出版社出版了《福建华安仙字潭摩崖石刻研究》一书。

　　通过这次讨论会,对于汰内摩崖石刻的性质,究竟是字或画以及时代的认识有了进一步的深化,但仍存在严重分歧,摘其主要论点作一些介绍。

　　黄仲琴《汰溪古文》认为,华安石刻是隋唐以前遗存,"形有类似蝌蚪者,与近人法国牧师费西所述苗文有相同之处,疑即古代蓝雷民族所用,为爨字或苗文之一种"。

　　林钊、曾凡《华安汰内仙字潭摩崖的调查》认为,从石刻字形来看,是属于原始图像文字范畴,年代下限不迟于隋唐。

　　刘蕙孙《福建华安汰溪摩崖图像文字初研》认为,华安石刻是

"古吴和先吴文字或吴籀"。五段刻文可通读为"昱(明日),鹹夷俘越。吴王昱,吴战越、战番、番"。这方摩崖是吴部落的酋长战胜了夷、越、番三种称王纪功的刻石。

林蔚文《福建华安仙字潭石刻试考》认为,华安摩崖石刻为商周时期越人部落遗存,它反映越族中两个强弱不同部落之间的征战。

朱维干《古代七闽的摩崖文字》认为,福建地区史书记载的"仙篆"都是周代"七闽的遗迹。"万里云《仙字潭摩崖石刻的族属、年代和内容》一文认为,仙字族属"非畲族莫属"。仙字年代在商周青铜器时代。仙字内容可归结为古代七闽内部战争、蛟螭为害与地界纠纷三种重大事件之纪事、布告和纪录。

以上几篇均主张华安汰内仙字潭摩崖石刻的性质是字。时代大都持商周观点。内容除个别主张为吴籀外,大都认为是福建古代土著族内部征战或纪功纪事碑。

盖山林《福建华安仙字潭石刻新解》一文认为,仙字潭石刻是岩画,不是字。时代约在新石器时代中晚期,距今四五千年,是我国南方地区已发现的岩画中时代最早的岩画作品,大约与江苏连云港岩画同时或稍早。其内容,从仙字潭整个画面看,岩画主题无疑是表现某个民族部落所跳的娱神舞蹈。

福建地区还有多处摩崖石刻,因不被人们所认识,故概被人们称为仙字、仙篆。据方志记载,除华安仙字潭外,还有光泽、南平、顺昌、永定、明溪、永泰、政和、福州、福清、霞浦、莆田、仙游等县市。华安一处,见于文献记载较多,研究较为集中,其他地方只是记载,尚未见到实物。

虽然对摩崖石刻仍存在较大意见分歧,但从目前研究成果看,这些遗存大都认为是秦汉以前福建土著族的文化遗存,因而可提供对先秦时期闽越族活动的了解。但有一点可以肯定,福建古代民族不属于华夏族。商周时代华夏族人不可能到这偏远的华安来,甲骨金文是用以记录当时华夏族语言的,因而用金文来研究华安石刻"文字",从方法上来说是值得考虑的。

新中国成立以来,经过考古工作者的努力,福建考古工作取得很大的成果,出土了大量文物。除了大量新石器时代遗址和商周印纹陶文化遗存外,还出土一些先秦时期的文物。上面说过,闽越族形成之后,福建已处于青铜时代,闽越族人已掌握青铜冶铸技术,并显示出自己的文化特色,而这种文化特色一直被继承下来。1974年在南安水头大盈村后寨山一个墓中发现20件青铜器,种类有戈、戚、矛、匕首、有段锛、铜铃,还有玉戈、玉璜。时代推断为"上限可以溯到西周,下限可以延到春秋"。[①] 据专家研究,其中有段铜锛同本省出土的有段石锛很相似,铜戚、铜铃上的几何形花纹,也同本省所出的几何印纹陶的纹饰相仿。[②] 说明福建青铜文化保留着自己民族的文化特色。青铜器分布地区相当广泛,已发现地区有闽北的光泽、浦城、崇安、建瓯;闽西的武平、长汀、上杭;闽南的南安、漳浦;闽中的莆田;闽东的福州、闽侯、大田、政和、福安等县市。铜器的种类也不少,生产工具有锛、斧、削刀;兵器有剑、矛、戈、戚、镞、匕首等。说明先秦时期闽越族人使用铜器已相当普遍。福建省博物馆还征集到建瓯县于1978年和1987年出土的三件西周青铜甬钟,这是福建迄今出土的最重要的西周青铜礼器。据专家研究,其中一件系西周初期遗物,形体硕大,重达100.35千克,通体饰粗犷的云雷纹,铸造精细,风格古朴。另两件形体较小,制造粗劣,纹饰简单,可能是本地铸品。欧潭生、卢美松《楚文化入闽的考古证据》一文,认为闽侯庄边山发掘的九座墓

① 庄锦清、林华东:《南安大盈青铜器的调查》,载《考古》1977年第3期。

② 黄展岳:《福建南安发现的青铜器和福建的青铜文化》,载《考古》1978年第5期。

葬,从其延续的年代和特征看,包括了战国中晚期或秦汉之际,因而提出至迟在战国中期,楚人已到福建定居。在这些墓中,有的墓主人就是楚贵族。王振镛《福建省博物馆文物考古工作四十年》一文,曾提到文物普查中发现不少战国秦汉遗存,如闽南的长泰岩溪、陈巷、龙津溪沿岸发现多处战国至汉代遗存,其中一座残墓出土玉璧、米字纹陶罐、水波纹盂等。在闽北的建阳县将口邵口坯、新建村,政和县的东平郑源、石屯长城村,崇安县的兴田畲头后山、武夷三姑头垅,沙县的高砂尤溪厂,龙海县的榜山雩林山,以及宁化、尤溪、上杭、连城、武平等地,都发现战国晚期至汉代遗存,采集到不少米字纹、水波纹、方格纹、弦纹、蓖点纹灰色硬陶片,以及绳纹、麻点纹瓦片、陶匏壶、铁锛等遗物。

上述这些文物资料,说明先秦时期闽越族一方面继承他们传统的文化,使用特有的印纹硬陶和釉陶器以及青铜器;另一方面吸收周边民族文化,反映闽越族与周边民族的文化交往。

(二)秦汉时期

闽越族的历史记载最早见于《史记·东越列传》,该传仅记载从秦统一到汉武帝元封元年闽越国除时 100 多年的历史,记载很简单,全传约 1500 字,其中还包括东瓯的历史在内。尽管文字记载不多,但它意味着闽越在我国多民族国家中的地位和作用,且已被史家所重视而列入正史。新中国成立以来,随着考古研究的开展,并取得一系列的成果,丰富和补充了文献记载的不足,从而使我们对秦汉时期闽越族的历史有了进一步的了解和认识。

从《史记·东越列传》记载,在秦统一六国以前,无诸统治下的闽越王国已经存在。秦始皇统一六国之后,又发动对百越的战争,可是在这一场战争中,未见有秦兵进入闽越的记载。《史记·秦始皇本纪》记载:"王翦遂定荆江南地,降越君,置会稽郡。"王翦"降越君",只是征服原来越国地区的越族君长,置会稽郡统治。公元前 223 年,秦始皇发动对百越的战争,根据《淮南子·人间训》记载,秦始皇曾派出五十万大军(这个数字可能有夸大),分兵五路出击,经过"三年不解甲弛弩"的艰苦战斗。从当时进军路线考察,在五路的兵力布署,有四路是指向两广地区的越人。《汉书·严助传》云:"臣闻长老言,秦之时尝使尉屠睢击越。"可见当时秦兵主要用来对付南越和西瓯、骆越。秦统一两广后,置南海、桂林、象郡三郡。秦兵的第五路,据载是在"余干"集结,余干在赣东,是通往闽北的一条要道。秦兵在此集结的目的估计是用来对付闽越的。可是在史书上从未见有秦兵入闽的记载。西汉贾捐之曾说过:"以至乎秦,兴兵远攻,贪外虚内,务欲广地,不虑其害,然其地南不过闽越。"秦兵未进入闽越的原因,可能对闽越地区不甚了解,加上高山阻隔等原因,诚如后来淮南王刘安上书汉武帝所言:"(闽越)地深昧而多水险,中国之人不知其势阻而入其地,虽百不当一。得其地,不可郡是也。攻之,不可暴取也。以地图察其山川要害,相去不过寸数,而间独数千里,阻险林丛弗能尽著。视之若易,行之甚难。臣闻越甲卒不下数十万,所以入之,五倍乃足。"[1]正因为这样,以至汉武帝时,对闽越都不敢轻易用兵。由此可见,秦兵未进入闽越地应是事实。在当时可能逼于秦兵的军事压力,闽越王无诸和东瓯王摇向秦王朝表示臣服。《史记》记载:"秦已并天下,皆废为君长",应该是反映这一史实,只是不许他们再称王,还是让他们继续统治本地区。

既然秦兵未入闽越地,更没有派官吏入闽的记载,秦朝推行中央集权制的封建郡县制,那么史载"以其地为闽中郡",即用于统治闽越和东瓯地区。谁来治理闽中郡,史家都指出还是由原来闽越君长他们来管理自己国家的事。王鸣盛《十七史商榷·故郡条》云:"此置郡(指闽中郡)亦必在始皇三十年后,非初并天下事。且秦虽置郡,乃为无诸和摇所据,秦不得而有之。所以汉击楚,二

---

① 《汉书·严助传》。

人即率兵来助。"钱大昕《潜研堂文集》卷十六也指出："其初虽有郡名,仍令其君长治之。"于是史家大都认为,秦代闽中郡,只有其名而无其实,只是一纸空文而已。由此可见,到了秦代,百越民族都先后纳入秦王朝的直接统治之下,唯独福建还是例外,开创了羁縻统治的先河。

秦始皇统一六国,建立起我国第一个中央集权制的封建王朝,对促进我国统一多民族国家的形成有着重要作用。但是,统治阶级对人民的剥削与压迫不可能有所改变,尤其是秦二世统治时期,对人民的剥削和压迫更加残酷,田租口赋和盐铁之利"二十倍于古",徭役"三十倍于古",人民已无法生存下去,阶级矛盾和民族矛盾十分尖锐,"于是百姓离心瓦解,欲为乱者十家而七"。① 闽越地区也不例外,"使其社稷不得血食"。② 全国爆发了以陈胜、吴广领导下的农民大起义,革命烈火席卷全国。各地诸侯王如项羽、刘邦等也乘机举兵倒秦。在全国革命形势的推动下,闽越王无诸也率众"佐诸侯灭秦",参加到全国倒秦斗争的行列中。

无诸领导的闽越兵,最初参加到鄱阳令、楚将吴芮的队伍中,成为吴芮军中的一支劲旅,支持项羽。可是,由于项羽霸道,独断专横,对他的部下,"战胜不予人功,得地而不予人利",且"妒贤嫉能"。于是在"楚汉之争"时,广东南越梅铜劝吴芮支持刘邦,"(梅铜)芮即劝之从沛公伐秦,芮遣铜将百粤往应诸侯"。③ 无诸跟着吴芮杀出楚营,支持刘邦。公元207年,芮即命铜,带领"百粤"起义队伍开到河南南阳(今邓县东南),与刘邦的队伍汇合,随之向析(今河南内乡县西北)、郦(今河南内乡县东北)进军,迫使秦守将投降。八月,武关攻下后,进入关中地区。十月,汉越起义军直

---

① 《史记·淮南王列传》。

② 《汉书·高帝纪》。

③ 胡定:《南雄府县志》卷十四。

达霸上,打下三秦,击败项羽。秦王朝终于在汉越及各族人民打击之下垮台了。在这次全国性的倒秦斗争中,闽越人民曾作出积极的贡献。

西汉王朝建立后,刘邦对支持他的有功之臣都给予封王受禄,如封越队将摇毋余为汉阳侯,华无害为绛阳侯。这些受犒赏的越人,便参与汉王朝的政治活动。无诸有功于刘邦,汉高祖五年(前202年),"复立无诸为闽越王,王闽中故地,都东冶"。可见,西汉初期,汉王朝对闽越王国还是采取羁縻的统治。刘邦仍不改无诸的封号,照样封他为闽越王,让他继续统治闽越王国。这时汉越关系很好,建立起藩臣关系。《汉书·两粤传》云:"两粤(指闽越与南越)俱为藩臣。"由于政治上的密切关系,闽越王每年要向汉廷中央朝贡,据《西京杂志》记载:"闽越王献高帝石蜜五斛,蜜灼五百支。"①

随着西汉王朝政权日益稳定,刘邦曾提出"非刘氏不王"的统治政策,并已着手解决异姓王的问题。废除异姓王的做法,必然引起闽越王的反感。互有戒心,离心倾向逐渐增加,特别是刘邦死后,闽越王同汉王朝的矛盾便日渐暴露出来。

矛盾的开始,不向汉廷纳贡。《汉书·严助传》云:"越人名为藩臣,贡酎之奉,不输大内。"应劭注:"大内"即"都内也,国家宝藏也。一卒之用不给上事"。继而勾结一切反汉力量,如汉景帝时,发生了以吴王刘濞为首的吴楚七国叛乱。在这次反汉中,吴王曾约闽越共事,"欲从闽越,闽越未肯行,独东瓯从吴"。表面上闽越王似乎拒绝参与,实际上是暗中支持叛乱的。如吴王后来被东瓯王杀了,其子"子驹亡走闽越,怒东瓯杀其父,常劝闽越击东瓯"。吴王被杀后,吴王子敢于逃亡闽越,闽越王又肯予以收留。这一事实清楚说明了闽越王的立场。在这次事件中,东瓯王受汉购,诛杀

---

①　李昉:《太平御览》卷八〇七引。

吴王,闽越王对此是不满的。后来闽越曾向东瓯用兵,可能与此有关。越汉矛盾由来已久,刘邦封无诸为闽越王时,其统治范围有秦时"闽中故地",在东越中势力最大。汉高祖时为防止闽越王势力膨胀,又在闽中故地内封织为南海王,其封域即今闽粤赣三省交界地区;惠帝时又在浙江瓯江流域一带封摇为东瓯王。这样一来,在闽中故地"一分为三",即限制闽越势力扩张,必然引起无诸的不满。不过,在无诸统治时期,越汉关系尚未发展到破裂的程度。

无诸死后,闽越王位由他的儿子郢继承。郢继位后,越汉矛盾进一步加剧,矛盾的激化首先便从东越内部互相斗争作为导火线。建元三年(前138年),"闽越发兵围东瓯。东瓯食尽,困,且降,乃使人告急天子"。汉武帝派严助领会稽兵,"遂发兵浮海求东瓯。未至,闽越引兵而去"。东瓯也自知敌不过闽越,于是乘汉兵救援之机,请求归汉,东瓯国除。严助曾说:"今闽越王狠戾不仁,杀其骨肉,离其亲戚,所为甚多不义,又数举兵侵陵百越,并兼邻国、以为暴强,阴计奇策,入燔寻阳楼船,欲招会稽之地,以践勾践之迹。今者,边又言闽王率两国击南越……不奉明诏,则会稽、豫章必有长患。"这段话反映了东越内部争权夺利斗争由来已久,其矛头已直接对准西汉王朝,引起汉王朝的严重不安。

闽越王郢企图吞并东瓯,由于汉廷出兵干预,没有达到目的。事隔三年,又乘南越王越佗新丧,内部混乱之机,发兵攻南越。"至建元六年,闽越击南越。南越守天子约,不敢擅发兵击而以闻。"南越王赵胡上书汉武帝曰:"两越俱为藩臣,不得擅兴兵相攻击。今闽越兴兵侵臣,臣不敢兴兵,唯天子诏之。"汉武帝觉得南越王这个藩臣"守职约",于是"上遣大行王恢出豫章,大农韩安国出会稽,皆为将军。兵未逾岭,闽越王郢发兵拒险"。在这将酿成一场汉越大规模战争的关键时刻,闽越族内部诸亲族,看到汉兵压境,大有灭顶之灾,于是统治阶级内部发生一次内讧,以闽越王郢的弟弟余善为主谋,伙同诸亲族把郢杀了。"其弟余善乃与相、宗族谋曰:'王以擅发兵击南越,不请,故天子兵来诛。今汉兵众强,今即幸胜之,后来益多,终灭国而止。今杀王以谢天子,天子听,罢兵,因一国完,不听,乃力战;不胜,即亡入海。'皆曰'善'。即杀王,使使奉其头致大行。"汉武帝接到这个消息,"诏罢两将军",暂时停止对闽越的进攻。

闽越王郢被杀后,闽越王位的继承问题,汉廷出面干预。汉武帝对余善谋杀兄的阴谋是有觉察的,"余善数与郢谋乱,而后首诛郢,师不得劳"。"郢等首恶,独无诸孙繇君丑不与谋焉,乃使郎中将立丑为越繇王,奉闽越先祭祀。"汉武帝对闽越内部情况还是了解。汉王朝虽然任命繇王丑为闽越王,可是大权旁落,闽越王国的大权却被余善所控制,"余善已杀郢,威行于国,国民多属,窃自立为王,繇王不能矫其众持正"。面对这一现实,汉武帝为权宜之计,再封余善为"东越王","与繇王并处"。在闽越内部出现二王分治的分裂局面,但实际权力为东越王余善所掌握。

余善对汉武帝的做法是很不满的,于是对汉廷阳奉阴违,暗地里罗积反汉力量。元鼎五年(前112年),南越相吕嘉反汉,余善即同他暗中勾结。当得知汉廷欲出兵镇压吕嘉时,余善又上书表示支持汉廷的做法,并表示愿意带本族八千士兵配合楼船将军杨仆的行动。可是,当队伍开到广东揭阳时,却借口"以海风波未解,不行,持两端,阴使南越"。一直至汉兵破番禺,平了这次反叛,余善所率的闽越兵仍按兵不动。余善的这个反汉阴谋早已被杨仆将军所识破,杨向汉武帝上书,并表示"愿便引兵击东越"。汉武帝对余善的行为也早有戒心,只是因同南越打仗,"士卒劳倦",故未立即行动,只是"令诸校屯豫章、梅岭待命"。汉武帝未立即挥师闽越,与上述淮南王刘安上书有关,对闽越情况还不是很了解,故不敢轻易用兵。汉武帝这样做,实际上已是兵临城下,着手解决闽越的问题。

余善自知阴谋败露。"元鼎六年秋,余善闻楼船请诛之,汉兵临境。"于是孤注一掷,先发制人。"乃遂反,发兵拒汉道。"余善任命驺力将军为"吞汉将军",领兵攻打白沙、武林、梅岭,"杀汉三校尉"。余善自己"刻武帝玺自立,诈其民,为妄言"。越汉之时矛盾已经白热化。这时,汉武帝派出四路军从四方面水陆并进,向闽越进攻,一路为"横海将军韩说出句章,浮海从东方往",句章属会稽郡,在今宁波之西,为出海之要道。这一路兵力集结在浙江的慈溪,然后挥师进攻闽越。二为"楼船将军杨仆出武林"。汉武林县在余干县东北30里,临大湖。这路军队大概是从江西鄱阳南下,指向闽西北。三为"中尉王温舒出梅岭"。梅岭离豫章15公里,是一古驿道,即今江西宁都县东北。这一路兵力从宁都南下指向闽西。四为"越侯为戈船、下濑将军,出若邪、白沙"。若邪即今绍兴县南,白沙在豫章北200里接鄱阳界。这一路军可能再分两支,分别从绍兴豫章水陆而下,有的认为书上白沙、若邪并提,应指鄱阳界中能通闽地的大小河流。与军事包围的同时,汉武帝又先派故越衍侯吴阳回闽劝说余善投降,"余善弗听",并"使徇北将军守武林,败楼船军数校尉,杀长吏。楼船将军率钱唐、辕终古斩徇北将军"。双方正面展开武装斗争。汉武帝以为劝降不成,即命汉军用武力解决。越汉双方经过一年多的对抗,于元封元年冬(前110年),汉兵"咸入东越"。当韩说率领的汉军首先攻入闽北的汉阳(即今浦城)时,吴阳一方面率其旧属700人内应,协助攻打汉阳的越军,另一方面同闽越统治者建成侯敖和繇王居股等人策划,计杀余善归汉。他说:"余善首恶,劫守吾属。今汉兵至,众强,计杀余善,自归诸将,傥幸得脱。乃遂俱杀余善,以其众降横海将军。"余善被杀后,闽越内部大乱,"东越将多军,汉兵至,弃其军降",其他将士也纷纷向汉军投降。闽越国除。

汉武帝统一闽越后,对于倒戈的闽越贵族给予封爵,如封"繇王居股为东成侯,万户,封建成侯敖为开陵侯,封越衍侯吴阳为北石侯……东越将多军……封为无锡侯"。汉武帝又以闽越地险阻,数反复,"诏军史皆将其民徙处江淮间。东越地遂虚"。[①] 闽越历史至此终结。

汉代闽越国,自汉高祖五年复立无诸为闽越王,后子郢、余善,孙丑继位,历三代,前后92年。

(三)闽越社会经济及文化特征

1.先秦时期闽越的社会经济

闽越族的先民用金属的青铜刀子割断了原始社会的脐带,进入青铜文化时期。自商周以来至秦统一以前的这一历史时期,闽族的社会经济及文化特征如何? 由于文献上缺乏记载,只有从考古资料得到一些了解,现将这一时期闽越的物质文化和精神文化作一些简单介绍。

(1)物质文化方面

农业生产是古越人的社会经济基础,其中水稻种植是农业生产的主要部门。《逸周书·职方氏》云,扬州"其谷宜稻"。闽越地处亚热带湿润气候区,雨量充沛,光照强烈,作物生长期长。这种气候宜于水稻种植。从考古资料得知,最迟在商周时代,闽越地区已栽培和种植水稻,成为人们衣食的主要来源。1960年,在南安丰州遗址的发掘中,在一片经过火烧的赤黑色的草拌泥土块的断面中,发现有稻谷壳的遗迹。1956年,在永春九兜山发现一个印纹大陶罐,在罐的内壁上发现有稻秆和稻谷的痕迹,说明闽越栽培水稻已有相当长久的历史。

闽越地处丘陵地带,境内江湖河海纵横,海岸线长,渔猎经济比较发达,它在农业中占有一定的比例。闽越族人喜欢吃水中小动物即与此有关。《逸周书·王会解》云:"东越海蛤,瓯人蝉蛇,蝉蛇顺食之美。于越纳、姑妹珍、且瓯文蜃、共人玄贝。"文中记载的"东越","瓯人""姑妹"、"共人",都是居住在我国东南地区的

---

① 本段未注出处均见《史记·东越列传》。

古越人。他们把"海蛤"、"文蜃"、"蝉蛇"视为"顺食之美",这与中原地区的民族不同。闽越族与其他地区越人一样,都是喜欢吃水产品,这种生活特点一直延续下来。《淮南子·精神训》曰:"越人得髯蛇,视为上肴,中国得之无用。"《盐铁论·论菑篇》亦曰:"越人喜蠃蚌,而简大牢。"《博物志》曰:"东南之人食水产……食水产者,龟、蛤、螺、蚌,以为珍珠,不觉其腥臊也。"

这种生活特点在考古资料中也得到充分的证明。在闽越地区的印纹陶文化遗址中发现大量石制或骨制的箭、矛、小石镞等工具,这是渔猎经济活动的工具。还有体现这种经济生活特点的贝丘遗址。如闽侯县石山遗址的文化层就是由大量蛤蜊壳堆积而成的,厚达 3 米。经鉴定有蚬、魁蛤、牡蛎、小螺以及鱼骨、鳖科的背甲和腹甲等。[①] 时至汉代仍然如此,《史记·货殖列传·正义》云:"楚越水乡,足螺鱼鳖,民多采捕积聚,煮而食之。"闽越国除后,作为越人后裔的蛋民(蜑人)仍以"采海物为生,且生吃之"。这就是闽越人不避"腥臊"的遗风。而且这种生活特点还被后来入闽的汉人继承下来。

普遍烧造印纹陶器和使用青铜器。考古学家认为,几何印纹陶是百越民族创造的具有地方特点的文化特征。商周时,商人和周人乃至楚人惯用的是绳纹陶器和泥质陶器,而越人更多的是使用拍印的几何印纹陶器。闽越地区印纹陶遗址相当普遍,最为典型的是闽侯黄土仑遗址,第三层为单纯的几何印纹陶堆积,厚0.24～0.45 米。在此文化层中,还发现墓葬 19 座,随葬品 170 余种,几何印纹陶占98%以上。这批器物的造型奇特,制造精巧,很多器形诸如釜形豆、杯口壶、深腹罐、凹底尊、圆底罍、鼓形器、提壶

---

① 福建省博物馆:《闽侯县石山遗址第六次发掘报告》,载《考古学报》1976 年第 1 期。

等,都具有鲜明的福建地方特色。① 印纹陶的质地细而纯净,火候高、硬度大,表面还有一层似釉物质,明亮而无吸水性。这种坚硬的釉陶又称原始瓷。说明闽越族人已广泛烧制和使用印纹硬陶,连同使用石锛、有段石锛,成为闽越文化的主要特点,并传播到台湾及东南亚等地区。

印纹陶文化属于青铜文化,闽越族人早在商周时期已经能够制造并使用青铜器,从而结束了漫长的原始社会向阶级社会过渡。福建发现的青铜器很普遍且很有地方特色。关于这个问题,在上一节已作了介绍。从闽越地区发现的青铜器看,它是土著文化的有机组成部分,不是外来品。说明至迟从周代开始,闽越族已经铸造青铜器,进入青铜文化历史时期,反映了当时闽越族社会的生产力水平。纺织业是古代越人的主要手工业之一。越人地区种植葛、麻相当普遍。《淮南子·原道训》云:"于越生葛绨。"《越绝书》、《吴越春秋》等书都有记载越人种葛、麻,并"使越女织治葛布"之事。闽越族人也不例外。1978 年福建省博物馆在崇安武夷山的白岩洞,清理出一座被认为是周代至春秋时期闽越人的船棺葬,在棺中尸骨下面发现已碳化化了的大麻、苎麻、丝和木棉的纺织品,说明死者衣着多种纺织器,"特别是那一小块青色棉布,尤为珍贵,是我国目前最早的棉布"。② 由此可见,闽越地区的纺织业不但发达,而且技术也很先进。

造船技术是越人一大创造和文化特色。越人居住的东南沿海,素有水乡之称,由于他们长期与水打交道,练就了善于造船和驾舟的技术和本领。

　　① 福建省博物馆:《建国以来考古工作的主要收获》,载文物编辑委员会编:《文物考古工作三十年》,文物出版社 1979 年版。

　　② 福建省博物馆:《福建崇安武夷山的白岩洞墓清理简报》,载《文物》1980 年第 6 期。

关于越人善舟的记载很多,《越绝书·越绝外传记地传》云,越人"以船为车,以楫为马,往若飘飞,去则难从"。闽越族也是一个"习于水斗,便于用舟"的民族。[①] 1973 年,在连江县浦口公社山堂大队发现一只独木舟,据测定上限为公元前 290 年,下限为公元前 100 年,约当战国晚至西汉中期的遗物,其结构与江苏武进淹城出土的三只春秋战国时代的独木舟相同。1973 年和 1978 年在福建崇安武夷山的观音洞和白岩洞,清理了两座古代的崖洞墓,棺呈船形,故又称之为"架壑船棺"。多数学者认为船棺葬为古代越人的一种葬俗,棺呈船形乃是墓主人生前喜于用舟在葬俗上的反映。

(2)精神文化

闽越族为百越民族的一支,百越民族中流行的一些习俗在闽越族均得到反映,有着百越民族文化的共同特点。比如断发文身,这是百越民族显著的文化特点,对此文献上记载颇多。《墨子·公孟》云:"越王勾践,剪发文身。"《战国策·赵策》曰:"被发文身,错臂左衽,瓯越之民。"《汉书·严助传》云:"(闽)越,方外之地,劗发文身之民也。"闽越族也是流行断发文身。

文身,原意为"刺染",即在人体皮肤上刺划出各种纹样,再染之以墨,待伤口愈合后,其纹饰就以青灰色的墨纹永远保留下来。文身的初衷是为了避邪,"避蛟龙之害",为了保证海上生活安全所为。正如《淮南子·原道训》云:"九嶷之南,陆事寡而水事众……于是民人劗发文身,以象鳞虫。"高诱注:"文身,刻画其体,内墨其中,为蛟龙之状,以入水蛟龙不为害也,故曰以象鳞虫。"《说宛·奉使》说越人"剪发文身,灿然成章,以象龙子者,将避水神也。"应劭注:"越人常在水中,故断其发文其身以象龙子,故不见伤害也。"古代蛟龙、鳞虫多指蛇类,越人奉蛇神为水神之事可见一斑。这种习俗为后来蛋家所继承。福建和广东沿海的蛋民,

---

① 《汉书·严助传》。

自云"龙种"、"龙户"。《广东新语·舟语》云,蛋人"以其入水,辄绣面文身,以象蛟龙之子",正是古越人的遗风。

断发,就是"剪发使短,冒首代冠,而不束发加冠之意"。所谓"中原冠笄,越人鬋发"。[1] 指出古越人与中原的商人周人的装束不同。断发就是短发,它与文身一样都是适应水上生活的需要。

拔牙习俗也是百越民族的文化特征。拔牙,又名凿齿,即把门前齿拔去。《管子·内业篇》云:"昔者吴、干战,未齿,不得入军门,国子摘其齿,遂入,为干国多。"《临海水土志》记载台湾夷州人习俗,女子已嫁皆缺去前一齿。"近年来,在广东的增城金兰寺和佛山河岩、福建闽侯昙石山以及台湾恒春垦丁寮和鹅銮鼻等地的新石器时代晚期或印纹陶遗存中,都发现过拔牙的标本。其中河岩的 77 座墓葬中,就有 19 个成年男女拔过牙。他们多数是拔去上侧门齿。"[2]可见越人拔牙习俗由来已久,且多在成年男女中施行。这除了具有成丁礼意思外,可能还有其他意义。这种习俗还一直被沿用下来,只是有了一些变化,如用染齿或镶齿替代。近代的高山族还有拔牙染黑牙的习俗;福建和江西的部分地区,男女青年在结婚前夕,时髦在上下犬齿或侧门齿,镶上银牙或金牙。这也许就是古越人拔牙之俗的变态遗风。

崇信蛇图腾,这在东南地区越人中普遍流传着。《说文·虫部》云:"南蛮,蛇种。"又曰:"闽,东南越,蛇种也。"所谓"蛇种",即信仰蛇图腾。闽越族不仅崇拜蛇图腾,还有祀蛇活动、图腾艺术装饰及图腾禁忌等,而且这种信仰的遗风一直流传到现在。《太平御览》云:"开元录云:闽州越地,即古东瓯,今建州亦其地,皆蛇

---

① 《淮南子·齐俗训》。

② 文物编辑委员会编:《文物考古工作三十年》,文物出版社 1979 年版。

种,有五姓,谓林、黄等是其裔。"①《舆地纪胜》云:"旧经,闽越地即古东瓯,今建州亦其地,皆蛇种。"清施鸿保《闽杂记》曰:"福建农妇,多带银簪,长五寸许,作蛇仰首之状,插于髻中间,俗称蛇簪。或云许叔重《说文》云:'闽,大蛇。其人多蛇种,簪作蛇形,乃不忘其始祖之义耳。'"②如今在福建境内崇蛇习俗乃随地可见,如闽侯县上街乡禁绝白蛇传电影。平和县一带,称蛇神为"侍者公"。蛇入家门,被视为吉祥征兆,要与蛇修好,不能驱赶,甚至与蛇同眠。有的地方还建蛇王宫、庙祭祀,南平樟湖板有一个很大的蛇神庙,蛇神被称为"连公"或"连公圣爷",还举办春秋二祭及弄蛇、游蛇灯等迎蛇神活动。这些习俗显然有与蛇亲近和崇拜之意,都是古代越人崇蛇习俗的遗风。福建崇蛇习俗能够一直被延续下来,这与历史上蛋民有很大关系。蛋民崇拜蛇的习俗,且广泛影响福建沿海渔民造船的习俗。清代郁永河《海上纪略》云:"凡(福建)海船中,必有一蛇,名曰'木龙',自船成日即有之,平日常不可见,亦不知所处,若见木龙去,则舟必败。"可见名为"木龙"的蛇已被认为是海上的保护神灵。这都是古代闽越人崇蛇的遗风。

在武夷山九曲溪两旁的悬崖峻壁的石洞中有一种葬具,名曰"架壑船棺"。自顾野王称这种崖洞墓为"地仙之宅"或"仙人葬处",唐宋以来,不少文人墨客亦步神仙之说。近年来,考古工作者在此取下两具棺木,神仙之说彻底被揭穿。从而认为它是福建古代民族的一种葬俗。

武夷山船棺年代,据碳14测定有三个数据,(以1950年计,半衰期为5730年)观音岩:3840±90年,3370±80年,白岩3235±80年,后再经树轮校正为距今3445±150年。于是学者对武夷山船棺年代的推定则有夏、商、西周乃至春秋等各种观点。武夷山属

①　《太平御览》卷一百七十《州郡部》。
②　《小方壶斋舆丛钞》第九帙。

假熔岩地貌,可能对碳 14 测定有影响,年代可能偏早。从棺的结构和竹席的加工看,非金属工具莫属,故大多学者认为它是青铜时代产物,年代为西周至春秋时期可能性大。①

关于武夷山船棺的主人,目前学术界看法很不一致,或云夏代无余君臣民、彭祖族、安家族、武夷族、干越族、闽璞族和闽越族等。崖葬是百越族具有特色的葬俗之一,目前已发现崖葬墓的省区还有江西、浙江、湖南、广西、四川和贵州等。但福建武夷山年代最早,棺呈船形亦较特殊,而且数量很多,是一处墓葬群。朱熹在淳熙三年(1176 年)八月至淳熙五年八月,奉诏主管武夷山冲佑观。在这时间他足迹遍及武夷山,经过考察,他在《武夷山图序》中指出:"旧记相传诡妄,不足考信。""两岸绝壁人迹所不到之处,往往有枯枿插石罅间,以渡舟船棺柩之属。"从而推断这是"前世道阻未通,川壅未决时,夷落所居"。最先提出船棺主人为当地少数民族。闽北地区是闽越族的活动中心,墓主人视为闽越族人可能性较大。

闽越族人有"水行山处"的特点,他们善于用舟,死后葬具仿船形,正是他们生活特点的反映。正如马克思所说的:"生前认为最珍贵的物品,都与已死的占有者一起殉葬到坟墓中,以便他在幽冥中能继续使用。"②闽越人崇神俗鬼的迷信风气很突出,直至汉代还很流行。《史记·封禅书》记载:"是时既灭两越(指闽越和南越——笔者注),越人勇之乃言:'越人俗鬼,而其祠皆见鬼,数有效。昔东瓯王敬鬼,寿百六十岁,后世怠慢,故衰耗'。乃令越巫立越祝祠,安台设坛,亦祠天神上帝百鬼,而以鸡卜。上信之,越祠

---

①　蒋炳钊:《武夷山崖洞墓问题的探讨》,载《民族学研究》第 4 辑,民族出版社 1982 年版。

②　马克思:《摩尔根〈古代社会〉一书摘要》,人民出版社 1965 年版,第 51 页。

鸡卜始用。"崖葬之俗是越人生活现实在宗教信仰上的反映。因为"山峰的高大耸天,常被古代的人们看成是通往上天的道路而受崇拜,山峰的雄伟和难以接近,则被幻想为神灵的住所而受崇拜"。① 世代生活在武夷山区的闽越族人,他们把高耸云霄的大山视为生活的依托,对它产生崇敬的心理,甚至幻想为是他们所崇信的"天神上帝"和"百鬼"的居地,因而崇拜它,向往它,并期望自己将来也能如天神那样,居住于其间,故死后也就将尸体安葬在高不可攀的悬崖绝壁的崖洞之中。武夷山船棺发现,为我们了解古代闽越族的葬俗及其意识形态有很大帮助。

越人操着显明特点的语言,它与楚语不同,同汉语更不一样。汉代刘向《说苑·善说》记载《越人歌》,楚人听了越语要通过翻译,最近语言学家韦庆稳将《越人歌》同现代壮语进行比较研究,认为古越语和现代壮语之间很少有差别。②

此外,从扬雄的《方言》和袁康的《越绝书》也可以看出古越语的某些具体特点:古越语的发音是轻利急速,有些词同汉语不同,如大,越语称"濯"。热,越人叫"煦煆"。犬,越语称"猱獀"。盐,越语称"余"。盐官,越语称"朱余"。船,越语称"须虑"。词序倒置,即将形容词或副词置于名词或动词之后。古越人首领的名字多有"无"字,"无"字即王或首领的意思,如无诸,直译为汉语就是王诸。这仅是一些个别例子。有的认为越语属南岛语系,有的认为与壮侗语系有关。古越语是一种什么语言,闽越的语言与古越语是否还有某些不同,这些均有待语言学家进一步研究。

关于越人的文字,文献上缺乏记载。近年来,随着考古工作的开展,在我国东南地区的几何印纹陶遗存里,出土了大量刻画于印

---

① 朱天顺:《原始宗教》,上海人民出版社 1978 年版,第 34 页。

② 韦庆稳:《试论百越民族语言》,载《百越民族史论集》,中国社会科学出版社 1982 年版。

纹陶器的符号或文字,其中以江西清江县吴城商代遗址发现最多,达150多个。其中有的已初步辨识一些,还有不少是未能认识的。特别"值得注意的是在一期(指吴城遗址的第一期文化,属商代早期)陶器上所刻的文字,大都是不可以识的。其中又有一些跟商代文字截然不同……很可能是另一种已经遗失的古文字"。[①]有的还进一步指出:"(吴城)这批有文字的陶器,从地望来看,可能就是殷代古越国的遗物。"[②]在福建发现的印纹陶遗址中,同样也发现类似的文字,单就福建的闽侯和光泽两县商周时代的几何印纹的遗址中,就发现了符号或文字100个左右。[③]在福建的一些方志还记载有"仙字"。所谓"仙字",既与汉字不同,人们又不认识它。不久前在华安县汰内仙字潭发现一片摩崖石刻,就是属于仙字之类,故人们把地名也称之为"仙字潭"。关于这批石刻,有的认为是字,有的认为是崖画。这些字画都是先秦时期的,它发现于越人地区,属越人遗物无疑。故对闽越族使用的是哪种文字,还有待努力探索。

总之,关于越人的语言文字,目前虽然还是一个谜,但已引起学术界的重视,进行了一些大胆的探索与研究,这是一件令人欣慰的事,相信不久的将来,我们会在这个问题上增加一些新的认识。

2. 汉时代闽越的社会经济

秦汉时期闽越的社会经济及文化特征基本上是继承先秦文化,并在此基础上有着进一步的提高和发展。闽越族的历史在汉

---

① 唐兰:《关于江西吴城文化遗址与文字的初步探索》,载《文物》1975年第7期。

② 赵峰:《清江陶文及其所反映的殷代农业的祭祀》,载《考古》1976年第4期。

③ 陈龙:《闽侯古洋发现商周时代印纹遗址》,载《福建文博》1983年第1期。光泽县由吴绵吉同志提供。

代已列入正史记载,说明它在我国多民族中的地位,其重要性已被史家所重视。但是由于文献记载还很简要,因此对于秦汉时期闽越族的社会经济情况的了解还是很有限的。

从社会组织来看,无诸统治的闽越王国在战国晚期已经存在,它不属于楚国统治,保持自己国家的独立性。秦始皇统一全国之后,闽越王国虽臣服于秦王朝,但仍保留相对的独立性。秦王朝推行郡县制,虽然有意在闽越地区置闽中郡统治,但并未行使其权力,实际上政权仍为闽越王掌握着,闽中郡形同虚设,这与吴、越、南越等越人地区情况不同。秦末,无诸领闽越兵"佐诸侯灭秦",又从"附楚"到"佐汉"的转变,说明秦代闽越王国还是相当活跃,为诸侯王所重视。

西汉时,刘邦对闽越王国也很看重,"复立"无诸为闽越王。这时的闽越王国仍保留其独立性,王位是世袭的,且内部还有一套完整的政权组织机构,最高统治者称王,下有相、侯辅政,还有大量武装力量,最高军事统帅为将军。可以看出,秦汉时代闽越王国已颇具规模,为西汉王朝和邻国所看重。

上面说过,秦始皇时未曾对福建用兵。西汉统一后,西汉王朝也未曾派兵入福建,甚至在汉武帝时,越汉关系相当紧张,兵刃相见,汉武帝对闽越用兵也是持慎重态度,不是派兵长驱直入,而是先采取劝降和制造内讧。这与秦汉王朝对百越其他地区的做法也有不同,这是为什么?看来刘安上汉武帝的书是说明一些情况,特别提到闽越有雄厚的军事力量,要取胜必须有强于五倍的力量。刘安所说"越有甲卒数十万",这数十万军队可能夸大了,但有强有力的军事力量应该是可信的,也正是有一定的武装力量,闽越王郢和余善才敢公开与汉王朝对抗。

再从当时邻国对闽越的看重,也可以说明这一点。吕后时,南越王赵佗欲起兵反汉时,曾用"财物赂遗闽越",讨好闽越。淮南厉王刘长造反时,也"遣人使闽越及匈奴发兵"。① 吴楚七国叛乱,刘濞曾派人联络庐江王,刘赐也是暗中先与闽越王通气。在这次叛乱中,闽越王表面上未参加,结果庐江王也"未肯行"。可见刘赐还要看闽越王的眼色行事。平叛后,汉廷把庐江王调到衡山,原因也是因为"庐江王边越,数使使相交,故徙衡山王,王江北"。②这个变动明显是为了断绝庐江王与闽越的联系。还有当时江都王因担心其封地被淮南、衡山诸王兼并,曾用大量财帛讨好闽越,"约有事相助"。

可以想象,秦汉时代统治者均不敢轻易对闽越王国用兵,周边的邻国和诸侯王对闽越王国又如此重视。地方志书曾记载,在余善统治时期,曾在闽北的浦城、邵武、建阳等地筑有乌板城、汉阳城、临江故城等五个城,故会稽太守朱买臣曾说:"故东越王居保泉山,一人守险,千人不得上。"③泉山,即在今浦城。《太平寰宇记》卷一○一载:"泉山在县(浦城)东北六十里,记云山顶有泉分为两派:一入处州,一入建溪。即《汉书》朱买臣传言东越王居保泉山,一人守险,千人不得上,即此山。"1959年在闽北崇安发现一座汉代城址,有的认为该城就是无诸建的闽越王宫殿。也许正是因为有了一定的国力和军事力量,闽越王才敢公开与汉廷对抗,作出上反中央下并邻国的举动,由此说明秦汉时代闽越王国已经相当强盛。

国家的强盛都是以经济为基础的。汉代闽越地区的农业经济在先秦的基础上又有较大的发展。《史记·货殖列传》曾记载三楚的经济,其所称南楚中,其中杂有"闽中、干越杂俗"。总合当时楚越经济情况时曾说:"总之,楚越之地,地广人稀,饭稻羹鱼,或

---

① 《史记·孝文本纪》。
② 《史记·淮南王列传》。
③ 《汉书·朱买臣传》。

火种而水耨，果隋蠃蛤，不待贾而足。地执饶食，无饥馑之患，以故呰窳偷生，无积聚而多贫。是故江淮以南，无冻饿之人，亦无千金之家。"《汉书·食货志》亦载："民食鱼稻，以渔猎峨为业，果窳蠃蛤，食物常足……不忧冻饿。"越人"水行山处"的生活特点，渔猎经济还占有一定的比重。虽然还不能认为当时闽越人"不忧冻饿"，生活已有了保障，但是农业生产有发展，人们生活有了一定提高应该是可信的。正因为有了足够可以维持军事开支的粮食，闽越王才敢于同朝廷对抗。《汉书·严助传》曾记载淮南王刘安上汉武帝书说到闽越筹集粮食之事，他说："其（闽越）入中国，必下领水，领水之上峭峻，漂石破舟，不可以大蚣载食粮下也。越人欲为变，必先田余界中积食粮。"只要"焚其积累，虽百越奈边城何？"说明粮食还是比较充足的。

粮食生产的提高与发展还表现在生产工具的改良和农业技术的改进上。可是在目前的考古资料中，青铜农业发现很少。崇安汉城中出土的大量铁农具，如铁甬、锄、犁、镰、镘、五齿耙等。虽然对这些铁器是越王国自己制造或是由中原引进的，有不同观点，但是到了汉代，福建地区已大量使用铁农具则是事实。铁器的运用，大大提高了农业生产水平。

在生产技术方面也不断总结经验，有了一定的提高。根据闽越地区的自然条件，山高水冷，采用"火耕水耨"的生产技术。这种耕作方法与原始时代的"刀耕火种"不同。《汉书·货殖列传》云："或火种而水耨"，颜师古注引应劭语："烧草下水种稻，草与稻并生高七八寸，因悉芟出，复下水灌之，草死独稻长，所谓火耕水耨。"《补注》又言："沈钦韩曰：火耕者，刈稻了，烧其稿以肥土，然后稻之。稻人职，夏以水珍草而芟夷之。"这种耕作技术，代代相传。明万历《闽部疏》记载，福建"山田薄无粪，农家烧山茅，候雨至流入田中为粪，以故入春则山山皆火"。这种耕作技术在现在的山区仍可见到。把稻稿烧掉，一方面可除虫；另一方面借以提高地温,而且草木灰可充当肥料,一举数得,不失为农民生产经验的总结。

除农业外,传统的纺织手工业更是大放异彩,闽越地区生产的苎、葛、帛之类的纺织品曾作为贡品和珍贵礼品而闻名遐迩。《汉书·景十三王传》载,江都王建"遣人通越繇王闽侯,遗以金帛奇珍,繇王闽侯亦遗建苎、葛、珠玑、犀甲、翠羽、蛭熊奇兽"。除苎、葛为地方特产外,其余可能都是舶来品。从而也反映当时闽越海外交通的情况。还有无诸王进贡汉高祖刘邦的"石蜜"和"蜜灼",这也是闽越地区的特产。

造船技术在闽越地区历史悠久,享有盛名。至汉代,造船工艺又有新的发展。《汉书·严助传》记载淮南王刘安言,闽越已能制造和使用"大蚣载食粮"。这种大蚣应是一种体质大容量多的运输船。这比起先秦时期独木舟式的已有大进步。"伐材治船"的造船技术,提供航海之便。"习于水斗,便于用舟",这是闽越人的天赋和特殊的本领。

越人的舟楫文化亦传入中原,并为汉王朝所吸收和采用。《汉书·食货志》云:"时越欲以汉用船战,遂乃大修昆明池。"汉武帝时曾封归义越侯严为戈船将军,负责楼船之事。汉武帝讨伐南越的水师也是由越人及江淮以南的楼船组成的。《汉书·武帝纪》记载,汉武帝时的楼船水师曾启用越人为将,如戈船将军严、下濑军甲、驰义侯遗,都是越人。

闽越国除后,闽越舟楫文化为汉人所继承,并加以发扬光大。南北朝时,梁朝讨伐侯景之部,"以鹳舸千艘并载士,两边悉八十棹,棹手皆越人,去未趣袭,捷过风电"。[①] 北周时,广泛流传着"欲救近弱,宁暇远求越人"的谚语。[②] 从而也可以看出闽越时期已经

---

① 《梁书·王僧辩传》。
② 《周书·辛庆之传》。

可以造出数量多、船体大、行走迅速的大船。闽越人的舟楫文化影响深远,为缔造中华文化作出了积极的贡献。

闽越时代商业经济还不甚发达,史书所载"不待贾而足"。目前在福建地区发现最早的钱币是汉代五铢钱和货泉,没有发现过闽越的货币,说明当时交换主要还是以物易物。

随着社会的发展,人口也大大增加。《汉书·吴王濞列传》记载:"东越(东瓯)兵可万余人。"淮南王刘安言:"(闽越)其甲卒不下数十万。"闽越比东瓯要强大得多,说有数十万军队可能偏大,但至少有数万武装力量,那么人口应该数倍于这个数字。陈可畏在《东越、山越的来源和发展》一文,估计当时东越(闽越与东瓯)"其人数可能在百万上下"。

闽越地区是一个丘陵地带,高山河流阻隔,又长期处于独立和半独立状态,因此接受外来的先进文化受到限制。尽管如此,闽越的社会经济并不是封闭的,它与中原与邻国的文化交往早就存在,福建境内曾发现过一些中原文化和楚文化的遗物。这种文化上的交往对促进闽越社会发展产生积极的推动作用。秦汉时期闽越已经同中央王朝建立起密切的政治关系,这种关系必然推动文化上的交往。

闽越内部由于地理条件不同,社会经济发展是不平衡的。根据张岳《惠安县志》记载,在明代,惠东地区还存在"男女业作,皆归于公,家长掌之。无私蓄,无私馔。衣服稍美者别藏之,有嘉事,递服以出。鸡鸣皆起,听家长命其日所业,无敢怠惰。士大夫、好事者往观其家,甚有古朴之风,至今不替"。[①] 这是一种共同劳动,共同消费,由家长(酋长)领导的原始生产方式。"无私蓄,无私馔",说明生产力水平低下,阶级分化尚不明显。正是由于他们的生产生活方式不同于汉族,还有特异的服饰,才会吸引"士大夫或

---

① 张岳:《惠安县志》卷十三《人物》。

好事者""往观其家"。而这种生产方式至明代尚未发生变化。惠东属闽越地区,该地区也发现过印纹陶文化遗址,如今惠东七个乡还保留着妇女婚后长住娘家的婚俗,又称不落夫家,直至分娩后才回夫家。且有特殊服饰。1934 年,著名的弘一法师曾在惠东净峰寺住过,对于净峰妇女这种装饰,他在给胜进居士的信中说道:"净峰居半岛之中……民风古朴,犹存千年来之装饰,有如世外桃源。"①从这一习俗存在,说明惠安在明初建崇武城以前,汉人还是比较少,自建城后,惠东得到进一步开发,汉人移入后,接受当地文化作为汉文化继续保存下来。所以这种婚俗应是古代闽越人遗俗的遗存。②

　　林惠祥教授指出,长住娘家的婚俗是母权制向父权制转化过程中遗留下来的一种原始婚俗。从惠东存在这一特殊婚俗,说明闽越族社会发展的不平衡性和文化的特殊性。关于闽越族婚俗,在闽侯溪头已发现夫妻合葬墓,说明一夫一妻制已是主要婚姻形式,但旧婚俗仍普遍存在。《史记·秦始皇本纪》云,秦始皇于"三十七年,亲巡天下",至会稽,刻石立法:"夫为寄豭,杀之无罪。"《索隐》注:"豭,牡猪者。言夫淫他室,若寄豭之豭也"。所谓"寄豭"或"夫淫他室",实际上就是男子入赘女家,系母系社会"从妻居"的婚姻残余。秦时会稽地区越人的这种婚俗残余不仅存在,而且应是比较突出的,秦始皇认为是一种"非礼"的严重恶习,故在刻石立法中明确规定加以废除,违者"杀之无罪"。于是联系到目前两广和西南地区一些比较后进的少数民族中以及惠安东部沿海仍存在长住娘家的原始婚俗残余,就不足为奇了。文化的变化固然有它内在的规律,但原始婚俗长期存在与该地区社会经济落

------

　　①　惠安县文化馆编:《弘一法师在惠安》,1986 年。

　　②　蒋炳钊:《惠安长住娘家的历史考察》,载《中国社会科学》1989 年第3 期。

后是有关系的。

（四）闽越的社会结构

从地下出土的大量新石器时代遗址，说明福建的历史同样经历了一段漫长的原始社会。在原始社会即将解体时，阶级即将形成时，当地的原始先住民发展形成闽越族。闽越族何时进入阶级社会？有否经过奴隶社会发展阶段？又是在何时进入封建社会？这些关系着闽越社会经济发展的状况，目前学术界仍存在着一定的分歧。现就当前对上述问题的观点介绍于下：

1. 汉代闽越族尚未进入阶级社会

在五六十年代的考古调查报告中，由于把几何印纹陶文化一概视为新石器时代的遗物，因此把福建的原始社会的下限推迟到秦汉时代，甚至到六朝。这在福建的光泽、武平和东张等新石器遗址的调查报告中都持这种说法。如按此观点，秦汉甚至六朝以前，福建还是处于原始社会，那么福建有否经历奴隶社会就成问题。

持同一观点的，有的还结合文献加以研究，认为"汉代闽越族社会生产水平尚是低的，人民生活在颇大程度上，尚以渔猎山伐为业。在这样的经济条件下，私有财富的积累不显著，就不可能进入到阶级社会的历史阶段。史书所称的闽君或闽越王应仅是部落或部落联盟的酋长，也即是正向阶级社会过渡的部落中的氏族贵族。这些'闽越王'或'闽君'，掌握了一定的武装队伍，向外进行兼并，企图统一诸部落，但始终没有实现。这些闽越族贵族集团，在和王朝的战争中，被打垮了，就瓦解了。如是，可知汉代闽越族社会始终未进入到阶级社会的历史阶段"。[①] 该文主张闽越族至西汉灭国时，尚未进入阶级社会，还是处于部落联盟的酋长制时代。

---

① 叶国庆、辛土成：《西汉闽越族的居住地和社会结构试探》，载《厦门大学学报》1963 年第 4 期。

2. 商周时闽越族社会已进入青铜文化时代

从上述的昙石山遗址上层、黄土仑遗址以及东张遗址上层看属于青铜文化。大约在商周时期,闽越族"先民用金属的青铜刀子割断了原始社会的脐带,进入青铜文化时期"。持这一观点的主张商周时代,福建已结束了石器时代而进入青铜时代。这也是闽越族开始形成的历史时期。

1978 年举行的江南地区印纹陶学术讨论会,根据各地印纹陶遗址出土的情况,与会者普遍认为:"江南地区印纹陶产生于新石器时代晚期,兴盛于相当中原的商周时期,衰退于战国至秦汉。它的发展鼎盛以及衰退,大致与商周青铜工艺的兴衰一致。"

印纹陶属于青铜文化,生产力的发展必然引起社会变革。故有的主张青铜文化是属于奴隶社会。古代西方的希腊、罗马奴隶制,一般是"以铁矿的冶炼开始,并由于文字的发明及应用于文献记录而过渡到文明时代"。我国奴隶制的夏商周时代的生产工具则是以使用青铜器为主要标志。《越绝书》记载:"轩辕神农赫胥时,以石为兵。……黄帝之时,以玉为兵。……禹穴之时,以铜为兵。当此之时,作铁兵。"袁康把夏代以前划为石器时代,夏禹时进入铜器时代,春秋战国时进入铁器时代。这个分期法与目前我国古代社会的分期,即夏以前为原始社会,夏商周为奴隶社会,春秋战国时向封建社会转化,是相吻合的。

按此观点,福建闽越同样经过奴隶社会阶段,只是时间晚些。中原的民族在夏代已进入奴隶社会,闽越族即在商周时代才进入阶级社会。

3. 秦汉时期闽越王国已进入封建社会

有的主张在秦统一中国后,西汉初年,闽越已处于封建社会。前者的论据,有的把青铜器的下限推定至战国,秦代进入封建社会。有的主张秦统一东越地区,曾设置闽中郡统治,闽中郡就是封建制度的上层建筑。说明闽越族同全国一样,在秦代均进入封建社会。

有的还明确指出:"到了秦始皇时代,闽越族开始向封建社会过渡。标志着封建社会的生产力水平的铁器已开始使用。"①后者主要根据崇安城村汉城的发现,认为该城为闽越王所建,出土大量铁器也是闽越自己铸造的,说明闽越已能铸造铁器,并进入使用铁器的时代。

1958年,福建省文管会在崇安县城村发现一座古城址。1959年进行试掘,1980年至1986年又进行多次勘探和发掘,基本上摸清了城址的布局。这座古城是依当地山坡起伏筑成的,西高东低,逶迤而下,东西长约800米,南北宽约550米,面积约48万平方米。按地形可分南、北、中三个部分,汉代遗址主要集中于中部,地层堆积一般有3~4层,厚仅20~60厘米。城内大型建筑群基址有中部的高胡南、北坪,西部的下寺岗和北部的马道岗4处,其中以高胡南坪建筑群规模最大,建筑基址面积达1万平方米,可分为甲、乙两组建筑。从这一迹象看,发掘者有的认为这里"可能是汉城宫殿区所在"。

汉城出土遗物十分丰富,在第一次试掘中,出土的铜器、铁器和陶器就有392件,其中铁器156件(保存较好的有71件),品种有犁、锄、斧、锯、矛、刀、镞、釜、钉、齿轮和链条;青铜器有镞、弩机零件,陶器有盆、钵、罐、盘、盒等,还有大量的板瓦、筒瓦、瓦当等建筑材料。后几次发掘出陶器、铁器和铜器达四千余件,其中铁器有镢、臿、五齿耙、镰斧、凿、锤、削刀、矛、铖、剑、钩、环、钉等。铜器以镞、弩机兵器居多。瓦当以"云纹"和"云纹箭镞"最为常见,也有少量"乐未央"、"万岁"、"常乐万岁"等文字瓦当。这是福建考古工作的一次重大发现,尤其是在一个城址中发现这么多的铁器,这还是第一次,而且这批铁器是目前福建发现最早的铁器。

崇安汉城的重大发现,引起了学术界对汉城的性质时代研究

---

①　林祥瑞:《关于古代闽越族问题的若干探讨》,载《福建师范大学学报》1981年第4期。

的广泛兴趣。这座古城年代属汉代,这已取得共识。但这些遗物,尤其是铁器,它是闽越时期铸造的,抑或是闽越国除后,由中原引进的,这就关系着对汉代闽越社会结构的认识。在这个问题上存在两种不同的意见。

在第一次试掘报告发表后,陈直在《福建崇安城村汉代遗址的时代推测》一文曾提出:"福建地区在西汉已有高度文化发展,不是以前人所想象东越的社会经济是停滞不前的。"所谓"高度文化",虽然没有明确指明它是属于何种社会的文化,但一般理解是指与同时代其他地区一样进入封建社会。杨琮在《武夷山闽越国故城出土铁器的初步研究》一文中认为该城址为闽越王国宫殿,并推定"这座城址的始建年代可定在汉五年(公元前202年)以后,废弃的时间为汉武帝元封元年(公元前110年)。整个城址及周围遗址同时火毁的情况,可证汉武帝平定闽越国后焚城迁民的史实"。这证明闽越国最晚在景、武时期,已进入了全盛的铁器时代。"闽越族正是在这个时期,进入了他们的英雄时代","闽越国当时已有自己发达的制铁业,铁器已普及到闽越国社会生活和生产的方方面面,铁器的广泛运用,已成为闽越国文化的一个重要特征"。杨系参与汉城发掘者之一,如果按他的观点,闽越国时期不仅能自己冶铸铁器,而且铁器已广泛应用于生产和生活的各个方面,铁器已相当普及,那么其社会生产力水平已不亚于中原及其他地区。这样的社会,无疑已是处于封建社会。

4. 汉武帝统一闽越之后福建才进入封建社会

关于崇安汉城的性质,有的认为是闽越王国的宫殿或"冶都"地;有的认为是西汉"冶县"治所;有的认为是"东部侯官"驻所;有的认为是汉廷统治福建后南部都尉的一处"军事驻地";还有的认为原为闽越王行宫,闽越国除后,汉廷驻军于此,对福建实行军事统治。清顾祖禹《读史方舆纪要》记载该城,"相传为王审知所筑",此说是错误的。

　　判断城址的性质,主要依据城中出土物的年代。关于城址的兴废年代除上述确定为闽越王时期的观点外,还有几种说法:第一次试掘简报提出:"这座城址应属于汉代,可能早到西汉。从文化堆积看,城的废弃可能在东汉末期,可能是毁于火焚。"陈直认为:"这座古城遗址包括宫殿在内,时代可分为两个阶段:第一阶段在西汉武帝时期,第二阶段在西汉末至王莽时期。但以筒瓦、板瓦的字体及作风来审定,皆为西汉中期之物。"中国社科院考古所编的《新中国考古收获》一书,认为崇安古城的"时代大约从西汉后期延续至东汉"。关于年代的上限有西汉早期、西汉中期之说,下限有西汉中期、晚期或东汉之分。如按西汉闽越国的历史结合西汉考古分期比较,无诸统治的闽越国时代为西汉前期,闽越王郢、余善及繇王丑时代为西汉中期的前半段(中期一般指武帝、昭帝和宣帝这一时期),闽越国除是在汉武帝即位30年后(武帝在位54年)的事,故闽越国的历史均在西汉中期以前,西汉中期以后的文物,即不属闽越国的历史遗物。

　　崇安汉城中出土的文物,文化内涵很复杂,有西汉早期的,也有西汉晚期或东汉时期的。也就是说这些文物有闽越国时期的,也有中原传入的汉文化。现根据专家研究作个简介。

　　汉城出土的陶器种类有鼎、釜、甑、瓮、罐、瓿、提桶、匏壶、三足盘、钵、香熏、纺轮和各种器盖等,有1000多件,数量最多。有的从质地、纹饰和器形加以比较,把它分为两式:一为"闽越式陶器",如匏壶、瓿、提桶、瓮、罐、钵、小盆等。这些器物在中原或北方地区很少见,具有明显的地方特色。二为"汉式陶器",指与汉族地区雷同或相似,如釜、甑、盆、盘、三足盘、鼎、香熏等。"闽越式陶器"的大部分,"其使用的上限可能至秦汉之际,下限则持续至西汉晚期"。"汉式陶器多数年代可能趋晚。"[1]可见,汉城出土的陶器有

---

　　①　林忠干:《论福建地区的汉代陶器》,载《考古》1987年第1期。

西汉早晚期之别,有本地的,也有外来的。

陶器中还有大量砖瓦等建筑材料,无论从纹饰或文字都反映不同时代的风格和特点。陈直认为,从"筒瓦、板瓦之字体及作风来审定,皆为西汉中期之物"。有的还提出,"常乐万岁"的瓦当,一般都认为属于西汉末王莽时期的遗物。

铜器出土有盖弓帽、镜、镞、弩机,数量不多。但是有铭文的"河内工官"青铜弩机零件,在三次的发掘报告中都有出现。第一次发掘出土的一件,为"方头柱状,一端钻孔",上有铭文:"河内工官三十□五十□";第二次出土的弩机铭文为:"河内工官二千二百四二丙"十一个字;第三次出土的一件弩机,在郭后刻"河内工官三百十丁"八个字。据《汉书·地理志》记载:"河内郡治县十八,其中怀县有工官,莽曰河内。""河内工官"是王莽时代产物,属西汉晚期。陈直在研究汉城中第一次出土的弩机时也是这样认为的,据"《斋吉金录》弩机类第十四有河内工官弩机,字细如蚊脚,文为凿刻,与本弩机形式完全相同。现传世弩机,多为东汉纪年,与王莽时代比较联接,此物亦当西汉后期之物"。如此,这些弩机显然不是闽越国遗物,而是闽越国除后由中原传入,是汉文化的遗存。

关于铁器问题,汉城中出土的铁器,不仅数量多,种类齐全,而且代表了当时国内生产技术的最高水平。同时在第二次发掘中,"在城内的下岗寺半坡东南的小平台周围,发现城内冶铁作坊遗址一处,面积约1.5万平方米,其中有作坊建筑遗迹六七座,冶炉遗迹五处,地表暴露出熔炉倾倒后留下的成片铁水胶结和成堆的铁渣。……这是城内的一处重要冶铁作坊区。城外元宝山、福林岗、黄瓜山等地也发现冶铁遗址,地表铁渣成堆,石英、云母矿石遍布。元宝山冶铁作坊遗址经过试掘,出土了一批汉代铁器、铁制工具"。发掘者认为:"这些铁器是当地产品。"所谓"当地产品",即是闽越国时期闽越人自己制造的。

汉城中出土的大量铁器，它是闽越国自己铸造的，抑或是从中原引进的，这是判断和认识汉代闽越国时期社会生产力发展水平的一个至关重要的问题。蒋炳钊在《关于福建崇安汉城的性质和时代的探讨》一文中曾对第一次出土的铁器与中原其他地区出土的铁器加以比较分析，认为这些铁器不是本地制作，是从中原传入的，具有汉文化的特点。现列举其中的几项简介于下：

1. 铁镞。出土四件，"均残缺、圆铤、尖作三棱形"。从我国战国两汉铁器出土来看，战国兵器仍以铜制为主，只有楚国使用铁器较早。汉代铁兵器虽有发展，但全铁制的铁镞在西汉早期发现甚少。铁镞是一种消耗性的武器，只有在铁器广泛应用之后才有可能使用。铁兵器普遍使用是在汉武帝实行盐铁官营政策以后出现的。以中原地区为例，在汉武帝以后，铜铁兵器互相消长情况极为明显，主要兵器已基本改用铁制的。以此而论，崇安出土的铁镞不可能产生于汉武帝以前。

2. 铁犁。第一次发掘出土一件大铁犁，"重约 15 公斤，圆刃，銎部残缺"。这样的大铁犁（可能是铧）在国内少见。战国秦汉的铁犁均作"V"字形的，它是套在木犁上使用的，至西汉晚期才有铁铧出土。石家庄东岗村发现一件大铁犁，重 12.5 斤，是西汉晚期的。陕西陇县八渡乡高楼村和礼泉县烽火乡王相村出土的铁口犁，是套在大型犁铧头上的铧冠，也属西汉晚期。有的认为崇安出土的这件巨型铧，不是用于耕地，是用来开沟作渠的，王祯称之为"浚铧"。如是用在水利建设上，也是一项新的生产技术。

3. 铁锯。崇安汉城出土一件，"仅得一段，齿清晰可辨，残长 10，宽 3 厘米。"据考古资料得知，战国时有青铜锯出土，铁锯在汉墓中出土极少，只有在洛阳西部东汉遗址中出土一件。陕西长安红庆村工地和宝鸡斗鸡台各出土汉代铁锯一件。铁锯在东汉才逐渐普及。

4. 铁链条。崇安出土一件，"计四节，每节有一环相互衔接，总长 110 厘米"。辽阳三道豪西汉晚期村落遗址曾发现过铁链残段。郑州古荥镇发现一件东汉的铁链锁。目前国内尚未发现西汉前期的铁链。

5. 铁齿轮。崇安发现的一件，"圆周齿轮 20 个，直径 8 厘米，厚 3 厘米。贯轴方孔，每边 2.2 厘米，此件齿轮较之保定发现的大些，也完整些"。河北保定东壁阳城古城遗址出土的这件铁齿轮，"直径 6.6 厘米，中间为一每边长 2.5 厘米的贯轴方孔"。这件铁齿轮保存相当完整，但是这座城的年代为东汉晚期的。此外，还有武安午汲古城、陕西华阳兴乐坊、郑州古荥镇等遗址也有铁齿轮出土，时代均是西汉中期至东汉。

此外，崇安汉城出土的铁兵器有刀、矛、剑。根据广东出土的铁器比较，战国至西汉早期有铁矛和铁剑，但不出铁刀。"刀出现于西汉中期，东汉以后逐渐增多，与剑的消长适成比例，分有柄刀和环首刀两种，西汉中期大都是环首刀，以后则多有柄大刀。"

从上所述，汉城中出土的青铜器弩机、铁器以及筒瓦、板瓦和瓦当，很多学者都指出它属西汉中晚期，甚至东汉时代。这就说明这批文物来自中原，是汉王朝统治福建后由中原引进。崇安汉城发现大批的铁器说明已进入了封建社会。那么西汉闽越国仍处于奴隶制阶段。

虽然学者对闽越社会结构的看法尚存在着不同的观点，但是已提出了各种不同的意见和理由，在此基础上，有利于进一步研究。最近蒋炳钊发表的《关于福建奴隶制和封建制问题的讨论》一文，就是根据上述各种不同的观点，提出了福建的社会发展同全国一样，经历了原始社会、奴隶社会和封建社会的发展阶段，具体年代是：至迟在周代，福建已跨进了阶级社会的门槛，进入青铜时代，也是闽越族形成的历史时期。青铜时代属于奴隶社会文化的范畴。秦汉时代的闽越国还是处于奴隶制时期。汉武帝统一闽越后，福建才进入封建社会，标志着生产力发展水平的是铁器的广泛应用,由于生产力的发展引起社会制度的变革。有人说秦代福建已开始使用铁器,这在考古资料尚找不到确切的证据。崇安汉城发现的大量铁器,这是目前福建发现最早的铁器,这些铁器不可能是闽越自己铸造的。而是闽越国除后由中原传入的。

福建地区社会经济同国内其他先进地区相比,发展还是比较缓慢,这有它主客观的原因。客观原因之一,福建地处偏远,交通闭塞,长期处于闽越王国独立统治下,接受外来的先进生产技术受到限制。正如经济学家王亚南在《福建经济总论》一文中所说的:"这种自然条件的梗阻,论者往往以为福建较迟接收中原文化的原因。"主观原因是闽越王国同秦汉王朝和邻国经常处于战争状态,统治阶级内部又因争权夺利,内讧不断,这给社会经济的发展带来不利因素,它是福建地区奴隶制延续较长的历史原因。

三、山越

(一)山越是越人的后裔

汉武帝于元鼎六年(公元前111年)和元封元年(公元前110年)先后统一南越和闽越,百越各族活动从此在历史上消失。西汉南越立国93年(前204—前111年),闽越立国92年(前202—前110年),闽越王国是百越民族中最后一个纳入汉王朝直接统治的国家。

汉武帝统一南越和闽越后,如何治理这些国家的越人,从文献记载二者所采取的政策有所不同。前者采用封建郡县制,"遂以其地为儋耳、珠崖、南海、苍梧、郁林、合浦、交趾、九真、日南九郡"。①汉代南越国地区设置的九郡大体上就是秦代三郡的范围。后者则采取移民虚其地的措施,汉武帝诏军吏,把闽越人徙处江淮间,"东

---

① 《汉书·两粤传》。

越地遂虚"。① 不在闽越地区设郡治，而是把它划归会稽郡管理。

汉代闽越国的领土，除今福建的大部分地区外，还包括赣东的一部分，在这一广袤地域里，闽越灭国后，有部分闽越人（主要是闽越贵族、家属及其随从）被徙迁于江淮，这是可能的；但不可能把闽越人都迁走。事实上闽越地区仍有大量越人存在，三国时代的山越，就是越人的后裔。

1957 年在福建崇安发现一座汉代的城址，经过几次的发掘，已有学者指出，这个城址可能是闽越王宫殿，后来汉王朝利用这个都城，派兵驻守，成为汉王朝统治闽越的一处军事据点。汉王朝统治福建，最初应是实行军事统治。《宋书·州郡志》曾记载，在汉越军事冲突时，有大量闽越人逃入深山密林中。由此证明闽越国除后，福建境内尚有大量越人存在。

汉代以后，百越各族名称在历史上消失了，又出现了一个新的名称叫"山越"，其分布大都在原来百越民族的住区。"山越"一名始见东汉末年，《后汉书·灵帝纪》记载："丹阳山越贼围太守陈夤，夤击破之。"关于山越的来源，学术界主要有两种意见：一种观点认为："山越并不完全是东越的后裔，其中有一部分是汉人，正是由于汉人大批地逃入山越地区，所以到了东汉末年，山越便变成一个人数众多、盛极一时的少数民族"。② 另一种意见认为："山越是秦汉间越和闽越后裔。"③两种意见虽有些不同，但都认为山越的主体是前世越人的后裔。何以称"山越"？胡三省在《资治通鉴·汉纪》注中有个说法："山越本亦越人，依阻山险，不纳王租，

---

① 《史记·东越列传》。

② 陈可畏：《东越、山越的来源和发展》，载中国科学院历史所编：《历史论丛》第一辑，中华书局 1964 年版。

③ 叶国庆、辛土成：《关于山越若干历史问题的探讨》，载《百越民族史论集》，中国社会科学出版社 1982 年版。

故曰山越","山越,越民依阻山险而居者"。我们认为胡三省的这个看法是正确的。

三国时代是山越活动最活跃时期,他们与孙吴统治集团展开不间断的反抗斗争,故在《三国志·吴志》中记载山越活动最为集中。也可以说,孙吴集团建立的吴国就是通过武力镇压山越活动而不断巩固起来的。据《三国志·吴志》记载,三国时代山越分布的郡县有:丹阳郡、宜城县、陵阳县、水平县、泾县、临城县、新都县、会稽郡、冶县、东冶、侯官、郯县、山阴县、临海郡、建安郡、吴兴郡、故障县、余杭县、乌程县、临水县、永安县、吴郡、东安郡、东阳郡、豫章郡、鄱阳郡、庐陵郡、长沙郡、零陵县、苍梧郡、庐江郡等,即今安徽、江苏、浙江、江西、湖南、广东、广西和福建等①。这些地区基本上是百越民族的旧居区和新定居之地。

福建自闽越国除后,至三国时,在闽北反抗孙吴斗争的闽越后裔也被称为"山越"。三国以后,山越活动历史记载又减少了,仅见《陈书·世祖纪》云:梁末,世祖为"会稽太守,山越深险,皆不宾服。世祖分兵讨击,悉平之,威惠大振"。隋初,王孟"仍讨平山越,驰驿奏闻"。② 唐贞元时(799 年),裴休的父亲裴肃"为浙东观察使,剧贼栗鍠诱山越为乱,陷州县,肃引州兵破擒之"。究其原因,这与孙吴镇压山越和强迫同化山越的历史有关。而在福建,至南宋时,还有山越记载,福建莆田人刘克庄《后村先生大全集·漳州谕畲》载:"然炎绍以来,常驻军,于是岂非以其壤接溪峒,苑苇极目,林菁深阻,省民、山越,往往错居,先期思患预防之意远矣。"从文献上记载看,山越自东汉末年出现以来,其活动历史一直到南宋,时间也有千年左右,福建山越活动的历史最长。

---

① 叶国庆:《三国时代山越分布之区域》,载《禹贡》第 2 卷第 8 期。
② 《南史·王孟传》。

（二）山越的抗吴斗争与建安郡的设置

东汉末年,由于统治阶级政治腐败,军阀割据,中国历史上出现魏、蜀、吴三国鼎立的政治局面。世居江东的豪强地主孙氏,于建安元年至五年(196—200年),孙策在草创吴国的过程中,便把矛头对准当地的越人。道理很简单,因为孙吴割据江南的广大地域里,历史上都是越人居住区。因此,孙吴要巩固其政权,首先必须征服当地的越人,这是《三国志·吴志》何以大量记载山越活动的历史原因。

孙吴统治集团要巩固其政权,必须要向人民征收捐税和扩充兵源,这必然引起越人的不满和反抗。《三国志·吴志》载:"山越恃险,不宾历世,缓则首鼠,急则狼顾。其幽邃民人,未尝入城邑,对长吏皆仗兵,野逸白首于林莽。"胡三省注:"(山越)战则蜂至,败则鸟窜,自前世以来,不能羁也。"由于山越人民不屈不挠的斗争,致使孙权上台执政时,对外不得不采取联蜀和魏的政策,不敢与他们抗衡。《三国志·孙权传》曰:"初权外托事魏,而诚心不款……时杨越蛮夷多未平集,内难外弭。故权卑词上事,求自改励。"大将陆逊亦说:"山寇旧恶,依阻深地,夫心腹未平,难以图远。"于是对内则将"分部诸将,镇抚山越"作为头等大事,持续不断地对山越的反抗进行残酷镇压。

从《三国志·吴志》记载,各地山越的抗吴斗争,从孙策初创吴国的建安元年(196年)起,到孙皓宝鼎元年(266年),历五代的70年中,从未停止过,而且斗争的规模不断壮大。就福建地区而言,建安八年(203年)山越的抗吴斗争规模最大。当时居住在建安(今建瓯县)、汉兴(今浦城县)和南平(今南平市)等闽北地区越人,在首领洪明、洪进、苑御、吴免、华当等五人领导下,率"万户",分别集聚在汉兴县各地。还有吴伍"六千户"驻扎在大潭(在今建阳县西部)、邹临"六千户"驻盖竹(在今建阳县南部)。孙权为镇压闽北山越的反抗斗争,曾派大将贺齐领兵镇压。贺齐受命后，面对这声势浩大的起义队伍，不免有些胆怯，于是他先是命建安郡各县派出士兵五千，由各县县长率领，统归他指挥。他自己领数千军队向闽北进发，首先向汉兴发起围攻。起义军进行英勇顽强的抗击，双方持续一段时间。最终因敌不过吴兵的残酷镇压，起义失败。洪明英勇就义，吴免、华当、洪进和苑御等人向贺齐投降。吴军镇压汉兴山越后，随即又向盖竹、大潭等山越起义军的据点进攻，吴伍、邬临等首领也因敌不过吴兵，向贺齐投降。这次闽北地区山越的反抗斗争遭到吴军血腥镇压，被杀六千人，被掳去充当吴军达万人之多。①

闽北山越的抗吴斗争遭到失败，但是山越人民的抗争并未止息。赤乌五年(242 年)，建安、鄱阳、新都三郡山越人民，在其首领黄乱、常俱领导下，又掀起一次更大规模的抗吴斗争。

孙权派出廷尉丁密、步兵校尉郑胄、将军钟离牧率军前往镇压。黄乱、常俱等人也因敌不过吴兵的围剿，又率部向吴军投降，起义又遭到失败。②

孙吴政权的日益巩固是用残酷手段不断镇压山越人民的反抗取得的。正如孙权所说："自今已去，国家无后顾之忧，无怵惕之虑，又得恶民，以供成役。"孙吴征服了东南地区山越之后，山越人民便成为吴国军需和赋役的主要负担者，接着孙吴便在越人地区相继设置郡县，以巩固其统治地位。

东南越人地区的许多郡县的设置和增设都是在三国时期，如庐陵郡、新都郡、鄱阳郡、安东郡、临海郡、吴兴郡、安成郡等都是孙吴通过军事手段实现的。使得以江东为立国根基的孙氏，进而扩展到荆、扬、交、广四州。福建的建安郡也不例外。

建安郡，吴永安三年分会稽南部置。"(永安三年，公元 260

① 《三国志·贺齐传》。

② 《三国志·孙亮传》,《三国志·钟离牧传》。

年)秋,以会稽郡南部为建安郡。"下领建安县(今建瓯)、汉兴县(今浦城县)、南平县(今南平市)三县。从建安八年(203 年)贺齐率军入闽,至钟离牧赤乌五年(242 年)再度率军入闽,闽北山越经历近 40 年的英勇斗争。建安郡是在孙休统治时代才设置,尽管它是东南诸郡县中设置较晚的一个郡,但这是在福建境内设立郡县历史的开始。

孙吴与蜀、魏抗衡,主要是军事上的较量。三国的统治者都是为了统一中国的大业而相互展开斗争。孙吴镇压山越的反抗,一方面为了巩固统治地位;另一方面也是为了从山越中扩充兵源。从文献记载,吴国在每次镇压山越的反抗斗争之后,都掳掠大量山越人民来充当吴军。陆逊大将早已提出,"可大部队,取其精锐",他在"部伍东三郡"后,就以"强者为兵","料得精率数万人"。全琮领得东安太守后,"得精兵万余人"。诸葛恪镇压丹阳山越后,预计可得"甲士四万人"。贺齐镇压鄱阳山越后,"料得精兵八千人",镇压豫章山越,"拣其精壮为兵"。就福建来说,贺齐镇压建安山越,"精出兵万人"。仅从《三国志·吴志》记载,孙吴从山越中"料得精兵"91000 余名,可能还有一些未被记载。孙吴军队到被晋灭时,共有 23 万。[①] 由此可见,在孙吴军队中,山越人数比例相当大。他们英勇善战,成为吴军中的"虎士",诚如薛琮在慰劳诸葛恪镇压丹阳山越时所说:"既扫元恶,又充军用,魑魅魍魉,更成虎士",

福建的山越如同其他地区的山越一样,在三国时期相当活跃,同孙吴统治集团进行持久的斗争。失败后,山越人民有的被杀,有的被掳掠去当兵,尤其是封建郡县设置后,历代统治者运用政治和军事力量进一步强化对山越地区的统治,同时由于汉人大量南迁,

---

① 《三国志·孙皓传》注引《晋阳秋》。《百越民族史》,中国社会科学出版社 1988 年版,第 299 页。

山越人民被迫同化于汉族,成为福建汉族的一个重要来源。故自三国以后,山越活动历史在史书上逐渐消失。可是在边远山区,由于历史和地理的原因,还存在大量的少数民族,如唐代漳州、汀州地区出现的"蛮僚"和居住于水上的"蛋民",这些少数民族与越人都有密切的渊源关系。

（三）山越的社会经济

从文献记载看,闽越国除后,汉王朝并没有派官入闽,而是采取移民虚其地的政策,把闽越地区划属会稽郡管理。自崇安汉城发现后,有的学者提出这个城址可能是汉王朝的一处军事据点,是汉王朝对福建闽越人实行军事统治,其目的主要在于防止闽越人的反抗。依照这种说法,也可以看出汉王朝对福建尚未实行有效的治理。三国时期,孙吴立国于东南越人地区。这个时期,可以说是汉越民族关系最为紧张时期,也是汉文化在越人地区广泛传播的重要时期。其表现为汉族已成为统治民族,封建郡县的设置,汉文化逐渐发展成为越人地区主体文化,民族关系发生了重大变化。

由于统治阶级的军事镇压和封建剥削,迫使越人逃亡于深山密林中,他们依阻山险,不纳王租。史载:"众议或以丹阳地势险阻,与吴郡、会稽、新都、鄱阳四郡邻接,周旋数千里,山谷万重,其幽邃民人,未尝入城邑,对长吏,皆仗兵野逸,白首于林莽。"[①]可以看出,各地山越之间互不统属。生产力低下,社会经济发展很不平衡,居住在边远的山区甚至还保留浓厚的原始社会残余。从山越抗吴斗争的组织就可以看出,其社会组织有称"宗伍"、"宗部"、"千户"、"万户",其首领有称"宗帅"、"渠帅"。如建安郡五个山越首领"率各万户",又有"六千户"、"五千户"之名。这绝不可能是指"千家"、"万户"的人口数。福建建安郡不可能有一个首领率

---

① 《三国志·诸葛恪传》。

领"万户"起义军。"万户"、"千户",有的学者指出,这应是指军事组织单位,是原始社会向阶级社会过渡阶段的产物。

在经济生产生活方面,山区的越人大都是自种自给,很少用于交换。有的一辈子都未进过城,农业手工业产品不多。可见,居住在山区的越人,社会生产力还很低下。《三国志·诸葛恪传》载,诸葛恪在平定丹阳山越的反抗后,曾把他们从山区迁徙到平地,强迫他们"从化"。《后汉书·度尚传》载,"悉移深林远薮椎髻"和"鸟语"之人置于县下。这种做法,绝不是统治阶级发善心改善越人生活条件,而是为了强化对他们的统治,使这些"化外之民"成为孙吴臣民,增加剥削对象。但是,从历史发展眼光看,孙氏政权大肆镇压和杀害山越人民,这是封建制度造成的民族悲剧,应予以揭露和批判。可是,作为当时社会进步的生产力的传人,汉文化作为中国主体文化,使得越人地区沐浴了先进的政治文化,促进社会进步。封建郡县的设置,推动全国的政治统一,由局部的统一到全国的统一。统一是历史的进步现象。

福建的开发历史是从北往南不断发展与扩大,先是从闽北,继而向闽南、闽东、闽中,开发最晚的是闽西。这一发展的历史轨迹,是与汉人入闽和郡县设置的早晚密切联系在一起的。正是由于这一历史进程的不断深化,其发展过程,一方面是越人逐渐消失,另一方面是汉人不断壮大,民族关系不断发生变化。

从福建民族发展的历史看,三国时期是福建越汉文化转型的重要历史时期。主要表现在汉人的入迁和建安郡设置,孙吴政权已控制了福建。早在吴国草创时,孙策便"检江左邻郡逃亡,或为公私苛乱者,悉投于此,因是有长乐、将检二村之名"。[①]已经把一批汉人移至闽北的邵武。吴将陆凯死后,"竟徙凯家属于建安"。建安郡建置后,汉人入闽人数大量增加。于西晋统一后,又增置晋

---

　①　张景祁:《邵武府志》卷二十八《古迹》。

安郡,统治范围已从闽北扩展至闽东、闽南一带,尤其是东晋时期,中原战乱,避乱南迁入闽的汉人激增。随着汉人南迁和中国经济南移,自唐代开始,福建的社会经济和文化开始振兴,此后继续发展,并迅速赶上中原地区。

社会经济发展是民族文化转型的重要条件,但是,民族间相互同化和融合并非一朝一夕,是需要一段长时间的文化互动和认同过程。到了唐代,虽然入闽的汉族已经不少,郡县在福建已经普遍建立,可是在福建的原住越人的后裔仍遍及全省各地,为数还不少,尤其在闽西和漳州地区,其住民基本上还是土著为主。

四、"蛮僚"

(一)唐宋时代福建的土著民族

福建土著民族闽越族,自汉代以后,随着汉人的入迁和封建郡县设置,有一部分土著民族逐渐被同化于汉族。但是,根据史书记载,到了唐代,福建各地土著民还不少,只是名称发生了一些变化而已。

柳宗元被贬柳州后,曾写下《登柳州城楼寄漳汀封连四州》,此诗是赠与其时分别被贬于漳州、汀州、封州(广东)、连州(广东)的韩泰、韩晔、陈谏、刘禹锡四人,诗中有两句:"共来百越文身地,犹自音书滞一乡。"很显然,在柳宗元看来,广西的柳州和福建的漳州、汀州以及广东的封州、连州,在唐代还是百越民族的居地。

唐宪宗元和年间(806—820 年),薛謇任福建观察使时,刘禹锡曾为他写过一篇神道碑,其中就描述了当时福建的民情风俗:"闽有负海之饶,其民悍而俗鬼,居洞砦、家浮筏者与华言不通。"[①]

---

① 刘禹锡:《唐故福建等州都团练观察处置使福州刺史兼御史中丞赠左散骑常侍薛公神道碑》,载《刘宾客文集》卷三。

这里指出唐代福建土著民有两种:"居洞砦",就是指居住在山区;"家浮筏",应是指居于水上,即历史上所称蛋民。这两种土著民,都有自己的语言,且与汉人有不同的习俗。

再从方志记载看,福建至唐玄宗开元时,共设福州、建州、泉州、漳州和汀州五大州,这五大州中还有不少土著民。《太平寰宇记·福州风俗》条引《开元录》云:"闽州,越地,即古东瓯,今建州亦其地。皆夷种,有五姓,谓林、黄是其裔。"《十道志》云:"嗜欲、衣服别是一方。"同书《建宁县》条载:"本将乐县地,晋绥城县,莫徭之民居焉。唐武德中并入邵武,垂拱年中割入将乐。"泉州是福建境内开发较早的地区之一,晋永嘉之乱后曾有大量北方汉人移居于此,可是在唐末王潮、王审知入闽时,泉州仍有大量蛮夷。《资治通鉴》卷二百五十九载,王潮所部从泉州攻福州时,"平湖洞及滨海蛮夷皆以兵船助之",胡三省注曰:"平湖洞在泉州莆田县界外"。韩愈在悼念欧阳詹的《欧阳生哀辞》中写道:"欧阳詹世居闽越,自詹以上皆为闽越官","闽越地肥衍,有山泉禽鱼之乐","闽越之人举进士由詹始"。[1] 包何《送泉州李使君之任》诗:"傍海皆荒眼,分符重汉臣;云山百越路,市井十洲人。"《太平寰宇记·泉州风俗》载:"泉郎,此泉州之夷户,亦曰游艇子。"至于漳州、汀州地区有"蛮僚"、"洞蛮"、"山都木客"等,人数众多,曾与陈政、陈元光所率领的唐军进行旷日持久的武装斗争。

仅就上述一些资料说明,至唐代,在中原的一些文人笔下,福建各地还存在大量土著民,有居山区,有居水上,名称有蛮僚、夷种、莫徭、山都、木客、游艇子等,至宋代又出现畲民、蛋民。由此可见,福建的土著越人,虽经历史的变迁和历代封建统治者的强迫同化,但还有一部分越人后裔在福建各地继续生存下来。

---

① 《全唐文》卷五百六十七。

（二）"蛮僚"的历史活动

古代没有民族这个概念,在史书上凡称华夏族(汉族)以外的民族,一般均以方位称东夷、南蛮、西戎、北狄。南方的民族自《后汉书·南蛮传》后,史书上均以"南蛮"泛称南方少数民族。至唐宋时,在"南蛮"中又出现诸多民族名称,诸如徭、畲、黎、僮(壮)等现代少数民族名称。在此之前还有俚、僚、俍和蛮僚、峒僚等名称。其中"蛮僚"、"峒僚"这族群即聚居在今闽粤赣三省交界地区。

这一地区,由于地理环境较复杂,山高林密,群山重叠,交通很不方便,封建郡县设治较晚。如福建的漳州是在唐武则天垂拱二年(686年),陈元光请置州治。汀州是唐开元二十一年(733年)设治,设治时,还从福州、广州、潮州等地移入三千户。清杨澜《临汀汇考》载:"汀,七闽之穷处也,蕞尔一城,孑然于蛮风蜑雨中。郡之北,莽莽万重山,苍然一色,人迹罕到。"《资治通鉴》云,唐乾宁元年,"黄连洞蛮二万围汀州"。[①] 汀州府治在长汀县和所属的宁化县都是唐开元年间"开山洞",将散处其间的逃户收为编户设置,其中长汀有光龙洞,宁化有黄连洞。"洞者苗人散处之乡,大历后始郡县其巢窟。"[②]《福建通志》记载,六朝以来,九龙江两岸"尽属蛮僚"。[③]"(唐)总章二年,蛮僚啸乱。"[④]陈元光《请建州县表》云:"况兹镇地极七闽,境连百粤,左衽居椎髻之半,可耕乃火田之余。……所事者搜狩为生。"与漳汀地区交界的粤东潮州,唐代这里也是"蛮夷"居处。《唐书·韩愈传》记载,韩愈被贬潮州刺史时,对他孤单一身,居蛮夷之地,曾颇有感慨地说:"州南近界,涨海连天,毒雾瘴气,日夕发作……处远恶,忧惶渐悸,死亡无日。

---

① 《资治通鉴》卷二五九《唐纪七十五》。

② （清)杨澜:《临汀汇考》卷一。

③ 光绪《福建通志》卷八十五《关隘》,引《丁氏古谱》。

④ （唐)李吉甫:《元和郡县图志》卷二十九《江南道五》。

单立一身,朝无亲党,居蛮夷之地,与魑魅为群。"

从上述记载看,闽粤交界的漳、汀、潮诸州,尽管记载上有蛮獠、洞蛮、蛮夷之别,但从反唐斗争的历史看,他们都是同一民族。"蛮"与"獠"连称,据《史记集解》郭璞注:"獠,猎也。"《史记索隐》引《尔雅》亦曰:"霄猎曰獠。"这可能反映与他们"搜狩为生"的社会经济特点有关。也许由于这地区民族习俗相同,故福建在唐开元十三年(725年)以前属岭南道,其中漳州属岭南道的时间更长。① 可能与蛮獠的民族历史有关。闽粤赣交界地的"蛮獠",不是外迁的,而是土著民的后裔。他们长期居住在这里,所以当唐王朝统治势力对这一地区扩张时,立即爆发了"蛮獠"的大规模武装斗争。

唐总章二年(669年),唐高宗为了"靖边方",派陈政率军入闽。陈政,河南光州固始人,由于从唐太宗攻克临汾郡有功,曾以"从功征"被封为"卫翊府左郎将归德将军"。高宗时他又被封为"朝仪大夫统岭南行军总管事",并命他"率府兵三千六百将士,自副将许天正以下一百二十三员,从其号令。前往七闽百粤交界绥安县地方,相视山源,开屯建堡,靖寇患于炎荒,莫皇恩于绝域"。② 唐王朝为了达到此次征服蛮獠的目的,唐高宗还给陈政及其部下打气,诏曰:"莫辞病,病则朕医;莫辞死,死则朕埋。"当陈政统率的这支庞大的唐军进入蛮獠地区后,立即遭到蛮獠强有力的反抗,"唐总章二年,泉、潮间蛮獠啸乱"。这是漳潮地区"蛮獠"人民反抗异族统治的最早记载。

陈政所统领的唐军先是驻扎在柳营江,进而到了盘陀梁山之下。可是,唐军所到之处,都遭到蛮獠的强有力的反抗。"几经交锋",这位被唐王朝吹捧为"刚果有为,谋猷克慎"的陈政也不得不

---

① 薛凝度:《云霄厅志》卷十一《宦绩·陈元光》。卷十七《艺文》。

② 薛凝度:《云霄厅志》卷十一《宦绩·陈政》。

认输,上书请求朝廷增兵。他在疏中说道:"群蛮来侵,自以众寡不敌,退保九龙山,奏请益兵。"唐王朝得到陈政讨救兵的消息,立即又派陈政之兄陈敏、陈敷"领军校五十八姓来援"。陈政母亲魏氏和年仅 14 岁的陈政之子陈元光同行,至须江县(今浙江江山县)时,陈敏、陈敷不幸相继病逝,埋葬于汉兴(今浦城)①。援军由魏氏"代领其众入闽,乃进师顿御梁山之云霄镇",②与陈政会师,建宅于火田村。陈政虽然采纳军咨祭酒丁儒之策,企图采用分而治之,先分化瓦解柳营江西边和西北部的蛮僚,然后集中力量围歼蒲葵关下的蛮僚,打通南进的道路。③ 可是陈政的如意算盘还未拨动时,由于受到战败的打击,加上水土不合,于仪凤二年(677年)四月,病死于军中,终年 62 岁。

陈政病逝后,唐王朝命其子陈元光"代领其众",世袭了左郎将之军职,时年仅 21 岁。陈元光继任后,曾对蛮僚进行招抚,但民族矛盾仍然十分尖锐。就在陈元光上任这一年,潮州的陈谦和苗自成、雷万兴等人,集结大量蛮僚人民,占领了潮阳,唐军"守帅不能制"。起义军队伍愈来愈壮大,所到之处,都得到广大群众的支持,使得唐军寸步难行。为了镇压这次起义,唐王朝又命令地方部队配合陈元光的军事行动,"时李伯瑶从政,领泉、潮为前部先锋,讨山寨诸贼,遂擒苗、雷二贼首,杀之。平三十六寨"。④

但是,蛮僚人民并没有被吓倒,继续展开反抗斗争。唐高宗永隆二年(681 年),蛮僚人民的起义队伍又在潮州一带掀起,"攻南海边邑,循州司马高琎受命专征"。但是高琎敌不过起义军,"橄

　　① 苏炳元:《开辟漳州的将领陈政》,载《漳州历代名人传略》第 1 辑,1986 年。

　　② 《云霄厅志》卷八《宦绩·丁儒》。

　　③ 《白石丁氏古谱·懿迹纪》第 32 页。

　　④ 杨澜:《临汀汇考》卷三《兵寇考》。

元光潜师入潮,沿山倍道袭寇垒,俘获以万计,岭表悉平,还军于潮"。① 唐王朝为了犒赏陈元光"平蛮"有功,封他为"正议大夫岭南行军总管",继承他父亲生前的官衔。

经过十多年的武装对抗,面对广大群众的不满情绪,"诛之则不可胜诛,徙之则难以屡徙"。陈元光已逐渐明白,用征战、杀戮、流放,都不是好办法,欲达到长治久安,除武力外,尚须文治。"兵革徙威于外,礼让乃格其心。"而文治就必须增置州县,建置政治机构。于是,陈元光即奏请"置州县,以控岭表"。他在表中写道:"倘欲生全,几置刑措,其本则在创州县,其要则在兴庠序,盖伦理讲,则风俗自尔渐孚,治法彰,则民心自知感激。"②唐王朝准奏,于武则天垂拱二年十二月初九(686年12月29日)在泉、潮间增置一州,定名为漳州,治所置于漳浦(今云霄西林城),辖漳浦、怀恩二县。经朝议,诏令陈元光为漳州首任刺史,进阶为中郎将右鹰扬卫率府怀化大将军、轻车大都尉兼朝散大夫,并授予"自别驾以下得自辟置"的大权。③

漳州设治后,陈元光集军政大权于一身,他推行"均田制",将绥安无水的和无主田或荒地,按照农户的人丁数分地到户,其中百分之八十为口分田,百分之二十为永业田。同时,竭力推广中原先进的耕作方法和技术,帮助当地百姓解决种子、农具、耕牛等困难。为了解决农业生产的灌溉问题,陈元光对兴修水利十分重视,开渠引水,其中,较有名的有,在今云霄火田、世坂、下沙等,并投入"且耕且守"的府兵,拦截漳江,修筑"军坡",全长约120米,底宽、陂高各约4米。农业生产有了一定改观,出现了"杂卉三冬绿,嘉禾两度新","负耒耜,皆望九龙江而来"的景象,漳州地区的社会经

---

① 《云霄厅志》卷十一《宦绩·陈元光》。
② 《全唐文》卷一百六十四《陈元光请建州县表》。
③ 《福建通志·陈元光传》。

济从此逐渐得到发展。尤其是对教育的重视,把"兴庠序"作为一大要事,陈元光在漳州首创乡学,名为"松州书院",在州府中,特设专管教育的官——文学。[①] 这对漳州地区社会经济的发展产生重要作用。

州县设治后,唐王朝对漳州"蛮僚"地区全面实行了政治军事的统治。可是,广大的蛮僚人民并不屈从于唐王朝,民族矛盾仍然很尖锐,反唐斗争此起彼伏。唐中宗景龙二年(708年)爆发了一起规模更大的反抗斗争。这次起义的首领是30年前被陈元光镇压的雷万兴、苗自成的儿子和蓝奉高等人领导的,起义队伍也是先在潮州一带集结,然后向潮州的岳山挺进,继而向漳州地区进发。陈元光得知后,急忙派出军队前去镇压,但由于起义队伍人多势众,唐军屡屡被打败。蓝奉高率领的队伍,于睿宗景云二年(711年)十二月,向陈元光的老巢绥安进击,"元光闻报遽率轻骑御之,援兵后至,为贼将蓝奉高刃伤而卒"。[②] 经过双方激烈的火并,陈元光被蓝奉高刺伤而死。这位漳州军政要员居然连自己的生命也保不住,可见当时起义军的声势是相当浩大的,斗争是十分残酷的。

陈元光14岁随祖母入闽,至55岁去世,住闽长达42年。任漳州刺史26年,任岭南行军总管事35年。他为开发漳州,曾作出积极贡献,被誉为"开漳圣王",建威惠庙祭祀,被漳州汉人奉为主要神祇,至今不衰,并流传于台湾八县三市中。

陈元光死后,唐王朝又以"岭南多故",命其子陈珦"代州事"。陈珦为报杀父仇,于唐玄宗开元三年(715年),"率武勇,夜袭巢洞,断前刃父贼蓝奉高,并俘其余党,迁州治于李澳村(今漳

---

① 苏炳元等:《开创漳州的元勋陈元光》,载《漳州历代名人传略》第1辑,1986年。

② 《云霄厅志》卷八《宦绩·陈元光》。

浦）"。① 这支奋战八年之久的起义军，给予唐王朝以沉重打击。漳州地区的蛮僚同以陈政祖孙三代为代表的唐王朝势力进行长达几十年的武装斗争，充分展现蛮僚人民英勇顽强的革命斗争精神。

　　漳州设治后，唐王朝用武力镇压漳潮地区蛮僚人民起义后，为强化对蛮僚的统治，开元二十一年（733 年）又在福建另一个"蛮僚"聚居区汀州设治。汀州设治与漳州不同，还事先从福州、广州和潮州等地移入 3000 户。这可能与当时汀州地旷人稀、群山重叠难以治理有关。或是接受漳州设治时汉人少的教训。但是设治后，民族矛盾同样很尖锐，引发当地蛮僚的不满和反抗，其中规模最大的是唐昭宗乾宁元年（894 年），宁化"黄连洞蛮二万围汀州"。②

　　唐末"安史之乱"后，唐王朝政治腐败，国内藩镇割据，农民起义四起。唐光启元年（885 年）正月，王绪率光、寿二州数千人渡江。八月，在江西南安时，王潮鼓动军队反王绪，王潮及其弟王审知被拥为主帅，率中州农民军由赣入闽，得到蛮僚人民的拥护和支持，并参与攻打福州的战斗。《资治通鉴》记载，王氏"将兵攻福州，民自请输米饷军，平湖洞及滨海蛮夷者，皆以兵船助之"。③ 这些"滨海蛮夷"即是居住于沿海的蛮僚。他们自唐王朝军队进入乃至设治之后，斗争从未停止过。

　　两宋时期，蛮僚人民的革命斗争仍然持续不断，尤其是南宋时期，斗争更为剧烈。据史书记载，高宗建炎中（1127—1130 年）漳浦一带④，绍兴十五年（1145 年）江西虔州、广东梅州以及福建⑤，

---

①　《云霄厅志》卷十一《宦绩·陈珦》。

②　《资治通鉴》卷二五九《唐纪七十五》。

③　《资治通鉴》卷二五九《唐纪七十五》。

④　林登虎：《漳浦县志》卷十四《明宦绩·魏郁》。

⑤　《续资治通鉴》卷一二七。

各地都相继爆发蛮僚人民的反抗斗争,其中规模较大的有:

宋理宗宝庆元年(1225年),赣州爆发了以陈三枪和钟全为首的起义。景定元年(1260年),江西爆发了以李元励为首的起义,"值江西峒寇李元励窃发"。[①] 尤其是理宗景定二年(1262年),漳州地区爆发了一次大规模的"畲民"起义,南宋莆田人刘克庄的《后村先生大全集》专门为这次畲民大起义写了一篇文章《漳州谕畲》,指出畲民的分布和此次起义的原因、规模及应采取的对策。从此,蛮僚的历史活动骤然消失了,继起的则以"畲民"出现于史书中。于是"畲民"与"蛮僚"以及"蛮僚"的历史来源如何?下面再作简单介绍。

(三)"蛮僚"的历史来源

刘克庄《漳州谕畲》曰:"凡溪洞种类不一:曰蛮、曰瑶、曰黎、曰蜑,在漳曰畲。西畲隶龙溪,就是龙溪人,南畲隶漳浦,其地西通潮、梅,北通汀、赣,奸人亡命之所窟穴。……畲民不悦(役),畲田不税,其来久矣。"南宋出现的"畲民",其分布范围除福建的漳州、汀州外,还包括粤东的潮州、梅州和赣南的赣州,即今闽粤赣三省交界地。可知,宋代畲民的分布区与唐代"蛮僚"居住区是相同的;南宋出现的畲民"其来久矣"。可见宋代的畲民并不是从外地迁来,已有其长久的发展历史。因此唐代的"蛮僚"即为宋代"畲民"的先民,这是可信的,学者对此也取得共识。最近一段时间,关于畲族来源问题,学术上曾展开过热烈讨论,曾提出各种不同学术观点,归结起来有土著和外来两种说法,前者主张越人后裔说居多,后者持武陵蛮后裔为主。这个问题也直接涉及"蛮僚"的历史来源。

《隋书·南蛮传》曰:"南蛮杂类,与华人错居曰蜒、曰儴、曰俚、曰僚、曰㐌,俱无君长,随山洞而居,古先所谓百越是也。"隋书

---

① 杨澜:《临汀汇考》卷三《兵寇考》。

作者最早提出南蛮中的诸少数民族都是百越民族后裔的观点。唐代闽粤地区出现的"蛮僚",也应是包括在"南蛮杂类"的诸多少数民族之中,因此它的来源与古代百越民族有关。

百越民族是一个多个民族的泛称,分布于我国东南广大地域里,唐代的"蛮僚"仅分布在今闽粤赣三省交界地区,有特定的居住地域。因此泛泛地说"蛮僚"是越人的后裔还不足以说明它的来源。过去诸多学者虽然赞同畲族为越族的后裔说,但均未指出它是属于百越民族中的哪一支发展形成的。

秦汉时期,福建是闽越族的主要居住地,广东是南越的分布区,而介于闽越和南越交界地区的越人属于"百越"的哪一支?对此有的学者主张属闽越,有的主张属南越。根据文献记载,刘邦建立西汉政权后,封赵佗为南越王,无诸为闽越王,摇为东海王(东瓯)。汉高祖十二年又"诏曰:南武侯织亦粤之世也,立以为南海王"。①在南越和东越中封了四个越王,他们各有自己的封地。南越、闽越和东瓯三国封地,史书记载较多,其地望比较清楚,南海王国的封地在哪里?

关于南海王国的历史,史书记载很少。《汉书·淮南王传》曰:"南海民处庐江界中者反,淮南吏卒击之。陛下遣使者斋帛五十匹以赐吏卒劳苦者。长不欲受赐,谩曰:'无劳苦者'。南海王织上书献璧帛皇帝。忌擅燔其书,不以闻。"《汉书·严助传》载淮南王刘安上书亦曰:"前时,南海王反,陛下先臣使将军间忌将兵击之,以其军降,处于上淦。"根据这些记载,南海王织确有其人,但是南海王织的封地在哪里?史家有不同意见,有的推断当居于汉代庐江郡之南,在今安徽南部②。全祖望在《鲒埼亭集》一书中

---

① 《汉书·高帝纪》。

② 叶国庆、辛土成:《西汉闽越族的居住地和社会结构试探》,载《厦门大学学报》1963年第4期。

则考证在今闽粤赣三省交界地区①。潘荮《汉南海王织考》一文曾作了专门的考证和论述。他说："史书这二处记载南海王国史事均在淮南厉王时。按厉王传只云淮南吏率击庐江界反者，而无间忌入越之说，则淮南吏率所击者，必与间忌所击者有异。《淮南王传》又云：'南海王织（《史记》作南海民王织）上献璧帛皇帝，忌擅播其书不以闻'。可见南海终厉王之世，尚复存在，未为淮南吏卒所灭。织自称为南武侯，武侯，海上之豪语也，以此威其众。织所据者，在今江西之东南以迄福建之西南，介于闽越和南越之间。"②

我们认为，全、潘二氏的考证南海王国的地域在今闽粤赣三省交界地区是可信。闽西武平县的来历就与南武侯织有关，据清杨澜《临汀汇考·方域》云："今武平县本长汀也。唐置州后，以本州西南境的南安、武平二镇，观其命名之意，因南武二字分析并举，当时因其地为汉南武侯织所封也。宋升镇为县，乃专武平之名，而其地正在汀、潮、赣之间。全氏南海境中有地名南武之说，此其是也。"

从文献上考证："南武侯织亦粤之世"，即汉代南海王国亦属百越一支。汉代南海王国被灭国迁众，但是在南海王国内还有大量越人，这一地区自汉以来很少有汉人迁入，至唐代，这里的住民则被称为"蛮僚"，彼此之间有着密切的渊源关系。于是，唐代聚居于闽粤赣交界地区的"蛮僚"不可能是从外地迁入的，而主要是汉代南海王国这一支越人的后裔。

从考古资料证明，我国东南地区与中原夏、商、周文化有明显不同，最主要的差异是在东南地区出土一种在表面拍印几何印纹的陶器，考古学界称之为"印纹陶文化"。1978年在江西庐山召开"江南地区印纹陶问题学术讨论会"，与会的专家都认为创造"印纹陶文化"的主人就是古越人。这种文化产生于新石器时代晚

---

① 全祖望：《鲒埼亭集·经史问答》。
② 《文史汇刊》第1卷第2期。

期,发展于相当中原的商、周,衰落于秦汉。[①] 印纹陶的发生、发展与衰落过程,同百越民族的形成和兴衰历史大致是相符合的。

印纹陶文化的分布范围与秦汉时代百越民族的分布区域也大致符合。根据百越地区出土的印纹陶遗存的特点,有的学者又把它划分为七个区:宁镇区(包括皖南)、太湖区(包括杭州湾地区)、赣鄱区(以赣江、鄱江、鄱阳湖为中心)、湖南区(洞庭湖周围及以南地区)、岭南区(包括广东、广西东部)、闽台区(包括福建、台湾和浙江南部)和粤东闽南区(包括福建九龙江以南和广东东江流域以东的滨海地区)[②]。这些分区,同《汉书·地理志》颜师古所注"臣瓒曰:自交趾至会稽七八千里,百粤杂处,各有种姓"的百越各支系的分布地区大体相符。值得注意的是在七个分布区中有一个"粤东闽南区",其分布范围即在今闽粤交界处,这绝不是偶然。由此可见,在先秦时期,闽粤交界地有一支越人居住着,这就是汉代受封的南武侯织的南海王国。因此,从民族历史的发展看,汉代居住于闽粤赣交界处的南海王国这支越人与唐代在同一地区出现的"蛮僚"是一脉相承的。

(四)"蛮僚"与"山都木客"的关系

从史书记载看,唐宋时代,在闽粤赣交界地区的住民,除了"蛮僚"外,还有一种名叫"山都"、"木客"或"山都木客"的古老民族。他们都是居住在深山密林中,有的还是树居,长期以来被史家作为"神鬼怪物"看待。

众所周知,闽、粤、赣三省交界处是一片大山区,这里横亘着武夷山、玳瑁山、博平山和凤凰山诸山脉,海拔平均都在 400 ~ 500米,山高林密,环境闭塞。在人迹罕至的地方,有"山都木客"居住

① 《文物》1979 年第 1 期。

② 李伯谦:《我国南方几何印纹陶遗存的分期及有关问题》,载《北京大学学报》1981 年第 1 期。

着。据《太平寰宇记》引《牛肃纪闻》云:"山东采访使奏于处州南山洞中置汀州,州境五百里,山深林木秀茂,以领长汀、黄连(今宁化)、杂(新)罗(今长汀县西南)三县,地多瘴疬,山都木客丛萃其中。"又"按《牛肃纪闻》云:"州初移长汀,长汀大树千余株,皆豫章迫隘以新造州府,故斩伐林木。凡斩伐诸树,其树皆枫松,大径二三丈,高者三百尺,山都新居。其高者曰人都,其中者曰猪都,处其下者曰鸟都。人都即如人形而卑小,男子妇人自为配耦(偶)。猪都皆身如猪。鸟都皆人首,尽能人言,闻其声而不见其形,亦鬼之流也。三都皆在树窟宅,人都所居最华。人都有时见形,当伐木时,有术者周元太能伏诸多,禹步为厉术,则以左合赤索围而伐之。树既卧仆,剖其中,三都皆不化,则执而投之镬中煮焉。"①可知在汀州未建治之前,在高山丛林中有山都木客,他们还过着很原始的树居生活。

关于汀州的"山都木客",清代杨澜《临汀汇考》也有记载,他说:"当(汀州)建治之初,凡砍大树千余,树皆山都所居。天远地荒,又足妖怪,獉狉如是,几疑非人所居。"《唐书》谓汀郡多山鬼也。至《唐韵》载山魈出汀州,独足鬼意似此种鬼,独出汀州……《太平广记》所载山魈事,其云坐于檐上,脚垂于地者,今汀城夜中,人时见之。而《广记》不言其独足,人亦罕见。有独足者惟归化有呼野罗仙者,皆短小如童儿,成群好拳,一足,以一脚跳而行。杨澜还提到唐代"韩退之所居蛮夷之中,与魑魅为群者也。潮阳、临汀相距若咫。李商隐从事岭南时作异俗诗亦云:'只是纵猪都',唐时闽粤之峤所在多有,可知也"。②从杨氏记载,汀州"大树千余,树皆山都所居",是知"山都"数量还不少,而且同粤东潮阳一带的魑魅是同类。故杨澜称"山都"为"山鬼"。

---

① 乐史:《太平寰宇记》卷一〇二《江南东道十四·汀州》。
② 杨澜:《临汀汇考》,卷一《建置》,卷四《山鬼淫祠考》。

广东"山都木客"主要分布在潮州地区。《太平寰宇记·潮州海阳县》载:"凤凰山一名翔凤山,有凤凰水,昔有爰居于此,集因名之。山多相思树,中有神形如人,披发迅走。"同书在潮州潮阳县又云:"山都,神名,形如人,而披发迅走。"李商隐诗曰:"户尽悬秦网,家多事越巫,未曾容獭祭,只是纵猪都。"①《潮州府志·艺文志》还有"西师则以游击山都"的记载。潮州的"山都"与汀州一样,都是居住于山林中,不同的是没有记载他们身材短小,而提到"披发迅走"的特征。

江西的"山都"主要在赣南山区。《太平寰宇记》吉州太和县载:"《异物志》云:大山穷谷之中有山都人,不知其源绪所出。发长五寸而不能结,裸身,见人便走避之。种类甚疏少,旷时一见,然自有男女焉。"同书虔州雩都县又载:"君山在(雩都)县东南三百八十五里。《南康记》云,其山奇丽鲜明,远若台榭,名曰娲宫,亦曰女姥。石山去盘固山五十里,上有玉台,方广数十丈,又有自然石室如屋形。风雨之夜,景气明净,颇闻山上鼓吹之声,山都木客为其舞唱之节。"《太平御览》亦载:"邓德明《南康记》曰:山都形如昆仑人,通身生毛,见人辄闭眼,张口如笑,好在深涧中翻石觅蟹瞰之。"又引"《述异志》曰:南康有神名曰山都,形如人,长二尺余,黑身、赤目、发黄被之。于深山树中作窠,窠形如坚鸟卵、高三尺许,内甚泽,五色显明,二枚沓之中央相连。土人云:上者雄舍,下者雌舍,旁悉开口如视,体质虚轻,颇似木筒,中以鸟毛为褥。因神能变化,隐身,罕睹,其状盖木客、山㧑之类也。赣县西北十五里有古塘,名余公塘,上有大樟树可二十围,树老中空,有山都窠。宋元嘉元年(424年),县治民袁道训,道虚兄弟两人,伐倒此树,取窠还家,山都见形,谓二人曰:'我处荒野,何豫汝事,巨木可用,岂可胜数,树存我窠,故伐倒之,今当焚汝宇以报之'。无道至二更中,内

① 李商隐:《李义山诗集》卷三。

外屋一时火起,合宅荡尽"。从上所载,不论是"山都"或"木客",其生活特点都是深居密林间,有树居,有室居,少与他人接触,即隐身、罕睹。身材矮小,肤色黑,能劳动,有语言,使用乐器,善歌舞,可见"山都木客"明显是人,绝不是神鬼怪物。

"木客"名称首见于汉袁康《越绝书》:"木客大冢者,勾践父允常冢也。初徙琅琊,使楼船卒二千八百人,伐松柏以为木桴,故曰木客。去县十五日,一曰勾践伐善村(材)文刻献于吴,故曰木客。"①《水经注》曰:"浙江又经越王允常冢地,冢在木客村。耆彦云:勾践使工人伐荣楯,欲以献吴,久不得归,工人忧思,作木客吟,后人因以名也。"②唐刘禹锡诗曰:"莫徭自生长,名字无符籍,市易杂鲛人,婚姻通木客。"③如按上述记载,"木客"是否是勾践时被迫上山伐木而逃亡的木工,而这批逃亡的木工又是怎样逃到闽粤赣交界地区来,为什么还过着那么原始的生活呢? 这些问题确实难于理解。

"山都"名称出现也很早。《山海经》记载:"枭阳国在北朐之西,其为人,人面长唇,黑身,有毛,反踵,见人笑亦笑,右手操管。"(《周书》曰:"州靡髳髳者,人身,反踵,自笑,笑则上唇掩其面"。《尔雅》云:"髳髳"。《大传》曰:"周成王时,州靡国献之海内经,谓之赣臣人。今交州南康郡深山皆有此物也。长丈许,脚跟反向,健走披发,好笑。雌者能作汁,洒中,人即病,土俗呼为山都。南康今有赣水,以有此人,因以名水,犹太荒说地有域人,人因号其为域山,亦此类也"。)《山海经》所记枭阳国地望不可考,记载人面长唇,其状与山都不同,而且该书亦未言及山都。郭璞注《山海经》,却把这种人认同与江西南康"山都"是同类。

――――――――――――

① 《越绝书》卷八。
② 《水经注》卷四十。
③ 刘禹锡:《刘宾客文集》卷二十六。

江西南康确有"山都"。晋干宝《搜神记》载："庐江耽枞阳二境上,有大青、小青黑居山野之中,时闻哭声,多至数十人。男女大小,如始丧者,邻人惊骇,至彼奔赴,常不见人。然于哭地必有死丧。率声若多,则为大家,声若小,则为小家。庐江大山之间,有山都,似人,裸身,见人便走,有男女,可长四五丈。能曛相唤,常在幽昧之中,似魑魅鬼物。"庐山"山都"的特征与《太平寰宇记》所载"山都"的体质特征和生活特点都一样,不同的是身材不是矮小,而是高大,"可长四五丈"。

从上述记载看,其名称有的称"山都",有的称"木客",有的则"山都木客"连称。那么,"山都"和"木客"是一个族还是不同的两个族?很明显,这两种人都是居住闽粤赣三省交界地区,居住地域相同,且有相同的居住特点,身体特征"如人形而卑小","隐形罕睹","鬼类",二者也没有区别。《述异志》记载南康"山都",其状"盖木客之类"。由此推断,"山都木客"应该是相同的族群。由于他们是不为人们了解就消亡了的古代民族,故历代史家都把他们列入神异怪物,如《太平御览》归入《神鬼部》、《妖异部》、《兽类部》中。《临汀汇考》列入《山鬼淫祠》一类。还有《山海经》、《搜神记》、《述异记》、《幽明录》等神话传说书中也是如此。《太平寰宇记》记载,大都是引述前人的著作,不是他亲自调查的记录。因此,仅依据上述的这些资料,要全面研究这个已消亡的民族,还是很困难的。但有一点可以澄清史书上记载的误点,就是这群不为人知的是人,而不是神怪鬼物,这就为我国古代民族史研究增添了一个新的内容。同时也因为山都木客身材矮小,肤色黑,又引发对福建历史上有否小黑人存在的兴趣。

我国民族史学家林惠祥教授在他的《福建民族之由来》一文中曾提到:"福建人除汉族及古越外,还可能包含有较越族更早的先住民族,即不同人种的小黑人尼革利陀、印度尼西亚人,后二者存疑,有待进一步研究。"凌纯声教授《中国史志上的小黑人》一文说:"1830 年,法国巴黎地理学会曾悬奖征人,题为证明《中国人所称之昆仑山脉中确有小黑人》,迄今一百二十五年,这一奖金犹未闻有人获得。"他认为根据史书记载木客的身体和文化进行比较研究,"木客是小黑人,想可使人确信无疑了"。①1963 年陈国强教授发表《福建古民族——"木客"试探》一文,也持"木客"为小黑人的观点。他说:"作者由木客资料,论证木客很可能就是小黑人尼革利陀,这就证实了林惠祥同志对福建民族由来的推断,证明福建古代曾经有过小黑人,今日福建人包含有小黑人的人种因素。"②

蒋炳钊《古民族"山都木客"历史初探》一文则持异议。他说:"在我国史书上确实留下一些有关短人或矮人记载,如侏儒、僬侥、黝歙短人、道州短人等。但文献只记载他们身体短小,并没有说他们肤色黑,这显然不属小黑人。山都木客是否就是多年以来学术界想解决的中国本土上小黑人的'标本'呢?就目前的资料尚难作出这一结论,因为就身材而论,有的记载是'人形卑小';有的又记'身长一二丈'或'可长四五丈',可见山都木客并非全是矮小的。如果是小黑人,以黑色人种特征看,正如朱彧《萍州可谈》卷二所云:"广中富人,多畜儿奴……色黑如墨,唇红齿白,发卷而黄,生海外诸山中。"昆仑奴诸形态体现黑色人种的特征,不但肤色黑,头发还是卷发。可是在山都木客的有关资料中,没有见到有卷发记载,反而是"披发迅走"。这同黑色人种的发型显然有很大不同。所以把山都木客推定为小黑人,为据还是不足的。根据其文化特征和民族历史考察,"山都木客可能是古代越族的后裔"。③

"山都木客"和"蛮僚"都是居住在同一地域内,都是古代越人

---

① 凌纯声:《中国史志上的小黑人》,载《"中央研究院"院刊》第 3 辑。

② 《厦门大学学报》1963 年第 2 期。

③ 《厦门大学学报》1983 年第 3 期。

的后裔。就福建而言,"山都木客"都是居住在汀州府大山区,生活还很原始。唐宋时代"蛮僚"最活跃地区在漳州和汀州,而在漳州地区未见有此记载。由此可以推想,在社会经济较为落后的汀州地区,且有大片的原始森林,交通又闭塞,保留越人各自不同的社会形态和生活特点,这完全是可能的。随着历史的发展与进步,"山都木客"的历史发展轨迹,不是自行消亡,而是融合于"蛮僚"之中,后来也成为畲族的一个组成部分。

闽越王无诸是越王勾践的
第七世后裔吗
——兼论闽越的来源

在治越史中有两个最为突出的问题,即越王勾践为夏少康帝庶子后裔的"越为禹后说"和岭南、福建等地的百越各族都是"越国的一支"的"百越同源论"。这些论说起自《史记》、《汉书》,故在学术界影响深远,至今犹然。这也是当前最有争议的一桩学术公案。

这两个学术问题的争论,不仅关系着于越和百越各族的来源问题,还直接涉及百越地区的地方史如何写的大事。因为百越各族均为当地的主体民族,它们的历史就是当地的古代史。1981 年笔者曾发表过《"越为禹后"说质疑——兼论越族来源》对"越为禹后"提出质疑,文中的越族系指于越。本文探讨闽越族的来源,从一个侧面对"百越同源说"提出异议。错误之处,请批评指正。

一、关于闽越来源的几种说法

"闽越"一名始见《史记·东越列传》,该传记载自秦统一到西汉武帝元封元年闽越国除100多年的历史。全传约1500字,还包括"东瓯"的历史。记载虽然简略,它却是闽越族史的一篇重要文献。

关于闽越王无诸的身世,《史记·东越列传》曰:"闽越王无诸及越东海王摇者,其先皆勾践之后也,姓驺氏。"司马迁首先提出无诸为越王勾践的后裔。他在《史记·越世家》中又明确指出无诸和摇均为勾践的"后七世"。为什么他们是勾践的第七世呢?因为司马迁在该传中列出自勾践至无彊的世系为六世。无彊被楚威王杀死后,"而越以此散,诸族子争立,或为王,或为君,滨于江南海上,服朝于楚"。言下之意,无诸和摇便是"滨于江南海上"的诸族子之一。此说对闽越族来源有很大的影响,如持"闽越为越国的一支"的观点即源于此。目前关于闽越来源的有下列三种主要观点,兹简介如下:

(一)闽越是越国南迁的一支,勾践的后裔

自《史记》提出闽越王无诸为越王勾践之后的说法,对闽越族来源的研究产生很大的影响,这一观点至今仍很流行。1944年王新民《越王勾践子孙移闽考》一文,即最早论述这一观点,考定闽越王无诸为勾践的后代。① 1964年陈可畏《东越、山越的来源与发展》一文又有所发挥,认为:"越国破灭后,大多数在王族的率领下又退到浙江(钱塘江——富春江)以后,其后又为楚所逼,再南退入灵江、瓯江流域及福建,这就是后来的东越。"② 1989年何光岳

---

① 《福建文化》卷1期,1944年。
② 《历史论丛》第一辑,中华书局1964年版。

《百越源流考》一书亦赞同此观点,并认为"流入福建闽中的越人与闽人结合形成闽越人。战国末期,越王勾践之裔无诸为闽越王"。① 1998 年出版《越国文化》一书,作者完全赞同"越为禹后"和"百越同源"的观点,它不仅用此观点来写越国史,而且明确提出:"闽越为越族的一支,居浙南、闽北,姓驺氏,系越王勾践后裔。""浙南山区、江西和福建的北部,仍然是越国的势力范围。"竟然把福建北部列为越国的势力范围。如果百越各族都是越族的一支,那么越国的历史是否还应包括闽越和其他百越各族,方能全面叙述于越的历史。这符合历史事实吗?

（二）闽越是土著的闽族与越国南迁的越人的混合

此说与第一种观点不同的是把"闽"与"越"分为两个不同的民族,"闽"为土著,"越"为外来的客族,"闽越"即"闽"与"越"两族的混合。持"闽"为福建土著,早有此说,而把闽越视为主客两族的混合,首见于 1980 年朱维干、陈元熙《闽越的建国与北迁》一文,作者认为:"闽和越并不是同一民族,福建在古代为七闽的分布地区之一。闽是福建的土著,越则是由会稽南来的客族。"②所谓"会稽南来",即指越国亡后南迁入闽的于越人。1984 年朱维干《福建史稿》也将原文写入该书。1984 年陈元熙《试论闽、越与畲族的关系》一文又进一步论述这一观点。他说:"闽、越是我国南方的两个古老民族。福建是闽族的世界,浙江是越族的摇篮。""越为楚败后,其子孙分水陆两路入闽,成为福建的一个赫赫客族。随着越族的南迁,原为'古闽人'世界的福建又增加一员新的兄弟民族,他们友好相处在一起。随着时间的推移,越族经过长期的生息繁衍,力量也愈壮大,由原来的客族地位,大有反客为主之势。在闽族聚居的福建称王的是越人,如闽越王无诸,东越王郢、

---

① 《百越源流考》,江西教育出版社 1989 年版,第 53 页。
② 《百越民族史论集》,中国社会科学出版社 1982 年版。

余善,南海王织等。甚至闽地也变成了越地,福建似乎成了越人的世界,对原来的土著闽族取而代之,致使有人误认为越族为福建的土著。"①林祥瑞在1998年发表的《关于古代闽越族的若干问题探讨》也是主此说,他说:"福建的七闽至少其中有几支是属于于越后裔的","经过这些外来的越族与闽族的融合,就形成了遍及全省的'七闽'。可以相信,要不是有外来越人的迁入,单靠世居闽江下游的纯闽越族的繁衍,决不可能在几百年之中就遍及全省"②。

主张混合说者,最近又有一种新观点,即两族混合的时间不是在越国亡后的战国中晚期,而是早在周代已经开始。1990年吴春明《闽文化刍议》一文主此说,他认为:"我们支持'混合说',但更明确界定了'闽'与'闽越'存在的时间。'闽'是商周及更早时间活动于闽中地区的土著民族,'越'是商周江浙的土著,'闽越'是周代以来因吴、越人群南迁并与土著闽文化融合的产物。"③

还有一种新说,即认为"闽人"也是外来的。何光岳《百越源流考》一书,对闽越的来源即赞同"南迁说",又同意"混合说",同时又提出"闽人"也是外来的。他说:"闽人当起源于岷山,与夏禹同族。当夏人东迁至中原时,闽人也东迁至山东中部。……到商灭夏时,闽人便从山东南逃,经苏南、浙江而进入福建。"按此观点,闽人也是南来的,只是入闽时间比越人早。但有一个问题令人费解,福建的"闽"、"越"都是外来的,那么福建本土有否土著民存在?

（三）闽越主要来源于当地土著民

笔者赞同闽越是由当地土著民发展形成的观点,关于这个问

---

① 《福建论坛》1984年第6期。
② 《福建师范大学学报》1981年第4期。
③ 《厦门大学学报》1990年第3期。

题拟在第三部分论述,这里先探讨"闽"与"越"的关系。我们认为"闽"与"越"不是两个不同的民族,而是不同时代史书上出现的不同名称而已,"闽"即"越","闽越"是福建的土著民族。

族称或地名是随着时代的发展而不断发生变化。"闽"、"七闽"名称仅见《周礼》和《山海经》两书,当时也不是用来专指现在的福建。"越"名出现也不晚,古本《竹书纪年》载,周成王二十四年(前1002年)"于越来宾",于越即越国的主体民族。《逸周书》亦载,早在商汤时,东南地区便有"东越"、"于越"、"欧人"之名。

随着越国的兴起,越名大显于世,闽称则消失。在先秦诸子的著作中只见越称而不见闽名,"闽"已被"越"所取代。当然这时的越称大都是指越国。越国被楚败后,越名不仅限于于越,还扩大到整个东南地区。《吕氏春秋·有始览篇》曰:"东南为扬州,越也。"同书《恃君览篇》又云:"扬汉之南,百越之际。"《汉书·地理志》注引臣瓒言:"自交趾至会稽七八千里,百越杂处,各有种姓。"这说明在战国晚期,越(百越)名已成为东南地区古代民族的泛称。"各有种姓",说明百越民族是不同源的,福建古代民族"闽越",当属百越民族之列。

从史家和注家对"闽"的解释看,大都也认为"闽"与"越"是同一民族。如《周礼》所载的"闽",后汉经学家郑玄解释"闽"为"蛮"的别称。《史记·吴太伯世家》《索隐》释"荆蛮"亦曰:"蛮者,闽也。南蛮之名,亦称越。"东汉许慎《说文解字》说得最清楚,"闽,东南越,蛇种"。已故越史专家蒙文通《越史丛考》考证说:"越本国名,其族为闽,后亦用为族称,泛指古东南沿海之民族。自越王勾践灭吴称霸之后,'越'名大显于世。战国而后,又有'百越'一词,泛指古东南沿海暨岭南地区及其居民。"目前考古学界均认为在东南地区出土的几何印纹陶是古代百越民族所发明的,为百越民族最显著的文化特征之一。

综上所述,"闽"与"越"不是两个不同的民族,"闽"即"越",

故"闽越"不是"闽"与"越"的混合，它是福建古代的土著民族。

二、无诸是勾践的第七世后裔吗？

关于"越为禹后"之说，历来史家曾有不同的看法。清代梁玉绳《史记志疑》一书对司马迁之说提出异议。他说："禹葬会稽之妄，说在夏纪……而少康封庶子一节，即缘禹葬于越为撰。盖六国时有此谈，史公谬取入史，后之著书者，相因成实。"他认为禹葬会稽之事纯属道听途说，是"伪撰"。1991年宋蜀华《百越》一书也认为，帝少康封庶子于会稽一事，"司马迁是根据传闻写下来的，所以他在《史记·夏本纪》的篇末，对此事的评述使用'或言'二字，说明他的根据是不牢靠的"。对于《史记》记载闽越王无诸为勾践之言，《史记志疑》亦指出："史并谓闽越亦禹苗裔，岂不诞哉。"①可谓是最早否定司马迁的观点。

《史记》两传记载无诸为勾践的"后七世"，其史实确有值得商榷之处，兹分三个方面加以论述。

首先从世系记载分析，《史记·越世家》云："越王勾践，其先禹之苗裔……后二十余世，至于允常。……允常卒，子勾践立，是为越王。"从无余至允常只有二十余世，这显然是不合理的。清代钱大昕已指出："少康至桀十一传，殷汤至纣三十传。周自武王至敬王又二十五传，而越之世乃止二十余传，理所必无也。"②钱氏已指出从无余至允常尚缺四十世左右，可见作者对越王的先世是不清楚的，故史家批评他是根据传闻来写的，不是没有道理的。

无诸为勾践的"后七世"，此说同样疑点颇多。《史记·越世家》对勾践以下的世系是这样记载的："勾践卒（《史记·越世家》

---

① 《史记志疑》卷二十二。
② 《廿二史考异》卷四。

《索隐》引古本《竹书纪年》）云：晋出公十年十一月，於粤子勾践卒，是为菼执。"（以下未注处均引同书）子王鼫与立（次鹿郢立，六年卒）。王鼫与卒，子王不寿立。王不寿卒（不寿立十年见杀，是为盲姑。次朱句立），子王翁立。王翁卒（三十七年朱句卒），子王翳立。王翳卒，子王之侯立（三十六年七月太子诸咎弑其君翳，十月粤杀诸咎。粤滑，吴人立子错枝为君。明年，大夫寺区定粤乱，立无余之。十二年，寺区弟忠弑其君莽安，次无颛立。无颛八年薨，是为菼蠋卯）。王之侯卒，子无彊立（"盖无颛之弟也"）。勾践至无彊是为六世，即鼫（鹿郢）、不寿、翁（朱句）、翳、之侯（诸咎）、无彊相继立。

　　先从世系来说，从上面所引《索隐》、《古本竹书纪年》记载和无彊以后越国历史考查，勾践至无彊不止六世，故无诸为勾践"后七世"是不合史实的。兹根据这些考注并参照《越国文化·于越历史年表》，勾践至无彊的世系如下：勾践在位33年（前497—前464年），鹿郢为勾践后第一代，在位6年（前464—前459年）。第二代不寿，在位10年（前459—前449年）。第三代翁（朱句），在位37年（前449—前412年）。第四代翳，在位36年（前412—前376年）。第五代之侯（诸咎）因弑其君翳自立，后又被杀，在位不到3个月。第六代错枝，即位不久又被杀。第七世无余之（莽安），在位12年（前374—前355年）。第八世无颛，在位8年（前364—前356年）。第九世无彊，在位23年（前356—前333年）。《于越历史年表》列出八世，缺第六世。勾践至无彊经过九世164年（前497—前333年），其间曾发生三次弑君事件（即第五、六、七三世），《史记·越世家》《索隐》按："故庄子云：'越人三弑其君，子搜患之，逃乎丹穴不肯出，越人薰之以艾，乘以王舆。'"可是《史记·越世家》对此事未记载。尽管这三世，尤其第五、六二世，在位时间极短，但这却是历史事实。故勾践至无彊，不论考证是八世或九世，都不是六世，世系记载有出入。

　　其次，无彊死后，越国是否灭国？学术界对此有两种意见：一是认为越王无彊被楚王杀死后，国已无主，越国从此解体。同时那些滨于江南海上的越王后裔都已经"服朝于楚"，说明越国已为楚所灭，时间在公元前333年(一说前334年)。一说认为无彊被杀后，"滨于江南海上"的诸族子仍然在坚持抗楚斗争，越国最后灭国是在秦始皇二十五年(前222年)王翦平定"荆江南地，降越君，置会稽"。① 秦兵在打败楚国的同时也统一了无彊之后的越国君长。越国灭国，秦在越地置会稽郡治理。我赞同后一种观点。

　　先从《史记》记载分析，司马迁并没有明确道明无彊被杀后越国就解体，只是说"越以此散"，处于"诸族子争立"的分裂局面。从越国史考察，无彊被杀后，诸族子仍在坚持抗楚的斗争。楚国并未占领越国全部领土，尤其是越国的老家钱塘江以南的广大地区。《史记·越世家》记载，无彊时，越国势力还相当强盛，"越兴师北伐齐，西伐楚，与中国争强"。楚威王杀无彊后，"尽取故吴地至浙江，北破齐于徐州"。也就是说楚国占领越国的领土，大部分是越灭吴的原吴国地域。楚国当时为何未彻底灭掉越国，这与六国共同对付秦国的形势有关。当时楚国面临着秦兵的威胁，秦楚间曾发生数次交战，楚国都被打败。楚怀王三十七年(前312年)秦占领楚的汉中之地。楚顷襄王十九年(前280年)，秦又取楚之上庸、汉北。第二年秦将白起拔楚西陵。二十一年前(前278年)，秦攻下楚都郢，烧楚先王陵坟。楚襄王兵败，遂不复战，东北保于陈城。三十六年(前263年)楚烈王继位，"是时楚益弱"。楚国元气大伤，已自顾不暇，所以再也无力去消灭钱塘江以南越国"诸族子"的反抗势力。楚国末代君王负刍五年(前223年)，秦将王翦、蒙武遂破楚国，虏楚王负刍，灭楚。王翦灭楚后，同时又打败楚国诸君长，因此可以说越国的最后灭国与楚国同时，最终均为秦始皇

---

　　① 《史记·楚世家》。

所统一。

关于"诸族子"的抗楚斗争及其活动历史,《史记》完全没有记载。《越绝书·越绝外传记地传》一书,对此则有一段补白,曰:"(楚)威王灭无彊,无彊子之侯,窃自立为君长。之侯子尊,时君长。尊子亲失众,楚伐之,走南山。亲以上至勾践,凡八君,都琅琊,二百二十四岁。无彊上霸,称王。之侯以下微弱,称君长。"从这一记载说明无彊之后还经历之侯、尊、亲三世,越国并没有灭国。

蒙文通《越史丛考》也是认为越国是灭于秦。"然则越究灭于何时? 曰:灭于秦始皇二十五年,公元前二二二年。《越绝书·记吴地传》言:'秦始皇并楚,百越叛去,越人不于春申君徙吴时叛去,而于秦灭楚时叛去知越于楚灭之时犹存,而实为秦所灭也。"《越国文化》在"疆域"一节也指出无彊后越国的疆域是,"这时,经过分崩离析,于越时疆域被分割成两部分:北方仍然局促于琅琊一带;南方则为浙东宁绍平原地区,即后来的山阴、会稽、诸暨、萧山、上虞、乘县、新昌和余杭、慈溪、鄞县一带。越国尚有很广泛地域,这些地区大都是于越的故地"。

综上所述,无彊死后到秦王翦"降越君",越国亡,其间还有111年。《越绝书》说还经过之侯、尊、亲三世,这应该是比较符合历史事实。因此把闽越王无诸说成是勾践的第七世,就不合越国史实,因而就难于令人信服。

最后,这些滨于江南海上的无彊之后的诸族子,是否有一君迁入福建为闽越王? 这是持"闽越为越国的一支"或持混合说立论的主要依据。但是我们从文献上记载都没有发现无彊后裔有一君或一王南逃进入今福建北部的记载。而文献上记载的无彊后裔却是自始至终都没有离开越国领土。如《史记·越世家》载,无彊被杀后,越以此散,诸族子争立,或为王,或为君,滨于江南海上,"服朝于楚"。这说明他们并没有离开越国领域。《越绝书·越绝外传记地传》亦载:"尊子亲,失众,楚伐之,走南山。""南山"在哪里?

这是被认为越国君长南迁入闽最为重要的文献资料,如有的考证南山"应是指浙江南部和福建北部这一地区的某些山区",有的认为南山(终南山)即今闽北的武夷山。如果此说成立,闽越王为勾践后裔的一君则可成立。但是我们认为这些纯属推论,缺乏史实依据。《越国文化》在"楚攻占琅琊的疆域"一节中对此有个考证:"据《越绝书·记吴地传》载,公元前262—前252年间,楚考烈王并吞了越琅琊,北方的于越居民进行了'走南山'的迁徙。'南山'是'会稽山'的别称,'走南山'就是回到浙东的会稽山老家,大约是于越疆域的老地盘。"我们赞同"南山"在越国境内的说法。

为了证实"南山"在越国境内是正确的,我们再引证两条史料加以说明。这两条资料均有"南山"地名,且都与勾践有关。一是《吴越春秋·勾践入臣外传》云:"今越王放于南山之中,游于不可存之地。"意思是吴王夫差欲放勾践回国,伍子胥把勾践比喻为南山猛兽,东海中一蛟龙,极力进言,反对吴王放虎归山。二是《越绝书·越绝外传记地传》亦曰:"犬山者,勾践罢吴,畜犬猎南山白鹿,欲得献吴,神不可得,故曰犬山。其高为犬亭,去县二十五里。"由此证明"南山"是在越国境内,越国末代君长亲,被楚国所逼"走南山",还是在越国境内。由此可见,把闽越说成是越国的一支,或闽越王无诸为勾践的第七世,都是缺乏史实依据,故不足信也。至于《越国文化》一书中把福建北部同浙南山区和江西列入"越国的势力范围"未知又是出自何据,此说我们则不敢苟同。

三、闽越来源主要由当地土著民发展形成

古代史家没有民族这个概念,因而对民族与来源与形成就没法说清楚,这是时代的局限,我们不能苛求古人。就是清代梁玉绳极力反对司马迁的"越为禹后"和闽越非勾践后裔之说,但对闽越的来源亦未道明,因此争论的问题尚无法得到解决。

　　现在我们探讨民族的来源问题,首先必须界定何谓民族,民族形成于何时。只有在这两个问题上有一个共识,不论观点正确与否,才是解决民族来源的关键所在。在这两个问题的认识上,长期以来在我国史学界和民族学界曾有过争论,也有着各种不同的观点。尽管是这样,但在讨论过程中也达到一些共识,如民族是历史上形成的一个有共同地域、共同经济生活、共同语言以及表现共同文化和心理状态的人们稳定共同体。认识到民族是历史上形成的,是一个稳定的人们共同体,因此每个民族都有一个形成和发展的历史过程,并在这个过程中形成各自不同的文化特征。我国自古以来就是一个多民族国家,各民族都有不同的历史发展过程。过去在史学界影响深远的"中原中心论"或"中原一统论"、"中原传播论",是不能说清楚我国古代各民族的历史的,所谓"越为禹后"、"百越同源"就是这种思想的一种反映。

　　民族形成于何时,目前在学术界还有不同观点。恩格斯在《家庭、私有制和国家起源》中提出的"从部落发展成为民族"的理论,民族形成开始于野蛮时代的高级阶段,即原始社会即将解体、国家即将形成这一历史时期,它是由原始氏族部落融合而成的。这一观点已得到学术界的普遍认同。我赞同这一观点,也是基于这个认识作为探讨这个问题立论的基础。

　　首先,从百越民族地区的历史考察,虽然文献记载缺乏,不足以说明这个问题,但是从大量考古资料表明,在百越各族出现在历史舞台之前,在我国东南地区已有大量旧石器时代和新石器时代人类活动的遗址的发现,百越民族先民已创造出丰富多彩的文化,尤其是出现一种以几何印纹陶和有段石锛(有肩石斧)为主要特征的青铜文化,它有别于北方仰韶文化、龙山文化和"二里头"的夏文化。1978年在江西庐山召开"江南地区印纹陶问题学术研讨会",与会考古专家普遍认为:"江南地区印纹陶产生于新石器时代晚期,兴盛于相当中原的商周时期,衰退于战国至秦汉",并认为这种文化是百越所发明和创造的。考古学界这一研究成果，为我们探讨百越民族的来源提供了重要的科学依据。印纹陶文化的产生、兴盛和衰退正与百越民族的形成、发展与消亡是相符合的。故越文化不是夏文化的传承和发展。

百越民族众多，分布地域广，彼此间存在着某些差异。李伯谦《我国南方几何印纹陶遗存的分区分期及有关问题》一文，又把印纹陶分为七个区：即宁镇区（包括皖南）、太湖区（包括杭州湾地区）、赣鄱区（以赣江、鄱江、鄱阳湖为中心）、湖南区（洞庭湖周围及以南地区）、岭南区（包括广东、广西东部）、闽台区（包括福建、台湾和浙南）和粤东闽南区（包括福建九龙江以南和广东东江流域以东滨海地区。[1] 这一研究成果，所提出的印纹陶的分区，同百越各族的分布情况也基本相符合。这绝不是偶然，说明百越不同源，都是由各地原始先住民发展形成的。

其次，福建也是印纹陶文化分布地区之一，该文化遗址几乎遍及各县市。这类印纹陶遗存都是在新石器文化的基础上发展起来的。以闽江下游昙石山遗址为例，该遗址前后经过七次发掘，基本上区分出上中下三个文化层。以第六次发掘报告为例，几何印纹陶出土比例，在下层占 0.33%，中层占 1.69%，上层占 52.63%。昙石山上层文化比起中下层已有明显的进步。故有的学者提出："上层同中下层分属两种不同性质的文化，上层可能已进入青铜时代。"[2]1978 年在闽侯黄土仑发现一处相当昙石山上层文化遗址，出土的印纹陶占全部陶器的 98%，而且器物造型比昙石山上层更精致美观，年代测定为前 1300 年 ± 150 年，大约相当于晚商

---

① 《北京大学学报》1981 年第 1 期。

② 吴绵吉：《试论昙石山遗址的文化性质及其文化命名》，载《厦门大学学报》1979 年第 2 期。

或西周初期。①

印纹陶文化遗址属青铜文化，虽然在昙石山、黄土仑遗址中尚未发现青铜器，可在福清东张印纹陶遗址上层发现一件青铜器残片。"东张上层出土的残铜器花纹，其线条都很纤细……艺术技巧达到相当成熟的地步，反映出当时的青铜铸造工艺已有相当高的水平。"②在武平县也发现青铜残片。考古专家邹衡认为："福建东张和武平发现的残铜片，都有仿几何形印纹陶的花纹，表明这种文化的青铜器具有浓厚的地方色彩。"③1974 年在南安水头大盈村后寨山发现的一座认为是西周至春秋的墓中，共发现 20 件青铜器。据专家研究，其中有段铜锛同本省出土的有段石锛很相似；铜戚、铜铃上的几何形花纹，也同本省所出的几何印陶的纹饰相仿。④

由此可知，早在商周时代，福建社会历史正经历一次重大的变化，已从新石器时代发展到青铜时代。福建考古工作者在总结新中国成立以来 30 年考古工作主要收获时曾指出："先民用金属的青铜刀子割断了原始社会的脐带，进入青铜文化时期。"

商周以来，从考古资料表明，福建的闽越人活动史迹屡有发现，如武夷山的"架壑船棺"、华安仙字潭的"崖画"（仙字）和各种青铜农具以及兵器等。福建古代史同样经历过原始社会和奴隶社会的发展阶段。这些考古资料清楚地表明闽越族来源主要是由当地先住民发展形成的。这段历史都是由闽越族及其先民所缔造

---

① 福建省博物馆：《建国以来考古工作的主要收获》，载文物编辑委员会编：《文物考古工作三十年》，文物出版社 1979 年版。

② 曾凡：《关于福建史前文化遗存的探讨》，载《考古学报》1980 年第 3 期。

③ 邹衡：《商周考古》，文物出版社 1979 年版。

④ 俞越人：《福建南安发现的青铜器和福建青铜文化》，载《考古》1978 年第 5 期。

的。

再次，从文献记载看，在秦统一以前的战国晚期已出现闽越王无诸统治的闽越王国。这个王国从它出现在史书记载开始，一直至灭国，都保持相对独立的地位，而且势力比较强大。从秦末发兵倒秦到汉高祖"复立"无诸为闽越王，从未见有秦汉军队入闽记载。如西汉贾捐之说过："以至乎秦，兴兵远攻。贪外虚内，务欲广地，不虑其害，然地南不过闽越。"可见秦始皇连年用兵，其兵力唯一未到达百越地就是闽越。秦置"闽中郡"，但统治福建仍是闽越王无诸，闽中郡是虚设的。西汉"复立"无诸为闽越王，并不仅是因无诸"佐汉"有功，表面上虽然建立起"藩臣"关系，实则仍处于独立状态。西汉王朝刚建立，"北构匈奴"、"南挂于越"，是汉初南北两大忧患。汉高祖"复立"无诸为闽越王和封赵佗为南越武王，都是为稳定西汉王朝统治着想的。

再者，西汉闽越国颇受周边诸侯国所重视。如吕后时，南越王赵佗欲举兵反汉时，先用"财物赂遗闽越"。① 淮南厉王刘长要造反时，也"遣人使闽越及匈奴发其兵"。② 汉景帝时，以吴王刘濞为首发动的吴楚七国叛乱，刘濞被东瓯王杀后，其子"子驹亡走闽越，怒东瓯杀其父，常劝闽越击东瓯"。建元三年，"闽越发兵围东瓯"。江都王刘建因担心其封地被淮南、衡山王所并，用大量财帛讨好闽越，"约有事相助"。闽越王郢时曾发兵"围东瓯"、"击南越"。东越王余善时，与西汉王朝矛盾加剧，公然支持南越相吕嘉反汉，又"刻武帝玺自立"，封驺力为"吞汉将军"，与汉王朝发生武装对抗。

元鼎五年（前112年）汉武帝平定吕嘉之乱统一南越后，"令诸校屯豫章、梅岭待命"，着手解决闽越。这时淮南王刘安上书汉

---

① 《史记·南越列传》。
② 《史记·孝文本纪》。

武帝,曰:"臣闻越(闽越)……习于水斗,便于用兵,地深昧而多水险,中国之人不知其势阻而入其地,虽百不当一……攻之,不可取……臣窃闻之,与中国异,限于高山,人迹所绝,车道不通,天地所以隔内外也……而中国之人不能其水土也。臣闻越甲卒不下数十万,所以入者,五倍乃足……"①这是一篇较详细描述闽越内部形势的文章。虽不是见闻,有些不可信,如说闽越"非有城郭邑里也,处溪谷之间,篁竹之中",但是从汉武帝派出五路兵攻打闽越时,他不是采取兵革血刃的强攻战术,而是采用先派人入闽劝说余善投降和策动闽越王室内讧的策略,最后统一闽越。说明汉武帝攻打闽越时是接受刘安意见的。西汉闽越王国存在92年,是百越民族中最后一个纳入中央王朝直接统治的诸侯国。闽越灭国,百越民族从此在历史上消失。

从战国至西汉闽越王国的活动历史看,说它有几十万军队,这个数字可能偏大,但具备一定经济和军事的实力,这应该是可信的,才能为西汉王朝和周边诸侯国所重视。形成这样一个规模必然有一个长期发展的过程,绝不可能在战国中晚期从越国南逃的某一个君长所能达到的。因此闽越王无诸不可能是越王勾践第七世的后裔。福建的闽越族是福建本土的主体民族,它是由本地土著民发展形成的,它为福建古代历史的缔造作出了积极的贡献。

(原载《2002·绍兴越文化国际学术研讨会论文集》,
浙江古籍出版社 2008 年版)

---

① 《汉书·严助传》。

再论武夷山崖洞墓的一些问题

1981年3月在四川省珙县召开悬棺葬学术研讨会,这是解放后一次规模较大的专题会议。会上就有关悬棺葬名称、起源、时代、文化内涵、族属等问题展开讨论,提出不少新的观点,取得可喜的成果。当时笔者因事未曾赴会,曾撰写《武夷山崖洞墓问题的探讨》一文参加讨论。经过这段时间学习之后,得到很多启发。现就武夷山已发现的一、二号崖洞墓再谈一些意见。不妥之处,请予指正。

一、悬棺葬的研究回顾

自从南朝梁人顾野王提出"悬棺"一词后,唐宋以来已有不少学者提出各种见解,20世纪30年代已有专题研究文章问世。尤其是解放后,随着考古工作者的努力,已发现多处实物,同时不少民族学研究者进行了大范围的调查,研究成果不断涌现。1981年的学术盛会就是一次研究成果的检阅。1992 年陈明芳同志《中国悬棺葬》的出版,就是一部集研究之大成的专著,为悬棺葬研究作出了积极的贡献。

经过多年的研究与探讨,关于悬棺葬的一些问题,有的已取得了共识,有的仍存在分歧,现将情况简介于下:

(一)文化内涵

悬棺葬主要分布在我国南方的福建、江西、广东、广西、湖南、湖北、浙江、四川、贵州、云南和台湾等省区。其文化内涵主要反映了我国南方古代民族的文化特征。悬棺葬地一般选择在面江临海的悬崖峭壁上,距地面一般在十几米至几十米高处。悬棺葬类型主要有悬崖木桩式、天然洞穴架壑式和人工开凿洞穴式等。葬具有船形棺、圆形棺和方形棺。此外还有函和瓷缸,有一次葬,也有二次葬。有随葬品,多少不等,有的置于棺内,大都列于棺外。

(二)时代

悬棺葬俗延续时间很长,从已发现的实物来看,学者大都认为福建武夷山最早(商周)。依次为江西贵溪(春秋战国)、四川夔峡盔甲洞(战国)、风箱峡(东汉)、贵州松桃悬棺一号墓(西晋)、广西隆安(唐代)、湖南永顺(宋代)、贵州岑巩二号墓(明中叶)、四川珙县(明清),台湾红头屿高山族的雅美人,直至近现代还盛行悬棺葬。

(三)族属

关于族属问题,学者意见主要有如下几种:

1. 悬棺葬是古代百越民族的葬俗。有的认为古代越、濮、僚是同一民族的不同称谓。

2. 越、濮、僚并非同一民族,彼此葬俗不同。百越行幽崖葬。"幽崖葬是将棺木藏置深山崖窟,或另搭场地作为丛葬之所,且设鬼堂,不一定靠近河边"。百濮行崖棺葬。"崖棺葬是将死者之棺高悬于河岸千仞绝壁或崖缝穴中,人迹不到之处。"僚人是后来才相习于幽崖葬的? 故此,川东、川南、滇东、黔西北和湘西为百濮崖棺葬,其余地区为百越幽崖葬。

3.悬棺葬是苗瑶系一些民族的葬俗。

4.悬棺葬不可能是一个民族的,不同民族由于所处地理条件相似以及文化传播关系,都可能实行这一葬式。

(四)起源

关于悬棺葬的起源,主要有下列几种说法:

1.悬棺葬是远古时代居住洞穴或石室的一种反映。原始社会时期,人们大多是岩居,死后当葬回原处。

2.悬棺葬高悬山崖,实际上是从露天葬衍化而来。原始社会的露天葬,后来在北方发展成为风葬,而在南方则发展成为悬棺葬。

3.悬棺葬与土葬也有关系。悬棺只不过是将土穴及棺木抬升到高崖洞室而已。

4.悬棺葬与南方民族干栏式建筑有关。

5.悬棺呈船棺形式,有的认为这是起源于常居水边的民族;有的认为船棺不是仿船,而是古代南方一些民族使用过的船形舂塘。江西、广东等地出土的一种随葬物——长方形舂塘,即和独木船棺基本相似。[①] 目前对悬棺葬的研究尚存在一些不同的意见。这是很正常的。由于悬棺葬俗延续时间很长,分布地域又广,就是在同一地点,由于时代不同,其文化内涵也不尽相同。因此对悬棺葬的研究不能以一概全,必须以实物作具体分析。武夷山崖洞墓文化内涵也是相当复杂,并非同一时代的文化遗存。

---

① 《关于悬棺葬的学术讨论》综合报道,见民族学研究会编:《民族学研究》第4辑,民族出版社1982年版,第288~293页。

二、武夷山崖洞墓的文化内涵

武夷山崖洞墓见于文献上记载最早,梁人顾野王谓武夷山"地仙之宅,半崖有悬棺数千"。南宋朱熹说得更具体,他说:"今建宁府崇安县南二十里,有山名武夷,相传即神所宅……往往有枯槎插石罅间,以庋舟船棺柩之属。柩中遗骸,外列陶器,尚皆未坏。颇疑前世道阻未通,川雍未决时,夷落所居。而汉祀者即其君长,盖亦避世之士为众所神服而传为仙也。"①《徐霞客游记·游武夷山日记》亦云,福建武夷山大藏峰,"壁立千仞,崖端穴数孔,乱插木板如机杼,小舟斜架穴口木末,号曰架壑舟"。清代董天工编的《武夷山志》,对武夷九曲崖棺有较详尽的记载,如:

一曲之大王峰"升真洞有五缸,皆盛蜕骨。又有四船相覆,以盛仙函";

换骨岩"岩穴间有虹桥板及蜕骨数函";

兜鍪峰"石避有穴,内藏两船,舳舻俱在,俗称搁船室";

三曲之小藏峰"黄心木槽,藏十三仙蜕骨";

四曲之大藏峰"石罅中有小艇,盛仙蜕十六函。……又万历间,接笋峰道士程应元曾至金鸡洞中,云内裁楠木甚多,一长三丈,径尺余,上置仙蜕十三函,每函或颅骨数片,或胫骨一二茎,手足一二节,皆裹以锦帕。一函乃鹤首,惟头及一足。又一舟,楠木刳成,长丈余,阔三尺许,内盛香末如网罗,洞中香灰累累成堆";

四曲之仙钓台,"俗称真武洞,内有船盛仙蜕数函";

八曲之鼓子峰,"半壁石罅有虹桥、仙蜕,倚崖为尾,名曰鼓道院";

九曲之白云洞,"内藏小艇及仙蜕"。

①　朱熹:《朱文公文集》卷七十六。

　　此外,该书还载,"(明)成化间,有乡民削竹签插仙船岩壁攀缘而上,见船中贮铜盘一,内金鱼二尾,游泳自若"。"(明)万历丁丑三月,崇安民张富郎者,自大藏峰顶辘轳绳险至金鸡之上洞,见满洞香灰,数人鼾睡其内,傍覆一铜磬,揭视之,磬下一鸡奋起,翼展灰飞,不能仰视。"同时还转载宋洪迈《夷坚志》说,在宣和六年春,有村民登上闽北泰宁县仙棺石岩洞,所见"棺不施钉,可开视,骨色青碧,葬具悉古制,惟一小剪刀,细腰修刃,同人间用者"。

　　1979年冬,崇安县文化馆曾对武夷山鼓子峰半壁四个岩洞内的遗物进行考察,发现洞内底部遗留的楠木棺板残片上置盛有人骨遗骸的四个方形木盒、人骨遗骸用绢布包裹,绢布上书写文字,大意是说,明朝嘉靖年间某地某人祈求神仙给予延年长寿赐福禄之类的祷告语。① 1973年和1978年,福建省博物馆和崇安县文化馆,先后在武夷山白岩和观音岩取下两具棺木,二棺形制基本上一样,棺的两头翘起呈舟形。一号棺未见随葬品,二号棺内仅有一件龟形木盘。

　　综上述文献记载和调查以及实物的发现,可见武夷山崖洞墓文化内涵很复杂,不仅棺的形制、随葬品不一样,而且还有一次葬和二次葬之别,因而时代和族属都有不同。先说葬具制,至少有四种:

　　1.船棺。棺的首尾两头翘起,呈船形,故称。已发现的一、二号崖洞墓的棺木均是这种形制。棺盖、棺底均由整木挖凿而成,子母口上下套合。二号棺比一号棺略长,整个船棺与今闽江中带篷的木船十分相似。这同朱熹所载的"架壑船"和徐霞客所记的"架壑舟",以及《武夷山志》所载的"舟"、"艇"、"仙船"等,应是同属一类。

---

　　①　林忠干、梅华全:《武夷山悬棺葬年代与族属试探》,载中国民族学研究会编:《民族学研究》第4辑,民族出版社1982年版,第32页。

2. 函。函系方形匣子,明显不同于船棺。《孟子》一书中有"矢人"和"函人"记载,矢人即造箭杆的人;函人似是造棺木的人,故后人称棺木为函。用"函"作葬具记载很多,《临海水上志》载安家之民,"父母死亡,杀犬祭之,作四方函盛尸。饮酒歌舞毕,乃悬著高山岩之间,不埋土中作冢椁也"。① 湖南"潭衡州人蛋,取死者骨,小函子盛置山岩石间"。② 广西武仙县"如建州武夷山,皆有仙人换骨函"。③ "五溪蛮蛮死者……发骨而出,易以小函,或架崖屋,或挂大木。"④ 简州僚人,人死"至其体骸燥,以木函盛,置于山穴中"。⑤ 云南秃落蛮州,"人死焚尸,用小匣盛其余骸,携之至高山山腹大洞之中悬之,俾人兽不能侵犯"。⑥ 各地使用函盛尸体或尸骨与武夷山一样具有共性。

3. 瓷缸。《武夷山志》载:"升真洞有五缸,皆盛蜕骨。"《大明一统志·建宁山川》亦载,升真洞"其中有神仙蜕骨,贮以雷纹瓷缸"。

4. 圆木棺。即棺盖呈半圆形,远看宛如一大圆木。1977 年笔者访问白岩生产队时,群众说在白岩崖洞中有一具木棺,当地群众称之为"金扁担"。1978 年在参观二号崖洞墓时,就在同一垂直线,距地表约 25 米处,即见洞中有一具残破的圆木棺,"金扁担"可能即指此物。

综上所述,可知武夷山崖洞墓内涵很复杂,时代延续很长,葬具也多种多样,有一次葬(一、二号崖洞墓),也有二次葬(函、瓷

① 《太平御览》卷七八〇,叙东夷引。

② 《通典》卷一八五,边防叙文注。

③ 《太平寰宇记》卷一六五《象州武仙县》。

④ 朱辅:《溪蛮丛笑》。

⑤ 《太平寰宇记》卷七十六《简州风俗》。

⑥ 《马可·波罗游记》。

缸）。时代有早到西周至春秋,晚至明代。由此可知,时代不同,族属也就不可能相同。因此,对武夷山崖洞墓也必须作具体分析,因为它们不是同一时代的文化遗存。

三、武夷山一、二号崖洞墓的若干问题

武夷山风景秀丽,素有"碧水丹山"之称,在地质学上称为赤石岩。这种地貌同发育在石灰岩地层上的熔岩地段有一些相似之处,因此也叫作假熔岩地貌(或称假喀斯特)。这种地貌容易形成一些天然岩洞,这是形成崖洞墓的自然条件。因此在福建行此葬俗仅见武夷山脉一带,而在其他地区则很少见。可见这种葬俗仅流行于局部地区,而不是某个民族在某个时代通行的葬俗。现就一、二号崖洞墓的一些问题谈些粗浅的看法。

1. 时代与族属

武夷山一、二号船棺年代经碳 14 测定有三个数据(以 1950 年计,半衰期为 5730 年),一号棺:①3840 ± 90 年;②3370 ± 80 年。二号棺,3235 ± 80 年。后来再经树轮校正年代,为距今 3445 ± 150 年。据此,有的推断为夏代,有的推断为商代。但是多数学者认为,武夷山属假熔岩地貌,可能对碳 14 测定有影响。我也赞同这种看法。笔者在《武夷山崖洞墓问题的探讨》一文中,从棺木的制作技术和二号船棺死者身上衣着丝织品,先肯定它属于青铜时代,再结合福建进入青铜时代的历史(约在商代晚期),认为武夷山一、二号墓是同一时代,年代约为西周至春秋时期。它是目前国内发现时代最早的崖洞墓。

关于族属问题,学者曾提出各种说法:有的认为武夷山船棺是越之先君及其子孙的墓葬,还有彭祖族、闽越族、闽濮族、闽族、武夷族、安家族和苗蛮集团一支土著部族,即今畲族的祖先等,分歧还是比较大。

我认为悬棺葬不是某一个民族特有的葬俗，但它与南方百越族群(苗蛮)都有关系。《隋书·南蛮传》云："南蛮杂类，与华人错居，曰蜒、曰儴、曰俚、曰僚、曰㐌，俱无君长，随山洞而居，古先所谓百越是也。"福建古代民族，《周礼·职方氏》出现"七闽"、"闽"的记载，因而学者大都认为福建古代民族为"闽"。但是从文献上的记载考察，"闽"仅见《周礼》和《山海经》，后来的史书均称越。《吕氏春秋·恃君篇》出现"百越"，泛指我国东南和南方的民族。《史记·东越列传》则具体称福建民族为百越中的"闽越"。关于"闽"与"越"的关系，史家看法不一，我认为闽与闽越是不同时代的不同称呼，实则一也，不是指两个不同的民族。许慎《说文解字》曰："闽，东南越，蛇种。"《史记·吴太伯世家·索隐》释"荆蛮"亦曰："蛮者，闽也，南蛮之名，亦称越。"蒙文通先生遗著《越史丛考》亦云："越本国名，其族为闽，后亦用为族称，泛指古东南沿海之民族。自越王勾践灭吴称霸之后，越名大显于世，战国而后，又有"百越"一词，泛称古东南沿海暨岭南地区及其居民。"是知闽与越只是文献上记载之不同，都是指东南沿海民族。于是我们认为武夷山一、二号船棺主人应为闽越族。越人有"习于水斗，便于行舟"的文化特点，时至汉代，福建闽越族人还保留这一传统的文化。《汉书·严助传》载："(闽)越，方外之地，剪发文身之民也。……处溪谷之间，篁竹之中，习于水斗，便于用舟，地深昧而多水险。"

葬俗属于意识形态，它同宗教信仰和民族的习俗息息相关，死者棺木仿船形为葬具，无疑是反映了他们生前水上生活的特点。正如马克思所言："生前认为最珍贵的物品，都与已死的占有者一起殉葬到坟墓中，以便他在幽冥中能继续使用。"①

---

① 马克思：《摩尔根〈古代社会〉一书摘要》，人民出版社 1965 年版，第 51 页。

2. 死者身份

在生产力还相当低的情况下,选择崖葬,要把棺木置于悬岩峭壁的洞中,必须花很大的人力物力。这不是一般平民百姓所能做到的,在阶级社会里,葬俗都具有阶级性。商周时代,中原地区贵族墓葬按其身份等级实行多棺椁葬具,还有生祭和人殉。在少数民族地区可能有些不同,但其阶级属性还是有所表现。如乾隆《珙县志》卷十四载,四川珙县的悬棺葬,"昔僰酋长于岩端凿石,椽钉置棺其上,崖高百仞,下临符江"。其身份是酋长,地方上的统治阶级。

武夷山一、二号船棺死者,我认为也是属于贵族身份。如在二号船棺中,保存一具完整的男性尸骨。尸骸上下覆垫人字纹竹席,有粗细人字纹两种,编织工艺水平很高。见到那件细小的人字纹竹席,宛如现在人字纹的竹席,几乎看不出有太大的区别。从死者的穿着上,虽然已经炭化了,但是经上海纺织科学院鉴定,其质地有大麻 3 例、苎麻 1 例、丝绢 1 例、棉布 1 例。死者曾穿着好几件由麻、丝、棉等原料织成的衣服。尤其是能穿上丝绵质地的衣服随葬,实非贵族阶层莫属。由此可以想象,行悬棺一次葬(或崖洞葬),大都属于贵族或有产者。

3. 行崖洞葬的原因

悬棺葬与崖洞葬均不入土,不属土葬、树葬,而属于风葬或天葬的一种,让尸体自然干枯腐化。船棺文化与水关系最为密切。为什么要选择山洞作为葬处,又为什么要选择在悬崖峭壁、人们不容易觉察、又不容易被人轻易破坏的山洞。这可能不是如有人所说的原始人居住山洞死后回归山洞的原因所能解释清楚的。我想应从越人的宗教意识去寻找答案。越人崇奉巫教、信鬼神。时至汉代,越人巫教在中国社会还有相当影响。《史记·封禅书》载:"是时既灭两越(指南越和闽越),越人勇之乃言:'越人俗鬼,而其祠皆见鬼,数有效。昔东瓯王敬鬼,寿百六十岁。后世怠慢,故衰耗'。乃令越巫立越祝祠,安台无坛,亦祠天神上帝百鬼,而以鸡卜。上信之,越祠鸡卜始用。"可见在先秦时期,鬼神观念支配着人们的世界观,"当时人们对世界有一套看法,这种看法又是从人们自身出发的,即以类似自己的行动去判断周围的自然现象,如人有肉体与灵魂之行,动植物和无生物也是有灵魂的。人有七情六欲,自然现象也有同样的情欲,从而形成万物有灵的信仰。当时人类的世界观,就是鬼神充斥世界,鬼神支配一切,人与鬼共处于大地之上。……在鬼神的保佑下从事生产劳动。可见巫教思想是远古和上古时代占统治地位的思想意识"。① 进入奴隶制时代,"此时的巫教有进一步发展,崇拜的对象已经趋向社会化,出现了不平等的鬼神观念,有了天或上帝为至高无上的神灵信仰;在祭祀中产生了人祭、人殉,这是人间的阶级压迫在鬼神世界的反映。"②

鬼灵崇拜的另一方面是祖先崇拜。祖先崇拜是鬼灵观念在人的头脑中产生之后才出现的。在人们的观念中,鬼有善鬼恶鬼,祖先是善鬼,是保护子孙的善神。商周时代,对祖先的祭祀是分等级的,始祖只有帝王才可以祭祀,诸侯只可祭五代,卿大夫祭三代,庶民只可祭本家祖先,于是鬼神与神祖逐渐合为一体。至孔子时,他极力提倡孝道,"右社稷,左宗庙",把祭祀祖先放在与社稷同等地位。"慎终追远"、"报本反始"的思想,由此便成为几千年来宗法社会普遍遵循的原则。

就福建地区而论,接触中原文化较晚。在西周与春秋时,中原推行的宗法制度还难于波及武夷山区。出于对原始宗教的信仰,人们的观念认为人死了,只是生命的终结,而死者的灵魂依然存在,只是灵魂与肉体的分离。尸体是死者灵魂的依托。出于对祖先的崇拜,于是想尽办法长久保护死者的尸体,这应该是当时行此

---

① 宋兆麟:《巫与巫术》,四川民族出版社1989年版,第5页。
② 宋兆麟:《巫与巫术》,四川民族出版社1989年版,第7页。

葬俗的初衷,所以把棺木安置在悬崖峭壁高处的洞穴中,避免棺木受到人为破坏;用最坚固的楠木为棺,也是为了保护尸体;棺木置于洞中,比起埋于地下更不容易腐烂;同时还可以让子孙长期瞻仰,祈求庇佑。一、二号船棺不见有贵重随葬品,实行薄葬,可能也有出于安全的想法。二号棺内唯一一件龟状足木盘和猪下颌骨一块随葬。龟在商周时期被认为是最流行的"宝器",经常用于进贡或赏赐,一向被认为是吉祥之物。龟表祭"尊祖亲考",正与死者男性相合。民间还流行龟尚"能行气导引至神",①在当时神鬼支配的世界里,有祈求祖先灵魂神化的意思。

在万物有灵的古代社会里,"山峰的高大耸天,常被古代的人们看成是通往上天的道路而受崇拜,山峰的雄伟和难以接近,则被幻想为神灵的住所而受崇拜"。② 人们选择山峰高处洞穴埋葬先人尸体,可能与这种宗教信仰有关。但是这种葬俗还不可能有"升天"和"皈依天国"的神学思想。我赞同陈明芳同志的说法,"所谓'虹桥跨空',在于皈依神仙天国的说法,不是悬棺葬俗最初的宗教意识"。

随着时代的不同,特别是神学和礼教的传播与影响,悬棺葬俗出现"孝"和"吉利"的观念。如唐人张鷟说:"弥高者以为孝。"③《珙县志》载:"珙县多僰人……相传有罗因者,以僰人常灭其宗,乃教以悬棺崖上,子孙高显,于是争挂高崖以为吉。"④武夷山一、二号船棺时代人们还不可能有此思想,但是从思想观念的发展还是相承的,用"孝"的观念来解释也是说得通的。

4. 用什么方法把船棺送入洞中,武夷山一号船棺发现于观音

①　《中华古今注》下卷。

②　朱天顺:《原始宗教》,上海人民出版社1978年版,第34页。

③　张鷟:《朝野佥载》卷二《五溪蛮》。

④　乾隆《珙县志》卷十四。

岩西壁南隅的天然石洞中,距地表约40米高处。棺长3.54米、宽0.56米、高0.78米。二号船棺发现于大庙村白岩一天然洞穴,距地表51米。棺长4.89米、宽0.55米、高0.74米。两具船棺质地均为楠木。地势均是悬崖峭壁。

当时的人们是用什么方法把棺木安放于几十米高的石洞里?有一种说法,可能由于造山运动地壳变迁的缘故,估计当时山没有这样高,九曲水也没有这样低。我认为这是不可能的。据地质学家的说法,武夷山风景区的地层属老第三纪的红色陆相盆地堆积物,在几千万年前,这里原是一块低洼盆地。由于盆地周围的岩石经过长期风化剥蚀的破坏,逐渐地成了泥、砂、砾堆积物,后来由于这些堆积物的不断增加,并逐渐凝固成为坚硬的岩石,又因受到地壳变动和经过造山运动的作用,便逐渐形成现在我们所看到的千姿百态的奇峰岩石。武夷船棺距今不过三千年左右,武夷山地貌不会发生太大的变化。

学者大都主张采用吊装法。我也赞同这一观点,因为在一、二号船棺的棺盖和棺的头尾延伸部分有两个洞,方向是一致的,且留下绳子捆缚的痕迹。最早提出这一说法的为唐人张鷟,如何吊装?他是主张“自山上悬索下柩”,即棺木是从山上往下吊。1978年发现武夷山二号船棺时,我亲历全过程,并且上至洞中细看,是乘吊车自下而上。方法是:用铁条焊成一个长方形的吊车,下边垫上木板,可容五六人站在上面,在吊车上头四端系上钢绳连接在一起。在山顶上装一个轱辘,在山下置一台手摇机,用一条粗大的钢绳装在手摇机上,先穿过山顶上的轱辘再与吊车衔接。为了让吊车与洞口保持垂直,在沿洞口的两端自上而下安装两条钢绳与吊车的一端相接。只要手摇机一动,吊车沿着这两条垂直线逐渐上升至洞口,再用两块木板从吊车上架入洞中。为保证进洞者的安全,每人身上系一条安全带在吊车上。这次成功取下二号棺是请在当地的造桥工人帮忙完成的。各地悬棺因地势不同,可能有多种方法。从这次实践的体会来看,武夷山船棺应该是从下而上吊上去的。

吊装是最基本的办法,但它不能直接进入洞口,因此事先还得有人上去,并在洞门设栈道。把棺木送进洞中后,为了安全起见,一般又必须把洞口的栈道撤除。这个具体过程文献上虽没有直接记载,却有留下一些影子让人思考。《太平寰宇记》载,建阳县的"栏杆山,南与武夷相对……岩中有木栏杆,飞搁栈道"。[①]《武夷山志》亦有类似记载:"大王峰升真洞,外有木板纵横插于岩际,相传武夷君设宴幔亭时,架虹桥,以引乡人。"这虽附有神话色彩,却也提供在洞口有木板为栈道的讯息。

(原载《龙虎山崖葬与百越民族文化》,吉林出版社 2001 年版)

---

① 《太平寰宇记》,建州府建阳县引《建安记》。

对华安仙字潭摩崖石刻的几点看法

华安仙字潭石刻自唐代被发现以来,诸多学者曾进行过研究。尤其是在近几年来,发表了一批文章,提出了种种的见解,其中关于刻石的年代、族属、性质和内容诸方面仍存在着严重的分歧。本文是在学习诸君大作的基础上,就上述的这些问题谈一点粗浅的看法,错误之处,请专家指正。

一

福建是一个多山地区,见于地方志书记载,古代的摩崖石刻除华安外,还有光泽、南平、顺昌、明溪、永定、永泰、霞浦、福州、福清、莆田、仙游等县市①,分布范围几乎遍及全省的各个角落。这些摩崖石刻与华安一样,形体古怪,未被人们所认识,故都被称为"仙

---

① 　朱维干:《古代七闽的摩崖文字》,载《福建文博》1984 年第 1 期。

字"或"仙篆"。可是,目前能见到的只有华安仙字潭一处。

古人对摩崖石刻都很重视,仙字潭石刻是最早被研究的一处。明何乔远《闽书》曾记载华安仙字潭,因其地有刻石,称为"石铭里",书中引用《太平广记》转载《宣室志》曾提到仙字潭石刻,曰:"泉州之南有山焉,峻起壁立,下有潭,水深不可测……而石壁之上,有凿成文字一十九言,字势甚古,郡中无庶,无能知者。……郡守因之名地为'石铭里',盖因字为铭,且识异也。后有客于泉者,能传其字,持至东海,故吏部侍郎韩愈自尚书郎为河南令,见而识之,其文曰:'诏还视文鲤鱼天公卑杀人牛壬癸神书急急……'其字则蝌蚪篆书。"①华安仙字潭在唐人著作中已被记载,并进行过研究。

华安仙字潭石刻研究能够取得现在这样的成绩,是经过学者长期努力的结果。就以今人来说,1915年岭南大学黄仲琴先生历尽艰辛,第一个到仙字潭进行考察,因为时间有限,只在该地停留两个小时,看到的只是"显而易见的四处,共十个字"。后来"经以照片寄日本帝国大学矢野仁一教授邮致鸟居龙藏博士审订其文字。蔡子民先生游闽,亦曾借观拓本"。经过近20年研究,才于1935年发表大作《汰溪古文》。文中没有提到鸟居龙藏和蔡元培先生的意见。比较详细进行考察研究可算是1957年,省文管会发表了《华安汰内仙字潭摩崖的调查》,由此逐渐引起学术界重视。1960年发表了弘礼《福建古代少数民族的摩崖文字》,刘蕙孙先生的《福建华安汰溪摩崖图像文字初研》也是在这时候写出的。特别是随着广西花山壁画和江苏连云港岩画等先后出现,有了比较的资料,研究华安石刻的文章增多了,1978年发表了石钟健《论广西岩画和福建岩石刻的关系》,1982年刘蕙孙的大作发表,1984年朱维干《古代七闽的摩崖文字》、林蔚文《福建华安仙字潭摩崖石

①　《闽书》卷二十九《方域志·漳州府》。

刻试考》,1986 年盖山林《福建华安仙字潭新解》,1987 年林蔚文《广西左江崖壁画与福建仙字潭崖刻的比较研究》和《福建华安仙字潭摩崖石刻再探》等文章,又掀起研究的一阵热潮。学者们从不同的角度进行研究,提出了诸多的学术观点,尽管有的观点分歧很大,但是这些成果为研究华安石刻奠定了良好的基础。

二

从上述的这些研究文章看,对华安石刻的时代、族属、性质和内容等四个方面的意见均存在着分歧。为了便于研究起见,我们将其中的一些观点和论证的理由列下:

1. 黄仲琴先生认为华安石刻是隋唐以前遗存,"形有类似蝌蚪者,与近人法国牧师费西所述苗文有相同之处,疑即古代蓝雷民族所用,为爨字或苗文之一种"。"实非符箓之类,仙字一说,当然不能成立……至其有似古金文者,亦不得强为附会。"理由:(1)仙字潭上第二刻石"营头至九龙山南安县界"十个楷书,"当刻于隋唐之间,为防苗队伍之标记"。(2)史载陈元光率军入漳是在唐初,在此之前,该地为蓝雷民族所居。(3)汰溪古文与法人所述苗文有相同之处,应用实地调查结合文献考证。

2. 刘蕙孙先生认为华安石刻是"古吴和先吴文字或吴籀",刻文可通读为:"昱(明日),臧夷俘越,吴王昱,吴战越、战番。"理由是,华安石刻与"周原甲骨刻字比较来看,是周金文的一家眷属"。应用甲骨金文进行比较研究。

3. 朱维干先生认为福建这些"仙篆"都是周代"七闽的遗迹"。理由是,"按浙江旧温、台、处三府和福建,在远古时代都是七闽所居,而都有图像文字刻在山谷的石上"。以文献记载为据。

4. 林蔚文同志认为它是商周时代古越人的遗迹。理由:(1)"与广西花山壁画的一些人物形象比较,"华安仙字潭石刻人形更为原始古朴,因此时代较之要早些……可能在距今二三千年以前运用金属器具在此凿刻文字"。(2)从武夷山船棺的发现,说明"当时这里的居民可能已经使用了一些小型金属工具……有鉴于此,地处闽南地区的部分古越人使用金属器具凿刻岩石的可能性也是存在的"。(3)应用甲骨金文结合历史资料,考证其内容为"越族中两个强弱不同部落之间的征战"。应用考古、文献资料和甲骨金文进行综合研究。

5.盖山林先生认为华安石刻属新石器时代中晚期,距今四五千年,是我国南方地区已发现岩画中时代最早的岩画作品,大约与江苏连云港岩画同时或稍早。理由:(1)岩画风化利害,暗示岩画历史是悠久的。(2)韩愈已辩证其文,说明其下限应早于唐代。(3)岩画中没有出现金属工具,说明很可能当时还没有进入金属时代。(4)比川、桂、滇等地的岩画时代要早得多。(5)最能说明时代的是这批岩画的题材,画面上有舞者的形象,也有兽面形,它与我国新石器时代遗址中的器物所出现的图像很相似。其内容,"从仙字潭整个画面看,岩画主题无疑是表现某个民族部落所跳的娱神舞蹈"。应用考古、文献资料,尤其是国内外发现的岩画进行比较研究。

上述各种观点,时代有隋唐以前、商周时代以及新石器时代几种;族属有福建古代少数民族、蓝雷民族、七闽、吴族、越族及原始社会某氏族部落。性质主要有字和画两种。内容则因性质不同而有多种多样的说法。研究方法有的侧重文献,有的应用甲骨金文印证,有的用岩画比较。可以说诸多学者费尽苦心,运用多学科进行综合研究。

除了上述这些观点外,今年4月间,我去看望傅衣凌先生时,他向我介绍《西山杂志》中有些畲族材料。其中也有一篇专门介绍"仙字潭"。作者为晋江蔡永簾,嘉庆十五年手稿。书中对石刻年代族属和内容都有具体的论述,现摘其主要论点,以供研究参考。

"《闽中记》述南安县西南有汰溪,古畲邦之域也,溪之上,有摩崖镌刻蝌蚪之虫痕鸟迹,象形古篆文。自晋唐以来咸不之识焉。"《古丹篆释义》:"皇使盘瓠掌闽为七族:泉郡之畲家、三山之蛋户、剑州之高山、邵武之战夷、漳岩之龙门、漳郡之蓝太武、汀赣之客家,此即七闽也。七闽各有各的文字也。仙字潭摩崖之石刻,古文是畲家与龙门、蓝太武三种古文,称之曰楔字。"《汉隶篆释义》云:"汰溪即古傣人之故乡。畲人有吴昱为君,因争甲指之山,炎帝之世也,畲傣战争焉。傣君曰超越被斩也,部众俘为隶矣,余走之滇粤。畲,吴昱之世,正当炎帝之世,洪崖先生亦此时人焉。摩崖石刻乃商周之时畲人留伯所镌。其次露有汉文,乃汉明帝时楚王大夫沙世坚摹古畲字篆刻。纪畲吴昱战傣君越,庆功时,太母夫人称贺。太母者太姥也。摩崖石刻古文如舞女,即蓝太武族翩翩起舞祝贺也。兽形古文,龙门人之文也,余咸畲文耳……"《安仁诗钞》云:"傣人古国傣,溪滨关越,春秋炎帝人。镌石古文东汉刻,千年万载纪荆榛。"

《西山杂志》中还引出《桑莲诗集》、《紫云诗集》、《仁和诗集》、《青阳诗集》等诗集,也有类似内容的载述。这些诗集可能也同样未行世,无从查对。关于他们的这些观点,只要联系历史加以考察,其可信程度,学者自可分辨。

三

华安石刻没有地层,无共存物,也无其他可资比较的材料,因而要判断其时代是有很大困难的。时代与族属关系密切,时代确定了,族属问题比较容易解决。考虑时代,有两个问题值得注意:一是我国是一个多民族国家,每个民族的历史发展是不平衡的,有着不同的文化内涵,必须联系当地民族的具体历史进行考察。二是华安仙字潭的"仙字"不是写（绘）的，而是镌刻在坚硬的石头上，因而反映出一定的生产力水平。根据调查资料，仙字潭刻石深刻达五六厘米，当时的人们是用什么工具刻画的？我赞同使用金属工具的观点。就实地考察，它的凿刻技术与唐代那十个楷书（即第二刻）明显不同。后者笔画很细，凿得又深，非金属工具不行；前者笔画较粗，而且大都呈圆状，又有磨的痕迹，它的年代明显比第二刻的年代要早。

但是，如用甲骨金文来印证华安石刻并确定其年代为商周，从方法上来说是值得考虑的。因为甲骨金文是用以记录当时华夏族语言的，流行于中原一带。福建古代民族不属于华夏族，如果说商周时代的甲骨金文已传入福建，并已被当地民族所使用，目前尚缺乏这方面的材料可资证明。《史记》《汉书》都曾记载了当时福建闽越族社会经济比较落后，地理环境比较闭塞，汉人很少到福建来。尤其是漳州地区，直至唐初才设治，在此之前，它是少数民族聚居区。华安仙字潭这偏僻的山区，文化更为落后。这批石刻是当地民族的文化遗存，因而它不可能属于商周时代甲骨金文一家眷属。至于判定为新石器时代中晚期，可惜在仙字潭及其附近地区至今尚未发现被认定为新石器时代的文化遗址，因而它不可能是原始社会文化遗存。

华安仙字潭岩刻下限不晚于唐代，这是有史可据的。可是由于可资比较资料的缺乏，因而要判断其上限，甚至具体指出它是什么时代的，还是有困难的。《安仁诗钞》曾说："镌石古文东汉刻"，可是我们无法得知他提出的理由。《西山杂志》所记有些太离奇了，使人很难相信。

我们从福建其他地区的古代岩刻作一次比较，文献上除华安一处记载较详细外，就算永泰县，而且与华安很类似。据乾隆《福建府志》引宋张世南《游宦纪闻》云："永泰县东南八十里罗汉寺之仙岩，有篆十字……欧阳永叔（即欧阳修）得之，欲以蕃夷金字图试之,未明也。""蔡君谟(襄)守三山(福州),以道家释之曰:'贫道守其一,中有不死术',亦未知所据。"宋欧阳修《集古录》跋尾卷十,曾载福州永泰县无名篆云:"在福州永泰县观音院后山上,太常博士黄孝立,闽人也,为余说曰:'山无名而甚高峻,石皆顽,无复镌刻之迹,如人以手指画泥而成,文随圆石之形环布之。'又曰:'孝立尝至广州,见南蕃人以夷法事天,日夕拜金圭,字圆,号天篆者,视其字与此篆正同,然不能考也。'"①我们认为,永泰县刻石不是道家的符篆,更不是广州"蕃夷,即阿拉伯人的文字。同样都是福建古代当地民族的文化遗存。从韩愈、蔡襄和欧阳修这些唐宋时代大学者对华安和永泰两地仙字"的解释,他们都没有用甲骨金文来解释,说明它们与金文甲骨不一样。可是他们也均未能指出刻石的年代这一问题。

近几年来,经过考古工作者的努力,在南方几何印纹陶陶片上发现一批陶文,目前已发现有30多处500多个,据研究,它有自身的风格,与中原有异,是南方古越人所使用。②印纹陶产生于新石器时代晚期,发达相当于中原的商周时期,衰落于战国秦汉。可是华安石刻与印纹陶文又无相似之处。因而这批"石刻"是否属"文字",则值得怀疑。

从现场观察来看,1959年我们曾到仙字潭考察过一次,当时河床很宽,隔岸相看,字迹还很清楚。这次大会组织又重游一次,觉得变化很大,不但河床降低,岩石风化也很厉害,有的"字"已经是靠"摸出来的"。时隔才30年,变化就这样明显,因此,我们认为这批石刻年代不会很早,很可能是秦汉时期当地少数民族的一

---

① 转引朱维干:《古代七闽的摩崖文学》,载《福建文博》1984年第1期。

② 彭适凡:《中国古代南方印纹陶》,文物出版社1987年版,第330～334页。

处文化遗存,它与福建进入使用铁器时代有一定的关系。

关于族属问题,主张是畲族(或蓝雷民族)不当,因为畲族是现代少数民族。畲族名称出现最早于南宋刘克庄《后村先生大全集·漳州谕畲》一文所称的"畲民",当时福建的漳汀及闽粤赣三省交界地区是它们的聚居区。唐代在这一地区被称为"蛮僚"、"洞蛮"或"居洞砦"的少数民族,即今畲族先民。公元686年和734年,唐王朝先后在漳州、汀州设治,汉人才比较多地进入这一地区,正如杨澜《临汀汇考》所云:"唐时初置汀州,徙内地民居之,而本土之苗仍杂处其间,今汀人乎曰畲客。"①畲族来源于当地古代的越族,尤其是同汉代受封于这一地区的南武侯织关系最为密切,因而称华安石刻的制作者为福建越族比较恰当。

四

关于华安汰内石刻的性质,归纳起来有"字"或"画"两种意见。史书记载称之为"古篆"、"大篆",或是唐宋时代学者所作的解释以及现在诸多学者所提出的"爨字或苗文一种"、"古代少数民族的图像文字"、"吴部落的称王记功刻石"、"七闽的象形文字",或"越人征战的记事碑"等等,观点虽各有不同,但都是作为文字来解释。目前所见研究文章中,唯有盖山林先生提出"岩画"观点,对仙字潭石刻作出了"新解"。

是字或画?我认为在讨论这个问题时应该对字或画有个明确的概念。众所周知,文字是记录语言的符号,文字的发展演变一般从最古的图画、象形文字,进而到文字。在古代,字画有时难以分清,但发展到了文字则不同,如甲骨文字中仍保留不少象形文字,从整体来看它已属字的范畴。一般说来,作为文字要具备形、音、

---

① 　(清)杨澜:《临汀汇考》卷三《风俗考·畲民附》。

义三个要素,作为画它也有表意,有时也起着文字的作用,但两者应有区别。

　　根据1957年福建省文管会调查资料,已经指出这些石刻文字似"人体形"、"人体状"、"兽形"和"人面形"等特征。上面说过,这些字同南方印纹陶文、"符箓之类"或"番夷"文字都没有共同之处,韩愈、蔡襄和欧阳修以及何乔远等学者,也没有一个人认为它与甲骨金文同类。《西山杂志》的作者认为它是"畲家与龙门、蓝太武三种古文,称之曰楔字","古文如舞女,即蓝太武族翩翩起舞祝贺也;兽形古文,龙门人之文也"。这些说法亦未足为据。

　　我国是一个多民族的国家,每个民族都可以创造用以表示自己语言的文字。从文献记载看,古代越族有自己的语言,它是多个音节,称为胶着语,与中原的单音节华夏语言不同。可是未见越人有自己民族文字的记载。越人有否文字,是怎样的一种文字,这是一个未解的学术问题。但是我们认为不论使用什么文字,使用文字本身还得有看懂文字的人,因此使用文字即反映该地区人们一定的文化素质。华安汰内地处僻远的山区,是个社会经济和文化都比较落后的地区。作为当地越人后裔的畲民,直至明清时期,广大畲族人民还是文盲。顾炎武《天下郡国利病书》记载福建闽西南地区的畲族曾说:"其贸易商贾,刻木大小长短以为验,今酋魁亦有辨华文者。"[①]从这个记载,说明畲族没有自己的文字,当时只有少数"酋魁"开始懂得一点汉字。广大群众都是文盲,其"贸易商贾"还停留在使用结绳刻木记事的原始阶段。在这样的群体中,文字对他们并不起作用。

　　综画面上看,五方石刻除有"人体形"、"兽面形"的形状外,石刻大小相差很大,"大者二尺"、"小者八寸",呈不规则现象。有些研究者已指出华安石刻与广西左江和江苏连云港的岩画有某些相

---

　　①　顾炎武:《天下郡国利病书》卷九十六《福建·防闽山寇议》。

似之处,岩画专家盖山林先生又列举国内外诸多岩画作比较,更觉得彼此"有惊人的一致性"。

综上所述,我们认为仙字潭石刻的性质,画的成分比起字来更有说服力。严格地说,它应该属于画的范畴。

不懂文字并不等于不会作画。关于内容问题,持文字说者,大都把它解释为征战刻石记功;持画论者,则认为它是祭祀或欢庆的娱神画面。从仙字潭五方石刻的画面多以舞姿的人物和兽形物为中心来看,似是以表现祈求或祭祀为主要内容。在考虑这一问题时,有一点值得我们思考:当时的人们为什么要选择在这偏僻的汰溪仙字潭上刻石,这里不是交通要道,也不是一个重地。汰溪与九龙江水系相通,属九龙江一支流,舟楫可通。因而选择在这崖壁上刻石,其内容应与水有关。《闽书》引《太平广记》转载《宣室志》曾记载过这样的一件事,在唐代以前,仙字潭一带曾长期流传着潭中有蛟螭为害民众的事,文曰:"(仙字潭)水深不可测,周十余亩,中有蛟螭,常为人患。人有误近,或马牛就而饮者,辄为吞食。众人苦之有年矣。由是近山居者咸挈引妻子远徙逃患。元和五年一夕,闻山南有雷暴,震数百里,若山崩之状,一郡惊惧,里人泊牛马鸡犬俱失声什(扑)地,流汗被体,屋瓦交击,木树颠拨,自戌及子,雷电方息。且往视之,其山摧坠,石壁数百仞殆尽,俱填其潭,溢流注满四野,蛟螭之血遍若玄黄。而石壁之上有凿成文字一十九言……自是惧者涣息,迁者归还,结屋架庐,接此其地。"《宣室志》系唐人著作,已佚。所记内容虽有荒诞不经之事,但提到了仙字潭当地人们对蛟螭(鳄鱼)为害的恐惧心理,这与石刻画面内容可能有直接关系。关于记载仙字潭石刻在唐元和五年(810年)被发现,这是仙字潭被发现和载入史册的最早时间。韩愈(768—824年)当河南令时曾见过仙字潭石刻的拓本,他当河南令时在他36岁至49岁,这是唐德宗贞元二十年(804年)至唐宪宗元和八年(813年)。因此记载韩愈当河南令时曾见到仙字潭石刻拓本,这是可信的。韩愈对仙字潭 19 个字能作出那样的解释,可能就是受《宣室志》记载的影响。明何乔远《闽书》在记载这件事时,也认为韩愈所作的解释与蛟螭有关,"然则详究其义,似上帝责蛟螭之词,令戮其害也"。同时也可以看出,画面的内容不可能是表现元和五年压死蛟螭,除了害,人们欢快的场面,这是因为仙字潭刻石必定是在元和五年以前,因而其内容很可能是反映以前人们的祭祀,祈求蛟螭不要为害这一内容。

越人崇神事巫,是很迷信的,这在《史记》、《汉书》中均有记载。越人文化落后,鬼神迷信更为严重,尤其是生活在偏远山区的人们更是如此。于是把华安仙字潭石刻内容理解为祭水神,特别是祈求蛟螭不为害,可能比较接近。

总之,华安仙字潭刻石可能是秦汉至唐以前当地越人及其后裔祭水神的一幅崖画。这一发现,对了解和认识福建古代民族文化提供了一份可贵的资料。但是,鉴于目前资料还很有限,特别是缺乏本地区的比较研究资料,因此本文所得出的结论仍带有推论性,正确的结论还有待更多资料的发现和学者的努力探求。

(原载《福建华安仙字潭摩崖石刻研究》,
中央民族学院出版社 1990 年版)

东瓯族三大学术悬案的历史考察

目前关于东瓯族的历史存在不少争议,最主要的问题有三:历史上有否东瓯族存在、东瓯王是否越王勾践的第七世,东瓯族的历史来源问题等。本文仅就这三个问题谈点粗浅看法,妥否,请批评指正。

一、历史上有否东瓯族的存在

关于这个问题存在着对立的两种观点:一种认为历史上没有东瓯族,只有闽越族。闽越族分布在浙江南部、福建北部以及台湾。汉代分封的闽越王国和东瓯王国是大陆上闽越族内一分为二,而居住在台湾的闽越族仍孤悬海岛。

此论说主要依据"《周礼·职方氏》提到'七闽'。'七闽'在什么地方?'闽'指什么?……汉人许慎则云:'闽,东南越',又云:'闽,东越蛇种。'"我们认为这种解释合乎事实。"它指出闽是越族的一支。闽又何以称为'七闽'呢？'七'不是实数,应是时人了解到闽越族又分为许多支,如称'瓯越'、'东越'等等。"另一文献又提出"百越"的名称。"可见古代闽越族分为许多支,所以或称'七闽',或称'百越'。那么闽或闽越族住居何地呢？周代著作《山海经》又提到'闽在海中'和'闽中山在海中'。……那么说,'闽在海中',应作如何解释呢？查一查旧文献,闽越族除居住于浙江南部和福建北部外,尚有住居海上的。"《越绝书》载春秋时代越王勾践"徙治山北,引属东海内外越,别封削焉"。认为东海的"外越",即指台湾。故台湾亦属闽越族。

有的从政治区域的"闽中郡"去说明闽越族的居住地。清代顾祖禹《读史方舆纪要》主此说。他说:"禹贡扬州地,周为七闽地,春秋以后,亦为越地……秦并天下,平百越,置闽中郡。汉高五年,封无诸为闽越王,都冶。孝惠三年,分闽越地,封摇为东海王,即今浙江温州府地。又建元六年,封无诸孙丑为闽繇王,复封余善为东越王,其实皆闽越地也。"[①]

我们认为这一观点有一些可取之处,如把"闽"称与"越"名、"七闽"与"百越"相提并论,而不是把"闽"与"越"对立。"闽"即东南越,"七闽"或称"百越"。同时,把台湾列入"百越"也是很有见地的。但是,把居住于"闽"的地望范围内的住民通称为闽越族,也就是说居住于闽地的越人只有一个闽越族,而且把台湾也纳入闽越族。一个古代的少数民族有如此大的地域是难以置信的。同时,这与《说文》"闽,东南越","七闽"或称"百越"也是相矛盾的。"东南越"或"百越"是一个范围很广的地域和民族的概念,可以理解为古代我国东南地区的越人。认定闽越族的居住地在浙南、闽北与台湾。台湾孤悬海外,浙南、闽北两地互不相连,地域不相连,便缺乏共同地域这一民族形成的首要条件。再说中间还隔

---

① 顾祖禹:《读史方舆纪要》卷九十五。

着偌大的闽东、闽中、闽南和闽西,这些地域又是哪一个民族的居住地? 同样的用"闽中郡"这种行政区域去说明民族住居地也是不科学的,何况"闽中郡"设置还存在诸多疑点。

根据《山海经》的《海内南经》、《海内东经》和《水经注》这些古代地理书籍记载,"闽"的地望并不专指福建,还包括浙江部分地域。目前学术界关于"闽"的地望有下列三种说法:一是闽越先君在福建;[①]二是它泛指浙江南部和福建;[②]三是指浙江西南、福建西北、江西东北,即所谓闽浙赣也。[③] 我们认为"闽"、"七闽"仅见《周礼》和《山海经》二书,其后闽称不见,越名却大显于世,闽即被越所取代。"闽"不论作为族称或地理名称都是泛称。东汉许慎的解释是有道理的,不管作"东南越"或"东越"释之,说明"闽"不是专指福建,还包括与福建相邻的一些地区,或许他是接受《史记·东越列传》的观点,而采用"东越"一说。《史记·东越列传》的同时记载了闽越与东瓯的历史,说明东瓯族与闽越族均属百越民族之列。

从历史考察,我们赞同历史上确有一个东瓯族的观点,东瓯王国不是闽越族的一支。

二、东瓯族是百越民族中一员

从百越民族发展的历史考察,东瓯与闽越同其他百越民族一样经历一段漫长的历史发展过程,直到战国秦汉时期才被史家所

---

① 劳干:《汉晋闽中建置考》,"中央研究院"《历史语言研究所集刊》第5本,1935年。

② 叶国庆:《古闽地考》,载《燕京学报》1934年第15期。

③ 王新民:《越王勾践子孙移民考》,载《福建文化》1994年第2卷第2期。

重视而出现于历史舞台上。下面从几个方面加以考证。

1.百越名称出现,东南地区民族历史才被史家重视。春秋时期,吴国和越国在长江中下游崛起,与中原诸国争霸,问鼎中原,故先秦史书屡见吴、越史事记载。当时所记的吴、越,大都指勾吴族的吴国和于越族的越国。吴国和越国的出现都有它们主体民族为载体。至战国时,吴国被越国吞并,后来越国又被楚国打败,最后为秦所统一,吴、越历史从此在历史上消失。在战国晚期,吕不韦编了一部《吕氏春秋》,提出"百越"一名。百越所指何地,《有始览篇》曰:"东南为扬州,越也。"《恃君览篇》又云:"扬汉之南,百越之际。"至汉代,《汉书·地理志》注引臣瓒言:"自会稽至交趾,七八千里,百越杂处,各有种姓。"自此史家才逐渐认识到在先秦时期不见经传的我国东南地区是百越各族的居住地。"百越"也是一个泛称,比喻为很多的意思,究竟所指有哪些民族,当时谁也说不清楚。

2.《史记》是最早比较系统记载东南地区百越史事的文献。其中以《南越列传》和《东越列传》两篇最详。前者记载了南越、西瓯和骆越三个民族;后者记载闽越和东瓯两个民族。文曰:"闽越王无诸及越东海王摇者……汉击项籍,无诸、摇率越人佐汉。汉五年(前202年),复立无诸为闽越王,王闽中故地,都[东]冶。孝惠三年(前192年),举高帝时越功,曰闽君摇功多,其民便附,乃立摇为东海王,都东瓯,世俗号为东瓯王。"东瓯与闽越名称并列同时出现于《史记》,而且两族居住地各不相同。闽越王无诸建都于冶地,冶都有的认为在闽北,即今已发掘的武夷山城村汉城;有的认为在今福州市区内,不论哪一说法都肯定闽越在今福建省境。东瓯族居住区,史家大都认为在瓯江流域,即今温州、台州和丽水等地。可见东瓯与闽越均是百越中两个不同的民族。

3.东瓯族在先秦时期已活跃于历史舞台。东瓯名称虽然出现于西汉中期,但是司马迁对刘邦封闽越王无诸和东海王摇使用

"复立"二字,用笔很准确。因为东瓯王这一封号不仅是在楚汉之争时,由附楚到佐汉,有功于西汉王朝的建立。而早在先秦时,东瓯王摇已是东瓯族的首领,称霸一方。《史记·东越列传》明确记载闽越王无诸和东瓯王摇,"秦已并天下,皆废为君长,以其地为闽中郡"。秦始皇统一中国后,他们才被废为"君长"。可是在当时,他们表面上不称王,或被称为君长,其地位并没有改变,还是独撑一方。虽然秦朝企图置闽中郡治理他们,历史的事实却是,秦兵并未曾入东越领土,也未见派官入驻。故闽中郡实质上只是一纸空文。学者早已指出:"其初虽有郡名,仍令其长治之"。[①]"且秦虽置郡,仍为无诸和摇所据,秦不得而有之。"[②]东瓯地仍然是东瓯王摇的势力范围。

秦始皇统一中国,在中国历史上是一个划时代的大事。中国是一个多民族国家,秦王朝统治时,对各族人民进行残酷的压迫、剥削,政治上极端腐败,"于是百姓离心瓦解,欲为乱者十家有七"。[③]秦末,爆发了陈胜、吴广领导的农民大起义,各地诸侯王如项羽、刘邦等也乘机举兵倒秦。在全国革命形势的推动下,东瓯王摇率众"佐诸侯灭秦",参加到全国反秦斗争的行列。当时,鄱阳令吴芮"甚得江湖间民和,号番君",故东瓯兵先是加入楚将吴芮的队伍。楚汉之争时,他们又从楚的营垒中杀出支持刘邦打项羽。西汉王朝建立,刘邦"复立"摇为东瓯王。

从这段历史看,虽然《史记》中都把闽越王无诸和东瓯王摇连在一起介绍,但从中不难看出,他们是独立的两股力量,各有活动范围,各有独立的武装,各有不同的族群利益支撑着,明显是不同的两个族体。

---

① 钱大昕:《潜研堂文集》卷十六。

② 王鸣盛:《十七史商榷》"故郡"条。

③ 《史记·淮南王列传》。

4.东瓯、闽越与汉王朝的关系。西汉王朝建立后,刘邦"复立"无诸为闽越王、摇为东瓯王。从当时历史看,刘邦封此二王,不仅是他们有功于刘邦,同当时政局也有一定关系。西汉王朝刚建立,面临北方匈奴和南边百越两股势力的严重威胁,即《史记》所载:"北构于胡、南挂于越。"西汉初期为笼络异姓诸侯王,采用分封制,给东瓯、闽越首领封爵,建立"藩臣"关系。但是随着西汉王朝逐步巩固,汉王朝与诸侯王矛盾日益加剧,吴楚七国叛乱即是一例。

汉景帝时,发生了以吴王刘濞为首的吴楚七国叛乱。在这次反汉斗争中,东瓯、闽越也卷入其中。当时吴王濞使人"南使闽越、东越(东瓯),东越亦发兵从"。"欲从闽越,闽越未肯行,独东瓯从吴。"①后来"东瓯受汉购",杀了吴王向汉廷谢罪。闽越王表面上"未肯行",实际上是支持这一行动的,如吴王被东瓯王杀后,其"子驹亡走闽越,怒东瓯杀其父,常劝闽越击东瓯"。东瓯王这一行动得罪了其他诸侯王,从此不得安宁。

汉武帝即位不久,"至建元三年(前138年),闽越发兵围东瓯。东瓯食尽,困,且降,乃使人告急天子"。②汉武帝派严助,"遂发兵浮海救东瓯,未至。闽越引兵而去"。东瓯王趁汉廷出兵之机,请求归汉。汉武帝接受东瓯王的请求,"东瓯请举国徙中国,乃悉举众来,处江淮之间"。

闽越王率兵进犯东瓯,汉廷出兵制止,闽越与汉王朝的矛盾从此日益加剧,并发展到武装对抗。闽越贵族内部接连发生内讧。于元封元年冬(前110年),汉兵"咸入东越",闽越国除。汉武帝对闽越也是采取虚其地的措施,"诏军吏皆将其民徙处江淮间,东越地遂虚"。

---

① 《史记·吴王濞列传》。
② 《史记·东越列传》。

吴楚七国叛乱,也是导致东瓯、闽越两国两族被灭国迁众的诱因之一。西汉东瓯王国存在54年,闽越王国存在92年。虽然立国时间长短不一,但结局都一样,前者主动归汉,后者被迫投降,其众都是被汉武帝迁徙江淮。从《史记》的记载看,东瓯族"乃悉举众来,处江淮之间"。闽越族则是"东越地遂虚"。这些话确是言过其实。有的学者曾著文指出,西汉时闽越和东瓯"其人数可能在百万上下"。①《集解》徐广曰:"年表云:东瓯王广武侯望,率其众四万余人来降,家庐江郡。"按常理说,被迁往江淮去只能是一部分贵族及其武装随从,两地都还有大量越人存在。

西汉时东瓯与闽越两族的矛盾对抗都是发生在第二代王位时。从第一代和第二代王的活动加以考察,各自都在为着本民族的生存发展而进行角逐,说明他们彼此不是同一个民族。

三、东瓯王是勾践的第七世吗

《史记·越王勾践世家》曰:"越王勾践,其先禹之苗裔,而夏后帝少康之庶子也,封于会稽,以奉守禹之祀……后二十余世,至于允常……允常卒,子勾践立,是为越王……后七世,至闽君摇,佐诸侯平秦。汉高祖复以摇为越王,以奉禹后。东越、闽君皆其后也。"《史记·东越列传》亦曰:"闽越王无诸及越东海王摇者,其先皆勾践之后也,姓驺氏。"这就是司马迁提出的"越为禹后"和"百越同源"论说,这一观点在学术界影响十分深远,至今犹然。到了清代,梁玉绳《史记志疑》一书,对司马迁这一观点完全持否定态度。笔者《"越为禹后说"质疑——兼论越族来源》一文亦持异议。宋蜀华先生《百越》一书,认为司马迁"越为禹后"之说是根据传闻

①　陈可畏:《东越、山越的来源和发展》,载中国科学院历史所编:《历史论丛》第1辑,中华书局1964年版。

写的,因为他在《史记·夏本纪》的篇末对此事的评述使用"或言"二字,说明他的根据是不牢靠的。我们认为把闽越王无诸和东海王摇说成为勾践苗裔,同样也是不可信的。

《史记》提出东瓯王摇是勾践的"后世七",是根据《越王勾践世家》一文所列出勾践死后的世系而得出的。文曰:"勾践卒,子王鼫与立。王鼫与卒,子王不寿。王不寿卒,子王翁立。王翁卒,子王翳立。王翳卒,子王之侯立。王之侯卒,子无彊立。"勾践传至无彊是为六世。

无彊继位越王后,"越兴师北伐齐、西伐楚,与中国争疆……于是越释齐而伐楚,楚威王兴兵而伐之,大败越,杀王无彊,尽取故吴地至浙江,北破齐于徐州。而越以此散,诸族子争立,或为王,或为君,滨于江南海上,服朝于楚。后七世至闽君摇,佐诸侯平秦……"按《史记》记载,勾践六世无彊为楚所杀,从此国中无主,越以此散,"诸族子争立"。言下之意,东瓯王摇便是无彊之后滨于江南海上的"诸族子"之一,故为"后七世"。历史事实果真是这样吗?

先从世系说起,司马迁对勾践至无彊六世间曾发生过三次弑君事件,都不予记载。根据《史记·越王勾践世家索隐》引《竹书纪年》云:"王翳……三十六年七月,太子诸咎弑其君翳。""十二年,寺区弟恩杀其君莽安,次无颛立。"《索隐》并引乐资说:王子搜号"曰无颛"。可知王翳、诸咎、莽安皆被杀。与《庄子》的"越人三世弑其君"的说法是吻合的。《越国文化·于越历史年表》对此曾有详细考证:勾践在位33年(前497—前464年)。第一代鼫与(鹿郢),在位6年(前464—前459年)。第二代不寿,在位10年(前459—前449年)。第三代翁(朱句),在位37年(前449—前413年)。第四代翳,在位36年(前412—前376年)。第五世之侯(诸咎)因弑其君翳自立,后又被杀,在位不到3个月。第六世错枝,在位不久又被杀。第七世,无余之(莽安),在位12年(前

376—前364年）。第八世无颛,在位8年(前364—前356年)。第九世无彊,在位23年(前356—前333年)。① 故勾践至无彊为六世值得怀疑。

再说,根据《史记》记载,无彊死后,楚国占领的越国领土只是当时越灭吴的原吴国大部分领土,越国从此处于"诸族子争立"的分裂局面,但并没有被灭国。而越国"滨于江南海上"的诸族子仍"服朝于楚",说明无彊后裔并没有离开越国故土,而是尚在国内坚持抗楚斗争。关于这段历史,《史记》完全没有记载。《越绝书·越绝外传记地传》一书对此事则有一段补白,曰:"(楚)威王灭无彊,无彊子之侯,窃自立君长。之侯子尊,时君长。尊子亲失众,楚伐之,走南山。亲以上至勾践,凡八君,都琅琊,二百二十四岁。无彊以上称霸、称王。之侯以下微弱,称君长。"这一记载说明无彊之后还经历之侯、尊、亲三世。秦始皇二十五年(前222年)王翦平定"荆江南地,降越君,置会稽"。无彊死后到秦统一越国其间还有111年,再经历三世,应该比较合乎历史事实。

无彊被楚杀死后,楚国"尽取故吴地至浙江",越国尚有大片国土。据《越国文化·疆域》考证:"这时,经过分崩离析,于越时疆域被分割成两部分,北方仍然局促于琅琊一带,南方则为浙东宁绍平原地区,即后来的山阴、会稽、诸暨、萧山、上虞、嵊县、新昌和余杭、慈溪、鄞县一带。越国尚有很广泛地域,这些地区大都是于越的故地。"那么当时"滨于江南海上"的诸族子有否南迁入浙南和闽北立为东瓯王和闽越王的史实呢? 有的学者即据《越绝书》所载"尊子亲,失众,走南山"。有的认为"南山","应是指浙江南部和福建北部这一地区的某些地区"。有的考证"南山"(终南山)即今闽北的"武夷山"。这些说法纯属推断,缺乏史实依据。

---

① 方杰主编:《越国文化》,上海社会科学院出版社1998年版,第8～12页。

　　上面已经提到,无彊死后,其后裔从未离开越国国境,仍在坚持抗楚斗争,直到末代越王亲,再次受到楚国攻击,败走南山。"南山"所指何地? 我们只要详细分析《越绝书·越绝外传记地传》关于此事的记载便可得到一些启示。楚考烈王(前262—前238 年)攻占越都琅琊后,越王亲率众从都城琅琊南移至南山。可以想象"走南山"绝不可能越过自己尚有广大领土而远走于他国的浙南或闽北。故"走南山",一定尚在越国境内。因为当时越国并未被灭国,越国还有浙东的大片国土。《越国文化》在《楚攻占琅琊的疆域》一文中,曾考证"走南山"就是回到浙东的会稽山老家。文曰:"据《越绝书·记吴地传》载,公元前262—前252 年间,楚考烈王并吞了越琅琊,北方的于越居民进行了'走南山'的迁徙。南山是会稽的别称,'走南山'就是回到浙东的会稽山老家,大约是于越疆域的老地盘。"我们认为这一观点是可信的。为了证实"南山"在越国境内,我们再引两条有"南山"地名,且都与勾践有关的史料加以证实。一是《吴越春秋·勾践入臣外传》云:"今越王放于南山之中,游于不可存之地。"意思是吴王夫差欲放勾践回国,伍子胥把勾践比喻为南山猛兽,东海中一蛟龙,极力进言,反对吴王放虎归山;二是《越绝书·越绝外传记地传》亦曰:"犬山者,勾践罢吴,畜犬猎南山白鹿,欲得献吴,神不可得,故曰犬山,其高为犬亭,去县二十五里。"由此可见,越国君长并没有一个南迁入浙南。司马迁把东瓯王说成是勾践的"后七世",这是他推行"越为禹后论"和"百越同源"之一例,是缺乏历史依据的,难以令人置信。

四、东瓯族是由当地土著民发展形成的

　　综上所述,东瓯族不是闽越族的一支,东瓯王摇不是越王勾践的第七世。东瓯族是百越民族的一支,它是由当地土著民发展形

成的。

恩格斯指出,民族是由部落发展形成的。民族是形成于原始社会即将解体,国家即将形成的这一历史时期。民族是一个稳定的人们共同体,它具有共同地域、共同经济、共同语言以及共同的心理意识形态。于越的地域据《国语·越语》载,"南至勾吴(今浙江诸暨)、北至御儿(今绍兴)、东至于鄞(今鄞县)、西至姑蔑(今太湖)"。其疆域大体在今宁绍平原、杭嘉湖平原和金衢丘陵地。东瓯族居住地在瓯江流域,即今温州市、台州市和丽水市等地。民族不同,文化上就会存在一些差异。

在我国东南地区的江苏、浙江、江西、福建、台湾、广东以及安徽南部、湖南南部、广西东部普遍出土一种在陶器表面拍印几何纹饰的陶器,称为"印纹陶文化"。考古学者普遍认为这种文化是古越人创造的,它产生于新石器时代晚期,兴盛于相当中原的商周,衰退于战国秦汉。这一研究成果正与百越各族的来源、发展与消亡的历史大致相符。

百越民族同处于我国东南地域,创造出相同的印纹陶文化,但由于"各有种姓",民族众多,文化上也有一些差异。如有的学者把南方印纹陶分成七个区:宁镇区(包括皖南)、太湖区(包括杭州湾地区)、赣鄱区(包括赣江、鄱江、鄱阳湖为中心)、湖南区(洞庭湖周围及以南地区)、岭南区(包括广东、广西东部)、闽台区(包括福建、台湾、浙江南部)、粤东闽南区(包括九龙江以南和广东江流域以东的滨海地区)。[①] 这七个分区几乎覆盖百越民族的分布地区,也反映出百越民族中存在着诸多不同的民族。

于越和东瓯两族,从现在的地理概念来看同属于浙江,可在古代,因民族不同,文化上存在着差异,从考古资料得到证实。浙江

_____

① 李伯谦:《我国南方几何印纹陶遗存的分区分期及有关问题》,载《北京大学学报》1981年第1期。

考古学者研究证实,"从中原先后建立夏商周奴隶王朝到越国兴亡阶段,正是我省几何印纹陶流行时期……从我省发现的印纹陶遗址看,可分为杭嘉湖平原、宁绍平原、金衢丘陵地和瓯江水系四个系统。除瓯江流域的面貌和福建有很多相似之处外,另外三个区域的总特征是接近的。它们既受到良渚文化的影响,又较多地继承了河姆渡因素,应是青铜文化的产物,上限年代似可早于商氏"。①由此说明,于越文化是继承当地文化,于越族不是夏族文化传承,东瓯与于越文化有异,东瓯也不是越国的遗族。

瓯江流域发现过诸多印纹陶遗址,具有地方特色。"瓯江流域遗址分布在沿江大山前的小山顶上,以瑞安县飞云江和永嘉县上圹溪两岸最为密集,常见的一种拍印条纹的黄灰色薄胎硬陶(有的两面涂成黑色)和印纹陶共存。石器较细小,石箭镞多宽扁而短小,一些有段石锛的断面略呈弧形三角边,似乎这里的文化面貌和本省(浙江)其他地区的不很一样,和福建省闽江下游的颇为接近。"②福建的学者也指出:"浙江南部的乐清、永嘉、瑞安等地遗址,与福建闽北诸遗址极为相似。"③其实瓯江地区印纹陶文化与闽东关系更为密切,比如瓯江以南飞云江流域普遍发现施黑褐色彩的彩陶器和黑陶,这与闽东的霞浦黄瓜山遗址出土彩陶以及福安等地的彩陶相似,用彩相同,施彩部位一致,集中在器物口沿和肩部,彩绘图案都是以线条变化组合而成。尤其是大量打制石器为这一时期的文化特征。闽东及福建地区发现的打制有肩石器可

---

① 浙江省博物馆:《三十年来浙江文物考古工作》,载文物编辑委员会编:《文物考古工作三十年》,文物出版社1979年版。

② 牟永杭:《浙江印纹陶》,载《文物集刊》第3辑。

③ 曾凡:《福建史前文化遗存的探讨》,载《考古学报》1980年第3期。

在飞云江上游找到祖型。① 瓯江水系与闽江水系的生态环境相似，浙南和闽东地域相连，因而在某些文化上出现"相似"或"接近"的特点是不足为奇的。如果再从学者研究的印纹陶分为七个分区看，其中的岭南区和闽台区的文化内涵与《史记》中记载的《南越列传》和《东越列传》相比较，似乎可以帮助理解在同一范围内不同民族之间文化上的密切联系。

语言既是民族的基本特征之一，又是认识和区别不同民族的重要标志。古代的越语以及百越各族语言现在已经无从稽考，但从现代汉语七大方言，即官话、吴语、湘语、粤语、赣语、闽语和客家话来看，造成南方这些方言的差异，学者已指出，不仅是北方人来自不同地区、不同时期南迁所造成，更主要还是由于南方居民的语言差异。这就是为什么这些方言都产生于南方百越民族广泛地域里的原因。

浙南的温州地区，现属吴语方言区，它与福建闽语方言不同。据清代《平阳县志》记载，该地有好几种语言。"今有语言分别均分五派：曰瓯语、曰闽语、曰土语、曰金乡语、曰畲（畲）语"，"瓯语本为瓯族，闽语来自闽族，此最乃辨"。这里所谓"瓯语"，应是原来居住在这里的东瓯越人的遗留。

从历史考察，我们认为"东瓯"为百越民族之一支，其来源主要由当地土著民发展形成的。

（原载《瓯文化论集》，浙江人民出版社 2009 年版）

---

① 王海明：《浙江南部先秦文化遗存浅析》，载《纪念浙江省文物考古研究所建所二十周年论文集》，西泠印社出版社 1999 年版。

百越族属中几个问题的探讨

——兼论南越及其来源

随着百越民族研究的逐步深入，有关百越民族中的一些族属问题，已引起普遍的关注。比如"越"或"百越"是指一个民族的名称或是指一个地区多个民族的泛称；史书上出现的"百越"与"百濮"是否是不同时代出现的同一族群名称；"东越"、"西越"和"南越"，这些是指百越民族地区的方位名称，抑是族称。对此，古今学者曾有不同的理解和看法。这些问题都是研究百越民族史首先遇到的问题。本文试就上述这些问题谈一点看法，不妥之处，请批评指正。

一、"百越"是古代对我国东南和南方民族的泛称

"百越"一词见于《吕氏春秋·恃君》："扬汉之南，百越之际。"它最早指出了百越民族分布范围在我国东南和南部地区。何以称"百越"？ 注家的解释大致相同，高诱注《吕氏春秋·恃君》

曰:"越有百种。"《汉书·高帝纪》颜师古注释"百越"引服虔曰:"非一种,若今言百蛮也。"《文选·过秦论》李善注引《音义》曰:"百越非一种,若今言百蛮也。"《汉书·地理志》师古注引臣瓒亦言:"自交趾至会稽七八千里,百越杂处,各有种姓。"这就是说,在百越分布的这一广泛的地域里,"百越杂处,各有种姓。"百越"不是一个单一的民族名称,而主要是我国东南和南部地区众多民族的泛称。近人亦多主此说,蒙文通遗著《越史丛考》也认为百越不是"单一之越族,而是多个民族的泛称"。把"百越"看成是一个族群,不是一个单一民族的说法是可信的,也是符合这一地区各个民族发展的历史事实。但是对"越有百种","各有种姓",或言"多个民族之泛称"的观点,史家和注家对此均未予分说。关于历史上属于百越族属的究竟有多少,罗香林《中夏系统中之百越》一书,最早提出包括于越、瓯越、闽越、东鳀、扬越、山越、南越、西瓯、骆越、越裳、掸国、腾越、滇越、越嶲、僰国、夜郎、夔越等17个族。但是对这些族是否都是百越所属,看法也有不同。有的从《郑语》载史伯言:"芈姓夔越"一语,认为"夔、越各是一国,此夔、越二国,皆楚附庸,为周夷王时楚熊渠之子受封之国,无疑当为芈姓。则是此芈姓之夔与越当为楚族而非越族,亦与后世百越无关"。① 有的指出"越嶲"的"越"当以应劭所释"跨越"为正,指的不是越族。以越嶲之得名,证越嶲古有越人之说是不能成立的。② 此外,对于西南一些民族被认为也是属于越族的,存疑也不少。有的主张勾吴是属百越系统的。蒙文通先生根据百越地区之不同"方言",合百越各地之不同习俗论之,百越民族略可分为吴越(包括东瓯、闽越)、南越、西瓯、骆越四族。③ 近年来,在一般文章中提到属百越

① 蒙文通:《越史丛考》,人民出版社1983年版,第6页。
② 蒙默:《试论汉代"越嶲"的"越"》,百越民族史第四次年会论文。
③ 蒙文通:《越史丛考》,人民出版社1983年版,第17页。

民族的大致有勾吴、于越、东瓯、闽越、南越、西瓯、骆越,以及三国时期的山越和台湾的东鳀人、夷洲人等。这些民族分布地区大体是:吴国大致在今苏南、皖南和浙江北部一带。越国在今浙江的杭嘉湖平原、宁绍平原和金衢丘陵地。闽越以今福建为主,包括赣东一部分。东瓯在浙江南部瓯江流域。南越的范围,以今广东为主。西瓯即今广西桂江流域和西江中游(浔江)一带。骆越分布在今广西左江流域至越南红河三角洲一带,包括海南岛。还有主张湖南、湖北、安徽及云贵地区也有一部分是越人的活动地区。由此可见,对于百越族属及其分布范围的看法还存在着不同意见。

造成看法不同的原因之一,主要是由于文献的记载过于简略,有的含混不清,诸如"夔越"、"越巂",还有《华阳国志·南中志》所载"夷越"、"闽越濮"等等。凡见有"越"字是否均属越人,尤其是有的持"楚越同祖"观点,或百濮即百越,故把江南都认为是古代越人居住区。还有北胡南越之说,这些问题已展开过讨论,尚未取得比较一致的意见。

根据考古资料,在我国东南和南部地区普遍发现一种在器表拍印几何印纹的陶器,火候较高,质地坚硬,通称为"印纹硬陶";有的在陶器的外部加釉又称"釉陶"或"原始青瓷"。1978 年在江西庐山召开"江南地区印纹陶问题学术会议",经过与会考古专家的讨论研究,普遍认为印纹陶的主人就是古越人。并推定它是产生于新石器时代晚期,发达相当于中原的商周,衰落于战国秦汉。[①] 印纹陶的分布地区与史书记载百越范围,"自交趾至会稽七八千里",大致相符。故大多学者赞同创造印纹陶文化的主人是古越人,认为印纹陶乃是百越民族文化的一个重要特征。由于这一大片地区是"百越杂处",因而在这一个共同文化特征中,还表现出地区性的差异。李伯谦在《我国南方几何印纹陶遗存的分区

————————

① 《文物》1979 年第 1 期。

分期及有关问题》一文中,就各地出土的印纹陶加以分析比较和研究,把印纹陶文化分成七个区:宁镇区(包括皖南)、湖南区(洞庭湖周围及以南地区)、岭南区(包括广东和广西东部)、闽台区(包括福建、台湾和浙江南部)、粤东闽南区(包括福建九龙江以南和广东东江流域以东的海滨地区)①。这个分区的范围正与上述书上记载百越的几个分支的分布地区大致相符。从考古资料结合文献记载考证,百越民族主要指我国东南和南部地区的古代民族。同时印纹陶的发生、发展和衰落的时代正与百越民族的产生、发展和消亡的历史相一致。说明"百越"不可能是出自同一来源,或是最早形成于一个地区,后来由于某些历史原因,才迁徙到其他各地,形成了东南和南部百越民族的分布区。因此,百越地区各族究其来源,主要都是由当地土著民发展形成的。

　　"百越",同时又称"扬越",意思也是指扬汉之南的诸民族。《吕氏春秋·有始览》曰:"东南为扬州,越也。"古代扬州则不是仅指今江苏扬州,而是泛指整个东南包括两广地区。故史书上对两广地区越人有称"百越",也有称"扬越"。《史记·货殖列传》记载:"九疑苍梧以南至儋耳者,与江南大同俗,而扬越多焉。"贾谊《过秦论》言:秦"南取百越之地,以为桂林、象郡"。《史记·吴起列传》记载:"南平百越。"同一件事,而在《蔡泽传》的记载则为"南收扬越"。故史书中上称"扬越"或"百越"可以理解为我国东南和南方古代越人的泛称,不是单一民族名称。

　　何以称"越",很多学者均指出它可能来自甲骨文中的"戉"或"钺",但是作为一个民族族称,被史家广泛应用,则与春秋勾践建立的越国有直接的关系。越在史书上最早见于《逸周书·王会解》的"东越"、"瓯人"、"于越"等等名称。《竹书纪年》记载周成王时,"于越来宾"。史书所载的"越"、"欧"、"瓯"和"于越"名称,

----

① 《北京大学学报》1981 年第 1 期。

据考证,大都指居住在今江浙地区的民族。自越王勾践建立越国,越和后来出现的"百越",被史家用来泛称我国东南和两广地区的民族。蒙文通《越史丛考》所考:"自勾践强大越名始著,越后遂用为南方民族之泛称,亦犹胡之用为北方民族之泛称也。"[①]这个解释是有道理的。故《史记》、《汉书》常言"北构于胡,南挂于越",或"南走越"。史家已经通用越名来泛指南方的民族。勾践建立的越国,是百越民族中最早建立的国家之一,说明它在社会历史发展上走在百越其他地区前面,故在汉文史书记载上也比较多,可能与此有关。而从历史来看,勾践属于越这一支,仅是百越之中比较发展的一个族。但是历来史家对此说法不一,有的认为"越有百种","各有种姓",百越是"多个民族之泛称";有的认为百越都是出自勾践的越国,是由于越迁去的,都是越王勾践的后代和越国的遗族。《史记》、《汉书》均主此说。《史记·越世家》曰:"越王勾践,其先禹之苗裔,而夏后帝少康之庶子也。……于是越遂释齐而伐楚。楚威王兴兵而伐之,大败越,杀王无彊,尽取故吴地至浙江,北破齐于徐州。而越以此散,诸族子争立,或为王,或为君,滨于江南海上,服朝于楚。后七世,至闽君摇,佐诸侯平秦。汉高帝复以摇为越王,以奉越后。东越,闽君,皆其后也。"《东越列传》又云:"闽越王无诸及越东海王摇者,其先皆越王勾践之后也,姓驺氏。"《汉书·地理志》亦云:"粤(越)地……今之苍梧、郁林、合浦、交趾、九真、南海、日南,皆粤分也。其君禹后,帝少康之庶子云,封于会稽,文身断发,以避蛟龙之害。"把东瓯、闽越、南越以及西瓯、骆越都认为是越国被楚并,越国南迁的遗族,越王勾践的后代。对越王勾践又说他是夏禹或少康的后裔。司马迁的这个观点,已有一些史家提出疑义,如东汉王充《论衡》,对禹到会稽会诸侯和禹葬会稽之说提出质疑;《汉书·地理志》臣瓒对此也怀疑,故曰:"百

---

① 蒙文通:《越史丛考》,人民出版社1983年版,第24页。

粤杂处,各有种姓,不尽少康之后也。"梁玉绳《史记志疑》则明确提出"勾践非禹苗裔,瓯、闽非勾践种族",认为司马迁的记载是"伪撰"、"诞哉"。特别是解放后,由于百越民族地区考古资料的大量发现,以及对百越民族史研究的逐步深入,对古代人的一些说法又有新的理解,普遍认为百越民族之间互相迁移是存在的,但不是同源,各族来源主要都是由当地原始先住民发展形成的。越族和夏民族是两个不相同的民族,越族不是夏民族的后裔。

越之得名是自称或被称无从稽考,但最先出于周秦一些史家笔下,越名却都是以被称出现;有的提出越族最早自称"濮"与"莱","濮与莱是古代的原始越族的自称族名"。[①] 这个说法有待研究。但是先秦和秦汉时代史书上出现的勾吴、于越、东瓯、闽越、南越、西瓯、骆越和夷洲人等,好些都是因国名族。《史记》言吴、越皆为古国;东瓯,汉封摇为东海王,都东瓯;闽越,汉封无诸为闽越王;南越以赵佗自立为南越武王为名。可见,百越系统中各族名称大都先有国名,后以国名为族名的。

从民族的形成和各地区的历史考察,东南各地区都不是在战国秦汉时代才有人类活动。民族一般认为产生于原始社会即将解体,阶级和国家即将形成时期。各地区发现的大量新石器时代原始文化,说明百越各族形成比起史书记载他们建立国家的时代都要早。考古资料表明,在百越分布地区,先秦时期已普遍使用和冶铸青铜器。因此,民族形成和各族名称的出现,产生了矛盾。目前对这个问题有不同看法,主要围绕着各族社会性质的不同观点展开。如有的主张吴、越建国最早,其民族形成于春秋时代。秦汉时期立国或封国的则认为他们在先秦时期还是处于原始社会,秦统一后才进入阶级社会,作为一个民族才形成。另一种观点认为从

---

① 梁钊韬:《百越对缔造中华民族的贡献——濮、莱的关系及其流传》,载《百越民族史论集》,中国社会科学出版社 1982 年版。

各地考古文化发现看,印纹陶文化一般则属于青铜文化,商周时期各地均出现青铜器,已开始进入使用金属时代,是阶级社会的标志。因此百越各族形成不能以名称出现为标志,他们都有长久的历史。我们是比较支持后一种观点的。名称出现晚,并不等于它的历史短。同时更不能以此来说明秦汉出现的闽越、南越等族都是从名称出现较早的于越迁来的。关于这些民族的历史,有的不为史书所记载;有的原先可能是以其他族称出现的。

从史书上考证,在吴、越或百越名称出现之前,在我国东南和南方还出现过其他一些名称,如《周礼·夏官司马》云:"职方氏,掌天下之图,以掌天下之地,辨其邦国、都、鄙、四夷、八蛮、七闽、九貉、五戎、六狄之人民,与其财用。"这里出现"七闽"名称。据研究,七是虚数,也含有多数的意思。对"闽"的解释有两种:一是认为"闽"与"越"不同,"闽"是福建的土著族,越是越国南迁的客族,汉代福建的"闽越"是由这两部分人组成的。也有的认为"闽"是族称,就是后来的"越"。东汉许慎《说文解字·虫部》解释:"闽,东南越,蛇种","闽"是指东南地区的越族,并不是专指福建。《山海经·海内南经》云:"闽在海中,三天子鄣在闽西海北。"郭璞注曰:"在新安歙县东,今谓之三王山,浙江出其边也。"又《海内东经》曰:"浙江出三天都,在其东,在闽西北入海,余暨南。"注曰:"按《地理志》:浙江出新安黟县南蛮中,东入海,今钱塘江是也。余暨今浙江萧山县。"郦道元《水经注》亦云:"浙江又东注于海,故《山海经》曰:浙江在闽西北,入海。"根据这些地理书籍的记载和解释,"闽"的地望至少包括了今浙江省。故"闽"为东南越的解释是可信的。史书上记载的闽、越,或蛮,名称不同,实则都是指东南地区的民族。司马贞《索隐》释吴太伯奔荆蛮曰:"蛮者,闽也,南蛮之名,亦称越。"刘逵注《左思赋》亦曰:"闽,越名也,秦并天下,以其地为闽中郡。"可见,"闽"与"越"是指同一民族,"闽"是"越"的早期名称,不是两个不同民族。

此外,《逸周书·王会解》中也记载许多族称,曰:"东越海蛤,欧人蝉蛇……姑于越纳,曰姑妹珍,且瓯文蜃,共人玄贝,海阳大蟹。……禽人营,路人大竹,长沙鳖。其西鱼腹,鼓钟钟牛。蛮扬之翟,仓吾翡翠。……伊尹朝献。《商书·汤问》伊尹曰……伊尹受命,于是为四方令曰:'臣请正东符娄、仇州、伊虑、沤深、九夷、十蛮、越沤、翦发文身。……正南瓯、邓、桂国、损子、产里、百濮、九菌……'"文内除东越、于越这些与后来名称相同外,还有一些至秦汉时代已经消失了的族称,如欧人、姑妹、且瓯、共人、海阳、禽人、路人、蛮扬、仓梧、符娄、仇州、伊虑、沤深、九夷、十蛮、越沤、瓯、邓、桂国、损子、产里、百濮、九菌等 20 多个名称。据考证,这些族的分布虽在商朝的东部和南部,却有部分是后来属于百越民族的分布范围。古人说"百越"是"越有百种",在这一地区内有很多民族应该是有根据的。自出现"百越"这个名称后,史家最早具体列出属百越民族族称的可见宋人罗泌《路史》的记载。其所列百越族称有:"南越、越裳、骆越、瓯越、瓯隑、瓯人、且瓯、供人、海阳、目深、扶摧、禽人、苍吾、蛮扬、扬越、桂国、西瓯、损子、产里、梅癸、九菌、稽余、濮句、比带、区吴、所谓百越也。"①这 25 个族称被明确为属于百越。而百越究竟有多少个族,确已无从稽考。但是最早百越民族的一些族称,和在秦汉时代出现的已有很多不同。百越内部族称的不断更新,即意味着一个重新组合的过程。最初只有"七闽",后来出现三十来个族称,至战国秦汉只有七八个。甚至有的主张"百越民族略可分为吴越(包括东瓯、闽越)南越、西瓯、骆越四族"②。尽管看法还有不同,但是秦汉时代出现的百越这些族称,与先秦时期在同一地区内的民族,虽然名称不同,其渊源关系则是相当密切的。由是而知"百越"或"越族",自古就是一个多

---

① 《路史·后纪》第八卷《高阳》。
② 蒙文通:《越史丛考》,人民出版社 1983 年版,第 17 页。

个民族的泛称。先秦时代的吴、越和秦汉时代出现的闽越、南越和东瓯、西瓯、骆越等族,在历史上是曾经融合其他越人而发展壮大起来的。故百越各族的历史本身应该还有一个发展变化过程。由于资料限制,对于这些问题还有待进一步研究。

关于"百越"和"百濮"的关系,看法也很不一致。有人主张西南地区也是越人区,理由之一认为西南称"濮"同东南称"越"是同属一个族群,战国以前称"濮"者多,战国以后通称为"越"。有的还考证"越"是被称,"濮"才是自称,故史称"百濮"和"百越"都是指同一族群。如此,古代越族则分布在我国东南和西南以及南方整个地区。但是根据文献和考古资料,我们认为"越"、"濮"是两个不同族群,一个分布在东南,一个在西南,有明显不同的居住区。濮,最早见于《尚书·牧誓》,是参加武王伐纣的八个民族之一。《左传》昭公九年(前533年),王使詹桓伯辞于晋曰:"自武王克商以来,巴、濮、邓、楚,吾南土也。"根据孔颖达疏:"庸、濮在江汉之南。"顾颉刚《史林杂识·牧誓八国》考证:"濮,在今湖北枝江县西。"故濮人居住地仅在江汉流域,即长江中游,也就是商周时期南部国土或南部方国的地域。而当时在东南和南方地区未见有濮人活动记载,百越也未为商周王朝的辖属。

汉晋时代记载濮人活动大都集中在西南,扬雄《蜀都赋》云:"东有巴賨,绵亘百濮。"左思《蜀都赋》亦云:"左绵巴中,百濮所充。"《华阳国志》记载,汉杀夜郎竹王,"后夷濮阻城"。同书《蜀志》又云:滇东"会无县,路通宁州,渡泸得堂狼县,故濮人邑也,今有濮人冢"。又《南中志》记载滇西永昌郡有"闽越濮"、"闽濮"、"裸濮"等,在滇中地区还有"滇濮"。可见濮人主要分布在西南地区。

西周时期活动于江汉地域内的濮人,春秋以后不见记载,原因之一是随着楚国兴起,占领濮地,濮人被迫向外迁徙。春秋初楚君熊通正式号封武王,吞并邻近国家。8世纪中叶,楚王蚡冒(前

751—前741年)时,势力大增,给濮人施加军事压力。《国语·郑语》云:"楚蚡冒始启濮。"到楚武王时(前740—前689年)已占领大片濮人的土地。《史记·楚世家》记载,楚武王"始开濮地而有之"。《左传》昭公十九年(前523年),"楚子为舟师以伐濮"。又芌贾谓:"百濮离居,各走其邑。"楚人向濮地拓殖,江汉濮人有可能被楚并或向西南地区迁徙。汉唐时代西南地区出现的"僰"人,与"濮"同音异字,故一般学者认为僰人即濮人是有道理的。从考古文化来说,西南与东南地区明显有差异,西南地区并不是印纹陶文化分布的主要地区。故百越与百濮应是我国古代南方地区两个不同的族群名称。限于篇幅,关于这个问题将另文探讨。

二、东越、南越和西越是指方位名称不是族称

在百越的民族名称中,除了前面提到的外,史书上还出现东越、南越和西越。这些名称是指族称或方位名称,看法也有不同。

"东越"一名,最早见于《逸周书·王会解》,《史记》则立《东越列传》,该传所记载的是"闽越"和"东瓯"的史事。可是在《逸周书》和《史记》两书中,使用"东越"一名,各有所指。前者"东越海蛤",注曰:"东越,瓯人也。"后者司马迁本身说法不一,有时用来指"闽越",有时又是指"东瓯"。如《史记·越世家》云:"东越,闽君,皆其后也。"此处的"东越"即是指"闽越"。《史记·吴王濞列传》记载:"南使闽越、东越,东越亦发兵从。"这里的"东越"又明显是指"东瓯"。《东越列传》中也多处用东越来指闽越,如汉武帝时,又封闽越王郢弟余善为"东越王"。闽越国除,"东越将多军……封为无锡侯","诏军吏皆将其民徙处江淮间,东越地遂虚"。名称不统一,势必给研究工作带来一定的困难。

在当前百越史研究中,有的把"东越"当为族称;有的用"东越"一词来概称闽越和东瓯;也有的把东越与闽越等同,《辞海》就

是持这一个观点的。因而除了东瓯和闽越外，在这个地区是否还有个"东越"族问题，如有，它同闽越的关系如何，如果东越一名同样是指闽越，究竟用哪个名称较为准确。这不仅是一个名称问题，而且是直接关系到一个族体的事。我是支持"东越"是方位名称不是族称的意见，因为东瓯和闽越位于百越的东部，故用"东越"一词。《史记》中采用"东越"、"南越"和"西南夷"名称都是以地理方位为题记载各地区少数民族史事，故百越族中只有闽越和东瓯族体，没有东越。"东越"是指百越方位名称不是族体名称。我们简单论述东瓯和闽越的史实就会比较清楚认识这个问题。

"东瓯"名称见于《史记》，原名东海王国，因建都东瓯，故习惯以东瓯称之。"东瓯"名称虽出现于汉代，但其历史可追溯到《逸周书·王会解》"欧人蝉蛇"、"越沤，剪发文身"。《山海经·海内南经》亦云："瓯居海中。"郭璞注曰："今临海永宁县，即东瓯，在歧海中。""欧人"、"越沤"和"瓯"这些名称与东瓯应有历史的渊源关系。瓯人也有东西之分，故在百越地区东越的浙江称东瓯，在西部广西被称为"西瓯"。这些都是被称，名称虽有些相同，但两族的历史发展并不相同。从考古资料和文献记载，东瓯族在浙江南部活动已有长久的历史，它是百越中的一支。

"闽越"名称也是始见于《史记》。"闽越"得名，有的认为它是福建土著的闽族和外来的越族的合称。前面已说过，此仅聊备一说。蒙文通《越史丛考》曰："越本国名，其族为'闽'；后亦用为族称，泛指古东南沿海地区之民族。"在古代，族名往往同时也有用作地名和国名，如上引《山海经》这些地理书籍中所记的"闽在海中"，"在闽西北入海"。这里的"闽"，兼有地名称的意思。"自越王勾践灭吴称霸之后，'越'名大显于世。战国而后，又有'百越'一词，泛称古东南沿海暨岭南地区及其居民。"蒙先生的看法是有根据的。因为"闽"字用作族称后，后来就渐渐被越和百越这一名称所代替，逐渐转变为地名。汉唐以来才专门用来指福建，而成为今日福建的简称。福建简称闽,又习惯用"八闽之地"指福建全省各地,史家取用"八闽"与历史上的"七闽"有关。可是《周礼》的"七闽",七不是实数,而元明时代出现"八闽"的"八"则是实数。明代福建方志《八闽通志》即指福建当时的八个府而言。闽越是汉代出现的名称,汉代越族名称已为史家普遍应用。闽越主要居住在福建,故汉代取名"闽越",似是族名冠以地名。而且这个名称,还赋予该族与"七闽"的历史渊源关系。可见"闽越"是族体。因此历史上只有闽越,它也是百越的一支,以"东越"来代替"闽越"是不合适的。

"西越"一名出现,明显与"东越"对举,同样也是百越的方位名称。"西越"一名见于明欧大任的《百越先贤志·自序》:"东自无诸都东冶至漳泉,故闽越也,东海王摇都于永嘉,故瓯越也;译吁宋旧壤,湘漓而南,故西越也;牂柯西下,邕容绥建,故骆越也。"据此,"西越"一词是指"西瓯"。显然"西越"也是方位名称,"西瓯"才是族称。

"西瓯"一名见于《史记·南越列传》记载:"(赵)佗因此以兵威边,财物赂遗闽越、西瓯、骆,役属焉,东西万余里。"《汉书·两粤传》亦载:"蛮夷中西有西瓯。"西瓯亦称西呕,《淮南子·人间训》有"西呕君译于宋"的记载。有的对《汉书》出现"西瓯骆"记载,认为言西是指方位,"瓯骆"才是族称。也有的认为"瓯骆"是指西瓯和骆越两族,西与东对举,东有东瓯,西有西瓯。《史记·南越列传》记载:"越桂林监居翁谕瓯、骆属汉,皆得为侯。""太史公曰:瓯、骆相攻,南越动摇。""瓯、骆"所指明显是西瓯和骆越。有的认为西瓯和骆越是不同时代对同一民族的称呼,如顾野王《舆地志》云:"交趾,周为骆越,秦时为西瓯。"颜师古注:"西瓯即骆越也,言西者以别(于)东瓯也。"近人也有主此说,"骆越,亦称瓯越,或西瓯,在今广东西南及安南"。[①]有的提出西瓯是地名,骆

　①　林惠祥:《中国民族史》,商务印书馆印行,1936年。

越是族称。西瓯在汉晋为郁林郡,在秦为桂林郡。秦桂林郡,南越因之,汉分秦的桂林郡为郁林郡、苍梧郡(交趾治所)和东部的合浦郡。于是文献上都记述郁林郡(贵州、邕州)、交趾(治所苍梧)和合浦(东部的茂名),皆在西瓯、骆越地。①

　　东瓯是族称,西瓯应该也是族体,西瓯与骆越应有区别。晋郭璞注《山海经》说:"瓯在海中,郁林郡在西瓯。"《旧唐书·地理志》贵州条云:党州(今玉林县)"古西瓯所居";又记贵州郁林县(今玉林县西北),"古西瓯、骆越所居"。该书还说邕州宣化县(今邕宁县)"骦水在县北,本牂柯河,俗称郁状江,即骆越水也,亦名温水,古骆越地也"。潘州茂名县条又云:茂名(今广东茂名县)也是"古西瓯、骆越所居"。《元和郡县志》卷三八亦云:"贵州(今广西贵县)郁林县,本西瓯、骆越之地,秦并天下并置桂林郡。"《太平寰宇记》贵州郁平县条引《舆地志》云:"故西瓯、骆越之地,秦虽立郡,仍有瓯越之名。"《旧唐书》、《元和郡县志》和《太平寰宇记》等书均把西瓯、骆越的居住地以及西瓯、骆越的杂居地说得清清楚楚。近人亦多主此说。罗香林《中夏系统中之百越》一书说:"知西瓯与骆,本非联对名词,既非联结名词,则所谓'闽越、西瓯、骆',实指三地,而非两地。西瓯与骆,本为越之二支。"特别是地下考古资料出土,对此历史上的西瓯与骆越的分布地区其文化特征均有明显的不同点。蒋廷瑜《从考古发现探讨历史上的西瓯》一文已说得很清楚,并指出了西瓯的活动中心只能在五岭之南,南越之西,骆越之北,恰当今桂江流域和珠江中游(即浔江流域)一带。骆越"当在左江流域至越南的红河三角洲地区"。② 从而可见,西瓯是族称,不是地名称,它是百越的一支。欧大任用"西越"

---

　　① 韩振华:《秦汉西瓯骆越和骆越之研究》,百越民族史第二次年会论文。

　　② 《百越民族史论集》,中国社会科学出版社1982年版,第219页。

一名替代西瓯看来是不可取的。西越同东越一样都是百越的方位名称。

"南越"一名最早见于《史记·南越列传》赵佗"自立为南越武王"故名。对于"南越"名称由来,有的认为,它是"以其地为扬越南部,故称为南越。"①有的认为:"汤定四方献令,两广地方始名南越。"②"南越是以地域而得名"③。这几种说法,都有一个共同点,即认为"南越"是以地域方位而得名,可见它与"东越"、"西越"的取名是一样的。可是它与"东越"、"西越"又不同,一直被用来作族体和王国的名称。故"南越"之名是方位名,国名和族名的统一体。

三、关于南越族来源

对于南越族的情况,《史记》、《汉书》的记载,都是从秦汉时代赵佗自立南越王及其统治的南越国的历史开始。先秦时期南越的历史,史书缺乏记载,因此对于南越族的来源,历来史家曾有各种不同的说法。上面引述《汉书·地理志》的记载,班固把居住在今两广地区的越人说成是夏禹的后裔。这个观点完全是继承司马迁"越为禹后说"而来的。司马迁的这个观点,对以后史家有很大影响,有不少人认为百越地区民族是越国被楚并后南迁的遗族。东瓯、闽越是这样,南越也不例外。除《汉书·地理志》持此说外,《百越先贤志》对南越来源也有类似看法:"公师隅者,粤人也。越王无彊为楚所败,其子孙遴处江南海上。周赧王时,有自立为王者,隅以无彊初避楚居东武,有怪山浮米,镇压其地,因名东武山。乃往相度南海,将依山筑南武城以御之,而越王不果迁。时三晋惟

---

①　罗香林:《中夏系统中之百越》,独立出版社1943年版。

②　徐松石:《粤江流域人民史》,中华书局1939年版。

③　张荣芳:《汉初"南越国"试探》,百越民族史第一次年会论文。

魏最强,越王与魏通好,使隅复往南海,求犀角象齿以修献。久在峤外,乃得诸琛,併吴江楼船,会稽竹箭献之魏。魏王乃起师送越王往荆,楼之沅湘。于是南武疆土,为越贡奉邑,称雄交广矣。"①《广东通志·公师隅传》亦云:"越王无彊,为楚所败,子孙遁处南海。周赧王时,有自立为王者,隅为相度南海……"根据《古本竹书纪年》记载,公师隅确有其人,越王曾使其"献乘舟始罔及舟三百、箭五百万、犀角、象齿"等与魏通好,以牵制楚国。这些记载,只说明南越中有从越国迁来者,但是广东的越人并非始自公师隅。

关于岭南地区越人来源,有的从最近福建武夷山发现的被认为夏商时代的船棺为据,主张两广的越人是从福建迁去的。"越人开始建立政权的时期大概在她们原始社会末期,相当于夏朝的中晚期。第一个建立政权的人就是越国开国'无余君',这个名字后来被写作'武夷君'。越国王室与越人部落首领的世系都是从他开始的。岭西越人是从岭东迁来的,岭西部落的首领的世系最早也应追溯到无余君。"②作者不仅把两广地区而且把整个百越地区的越人开基祖都推定为福建崇安武夷山传说中的"武夷君"。岭西的西瓯、骆越,史称西越,它与东越闽浙地区的越人出自同源,岭西的越人是从福建迁去,越国王室和越人首领世系都从"武夷君"开始。这是近年来研究百越民族出现的一种新观点。如按此说法,南越的来源当然也同武夷君有关,也是最早源自福建。这同《史记》记载夏后少康封庶子无余于会稽又有不同,将百越族的祖先移至福建来。

此外,还有的主张广东最早的土著民族就是现在的壮族、苗瑶族或黎族等少数民族。持壮族说者,如徐松石《粤江流域人民史》

---

① 《百越先贤志》卷一《公师隅》。

② 石钟健:《试证越与骆越出自同源》,载《百越民族史论集》,中国社会科学出版社1982年版,第185页。

曰:"古代两粤大河流的土著都是僮(壮)人,只有粤省极东部分,今日潮汕地方,少有僮人罢了。""至迟在周朝初年,僮人已经布满了两粤流域。所谓百越,所谓骆越,所谓路人,所谓俚僚,所谓乌浒,所谓土人,都是僮类。"①持苗瑶说者,如罗香林《广东民族概论》所云:"广东原来并不是汉族固有的地方。周朝以前不具论,即在秦汉之时,广东地方尚有苗瑶和摆夷(又称白夷)的居地。苗族的释名,本有广义和狭义两种不同的说法。其在广义,则举凡瑶、僮、黎、畲、倮倮和苗民等等,均包括之;其在狭义,则仅能说及字面上之为苗民者而止,其他各种苗的别支,则当另为论列。""广东一省,原亦为苗民丛集之地,大约荆楚的三苗族,经历黄帝、成周及楚人的驱逐以后,当嬴秦之时,已多徙入于云、贵、桂、粤各地之内。"并认为在"周显王三十五年(前334年)楚人灭越,越族逃之南服。居址定后,遂挟其较高的文化,部勒土著,自为君长,以是而百粤的苗蛮和摆夷始与越族互相混化"。"粤中汉族的先民,说者谓其即为越族。……粤省最初的汉族,即为越族,此为无可疑义的事。但今天广东的民族,却没有自愿承认为越人苗裔者(学者除外),此盖因越人迁至广东以后,始则与土著苗瑶及摆夷等起混血作用,继则与后来文化较高的后进汉族起同化作用,辗转混化,而越族特性遂亦移为他族所有。传至今日,一般粤人,均不知其先民实杂有越族。至谓其祖先实杂有越族的血分,则更莫名其妙矣。"②持黎族说者如谭其骧《粤东初民考》,他说:"古代粤东境内之居民属于何种类,自来说者不一,有以为越族者,有以为蛋族者,有以为瑶族者,细案之则皆臆度之谈。……由余考之,有史以来最先定居于粤东境内者,实为今日僻处于海南岛之黎族,汉唐时称为

① 徐松石:《粤江流域人民史》,中华书局1939年版。

② 罗香林:《广东民族概论》,载《民俗》第63期,第6~7、16~17页。

'里'或'俚'者是也。"①

关于广东古代民族的历史，上述这些意见都是值得商榷的。主张广东越人是战国时期越国南迁的遗族，这已被考古资料所否定。主张"西越"是从"东越"迁去，这与上述这一观点是相似的，也是不可信的。至于把越国的开基祖推定为福建崇安的"武夷君"，同样是缺乏可信的资料。壮族和黎族的来源，学者大多主张是古代越族的后裔。因此把广东最早的民族推定为僮族、苗瑶族或黎族同样都是值得商榷的。从广东的历史考察，秦汉时代，广东的民族已被称为"南越"，它是广东最早出现的民族名称。而上述这些少数民族名称都是在以后唐宋时代才出现，比如黎族这个族称见于文献是在唐代后期，《新唐书·杜佑传》记载："朱崖黎民，三世保险不宾，佑讨平之。"这是唐德宗年间（780—804 年）的事。至宋代，黎族这个专用名称才固定下来，并一直沿用至今。乐史《太平寰宇记》、范成大《桂海虞衡志》、周去非《岭外代答》和赵汝适《诸蕃志》等宋代文献都以"黎"代替"俚"、"僚"等名称，而用来专指现在海南岛的黎族。海南岛是广东黎族的聚居区。

僮族名称最早见于南宋史籍，范成大《桂海虞衡志》云："庆远、南丹溪峒之民呼为僮。"李曾伯向宋理宗的《奏议》中也提到："宜州则有土丁、民丁、保丁、义丁、义效、撞丁共九千余人。"②"撞丁"指的就是当时被抽调服役的僮族青壮年男子。元明以后，"僮"这个名称才较多见于史书中，清代以来才逐渐发展为分布各地的僮族人民的统一族称。顾炎武《天下郡国利病书》卷一○三中说："僮则旧越人也。"新中国成立后把僮族改为壮族。

瑶族一名见于宋代，《宋史·蛮夷列传》记载："庆历三年（1043 年）桂阳监蛮瑶内寇，诏发兵捕击之。蛮瑶者，居山谷间。

---

① 　谭其骧：《粤东初民考》，载《禹贡》半月刊第 1、2、3 期合刊。

② 　李伯曾：《可染东稿》卷十七《帅广条陈五事奏》。

其山自衡阳长宁县,属于桂阳之郴、连、贺、韶四州,环纡千里,蛮居其中,不事赋役,谓之瑶人。"有的把瑶族名称追溯至《梁书·张赞传》所记:"有莫瑶蛮者,依山为险,历政不宾服。"《隋书·地理志》的"长沙郡又杂有夷蜒,名曰莫徭"。唐刘宾客著有《莫徭歌》。

以上所述,这些少数民族的名称都是出现在百越民族消亡之后,故学者大多主张这些民族的来源与古代两广越族有密切的历史渊源关系。广东古代民族应属于百越族的一支。

广东地区大量的考古资料证明,南越的来源不是战国晚期越闽南迁的遗民,也不可能是从福建迁过来的,而应是由当地土著民发展形成的。民族是一定历史阶段发展的产物。广东发现新石器时代遗址很多,时代有早、中、晚,发展序列比较清楚。总的看来,早期多以洞穴遗址为主,中晚期以贝丘、岗丘、沙丘、台地居多。早期的洞穴遗址主要分布于粤北始兴、英德、连山和粤西罗定、封开、怀集、阳春等县石灰岩发育地区。英德县青圹遗址经过发掘,石器都是打制的。南海县西樵山遗址出土打制石器和大量的细石器,这可能是属于早期的。中期以潮安陈桥村、增城金兰寺下层为代表。陈桥村打制石器多,磨制也有,未见有段式石器。金兰寺遗址是有明确三叠层的遗址。上层属战国时代,中层属新石器时代晚期,下层年代估计迄今有六千余年。下层出土石器中有有肩石斧,未见有段石锛。晚期以曲江石峡下层、中层,金兰寺中层和佛山河宕遗址为代表。这个时期遗址分布几乎遍及全省,石器以通体磨光为主,制造精细,反映工艺的进步和分工的发展。作为百越文化特征的几何印纹陶,在广东不仅很普遍,而且出现较早。"广东是我国几何印纹陶出现最早,分布范围广和拍印技术普遍流行的一个省区,有着自身的发生、发展、兴盛、衰亡的历史过程。这时的几何印纹陶已经相当发达,流行以曲尺纹、云雷纹、方格纹、重圈纹等为装饰。有的遗址的陶器纹饰出现了向青铜器时代的夔纹过渡的迹象,这类遗址下限可能已到商代。"①由此可见,于广东地区从新石器时代晚期到青铜时代的印纹陶遗存时期文化一直沿袭下来,其自身变化发展是有连续性的。所以汉代南越族的来源主要应是从原来土著先住民发展形成的。但是并不排斥在南越族形成和发展过程中有从其他地区迁入的人,包括越国亡后部分越人被迫南迁入广东,但这应该不是主要的。徐恒彬同志《南越族先秦史初探》一文,根据大量考古材料的比较研究,认为广东发现距今约十万年前的"马坝人","成为目前发现南越人最早的祖先"。依据广东出土文化遗物特点分析,珠江三角洲、北江、西江、东江和韩江"这五个发达的新石器时代晚期的经济文化区域,是南越人最先结合成部落联盟的地区,时间相当于我国的夏商时期。继新石器时期晚期发达的几何印纹陶文化之后,岭南地区进入了青铜时代。青铜时代上限达商末西周,下限到战国,战国晚期已经使用铁器。青铜器时代是南越形成和发展的时代"。② 这个分析有说服力,也合乎南越形成发展的历史事实。虽然对先秦时期南越地区的历史情况文献缺乏记载,但考古资料提供了有力的物证。南越族同样是百越中一支古老的民族,南越族的来源主要是由当地土著居民发展形成的,应是广东最早的民族。

（原载《百越史研究》,贵州人民出版社 1987 年版）

---

① 文物编辑委员会编:《文物考古工作三十年》,文物出版社 1979 年版,第 326～327 页。

② 《百越民族史论集》,中国社会科学出版社 1982 年版,第 165～166 页。

关于西瓯、骆越若干历史
问题的讨论

关于西瓯、骆越的历史，目前在学术界仍存在种种不同的看法。这些不同的意见主要围绕着族称、来源、分布范围以及先秦时期岭南的社会性质等问题。本文仅就上述诸问题谈一些不成熟的看法。不妥之处，请识者斧正。

一、关于族称及其分布范围

最近有人提出骆越不属于古代百越族群的范畴，根据似有不足。"百越"名称最早的记载见于《吕氏春秋·恃君览》："扬汉之南，百越之际。"《汉书·地理志》注引臣瓒言："自交趾至会稽七八千里，百越杂处，各有种姓。"汉代的会稽郡包括了江苏以南诸省，可见在我国东南和南部地区（包括台湾），古代都是百越民族的聚居区。"百越"不是单一民族的族称，而是指居住在这一地区内多个民族的泛称，分布于两广地区的南越和西瓯、骆越，都是属于百越民族的一部分。论者历来也是这样主张的。

　　基于这个认识,我们试进一步讨论西瓯与骆越的关系。西瓯,又称西呕。西瓯、骆越名称同东瓯、闽越、南越一样,最早均见于《史记》和《汉书》。在《史记》中,主要记载百越民族史的有《吴世家》、《越世家》、《南越列传》和《东越列传》等,除江浙的勾吴和于越有专门记载外,在南越和东越列传中,都是综合记载的。如《东越列传》主要记载闽越和东瓯史事;《南越列传》除记载南越外,还记载西瓯、骆越史事。《汉书》将东越、南越又合并在《西南夷两粤朝鲜传》内。"两粤"虽指的是"南粤"和"闽粤",但又记载东瓯和西瓯、骆越的历史。《汉书》所记的,基本上来自《史记》,内容上没有什么大的差别。但在名称上却出现一些含混之处,如"东越"一名,主要是指"东瓯"和"闽越";有时也用来指"闽越"或"东瓯"。严格地说,"东越"不是族称,"东瓯"和"闽越"才是族称。在"西瓯"和"骆越"名称上也一样,有时称"西瓯骆",有时称"西瓯、骆"。如《史记・南越列传》载吕后时,"(赵)佗因此以兵威边,财物赂遗闽越、西瓯、骆,役属焉,东西万余里"。文帝时,赵佗上书则说:"且南方卑湿,蛮夷中间,其东闽越千人众号称王,其西瓯、骆裸国亦称王。"同是《史记》便有"西瓯、骆"和"瓯骆"两种不同的标点。《汉书・两粤传》在记载同样的史实时,有的又与《史记》标法不同:"佗因此以兵威边,财物赂遗闽粤、西瓯骆,役属焉。""蛮夷中西有西瓯,其众半嬴,南面称王,东有闽粤。"《汉书》中有"西瓯骆"和"西瓯"两种不同的标点法。这样,"西瓯骆"究竟是一族之名,还是不同的两个民族,自古及今,学术界都有不同的理解。有的认为言西是指方位,后来的史书有称"瓯骆",故"西瓯骆"是指同一民族。有的还提出,"西瓯"与"骆越"是不同时代对同一民族的称呼,如顾野王《舆地志》云:"交趾,周为骆越,秦时为西瓯。"颜师古注:"西瓯即骆越也,言西者以别(于)东瓯也。""骆越,亦称瓯越,或西瓯,在今广东西南及安南。"①有的还改正说,历史上不存在西瓯和骆越两个同时并存的越人,只有骆越,没有西瓯,西瓯是骆越的别称。有的还提出:"西瓯是地名,骆越是族称。西瓯在汉晋为郁林郡,在秦为桂林郡。秦桂林郡南越因之,汉分桂林郡为郁林郡、苍梧郡,于是文献上都记述郁林郡(包括昔日贵州、邕州)、交趾(治所苍梧)和秦桂林郡东部的茂名,皆古西瓯骆越地,即秦桂林郡也。"②以上几种意见,尽管说法有不同,但都认为历史上的西瓯和骆越是一回事,是指相同的一个民族。

有的主张西瓯与骆越不同,史载"东越"是"东瓯","西越"是"西瓯",西与东对举。有的认为"西瓯骆"是指"西瓯"与"骆越"两个不同的民族。罗香林《中夏系统中之百越》一书力主此说:"知西瓯与骆,本非联结名词,则所谓'闽越、西瓯、骆',实指三地,而并非两地。西瓯与骆,本为越之二支。"③张一民《西瓯骆越考》亦主张"西瓯、骆越是越族中两个不同的支系"。④ 根据文献和考古资料的比较研究,我们赞同这一观点,西瓯、骆越均为百越民族中不同的一支。

就文献记载而论,西瓯和骆越是有区别的。如《汉书·两粤传》记载:"蛮夷中西有西瓯。"明确指出了在南越(广东)的西部有一个族叫"西瓯",这里不言"西瓯骆"。《淮南子·人间训》记载秦兵攻打岭南百越时,曾遭到西瓯人民猛烈的反抗,在这次反抗斗争中,首领"西呕君译于宋"被杀(西呕即西瓯)。《史记·南越列传》记载"瓯"与"骆"史事时,表面上看虽是"瓯骆"联词,但是有

①　林惠祥:《中国民族史》,商务印书馆1936年版,第24页。

②　韩振华:《秦汉西瓯骆越之研究》,载《百越民族史论集》,中国社会科学出版社1982年版,第163页。

③　罗香林:《中夏系统中之百越》,独立出版社1943年版,第120页。

④　《百越民族史论集》,中国社会科学出版社1982年版,第135页。

区别的,"越桂林监居翁谕瓯骆属汉,皆得为侯。"太史公曰:"……瓯骆相攻,南越动摇。"文中对"瓯骆"的用词是"皆得"、"相攻",这两个词明显是说"瓯骆"是不同的两个民族。可见,《史记》、《汉书》记载"西瓯"、"骆"名称时,已经把二者分开了。至于加上"西"字,显然它是方位词,与记载东越中的"东瓯",所指是同一意思。

就分布地区而论。一些地理书记载和学者研究都能把西瓯、骆越的居住地以及西瓯、骆越的杂居地区分开。晋郭璞注《山海经》说:"瓯在闽海中,郁林郡为西瓯。"《旧唐书·地理志》记载贵州时曰,党州(今玉林县)"古西瓯所居"。记载贵州郁林县(今玉林县西北)"古西瓯、骆越所居"。该书还说邕州宣化县(今邕宁县)"欢水在县东北,本牂柯河,俗称郁状江,即骆越水也,亦名温水,古骆越地也"。《旧唐书·地理志》潘州茂名县条云:茂名(今广东茂名县境),"古西瓯,骆越所居"。李吉甫《元和郡县图志》云:"贵州(今广西贵县)郁林县,本西瓯,骆越之地,秦并天下置桂林郡。"《太平寰宇记》贵州郁平县条引《舆地志》云:"故西瓯,骆越之地,秦虽立郡,仍有瓯、骆之名。"诸多学者以文献记载结合考古资料区分出它们的分布范围也大体相同。有的说:"西瓯活动中心只能在五岭之南,南越之西,骆越之北,恰当今桂江流域和珠江中游(即浔江流域)一带。"骆越分布"当在左江流域,至越南的红河三角洲地带",即今广西南部和越南北部①。有的认为:"西瓯的活动地域应在五岭之南,南越之西,骆越之东;大体包括汉代郁林郡和苍梧郡,相当于桂江流域和西江流域一带。""骆越的活动地域……大体相当于左、右江流域、贵州省西南部以及今越南红河

---

① 蒋廷瑜:《从考古发现探讨历史上的西瓯》,载《百越民族史论集》,中国社会科学出版社1982年版。

三角洲一带。"①《百越先贤志·自序》云:"译于宋(西瓯君)旧址,
湘漓而南,故西瓯地。牂柯西下,邕、雍、绥、建,故骆越地。"罗香
林《中夏系统中之百越》也将西瓯、骆越的分布区区分开。由此可
见,西瓯、骆越这两个族体自古以来就生存于不同的地区,故它们
是不同的两个族。秦设桂林、象郡,可能是据此而设立的。

　　就考古文化而论。从出土先秦时期的考古资料比较,西瓯和
骆越两地区很早以前就有人类活动,它们所创造的文化也表现出
一些明显不同的民族地方特征。桂林市郊甑皮岩洞穴遗址试掘,
发现该遗址有较厚的螺蛳贝壳堆积,有居住地、墓地,还有烧坑、石
器制作场所和石料贮点,表明当时生活在这里的人们已有较稳定
的定居生活。分布在桂北、桂东和桂东北地区的新石器时期晚期
文化,出土的生产工具仍是磨制的石器为主,陶器都是印纹陶。而
从南宁地区早期的贝丘遗址试掘情况看,遗址内有居住地和墓葬,
出土的遗物表明当时渔猎经济还占相当的比重。钦州独料和扶绥
那林屯等新石器晚期的遗址,出土了一种大石铲,一般长 20 ~ 30
厘米,宽 15 ~ 30 厘米,是一种用于农业生产的工具。此外,还有石
犁、双肩石斧、石锛、石戈②,以及铜鼓等。由此可见,西瓯、骆越地
区新石器时代文化都有一些不同的特点。

　　民族开始形成于原始社会晚期,从两地的文献记载和新石器
时代晚期文化为主要特征加以比较,可以看出桂北和桂南在历史
上早已形成了两个不同的人们共同体,这就是后来史书出现的
"西瓯"和"骆越"。

---

　　① 张一民:《西瓯骆越考》,载《百越民族史论集》,中国社会科学出版
社 1982 年版,第 35 页。
　　② 广西文物工作队:《广西南部地区新石器时代晚期文化遗址》,载《文
物》1978 年第 9 期。

二、关于族源问题

西瓯、骆越的族源同百越其他民族一样,长期以来一直是个有争议的问题。其所以会造成如此复杂、众说纷纭的情况,其中有一个主要原因是受司马迁《史记》观点的影响。过去治越史者大都认为于越(浙江)是"百越"的老家,其他分支越人都是于越的后裔,因而于越的来源便是各地越人的来源。司马迁在《越世家》明确记载:"越王勾践,其先禹之苗裔,而夏后帝少康之庶子也,封于会稽,以奉守禹之祀……后二十余世,至于允常……允常卒,子勾践立,是为越王。……后七世,至闽君摇佐诸侯平秦。汉高帝复以摇为越王,以奉禹后。东越,闽君皆其后也。"越被楚灭后,"越以此散,诸族子争立,或为王,或为君,滨于江南海土,服朝于楚"。司马迁主张勾践是夏禹的后裔,东瓯、闽越、南越又是越王勾践的后代,是越国南迁于江南海上的"君"和"王"。越史专传的《越绝书》、《吴越春秋》也持同一说法,并进一步指出夏少康庶子号"无余",书中立有《无余外传》。"越为禹后"的观点,长期以来在史学界有深刻的影响。王夫之《读通鉴论》说:"越者,大禹之苗裔。"①《中夏系统中之百越》一书系统地强化了这一观点。罗香林说:"越族为夏民族所演称。"不久前徐中舒又具体分析说:夏被商灭后,其后裔有两支往南北迁徙:"一部分北迁为匈奴","一部分则南迁江南为越族"。②

随着考古事业的发展,地下文物的大量出土,使我们对百越地区的历史文化有了一个比较清楚的认识。从民族形成的理论结合考古资料和百越各族历史加以综合研究,我们认为越非禹后,百越

---

① 《读通鉴论》卷三。
② 《夏史初曙》,载《中国史研究》1979 年第 3 期。

各族都有自己形成发展的历史，于越也是由当地土著居民发展形成的。①

关于西瓯、骆越的族源问题同样也受到外来说的影响。关于西瓯的来源，有的从贵县罗泊湾汉墓出土铜鼓的双身船形纹进行比较研究和探索，提出了西瓯族源包括有西迁的东瓯越人。这以《西瓯族源初探》一文为代表。该文说：西瓯"其民族成分亦至复杂，它包含了古代骆越人，东瓯越人，复杂的倭人，楚人和中原人等"②，关于骆越的来源，《试证越与骆越出自同源》一文论述最为全面，作者把浙闽地区古代越人概称为"越"或称"东越"；对于岭西地区的西瓯、骆越概称为"骆越"或称"西越"。并进一步从越和骆越的地理历史、物质文化、经济生产、风俗信仰、体质形态和语言词汇相同六个方面论证"越"与"骆越"所具有的等同特征，认为它们之间关系密切，是出自共源的缘故。该文论述这种关系时说：越人开始建立政权时期大概在他们原始社会的末期，相当于夏朝的中晚期。第一个建立政权的人就是越开国王"无余君"，这个名字后来也写作"武夷君"。越国王室和越人部落首领的世系都是从他开始的。岭西越人是从岭东迁来的，岭西部落首领的世系最早也应追溯到无余君。岭西越人唐初改为"武仙"部，这个名称的意义同定居在闽北的越人，后来称为"武夷山仙人"部的含义应是一样的。岭西称为"武仙"不过是岭东改为"武夷山仙人"一名的简称。在民族源流上，两者的关系，当时十分密切。所以唐初在岭西建县时，便采用了"武仙"作为县名，其地即今象州武宣县。如此说来，"武仙"这个名称本身已包含着他们出自无余君和他们原来

---

① 蒋炳钊：《"越为禹后说"质疑兼论越族的来源》，载《民族研究》1981年第3期。

② 梁钊韬：《西瓯族源初探》，载《学术研究》1978年第1期。

是越人的含义在内。可见，东、西越人出自同源。[①]

从考古资料看，越为禹后说是不可取的，各地越人都有长久发展的历史，因此主张百越各族的来源主要都是由当地土著居民发展形成的，理由比较充分。在百越各族出现在历史舞台以前，我国东南和南部的广大地域里，从9万年前的旧石器时代到四五千年前的新石器时代晚期，都遍布了人类活动的足迹。就以广西而论，1958年发现属晚期智人的"柳州人"，在柳州市和柳江、崇左、都安、百色、来宾等县都发现了人类居住的洞穴遗址或打制石器。

到了新石器时代，原始社会村落遗址遍布全省各地，属早期遗址的有南宁贝丘遗址，桂林甑皮岩；属晚期文化遗址，已发掘的有全州卢家桥、富川鲤里山等。据广西考古工作者报道，在贺县中华遗址曾发现少量的青铜器；平南县石脚山遗址还发现铸范，说明这些地区虽然仍大量使用磨制石器，但相继进入青铜阶段。[②] 从南宁地区早期的贝丘遗址的内涵看，骆越先民在当时还以渔猎经济占主要地位，到了新石器晚期发现大量农业工具，有石铲、石犁、双肩石斧、石锛等，尤其是大石铲、石磨盘、石磨棒和石杵等谷物加工工具，说明早在三四千年前已掌握了水稻种植，农业生产已成为当时人们的主要生产部门。又根据广西考古工作者多年的工作体会，认为："广西地区发现的原始社会的文化遗存，各阶段是互相衔接的，显示了它本身长期发展的连续性和继承性。当地的文化遗存同中原地区诸原始文化相比，既受到长江流域乃至黄河流域诸原始文化的深刻

[①] 石钟健：《试证越与骆越出自同源》，载《百越民族史论集》，中国社会科学出版社1982年版，第185页。

[②] 《三十年来广西文物考古工作的主要收获》，载文物编辑委员会编：《文物考古工作三十年》，文物出版社1979年版。

影响,又有明显的地方特色,是我国原始文化的重要组成部分"①,一般来说,随着生产力的发展和提高,在新石器时代末期的青铜时代陆续到来之际,各地区的原始先民,便逐步由原始氏族部落融合为民族,建立在血缘关系为基础的氏族部落开始瓦解,以共同的地域、语言、经济利益和文化组合为基础的部落联盟开始形成了,"这样就朝民族(Nation)的形成跨出了第一步"②。广西地区出土了大量原始文化,而创造这些文化的主人无疑就是西瓯和骆越的祖先。他们很早就劳动生息繁衍在这一土地上。因此,西瓯和骆越的来源主要应是由当地土著民发展形成的。

三、关于社会性质问题

近几年来,随着百越民族史研究的进一步深入,对百越各族的社会经济这个最为薄弱环节的问题开始有了专门论述的文章。关于西瓯、骆越先秦时期的社会面貌,学术上分歧还是比较大。过去有人主张广西地区没有经过奴隶社会,这个观点有一定影响。可是随着研究的深入,有的又提出了不同的看法。关于西瓯的社会性质大致有下面三种主要意见:一是认为至战国时期,西瓯社会仍处于军事民主制末期,社会上虽已产生了较大的阶级分化,但这不等于已进入阶级社会。西瓯社会未经奴隶制发展阶段,直接由原始社会向封建社会过渡。③ 二是主张有经过奴隶社会。④ 三是认

---

① 《三十年来广西文物考古工作主要收获》,载文物编辑委员会编:《文物考古工作三十年》,文物出版社1979年版。

② 恩格斯:《家庭、私有制和国家的起源》,载《马克思恩格斯选集》第4卷,第89页。

③ 杨琮:《战国时期西瓯社会性质浅探》,百越民族第四次年会论文。

④ 《壮族简史》。

为西瓯自商周时期原始社会逐步解体之后,即进入农村公社,到了战国逐步向封建社会过渡。①

从考古所提供的资料看,西瓯地区的原始文化还是比较发达的。西瓯地区也是"印纹硬陶文化"分布地区之一。一般认为印纹硬陶文化属于青铜文化,青铜文化属于阶级社会范畴。从西瓯地区的历史看,也说明了这一点。上面说过,在贺县中华遗址中曾发现少量的青铜器,平南县石脚山遗址铸范,说明这些地区已相继进入青铜器阶段。② 商周时期,西瓯同中原地区已有了来往,《尚书·牧誓》、《逸周书·王会》和《诗经·大雅》等文献和中原出土的青铜器铭文中出现"南夷"、"苍梧"、"南瓯"、"南国"等词。1974年在武鸣全苏出土了商代兽面纹铜卣,灌阳钟山出土了周代圈带纹铜钟,荔浦栗木出土了西周兽身铜尊,这些器物均具有中原地区的作风。

春秋战国时期,西瓯同江淮流域,尤其是同楚国的关系很密切。这一时期出土的墓葬,不论是青铜器还是礼乐器,其造型和纹饰同江淮所出同类器形大致相同,有些器物具有地方特点。如恭城加会在一座春秋晚期墓葬中出土的青铜器有鼎、尊、罍、编钟、戈、钺、剑、镞、斧、凿、车器等30多件,其中鼎、罍、编钟、戈,其形制和纹饰都和同期中原地区所出同类器物基本相同,而靴形钺、扁颈剑、提梁鼎、蛇斗蛙纹尊等,都具有浓厚的地区特点。③ 礼乐器的发现,反映了奴隶主"钟鸣鼎食"的寄生生活在西瓯的统治者中也存在过。战国时,随着楚国势力向岭南扩张的同时,楚文化在这地区的影响很广泛,平乐银山岭发现110座战国中晚期墓葬,据广西

---

① 张一民等:《西瓯社会经济形态初探》,载《中央民族学院学报》1990年第2期。

② 《三十年来广西文物考古工作的主要收获》,载文物编辑委员会编:《文物考古工作三十年》,文物出版社1979年版。

③ 广西博物馆:《广西恭城出土的青铜器》,载《考古》1973年第1期。

博物馆介绍:"这批墓葬有明显的特点,如墓底设置腰坑,可能由商周葬俗演变而来。这和当时岭南地区仍处于奴隶制阶段的社会特点有关。随葬实用的生活用具、兵器和生产工具,器物中扁形剑、双肩铲形钺、靴形钺等。陶器纹饰中多弦纹、锥刺蓝纹、水波纹、米字纹和刻画纹符号。这都是当时南方百越文化的独特作风。另外,这批墓葬同湖南等地早期楚墓有不少相似之处,如长方形墓穴,随葬品有实茎剑,扁鋬矛和戈、铁锄、刮刀等,都是楚文化器物,证明当时楚越在经济文化上的关系是相当密切的。"①墓的结构有棺有椁,有成套的铜、铁兵器以及生产工具,出土有铜器近300件,还有铁器181件。可见,先秦时期,西瓯地区已进入青铜时代,阶级进一步分化,但这种阶级应该还是属于奴隶社会。

秦代,秦王朝在西瓯主要聚居区置桂林郡,把封建的生产关系移植到了西瓯地区。同时在秦始皇进兵岭南受挫时,后来派监禄"以率凿渠而通粮道",灵渠的开凿,沟通了湘江和漓江,把长江水系和珠江水系联结起来。同时,秦始皇进兵岭南后,"以谪徙五十万戍五岭,与越杂处"。这些措施客观上对西瓯地区社会经济发展起了推进作用。在桂林、钦州及柳州等地发现秦汉时期墓葬100多处,出土了大量铜器,尤其是象征统治者权力的大铜鼓,特别是贵县罗泊湾西瓯君王夫妇合葬墓的发现。其墓室规模大,椁底还有7个殉葬坑,出土了200多件青铜器,还有大量漆器。其中铜鼓、羊角钮钟、铜桶、铜竹节筒等都显示了地方特点。这些制造精制的青铜器和漆器,应该是在先秦时期手工业技术的基础上发展起来的。这些也反映了该地区先秦时期手工业技术水平是不低的。

主张先秦时代西瓯仍处在军事民主制的观点提出了在秦瓯战

---

① 《三十年来广西文物考古工作的主要收获》,载文物编辑委员会编:《文物考古工作三十年》,文物出版社1979年版。

争中，西瓯译于宋阵亡后，又"相置桀骏以为将"，认为这些"君"、"将"不是奴隶主国君，因为国君不可能这样轻率地冲锋在最前面。而且在战争中能随时推举一人为"将"，这正是军事民主制的特点。因此西瓯的"君"、"将"只不过是部落联盟酋长或军事首领而已。

判断社会性质主要以生产力和生产关系的发展变化为依据。以我国历史发展为例，从石器时代过渡到青铜时代和铁器时代，正与奴隶社会和封建社会相适应。新中国成立后，广西各地出土的先秦时期青铜器达500多件①。说明先秦时代青铜器在广西已得到广泛的应用。

再从秦瓯战争的规模也可看出当时西瓯地区的经济和军事能力是不低的。在几十万秦兵压境的情况下，西瓯人民在其首领领导下，"莫肯为秦虏"，奋起抗击，大败秦兵秦将，"伏尸流血数十万"，秦兵陷于"宿兵无用之地，进而不得退"的境地，"三年不解甲弛弩"，惶恐不可终日。从这场战争的规模和组织情况论，西瓯社会中出现的"君"、"将"，应是产生国家形态所特有的，虽然还不十分牢固，具有军事民主主义时代的特点，但他们不可能是原始社会时代的酋长。蒋廷瑜在《从考古发现探讨历史上的西瓯》一文中对这个问题有过详尽的分析，是有一定说服力的。

综上所述，先秦时期西瓯地区社会经济的发展变化，从结束了原始社会的石器时代之后，也进入青铜器时代。青铜器的应用和铸造一方面说明了该地区生产力发展的水平；另一方面也反映外来民族文化的强烈影响。青铜器使用和铸造同中原和楚国相比虽还不怎么发达，还有浓厚的原始社会残存，但是不可否认阶级社会存在的历史事实。于是我们认为春秋战国时期西瓯地区已处在奴

---

① 蒋廷瑜等:《近年来广西出土的先秦青铜器》，载《考古》1984 年第2 期。

隶社会,秦汉时期向封建制转化。西瓯地区同样沿着人类社会的历史发展阶段前进。至于何时开始进入阶级社会,尚需进一步研究。

关于先秦时期骆越的社会面貌,学术上意见也很不一致。有的认为在秦统一岭南以前,骆越的社会尚未分化出对立阶级,也未出现国家组织,还是处于部落和部落联盟的发展阶段。[①] 有的认为"秦汉时期的广西,是封建制和奴隶制并存的时期"[②]。从一些文献记载看,直至汉晋时代,骆越有些地区还是很落后,这些都是事实。但是在先秦时期是否整个骆越地区都还处在原始社会,这个问题还是由考古资料来回答。上面说过,桂南地区原始文化也不落后。商周时代中原文化开始传入,并产生了影响。1974 年武鸣全苏出土的具有商代作风的兽面纹铜卣,[③]1978 年在陆川乌石和荔浦栗木出土的西周铜尊,从其器形和纹饰上看还具有浓厚的北方特色。[④] 至春秋战国时期,青铜器的发现增多了。尤其是发现大铜鼓,北流铜鼓重 300 公斤,周身密饰云雷纹。这种铜鼓的纹饰与其他青铜器纹饰相似,既受到商周文化的影响,又保留着民族的特殊风格。从纹饰的讲究和制作技术看,反映了冶炼技术和制作技巧有着较高的水平,西林普驮粮站还发现一座用铜鼓作为葬具的西汉前期墓。可见在先秦时代骆越地区的生产力水平也不会太低,尤其是象征财富和身份,冶铸技术复杂的铜鼓的发现与使用,这不可能是原始社会的生产力水平所能达到的。正如广西考

---

① 周宗贤:《骆越历史初探》,载《南方民族论稿》,广西民族出版社1986 年版。

② 何乃汉:《试论秦汉时期广西的社会性质》,载《广西民族研究》1986年第 2 期。

③ 《广西出土的古铜器》,载《文物》1978 年第 10 期。

④ 《三十年来广西文物考古工作的主要收获》,载文物编辑委员会编:《文物考古工作三十年》,文物出版社 1979 年版。

古工作者所说,先秦时期在广西发现的青铜器不少,尤其是象征统治权力的少数民族重器——铜鼓的发现,是广西"百越"各部落已进入阶级社会的标志,[①]这个分析是有道理的。

秦统一岭南后,在西瓯、骆越地区设置桂林、象郡,建立起封建统治秩序。秦末,赵佗割据岭南,自立南越武王,西瓯、骆越又沦为南越国"役属"。封建郡县的设置,标志着封建制的开始;西瓯、骆越地区也不例外。就全国来说,秦汉时期是我国封建制进一步强化时期,但是各地的社会经济发展不平衡,存在的差别有时还很大。就西瓯和骆越地区来说,当时它们同中原和内地相比要后进些。即使在同一地区内,由于各自地理、历史条件不同,平原和山区、海岛也不一样,差别是存在的。这种情况古代是这样,现在也仍然如此。特别是边远的少数民族地区进入阶级社会大都是受到外民族文化的影响,有的还是运用上层建筑的反作用。反映了我国的民族国家社会经济和历史发展的特点。西瓯、骆越地处边陲,自从商周以来,受到中原文化的影响日益加深,战国时期受楚文化的影响很大。秦汉时期,随着我国统一多民族国家的建立,其所受的影响就更大。在这种情况下,必然反映自身社会发展的不成熟性,因此在新旧社会更迭的过程中,旧的落后的传统东西会长期地被保存下来,就是这个原因。同时在进入阶级社会之后,由于受到阶级和民族的压迫,又阻碍了生产力发展,使得一些落后的文化得不到真正的革除,落后地区还是落后。基于这个认识,我们说西瓯、骆越在秦汉时期已处于封建社会,但不等于所有地区都达到封建社会的生产力水平。比如直至汉晋,骆越有些地区农田耕作还是"仰潮水上下",尚未掌握水利灌溉,生产技术还是"火耨而水耕"。《淮南子·人间训》:"九嶷之南,陆事寡而水事众。"有些地

---

①　《三十年来广西文物考古工作的主要收获》,载文物编辑委员会编:《文物考古工作三十年》,文物出版社1979年版。

区还处于"巢居鼻饮，射翠取毛，割蚌求珠为业"①。九真在建郡前，"俗以射猎为业，不知牛耕"②。"骆越之人，父子同川而浴，相习以鼻饮，与禽兽无异，本不足郡置也。"③不知牛耕，渔猎经济占很大比重，生产力还很落后。海南岛的情况也是如此。这些情况反映了骆越地区的社会发展极端不平衡，边远山区和海岛比平原或政治经济文化的中心地带要落后，原始社会及其文化延续的时间较长，这是一个历史遗留下来的普遍问题。

由于各自的地理历史条件不同，社会经济发展有快有慢，其原因有许多方面。为什么有些地区原始社会残余长期存在，如今广西壮族和海南岛黎族等少数民族的某些地区。这同它们的社会经济不成熟有关。如黎族社会经济有主张"可以越过奴隶社会发展阶段，直接向封建社会过渡"④，在海南岛局部地区是完全可以的。落后地区的社会经济同本身社会生产力发展水平有关，同秦汉王朝的封建统治也有关系。众所周知，秦汉王朝建立起封建统治，是通过置郡县，派官派兵统治，这是一个外族入主少数民族地区的统治者。因此不可避免存在着民族间的隔阂、矛盾和各种不相适应的心理状态。因此，封建统治者为了维护其统治利益，不得不变换统治手段，即利用他们当地原来的统治者实行间接统治，如授予骆越地区首领以骆侯，骆将以"铜印青授"。据清徐延旭《越南辑略》引宋欧阳忞《舆地广记》云："君长为骆王，臣佐为骆侯，设诸骆将，传十八世后。后蜀王子讨雒王，灭之，自称安阳王，居此。"赵佗为了巩固在南越王的统治地位，他一方面从越俗，自称"蛮夷太长"，"弃官带"，仿效越人"魋髻箕倨"的习俗；另一方面任用当地越人

---

① 《太平寰宇记》卷一六六引《异物志》。
② 《后汉书·任延传》。
③ 《汉书·贾捐之传》。
④ 《黎族简史》编写组：《黎族简史》，广东人民出版社1982年版。

头头为官来"和集百越"。采取这些措施,对稳定其统治地位,推进南越国的发展是产生一定影响的,但是对旧的生产关系及其文化的变革却起了延缓作用。如赵佗死后,南越国大权完全又落入当地越人头目丞相吕嘉手中,"其居国中甚重,越人信之,多为耳目者,得众心愈于王"[①]。处理这种民族关系,确是历史上一个复杂问题。当旧势力重新掌权后,就会排斥异己文化。如吕嘉对汉王朝阳奉阴违,对实行现制度不满,由此导致武装对抗,最后国灭。历史上这种例子不少。南越国时期还存在严重的奴隶制社会的残余,正是这个原因。前不久在广州发现的南越王墓,墓中发现十余具人殉,其身份应是南越王生前的姬妾、侍从和杂役徒隶。同样的情况在广西贵县罗泊湾的西瓯君夫妇墓中也发现。在中原,这种野蛮的殉葬制度曾盛行于殷周,到了汉代已基本消失,在已发掘的汉诸侯王列侯墓中也没有发现。南越王国上层统治者仍用人殉,说明它还不愿意废弃这种落后的习俗。[②] 故有人主张秦汉时期的广西,是封建社会加奴隶社会两种社会形态并存局面,但是,我们认为封建制的建立,虽然不完善,可是标志着一种新的社会形态的出现。因此在新旧社会更迭中,不能因为有旧的习惯势力的抵制,社会上还存在旧的奴隶制残余,而忽视了封建制这种统治形式的主导作用,于是我们认为,秦汉时的广西应该处于封建让会,但仍保留浓厚的旧的奴隶制的残余。

汉武帝统一西南夷、南越和闽越后,十七置郡。但由于这些地区都是少数民族地区,历史情况不同,所以虽设郡治,仍然采用"以其故俗治"的统治政策,还是利用他们本民族中的头头来统治本地区,实行羁縻统治。这就是这些地区历来形成土司制度的历史原因。由于这个历史原因,使得这一部分地区的少数民族没有

---

① 《史记·南越列传》。
② 《西汉南越王墓发掘初步报告》,载《考古》1985 年第 3 期。

完全被汉族同化,有些发展成为现在的少数民族。由此可见社会经济的发展变化与民族关系的演变,关系是很密切的。这也是我国民族历史发展的特点。

综上所述,西瓯和骆越地区经过了漫长的原始社会,至春秋战国时期,已经处于奴隶社会,秦汉时向封建制转化,都是沿着人类社会历史的发展阶段前进。在进入阶级社会的过程中,除了生产力水平不断提高这一重要因素外,它们受到中原和楚民族的影响和促进,尤其是秦汉王朝统一强化中央集权制统治的同时,把封建的生产关系移植到广西。这些对广西社会发展所起的作用是不能忽视的。西瓯和骆越的地理历史条件大致相同,又是在同一个地区,因此关系很密切。从考古资料说明,西瓯和骆越地区虽然原始文化有些地区性差异,但自商周以来,文化上相互传播,有不少青铜器是两地共有的,如铜鼓,骆越地区发现较早,汉以后才传入西瓯。但是从历史发展来看,西瓯地区接受汉文化和与汉人融合似乎比骆越地区快些。正如有的同志指出的那样,"在这个地区发现属于广西汉中叶以后的墓葬则大体与内地相似,说明当地居民确与汉人融合为一体,大部分化为编户齐民了。西瓯一名,从此再不复现,除此之外,也有部分西瓯人很可能退入云开大山区,与部分骆越人结合在一起,成为东汉时代的乌浒人"①。从这一个例子也说明,西瓯和骆越社会发展还有些不平衡,就是在同一个民族内,地区之间也存在着差别。这种不平衡性,在后来的发展中有时还将留下历史的烙印。

最近有两位同志从两广出土的青铜器加以比较研究,提出了过去发现的有些青铜器的年代断定偏早,"由此推测,两广先秦社会尚未最后脱离原始社会的范畴"。这个问题的提出很重要,它

---

① 蒋廷瑜:《从考古发现探讨历史上的西瓯》,载百越民族史研究会编:《百越民族史论集》,中国社会科学出版社1982年版。

不仅指广西，还包括了广东，也是先秦时期岭南"百越"社会经济发展中的一个重要问题，值得我们考古界和民族学、历史学界同志认真思考。本文根据现有的考古资料对西瓯、骆越地区的社会经济发展情况作个初步探述，作为抛砖引玉，希望同人对一些不同意见进行探讨。只有这样，才能把百越民族史的研究引向更加深入。这是本文写作的最大愿望。

族群互动重组与文化整合的历史考察

——探讨泉州闽越族、汉族和回族的生成和历史变迁

宋元以前,泉州住民主要有闽越、汉、回三大族群(民族)。随着历史的发展,几大族群的互动重组与文化整合,凸现古代泉州社会面貌的独特性与文化多样性,推动泉州地区社会经济的发展与变化,构成闽南文化中颇具特色的地域文化。

一、泉州土著闽越人及其文化

泉州土著民是福建闽越族的一部分。《史记·东越列传》载:"闽越王无诸及越东海王摇者……秦已并天下,皆废为君长,以其地为闽中郡。及诸侯畔秦,无诸……从诸侯灭秦。……汉击项籍,无诸、摇率越人佐汉。汉五年,复立无诸为闽越王,王闽中故地,都东冶。"是知在秦统一之前,福建已存在一个无诸统治的闽越王国。无诸因佐汉有功,西汉王朝建立后,刘邦即"复立"无诸为闽越王。西汉闽越王国从汉高祖五年(前202年)始封,到汉武帝元

封元年(前 110 年)灭国,历三代共 92 年。政治中心在闽北,考古发现的崇安汉城可能就是闽越王"都东冶"的所在地。闽越国领地有今福建省大部分以及赣东一部分。

民族是历史上形成的人们共同体。根据恩格斯在《家庭、私有制和国家的起源》中提出从"部落发展形成民族"的理论,民族开始形成于原始社会即将解体,国家即将形成这一历史时期。从福建考古资料说明,闽越族的来源主要是由当地原始先民发展形成的。闽侯昙石山是福建最典型的文化遗址,经过七次发掘,基本上区分出上中下三个文化层。以第六次发掘报告为例,从出土的几何印纹陶比例看,在下层占 0.33%,中层占 1.69%,上层占 52.63%。研究者认为:"上层同中下层分属两种不同性质的文化,上层可能已进入青铜时代。"[1]1978 年在闽侯黄土仑发现一处相当于昙石山上层的文化遗址,出土的几何印纹陶占全部陶器的 98%。年代经碳化测定为前 1300 ± 150 年,大约相当于晚商或西周早期。[2] 印纹陶文化遍及我国江南地区。考古界普遍认为,印纹陶文化为百越民族所发明,它产生于新石器时代晚期,兴盛于相当中原的商周时期,衰退于战国秦汉。这一研究成果,与百越民族的来源、发展、兴盛与衰亡的历史是相符合的。

几何印纹陶系在陶器表面拍印几何印纹图案故称,它与商人、周人以及楚人所习用的绳纹陶和泥质灰陶为主的特点显然有很大的差别,因此构成百越民族文化最显著的特征之一。综观泉州地区出土的古代文化遗址,大都属于印纹陶文化。在 20 世纪 30 年代,林惠祥教授曾在惠安、晋江、南安等地发现石器和印纹陶遗址

---

① 吴绵吉:《试论昙石山遗址的文化性质及其文化命名》,载《厦门大学学报》1979 年第 2 期。

② 福建省博物馆:《建国以来福建考古工作的主要收获》,载文物编辑委员会编:《文物考古工作三十年》,文物出版社 1979 年版。

多处。福建属丘陵地带,由于长期受雨水冲刷,遗物往往暴露于地面。笔者在 20 世纪 50 年代末也曾在莆田、仙游、南安、永春、安溪、漳州、漳浦发现多处印纹陶遗址和贝丘遗址。60 年代,泉州考古工作中曾在晋江流域发现数十处印纹陶文化遗址。① 据泉州文管会编《泉州文物志(上)》,新石器和青铜时代遗址各县市均有发现,多达 77 处。泉州地区出土的印纹陶同县石山是同属一个文化系统,故泉州古代住民为闽越人。

印纹陶文化属于青铜时代。1959 年在发掘福清东张遗址时,在上层曾出土一件青铜残器,线条纤细,有较高的铸造水平。据专家考证:"福清东张和武平发现的残铜片,都有仿几何印纹陶的花纹,表明这种文化的青铜器有其浓厚的地方色彩。"②1974 年,在南安水头大盈村后寨山发现一座被认为是西周至春秋时期的墓葬,出土 20 件青铜器,有戈、戚、矛、匕首,有段锛、铜铃等。同出的还有玉戈、玉璜。这是泉州地区发现时代最早、数量最多的青铜器。据专家考证,其中有段铜锛同本省出土的有段石锛很相似,铜戚、铜铃上的几何形花纹,也同本省所出的几何印纹陶的纹饰相仿。③考古资料表明,福建青铜文化是在本地新石器时代文化的基础上发展起来的,"具有浓厚的地方特色"。泉州青铜文化同本省其他地方所出的同属一个文化系统,泉州地区青铜时代文化也是在本土文化的基础上发展起来的。

汉武帝统一闽越国之后,虽然闽越国在历史上消失了,但是闽越人仍大量存在。三国时孙吴统治的地区屡屡爆发"山越"抗吴

① 许清泉、王洪涛:《福建丰州狮仔山新石器时代遗址》,载《考古》1961 年第 4 期。

② 邹衡:《商周考古》,文物出版社 1979 年版。

③ 俞越人:《福建省南安县发现青铜器和福建的青铜文化》,载《考古》1978 年第 5 期。

斗争。"山越"就是越人的后裔。《资治通鉴·汉纪》胡三省注曰："山越本亦越人,依阻山险,不纳王租,故曰山越。"闽北的建安(今建瓯)、汉兴(今浦城)、南平(今南平)等地的"山越"曾持续不断掀起抗吴斗争。孙吴统治者从建安八年(203年)起先后遣贺齐、钟离牧率军入闽北镇压山越的反抗,前后经过近40年。闽北山越被镇压之后,又隔20年,孙吴在闽北置建安郡。"(永安三年)秋,以会稽郡南部为建安郡。"①孙吴时统治福建仍局限在闽北地区,泉州还是越人的天下。

封建郡县设置与汉人入迁是同步的。入迁泉州的汉人成规模的应该在两晋时期。至唐代,入迁泉州的汉人估计已有一定数量,但由于没有可信的资料来说明汉人与土著民的人口比例,往往有一种错觉,认为封建郡治的设置,汉人应该是占了多数。事实上当时入迁者占当地人口是绝对少数。最近谢重光先生发表《唐代福建境内的土著种族人口》一文,他认为"这是一个关系到对唐代福建社会发展状况基本评价的大问题",其观点认为:"唐代福建境内的土著少数族人口应超出汉族人口。"②唐代的泉州还有大量的闽越人是可信的。

在唐代的一些文学家笔下,福建当时还是百越族居住地区。柳宗元、刘禹锡、包何、韩愈这些改革派文人,他们都先后被贬至广西、广东和福建等地当官。柳宗元在致四地战友们所作《登柳州城楼寄漳汀封建四州》诗曰:"共来百越文身地,犹自音书滞一乡。"③刘禹锡为唐宪宗元和年间(806—820年)任福建观察使的薛骞写过《神道碑》亦文曰:"闽有负海之饶,其民悍而俗鬼,居洞

---

① 　《三国志·吴志·三嗣主传》。
② 　《福建民族》1996年第2期。
③ 　《柳宗元集》卷四十二,中华书局点校本。

砦,家桴筏者,与华言不通。"①他指出福建有居洞砦(指山居),家浮筏(指水居)和操"华言"三种民族,前二者应是土著越人的后裔。唐代的漳州地区仍是"蛮僚"的天下,与漳州相邻的潮州也是如此,《旧唐书·韩愈传》载,韩愈被贬潮州时,他自叹曰:"处远恶,忧惶惭悸,死亡无日,单立一身,居蛮夷之地,与魑魅为群。"韩愈在悼念贞元八年(792年)泉州第一位进士欧阳詹的《欧阳生辞》中写道:"欧阳世居闽越,自詹以上皆为闽越官","闽越地肥行,有山泉禽鱼之乐","闽越之人举进士由詹始"。②包何《送泉州李使君之任》诗亦云:"傍海皆荒服,分符重汉臣。云山百越路,市井十洲人。"③

　　从民间信仰来看,闽越国除后,一般来论,官府是不允许民间再祀闽越王的。可是在唐大中十年(856年),民间重建无诸庙,并得到官方的认可。据梁克家说,唐贞元以前,福州城内得到官府准许的庙宇有4座:城隍庙、开烈英护镇闽王庙(即无诸庙)、明德赞福王庙(即闽越王郢之庙)、慈溪孚佑王庙(祭祀郢之第三子)。除城隍庙外,余者3座皆为闽越人固有的民间信仰。④民间信仰庙宇的重建,反映土著闽越人的大量存在。泉州虽未见有类似的记载,但不能排除有大量越人存在的事实。直至宋元时期,福建仍有大量的越人后裔,只是他们已演变成为其他少数民族,如南宋莆田人刘克庄《漳州谕畲》一文提到漳州、汀州、潮州、梅州和赣州是"畲民"的聚居地。他又说:"然昭炎已来,常驻重,于是岂非接壤

---

① 《全唐文》卷六〇九。

② 《全唐诗》卷二〇八。

③ 《全唐诗》卷二〇八。

④ 徐晓望编:《福建思想文化史纲》,福建教育出版社1996年版,第37页。

溪峒,苑苇极目,林菁深阻,省民、山越,往往错居。"①说明唐代福建"居洞砦"的山居民族后来演变成为畲族。"家桴筏"的水居民族演变成蛋民。两宋时期,福建已出现畲族和蛋族两个新民族。泉州有蛋民而没有畲民记载。宋《太平寰宇记·泉州风俗》载,泉州有一种水上居民,"其居止常在舟上,兼结卢海畔,随时移徙,不常其所"。这种人称之为"白水郎"。蔡襄《宿海边寺》诗曰:"潮头若上风先至,海面初明日近来。惟得寺南多语笑,蛋船争送早鱼回。"②《元史·食货志》载:"至治二年(1322)……免福建蛋户差税一年。"关于畲民与蛋民的来源,傅衣凌《福建畲姓考》云:"在福建特种部族中,畲与蜒(蛋)实推巨擘,此两族其先盖同出于越……以其有居山、居水之异,爰分为二,实则为一也。"③旧的族称消失,新的族称出现,反映了汉人入迁后,在汉越族群互动中,闽越人已大都融入汉民族之中,成为汉民族的重要来源。

泉州土著闽越人是泉州古代的开发者和建设者,为泉州的文明奠定基础。泉州闽越人的文化特点为"水行山处"。主要物质文化有:

1. 稻作和渔猎。根据考古资料说明,百越民族种植水稻历史悠久。泉州闽越人也是以水稻为主要农业生产,1956 年厦门大学考古队在永春发现一处印纹陶遗址,在一个大陶罋内壁上发现有谷粒。泉州素有"三港十二湾"之称,河水纵横,渔猎经济占有相当重要的地位,即唐人说,泉州闽越人有"山泉禽鱼之乐"。从沿海贝冢遗址发现各种贝壳鱼骨和网坠等遗物,捕捞业和喜欢吃水生动物是越人生产生活中的一大特点。

2. 先进的造船技术。百越民族是一个善于用舟、习于水战的

---

① 刘克庄:《后村先生大全集》卷九十三。

② 乾隆《海澄县志》卷二十引。

③ 傅衣凌:《福建畲姓考》,载《福建文化》1944 年第 2 卷第 1 期。

民族。关于越人这一传统文化史书多有记载。《淮南子·齐俗训》曰:"胡人便于马,越人便于舟。"

《越绝书》载越王勾践言:"夫越性脆而愚,水行而山处,以船为车,以楫为马,往若飘风,去则难从,锐兵任死,越之常性。"《汉书·严助传》载淮南王刘安言:"(闽越)处溪谷之间,篁竹之中,习于水斗,便于用舟。""水行山处"的闽越人,长期与水打交道,造就了造船本领。他们从制造最原始的竹木筏、独木舟的内河运输和捕鱼工具,发展到海上交通的大型船只。泉州越人在这方面的资料虽然缺乏记载和考古遗迹,但从周边越人区域情况作个比较,考古发现秦汉广州造船遗址,当时已能造 20 多米长的木帆船,通往东南亚地区。西汉南越相吕嘉反汉,闽越王余善率船队航行至广东揭阳。"元鼎五年,南越反,东越王余善请以率八千人从楼船将军击吕嘉,兵至揭阳,以海风波为解,不行,持两端,阴使南越。"[①]东汉时,越南与福州间已有船队来往贸易。《后汉书·郑弘传》载:"建初八年(83 年),旧交趾七郡贡献转运,皆从东冶(一说福州)泛海而至。"西汉时,闽越已能造海船,要运载八千士兵,必有一定数量的船只。唐代泉州港的迅速兴起,离不开造船业,而这种技术和设备不可能全是靠当时入迁的汉人所为,应是在泉州闽越人已有的基础上发展起来的。

3. 纺织手工业初具规模。闽越人的纺织业在春秋战国时期已相当发达。1978 年在崇安武夷山发现一座西周至春秋时代的船棺葬,棺呈船形。棺内男性尸骨裹有麻、丝、木棉织成的衣裤,说明闽越人纺织业由来已久,而且相当有水平。西汉闽越国时期生产的苎、葛织品曾作为贡品和礼物。泉州考古资料中发现陶纺轮,说明已有纺织手工业。《南史·到彦之传》载萧梁时任长安太守到溉诗曰:"余衣本百结,闽中徒八蚕",即证明福建产蚕每年有八

----

① 《史记·东越列传》。

次。至唐代泉州产有蕉布、绢等丝织品。朱启钤《丝绣笔记》曰："而考唐贡绫多州亦多品,如……建州花练……福州、南安及潮州蕉布,绢则唐所在有之。"至唐代泉州纺织业已有一定水平。

4. 生产工具。从考古资料得到证明,从最原始的使用石器,春秋战国时已能铸造青铜器,汉代进入使用铁器时代。生活用具,从最初烧制印纹陶器和原始瓷器(釉陶)发展到烧制各种"闽越式"陶器,如匏壶、瓿、瓮、罐、钵、小盒等传统器形,并一直保存下来。营造干栏式建筑。

越人的精神文化特征与汉人不同,最显著的有:断发文身,断发即短发,与汉人"束发"不同,便于行舟。"文身",富有原始宗教的含义。为在水中行走,"以避蛟龙之害"。拔牙(凿齿),具有成丁礼的意思,如三国时台湾夷州人风俗,女子出嫁时要拔去门前齿。回顾新中国成立前泉州姑娘出嫁时,时髦在侧门齿镶上两颗金牙,这或许就是越人拔牙之俗的变态遗风。婚俗方面保留"不落家(长住娘家)"的原始习俗,如今惠东沿海还保留此陋习。宗教方面信巫重祀,崇神信鬼的巫觋文化十分盛行。这种文化对后来泉州地区留下深刻的影响。

二、越汉族群互动与文化重组

汉族(华夏族)最早发源于中原地区,而后不断向周边扩展。自汉人入迁泉州之后,泉州地区民族关系开始发生变化。汉人入迁的过程,也是族群互动与文化重组的过程。这个过程大约经过数百年之久。

汉人入闽是自北往南不断扩大。汉人入泉一般认为始于三国,两晋南北朝为高峰期。宋王象之《舆地纪胜·泉州》载:"晋江在县南一里,以晋之衣冠避地者多沿江以居,故名。"宋乐史《太平寰宇记·泉州风俗》亦载:"泉郎即此州之夷户,亦曰游艇子,即卢循之余。""东晋南渡,衣冠士族,多萃其地,以求安堵。"考古提供资料,1959 年在南安丰州狮子山曾发现两晋南朝汉人的墓葬群。1982 年又在丰州发现西晋太康五年(284 年)墓砖。天嘉六年(565 年)三月,陈世祖诏曰:"侯景以来,遭乱移至建安、晋安、义安诸郡,并许还本土,其被略奴婢者,释为良民。"①

封建郡县的不断扩大是与汉人的入迁同步发展的。三国时,孙吴在闽北置建安郡。两晋时又从建安郡分出一个晋安郡。南朝梁天监年间(502—519 年)又从晋安郡析出一个南安郡。隋开皇九年(589 年)合并州郡,将闽北的建安、晋安、南安三郡统一为泉州,后改为闽州。唐初分泉州南部置武荣州,唐景云二年(711 年)武荣州易名泉州,治所仍在丰州。唐开元六年(718 年)治所才从丰州移至泉州市区,从此泉州成为晋江流域的政治、经济和文化中心的新兴海港城市。唐王朝治理福建,起初设福州、建州、泉州三郡,后增置漳州、汀州二郡。唐开元二十一年(733 年)置福建经略使,福建之名始见。

从文献和考古资料而论,如果汉人是从西晋永嘉元年(307年)开始入泉,至唐景云二年(711 年)确立泉州政治地位的 400 年间,有大批量的汉人受战乱南迁入泉,就人数而言,数量还是有限,且大都散住在州郡治所的所在地。这是因为泉州汉人入迁与闽北、漳州等地武装移民有所不同。

隋唐时期,福建仍属不发达地区。天宝年间(742—755 年),福建五州仅有 9 万多户,41 万余口,只比杭州一州 8.4 万多户略多些。对福建影响最大的是唐末王潮、王审知兄弟率领的一批武装移民。唐光启元年(885 年)王潮率领一支河南郡光州、寿州农民军,拥众数万,由江西南部入闽,攻略城池。景福二年(893 年)占领福州。王潮被封为威武军节度使。王潮死后,其弟王审知继

---

① 《陈书·世祖纪》。

位。审知死,其子王延翰称帝,建立闽国。在王氏统治的 33 年间,福建社会稳定。募集北方大量移民,导致福建人口大增。北宋统一,福建人口为 470809 户,比唐代增加 4～5 倍。人口大量增长主要是二王统治时期的北方移民。① 泉州人口增长在全省中最多。从唐末至两宋时期,北方每经一次战乱,泉州人口就有一次显著的增长。如唐玄宗天宝元年(742 年),泉州有 23806 户。德宗建中元年(780 年)增至 24583 户。宪宗元和前期(806—812 年)增至 35571 户。唐代泉州户数还包括莆仙两地。北宗太平兴国五年(980 年)至端拱二年(989 年)泉州户数 96518 户,为福建各州之最。元丰初年(1078—1086 年)户数 201406 户,仅次于福州 211552 户,增长 208.5%。② 至淳祐间(1241—1252 年)增至 255788 户,增加 54382 户。③ 南宋时泉州人口大增,与北宋靖康之乱和宋室南渡以及泉州港的兴盛密切相关。至宋代,福建已成为全国人口密度最高、人均耕地最少之地。诚如泉人谢履《泉南歌》所言:"泉州民稠山谷瘠,虽欲就耕无地辟。"

从人口增长数字表明,从唐末五代起,泉州汉族人口比例大增,一方面说明泉州人口汉人已占多数,其中包括一部分融合于汉族的闽越人;另一方面反映泉州社会安定和经济繁荣。

从族群互动关系考察。随着汉人大量入迁和封建郡治的不断完善,尤其是闽国时期,王审知采取"保境息民"政策,福建社会经济得到很大发展。北方汉人大量入闽也是在这一时期,泉州成为全省最发达的地区之一。在史书上未见有闽越人活动记载,于是

---

① 徐晓望:《论闽国时期福建的人口问题》,载《福建史志》1994 年第 2 期。

② 梁方仲:《中国历代户口、田地、田赋统计》,上海人民出版社 1980 年版,第 135 页。

③ 《元丰九域志》卷九,乾隆《泉州府志》卷十八。

可以推断,至迟至闽国时期,汉族人口不断增多,土著闽越人则逐渐与汉人融合,成为泉州汉人的一个来源,汉民族已成为泉州的主体民族。宋元时代这种关系得到进一步的巩固。族群互动,必然引起文化的重组与变迁。这种文化的互动是在当地传统文化基础上进行的。汉族文化虽然比起闽越文化要先进,但是他们刚迁于泉州人数还是居少数。为了生存需要,他们必然要"入乡随俗",适应当地的生活方式。唐宋时期泉州的物质文化都是在传统文化的基础上进行创新。比如农业生产,中原地区的汉人是以旱地耕作为主,入迁后以水稻种植为主。应该指出的是,汉人的入迁不仅为泉州农业生产提供一批劳力,注入新鲜血液,而且提供新的生产技术和经验。稻作农业水利是命脉,据史书记载,泉州地区自然条件的基本特征是"负山跨海",平原狭小,可耕地少,故有"硗确之地,钱镈难施"之叹。① 随着人口增加,耕地扩大,水利建设显得特别重要,自唐代起,晋江流域大兴水利,筑有东湖,能溉田数百顷。唐德宗贞元五年(789 年)开的"尚书塘,溉田三百余顷"。唐文宗太和三年(829 年)新辟的"天水准,溉田百八十顷"。② 修了六里陂,溉田 4 万多亩。③ 为了扩大耕地面积,还兴建海埭,改造滨海咸地和围海造田,如五代时,陈洪进率军围海造田,在晋江筑陈埭。

入宋以来,由于人口迅猛增加与耕地不足的矛盾更加突出,大兴围海造田。明蔡清《海岸长桥记》曾载,沿泉南里许,折而东,往陈江,历玉洞度至龟湖,本来都是海滨之地,咸流浸润不可为田。南宋乾道间(1165—1173 年),人们筑大堤以止其流,内蓄涧水以溉田,殆千余顷。傍道之边驾石,以便行者,计 770 余间,通名"海

① 乾隆《泉州府志》卷二十一《田赋》。
② 《新唐书·地理志》。
③ 乾隆《晋江县志》卷十六。

岸长桥"。其工甚巨,其利甚溥。① 此外,还有浩浦埭和西埭等海田的兴筑。府北留公陂,"外捍海潮之入,内防溪流之出,创五斗行以时蓄泄。晋江、惠安二邑之田利其灌溉者,可二千六百余亩"。② 由于水利建设和垦田面积不断扩大,农业生产有了很大的发展,如南宋时数次任泉州长吏的真德秀《劝农文》所言:"豆麦桑粟,麻芋菜蔬,各宜及时,用功布种。陂塘沟港,潴蓄水利,各宜及时,用功浚治。此便是用天下之道。"③农业的发展为泉州的经济繁荣奠定了基础。入迁的汉人发挥了重要作用。

随着泉州海外交通的兴起,越人传统的造船业又得到持续的发展。如唐咸通年间(860—873 年),唐朝与安南发生战争,官府"造千斛大舟,自福建运米来海,不一月至广州"。④ 这种大船有一部分是福建造的。王审知治闽时,积极鼓励海上贸易,大大促进造船业发展。入宋以来,政府经常要到福建招募海船。福建造船技术以福州、泉州为上。宋代泉州"每年造舟通异域"。《太平寰宇记》称泉州造的船为"海舶",《诸蕃志》称之为"泉舶"。1974 年在泉州后渚港出土一艘宋代海船。全长可达 30 米左右,尖底方头,三重木板,13 个水密隔舱,多桅等特点。结构坚固,稳定性好,抗风力强等优点,这是一艘适于远洋航行的帆船。宋代泉州港"以海舶往来如梭而出名"。⑤ 可见宋元时期泉州造船业的发达和技术,水平的先进。

造船业的进步,促进沿海捕鱼业的发展。泉州"濒海之邑,耕

---

① 乾隆《晋江县志》卷十六。

② 乾隆《泉州府志》卷九。

③ 《真西山文集》卷七《再守泉州劝农文》。

④ 《资治通鉴》卷二五〇。

⑤ 陈开俊等译:《马可·波罗游记》,福建科学技术出版社 1981 年版,第 192 页。

四渔六"。① "鱼虾螺蛤多于粢稻,悬岛绝屿以网罟为耕耘。"②渔捞业对沿海人民的生计有其重要意义。越人"饭稻羹鱼"的生活习俗一直被后来入迁的汉人所传承和发展,成为闽南文化中的一大特色。

陶瓷业也是泉州的传统工艺。汉人入迁后,传播先进的生产技术,尤其是泉州港的兴起,促进陶瓷业的发展。泉州发现最早的南朝古窑址——晋江磁灶溪口窑,该窑址延续至唐代。③ 蔡永廉《西山杂志》曾载,西晋武帝泰始元年(265 年),晋江磁灶有"江南人来业于闽,至南朝陶唐之后,施加工艺釉彩青绿青瓷各色"。据专家研究,魏晋至隋唐时期,福建的陶瓷业在制造工艺、产品特征、窑炉结构等方面,都深受浙江越窑青瓷系统的影响。泉州也不例外。

唐五代至宋元,泉州陶瓷业进入它的鼎盛期。首先表现为窑址发现数量多,据 1988 年以前的不完全统计,五代以前窑址 17处,宋元 127 处。其中原无窑址的德化、安溪两地分别发现 32 处和 23 处。④ 其次,分布范围广,从晋江流域的晋江、德化、永春、南安、泉州一带及同安、厦门、漳州九龙江流域。再次,窑址规模大,如出产青瓷的同安窑系各窑口,面积均在数百至数万平方米。晋江磁灶土尾庵窑址堆积约 1.5 米左右。曾竹山窑址有 8 条窑床暴露于地表。德化浔中屈斗宫窑址散落大量瓷片。青瓷、影青和黑瓷是宋元福建三大基本瓷色。同安、晋江磁灶和德化以烧青瓷为主。为适应外销,除传统产品外,还增加新品种,如军持及各种瓶、

---

① 《泉州府志》卷三。

② 《福建通志》卷五十六。

③ 陈鹏等:《福建晋江磁灶古窑址》,载《考古》1985 年第 2 期。

④ 叶文程:《中国古外销瓷研究论文集》,紫禁城出版社 1988 年版,第193 页。

碗、壶、炉等。陶瓷已成为泉州港海外贸易的主要产品,故泉州海上"丝绸之路"亦称"陶瓷之路"。

纺织业在闽越人时期已初具规模。孙吴时广开"农桑之业",出现"乡贡八蚕之锦"的繁荣局面。东晋南朝时,政府奖励种桑,闽越人已掌握养蚕缫丝的纺织技术。到了唐代,纺织业又有较大的发展,如唐垂拱二年(686年)在泉州府治肃清门外建开元寺,该地皮即是黄守恭的桑园捐献的。据晋江《紫云黄东石乡金乾户长房贰家谱》载:"始祖讳守恭公……置西洞州桑园七里,田三百六十庄。"西洞州常出紫云之地,即今名刹开元寺。

闽国时期,泉州纺织业又有较快发展,王延钧曾设"百工院",命锦工织"九龙帐"①,还先后向后梁、后唐、后晋上贡大量锦、绮罗和葛布。

宋代,泉州纺织业又向前迈出一大步,尤其是棉花引种成功并得到推广,大大推进丝织业的发展。苏颂《黄从政宰晋江》诗云:"绮罗不减蜀吴春",赞美泉州出产的丝织品,可与四川、江浙同类产品相媲美。当时泉州城相当繁荣,有"千家罗绮管弦鸣"之誉。②1975年在福州发现南宋黄昇墓,墓中有两匹标有"宗正纺染金丝绢官记",即泉州南外宗司生产的丝织料子,工艺水平很高。③宋代闽棉质量最好,"嘉树种木棉,天何厚八闽","木棉仅千株,人口不忧贫"。④

元代泉州丝织品蜚声中外。阿拉伯人伊本·巴都他称刺桐港

---

① 《新五代史·闽世家》。
② 《泉州府志》载詹敦仁《迁泉山城留侯诏游郡》诗句。
③ 《福州北郊南宋墓清理简报》,载《文物》1977年第7期。
④ 谢枋得:《叠山集》卷三。

（泉州）新产丝绸"较汗可（杭州）及汗北里城（北京）为优"。① 元代在福建设木棉提举司，即反映泉州棉纺织业发展的历史。

　　农业、造船业、陶瓷业和纺织业是泉州的主要产业。如果从闽越族时期时的生产情况和汉族入迁后直至宋元时期的发展情况加以比较，就很清楚地表明，它的发展离不开传统文化。因此在汉越族群互动中，在新的历史条件下，文化也得到重组。宋代泉州经济发展水平已走在全国前列，"田赋登足，舶货充羡，称为富州"。②"今闽粤莫盛泉州。"③元代泉州成为世界一大贸易港而闻名于世。这就是传统文化得到传承、发展和升华，也是汉越文化重组的新成果。

　　对泉州族群互动和文化重组产生深刻影响的是儒学传播。闽越人有自己的语言，有没有文字至今还是个谜，有的认为印纹陶片上的刻画符号可能就是越人文学。从文献记载看，闽越人的文化教育还是一片空白，故福建在中原士大夫眼里一直被视为蛮荒地带，不懂儒学。随着封建郡县的设置和汉人入闽的日益增多，地方官吏要统治闽地，最有效的办法是兴办儒学。据史书记载，南朝人阮弥之、虞愚首先在晋安郡兴办儒学，可谓儒学入闽之始。

　　隋唐的统一，唐王朝把传播儒学作为开发江南的重要措施。唐武德七年（624年），唐高祖下诏诸州并令置学。唐代在福建置五州，从此先后建立儒学。《新唐书·常衮传》载，建中元年（780年），前宰相常衮任福建观察使，设学校，"始闽人未知学，衮至为设乡校，使作文章，亲加讲导，与为客主钓礼，观游燕飨与焉。由是俗一变，岁贡士与内州等"。在他的教诲和推荐下，泉州人欧阳詹

---

①　陈裕菁译《蒲寿庚考》引密昔克《阿拉伯人伊本·巴都他印度支那游记》。

②　《宋史·职官志》，"泉州市舶司"。

③　《舆地纪胜》卷一三四，引谯楼上梁文。

一举成名,于贞元八年(792年)中进士,与韩愈同榜。他是福建也是泉州第一位杰出的儒者,自此之后,泉州士子刻苦学习儒文化,考科举,蔚然成风。

尤其是唐末五代时,中原各地陷入军阀混战,而据福建的王氏集团,他们对儒学很重视,使得儒学在福建得到持续发展。王审知"兴崇儒道,好尚文艺,建学校以训诲,设厨馔以供给。于是兵革之后,庠序皆亡,独振古风,郁更旧俗,岂须齐鲁之变,白成洙泗之乡,此得以称善教化矣。怀尊贤之志,宏爱客之道,四方名士,万里咸来"。① "王氏据有全闽,虽不知书,一时浮光士族,与之俱南。其后折节下士,开四行学。以育才为急,凡唐宋士大夫避地而南者,皆厚礼延纳,作招贤院以馆之。闽之风声,与上国争列。"② 泉州更是如此,王审邦及其子王延彬历任泉州刺史时,对发展儒学极为重视。他们是王氏集团中文化修养最高的,"喜儒术,通春秋",设"招贤馆",中举者大增,人才辈出。泉州儒学成为南方的一个文化中心。

宋元时期,理学发展,宗教繁盛,文化科技发达,出现社会经济文化全面繁荣的景象,这都是与儒学的发展和传播分不开的。

由此可知,儒学的传播与发展,不仅推动了泉州社会经济的进步与繁荣,同时对族群互动和文化重组产生深刻的影响。汉文化作为主体文化在泉州的出现,儒学是一个重要标志。

语言被称为人类文化的"活化石"。关于古代的越语,林惠祥教授认为它是胶着语。韦庆隐《试论百越民族的语言》一文,根据汉代刘向《说苑·善说》中关于《越人歌》的记载,认为古越语和现代壮语之间很少有差别。可知越语与汉语不同。泉州文化是以本土传统文化与外来文化(汉族)互动重组形成的风格独特、内涵丰

① 《十国春秋》卷九十附:钱昱《忠懿王庙碑》。
② 陈云程:《闽中摭闻》卷一。

富的地域文化。泉州方言（闽南方言）为汉语方言闽语里的一个
重要方言。泉州为汉人入迁最早的地区，也是早期闽南方言的代
表。方言的形成与该地区民族迁徙的历史息息相关。王建设、张
甘荔《泉州方言与文化（上）》一书作了详细论述，认为"泉州方言
的形成是与中原汉人的入闽及中原汉语的南移分不开的"。对于
语言研究我是行外汉，但从民族史研究角度，从泉州地区的开发和
汉人的入迁的历史考察和族群互动和文化重组整合的结果，我是
赞同这种观点。所谓汉语方言，"方言"即表明含有土著语言部
分，故泉州方言（闽南方言）应是汉越文化互动的产物。

三、泉州回族的由来与形成

中国的回族是阿拉伯人来华与当地民族通婚而形成的一个新
的人们共同体。据史书记载，阿拉伯人来华有陆路和海路两条路
线，前者缘自 13 世纪初叶，后者始于 7 世纪初的唐代，海路早于陆
路五六百年。时间有早晚，因而二者形成的历史不尽相同。

从陆路来的"回族"，是在 13 世纪初叶，随蒙古贵族征服了葱
岭以西、里海以东信仰伊斯兰教的各族人民，其中有中亚细亚各族
人、波斯和阿拉伯人。蒙古贵族把这些人编入"探马赤军"，签发
东来。后来他们又参与元朝贵族统一全国的战斗。据《元史·兵
志》载，规定"探马赤军"要"上马则备战斗，下马则屯聚牧养"。至
元十年（1273 年），元世祖令"探马赤军随地入社与编民"。自此
之后，在回族军士驻扎较多的西北、西南和中原各地就有不少人在
新的编制下进行农垦，取得普通农民的身份，或成为"兵农合一"
的屯戍。从陆路来的回族，人数较多，是构成我国回族的主要来
源，也是我国回族的主要聚居区。这批回族先民自元初迁入我国
后，长期与我国当地民族相处、通婚，产生新一代的"回族"。故史
家认为陆路来的回族形成于明代。

　　我国对外贸易从南北朝到唐初主要以陆路为主。阿拉伯民族以经商闻名于世,伊斯兰教亦是提倡经商。阿拉伯人来华主要路线是从西域到长安,主要活动范围在我国西北地区。中唐之后,特别是受"安史之乱"的影响,陆路交通受阻,水路交通便成为主要途径,活动地点则由西北转向东南沿海。广州、泉州即成为水路交通两大港口。故史称的陆上"丝绸之路"即变为海上"丝绸之路"。

　　唐代中国大一统,社会经济发展迅速,强有力地吸引许多国家要求来华贸易。唐王朝对国际贸易也极为重视。唐高宗永徽二年(651年),大食王啖密莫末腻遣使向唐王朝朝贡,要求通商。① 当时,我国对外贸易港口在广州。唐中时以前,泉州港尚未兴起。唐中叶以后,随着泉州地区社会经济的发展,来泉贸易的外国商人日渐增多,泉州港的海外贸易历史从此掀开新的一页。

　　唐玄宗天宝时(742—755年),泉州出现"市井十洲人"的记载,他们"执玉来朝远,还珠入贡濒",向当地政府朝贡,请求通商。唐武宗会昌间(841—846年)泉州港又出现"船到城添外国人"。② 所谓"十洲人"、"外国人",即说明当时已有世界各地不少商人来泉州经商。泉州海外贸易的兴起,反映该地区社会的稳定和经济的繁荣。由此泉州的政治地位也得到提高,唐宪宗元和六年(811年),泉州由中州提升为上州。

　　海上丝绸之路的开通与发展,与唐王朝和各地方政府的重视与支持是分不开的。唐文宗太和八年(834年)曾下诏:"南海蕃舶,本以慕化而来,因在接以仁思,传其感悦。……其岭南、福建及扬州番客,宜委节度观察使常加存向,除舶脚收市进奉外,任其来往通流,自为交易,不得重加率税。"③诏书中的福建主要是指泉

---

① 《旧唐书》卷一九八《西戎传·大食》。

② 薛能:《送福建李大夫》,《全唐诗》卷五五九。

③ 《文宗太和八年疾愈德音》,《全唐文》卷七十五。

州,同时,唐王朝还在泉州专门设"参军"招引外商。"唐设泉州……参军四人,掌出使导赞。"①作为地方统治者鼓励通商,振兴经济,以巩固其统治地位。如闽国时期,掌握泉州海外交通大权的王延彬,在他治泉的20多年间,积极实施对外开放和保护外商政策,"招徕海中蛮夷商贾","多发蛮舶,以资公用","郡人籍之为利,号招宝侍郎"。② 闽国时期泉州海外交通持续发展,为泉州港的繁荣奠定了坚实的基础。

北宋时期,宋王朝对海外采取更积极的政策。宋太宗雍熙四年(987年)特地派出8名使者带去宋王朝的文书和金帛,分四路"各往海南诸蕃国,勾引进奉"。③ 为加速泉州港的发展,宋仁宗至和二年(1055年)和嘉祐三年(1058年)二度任泉州太守的蔡襄兴建横跨洛阳江的万安桥(即洛阳桥),加快泉州与东部地区的陆路运输。陈偁于熙宁和元丰年间二度守泉,极力向宋神宗建议在泉州设置市舶司。三年后,宋哲宗元祐二年(1087年)置泉州市舶司,"若欲船泛外国,买卖自泉州就可放洋"。④ 摆脱了广州港的从属地位,这可谓泉州海交史上的里程碑。自此之后,外商到泉州愈来愈多,"苍官影里三州路,涨海声中万国商"。⑤

南宋时期,由于朝廷腐败,海寇猖狂,航运受阻,社会凋敝,生产萎缩,泉州港一度呈现萧条景象。当时,作为统治者的南宋王朝更依赖海外贸易,以资财政作为地方政府力求维护社会稳定和经济发展的手段,经历一度困难时期,在一些有作为的官吏努力下,使泉州海外贸易又朝着向上的发展局面。如乾道四年(1168年),

---

① 陈懋仁:《泉南杂志》卷上。
② 《泉州府志·名宦》。
③ 《宋会要辑稿·职官》四十四之二。
④ 吴自牧:《梦粱录》卷十二。
⑤ 王象之:《舆地纪胜》卷一三〇《福建泉州》。

泉州太守王十朋,任内励精图治,整饬吏治,革除弊端,政治清明。乾道七年(1171年),太守汪大猷,致力于平定海寇,巩固海防,维护外商的合法权益,政绩显著,九年留驻泉州。参军杜纯、太守关咏等,抵制金钱腐蚀,洁身自爱,在官吏中树立良好形象。又如林遵,端平间任泉州市舶提举,居官清白,舶来之品绝不染指。开禧中金判泉州的胡大正也是一位清官。尤以嘉定十年(1217年)和绍定五年(1232年)二度任泉州太守的真德秀,他治泉有方,政绩颇受人称赞。他深知泉州海外交通的重要性,"惟泉为州,所恃以足公私之用者,蕃舶也"。在他任内,整饬吏治,发展生产,惩治海盗,保护海外贸易。还有太守赵令衿于绍兴八年(1138年),为繁荣海外贸易,在著名的安平港的内港上,建造史称"天下无桥长此桥"的安平桥(俗称五里桥)。于是州海外贸易由复苏而走上正常繁荣发展的道路。①《诸蕃志》一书记载有50多个国家的风土人情,该书系当时主市舶司的赵汝适写的,即反映南宋时泉州港海外贸易的盛况。

元代,泉州海外交通达到全盛时期,成为世界贸易大港之一,这与新王朝更加积极鼓励外商来华通商以及阿拉伯人蒲寿庚及其家族掌管泉州海外贸易大权有很大关系。宋末元初,执掌泉州大权的蒲寿庚"导元倾宋',使泉州避免战争破坏,维持泉州港的持续繁荣。

从上述得知,外商来泉经商的人数和地区不断增多,是与泉州港的兴盛紧密相连的。吴文良《泉州宗教石刻》一书收集的宗教石刻有佛教、伊斯兰教、基督教、天主教、婆罗门教(印度教)和摩尔教(明教)等,教派林立,为泉州宗教的一大特色,反映外商来泉地域性很广。从文献记载看,从唐中时以后的"市井十洲人"、"外国人"到宋代的"三州路"、"万国商"。是知唐宋时期来泉外商有

---

① 参考庄炳章:《泉州海交史上的人物》。

来自亚洲、非洲和欧洲等地。从泉州古迹看,阿拉伯人遗迹居多,如著名的灵山圣墓和清净寺以及出土的宋元时代阿拉伯石刻。据《闽书》载,"圣墓"系唐武德年间,伊斯兰教传教士三贤、四贤传教泉州,"卒葬于此"。对此学术界有争议,但不论他是唐代或宋代,也不管他是传教士或蕃商的墓地,这是一处阿拉伯人的史迹,学界则是认同的。通淮街的清净寺,经考证,它建于北宋大中祥符二年(1009年),系由当时来泉的阿拉伯人依照叙利亚大马士革伊斯兰教礼拜堂形式建的。至元代,泉州清净寺又增建好几座。据元吴鉴《重立清净寺碑记》云:"今泉造礼拜寺增为六七。"泉州城区面积并不大,有几处清净寺,说明信仰者不少。王连茂《泉州学与海交史研究刍议》一文,从发现意大利犹太人雅各的手稿中,据说在南宋末年,泉州这个城市有1.5万来自中东的穆斯林,有2000个犹太人,还有大量来自印度、欧州以及其他地方的人,能听到100种语言。南宋末年至元代,蒲寿庚及其家族主宰泉州海外贸易大权,来泉的阿拉伯商人估计还会大大增加。这些来泉经商的阿拉伯人已经形成一个新的族群,但是这个族群如何与当地族群互动产生新的人们共同体,即回族? 它形成于何时?

　　民族是在历史发展过程中形成的。回族是我国诸多民族中较为特殊的群体,它是阿拉伯人落籍我国后,并与当地民族通婚后形成的。根据这一理念,从历史上考察,在唐代中叶以后,已有不少外商来到泉州经商,两宋时期人数更多。但是当时的封建政府是不鼓励外商长期居住下来,也不允许他们与汉人通婚,目的是提倡来往通商贸易。如唐太宗贞观二年(628年)六月十六日敕谕:"诸蕃使人所娶得汉人为妾者,并不得将还蕃。"[①]所以,唐岭南节度使卢钧明确提出"蕃华不得通婚"。[②] 宋代也是如此,绍兴时,"大商

---

① 《唐会要》卷一百。
② 《新唐书》卷一八二《卢钧传》。

蒲亚里者既至广州,有右武大夫曾纳其财,以妹嫁之,亚里因留不归。上(皇帝)今(令)委南夫劝亚里归国,往来干运蕃货,故圣谕及之"。[①] 但是随着来华外商人数不断增多,封建政府又需依赖外商获取经济利益,于是原来制定不许外商久居的"化外人,法不当城居"的禁令约束力大减,只好"听其往返居止"。[②] 泉州海外交通后来居上,外商来泉人数大增。南宋时泉州已出现蕃商的聚居区。元代回族在泉州出现。

南宋时,在泉州城南和城东南一带,即今南门和法石一带,外商已建居住区。《诸蕃志·大食》载:"有蕃商曰施那帏,大食人也,侨居东南……作丛冢于城外东南隅,以掩胡贾之遗骸。"《泉州府志》亦载:"胡贾航海踵至,富商赀累巨万,列居城南。"由于外商在泉州通商要地营建住宅区,出现"蕃汉杂居"。汪大猷《汪公行状》云:"蕃商杂处民间。"刘克庄亦指出当时泉州有四大难题,其一曰:"民夷杂居。"[③]文中的"蕃"、"夷"均指外商。

到了元代,随着色目人政治地位的提高,主宰泉州市舶大权的蒲氏家族以及在泉的富商巨贾和传教士纷纷营建别墅。《伊本·巴都他游记》载:"刺桐(泉州)地极桅要,城广大无比……伊斯兰教徒则另居在城一隅,和他人隔绝……侨居刺桐最著名的教长夏不鲁罕丁,在城外有他的别墅。"蒲寿庚家族的别墅建在城东南,即今法石一带。陈埭丁氏开基祖丁节斋,元初自苏州来泉经商,定居在泉州。元代著名学者吴澄撰写的《送姜曼卿赴泉州路录事序》曰:"泉,七闽之都会也。蕃货运物,异珍宝物之所渊薮,殊方别域,富商巨贾之所窟穴,号为天下最。"[④]元代泉州诗人宗泐赋诗

---

① 《宋会要辑稿·职官》四十四之二十。

② 《宋史》卷一八六《食货志·互市舶法》。

③ 刘克庄:《后村先生大全集》卷八十六《吴洁知泉州》。

④ 《吴文正公文集》卷十六。

云:"缠头赤脚半蕃商,大舶高墙多宝货。"

元代泉州已出现"与他人隔绝"的阿拉伯人的聚居区,比起宋代"蕃汉杂居"又有了发展,反映了元代泉州阿拉伯商人人数不少,他们据有较高的身份和政治地位。这些外商不但久居泉州,死后也埋葬于此。泉州出土大量宋元时期的阿拉伯人墓碑石即反映这一历史事实。

外商定居泉州后,必然与当地汉人产生通婚关系。"蕃汉通婚"在南宋时已经出现,其中也有欧洲外商。如王连茂先生文中曾提到:"雅各是意大利犹太人,来泉州后雇用了一个叫李奋理的青年,他父亲是意大利比萨人,母亲是泉州人。"但是以阿拉伯人比例最大。据说,泉州丁、金、郭、蒲四姓回民,他们的祖先都是在南宋末或元代在泉州定居,娶当地汉族为妻。陈埭回族《丁姓族谱》载,一世丁谨、二世丁嗣娶妻陈氏,三世丁夔妻苏氏,四世丁善妻庄氏。陈、庄、苏氏均汉女。《伊本·巴都他游记》亦曰:"若外商求妾,则其诱馆之为之买婢……外商不得与此婢结婚,然可与别(良家)妇结婚。"泉州《林李宗谱》载:"其间有色目人者,有假色目人者,有从妻为色目人者,有从母为色目人者。"可知当时蕃汉通婚中,有色目人娶汉女,也有色目女人嫁汉男的现象。洪武五年(1372年)明太祖诏书曰:"蒙古人、色目人现居中国,许与中国人结婚姻,不许与本类相嫁娶"。明代政府也承认番汉通婚既成事实,不得不提出废除历代"蕃汉不得通婚"的禁令。可知元代泉州"蕃汉通婚"相当普遍。

元代汉文在回民中得到广泛应用。早在北宋末,外商已提出创办"蕃学"的要求。"大观(1107—1110年)、政和(1111—1117年)间,天下大治,四夷响风,广州、泉州请建蕃学。"①在泉州建"蕃学",是适应当时外商及"土生番客"的需要。教授"蕃学"必然用

---

① 蔡绦:《铁山围丛谈》卷三。

汉文,故汉文在回族人群中得到广泛的应用。1940 年吴文良先生在泉州收集一方元代墓碑石,正面刻阿拉伯文,背面阴刻汉字为"孤哀子吴应斗泣血谨志"。是知吴父为阿拉伯人,吴母为泉州人。在出土的元代阿拉伯文墓碑石上,还镌刻有"番客"二字的汉字。

晋江陈埭丁姓和惠安白崎郭姓回族都是从泉州迁去的。其始祖墓均在今泉州市区发现,其墓碑石均用汉字。如丁姓始祖丁节斋墓碑石正面镌刻:"大元节斋丁公墓","泰定四年冬立",背面刻字"葬东塘头灵堂山之原"。郭姓回族始祖郭德广墓,1959 年泉州海交馆在法石发现,墓碑上文字由四部分组成:(1)右上角竖刻篆体"坡庭",左上角竖刻"百奇"。(2)在"坡庭"、"百奇"之间,横刻一行阿拉伯文字。(3)在"坡庭"左下刻"晋"字,在"百奇"右下刻"惠"字。("坡庭"地名,隶晋江县;"百奇"地名,隶惠安县)。(4)在"晋"、"惠"两字之间的墓碑中部竖刻楷书"元郭氏世祖坟茔"七个字。后经阿拉伯人的翻译和族谱记载,考订墓主人姓名。从这些资料表明,至元代,汉文在回族中已得到广泛的应用。

伊斯兰教的影响。宋元时期,泉州有大量阿拉伯人居住,建有数座清净寺。由于阿拉伯人在元代政治地位居于汉人之上,且主宰泉州经济和军政大权,权倾一时,宗教势力凸现。伊斯兰教有特权,教主可以代表教徒"清理词讼,判断曲直"。"清净之教,于元时最为炽。色目人据闽,以吾泉为盛。当元之时,免其差役,世为常因避难而从回。"①可见在当时有部分汉人"因避难而从回",加入伊斯兰教和回族的行列。宗教和民族是两个不同概念,但宗教作为民族特征中的重要因素,它对促进民族形成产生很大的影响。

从上种种事实表明,阿拉伯人从唐代中叶以后来往于泉州经商,至宋元时期大量落籍泉州,营造居住区,与汉人通婚,产生新一

---

①　惠安白崎:《郭氏族谱》。

代"土生蕃客"。这个新的群体就是在蕃汉两大族群长期互动中产生的。这个族群称之为回族,虽然其先为阿拉伯人,但它是在中国境内形成的,是为我国的一个少数民族。

从泉州的历史考察,泉州回族的来源与形成是与泉州海外交通的兴盛密切相关的。从上述具体资料所反映的事实看,元代是泉州港海外交通的鼎盛时期,也是泉州回族形成的历史时期。明代泉州港衰落,回族人民被逼向外迁移,陈埭、白崎的回族就是在元末明初从泉州市区迁去的。因而明代是泉州回族衰败时期,而不是它的形成期,对此笔者已有专文论述。①

四、余论

族群互动与文化重组是历史发展的必然趋势,在各个地区都存在。从泉州的事例我们可以得到如下几点认识:

1. 族群互动和文化重组从来都是双向的,不可能是以一个民族文化去淘汰另一种民族文化。一种新文化的产生都是在原有传统文化的基础上发展起来的。泉州土著闽越人,在长期生产生活中形成的土著文化有着浓厚的群众基础。汉人入迁后,他们要在新的环境中生活,首先必须"入乡随俗"。他们一方面传播汉文化,另一方面积极地吸收当地文化融合成为自己的文化而保存下来。所以说泉州文化(闽南文化)是汉越两族文化经过长期的互动,互为影响,相互吸收,双向交流,以谋求共同的发展与进步的产物。随着历史的发展,这种关系与日俱增,经过族群互动,文化重组整合必然深化到各个层面。因此,泉州文化不能简单理解为纯粹的汉文化。闽南文化如同客家文化一样,它是汉族中的一支民

---

① 蒋炳钊:《关于福建泉州回族形成时代的讨论》,载《民族研究》1993年第3期。

系,但不是中原汉文化的移植,而是汉越文化互动的产物。

2.文化是人们为适应生存而创造出的不同文化模式。文化的重组整合是经过一段相当长的发展变化过程。但是文化的发展总是向上的,它与族群互动互为因果关系。汉文化作为主体民族的文化,在各民族中其文化是比较先进的。它通过推行郡县制,创办学堂推广儒家文化和先进的生产技术和经验去影响其他民族的同时,又吸收其他民族的优秀文化。这是形成我国汉文化多姿多彩、各具特色的原因。

文化的传播与交融因时因地而异,在汉文化传播较薄弱地区,土著文化保留时间要长些,如漳州与泉州同属闽南文化圈,原来都是越人区,但漳州开发比泉州晚,故当地土著越人后裔畲民至元代还大量存在。泉州为闽南地区开发最早的地区,汉文化传播与影响比闽南其他地区快,社会经济发展较为迅速。虽然在唐代泉州还有大量越人,到了唐末五代时,土著民族除蛋民外,则大都融合于汉民族之中,成为泉州汉民族的一个重要来源。

3.族群互动和文化重组是一个复杂的演变过程,它与当地的政治、经济、文化各方面的发展密切相关,尤与经济的关系至关重要。从种种事实表明,泉州族群互动和文化重组与泉州的开发,尤其是泉州港的兴盛密切相连。如以时间推之,从唐中叶以后,以泉州港的兴起为契机,汉族及其文化在泉州地区的影响日渐凸现。至闽国时,泉州地区汉文化已经成为主体文化,原来的土著民及其文化已大多融入于汉族之中,并在发展中逐渐取得共识。入宋以后,泉州汉族人口大增,社会经济已走在全国发展的前列,进一步巩固和发展文化重组的成果。至元代,福建建行省,泉州成为福建地区社会经济最为发达的地区之一,走在闽南文化圈的前列。泉州港发展成为世界一大贸易港,它不但反映泉州族群关系大变化和文化重组整合已深深影响到各个层面,而且对福建其他地区也产生一定的辐射作用。

4. 泉州回族是我国回族形成时间最早的地区之一。虽然人口仅占全国回族极少的一部分,但它的形成历史则在全国回族史上有重要地位、作用和影响。

民族的来源与形成是一个复杂的问题,族群的互动与重组也是如此。泉州回族的形成主要是阿拉伯人与汉人通婚产生新一代"土生蕃客"而形成的一个新的人们共同体。但是也不排除在元代,色目人政治地位居于汉人之上,他们的上层在泉州有着显赫地位,伊斯兰教在泉州享有特权。在这种情况下,也有一些汉人"因避难而从回",成为回族成员的可能性。

5. 关于"蕃客"和"土生蕃客"的国籍问题。蕃汉通婚后产生新一代的"蕃客"和"土生蕃客",这在宋元时代的泉州已大量出现。主张泉州回族形成于明代的观点的学者,认为这些人不能算为中国人,"还是外国穆斯林的后裔,要经过一段时间的融合,才能逐步和向回族形成过渡"。[①] 后来他又写《福建陈埭回族的形成与发展》一文,用丁姓回族资料来具体论述泉州回族形成于明代的论证。[②] 我们认为如果陈埭、白崎的回族不是元代已是泉州回族的一员,那么他们就不可能成为现在的回族。道理很简单,陈埭和白崎的丁姓、郭姓的回族,他们本身不存在民族形成问题,充其量只是丁姓和郭姓回族的家族发展史,怎能以家族史来替代泉州回族形成的历史?因此用《福建陈埭回族的形成与发展》作为探讨泉州回族形成的历史,提出这个命题本身就很值得商榷。因此我们认为元代出现的"蕃客"、"土生蕃客"如同元代色目人一样都应该算是中国人。

6. 族群互动与民族关系。历史上族群互动一般都伴随着斗争

---

① 陈国强:《泉州回族考》,载《厦门大学学报》1988 年第 1 期。

② 陈国强:《福建陈埭回族的形成与发展》,载《民族研究》1991 年第 4 期。

与融合的过程。新的族群产生后,彼此间还会存在着矛盾与冲突,这在阶级社会里是不可避免的。泉州港的兴起与发达都是经过越、汉、回几大族群的共同努力取得的,共同的利益暂时掩盖着彼此的矛盾与斗争。但是到了元代,色目人政治地位居于汉人之上,作为人口占少数的回族,其上层人物仗着他们的权势,对泉州人民进行残酷的压迫和剥削,同样也引起族内人民的不满。据泉州回族《清源金氏族谱》记载,回族上层"恃宠专制,悛法严刑,以遂征科,人苦薰炎甫几十年。……蒲贼死(指蒲寿庚),其婿那兀纳自立,据土擅赋,大肆惨吏(毒)……州民无辜,贼必驱之前列"①。尤其是元朝即将灭亡时,泉州回族上层发生一场争权夺利的残酷斗争。"所到焚掠殆尽",前后达10年之久,造成"民无可逃之地"的惨局,给泉州人民带来一场大灾难。民族关系骤然紧张,明朝建立后,在大汉族主义的冲击之下,泉州清净寺被毁,回族人民有的改名易姓,如白崎郭姓回族自称为唐代郭子仪的后裔;有的被迫外迁,又是一场民族大灾难。在这种情况下,又有不少回民被融入于汉族之列。如果不是新中国成立之后,实行民族平等政策,陈埭、白崎的回族怎能恢复自己的民族成分。作为全国回族形成最早地区的泉州,可能也是全国回族最早消亡的地区了。

7. 泉州族群除汉族、回族和土著越人外,历史上还有满族、蒙古族和畲族。这些民族都是从外地迁入的,人口少且与汉人杂居,受汉文化较深,大都与当地汉人习俗无二。如迁入惠安涂寨的回族和畲族都与当地汉人行"长住娘家"的婚俗。清代居住于永春的畲族也与当地汉族习俗无异。"今具遵制编保甲,从力役,视平民无异。近又与土民联婚,并改其焚尸浮葬之俗,亦足见一道同风之化云。"②方清芸编《德化县志》所记该县畲族情况与永春完全相

① 《清源金氏族谱·一庵公传赞》,《晋江县志》卷十五《杂志》。

② 郑一崧:乾隆《永春州志》卷七《风土志》。

同。这些少数民族在历史上大都混同于汉族。新中国成立后,在民族平等政策的感召下,他们的民族成分才得到确认。虽然他们人数少,在族群互动中影响力不大,但他们为泉州的开发作出自己的贡献。

(原载《闽南文化研究》上册,海峡文艺出版社 2004 年版)

泉州海外交通的兴起
与泉州回族的形成

　　泉州是我国中世纪最重要的对外贸易商埠之一。这一成就，凸现中原汉文化传播和外来文化的交融博纳、文化互动的结晶。泉州回族成为我国回族最早形成的地区之一，也是与它独特的地域文化分不开的。本文试就这两个问题谈一点不成熟的意见，请指正。

一、汉人入迁与汉文化传播促进泉州
社会经济的全面发展

　　古代的泉州没有汉人。从晋江流域发现的诸多印纹陶遗址证明，先秦的泉州人属于百越民族之一支——闽越族人。他们聚居于近溪旁山地，从事农业生产；在沿溪沿海地方也从事水上营生。但由于远离中原，接受汉文化较晚，因而其社会经济比起中原汉区和长江中下游的吴、越等地都要滞后。

福建的开发肇自汉代,福建社会经济的发展,是与汉人入迁和汉文化的传播分不开的。泉州也不例外。汉人入迁泉州,最早可能始于三国,而大量入迁应在永嘉之乱以后。三国时,吴以会稽南部置建安郡。西晋时又增设晋安郡。汉人入闽是从闽北开始,继而向闽东、闽南、闽中等地不断扩展,如《福州府志》有"八姓入闽";莆田《陈氏族谱》有陈、王、周等"渡江者八百余家"的记载。

泉州"晋江"得名"以晋之衣冠避地者多沿江以居,故名"。[①]宋乐史《太平寰宇记·泉州》亦载:"东晋南渡,衣冠士族多萃其地,以求安堵。"南朝时,福建又分为晋安、建安、南安三郡。隋统一后,行州、县两级制,废三郡置泉州。泉州一名始见于世。当时的泉州包括今福建大部分。隋大业初又改泉州为闽州。唐贞观初又改闽州为泉州。圣历二年(699年)析泉州之南安、莆田、龙溪三县置武荣州。景云二年(711年)改为泉州。开元六年(718年),泉州州治从南安丰州移置今泉州市。从此,泉州成为晋江流域的政治、经济和文化的中心,其政区范围也相对固定下来,即包括晋江、南安、惠安、同安、安溪、永春、德化七县,这就是历史上所指的泉州府。[②]

泉州是汉人入闽较早的地区之一。考古工作者曾在南安丰州镇狮仔山发掘出17座两晋南朝墓,明确纪年有:西晋太康五年(284年)、东晋咸康元年(335年)、宁康三年(375年)、太元三年(378年)部曲将军陈文降墓、义熙十二年(416年)、刘宋元嘉四年(427年)等。随葬品以青瓷器为主。庙下村出土西晋"太康五年八月□日作"墓砖。墓系单室,券顶,砖构。随葬品有陶灶、陶罐、

---

① 王象之:《舆地纪胜》卷一三〇《泉州》。

② 庄为玑等:《海上丝绸之路的著名港口——泉州》,海洋出版社1987年版,第1、20页。

陶甑、陶釜等①。

但是从三国至两晋,建安和晋安两郡 13 县仅有 5885 户, 37524 人,地广人稀,仍被中原人士视为蛮荒瘴疠之地。

隋唐时代,入迁泉州的汉人大增。隋唐墓葬多处发现。庄为玑教授在丰州埔头村和泉州东岳先后发现开皇十六年隋墓。在泉州中山公园发现唐贞观三年唐墓。在安溪后垵又发现"乾封二年,上柱国刺史武吕墓等多座唐墓"。② 这些墓主人均系中原入迁的汉人。隋大业五年(609 年)统计,人口已较 50 年前增加一倍多。至唐天宝元年(742 年),福建已增至 25 个县,在五州中人口最多为福州,其次为泉州。说明沿海地区人口比重增加,改变了以往经济中心在闽北的状况。③ 汉文化在福建的传播是与封建郡县制的不断扩大密切相连的。

汉人的大量入迁,给泉州带来中原的先进生产技术和科学文化,并同泉州丰富的生产资源结合起来,促进泉州经济的开发。社会经济发展的重心是以农业为基础,扩大耕地面积;同时利用有利的自然条件,发展海上交通。水利是农业的命脉,据载,晋江流域在唐代筑有东湖、尚书塘和仆射塘,溉田各达数百顷。又修了六里陂,溉田 4 万多亩。为了改造滨海咸卤地,还兴建其他一些海塍④。

农业的发展带动手工业的进步,尤其是苎麻、棉花的种植,促进纺织业的兴起。陶瓷业、制盐、冶铁等,也得到进一步发展。

---

① 李玉昆:《泉州海外交通史略》,厦门大学出版社 1995 年版,第 3 页。

② 庄为玑:《古刺桐港》,厦门大学出版社 1989 年版,第 117～120 页,第 1～2 页。

③ 厦大历史所:《福建经济发展史》,厦门大学出版社 1989 年版,第 2 页序言。

④ 《八闽通志》卷二十二,《泉州府志》卷九,《晋江县志》卷十六。

特别是汉学的传播影响最大。唐代开发南方很注重传播儒学。唐武德七年(624年)，唐高祖下诏诸州县置学，从此，州县设学成为历代相延续的制度。欧阳修《新唐书·常衮传》载："始，闽人未知学，衮至，为设乡校，使作为文章，亲加讲导，与为客主钧礼，观游燕飨与焉。由是俗一变，岁贡士与内州等。"前宰相常衮于建中元年(780年)任福建观察使，在闽倡导儒学，推动儒学在福建的兴起。贞元八年(792年)，泉州士子欧阳詹及第，"声腾江淮间，达于京师"。欧阳詹与韩愈同榜进士，他以诗和散文闻名于世。同时还涌现一批诗人、文学家和政治家。

古代越人精神生活的主要内容是笃信巫鬼，好事诅咒。"越人俗鬼，祠天神上帝百鬼。"①随着汉人入泉，道教、儒教也随之传入，西晋太康年间泉州府南建置白云庙(即玄妙观前身)，可谓泉州最早道观。至唐代，道教在泉州的流传更广，有泉州开元观，原来白云庙先后更名为中兴观、隆兴观，还有金粟崇真观、紫极宫等。还涌现一些道学精深的道士和道教学者。佛教在西晋时也传入泉州，晋太康年间建的延福寺为泉州最早建筑，至唐代，泉州一府五县(同安、惠安、安溪、晋江、南安)共造佛教寺院40多座，如泉州开元寺、安国寺、镇国东禅寺、普照寺、明心寺、法云寺、梵天寺等，足见唐代泉州佛教之兴盛，故有"泉南佛国"之称。② 同时，外国多种宗教、建筑艺术等文化也传入泉州，对泉州文化发展产生广泛的影响。由于各方面都有较大的发展与进步，泉州的地位也提高了，贞元八年(792年)由中州上升为上州。

唐末五代是福建泉州历史上的一个重要转折时期。安史之乱后，由于黄河一带藩镇割据，战乱频繁，社会生产力遭到破坏。唐

---

① 《史记·封禅书》。

② 吴幼雄：《泉州宗教文化》，鹭江出版社1993年版，有关道教、佛教部分，第118页。

光启元年（885年）正月，王潮及其弟王审知等人率领光、寿二州数千人渡江，由江西入汀漳，景福二年（893年）占领福州。王潮被朝廷封为"威武军节度使"。王潮死后，其弟王审知继任。审知死，其子王延翰称帝，建立闽国。王氏治闽53年，对福建泉州社会历史的发展产生深刻的变化。

首先，汉人入闽人数大大增加。据说当时随王氏入闽部众达数万人。这批汉人大都在福建落籍。这是福建历史上军事移民中人数最多的一次。同时，在王氏治闽期间采取保境息民政策，对汉人入闽采取欢迎态度，故有大批汉人入迁福建。据宋太平兴国三年（978年）统计，福建人口为470809户，比唐代增加4～5倍。人口增长主要是二王统治时期的北方移民。① 在沿海地区的泉州，人口增加当在全省前列。

其次，经济进一步繁荣。为适应人口的增长，一方面精耕细作，提高粮食产量；另一方面扩大耕地面积，发动士卒围埭屯垦，如陈洪进曾率士卒屯垦晋江陈埭。五代末，泉州附郭堤上堤下"种稻三千顷，插柳百余株"，膏腴良田，广种稻谷。沿海乡村筑堤挡潮，"变斥卤为膏垠"②，同时，农业已由城郊向山区发展，如位于群山之中之清溪（安溪），"土之所宜者桑麻谷粟，地之所产者獐麚禽鱼，民乐耕蚕，冶有银铁，税有竹木之征……每岁之给经费六万余贯，地实富饶……"③南唐保大十三年（955年），清溪县由小溪升置是经济开发的结果。农业发展带动手工业，尤其是纺织业和陶

---

① 徐晓望：《论闽国时期福建的人口问题》，载《福建史志》1994年第2期。

② 厦大历史所：《福建经济发展史》，厦门大学出版社1989年版，第2页序言。

③ 《重纂福建通志》卷二沿革注引。乾隆《安溪县志》卷十一，詹敦仁：《初建清溪县记》。

瓷业。如詹敦仁《迁泉城留侯招游郡圃作》一文,叙述当时泉州城的繁华景象,称之有"千家罗绮管弦鸣"。王延彬任泉州刺史时,"多发蛮舶,以资公用,惊涛狂飙,无有失环,郡人借之为利,号招宝郎"。① 留从效治泉时,"陶瓷铜铁,远贩于番国,取金贝而返,民甚称便"。② 推动泉州海外贸易的发展。

再次,大力推广汉文化。自常衮在福建推广儒学,福建文风大变,登科及第屡渐增多。王潮任威武节度使时,创"四门义学",王审知继任后,他"兴崇儒道,好尚文艺,建学校以训诲,设厨馔以供给。于是兵革之后,庠序皆亡,独振古风,郁更旧俗,岂须齐鲁之变,自成洙泗之乡,此得以称善教化矣。怀尊贤之志,宏爱容之道,四方名士,万里咸来"。③ "王氏据有全闽,虽不知书,一时浮光士族,与之俱南。其后折节下士,开四门学,以育才为急,凡唐宋士大夫避地而南者,皆厚礼延纳,作招贤院以馆之。闽之风声,与上国争利。"④在闽国时期,"唐衣冠卿士跋涉来奔,若李洵、韩偓、王标、夏侯叔、王淡、杨承休、王涤、崔道融、王拯、杨赞图、王倜、杨沂丰、归传懿诸人,未易指屈"。⑤ 他们的到来,大大提高了福建的文化品味。

泉州是福建一个重要地区。早在王审邽任泉州刺史时就设立招贤院,派长子王延彬主持此事,负责接待天下贤士。审邽死后,延彬继任泉州刺史,他能诗善赋,很有才华。闽国时期,由于中原士子大量涌入泉州,使泉州成为南方的一个文化中心。如在唐中

① 乾隆《泉州府志》卷四十《封爵·王延彬传》。

② 《清源留氏族谱·鄂国公传》。

③ 《十国春秋》卷九十附:钱昱《忠懿王庙碑》卷九十五,中华书局点校本。

④ 陈云程:《闽中摭闻》卷一,乾隆陈氏刊本。

⑤ 《十国春秋》卷九十附:钱昱《忠懿王庙碑》卷九十五,中华书局点校本。

叶以前,中原士子所见福建者仅欧阳詹等少数人,到了唐末五代,人才及第已达 64 人,其中福州 36 人,泉州 21 人。"闽中自是号为文儒之乡。"①

闽国时期,文化大大振兴,佛教也成为昌盛之地。闽王王审知礼佛敬僧达到狂热地步。在闽国的 53 年中,建有佛寺 267 座,仅泉州就有 54 座,著名的承天寺、水陆寺、保福寺、法石寺等,都是在这时期兴建的。② 由于统治者的提倡,民间也掀起崇佛的热潮,礼佛已成为百姓日常生活的一件大事。"王氏入闽,崇奉释氏尤甚,故闽中塔庙之盛甲天下。家设木偶、绘像、堂殿之属,列之正寝,朝夕事之惟谨。"③

综上所述,自唐代以来,尤其是唐末五代时期,泉州社会经济发生了很大变化,迅速赶上中原发达地区。这些变化都是与汉人入迁和汉文化的传播和影响分不开的。汉文化已发展成为泉州的主体文化,它为宋元泉州海外贸易的兴盛奠定了基础。

二、宋元时期泉州海外交通的兴盛

泉州背上濒海,有很长的海岸线,先民们很早就利用海上交通和海上资源发展经济。经过长期的探索实践,沿海开发日有进展,直至宋元时代,泉州港发展成为世界贸易大港,究其原因有下列几个方面:

（一）天然良港

泉州位于我国的东南沿海,扼晋江下游,当江海交汇之所,向

---

① 《福建通志·文苑传》卷一。

② 吴幼雄:《泉州宗教文化》,鹭江出版社 1993 年版,有关道教、佛教部分,第 118 页。

③ 黄榦:《勉斋集》卷三十七,四库全书本。

有"三湾十二港"之称。三湾即泉州湾、深沪湾和围头湾;十二港即泉州湾的洛阳港、后渚港、法石港、蚶江港;深沪湾的祥芝港、永宁港、深沪港、福全港;围头湾的安海港、金井港、围头港、石井港等。① 其中以后渚港和安海港最重要。泉州港水道深邃,海湾曲折,港口密布,又处于亚热带,终年不冻,四季可行,是个天然良港。

泉州港登上历史舞台成为我国海外贸易港口始于南朝。印度高僧拘那陀(一译真谛)在中国传教,曾三次来泉州,并从泉州港乘大舶南航。

唐代,泉州有"市井十洲人"之称,反映泉州港海外交通开始兴起,尤其是唐中叶以后,"安史之乱"导致陆上丝绸之路受阻,北方经济受到破坏,于是海上丝绸之路成为我国丝绸外销的主要途径,南方港口有了发展的生机。海外商人、传教士和使者由海路纷至沓来。唐天宝年间(742—756 年),诗人包何云:"云山百越路,市井十洲人。执玉来朝远,还珠入贡频"。凸现出泉州海外贸易的盛况。9 世纪中叶,阿拉伯著名地理学家伊本·郭大贝在其《道程和郡国志》一书中把泉州、广州、交州和扬州并列为我国对外贸易的四大港口。

五代时期,"从王潮入泉至陈洪进归宋的 85 年间,由于泉州地区的相对安定,也由于王延彬、留从效和陈洪进的相继经营,使泉州的社会经济和海外贸易得以持续发展,并为宋代走向繁荣奠定了基础"。② 后梁开平二年(908 年),王审知向梁王朝进贡的"玳瑁、琉璃、犀角器并珍玩、香药、奇器、海味,色类良多,价累千

---

① 庄为玑:《古刺桐港》,厦门大学出版社 1989 年版,第 117～120 页,第 1～2 页。

② 庄为玑等:《海上丝绸之路的著名港口——泉州》,海洋出版社 1987 年版,第 1、20 页。

万"。① 这些贡品都是舶来品。为适应泉州海外交通发展的需要，在他们治泉时，相继扩建泉州城。留从效扩泉州城时，"重加版筑，旁植刺桐环绕"。② 从此，泉州又以刺桐城和刺桐港闻名于世，为泉州天然良港营造更为美丽的氛围。

　　宋元时期，泉州对外交通远达亚、非、欧等。南宋吴自牧《梦梁录》云："若欲泛外国买卖，则自泉州便可放洋。若有出洋，即从泉州港口至岱屿门，便可放洋过海，泛往外国也。"赵汝适，嘉定十七年（1224 年）九月提举福建路市舶司，宝庆元年（1225 年）七月兼权知泉州，十一月知南外宗正事，在他任内撰写《诸蕃志》，记录当时与泉州交通贸易的国家和地区有 58 个，货物种类 47 种。当时的航线，从泉州至中南半岛的交趾（今越南北部）、占城（今越南南方）、真腊（今柬埔寨），再到南洋群岛的麻逸（今菲律宾群岛之一）、三屿（今菲律宾的三岛）、渤泥（今加里曼丹岛上文莱）、婆渚（今印尼爪哇岛）、三佛齐（今印尼苏门答腊岛），再往西南的马来半岛凌牙斯加（今马来半岛北部），越马六甲海峡，进入孟加拉湾，入印度洋到印度半岛的南毗、故临、细兰（今印度西南部），然后入阿拉伯海，入波斯湾，至大食（今阿拉伯国家总称）、白达（今伊拉克巴格达）。再延阿拉伯半岛海岸入红海，或到达非洲东海岸的层拔（今伊拉克东南部）、弼琶罗（今非洲索马里东部等地），或越过苏伊士运河入地中海到达欧洲南部和非洲北部。另一条船线，自泉州港出发，向东北方向航至新罗（今朝鲜半岛）、倭国（今日本）。还有向东航行，经澎湖至台湾、流求。③

　　元顺帝时，江西人汪大渊乘海船从泉州出发，远游南洋各国。回国后，他根据耳闻目睹写成了著名的《岛夷志略》一书，记载了

---

① 《旧五代史·梁书》卷四。
② 黄仲昭：《八闽通志》卷八十。
③ 傅金星：《泉贤著作述评》，鹭江出版社 1994 年版，第 56～57 页。

与泉州有贸易关系的国家和地区 107 个,元代的泉州港已被誉为世界最繁荣的国际贸易港之一。许多国内外学者对此都有评述。吴澄《送姜曼卿赴泉州路录事序》云:"泉,七闽之都会也,香货远物,异宝珍珠之所渊薮,珠方别域,富商巨贾之所窟穴,号为天下最"。① 意大利旅行家马可·波罗 1291 年从泉州港起航回国,在他的游记中曾说:"刺桐(泉州)是世界上最大港口之一,大批商人云集这里,货物堆积如山。"②

　　1345 年来泉州的摩洛哥旅行家伊本·白图泰,在他的游记中也是这样说:"刺桐港为世界上最大的港口之一。由余观之,即谓为世界上最大之港,亦不虚象也。余见港中,有大舶百余,小船则不可胜数矣,此乃天然之良港。"③

　　(二)社会经济发展,提供了物质条件

　　唐后期至五代,泉州的经济开发加速了。到了两宋时期,已进入江南先进地区的行列。经济的发展为宋元泉州港的繁荣奠定了基础,准备了充分的物质条件。

　　首先是人口的大量增加,土地得到进一步开发。就泉州地区而言,唐天宝时,户数 2.38 万户,16 万多人。至北宋太平兴国时,户数上升到 9.65 万户,元丰年间户数增到 20 万户,淳祐时户数达 25.57 万户,人口达 34.8 万余人。④

　　人口密度增加,加重了对耕地的压力。宋谢履《泉南歌》云:"泉州人稠山谷瘠,虽欲就耕无地辟。"⑤为解决耕地的不足,与湖

<hr />

① 《吴文正公集》卷十六。

② 陈开俊等译:《马可·波罗游记》,福建科技出版社 1981 年版,第 192 页。

③ 马金鹏译:《伊本·白图泰游记》,宁夏人民出版社 1985 年版,第 551、456 页。

④ 乾隆《泉州府志》卷四十《封爵·王延彬传》。

⑤ 王象之:《舆地纪胜》卷一三〇《泉州》。

海争田,宋以前大多集中湖田的围垦,至宋代除开发山区的梯田外,大力围垦沿海的埭田。明蔡清《海岸长桥记》载:"沿泉南里许折而东,经陈江,历玉涧渡至龟湖,本来都是海滨之地,咸流浸润不可为田。宋乾道间,人们筑长堤以止其流,内蓄涧子以溉田殆千余亩,傍堤之边驾石,以便行者,计七百七十间,通名海岸长桥。其工甚巨,其利甚溥。"①史载,当时泉州有埭九十四,以位于东南二十里的溜浦埭最大,"上承九十九溪之水,广袤五六里,襟带南乡之境,出溜石六斗门入晋江。宋时筑捍三万丈,斗门四,与陈埭斗门共为尾闾泄水。绍兴六年大力修治。泉州有陂八十二,府南清洋陂最大,自南安之九溪至府西南之高溪凡三十六水,合流数百里而为陂,所溉田千有八百顷。筑土为陂。宋淳熙七年,累石为岸"。②土地开发的深度与广度大大超过往年。官吏对农业也很重视,都要发表《劝农文》,总结和推广先进农业技术,如南宋真德秀在福州任内曾把"良农"的标准归纳为:"凡为农人,岂可不勤? 勤且多旷,惰复何望。勤于耕畲,土熟如酥;勤于耘籽,草根尽死;勤修沟塍,蓄水必盈;勤于粪壤,苗稼倍长;勤而不惰,是为良农⋯⋯我劝尔农,惟勤一字。"③后来他知泉州对农业更为重视。田少人稠的泉州,只有"竭力于农",精耕细作;引进良种,如占城稻很可能最早从泉州海港引进。大力推广双季稻,提高粮食产量。

　　两宋时期,泉州农业生产除稻米、粟麦外,茶叶、甘蔗、油菜、麻、水果、海错等,在全省占有显著的地位。但是田少人稠的矛盾一直制约着泉州社会经济的发展。淳祐二年(1242 年)颜颐仲知泉州时曾说过:"泉田少人稠,民赖广米,至则就籴。"④

----

①　方鼎:《晋江县志》卷十六引。

②　顾祖禹:《读史方舆纪要》卷九十九。

③　真德秀:《西山先生真文忠公文集》卷七,《福州劝农文》卷四十。

④　《福建通志·颜师鲁传附孙墓颐仲传》。

其次,农业的稳定发展与劳动力相对过剩,以及海外贸易的需求,大大刺激了手工业的发展。宋元时期泉州著名手工业有矿冶、制盐、制茶、纺织、制瓷、印刷、造船等。据《诸蕃志》记载,南宋进口商品香料和药物为大宗,出口商品有衣料、瓷器、药物、食品、杂类等60多种,尤以丝绸、瓷器为大宗。《岛夷志略》记载元代泉州港进口商品除香料外,还有食品、杂货,特别是色样繁多的蕃布。出口商品除丝绸、瓷器外,还有其他商品90多种,如金属用品有铁线、铁块、铁鼎、铁锅;食用品有米、盐、酒、糖、姜等;杂货有漆器、牙梳、篦梳、黄油伞等。这些外销商品大都出自泉州。

宋代福建是全国重要的矿冶之区,铁器生产在北宋中有较大发展,泉州、永春、德化、安溪所处的戴云山麓,冶铁业发展最为迅速。庆历五年(1045年),泉州青阳冶铁转运使高易简说:"置铁线务于泉,欲移铜铁于内地……"①泉州一地有青洋、倚洋、赤水三铁场。②晋江的石菌、卢湾、牛头屿、长箕头;惠安的卜坑、黄崎、许埭、港尾、沙留、卢头、峰前、牛埭;永春的东洋、肥湖和德化的信洋、上田、邱田等地都建有冶铁业。

福建制瓷业从唐五代发展至宋元,进入它的鼎盛期,瓷窑遍及福建各地。仅泉州地区而言,据1988年不完全统计,五代以前的窑址只有17处,宋元时期增至127处,其中原无窑址的德化增至42处,安溪有23处。闽南地区的制瓷业在南宋以后最为兴盛,其中以泉州东门窑、晋江磁灶窑和德化窑最著名,以青、白瓷最有特色。这些瓷窑产品大部分是外销瓷。磁灶窑、德化窑专门生产的"军持"、大型海碗、大型盘、青白瓷印花盒、陶瓶、龙瓶等,就是专门为海外市场的需求而设计的。

宋代以前福建纺织业以土布织造为主,原料有麻、葛、苎、蕉皮

---

① 《宋史·食货志》。
② 《元丰九域志》卷九《福建路》。

等,产品为麻布、葛布、苎布、蕉布等。宋代时,政府为组织丝绸出口,刺激沿海地区的福州、泉州和莆田等地纺织业发展,原料一部分从江浙一带贩运。南宋王十朋知泉州时,提出"依山者,以桑麻为业"。南宋两知泉州的真德秀在《劝农文》中强调:"有妇女当课以蚕织。"丝织业发展很快,苏颂咏泉城,曾有"绮罗不减蜀吴春"的诗句。1975 年在福州北郊发现一座南宋黄昇墓,出土了 334 件丝绸织品,有罗、绢、绫,花纹很多,反映了当时印染和刺绣工艺的成就。黄昇系黄朴的女儿,黄朴曾任泉州知府兼提举市舶使者。考古学家认为:"这批出土的丝织品的产地极有可能来自泉州一带或福建其他地区,从而为探讨南宋从泉出口的丝绸及其丝织业的发达提供了实物佐证。"①

元代泉州出口的丝绸大都以刺桐为名,行销各地。伊本·白图泰说:"此地织造的锦缎和绸缎,也以刺桐为名。"②刺桐锻不仅是外销商品,而且是王室赠送友好国家的礼物。如元朝皇帝赠送印度摩哈美德王"花缎五百匹,其中百匹系在刺桐织造,百匹系在汉沙(杭州)织造"。③ 是知元朝泉州生产的丝绸不仅数量多,质地优,颇受外商欢迎。

特别是发达的造船业和先进的航海技术。隋唐时期,泉州已是全国的主要造船基地之一。当时泉郎"居止常在船上,兼结庐海畔,随时移徙,不常厥所。船头尾尖高,当中平阔,冲波逆浪都无畏惧,名曰了乌船"。④ 泉郎即蛋民,越人后裔。《越绝书》云:越人

---

① 　福建省博物馆:《福州市北郊南宋墓清理简报》,载《福建文博》1977年第 7 期。

② 　马金鹏译:《伊本·白图泰游记》,宁夏人民出版社 1985 年版,第551、456 页。

③ 　马金鹏译:《伊本·白图泰游记》,宁夏人民出版社 1985 年版,第551、456 页。

④ 　(宋)乐史:《太平寰宇记》卷一〇二。

"水行而山处,以船为车,以楫为马,往若飘风,去则难从"。泉郎继承了"越人便于舟"的文化特点。汉人入迁后,又吸收汉文化先进技术。至宋元时期,泉州造船业不但普遍而且技术相当先进。宋人谢履《泉南歌》云:"州南有海浩无穷,每岁造舟通异域。"[①]宋代,泉州造船业除官营外,私营造船业也很兴旺。《宋会要辑稿》载:"漳、泉、福、兴化,凡海滨之民所造舟船,乃自筹财力,兴贩牟利而已。"[②]造船数量多,至元十七年(1280年),福建省移泉州,造船3000艘。

1974年在泉州湾后渚港发掘出一艘宋代海船,残长24.8米,宽9.15米,复原长度可达34米,载重量200吨。船体结构为尖底造型,共有13个隔舱,舷侧板为三重木板结构,船底板为二重木结构。船板上下左右之间都用榫接,并用铁钉加固,缝隙间填塞麻丝,竹茹和桐油灰捣成舱料。从发现的这艘泉州造的宋船看,无论从坚固性、平稳性,还是水密隔的安全设施等方面,在当时都具有世界的先进水平。

马可·波罗于至元二十八年(1291年)奉忽必烈之命,护送阔阔真公主远嫁波斯,"命备船十三艘,每艘具四桅,可张十二帆",从泉州起航。这些四桅船是泉州建造的。[③] 伊本·白图泰也说:大船三桅至十二桅,可载千人,皆造于刺桐及兴克兰(广州)二埠。泉州造船业的发达,为宋元泉州港的繁荣创造了物质条件。

(三)社会相对稳定,对外实行开放政策

泉州地处我国东南海疆,自汉唐以来直至宋元没有受到大的战争威胁和破坏,有一个较稳定的社会环境。"安史之乱"后,陆

---

① 王象之:《舆地纪胜》卷一三〇《泉州》。

② 《宋会要辑稿·刑法》二之一三七。

③ 陈延杭:《马可·波罗游记中刺桐海船的探讨》,载《海交史研究》1992年第2期。

上丝绸之路受阻,海上丝绸之路兴起,促使海上贸易的发达。广州和泉州是我国南方两大贸易港口。广州是唐代对外主要贸易港口,可是在唐末,因受黄巢起义的影响,不少外商开始转向泉州来。

五代时,北方战争不断,社会经济遭到严重破坏。王审知割据闽中,福建社会较安定,海外贸易得到正常的发展。

两宋时期,北方社会很不安宁,宋辽金连年征战,福建未曾受到战争威胁,海外贸易更引起统治者的重视。尤其是宋元更迭之际,全国大乱,元军攻打广州时,商船都被用来打仗,广州贸易港遭到破坏;泉州则不一样,当时主市舶大权的蒲寿庚,为维护蕃商集团市舶之利,元军进兵泉州时,采取"导元倾宋",向元朝投降,客观上使泉州避免一场战争之苦。元军占领泉州后,继续重用蒲寿庚,支持海外贸易,故在当年泉州便开港,海外贸易没有受到太大的影响。首先,泉州地区有一个长期相对安定的和平环境,因而使泉州港从一个地方小港脱颖而出,逐步发展成为东方一大国际贸易港。

其次,在元代以前,我国历代王朝对海外贸易都很重视,采取开放政策。唐文宗太和八年(834年)曾下诏鼓励外商来华通商。"南海蕃舶,本以慕化而宋,因在接以仁恩,使其感悦……其岭南、福建及扬州番客,宜委节度使常加存问,除舶脚收市进奉外,任其来往通流,自为交易,不得重加率税。"①诏书中提到的福建,主要是指泉州。而且在泉州还特地设"参军",招引外商。②

王审知治闽时,致力"招来海中贸易商贾"。其子王延彬治泉时,"息民下士,能继父志,前后在任二十六年,岁屡丰登,复多发蛮舶,以资公用"。③

---

①　《全唐文》卷七十五《文宗太和八年疾愈德音》。

②　《泉南杂志》卷上,"唐设泉州,参军四人,掌出使导赞"。

③　乾隆《泉州府志》卷四十《封爵·王延彬传》。

北宋统一后,宋太宗雍熙四年(987年),特地派出八名使者,带去宋王朝的文书金帛,分成四路,"各往南海诸蕃国,勾抬进奉"。① 宋哲宗元祐二年(1087年),随着泉州港海外贸易的发展,在泉州设置福建市舶司,专管海外贸易之事。② 还设"来远驿",专为外国商人、使者或传教士提供服务。

南宋时期,全国政治经济中心南移,南宋王朝的财政收入更是依赖于海外贸易。据研究,"泉州港一年的市舶收入就占南宋政府全部财政收入的五十分之一。泉州因舶货充羡,被稍后于这时期的人称为'富州'"。③

元代,统治者极力提高色目人的政治地位,又利用泉州蕃商集团的头目蒲寿庚主持市舶,让其"镇抚濒海诸郡"。④ 泉州港在国内诸贸易港中始终占有特殊地位,历史造就了它发展成为世界一大贸易港的机遇。

(四)南宋宗子和蕃商集团在泉州海外贸易中的作用与贡献

两宋时,"士大夫避难入福建"。⑤ 其中有一些是赵宋宗室贵族。这些南外宗子有的便落籍泉州,繁衍生息。正如何乔远《闽书》所言:"宋家南渡刺桐新,凤凰冢上卧麒麟,至今十万编产满,犹有当年龙种人。"这些王室贵族从事商业活动,"诸王邸多殖业市井,日取其资"。⑥ 有的还将宗女与外商联姻。南宋时,尤其是南外宗正司从广州移置泉州后,他们利用特权和政府对他们的优

① 《宋会要辑稿·职官》四十四之二。

② 《宋史·食货志》"市舶"条。

③ 陈高华等:《宋元时期的海上贸易》,天津人民出版社1987年版,第141~142页。

④ 《元史》卷十《世祖本世七》。

⑤ 《宋会要辑稿·刑法》二之一〇三。

⑥ 李焘:《续资治通鉴长编》卷一百八十七,"嘉祐三年八月辛酉"。

惠大肆从事海外贸易,"为懋迁之利,与商贾皂隶为伍"。① 有的还掌管泉州市舶要职,如赵汝适一身兼三职,是泉州一个举足轻重的人物。

随着泉州港海外贸易的日益发展,许多外国商人、传教士云集泉州,他们拥有大量海舶资产,有的也掌握市舶大权,蒲寿庚是蕃商集团代表人物。

蒲寿庚父亲蒲开宗,其祖先为阿拉伯人,南宋时,已从广州迁居泉州,从事海外贸易。"寿庚本回纥人,以海舶为业,家资累巨万计,南海蛮夷诸国,莫不畏服"。② 咸淳十年(1274年),寿庚与兄寿晟因平海寇有功,授福建招抚沿海都制置使,长期主持市舶。景炎初,授蒲寿庚为福建、广东招抚使兼福建市舶司提举。"擅蕃舶利三十年。"元朝统一后,蒲寿庚仍被重用为福建泉州行省左丞,为发展泉州海外贸易作出积极贡献。

(五)人多地少的矛盾,迫使一部分农民从事海上贸易活动

两宋时期,人口的大量增加必然出现地狭人稠、生活困难的状况。正如北宋末年方勺在《泊宅篇》中写道:"七闽地狭瘠,而水源浅远,其人虽至勤俭,而所以为生之具,比他处终无有甚富者。垦山陇为田,层起如阶级。然每远引溪谷水以灌溉,中途必为之碣,不唯碓来,亦能播精。朱行中知泉州,有'水无涓滴不为用,山到崔嵬犹力耕'之诗,盖纪实也。"③真德秀也说:"泉州濒海滨,半是硗确地。三时劳耕耘,收获尚无几。四体或不勤,将何活老稚。频年旱且潦,生理殊匪易。"④沿海的贫穷农民为生活所迫,不得不出

① 《宋会要辑稿·帝系》六之十三。

② 嘉靖《藁城县志》卷九,转引自李玉昆:《泉州海外交通史略》,第92页。

③ 方勺:《泊宅篇》卷三。

④ 真德秀:《西山先生真文忠公文集》卷七,《福州劝农文》卷四十。

海谋生,有的从事海上贸易活动。宋元时期,泉州私商很活跃。有的虽不直接从事经商,却服务于海上贸易的人不少,如造船,修路。泉州造船业发达,宋代安平桥和洛阳桥两大全国工程建设的兴建,都投入不少人力物力。泉州港海外贸易持续发展,泉州人民为此作出很大的努力,为国家作出积极的贡献。

三、关于泉州回族形成问题

泉州回族是全国回族的一部分。中国回族的来源不是"土生土长"的民族,而是阿拉伯、波斯和中亚细亚人来到中国后与当地的汉族和其他少数民族在长期相处的过程中形成的。从历史考察,回族的来源有海路和陆路,于是海路和陆路来源的回族是否形成于同一时间,或者有早晚之分,这个问题在学术上意见仍存在较大的分歧。

陆路来的回族先民,学者认为:"从1219年成吉思汗开始西征,到1258年旭烈兀攻陷巴格达,蒙古贵族征服了葱岭以西、黑海以东信仰伊斯兰教的各民族,大批中亚细亚人、波斯人和阿拉伯人被迁到东方来,还有自愿来贸易的商人,都被元代官方文书称为回族,列为色目人一种,是以后回族的基础。"[①]这部分人被迁到中国来,忽必烈把他们编入"探马赤军",并参加统一中国的战争。至元十年(1273年),元世祖令"探马赤军"随地入社与编民。自此之后,便有大批回回军士在"社"的编制下进行农垦,取得农民身份;另一部分仍过着兵农合一的"屯戍"生活。他们定居中国后,与当地汉族或少数民族通婚,繁衍后代。至明代,"回回已成为一个民族共同体"。[②]由陆路形成的回族,即指今我国西北地区的回

①　《回族简史》,宁夏出版社1987年版,第5页。

②　《回族简史》,宁夏出版社1987年版,第5页。

族,这部分回族形成于明代是可信的。

　　泉州回族来源主要是从海路来,从唐代开始,时间比陆路早几百年。泉州回族形成于何时? 有些学者也是持明代观点。《福建泉州回族的形成及其特点渊薮》一文提出,泉州回族形成的历史大抵可分为三个阶段:唐中叶至北宋是泉州回族先民涌入时期,南宋至元代是泉州回族先民与汉族融合时期,明代是泉州回族形成时期。①《泉州回族考》一文,以陈埭、白奇为例,认为该地区回族的形成与全国一样是在明代。②《福建陈埭回族的形成与发展》一文又重申:“陈埭丁姓回族应形成于明代初年,族谱所记第一、二、三世时,属于陈埭形成融合时期……到第四世丁善(仁庵)才形成陈埭回族。”③我认为这些观点都是值得商榷的,有的还犯了常识性的错误。

　　(一)明代是泉州回族被迫外迁的时期,而不是形成的时期

　　民族形成的首要条件必须有一个稳定的社会发展环境。元代泉州港发展为世界一大贸易港,社会经济稳步上升。可是到了元末,由于政治腐败,到处爆发农民起义。元顺帝为了镇压农民起义,到处网罗反动地主武装,当时被元廷封为“万户”的泉州回回赛甫丁和阿迷里丁等人,曾组织一些色目人、外商和水手为“义兵”,参与镇压农义起义。后来随着形势的发展与变化,他们拥兵自立,割据泉州。“顺帝至正十七年(1357 年)三月乙亥,义兵万户赛甫丁、阿迷里丁据泉州叛。”④“顺帝至正二十二年(1362 年)五

---

　　① 黄天柱等:《福建泉州回族的形成及其特点渊薮》,载《中央民族大学学报》1987 年第 6 期。

　　② 陈国强:《泉州回族考》,载《厦门大学学报》1987 年第 1 期。

　　③ 陈国强:《福建陈埭回族的形成与发展》,载《民族研究》1991 年第 4 期。

　　④ 《新元史·顺帝纪》。

月乙已朔,泉州赛甫丁据福州路,福建省平章政事燕只不花击败之,余众航海据泉州。"①正当全国大动乱的时候,泉州回回上层一方面与蒙古贵族对抗,另一方面为争权夺利,内部派系相互倾轧,甚至发生火并,如蒲寿庚的女婿、泉州市舶司提举那兀纳杀了阿迷里丁,夺取他的兵权。在这场斗争中"所至,焚掠殆尽"。给泉州人民(包括回族人民)带来一场大灾难。正如泉州回族《清源金氏族谱》载:"恃宠专制,悛法严刑,以遂征科,人苦薰炎甫几十年……蒲贼死,其婿那兀纳自立,据土擅赋,大肆惨夷(毒)……州民无辜,战必驱之前列。"②后来,元廷又派陈友定领兵平定那兀纳之乱。

元末,泉州、惠安、莆田等地经过赛甫丁、阿里迷丁、那兀纳和金吉等回回上层之间的火并和陈友定官兵的摧残,前后达10年之久,造成数年间"民无可逃之地"的惨局。泉州社会经济遭到严重破坏,外商不敢再来经商,泉州港海外贸易从此一蹶不振,衰败下去。

元朝被推翻后,朱元璋对蒲寿庚等人"导元倾宋"大为不满,一开始便下令蒲寿庚等家族的子第"不得仕官"③。地方上一些汉族统治者也掀起一股歧视、打击和迫害回回的思潮,泉州清净寺遭到严重破坏,有的回族被迫改姓埋名,有的被迫向外迁徙。如白奇《郭氏族谱》云,明初四世,郭姓族人自称是"唐尚父太尉中书令汾阳王郭子仪"的后裔。由此可见,泉州的回族怎能在明初这样的历史条件下形成呢? 陈埭、白奇回族都是元末明初从泉州迁去的。如果说明代是泉州回族形成时期,倒不如说明代是泉州回族被迫

---

① 《古今图书集成·职方典》卷一〇八六《兴化府部》。

② 《清源金氏族谱·庵公传赞》。《晋江县志》卷十五《杂志》。

③ (明)陈懋仁:《泉南杂志》下卷。顾炎武《日知录》卷十三《禁锢奸臣子孙》。

向外迁徙的时期更符合历史。

（二）以陈埭和白奇回族的迁徙史来说明泉州回族形成的历史是错误的,是以家族史代替民族史

众所周知,陈埭和白奇的回族,其先世都是居住泉州,于元末明初才由泉州迁去的,如果他们的祖先不是回族,那么迁入陈埭、白奇之后就不可能再形成回族。请看下面史实:

据丁姓族谱记载:陈埭丁姓一世祖丁谨（节斋）"自苏（州）货贾来闽泉,卜居泉城",娶妻陈大娘。二世祖丁嗣（衍宗,1275—1305）,娶妻陈氏,早逝。三世祖丁夔（硕德,1298—1379）,"商贩于外,往来苏泉间,未有定居",娶妻苏代。三世祖正处于"元季,江南方乱,硕德公方败于外,没有定居"的艰难困境。生有四子,其次子为四世祖丁善（仁庵,1243—1420）,娶妻庄细娘。又据《仁庵府君传》载:"公讳善,字彦仁,仁庵其别号也。元至正（1341—1368）末随父大皋公徙居城南门外二十余里,是为陈江。今族姓栉居江上,公所贻也。"陈江即今陈埭。以此说明陈埭丁姓是在第三代丁夔和第四代丁善一同迁去的,时间在元代末年至正年间,原因是"避战乱"。这是符合上述泉州回族的历史情况的。《陈埭回族的形成与发展》一文认为:"陈埭回族应是先民到陈埭后才形成发展起来的。"这是把陈埭回族的家族史当作民族史的最清楚的表述。

新中国成立后,在泉州东城墓发现丁姓一世祖丁节斋墓碑,上书"大元",右书"泰定四年",中书"节斋丁公墓",左下方书"冬十月立",字体为汉字楷书。丁节斋生于宋淳祐辛亥年（1251年）八月十五辰时,卒大德戊戌年（1298年）七月二十五日戌时。该墓是元泰定四年（1327年）冬十月立,说明该墓碑是在他死后30年才立的。这块墓碑的发现,证明丁姓所记一世祖为丁节斋是可信的,一世祖曾"卜居泉城",即说明陈埭回族祖先最早是居住在泉州。

惠安白奇回族也是从泉州迁去的。据《温陵惠邑华山前架房

梦课公派下郭氏家谱牒》载："一世德广公,自杭来泉,依例正籍法石,为法石开基始祖"。二世祖郭子洪,娶妻翁氏,夫妻"合葬晋江法石后山回塘"。三世祖郭仲远,"讳石泰,号毅轩,开基白奇始祖",娶妻陈氏。卒于明永乐壬寅年(1422 年)。由此可知,白奇回族一世祖、二世祖都是居住在今泉州涂门外法石乡。第三世郭仲远(1348—1422)才领家眷渡后渚港移居惠安白奇,时代约在明初。郭仲远夫妇墓现保存在白奇,被尊为白奇郭姓始祖。

1978 年,泉州海交史博物馆曾在东海公社法石乡发现一块墓碑,碑文用中阿文字镌刻,碑额阿拉伯文为"伊本·库斯·德广贡·纳斯",译成中文为郭德广。竖刻汉文"晋惠·元郭氏世祖坟",两旁上角为小篆,右"波庭",左"百奇"。白奇古称百奇。这块墓碑的发现,证实族谱所记不误。

综上所述,要探讨陈埭、白奇回族的来源都必须从泉州回族形成入手。迁入陈埭、白奇的回族本身不存在还有民族形成这一问题,而只是丁姓和郭姓的家族史,充其量也可以说是陈埭、白奇回族的发展史。如果以陈埭、白奇的家族迁移史作为泉州回族形成的例子,那就有本末倒置之嫌,说的更明确些,陈埭、白奇只能视为泉州回族新的聚居点而已。这在《回族简史》中早已点明。

(三)泉州回族形成于元代

泉州回族来源于海路,其形成过程必须有蕃商在泉州定居并与汉族通婚。于是就其中几个主要问题分述如下:

1. 定居

自唐宋以来,已有不少外商、传教士涌入泉州。从考古资料看,泉州出土的外国宗教石刻有伊斯兰教、基督教、摩尼教、婆罗门教(印度教)、犹太教等,尤以伊斯兰教居多,还有大量宋元时代的阿拉伯文的墓碑。从文献记载,早在唐代泉州已有"市井十洲人"。元代泉州港被誉为世界的大贸易港之一,可想而知,已有大量番商聚居泉州。据《诸蕃志·大食国》载:"有蕃商曰施那帏,大食人也,侨寓泉南……作丛冢于城外东南隅,以掩胡贾之遗骸。"
《泉州府志》卷七十五亦曰:"胡贾航海踵至,富者赀累巨万,列居
郡城南。"宋陈傅良《止斋文集》亦载:"兴温陵大邦,甲于闽部,番
汉杂居。"①《攻媿集》曰:"蕃汉杂居民间。"②南宋刘克庄还指出,
由于泉州人多地少,"民夷杂居"成为泉州社会四大矛盾之一。可
见在南宋已有诸多阿拉伯商人定居于泉州。

到了元代,由于色目人政治地位提高,泉州港海外交通处于极
盛时期,蕃商及传教士定居泉州更多,且营建别墅并形成了相对较
集中的聚居区。蒲寿庚家族在城南和法石等地都建有别墅。《伊
本·白图泰游记》曰:"刺桐地极扼要,城广大无比……伊斯兰教
徒则另居在城的一隅,和他人隔绝。侨居刺桐最著名的教长夏不
鲁丁在城南有他的别墅。"新中国成立后,尤国伟先生曾搜集到有
关元代阿拉伯人在泉州购买土地的"契约"、"给卖贴"和"账目
纸"。③ 泉州丁、金、郭、蒲等姓族谱记载,他们祖先都是在南宋末
年或元代定居于此。泉州出土的阿拉伯文、波斯文或中阿文字合
刻的墓碑石,大都也是这个时期留下的遗物,说明他们身前定居泉
州,死后也埋藏于此。

他们的住所选择在"城南"、"南关",大概指今泉州南门至法
石一带,因为它接近后渚港和市舶司所在地,是当时泉州最繁华地
段。正如《泉州府志》所言:"一城要地,莫胜于南关,四海船商,诸
蕃琛(理)贡,皆于是严集。"④

2. 通婚

蕃汉通婚是泉州回族形成的一个重要条件。从封建政府的利

---

①　(宋)陈傅良:《止斋文集》卷二十七《辞免知泉州申省状》。

②　(宋)楼钥:《攻媿集》卷八十八《赐特进汪公行状》。

③　吴文良:《泉州宗教石刻》,科学出版社1957年版,第3页。

④　《泉州府志》卷十一《城池》引《庄弥郡记》。

益出发,这个问题还有一个过程。早在唐代,唐王朝着眼于往来通商,不鼓励外商在华定居,甚至禁止与华人通婚。《新唐书·卢钧传》载,岭南节度使卢钧曾下令"蕃汉不得通婚"。宋代也是如此。"大商蒲亚里者即到广州,有古武大夫曾纳其财,以妹嫁之,亚里因留不归。上(皇帝)今(令)委南夫劝诱亚里,往来于运番货,故圣谕及之。"①至元代,蕃汉通婚在泉州已成事实。《伊本·白图泰游记》云:"若外商求妾,则其旅馆为之买婢……外商不得与此婢结婚,然可与别良妇结婚。"②泉州《林李宗谱》载:"其间有色目人者,有假色目人者,有从妻为色目人者,有从母为色目人者。"通过婚姻关系,不只是汉女嫁回男可以成回民,汉男娶回女同样也可以成为回民。《天下郡国利病书·海獠》载:"海獠,多蒲及海姓,渐与华人结婚,或取科第。"这些虽不是元人著作,也反映蕃汉通婚的事实。上述陈埭一世祖丁谨,娶妻陈大娘,二世丁嗣,娶妻陈氏,三世丁夔,娶妻苏氏。白奇回族一世祖,妻姓未明,二世祖郭子洪,娶妻翁氏,三世郭仲远,娶妻陈氏。他们都是生活在元代,是在泉州长大的,他们的妻子都是汉姓。可知元代蕃汉通婚已是事实。

3. 关于"蕃客"和"土生蕃客"的国籍问题

蕃汉通婚产生的下一代被称为"土生蕃客"、"蕃客"、"南蕃回回"和"半南蕃"等等。

《泉州回族考》一文认为,这些人不能算为中国人,"还是穆斯林的后裔,要经过一段时间的融合,才能逐步向回族形成过渡"。以此来论证泉州回族形成于明代的理由。我认为这些人应该算是中国穆斯林(回族)的后裔。因为他们是"蕃汉"通婚后在泉州出生的的子女,应该算为泉州回族的新一代。至于为什么称"蕃客",这是一种习惯的称呼,如今泉州人还是习惯称本地人到外国

---

① 《宋会要辑稿·职官》四十四之二。
② 《蒲寿庚考》,第77页注21。

谋生归来的人为蕃客，而从不称呼外国人为蕃客。元代被称为色目人，也是中国国籍，如番商代表人物蒲寿庚，在宋末元初当上"闽广大都督兵马招讨使"、"中书左丞"，掌握泉州军政和市舶大权，他本人及子女虽有外籍的血统，但已不能把他们当作外国人看待。

4.伊斯兰教寺的创建

宗教与民族不同。宗教信仰这一共同的心理态势是促进民族共同体形成的重要因素。回族信仰伊斯兰教。伊斯兰教传入中国很早，早在唐代已有三贤、四贤来泉传教，死后葬于灵山的记载。宋元时期泉州建有多座清净寺，我国现保存最早的一座清净寺，即建于北宋大中祥符二年（1009年）的泉州通淮街的清净寺。元代，在泉州又陆续建有多座清净寺，据元吴鉴《重立清净寺碑记》云："今泉造礼拜寺增为六七。"《马可·波罗游记》亦载："十四世纪回教徒又在此（泉州）建立第二个清净寺，甚壮丽。"泉州这个城区并不大，元代建了多座清净寺，说明信仰伊斯兰教的外商和回民人数不少。这其中也有部分汉人"因避难而从回"。因为元代色目人在泉州势力很大，而且信奉伊斯兰教有特权，教主可以代表教徒"清理词讼，判断曲直"。白奇回族《郭氏族谱》云："清净之教于元时最为炽。色目人据闽，以吾泉为盛。当元之时，免其差役，世人常因避难而从回。"元代如果回族尚未形成，就不可能有好几个清净寺的创建。

5.汉文在回族人中已得到应用

随着蕃商来华通商的需要，早在宋代，有些有识之士便倡导兴办"蕃学"。"大观政和间，无下大治，四夷响风，广州、泉州请建蕃学"，[①]教授汉文。到了元代，汉文在回族人中已得到广泛应用，如丁姓一世祖丁节斋和郭姓一世祖郭德广的两方墓碑石均有用汉文

---

① 　蔡绦:《铁围山丛谈》卷二。

镌刻,现保存在泉州海交馆内有一方阿文墓碑石,也出现两个汉字"蕃客"。

综上所述,泉州回族的形成和发展变化是与泉州港的兴衰紧密相连的。元代是泉州港最繁荣时代,因而具备泉州回族形成的社会条件。明代泉州港衰落下去,也是泉州回族遭受迫害和被迫迁移时期,许多回族人民埋没了自己的民族成分,不敢承认自己的祖先,如惠安郭姓祖先假托于唐代大名鼎鼎的郭子仪。这不是他们的无知,而是历史造成的。时代不同,民族的命运都不一样,不但泉州回族是如此,其他少数民族也有相似之处。只有新中国成立后,政府提倡各民族平等,根据各民族的意愿,晋江陈埭丁姓和惠安白奇郭姓才能失而复得,恢复了他们回族的民族成分。他们被迫从城市经商迁往农村务农事,这并不是他们的选择,而是被迫不得已而为之。这个时代就是从明代开始。综观泉州回族的历史变迁,他们绝不可能在明代才形成,用陈埭、白奇的家族迁移史作为泉州回族形成的例子是不恰当的。陈埭、白奇能够恢复其回族的民族成分,即因为他们的祖先在外迁时就已具有回族成分。

（原载《泉州学研究》）

畲族社会文化的发展与变化

　　中国是一个统一的多民族国家,每一个民族的社会文化都是随着国家社会的发展和与周边的文化互动而不断发生变化。社会文化的变迁总的趋势是向前的,是朝着每个时代进步的方向发展着。畲族社会文化的发展也是沿着这一历史轨迹而不断向前、不断变化。

一、畲族社会文化的特征

　　畲族名称是由历史上"畲民"而得名,最早见于公元 12 世纪中期、南宋末年刘克庄(1187—1269)的《漳州谕畲》记载,称当时居住在福建漳州一带的少数民族为"畲民"。文曰:"凡溪洞种类不一:曰蛮、曰猺、曰黎、曰蛋,在漳曰畲。西畲隶龙溪,南畲隶漳浦,其地西通潮、梅,北通汀、赣,奸人亡命之所窟穴。"①南宋出现

---

① 刘克庄:《后村先生大全集》卷九十三《漳州谕畲》。

的畲民,其分布范围除漳州外,还包括了汀州和与广东接壤的潮州、梅州以及江西南部的赣州。由此得知,畲族最早聚居在今闽粤赣三省交界这一广阔的地域里。

据史书记载,在唐代以前,闽粤赣三省交界地域里尚未见有汉人迁入,唐代在这一地域里居住的人群,史称"蛮僚"、"洞蛮"或"蛮夷",史家大都认为他们是当地百越民族的后裔。于是宋代的畲民与唐代的蛮僚有着密切的渊源关系。

闽粤赣三省交界地区是一个大山区,群山重叠,横亘有戴云山、玳瑁山、博平山和凤凰山等山脉,山高林密,与外界接触较少。在这样的生态环境中,使得畲民及其先民能够长期生存下来,并形成具有共同的经济生活、共同的语言和共同的习俗信仰等独特的文化特征,摘其要者介绍于下:

(一)共同的经济生活与社会组织

畲族是一个农业民族。唐人陈元光在《请建州县表》云:"可耕乃火田之余……所事者搜狩为生","凡畲,惟种黍稷,皆火耨"①。农业生产还停留在"刀耕火种"阶段,先砍倒大树,再焚烧树木杂草,垦荒造田。山区开垦"火田",大都缺乏水源,故多种黍稷之类耐旱作物。山区野兽多,为保护作物和人身安全,畲民有组织地进行狩猎活动,狩猎在经济生活中占有相当的比重。农业生产粗放,产量低,正如《漳州谕畲》所说:"二畲(指西畲的龙溪和南畲的漳浦)皆刀耕火耨,崖栖谷汲。"漳州郡面海背山,地理条件比起汀州、赣州以及粤东北都要好些,漳州畲民的生产情况尚且如此,其他地方更是可想而知。比如汀州,到了元代与外界接触还很少。《元一统志·汀州路》载:"汀之为郡,山重复而险阻……舟楫不通,商旅罕至,惟从麻桑为业。西邻赣,南接海眉,山深林密,四境椎埋顽狠之徒,党与相聚,声势相持,负固保险,动以千百计,号

① 薛凝度:清嘉庆《云霄厅志》(民国版)卷十七《艺文》。

为畲民。"由于受到民族的歧视与压迫,经济发展十分缓慢,直至清代,畲民衣着还是自织的苎麻衣服,住的还是"结庐深山,诛茅为瓦,编竹为篱,伐荻为户牖"的生活。

关于畲族内部的社会组织,由于资料缺乏,尚难判断。根据《漳州谕畲》记载:"畲长李德纳款。德最反复杰黠者,于是西九畲酋长相继受招。西定,乃并力于南。""南畲三十余所酋长,各籍户口三十余家,愿为版籍民。"宋代受招抚的畲族内部的酋长、畲长,他们所统辖的仅有几十户。明永乐五年(1407 年)十一月,明政府招抚广东海阳县凤凰山畲长雷纹用等"凡四十九户,俱愿复业"。由此推断,唐代以前畲族内部尚未形成统一的政权组织。

(二)共同的盘瓠信仰

历史上畲族内部是如何取得民族的认同呢？费孝通教授在《中华民族多元一体格局》一书中曾指出:"生活在一个共同社区之内的人,如果不和外界接触不会自觉地认同。民族是一个具有共同生活方式的人民共同体,必须和'非我族类'的外人接触才发生民族的认同,也就是所谓民族意识。"[①]这是很有道理的。从畲族历史考察正是如此,当唐初陈政、陈元光父子率领的唐军进入畲区时,终于唤醒他们的群体意识,有组织地掀起大规模反抗异族的斗争。此起彼伏,持续不断,直至宋元时期,从未止息。由于畲民的抗争,统治者变换手法采取招抚,因而才有畲民这个名称的出现。

民族的认同除了在抵御"非我族类"的异文化斗争中外,还有他们的共同祖先崇拜——盘瓠信仰,使得他们逐渐凝聚起来。畲民的盘瓠信仰由来已久。在南宋的《漳州谕畲》一文中已有记载,刘克庄说:"余读诸畲款状,有自称盘护孙者。"可见在南宋时,漳州畲民为捍卫民族尊严,不惜一切代价与统治者展开斗争。这种

---

① 　费孝通:《中华民族多元一体格局》,中央民族大学出版社 1989 年版。

共同的信仰起着很大的凝聚作用。直至正德年间赣南的畲民起义，起义领袖也是以此来号召族人的，"其贼首谢志珊、蓝天凤各又自称盘皇子孙，收有流传宝印画像，蛊惑群贼，悉归约束"①。盘瓠传说与《后汉书·南蛮传》记载的内容如出一辙，但在畲族民间中流传更为具体，内容大意是：

在上古时，高辛皇后耳痛三年未愈，后来太医从她的耳中挑出一条形似蚕的小虫，育于盘中，忽而变成龙犬，毫光显现，遍体锦绣，惹人喜爱。当时，高辛帝正受到番王欺侮，曾下诏求贤，榜示有能平番者，愿将第三公主嫁他为妻，招为驸马。龙犬得知，即揭榜直奔敌国，服侍番王三年。一日，它乘着番王酒醉，咬断其头，渡海衔归，献给高辛帝。帝大喜，但又不愿将公主嫁给它。此时龙犬忽作人语曰："将我放在金钟内，七天七夜便可变成人。"入钟六天，公主担心它饿死，打开金钟，果见已变成人形，唯头未变。龙犬与公主结婚后，入居深山，开山种田为生。生下三男一女，帝赐姓：长子姓盘名自能，次子姓蓝名光辉，三子姓雷名巨佑，女称淑女，配给钟智琛。

畲族笃信始祖盘瓠，并把它编入族谱，编成《高皇歌》世代传唱，又按其内容绘成连环画的彩色画卷，俗称"祖图"。还有用树根和木头雕刻着象征盘瓠的头像，称"祖杖"，岁时祭祀，至今仍流传于广大畲区。

（三）显明的民族服饰

服饰作为民族显性的文化特征，畲族与汉族明显不同。陈元光在《谢准请表》中说："窃念臣：州背山面海，旧为蛇豕之区，椎髻卉服，尽是妖氛之党，治理诚难，抚绥未易。"②"椎髻卉服"即指唐代居住在漳州地区"蛮僚"的妇女服饰。这种民族服饰世代相袭，

① 王守仁：《王文成公全书》卷十《别录二》。
② 《全唐诗》卷一百六十四。

且不断发展。直至明代,潮州地区畲族服饰还是继承唐宋的风格。《永乐大典·潮州府风俗》载:"郡州县,其地曰白笼窑、曰水南,去城不过十五七里……妇女往来城市者,皆好高髻,与中州异,或以为椎髻之遗风。"

清光绪二十五年(1899 年)福州《华美报》第十七号载:"本月闽县正堂成抄奉福建按察使司盐法道余为示谕事:光绪二十四年八月十二日,据家丁林添禀称:家主刑部主事钟大煜因修谱到福宁所属各县,见有一种山民,纳粮考试,与百姓无异,惟装束不同,群呼为畲。山民不服特起争端。家主向山民劝改装束与众一样,便可免此称谓……准此。自示之后。该山民男妇等,务将服式从民俗。"①这虽是畲族内部统治者对族人要求改装的事,实则也是民族压迫歧视的实例。但是广大畲民并不屈服统治者的压力,更加展现畲族服饰文化的风采,形成畲文化一大特色。

(四)酷爱山歌

畲族是一个酷爱山歌的民族,历史悠久。有的学者指出:"畲歌本是潮音的老调,也是潮歌的主流。"这是很有见地的。如今潮州的民谣,仍称为"逗畲歌",概源于此。

唱山歌是畲族人民文化生活中主要的一种活动形式,他们以歌行乐,以歌代言,以歌叙事,以歌抒情。如保留下来的祖先歌《高皇歌》,还有日常生活中编的诉苦歌、劳动歌、风俗歌、喜歌、哀歌、谜歌、字歌以及鸟兽歌、花果歌等,其中以情歌居多。还有定期的歌会,称为盘诗会。人们称赞畲族有"歌的海洋",实不过誉。

畲歌多七言一句,称四句为一条。歌词都有严格的韵脚。唱法普通流行"假声"。唱的歌都是清唱,很少伴随舞蹈动作。有独唱、对唱、齐唱和二声部重唱等,很有民族文化特色。

（五）共同的语言

语言是民族文化的显著特征之一。畬族保留有自己的民族语言，至今犹然。他们在本民族内部讲的是自己的民族语言，对外则讲当地汉语方言，少数人也会讲官话（普通话）。

关于畬语问题，学者有不同看法。有一种观点认为畬族没有本民族语言。罗美珍教授《畬族所说的客家话》一文认为，在广东惠阳、海丰、增城、博罗一带的畬族使用的畬语，属苗瑶语族苗语支，有1000多人，占人口的千分之四左右，其他地区占整个畬族总人口百分之九十九以上的使用汉语客家方言。[1]《辞海》也认为畬族使用汉语客家方言。有的认为："粤东北客家住地原先是畬族居住，客家迁入后有一段客畬杂居（严格地说应为汉畬杂居——笔者按）的时期，可以推测，客家方言与畬族语言曾经起过相互影响、相互渗透作用。"[2]有的认为："客家话的母语是闽粤赣三角地区的古越语。"[3]

畬族是土著民族，它的历史比起当地汉族和后来形成的客家都要早，一个民族如果没有自己的语言也就成不了一个民族。客家方言正是汉语与畬语互为影响形成的一种方言。

二、汉文化推动畬族社会文化的发展与变化

畬族从一个聚居民族变为与汉人杂处的散居民族，畬族社会文化的发展与变化，都与汉文化的直接影响息息相关。现从政治、

---

[1] 罗美珍:《畬族所说的客家话》,载《中央民族学院学报》1980年第1期。

[2] 詹伯慧:《现代汉语方言》,湖北人民出版社1981年版。

[3] 房学嘉:《客家源流探奥》,广东高等教育出版社1994年版,第51页。

经济和文化三个方面加以论述。

（一）政治上归属历代封建王朝的统治

唐代以前,畲族地区与汉文化接触甚少,尚处于半独立的状态。自设治以来,便归属历代王朝统治的势力范围之内,而且对畲区的设治,不是采用如有些少数民族地区那样实行土司制度,而是王朝政府直接派官治理。如唐代漳州、汀州设治后,便在畲区推行封建制度。开始时,畲民凭着人多势众,反对统治者强加在他们头上的赋税,反对侵占他们的土地,不断地与统治者展开殊死斗争,正如《漳州谕畲》所言:"有国者以不治治之,畲民不悦(役),畲田不税,其来久矣。厥后,贵家辟产,稍侵其疆,豪干诛货,稍笼其利。官吏又征求土物蜜蜡、虎革之类。畲人不堪,诉于郡弗者,遂怙众据险,剽掠省地。"但是在强大的封建统治中,一个弱小民族尽管付出了沉重的代价,始终逃脱不了被统治被奴役的命运。

历代统治者为了强化对畲民的统治,除了武力镇压外,往往利用收买畲族内部上层,达到"以夷制夷"的目的。如在宋代招抚漳浦最有影响的畲长李德,明代招抚广东海阳县畲长雷纹用等。在元代也是如此,如元朝建立后,元世祖至元十六年五月"诏谕漳、泉、汀、邵武等处暨八十四畲官吏军民,若能举从来降,官吏例加迁赏,军民安堵如故"。① 到了明代开始在畲区设土官(又曰畲官)治理,"又明设土官以治之,衔曰畲官"②。清代,由于畲族迁往各地已成定局,于是统治者把迁往各地的畲民"编图隶籍"③,与当地汉族杂处在一起,并且"遂编保甲,从力役,视平民无别"④。这样一来,至明清时期畲民已同当地汉族一样,完全置于封建政府的直接

---

① 宋濂:《元史》卷十《世祖本纪七》,中华书局 1975 年版。

② (光绪)吴道镕:《海阳县志》卷四十六《杂录》。

③ (民国)蔡建贤:《南平县志》卷十一《礼俗杂录》。

④ (民国)方清芸:《德化县志》卷三《风俗志》。

统治之下,过着被奴役被压迫的痛苦生活。

畲族从一个聚居民族变为杂散民族,这与统治者推行封建统治制度息息相关。在元代以前,畲民的迁徙活动大都还在闽粤赣三省交界的聚居区范围内,极少向汉区迁移。现在畲族新的聚居区大都是在明清时期形成的。畲族聚居区古今不同,其原因主要为设治后,畲民屡次反抗斗争被统治者镇压之后,不堪封建统治者的压迫剥削而被迫向外迁移。"遇差徭,县尉票致之,贫不能存,则亡徙以去。"①其次,设治后汉人大量入迁畲区,如《临汀汇考》载:"唐时初置汀州,徙内地民居之,而本土之苗仍杂处其间,今汀人呼曰畲客。"随着汉人入迁人口增多,文化产生变异。如在原来畲族聚居区后来出现一个"客家"文化共同体。客家文化就是畲汉两族文化互动的产物。② 因此居住在汀州、赣南和梅州一带的大部分畲族便演变成为客家民系。

现在居住在闽东、浙南的广大畲族,相传他们的祖先来自潮州凤凰山。潮州和漳州地区最早为陈元光统治地区,后来形成福老系,即闽南系。畲族迁移的特点是自发性的几家几户,从一个地方再往一个地方迁徙,他们都是穿过人口密集的汉区向着人烟稀少的僻远山区寻找安身之处。"所居在丛菁邃谷,或三四里,或七八里始见一舍,无比屋而居者。"③因此迁徙路线很多,形成居住异常分散,如今福建、浙江、江西、广东和安徽五省的一两百个县市都有畲族分布。畲族这种大散小聚的居住格局大体在清代形成。

在封建统治者的统治下,还有一部分畲民在迁徙过程中改名换姓,不敢承认自己的民族成分而被迫同化于汉族。据傅衣凌

① 周杰:同治《景宁县志》卷十三《风土·附畲民》。
② 蒋炳钊:《客家文化是畲汉两族文化互动的产物》,第四届国际客家学研讨会论文,台北"中研院"民族学研究所,1998 年。
③ 江远清等:道光《建阳县志》卷二《舆地志·附畲民风俗》。

《福建畲姓考》一文考证,历史上史书记载畲族的姓氏有20多个,现在畲族中流传仅有盘、蓝、雷、钟几个姓,就是这几个姓中也有改为汉姓的。史载:"盘瓠之余,错处在虔、漳、潮之间,以盘、蓝、雷为姓,今汀人呼为潘、蓝、娄、汀人称曰畲客。"①"闽中有流民佘种潘、蓝、吕三姓,旧为一祖所分。"②"又钟姓闻亦有改为章者,今皆与齐民无别。"③由此可知,畲姓中有将盘姓改为潘姓,把雷姓改为娄姓、吕姓,把钟姓改为章姓。这都是由民族歧视和民族压迫造成的。

畲区自设治后,畲族与汉族在政治上一体化,使畲族社会文化发生深刻的变化,虽然这种变化是不自愿的,是被迫的,并为此付出了沉重的代价,但是政治上一体化对促进畲族社会文化的进步曾产生巨大的作用和影响。

(二)封建生产关系在畲区推行

设治以前,畲族社会经济发展水平如何? 由于资料缺乏尚难以判断,但它不可能同汉区一样处于封建社会,这是诸多学者所认同的。设治后,情况发生变化,在封建政权的直接统治下,把封建生产关系的模式移植到畲区。比如被视为"七闽穷处"的汀州,设治后立即推行封建生产关系。"长汀为光龙峒,宁化为黄连峒,峒者苗人(即畲民——笔者按)散处之乡。大历后始郡县,其巢窟招集流亡,辟土植谷,而纳贡赋。其地环万山中,厥壤宜稻田,有山溪水足资灌溉,故郡以汀名,表水利也。于是负耒耜者,皆望九龙山而来。"④唐昭宗乾宁年间(894—898 年),唐王朝又派官吏到汀州

---

① 淡孺木:《枣林杂识》和集。
② 孙承泽:《春明梦余录》卷四十三。
③ 郑翘松:民国《永春县志》卷十五《礼俗志》。
④ 杨澜:《临汀汇考》,卷一《方域考》,卷三《风俗·畲民附》。

一带"劝农桑,定租税"①。陈元光率军入漳后,便着手对于"林木荫翳不相通,乃开山取道,剪除荆棘,遣土人诱而化之,渐成村落,拓地千里"②。出任漳州刺史后,便极力推行封建经济。"诏从之,乃率众辟地置屯,招来流亡,营农积粟,通商惠工。"③封建生产关系在畲区的确立,客观上促进畲区社会经济向封建制转化起着重要作用。与此同时,民族关系也发生变化,原为"苗人散处之乡"的漳汀地区,随着汉人入迁,逐渐变为"民僚杂处"。也就是说,自唐代开始,漳汀地区已经开始从一个纯粹畲民的聚居区逐渐变化为畲汉两族人民的杂居地。

畲民封建经济是随着汉区的发展而变化的。至宋元时代,畲区封建经济有了一定发展,封建政府对他们的压迫与剥削也日益加重,宋理宗景定二年(1261年),漳州地区爆发规模巨大的反抗斗争,就连《漳州谕畲》的作者也不得不承认,"夫致盗必有由,畲前所谓贵豪辟产诛货,官吏征求土物是也"。同时,畲族内部地主阶级也出现。《元史·世祖本纪》载:"令福建畲军,有恒产者为民,无恒产与妻子编为守城军。"畲军系畲族武装组织,畲军中已出现"有恒产"和"无恒产",统治者对收买这两种人的做法又有如此明显的差别。由此可知,随着封建统治势力在畲区日益强化,促进畲族内部阶级分化进一步加剧。

明清时期是畲族历史发展变化的一个重要时期,这主要是由于畲族被迫向汉区迁徙,闽东、浙南成为畲族新的聚居区。明清时期中国封建地主经济相当发达,土地大都已被地主所占有,因此迁往汉区的畲民大都沦为地主的佃户。正如有的学者所指出的,畲

---

① 司马光:《资治通鉴》卷二五九《唐纪七十五》。
② 林登虎:康熙《漳浦县志》卷十九《杂志》,卷十七《艺文·陈元光请建州县表》。
③ 薛凝度:《云霄厅志》卷十一《宦绩·陈元光》。

族的迁移,"本来是一场逃避对封建化的斗争,但他们又是向封建势力密蛛网、封建经济似汪洋大海的汉族生活区迁移,结果始终逃不出地主阶段的法网。这就出现了畲族逃避封建化的同时自身又逐渐封建化的特殊历史过程"①。如迁往莆田的畲民向汉族地主"租山种植",或被寮主雇佣,"彼汀漳流徙,插菁为活,畲人异种,寮居火耕,与诸塵氓杂处"②。迁往建阳的畲民,"所耕田皆汉人业,岁纳租外,得赢余以自给。然未获之先或屡贷于人,则余谷仅是偿逋负,终岁多……食地瓜,惟取给于种山的"③。迁往闽东等地的畲民,"布散山泽间,亦民田以耕"④。迁往浙南的畲民也一样,"问之畲客者,十县皆有之,盖佃作之氓也。""力耕作苦,或佃种田亩,或扛抬山舆。""佃田多是盘瓠种。"⑤ 迁往江西贵溪的畲民,"赁田耕种,而纳其租于田主"⑥。

　　未外迁的畲民,也与当地汉人一样,正如明代汀州郡守吴文度所言:"畲即承赋如居民。"⑦"其有田产者亦必输粮而给管差,此以觇圣朝治化之隆,虽峒瑶亦无异于乡里中编氓也。"⑧还有些畲民为生活所迫,出卖劳力接受种菁寮主雇用,"菁民者,一曰畲民,汀上杭之贫民也。每年数百为群,赤手至各邑,依寮主为活,而受其庸值。或春去冬来,或留过冬为长雇者也"⑨。有的聚集开银矿,

①　吕锡生:《畲族迁移考略》,载《浙江师范学院学报》1981 年第 1 期。
②　周华:崇祯《兴化县志》卷八《大洋巡检司碑记》。
③　江远清:道光《建阳县志》卷二《舆地志·附畲民风俗》。
④　张景祁:光绪《福安县志》卷三十八《杂记》。
⑤　周荣椿:光绪《处州府志》卷二十九。
⑥　黄联珏:同治《贵溪县志》卷十四《杂类轶事》。
⑦　杨澜:《临汀汇考》卷三《风俗·畲民附》。
⑧　邓光瀛:民国《长汀县志》卷三十五《杂录畲客》。
⑨　熊人霖:《南荣集·文选》卷十二《防菁议上》。

如广东"畲蛮,招集恶少,投托里胥,假为文移,开矿取银,因行劫掠"①。

畲族人民大量租种汉族地主的土地,本族内也出现地主,只是占有土地较少。据1958年福建少数民族调查组对福建的福鼎、福安、霞浦、宁德、罗源;浙江的平阳、泰顺;江西的铅山、贵溪等县3280户畲民的调查统计,地主占0.7%,富农占1.18%,中农占20.01%,贫农占73.95%,佃农占4%,其他占0.03%。福鼎县的牛埕下、浮柳,霞浦县的草岗、新厝和福安县的凤阳等5个乡的统计,共有土地2138.28亩,总户数798户,其中地主0.87%,占有耕地28.8%,富农3.1%,占有耕地12.4%,中农24.6%,占有耕地44%,17%的贫农占地3.9%,4.3%的雇农占地0.3%。再以霞浦县皎乡22个村(含一些汉村)统计,雇农38户48人,占地3.6亩,人均0.07亩,贫农302户951人,占地213.66亩,人均0.75亩,两户地主人均占地24亩②。从调查资料表明,新中国成立前畲区的社会经济已同汉区一样处于封建地主经济,就畲族内部而言,地主富农较少,中农也是佃中农居多,大多是贫苦农民。

由于畲族居处分散,商品经济又不发达,正如何氏《闽书》所言:"汀人安稼穑,少营商贾,富民守禾亩,贫民力山畲。"③"亦有老死不入城郭者,噫噫是殆,所谓山野自足,与世无求,与世无争。"④因而在与汉族杂居的地方,都没有形成自己的民族市场,他们所生产的农副产品,除自给外,一般都是在附近汉族市场中交易。"近则附近民居各村,与民往来贸易。"⑤如汀州畲民,"所树艺曰棱米,

---

①　顾炎武:《天下郡国利病书》卷二十九《广东下》。

②　蒋炳钊:《畲族史稿》,厦门大学出版社1989年版,第153～154页。

③　恩煜:康熙《长汀县志》卷二十《风俗》。

④　邓光赢:民国《长汀县志》卷三十五《杂录畲客》。

⑤　余钟英:民国《古田县志》卷一《礼俗志·畲民附》。

实大且长,米甘美;所产姜、薯、蕷、豆、茹、笋晶不一,所制竹器有筐
笙,所收酿有蜂蜜;所畜有鱼豕鸡鹜,皆鬻于市"。①"其人入城贸
易,多竹器、蜂蜜及野兽山禽之类。"②"或携瓠贮茶,以售于市",
"鬻薪入市"、"三五女负薪鬻于市"。吕谓英《侯官乡土志》亦载:
"(畲民)执业甚微,多缚麻稿为扫帚,批往城郭各处贩卖。耐劳杂
作,弗事商贾。"从这些记载反映畲区农业生产水平还是很低,能
出售生产品大都是山区的土特产,农产品不多,商品经济不活跃。
他们出售货物后,又从市场上购进日常生活必需品,如盐、农具,尤
其是妇女服饰上各种料珠、丝绒线等。

　　通过市场的交易,互通有无,这对沟通畲汉两族人民的经济往
来,密切两族人民在各方面的联系,尤其是推动畲区社会经济的发
展都产生了一定的作用。

　　(三)兴办学堂推行汉文化

　　在中国长期的封建社会中,统治者很重视利用文化教育规范
人们的行为,以达到统治的目的。统治者很重视畲区,设学堂向畲
民灌输封建伦理道德,使他们顺服。最突出的例子莫如陈元光在
请建漳州时所说的一段话,他深有感触地说,他继承父亲陈政领兵
于漳州畲区,征战十数年,与当地畲民武装对抗,"诛之不可胜诛,
徙之则难于尽徙","功愈劳而效愈寡"。要解决这一根本问题,他
认为:"倘欲生全几置措施,其本则在创州县,其要在兴庠序,盖论
理讲,则风俗自尔渐孚。治法彰,则民心自知感觉。"③庠序,泛指
学校和教育事业。所以在漳州批准设治后,陈元光被委任刺史,为
了实现他的"其要兴庠序"的主张,他举贤任能,了解部属许天正
博学能文,多有干略,则授为司马。丁儒通经术,喜吟咏,练达世

---

①　邓光赢:民国《长汀县志》卷三十五《杂录畲客》。

②　李拔:同治《汀州府志》卷四十五《丛谈附》。

③　林登虎:《漳浦县志》卷十七《艺文·陈元光请建州县表》。

务,则引以佐郡。在州署中设置专管教育的文学一职,由其子陈珦主持。又在漳州创建松州书院,吸收生徒40人。陈珦是唐朝漳州中明经的第一人,校翰林院承旨直学士之职。陈元光认为陈珦"非戈戟士,乃台院秀儒也",因而命他主持松州书院讲学。[①] 这是福建最早的书院之一。韩愈被贬潮州时,创办学堂,教授生徒,"潮人始知学"。

畲族没有文字,畲族知识分子是接受汉文化学汉文成长的,这就为汉文化在畲区传播打开方便之门。据载,至迟在宋代,畲族内部已有"知书"的知识分子。《漳州谕畲》云:"畲民亦吾民也,前事勿问,许其自新,其中有知书及土人陷畲者,如能挺身来归,当为区处俾安"。所谓"知书"应是已接受汉文的人,当然这只能是少数畲长子弟之类的上层人物。到了明清,畲民进入学堂接受汉文教育的人数愈来愈多,而且已有一些人参加科举考试。《侯官乡土志》载:"近数十年来渐与土人同化,雷、蓝二氏间或侨居省城,且有捷乡会试登科第者。"《建阳县志》云:"近惟嘉禾一带畲(畲)民,半染华风……亦读书识字,习举子业。嘉庆间有出应童子试者,畏葸特甚,惧为汉人所攻,遽冒何姓。"江西《贵溪县志》亦云:"(畲民)初时不识字,今略能书,为纳租时记其数"。浙江《处州府志》收录屠本仁《畲客三十韵》亦载:"即此十县间,畲客且千百,子弟秀而良,亦是备选择。字或识九千,弓可挽五石,以之充学堂,汉法不相借。大吏请于朝,准敕恩光赫,令下郡县库,五姓咸欢怿(雷、蓝、钟、盆、娄五姓)。"

但是在旧社会里,畲民受歧视,在科考中常常遭到刁难。《处州府志》载:"土著者贱之,斥为盘瓠遗种。嘉庆八年,仪征阮文达抚浙,会同学使文宁,咨准一体考试。其散居温州者,于道光六年

---

① 吴杰:《漳州古代书院初探》,载漳州历史研究会编:《漳州历史与文化论集》,1989年。

援例求考,诸生禀于学使宝应朱文定公云:'照例身家不清白者,不准与考'。泰顺畲民皆作舆台为人役,身家未为清白,奉批不准与考。丽邑畲民亦有与之相类者,当分别观之也。""畲民有读书者,入衙门充书吏,未敢考试。间出应试,土人辄攻之。"在福建,清嘉庆七年也曾发生过福鼎县畲民考生钟良弼"呈控县丞串通生监诬指畲民不准与考,殿图饬司道严讯",准予考试。[1] 后来畲民把此事编成长篇诗歌,名为《钟良弼》,流传至今。

在旧社会里,畲民能上学堂读书,为数不可能很多,能中科举的更是寥寥无几。尽管如此,这对推进本民族文化的发展与变化迈出了重要的一步。

随着畲族对汉文化的认同和政治经济等方面关系进一步密切,在民族关系发生变化的同时,畲族的一些习俗也发生变化,最为突出的就是婚俗。长期以来,畲族均实行本民族内部"自相匹偶"的族内婚,并严守同姓不婚。但是到了明清时期,畲汉通婚的事并非个别,这种现象不仅在杂散居地区,如漳浦赤岭乡畲族均为蓝姓,他们都同周边汉人通婚。建阳县畲民"欲与汉人为婚,则先为其幼女缠足,稍长,令学针黹坐闺中,不与习农事,奁资亦略如华人"。就是较聚居的闽东浙南等畲区,与汉族通婚也经出现。据清光绪三年王家宾修福安县溪柄东山雷谱载,自乾隆至同治间,雷家聚妻的445门亲事中,聚钟氏272人,蓝氏160人,雷氏1人,吴氏7人,李氏6人,杨氏3人,陈氏2人,郭、郑、王、董家女各1人。嫁女的256门亲事中,适钟家154人,蓝家70人,郑家6人,吴家5人,杨家4人,张、李家各3人,郭、林、薛、叶、宋、阮、何、林、龚、罗、徐各1人。又据宣统二年(1910年)浙江瓯江峰岐协王堂编坂中大林钟谱载,自乾隆至光绪年间,钟家娶妻的313门亲事中,娶雷氏181人,蓝氏103人,吴氏16人,郭氏2人,杨、李、熊氏

---

① 陈寿祺:道光《重纂福建通志》卷一百四十《国朝宦绩·李殿图》。

各1人。嫁女的171门亲事中,适雷家100人,蓝家41人,吴家11人,陈家4人,杨家4人,林家3人,薛、王、叶、何、萧、邱、郑、张各1人。[1]

有的畲区虽不曾与汉人通婚,却习惯与汉族互认"契子",拜"谊父"。"(畲民)最好结纳,例不得与土人结婚,惟乐为土人认谊父,俗谓称爹。土人亦以其子女善达,冀其庇荫,故多认之。相认之始,则祭其祖,先赐以保名,赠以花带。而为之螟蛉者,亦果得善达焉。虽世家大族,亦往往有之,习以为常,习呼之曰亲爹、亲娘,不足为怪也。"[2]

由于文化上的认同,民族关系的变化,这同汉文字在畲区的推广与应用是分不开的。于是随着汉文化的影响日益加深的同时,畲文化便逐渐被淡化,如有的畲村把自己的语言也忘了,民族服饰也如同汉族,山歌也不唱了,甚至缠起足了,风俗习惯已逐渐融合于当地汉族。这种变化,也是历史发展的必然结果。

三、新时期畲族社会文化的大发展和大变化

新时期是指中华人民共和国建立以来的近五十年间,时间虽短,变化却很大,是过去任何时期所不能比拟的。

（一）民族平等是畲族社会文化发展的重要条件

文化的发展变化是离不开社会条件的。在长期的封建社会里,畲族文化有发生变化,也有发展,但是变化与发展的速度是缓慢的,因为民族地位不平等,它是处在被动消极的地位。

新中国成立以后,推翻封建制度,建立起社会主义制度,实现民族平等。政治上的平等是发展民族文化的重要保证。享受民族

---

① 　蓝炯熹:《福安畲族志》,福建教育出版社1995年版,第293页。
② 　高焕然:《松阳县志》卷六《风土志·畲民篇》,1926年。

平等,首先是民族成分的确定,1956 年国务院正式确认畲族为我国单一的少数民族,畲族的历史从此进入一个新时期。

在《宪法》中明确规定,我国是一个统一的多民族国家,"中华人民共和国境内民族一律平等"。"各民族都有平等的权利和义务。""禁止民族间的歧视、压迫和分裂民族团结的行为。"为了贯彻和落实民族平等政策,政府还先后颁布了一系列保障少数民族在国家政治生活领域内一切方面享有民族权利和禁止对少数民族的歧视、侮辱和一切不尊重的言语行为等法令。而且在政府部门还专门设立分管少数民族的机构。畲族是一个杂散居民族,在有畲族分布的省市(县)都先后建立民族事务委员会,专门负责少数民族工作。

畲族人口 60 多万(1990 年),分散在 5 个省 180 多个县市。根据民族不分大小,一律平等的精神,畲族人民为了行使国家主人的权利和义务,选出人民代表,参与管理国家大事。在各省市人民代表中都有畲族代表,还有全国的人民代表。在中国共产党以及政协的会议代表中也都有畲族代表参加。在畲乡的政权机构中,同样建立起党、团和妇女会组织,确立了畲族在祖国民族大家庭的地位。

随着民族政策的落实和完善,根据各民族的特点建立民族区域自治。民族乡与自治区、自治州、自治县一样,都是我国民族区域自治的一种形式。畲族是一个杂散居的民族,1957 年先后在畲区建立 57 个民族乡。"文化大革命"中民族工作遭破坏。1984 恢复乡村建制,恢复和新建 40 多个畲族民族乡,其范围比过去更大。同年,国务院又批准新建浙江景宁畲族自治县。根据区域自治法的规定,自治县、乡的主要领导干部必须由本民族干部担任,真正实现了本民族管理本民族事务的民主权利,体现了各族平等团结、共同繁荣的基本原则。

政治路线确定之后,干部是主要因素。为了搞好畲区的建设,就必须有大量本民族出身的干部。各地政府对培养畲族干部十分重视,起初是选派有一定文化素质的年轻人到各地民族高等院校学习,后来陆续培养一大批大中专毕业生,造就了一批能从事政治、经济和文化工作的行政干部。据不完全统计,至1985年,畲族中脱产干部(即国家公务员)福建有1330人,浙江省有1600多人,还有大量农村干部。近十多年来,干部数量又有增加,他们是畲族群众脱贫致富的带路人。

(二)改革开放给畲族带来新的变化

新中国成立后,推翻了封建土地所有制,土地改革,广大无地和少地的畲族农民分到土地,大大激发了生产的积极性。政府为了克服畲族经济较为落后而存在的事实上不平等,大力扶持和帮助他们发展生产。人们生活得到显著的提高。后来有一段时间,由于众所周知的原因,农村经济遭到破坏,畲区经济同样得不到应有的发展。

1978年以后,中国社会又发生了剧变,实行改革开放政策,以发展社会主义经济为中心建设国家四个现代化。首先在农村全面推行家庭联产承包生产责任制,赢得广大农民的拥护。经过20年的努力,农村面貌发生很大变化,农民经济收入不断提高,生活不断得到改善。

畲族同全国各族一样,改革拓开致富道路。首先改变过去"春种几丘田,秋收几担粮,半年空闲半年忙"的单一经济结构,发展多种经济。"无农不稳、无工不富、无商不活",因地制宜发展商品经济,创办乡镇企业,突破传统经济思想的束缚。农民除种好责任田外,从事第二、三产业的人数大大增加,成为改革开放以来畲区经济新的增长点。

广大畲区根据自身的特点,把"靠山、吃山、养山"作为发展畲经济的战略方针,大量种植水果、茶叶、林业和食用菌。漳浦赤岭畲族乡实现人均一亩果十亩林。广东畲族区的"洪畲茶"、"乌龙茶"和浙江畲区的"惠明茶",饮誉海内外。罗源县 18 个贫困村中有 11 个是靠种香菇脱贫致富。浙江景宁县被誉为"菇乡",种植食用菌的农家相当普通。"处州茯苓"在景宁县也有长久生产的历史。万亩林、万亩竹在福连江的小沧和霞浦县的盐田、穆云等乡已成为事实。发展农副产品,为各地畲民开创了一条致富之路。

随着商品经济的发展,加工业应运而生,畲区办起各种小型加工厂。私营企业出现。为了开发畲族山区经济,最近福安县的穆云、康厝等畲乡被批准为畲族经济开发区。随着改革的继续深入,在政府的支持和帮助下,畲村的经济发生很大变化,从而拉近了与汉族地区经济发展的距离。

（三）文化教育的普及与提高

新中国成立 50 年来,畲族与全国各族一样,随着政治地位提高,经济发展,生活不断得到改善,文化教育也发生很大变化。在旧社会,畲区的教育几乎是一片空白。据 1949 年统计,福建畲区仅有初小 4 所,小学生 415 人,中学生 50 人,文盲和半文盲占 80%以上。安徽宁国县 1000 多个畲民,有 90% 以上是文盲。浙江丽水县 1600 多畲民中,只有两个高小毕业生。新中国成立后,畲族文化教育发生很大变化。现在的畲族村都办起小学,适龄儿童大都进学校读书,在畲族较集中的县市,还创办民族中学、民族师范以及各种文化教育机构,如成人教育,进行扫盲。浙江丽水的浙江少数民族师范学校和福建福安县的宁德民族中学,办学时间长,教学质量好,被列为省重点学校,在全国很有影响。畲区小学教师和县村党政干部,有不少人都是该校培养出来的。由于政府对少数民族学生有特殊照顾,考上各类普通高等院校的大学生逐年增多,还有大批中专毕业生,现在畲族中已有博士、硕士、大学教师和科研人员,反映畲族文化的逐步普及和提高。这是畲族文化发展变化的根本原因。

（四）畲族传统文化的逐渐淡化

新中国成立50年来,尤其是改革开放的20年,畲族在政治、经济和文化等方面均发生深刻的变化,政治上享受平等待遇,经济发展,人民生活得到改善,文化素质日益提高,又正在沿着新的发展道路前进,处于历史上最好的发展时期。随着新思想新文化发展变化的同时,畲族固有的传统文化却逐渐淡化,列举几例如下:

1. 古老的盘瓠信仰开始淡忘

畲族笃信盘瓠信仰由来已久,在历史上曾起着很大的民族凝聚力作用。新中国成立以后,我们曾多次到过畲区调查,看过族谱,见到祖图、祖杖,这些都与瓠信仰有关。畲族很重视祭祖,被认为是一种很荣耀的事。据载,凡年满16岁的男子都要举行名为"做醮"的祭祖仪式,畲族称为"传师"、"学师",具有成丁礼的意思。祭祖有村祭和家祭,祭祖时厅堂悬挂祖图,香案上置祖杖,象征祖先灵位。按规定,没有祭过祖的人以后都要补做,否则不能为子女主婚事,不能为父母治丧。我们虽未见过祭祖场面,但在调查中却发现有补办祭祖的人和事。大约在1976年在宁德调查时,发现在一个村庄的祠堂张挂祖图和各种旗帜,显然是祭祖场面。

在畲家的厅堂都设有祖先香案,名为"香火桌",案上贴上壁联,畲族称为"香火榜"。榜词大都写着:"本家寅奉堂上高辛皇氏敕封忠勇王汝南郡(这是蓝姓的家,如是雷姓则写冯翊郡,钟姓则写颍川郡)生长香火祖师历代合炉祖宗之位"。又如畲家结婚办喜事,厅堂对联:"安邦定国功建前朝帝营高辛敕赐;驸马金卿名垂后裔皇子王孙免差徭",或是"功建前朝高辛皇帝主金銮亲敕赐;名垂后裔皇公子孙日月同休免差役"。横批"凤凰到此"。

在20世纪50—70年代,畲族还有祭祖活动,婚联也是反映盘瓠内容,可见盘瓠信仰在畲民中还是根深蒂固的。80年代以来,我们在调查中再也见不到这样的婚联,也未见祭祖活动。在访问一些中青年男子时,他们都说我们从未见过祭祖。宁德金涵畲族有一间祠堂已辟为民族中学用地。盘瓠信仰确已逐渐淡化。祭祖用的祖图、祖杖、族谱以及衣饰用具现在只有在博物馆中才能看见，在畲村外族人很难见到这些，这同50年代已大不相同。

1994年，在宁德市金涵乡亭坪畲村新建一处名为"中华畲都"，实则为"忠勇王庙"。忠勇王即盘瓠封号，还塑造两尊忠勇王夫妇神像，供人膜拜。这在全国是唯一的一所，而且把盘瓠王形象化。据了解这是省市旅游部门出资建造，目的是发展旅游业，因为闽东为全国畲族最集中的地区，宁德又是闽东畲族人口最多的一个市。在畲村建造起第一所"畲都"，还拟营建一条畲族街，以吸引各地的游客。显然建造忠勇王庙虽符合他们的民族心理，但并非畲民的要求。这对于一般中青年男子并没有太大的吸引力，在他们的思想中已逐渐淡忘。

2. 民族服饰逐渐消失

畲族妇女服饰，作为本民族显性文化特征，引人注目。我初次到闽东、浙南调查时，不论在农村或县城，畲族妇女都穿着民族服饰，一眼便可识别。我最初接触畲族是在罗源县，这里服饰很美观，下身穿黑色短裤，打黑色绑腿（畲民称脚绑），上衣右衽大襟衣，领、袖和襟前均绣有几何形或花鸟图案，还有刺绣的围兜、腰带，还配有各种银饰，新中国成立后，有了机制的花边供应，花边面积更大，给人以清新明快的感觉。头饰更为特殊，未婚同已婚有别，少女头用红毛线缠绕于额上，仿佛像戴着红边黑绒帽。妇女鬟饰打扮，先把头发拢于脑后并分成两部分，并分别按反时针方向卷成股状，左边套上一支细长饰物（竹木或铁丝），尔后两股头发交差缠绕裹住发饰，固定于头顶，再缠上红色毛线，使额顶成一突状或圆盘状。这种头饰，俗称"凤凰髻"，据说头顶上红髻象征凤凰头上的丹冠。结婚时，女子头上戴"凤冠"。妇女服饰俗称"凤凰装"。"凤凰"之称，据说还有怀祖之意，相传他们是从广东潮州凤凰山迁来，"凤凰到此"的横批也是此意。各地畲族服饰各有特点。为满足畲族妇女的特殊需要,在畲族聚居的县城国营百货商店均辟专柜平价供应。

50—60年代,可以说是畲族服饰极辉煌的时期。根据调查所得的印象,大约自70年代中期,有些地区畲族开始不穿民族服饰,首先从年轻姑娘开始着时装,原因是民族服饰费时费工,一套衣裳要费时一个月,在青年人看来,民族服饰也不见得好看,而且一眼便暴露身份。特别是改革开放以来,穿民族服装越来越少,至90年代几乎看不到,她们穿的都是从县城服装店挑选的时装,与当地汉族已没有区别。我们访问一些妇女,她们都说穿着时装既省钱又美观,观念确实发生很大变化。现在只有在歌会或出席全国或省市的妇女代表才可以看到她们衣着民族服饰,这也许是代表民族身份的象征,不得不穿的缘故。

3. 唱山歌也不流行了

唱山歌是畲族文化的一大特点,它既是文娱活动,也是社交的一种途径,人人爱唱,很有群众基础。过年过节或逢喜事,大都以歌行乐。只要歌声一起,四面八方的人都会前来欣赏,或加入对歌行列,如逢对手可以唱个通宵,这是常有的事。1959年我在福安县城过春节,便亲眼目睹这种热闹的场面。在50年代和60年代初的调查,在畲村都可以听到歌声。各地还有不定期的歌会,届时各地亲朋好友都会前来助兴。自80年代以来,在畲村中唱歌的人越来越少了。90年代初,我们访问金涵畲乡的中青年男子,他们都不大会唱山歌,反而都学习流行歌曲。虽然政府在每年农历"二月二"或"三月三"畲族传统的歌节举办歌会,并赋予"艺术节"美名,据了解现在会对唱山歌的人不多了,确有后继乏人的感觉。

综上所述,随着历史的发展,畲族社会文化不断发生变化,这个变化都与社会制度密切相关。在漫长的封建社会里,畲族处于被统治和被奴役地位,他们的民族文化被歧视,得不到社会的承认与支持,有的甚至被迫同化。虽然畲区社会经济和文化在汉文化的推动和影响下,也发生很大变化,但是这种变化并没有给畲族的民族文化带来繁荣和发展。

在新的历史时期可以以改革开放前后划分为两个发展期。新中国成立以后,畲族成为祖国大家庭平等的一员,社会安定,人们生活水平逐年提高,畲区的政治、经济和文化都发生了深刻变化,为畲族文化的发展提供了良好的社会环境,所以在这一时期,畲族的传统文化诸如服饰、山歌,甚至古老的盘瓠信仰等,都能依照畲族人民的意愿加以发展,可以说这是畲族传统文化恢复和发展的好时机。

改革开放以来,畲族的传统文化为什么没有继续发展,反而逐渐消失,有人担心畲族从此完全被汉化了。我认为这种担心是没有必要的。畲族文化特点的消失,吸取另一种新的文化,这意味着一个时代的进步。改革开放对国人来说,这是一个全新的文化概念。这个政策的出台,对各个民族社会文化发展来说都面临着一种新的机遇。社会在发展,文化必然要适应社会,不可能停留在一个水平上。在新的历史时期,整个中国文化都在发生变化,而各民族包括汉族的文化同样发生变化,因此畲族自愿放弃某些传统文化而吸取新的文化,这不能说是汉化,更不能说是被强迫同化,只能理解为这是代表着一种新时代新文化的大融合。

（原载台湾民族研究所编:《社会民族与文化
展演研究会文集》,1994 年）

畲族生成"四要素"变化的历史考察

1978 年,费孝通先生《关于我国民族的识别问题》的讲话中对畲族的情况曾说:"畲族长期与汉族杂居,通用汉语汉文,文化生活也深受汉族影响,但是共同的心理维系着他们为不同于汉族的共同体。"①这是经过长期变化的结果,也是新中国成立以后畲族的实际情况。本文从历史的角度探讨畲族生成"四要素"及其变化的情况。

一、畲族生成的"四要素"

新中国成立以后,为贯彻执行中国共产党的民族平等、团结政策,从中国的国情和民族实际出发,科学地甄别各个族体的民族成分和名称。1956 年国务院公布确认畲族为我国单一的少数民族。

① 《中国社会科学》1980 年第 1 期。

通过民族识别这一伟大的实践,进一步丰富了马克思列宁主义的民族理论。民族是一个由人们组成的稳定共同体,构成一个单一民族,普遍认为应具有共同地域、共同语言、共同经济生活和表现于共同文化上的共同心理素质,俗称民族生成的"四大要素"。研究畲族为单一民族成分,其名称取自南宋史书出现的"畲民",同时也是根据中国的国情和民族实际而确定的。

至新中国成立后,畲族历史确实发生很大变化。在"四大要素"中只有"共同心理"这一要素比较明显,如从历史考察,畲族生成的"四大要素"还是很完备的。

共同地域。根据刘克庄(1187—1269)《漳州谕畲》记载:"凡溪洞种类不一……在漳曰畲。西畲隶龙溪,就是龙溪人也;南畲隶漳浦,其地西通潮、梅,北通汀、赣,奸人亡命之所窟穴……"[1]从该文得知,当时畲民分布在今福建的漳州、汀州和广东的潮州、梅州以及江西的赣州,即今闽粤赣三省交界地区。在此之前的唐代,该地区的民族名称被称为"居洞砦"、"蛮僚"、"蛮夷"和"洞蛮"等,它们与南宋出现的"畲民"应有密切的渊源关系。于是可以认定,在汉人未迁入该地区时,闽粤赣三省交界这一广阔的地区即是畲族及其先民的共同地域。

共同语言。畲族有否共同语言,学术上有不同意见:有一种观点认为畲族没有共同语言,生活在广东惠阳、海丰、增城、博罗一带的畲族使用的畲语,属苗瑶语族苗语支,约有1000多人,占人口千分之四左右,其他地区占整个畲族总人口99%以上的都使用汉语客家方言。[2] 研究客家方言的学者大都认为:"粤赣闽的客家方言所共有的语言和词汇特点,大量反映了宋代汉语的特点。"《辞海》

---

① 刘克庄:《后村先生大全集》卷九十三。

② 罗美珍:《畲族所说客家话》,载《中华民族学院学报》1980年第1期。

也认为畲语为汉语客家方言。另一种观点认为,汉语方言的复杂性在于"这些汉语方言往往因居民来源的不同及本地少数民族语言的影响而各具特色"。"粤东粤北客家住地是畲族居住,客家(应为汉人——笔者注)迁入后,有一段客畲杂居(应为汉畲杂居——笔者注)的时间,可以推测,客家方言与畲族语言曾经起过相互影响,相互渗透的作用。"①有的指出,有人曾把客语误认为"蛮语",②就说明在汉语中夹杂有畲语的缘故。还有一种观点认为:"客家语的母语是闽粤赣三角地区的古越族语。客家语中夹杂有相当多的中原古音,则是南迁的中原汉人带来的。"③

我对语言是门外汉。但是作为一个单一民族没有共同语言是不可思议的。说畲族语言是属汉语客家方言,我认为持这种观点者,对于何谓民系,何谓客家文化,客家民系形成于何时,客家先民是谁等几个基本概念缺乏共识。最近我写了一篇文章《关于客家民系形成时代的讨论》。我认为"民系"形成是汉人入迁于非汉地区,与当地民族产生文化互动而引起族群重组的结果。入迁的汉人和当地土著民畲民都是畲家民系的"先民"。客家民系形成即是"畲汉两族文化互动的产物"。客家民系形成于明代。于是从历史上考察,畲族的历史比客家的历史要早数百年,怎能说畲族话是客家话?文化互动历来都是双向的,并不是如有人所说,汉人迁入后,"主户(指畲族)的言语日为客语(指汉语)所排驱,主户的苗裔亦渐渐为客家(汉人)所同化"。这种文化单一性在汉语方言(民系)中是不存在的。汉人迁入后,汉语对畲语的影响是存在的,文化互动也包括语言。这就是说客家文化不等于汉文化的原

①　詹伯慧:《现代汉语方言》,湖北人民出版社1991年版。

②　陈宏文:《关于客家方言前途问题初探》,载《客家民俗报》1985年第4期。

③　房学嘉:《客家源流探奥》,广东高等教育出版社1994年版。

因。又比如迁往闽东的畲族,至今仍操有自己的民族语言。闽东畲族相传来自广东潮州凤凰山,潮州属福佬系(闽南方言系),不是客家方言系,闽东的畲语与闽南方言有明显不同。从另一个侧面则反映客语中含有畲语的重要成分。于是我认为畲族应有自己的民族语言。

共同经济生活。在闽粤赣三省交界区这一共同地域生活的畲族人民,这里的生态环境大概是一样的。高山峻岭,交通不便,丘陵地多,平原地区少。多从事稻作农业,商业不发达,狩猎经济在生活中的比重比较大。据载,唐代居住在漳州的"蛮僚","可耕乃火田之余……所事者搜狩为生"。① 南宋《漳州谕畲》曰:"二畲(指龙溪的西畲和漳浦的南畲)皆刀耕火种。"《元一统志·汀州》载:"汀之为郡,山重复而险阻……舟车不通,商旅不至,惟从麻桑之业。"赣南畲族"多射猎为生"。② 从这些记载,自唐至宋元,畲民主要以粗放农业生产或狩猎为生。"凡畲惟种黍、稷,皆火耨。""汀人最重大禾米,春秋祭祀,必以粿以奉其先。此外又有棱米,又名畲米。分粘不粘二种,四月种,九月收。"这些都是"畲客开山耕种"的。③ 畲民对开发聚居区内农业曾作出积极贡献,故有的史家称,"民以畲民,其善田者也"④。

共同心理素质。表现在服饰和原始宗教信仰等特点较为突出。唐代居住在漳州的"蛮僚",其服饰"左衽"、"椎髻卉裳"。这应该是指妇女发式是椎髻,即高髻;"卉裳",即美观的服饰。这与汉人明显不同。这种民族服饰一直延续下来,并对后代影响很大。比如明代潮州妇女"皆好高髻"。《永乐大典·潮州府风俗》载:

---

① 《云霄厅志》卷十一《陈元光请建州县表》。
② 刘绎:光绪《江西通志》卷四十八《舆地风俗·南安府》。
③ 杨澜:《临汀汇考》卷四《物产志》。
④ 卢灿:光绪《龙游县志》卷十一《风俗》。

"州之旧俗,妇女往来城市者,皆好高髻,与中州异,或以为椎髻之遗风。"清代嘉应州(梅州)畲族妇女服饰还是"椎髻短裳"。20世纪80年代,王增能先生对长汀县客家妇女作过一番调查,长汀县客家妇女一度流行的服饰是:发髻盘成高髻,状如独木舟,谓之"船仔髻",并系以红绳,插上银髻。衣裳右侧开襟,上衣、衣领、袖口、右襟沿及衫尾四周,缀以花边。裤头阔大,裤脚口亦缀以花边。腰间系着围裙,用银链子系结,其上半部也绣有花卉和图案。逢年过节或串亲走戚时,脖上还挂着银项圈,手腕上戴着镯子。穿的布鞋,鞋端略往上翘,状如小船,上面用五色丝绵绣了花,打扮起来活像少数民族。[①] 这种服饰与现在畲族服饰有诸多相似之处。长汀客家妇女如此打扮,即说明畲族被融合为客家后,传统的畲文化并没有因此而消失。通过此例,我们对畲族历史上的"椎髻卉服"服饰有了更深刻的了解。

盘瓠图腾信仰。史书记载畲民图腾信仰与"畲民"名称同时出现于南宋刘克庄《漳州谕畲》一文中。文曰:"余读诸畲款状,有自称盘护孙者。"即指南宋统治者招抚畲长李德和南畲诸酋长,他们"自称盘护孙者"。明正德十一年(1516年),江西横水、左溪、桶冈等地曾爆发畲汉人民大规模起义,反抗明王朝的统治,其中有畲族首领"谢志珊、蓝天凤,各有自称盘皇子孙,收有流传宝印画像,蛊惑群贼,悉归约束"。[②] "盘护"、"盘皇",即盘瓠。"宝印画像",可能就是我们现在所见的畲族"祖图"。由此可知,畲民图腾信仰由来已久,并成为维护本族共同心理的重要特征。"图腾崇拜,就其崇拜直接对象来说是自然物或动植物,就其崇拜的内容来

①　王增能:《汀州府县是历史上畲族之地》,载《闽西文丛》1984年第2期。

②　《王文成公全书》卷十。

说却是有鬼魂崇拜或祖先崇拜的内容。"①畲民图腾信仰,实质上是祖先崇拜与鬼神、自然崇拜的一种结合形式。

从历史考察,畲族作为单一民族所应具备的"四大要素"是很齐备的,民族形成的历史也很早。自唐代以至宋元时期,畲民不断展开反抗统治的武装斗争,为推动历史的发展作出积极的贡献。

二、明清时期畲族文化的变化

自汉人入迁于闽粤赣交界区内,并先后在区内设置封建郡县,民族关系开始发生变化。汉文化对畲族的影响日益显现,尤其是在明代。明代是畲族历史发展变化的一个重要时期。其一,自唐代以来,由于汉族不断入迁和封建州县普遍设置,聚居区的大部分畲民与入迁的汉人,经过长期文化互动,产生族群重组。在漳、潮地区形成"福佬"民系;在闽粤赣三省交界地的汀州、梅州和赣州形成"客家"民系。② 其二,自宋元以来,畲民不断掀起反抗统治阶级的斗争,遭到残酷镇压,一部分畲民被逼向周边汉区迁徙,闽东和浙南形成为畲族新的聚居地,从而使畲族从一个聚居民族变成一个大分散小集中的散居民族。③ 据1982年全国人口第三次普查,全国畲族总人口为368823人,其中福建省有208495人,约占总人口的57%,分布在全省的64个县市,其中以宁德地区(闽东)最集中,有166941人,占全省的80%;分布在浙江约40个县市,其中温州地区有50116人,丽水地区有66233人,浙南地区畲族约占

①　朱天顺:《原始宗教》,上海人民出版社1964年版。

②　蒋炳钊:《关于客家民系形成时代的讨论》,《客家文化研究》上册,海峡文艺出版社2007年版。

③　蒋炳钊:《畲族从聚居民族变成杂散居民族的历史考察》,《畲族文化研究》上册,民族出版社2001年版。

该省畲族总人口的78%;江西省有7420人,分布达20多个县市,以上饶和吉安地区较为集中;广东省有3205人,分布达18个县市,其中以粤东的潮州居多;安徽省有1112人,集中在宁国县有1033人。此外,还有1027人,分散在全国除西藏自治区以外的各个省市。台湾省也有从大陆迁去的畲族。这种分散杂居的分布格局大约自明清时代已基本形成。

从而可以看出,畲族古今的聚居地明显不同,他们杂处于汉族之中,在失去了共同地域之后,必然对畲族文化产生很大的影响。历史的事实已经证明,迁往汉区的畲族,在人数较少且又分散的村庄,有的连民族语言也丧失,服饰也没有了,融入当地汉文化之中。在人口相对较集中的闽东和浙南地区的畲族,除了与当地汉族人民友好相处,从事与当地汉人相同的生产劳动外,为了维护民族尊严,对于本民族的一些特有习俗倍加珍惜。如保留民族语言、服饰和宗教信仰等,有的还有所发展和完善。

关于畲族服饰,明清时期的史书和方志都有比较多的记载,迁往闽东和浙南的畲民,仍然穿着自己的民族服饰。如福州畲族服饰,"男椎髻,短衣,荷笠携锄。妇挽髻,蒙以花布,间有戴小冠者,贯绿石如数珠,垂两鬓间。围裙着履,其服色多为青蓝布"。古田县畲民服饰,"竹笠草履,勤于负担。妇女蓝布裹发,或戴冠……短衣布带,裙不蔽膝。常荷锄跣足而行,以助力作"。[1] 福安县畲族男子"短衣跣足,妇人交髻蒙巾,加饰如璎珞状"。[2] 浙江处州,"畲妇戴布冠,缀石珠,赤足负戴"。"冬夏以花布裹头,巾为竹冠,缀以石珠,妇女皆然,未嫁则否。""其他衣服、饮食大率粗陋而已。"[3]景宁县畲族,"无寒暑,皆衣麻,男单袷不裳,勿衣勿裳。女

---

[1]　傅恒:《皇清职贡图》卷三。

[2]　张景祁:《福安县志》卷三十八《杂记》。

[3]　周荣椿:光绪《处州府志》卷二十四、卷二十九。

短裙蔽膝,勿夸勿袜。冬则竆地为炉,聚而热火。厥妇女跣足椎
髻、断竹为冠,裹以布。布斑斑,饰以珠,珠纍纍(皆为五色椒
珠)"①。丽水、云和县畲族服饰与景宁县相同。从这些记载看,各
地畲族服饰虽略有差异,但都保留畲族服饰文化的传承。清光绪
年间,清政府曾一度下令要畲族改变服饰,"自示之后,该山民男
妇等,务将服饰改从民俗"。② 看来这一禁令只是一纸空文。

　　盘瓠信仰进一步偶像化。关于这方面的记载和留下的实物比
以前更丰富。《清稗类钞》载:"温处畲客,极重祭祀。祭坛前有画
幅,长可数丈,上绘盘瓠衔犬戎将军头故事,或高辛氏以女妻盘瓠
故事。"③《丰顺县志》载:"(畲民)有祖遗匹绫画像一幅,长三尺
许,图其祖人身狗头像……盖千年古画也。止于岁之元日,横挂老
屋厅堂中,翌早辄收藏,不欲为外人所见。"④清代畲族祖图流传至
今不少,内容有繁有简,多为布制的,也有用纸画的。1958 年厦门
大学人类博物馆在宁德县漈头畲村蒐集一幅宽 0.43 米、长 23 米
多的清道光二十九年(1849 年)《雷氏祖图》,共有 37 图,每图内
容都用汉字说明,从盘古帝王分开天下到凤凰山忠勇王之墓。全
图叙述高辛氏以女妻盘瓠(本图则称龙期)故事及其一生不平凡
的经历。还有墨书"代天征番招有功为驸马"、"原序"、"敕书"、
"清道"等旗帜,均为白布镶黑布边。还有一根木雕龙头状的"祖
杖"。畲民祭祖活动一般都在祠堂内进行,有时还举行郊外游行。
这套祭祖道具可能用于郊外游行用的。1994 年我到宁德金涵调
查时,听村民说,在清代宁德某地曾举行一次大规模的郊外祭祖活
动,队伍曾从县城经过,前面有锣鼓,还有"清道"、"代天征番招有

①　周杰:同治《景宁县志》卷十二。
②　福州《华美报》己亥四月,第 17 号,第 15 页,1899 年。
③　徐柯:《清稗类钞·丧葬类》。
④　李唐:《丰顺县志》卷十六《风俗》。

功为驸马"的旗帜,知县见状率领官员前往迎接。畲民摊开"敕书",知县看到有前朝高辛帝的敕书,跪下祭拜。此事在金涵一带畲民中广为流传。

修姓氏族谱。目前所见到的畲族族谱有蓝姓、雷姓和钟姓三种,大都是清代编修的。每个姓氏都有堂号,其祖先都是来自中原地区的望族。如蓝姓始祖蓝光辉,受封汝南郡"护国侯"。雷姓始祖雷巨佑,受封冯翊郡"武骑侯"。钟姓始祖钟志琛,受封颍川郡"国勇侯"。汝南、冯翊、颍川即是蓝、雷、钟三姓堂号。这些地区都在今河南、山西一带。畲族修谱明显是受汉文化的影响,其姓氏始祖则缘自高辛帝的第三公主妻盘瓠生下三男一女,帝赐姓盘、蓝、雷,钟为女婿。畲族姓氏修谱与汉族姓氏修谱的目的都一样,为提高该姓氏的社会地位,成为巩固以共同血缘为基础的宗族关系的纽带。同时,他们把盘瓠信仰写入族谱,这对凝聚民族的认同感曾产生很大作用。

族内婚。畲民传统的婚俗是族内婚,作为祖训的《高皇歌》曰:"蓝雷三姓莫相欺,尔女乃大嫁我了,我女乃大主分尔","蓝雷三姓好结亲"。方志亦多有记载。

从上所列举的史实看,迁徙到新的居住地的畲民,尽管环境发生了很大的变化,但是他们在历史上形成的独特民族文化还是保存了下来,有的又进一步完善,以此增强民族的亲和力和凝聚力。畲族这些历史文化一直保留到现在,有的已成为民族的历史文物。这证明了费老所说的:"(畲族)共同心理维系着他们成为不同于汉族的一个共同体。"

三、新中国成立后畲族文化的振兴与变化

1958 年参加畲族社会历史调查工作,首次见到畲民。印象最深的是热情好客,妇女服饰非常美观,还有动听的山歌。在与他们

短暂的相处中和后来再作的一些调查,对畲族民族文化开始有一些感性的认识。新中国成立50多年来,亲身经历畲族文化的发展与变化。

服饰。畲族男子的装束同当地汉人无别。妇女服饰则显示民族特点。1984年,厦门大学潘宏立先生的硕士论文《福建畲族服饰类型初探》,把福建各地畲族妇女服饰分为罗源、福安、霞浦、福鼎、顺昌、光泽和漳平七种类型。其中以罗源类型最为美观。我初次进畲村正是罗源县八井乡,深有同感。青年妇女头髻俗称"凤凰髻",额顶成一突状或圆盘状,缠上红色毛线。据说头顶上红髻象征凤凰头上的丹冠。结婚时,女子头戴"凤冠"。上衣为黑色大襟交领式,两旁开深裓。后裾长于前裾,通身无扣,仅在左衽襟角有两条白色系带,左领、两襟及袖端均饰有花边。畲族妇女服饰过去全靠自己手工刺绣。新中国成立后,随着机绣花边出现,使服饰花边面积扩大至肩部和胸部。腰间有围兜,绣工精美华丽。下身穿黑色短裤,打黑色绑腿(畲族称脚绑)。结婚时穿花鞋。饰物主要有耳坠、手镯和戒指。服饰美观大方,给人以明快清新的感觉。

政府为了照顾少数民族的特殊需要,我们了解到,在畲族人口较多县市的百货公司都开辟专柜,向畲族妇女提供各种服饰原料。随着生活水平的不断提高,畲族妇女追求美感有过一段辉煌时期。进入20世纪80年代后,服饰开始发生变化。至90年代中期,在畲区几乎看不到畲民再穿着自己民族漂亮的服饰了。

山歌。唱山歌是畲族群众性的一种文娱活动,深受畲族人民喜爱。1960年我在福安县招待所过春节,当时没有春节晚会,文娱活动不多。亲眼所见,只要畲族山歌一响,那里便成为人们聚集的场所。后来在广东潮州调查时,当地文化馆的同志告诉我,当地人唱山歌俗称为"逗畲歌"。肖遥天《潮音戏的起源与沿革》一文认为:"畲歌本是潮音的老调。"闽东畲族相传来自广东潮州凤凰山,畲族山歌也是畲族传统文化之一,历史悠久。

畲族山歌,又称"杂歌"。题材很广,其中以情歌居多。畲民以歌行乐,以歌代言,以歌叙事,以歌抒情。畲族山歌唱法普遍流行用"假声",用畲语唱,有严格韵脚,有传统的歌会"二月二"、"三月三",宾客满盈。80年代后,在"文化搭台,经济唱戏"的理念下,由政府出面组织,并美其名为"艺术节"。如宁德市文化部门举办的"闽东畲族艺术节",已举办多届,各地畲族组织参赛,热闹非常。但据调查,现在年轻的畲族男女会唱山歌的人已经很少,后继乏人。

关于盘瓠信仰问题。从畲族历史文物中见到"祖图"、"祖杖"、"族谱"、"高皇歌"以及文献记载,认识到畲族崇信盘瓠传说,而且历史久远。据专家研究,完整的图腾制度有四个特征:有关于本族祖先与自然界某种动物之间亲缘关系的神话;有对这种"祖先"的祭仪;有若干关于这个"祖先"的"神物",在行祭祀时使用;有与此"祖先"相关的禁忌及代表符号。[①] 在我国少数民族中,信仰盘瓠传说的还有部分苗族和瑶族,但完整保留这一信仰的各种信物,畲族却是最完备的。

唐代刘禹锡曾有"时节祭盘瓠"的诗句。祭祖在畲民中视为一种非常荣耀的事。按畲族习俗,男子年满16岁时要举行名为"传师"、"学师"的仪式,具有成丁礼的意思。祭过祖和未祭过祖的身份不同,比如一时由于经济困难未祭祖,以后还得补做,否则不能作为孝子为父母治丧,不能为儿子主持婚礼。周应枚《畲民诗》:"九族推重缘祭祖,一家珍重是生孩",反映了畲民历史上对祭祖的重视。

祭祖活动一般都在祠堂,"学师"一般在自家的堂屋。仪式都要悬挂"祖图"或"祖杖",秘密进行。新中国成立以后,畲民的祭

---

① 卫惠林:《从图腾文化到象征逻辑》,百越民族史第三届年会所作报告,1982年10月26日于武昌。

祖活动是如何进行的,我没见过,无从考察。但可以相信,长期形成的这一民族文化习俗不可能在短时间内消失。在调查中曾发现,在畲民结婚时,厅堂贴上的对联完全与汉族不同,有的写上"安邦定国功建前朝帝誉高辛亲敕赐;驸马金卿名垂后裔皇子王孙免差役";有的书为:"功建前朝高辛皇帝主金銮殿上亲敕赐;名传后裔皇公子孙日月同休免差徭"。两种对联内容大致相同,都是对始祖盘瓠王的怀念。1978年在宁德县某畲村调查时,曾见一间空房里,面积大约30平方米,见到墙上还挂着未拆完的一些画卷,从内容辨之,应是祭祖用品。1991年在漳浦赤岭畲族乡调查一位蓝姓畲民,他是1948年结婚,1964年才补祭祖。1995年在宁德市金涵畲族乡亭坪村新建一处"中华畲都",即忠勇王庙,忠勇王即盘瓠的封号,还塑了神像。在落成的庆典会上,还举行了畲民的祭祖活动。但这次活动并不是畲民自发的要求,而是"文化搭台,经济唱戏"唱出来的,是由旅游部门筹建的。

新中国成立50多年来,畲族传统文化经历了一个发展与变化的过程,大约可以以改革开放这一时间为线,改革开放以前是发展时期;改革开放以后,则逐渐发生变化。现以宁德市金涵畲族为例来说。

宁德市为闽东政治、经济和文化的中心,也是全国畲族人口最多的地区之一。金涵畲族乡是1985年成立的宁德市唯一的畲族乡,全乡辖16个行政村126个自然村,总人口16231人(1994年,下同),其中畲族3139人,占19.3%。我先后于1959年、1978年、1984年、1994年、1995年5次到过该村,特别是1995年进行过一次问卷调查,现将有关畲族的历史文化变化情况介绍如下:

妇女服饰。金涵乡畲族服饰大体类同福安式,50年代见到妇女民族服饰很整齐,一眼便可识别她是畲族。1984年调查时,年轻妇女已经开始不穿本民族服饰。当时我们找到一位女乡干部,她的民族服饰已经放在箱里不穿。在我们的要求下,她重新打扮起来,让我们欣赏。1994年和1995年我在该乡作了一个多月问卷调查,走了一些村,已经看不到畲族妇女穿民族服装。她们说现在的时装到处都有,价格不贵,可供选择的样式多。她们原来的服饰费工,一件要做一两个星期,而且又无寒暑之分。

关于盘瓠信仰。在50位男性(35～45岁)问卷中,没有一个说参加过祭祖的事,有的说只是听祖辈说起此事。金涵村一位畲民说,金涵村原有一座祠堂,后来划为民族中学校舍使用。上金坝和亭坪两个纯畲族村,据调查,该村的青壮年男子都说未曾做过此事。1994年选在亭坪村建"中华畲都",塑忠勇王像(即盘瓠王)。选址在畲村建此庙,固然有畲民的心理需求,据说按计划还要在亭坪村建一条畲族文化街,营业员均以畲族服饰打扮,以弘扬畲族文化,吸引游客。可是这一后续工程至今尚未实现。当时我正在金涵作调查,就建庙一事询问当地一些畲民,他们均表示认同,但心里想的是希望借此机会获得一些经济利益,提高畲民的生活水平,而不是重新去寻找一处新的祭祀场所。

关于族内婚。我们调查了38位畲民,分别在金涵、上金坝和亭坪三个行政村。金涵是畲汉杂居村,在10个男子中,有5人是娶同族女子,占50%。上金坝村是纯畲族村,在9位男子中除1人妻子为李姓未明外(闽东畲族有此姓),其他8人的妻子均为同族。亭坪也是纯畲族村。在19位男子之中,1人未婚,3人妻子为汉族,余者15人均同族婚配。畲族妇女"跣足",即不缠足,这与汉族妇女不同。在金涵乡对53位60岁以上妇女的问卷中,其中畲族妇女19人,其母亲没有缠足,本人也都没有缠足过。在34位汉族妇女中,母亲缠足25人,占73%,本人缠足6人,占17%。

从上述的一些例子看,畲族一些传统文化在新中国成立以后仍得到很好的保存,有些文化如服饰、山歌,在政府的保护和支持下又有了新的发展。对于宗教信仰,政府的政策是尊重少数民族的风俗习惯。但是经历了50多年来的历史进程,畲族文化发生了深刻变化,有的已经被淡化。众所周知,文化的变迁与社会的进步是息息相关的,文化变迁总的趋势是向上的,是朝着每个时代进步的方向发展的。改革开放20多年来,我国的社会不论在政治、经济和文化上都发生了巨大变化,与汉族连成一体的畲族地区同样也发生了深刻变化。他们除了种好责任田外,还可以发展多种经济,甚至走出村寨,下海经商,与城市联系更加密切。在整个社会强有力的推动下,中外文化交流加大了,人们的观念发生了前所未有的变化,汉族也是如此。比如现在穿西装、夹克的人相当普遍,穿汉装和中山装的人已经很少。从这个意义上来理解,畲族妇女改变服饰,穿着当地普通流行的时装就不足为奇。社会在发展,文化必须适应社会,不可能停留在一个水平上。这是大势所趋,不可逆转。畲族妇女自愿易服,这是她们作出的一个勇敢的选择,是观念上的一大进步,无可厚非。同时此事不能理解为被汉文化同化,因为汉文化也在发展与变化。这可以理解为代表一种新时代新文化的大融合。

　　一定的文化是一定的政治、经济在观念上的反映。在清光绪年间,清政府曾发出告示,强迫畲民易服。畲民群起抗争,结果服饰未改。新中国成立后,在党的民族平等政策的光辉照耀下,畲族人民历史上第一次成为中华民族大家庭的平等一员。政府尊重少数民族风俗习惯,并提供一切有利发展民族文化的条件,如畲族妇女服饰和畲族山歌,在社会上得到群众的认可和好评。畲族文化的变迁既有社会条件,即改革开放以来社会发生巨大变化,全国各族文化不可避免地也随之发生变革;畲族长期以来与汉族杂处,从受汉文化影响到对汉文化认同,汉语汉字已成为畲文化中的主体文化。新中国成立50多年来,广大畲族人民的文化水平都有很大提高,已有两代畲族中青年在汉文化教育中成长,并成为当今各畲区的领路人。所以畲文化在发展中的变化是完全可以预料的。同时,由于畲族特色文化缺乏创新,因此在社会发展的历史潮流中,被新时代新文化所融合就不可避免。

　　一个民族的命运，与一定的社会制度是息息相关的。畲族的历史是一个最好例证。在旧社会，不少畲族人民被迫改名换姓，不敢承认自己的民族成分；在新社会，畲族人民享受当家做主的政治权利，历史上被湮没了的畲族成分又重新得到恢复。近来有人担心畲族服饰这一显性文化消失了，民族是否就随之消亡。民族服饰的改变，并不意味着民族成分的改变，这种担心是多余的。民族成分经政府确认可以恢复，但变化了民族旧文化没有必要再去重塑，实际上也是不可能的。民族心理素质固然是构成民族的核心之一，但是随着时代的发展与变化，民族文化与民族构成已不可能完全等同了。

　　（原载《畲族文化研究论丛》，中央民族大学出版社 2007 年版）

畲族从聚居民族变成杂散居民族的历史考察

　　历史上,畲族是一个聚居的民族,现在则变成"大散小聚"的杂散居民族。而且聚居区也从原来闽、粤、赣三省交界地变成现在以闽东、浙南地区为主。古今聚居地发生很大变化,这是畲族史研究中一个不可或缺的课题。本文试就这些问题谈一点粗浅的看法,不妥之处,敬请斧正。

一、唐宋及以前闽粤赣三省交界地是畲族及其先民的聚居区

　　共同地域是民族形成的首要条件。福建的漳州、汀州和粤东的潮州、梅州以及江西的赣州,俗称闽粤赣三省交界区。历史上这些地区地域毗连,生态环境相似,森林繁茂,高山叠起,交通比较闭塞。根据考古资料,在新石器时代已有人类活动的遗址,发现商周及战国秦汉时代的印纹陶文化大量出土,说明这一地区很早就有

住民在这里生活着。这些原始住民属于哪个民族？据《史记》、《汉书》载,汉五年(前202年)刘邦"复立"无诸为闽越王。十一年(前196年)封赵佗为南越王。十二年(前195年)又诏曰:"南武侯织亦粤之世也,立以为南海王。"西汉刚建立,汉高祖刘邦为"和集百越,毋为南边患害",先后封了无诸、赵佗和织为闽越王、南越王和南海王。这三个异姓诸侯王各有其封地(即统治的地域)。史载闽越王"都治",其政治中心应在闽北,辖有今福建省大部分地区和赣东一部分。南越政治中心在番禺(今广州),辖有今两广及海南等地。南海王的封地在哪里？史家有异议,清代全祖望考订在今闽粤赣三省交界地区。[①] 杨澜《临汀汇考》一书亦赞同此说。他说:"今武本县本长汀也。唐置州后,以州西南境的南安、武平二镇,观其命名之意,因南武二字分析并举,当时因其地为汉南武侯织所封也。宋升为县,乃专武平之名,而其地正在汀、潮、赣之间。全氏南海境中有南武之说,因其是也。"[②]今人潘蔚《汉南海王织考》一文作了详细的考证,其结论亦与全氏雷同。他说:"织自称为南武侯,武侯,海上之豪语也,以此威其众。织所据也,在今江西之东南以迄福建之西南,介于闽越和南越之间。"[③]南海王国的封地介于闽越和南越之间,即在今闽粤赣三省交界地的观点是可信的。

　　秦汉以前,我国东南地区的古代民族泛称"百越"。《吕氏春秋·恃君》曰:"扬汉之南,百越之际。"《汉书·地理志》颜师古注引臣瓒言:"自交趾至会稽七八千里,百越杂处,各有种姓。""百越"一名是在越国灭亡之后出现。从考古资料也得到证实,在我国东南地区大量出土一种在表面拍印几何印纹纹饰的陶器,考古

---

① 全祖望:《鲒埼亭集·经史问答》。
② 杨澜:《临汀汇考》卷一《方域》。
③ 潘蔚:《南海王织考》,载《文史汇刊》第1卷第2期。

专家把它称为印纹陶文化。1978 年在江西庐山召开"江南地区印纹陶问题学术讨论会",与会专家普遍认为,创造印纹陶文化的主人就是古越人,并认为这种文化产生于新石器时代晚期,发展相当于中原的商周,衰落于战国秦汉。① 这与百越各民族的形成发展与消亡的历史是相符合的。因此,闽粤赣交界地区的南武侯织"亦越之世也"的记载是可信的,其族人亦为百越族之一。

公元前 111 年和前 110 年汉武帝先后统一了南越和闽越之后,百越民族从此在历史上逐渐消失。但是各地百越族人仍大量存在,后来由于历史原因,则出现不同的名称。如东汉时出现"山越"一名,《三国志·吴志》大量出现"山越"活动记载。《资治通鉴·汉纪》胡三省注曰:"山越本亦越人,依山阻险,不纳王租,故曰山越。"是知汉晋时代的"山越"便是秦汉时代的"百越"的后裔。孙吴统治的地区大都就是原百越民族的居住地。

从福建各地区的民族史考察,闽北建安郡是孙吴政权镇压该地区"山越"反抗之后于永安三年(260 年)"以会稽郡南部为建安郡"。闽北是汉人入迁最早的地区,建安郡也是福建首置的郡治。而漳、汀地区则不同。唐总章二年(669 年),唐高宗为了"靖边方",先后派出陈政、陈元光父子统率大量唐军进入漳州,企图实行军事统治,但是屡遭当地"蛮僚"强有力的抵抗,在"诛之难于屡诛,徙之难于屡徙"的情况下,陈元光于垂拱二年(686 年)上书朝廷,增建"一州于泉、潮间,以控岭表"。② 漳州设治 40 多年后,唐王朝又根据福州长吏唐循忠建议,"于潮州北、广州东、福州西光龙洞,检责诸州避役百姓共三千户,奏置州,因汀溪为名"。开元二十三年(735 年)置郡汀州。漳、汀是福建设治最晚的地区,从而反映该地汉人迁入较晚,是土著民较为聚居的地区。因此,三国时

① 《文物》1979 年第 1 期。
② (唐)李吉甫:《元和郡县图志·江南道五·汀州》。

闽北地区的土著民称为"山越",而唐代漳、汀地区的土著民则被称为"洞蛮"、"蛮僚"、"蛮夷"。《资治通鉴·唐纪》载:"(唐昭宗乾宁元年)是岁,黄连洞蛮二万围汀州(黄连洞,在汀州宁化县南,今碐飞砾即其地)。"《丁氏古谱》载,六朝以来,九龙江两岸"尽属蛮僚"。① 与漳州相连的潮州,唐代也是"蛮夷"之地。《旧唐书·韩愈传》载,韩愈被贬至潮州当刺史,他自叹曰:"处远恶,忧惶惭悸,死亡无日,单立一身,居蛮夷之地,与魑魅为群。"唐代在闽粤赣交界区内的住民被称为"洞蛮"、"蛮僚"、"蛮夷"。有的方志的作者认为他们就是古代的山越。如广东《南海县志》、《嘉应州志》曰:"岭表溪峒之民,古称山越。"《隋书·南蛮传》曰:"南蛮杂类……古先所谓百越是也。"由此可知,隋唐时代,东南地区出现许多名称不一的民族都同古代百越民族有密切的渊源关系。

综上所述,隋唐时期,闽粤赣交界地仍是百越后裔"蛮僚"的聚居地。它与南宋出现的"畲民"关系如何? 刘克庄(1187—1269)《漳州谕畲》曰:"凡溪洞种类不一:曰蛮、曰猺、曰黎、曰蜑,在漳曰畲。西畲隶龙溪,就是龙溪人也;南畲隶漳浦,其地西通潮、梅,北通汀、赣,奸人亡命之所窟穴。……有国者以不治治之。畲人不悦(役),畲田不税,其来久矣。"②从这个记载至少说明三个问题:(1)南宋出现的"畲民",其居地在当时福建的漳州、汀州和广东的潮州、梅州以及江西南部的赣州,即今闽粤赣三省交界地;(2)南宋畲民的分布区与唐代"蛮僚"的住地完全相同,说明宋代的"畲民"与唐代"蛮僚"的关系密切;(3)唐代已先后在"蛮僚"地区设治,直至宋代畲民仍不归顺,不断展开斗争,才会出现"有国者以不治治之","畲民不役,畲田不税,其来久矣"的记载。从而反映当时在聚居区的蛮僚(畲民)还是人多势大,才有力量抗拒唐

---

①　道光《福建通志》卷八十五《关隘》。
②　刘克庄:《后村先生大全集》卷九十三。

军的进犯。

从史实来说,情况确实如此。"唐总章二年,蛮僚啸乱。"这是唐高宗时陈政率唐军入漳立即遭到当地"蛮僚"武装反抗的事。公元 669 年陈政率 3600 名将士入漳,"几经交锋",陈政不得不认输。他上书朝廷:"群蛮来侵,自以众寡不敌,退保九龙山,奏请益兵。"唐王朝立即又派其兄陈敏、陈敷"领军校五十八来援"。敏、敷二人在途中死去,由其母魏氏"代领其众入闽,乃进师屯御梁山之云霄镇"。① 陈政之子陈元光随祖母入漳。陈氏家族倾家而出,但仍挽救不了败局。仪凤二年(677 年),陈政病死,陈元光受命"代领其众"。此时蛮僚首领苗自成、雷万春率众抗击唐军,"守帅不能制"。唐中宗景龙二年(708 年),又爆发一次更大规模的武装斗争,首领是 30 年前被陈元光镇压的雷万春和苗自成的儿子,斗争更为惨烈。睿宗景云二年(711 年)十一月,由蓝奉高率领的一支武装队伍直接与陈元光对垒,陈即被蓝"刃伤而卒"。在近 50 年的斗争中,蛮僚打败了以陈政、陈元光父子为首的唐军的屡屡进犯。

陈元光死后,其子孙先后继任。陈氏四世守漳达 100 多年。后来驻漳的唐军也大都就地落籍。双方的斗争持续不断展开,蛮僚人民的抗争从未停止过。

南宋景定二年(1261 年),漳州地区畲民又掀起规模巨大的反抗斗争,并向统治中心地漳州市区进发。"群盗益深,距城仅二十里,郡岌岌甚矣。"宋王室急忙派著作郎兼左曹郎官卓侯前往漳州征剿,他一到漳州,见到"一城红巾满野,久成不解,智勇俱困"。于是变换招抚手法,派人到处张贴榜文:"畲民亦吾民也,前事勿问,许其自新。"《漳州谕畲》一文就这样出笼的,"畲民"一名因此始见史书。

---

① 薛凝度:《云霄厅志》卷十一《宦绩·陈政》、《宦绩·陈元光》。

从上两例史实说明:(1)唐宋及以前,闽粤赣三省交界地是畲族及其先民的聚居地。虽然唐以后有汉人迁入,但原住民还占大多数。(2)唐代的起义队伍都是有组织的,且得到当地族人的大力支持,才能持久与唐王朝对抗。说明这些蛮僚应是当地的原住民,决不是如有些学者所言他们是唐初才从外地迁入的。①② (3)宋代出现的畲民,其来源主要是由唐代的"蛮僚"发展形成的,为百越民族的后裔,尤与汉代南武侯织这支越人关系最为密切。

民族的来源和形成是相当复杂的。就畲族而言,聚居区的土著民应是畲族来源与形成的主体。但是在其形成过程中并不排斥融合其他民族的存在,如宋乐史《太平寰宇记》载,唐代在汀州、潮州和赣南还有一种古老民族"山都、木客",由于他们居住于荒山野岭,罕与外界接触,故被称为神鬼怪物。宋以后,山都、木客在这些地区消失了,他们可能融于蛮僚之中,成为畲族先民的一部分。③ 此外,唐宋时,有一部分汉人入迁该地,与当地蛮僚相处或通婚而成为畲族,这种可能性也是存在的。至于有部分武陵蛮或是瑶人迁入,因为缺乏史书记载,但也不能因此而否认其可能性。但是可以肯定的是,这些都不是构成畲族来源的主体。

二、宋元时期畲族人民的抗争 与被迫开始向外迁徙

随着汉人的入迁和封建郡县在畲区的设治,民族关系开始发

---

① 徐规:《畲族的名称、来源和迁徙》,载《杭州大学学报》1962 年第 1 期。

② 施联朱:《关于畲族的来源与迁徙》,载《中央民族学院学报》1983 年第 2 期。

③ 蒋炳钊:《古民族"山都木客"历史初探》,载《厦门大学学报》1983 年第 3 期。

生变化。如漳州地区已从畲民"散处之多"逐渐变成"民僚杂处"之地。① 封建生产关系的确立,广大畲族人民便成为剥削的对象。如汀州设治后,强迫当地人民缴纳"贡赋"。② 唐昭宗乾宁年间(894—898 年)曾派官吏"劝农桑,定租税"。③ 畲族先民不堪重负,随即发生宁化"黄连峒蛮二万围汀州"的战事。

两宋以来,随着封建剥削的加重和官吏贪馋更加引起畲族人民的不满和抗争,尤其是南宋时期更加剧烈。史载,高宗建炎年间的漳浦,绍兴十五年的虔州、梅州及福建,宁宗嘉定元年江西的李元励和宋理宗时赣州的钟全和陈三枪等,均先后爆发畲民起义。④尤其是理宗景定二年漳州畲民大起义规模最大,这次起义的原因,《漳州谕畲》一文的作者刘克庄也坦言:"贵家辟产,稍侵其疆,豪干诛货,稍笼其利。官吏又征求土物蜜蜡、虎革、猿皮之类。畲人不堪,恝于郡,弗者遂怙众据险,剽掠省地。"官逼民反,都是由统治者的压迫和剥削引起的。

宋末元初,畲族人民的反抗斗争又掀起一次高潮。宋端宗景炎二年(1277 年),元兵破汀州,时独揽泉州市舶大权的蒲寿庚"导元倾宋",投降元朝。这时以陈吊眼为首的漳潮一带的畲族人民响应陆秀夫、张世杰展开声势浩大的抗元斗争。杀死元朝驻漳州招讨傅全和万户府知事阙文兴。起义军由最初一万多人发展到"聚众十万,连五十余寨,扼险自固"。建立"昌泰"年号,提出"复宋"口号,坚持六年的斗争,掀开畲民抗元斗争的序幕。

在元代的 88 年间,畲民反抗斗争持续不断,在《元史》及其他史书中均有不少记载。其中比较主要的除陈吊眼外,1278 年,"建

---

① 薛凝度:《云霄厅志》卷十一《宦绩·陈政》、《宦绩·陈元光》。

② 杨澜:《临汀汇考》卷一《方域》。

③ 《资治通鉴》卷二五九《唐纪七十五》。

④ 蒋炳钊:《畲族史稿》,厦门大学出版社 1988 年版,第 166 ~ 168 页。

宁政和人黄华,集盐夫,联络建宁(闽北)、括苍(浙南)及畲民妇自称许夫人为乱"。① 黄华领导的起义军有众几十万,剪发文面,号"头陀军"(《元经世大典序录》作"陀头军")。以复宋为号召,称祥兴五年(祥兴为赵昰年呈)。武装斗争坚持六年。1289 年(至元二十六年),以广东循州钟明亮为首的起义军,其声势比起陈吊眼、黄华领导的起义军规模更加浩大,各地畲民纷纷起兵响应,坚持五年斗争,给统治者以沉重的打击。正如当时福建闽海提刑按察使王恽向朝廷的报告中所说的:"福建所辖郡县五十余,连山距海,实为边徼重地,而民情轻诡。自平定以来,官吏贪残,故山寇往往啸聚,愚民因而蚁附,官兵致讨,复蹂践之甚……时行省讨剧贼钟明亮无功。恽复条陈利害曰:福建归附之民户几百万,黄华一变,十去四五。今剧贼猖獗,又酷于华,其可以寻常草窃视之。况其地有溪山之险,东击西走,出没难测,招之不来,攻之不克。"②

元顺帝时期,元朝统治者已处于风雨飘摇的时代,各地畲族的抗元斗争此起彼伏,持续不断。如至元三年(1337 年),有广东增城的钟大明和福建黄二使、李志甫领导的畲民起义。"至元丁丑,畲民黄二使逆命,郡兵追破之,畲党李志甫结聚南胜(今南靖)不能拔。朝廷命重臣,征发四省兵以讨之,历四载,经百余战,兵老民疲。"③至正十一年(1351 年),南胜县吴仲海领导下的抗元队伍,杀死元朝千户福良,攻占南胜县。至正十八年(1358 年)陈友谅领导农民军入闽,畲民起兵响应。至正十九年(1359 年),南胜县畲汉两族人民又在李国祥、陈角车等领导下,并联络安溪的李大、同安的吴肥以及广东的王猛虎等队伍,陷南诏(今诏安县)、长汀、龙

---

① 《元史》卷十《本纪》。
② 《元史》卷一六七《王恽传》。
③ 沈定均:《漳州府志》卷四十六《艺文》。

岩、漳浦等县。① 畲族人民持续不断的抗元斗争最后与全国人民
的抗元斗争汇成一股巨大的洪流,推翻了元朝的统治。

畲族抗元斗争不仅规模大,而且时间持续很长。它与以前的
斗争有些不同,能在民族矛盾的情况下,以"复宋"为号召,来激发
群众的斗争情绪;有的起义队伍还设有年号,已带有政权性质。同
时,在斗争中充分认识到武装的重要性,建立起自己的武装"畲
军"。史家都把这段历史写进《中国通史》,可见它在中国农民战
争史上的地位和影响。

抗元斗争失败后,畲族人民遭到严重摧残,从此之后聚居区内
的畲民未见再有大规模的抗争行动。赣南地区的畲族,在宋元时
期未见有成规模的反抗斗争记载,却继承了元代畲民的抗争精神,
于明正德十一年(1516 年),由畲民谢志珊、蓝天凤等领导的江西
横水、左溪、桶冈的赣南畲民大起义,"有名寨三十余处,拥众数
万,盘踞三省"。此次斗争被镇压之后,赣南畲民历史活动便很少
见于史书。

综上所述,从唐总章二年(669 年)开始至 1368 年元朝灭亡的
近七百年间,聚居在漳、汀、潮等地的畲族及其先民持续不断地与
统治者展开斗争以及明代赣南畲民大起义,在历史上都有一定的
影响。这些历史事实,一方面为畲族人民谱写下光辉的历史篇章;
另一方面它给畲族人民带来深重灾难的同时,对畲族历史发展产
生了深刻的影响。具体表现有如下几个方面:

1. 畲族人民生命财产遭到严重的损失。历史上畲族人民的革
命斗争最终都遭到统治者残酷的镇压,无数的革命领袖均遭到杀
害。根据地的人民也遭受杀害,财产被洗劫一空。如钟明亮起义
军一事,元朝合四省兵镇压。"师之所经,寇之所及,男女老稚被

---

① 《漳州府志》卷四十七《兴祥》,《临汀汇考》卷三。

执傻,资财庐舍罹荡者甚多。"① 又如明正德十一年赣南畲民大起义,王守仁调集江西、福建、广东、湖广四省九府官兵12000多人和大量地方武装,"两月之间,通计捣过巢穴八十余处,擒斩大贼首谢志珊、蓝天凤等八十六名颗,从贼首级三千一百六十八名颗,俘获贼属二千三百三十六名口……牛、马、骡六百八只匹。赃杖二千一百三十一件。金银一百一十三两八钱一分,总计首从贼徒属牛马赃杖共八千五百二十五名颗口只件"。② 仅以官方统计,起义者被杀达三四千人,大量财产被掳夺。

2.强迫同化。历代统治者为实现对畲民的统治,在军事控制的同时,往往采取强迫同化和分化瓦解畲族内部的措施。如唐代的陈元光,"乃率众辟地置屯,招来流亡"。"渐成村落",使畲地变成"民僚杂处"。就是一种采取移民加以同化。又如唐军落籍漳州后,强迫娶当地畲女为妻。畲民深知他们是镇压祖先的罪人,又出于无奈,提出"红白事"一起办,即结婚时新娘穿的衣服是"内白外红",意即先戴孝后结婚。闽南地区新娘内穿白衣或随嫁一套白衣孝服的习俗可能渊源于此。

宋代大都是采取分化瓦解。如南宋景定二年漳州畲民大起义,当时西畲龙溪最大的畲长名叫李德,所谓"德最反复杰黠者"是也。于是统治者千方百计先招抚他,这位有影响的人物"纳款"后,"于是西九畲酋长相继受招。西定,乃并力于南"。漳浦的"南畲三十余所酋长,各籍户口三十余家,愿为版籍民"。③ 统治者采用措施逐个分化瓦解,削弱畲族人民的抗争力量,导致起义的失

---

① 《钦定四库全书》集部《水云村稿》卷十三《杂著·汀寇钟明亮事略》。

② 王守仁:《王文成公全书》卷十《别录二·奏疏·横水、桶冈捷音疏》,十二年闰十二月初二日。

③ 刘克庄:《后村先生大全集》卷九十三。

败。同时统治者还诱惑这些被收买的头头为统治畲区的代理人，达到"以畲制畲"的目的。这种分化瓦解畲族人民的统治政策一直延续到明清时期。《明实录》载："（永乐十五年十一月）广东畲蛮雷纹用等来朝。初，潮州卫卒谢辅言：'海阳县凤凰山诸处畲蛮，遁入山谷中，不供徭赋，乞与耆志陈晚往招之'。于是畲长雷纹用等凡四十九产，俱愿复业。至是辅率纹用等来朝，命各赐钞三十锭，彩币一，表里䌷衣一袭。赐辅、晚亦如是。"①流放起义军家属。至元十九年（1282年）年四月，元廷"遣扬州射士戍泉州。陈吊眼父文桂及兄弟桂龙满安纳款，令护送至京师。……（二十年）六月，流叛贼陈吊眼叔陈桂龙于憨答孙之地。"②

收编畲军及其将领。至元二十年（1283年），先是"放福建畲军，收其军器，其部长于近处州郡民官迁转"。③第二年九月，"令福建黄华畲军，有恒产者为民，无恒产与妻子编为守城军。"④又诏"以宋畲军将校授管民官，散之郡邑"。⑤

采用屯田置民于军人监督。皇庆元年（1312年）十一月，元廷"调汀漳畲军代亳州等翼汉军于本处屯田"。⑥成宗元贞三年（1297年），"命于南诏、黎、畲各立屯田，调拨见成军人，每屯置一千五百名，及将所招陈吊眼等余党入屯，与军人相参耕种为户。汀州屯一千五百二十五名，漳州屯一千五百一十三名。为田，汀州屯二百二十五顷，漳州屯三百五十顷"。⑦

3. 畲民被逼从聚居区内逐渐向外迁徙。历史上畲族的迁徙活

　① 《明实录》，《太宗永乐实录》卷五十四。

　② 《元史》卷十二《世祖本纪》。

　③ 《元史》卷十三《世祖本纪》。

　④ 《元史》卷十三《世祖本纪》。

　⑤ 《元史》卷十三《世祖本纪》。

　⑥ 《元史》卷二十四《仁宗本纪》。

　⑦ 《元史》卷一百《兵志》。

动时常存在,但大都是在聚居区内进行。至宋元时期,由于武装起义被镇压,统治者采取种种的压迫和歧视政策,分散和瓦解畲族内部的团结力量,畲族人民被迫向外迁徙。从史书记载看,元代以前,畲族的活动主要还是在聚居区以内。直至宋末元初,在聚居区外的泉州、邵武、安溪等地则见有畲民反抗斗争的事。如元朝占领福建后,元世祖下令"招谕漳、泉、汀、邵武等处暨八十四畲官兵军民,若能举众来降,官吏例加迁赏,军民安堵如故"。① 宋末元初黄华在闽北领导抗元,其中有大量"畲军"。至元二十四年(1287),"安溪土贼张大老、方德龙聚畲洞,为一方之患,垂三十年。"②这些"畲民"应是从漳汀地区迁出去的。说明宋元时期,畲族已从原来的聚居区迁出,畲族历史从此开始发生变化。

三、明清时期形成畲族新的聚居地

根据 1982 年第三次人口普查,全国畲族总人口 368823 人,其中福建省 208495 人,约占总人口的 57%,分布在全省 64 个县市,其中以宁德地区最为集中,有 166941 人,占全省的 80%;浙江省有 147573 人,占总人口的 40%,分布在浙江省约 40 个县市,其中温州地区有 50166 人,丽水地区有 68233 人,浙南地区畲族占该省畲族总人口的 78%。江西省有 7420 人。广东省有 3205 人。安徽省有 1112 人。居住都很分散。1990 年第五次人口普查,全国畲族人口增至 630378 人,其中福建省 349052 人,浙江省 173250 人,江西省 76607 人,广东省 26511 人,安徽省 2357 人。八年间畲族总人口增加近 26 万,这与 20 世纪 80 年代新恢复一批畲族成分有关,福建增加的 14 万多人中,有一半是新恢复民族成分的。

① 《元史》卷十五《世祖本纪》。
② 《元史》卷十五《世祖本纪》。

从上述人口数及其分布现状看,畲族的聚居区已经转移到闽东、浙南,古今居住区已有明显不同。居住很分散,不论是聚居或散居的畲族村都比较小,一般都在几户至几十户,周围是汉族村,也有的村落是畲、汉杂居在一起。1984年6月新建的我国第一个畲族自治县——浙江省景宁畲族县,全县畲族人口只有1.6万多人,占全县总人口的10.5%,五个行政区都有畲族。这种分布格局大约是在明清时期形成的。新的聚居地如何形成,旧的居住区人口为什么大量消失,究其原因是由于畲族的向外迁徙、被迫同化、畲汉融合的结果。

(1)迁徙。闽东的畲族主要是从漳、潮一带迁来的。见于畲族族谱记载:"唐光启二年(886),盘、蓝、雷、钟、李三百六十丁口,从闽王王审知为乡导官,至连江马鼻登岸,时徙罗源大坝头居焉。"畲民协助王潮、王审知攻打泉州、福州,而后往连江、罗源迁徙。这是畲族迁往闽东最早的记载。这一记载与王潮、王审知率光、寿二州数千人入闽的路线与史实是符合的。但这只能作为一次军事行动。根据地方志记载,迁往闽东、浙南的畲族大都是在明清时期。明谢肇制《五杂俎》载:"吾闽山中有一种畲人……福州、闽清、永福(今永泰)山中最多。"①他在《游太姥山记》中又记下福鼎的畲族,"过湖坪,值畲人纵火焚山"。他还写下"畲人烧草过春分"的诗句。②《罗源县志》载:"(万历)三十九年,群虎伤人,知县陈良谏祷于神,督畲民用毒矢射四虎,患方息。"③傅恒:(光绪)《皇清职贡图》云:"古田畲民即罗源一种,散处在上洋等村。"此外,《永泰乡土志》、《侯官乡土志》、《古田县乡土志略》、《古田县志》、《霞浦县志》等,均有该地畲民活动记载。特别是清代《福安

---

①　《五杂俎》卷六《人部二》。

②　谢肇制:《太姥山志》卷中《游太姥山记》,卷下《游太姥道中作》。

③　林春溥:道光《罗源县志》卷二十九《祥异》。

县志》对该县畲族居住的村庄有很详细的记载,该县在清代已有畲族村庄200多个。① 从史书记载可以推断,明清时期闽东各县普遍都有畲族村庄。

根据闽东畲族传唱的《高皇歌》,广东潮州凤凰山为他们始祖的居地,故迁往闽东的畲族大都来自漳、潮地区。迁徙路线有一条是主要的,即从潮、漳经泉州、莆仙、福州(闽侯)而转入闽东。据晋江丰山《蓝氏族谱》和《雷氏宗谱》记载,泉州双髻山畲族是明代自漳州迁来的,后来有一部分蓝姓再迁往仙游,一部分雷姓迁惠安。明周华《兴化县志》载,万历十七年该地曾发生了畲客雷五领导的反抗斗争。乾隆版《仙游县志》亦载该县已有“语言自为一种”的畲民。

其次是闽北。南宋时,黄华已领导畲军在闽北开展斗争。现在三明和南平地区的畲族大都也是明清时期迁去的。据调查得知,永安县半岭蓝姓畲族是从上杭卢丰迁去的。三明的畲族据说也是从上杭迁去的。建阳地区的畲族大部分是从三明迁去的。也有一部分来自福州。《建阳县志》和《南平县志》均有该县畲民活动的记载。漳平县的山羊隔是明万历年间迁去的。此外《永春县志》、《德化县志》都有畲民记载。据1982年统计,福建畲族分布区以宁德地区最多,有166945人,其次是建阳地区20616人,莆田地区1428人,龙溪地区959人,还有少量散布于全省各地。

迁往浙江的畲族,据《景宁畲族自治县概况》云,惠明寺保存《唐朝元皇南泉山迁居建造惠明寺报税开垦》资料,在永泰二年(即大历元年,766年丙午岁),已有雷太祖进裕公一家五人与僧昌森子清华二人,经罗源到浙江青田县开垦之事,如属实,也只是个别事例。浙南与闽东毗连,迁往浙江的畲族必须经过闽东,或是从闽东再迁入。《景宁县志》载:“畲民自粤而闽,以暨处之遂(昌)、

---

① 张景祁:光绪《福安县志》卷三《疆域》。

云(和)、龙(游)诸邑,皆有其人。"①《遂昌县志》曰:"遂邑有畲民,盖于国初时徙自广东,安插于衢、处、温三府志。"②又据浙江《遂昌钟氏创修家谱志》中的《行程簿》记载,其祖先钟集洪于南宋绍熙三年(1192年)从潮阳迁出,"迁迁往往,徐徐而行"。至钟大孙这一代于明宜德三年(1428年)迁往漳州南靖。景泰元年(1450年)又迁泉州同安县。景泰八年又迁入安溪。天顺五年(1461年)再迁福州连江。成化十年(1474年)再迁入罗源。万历四十三年(1615年),钟氏子孙二十八口,迁至浙江处州景宁县二都锦岱洋地方居住。③迁入浙江的畲族也是在明代。至清代畲民已遍及今温州、丽水等地区,《处州府志》载,畲族在"处郡十县尤多"。④

此外,安徽宁国县东南部少量畲族是清代从浙江迁入的。宁国县畲族《蓝氏宗谱》载,同治八年(1869年)浙江蓝姓畲族迁至蓝溪,大约在清光绪年间才迁入宁国县。据江西省政府民政厅《铅山、贵溪畲民历史调查报告》云,铅山县畲族相传祖籍广东潮州凤凰山,后迁到宁化县再迁入铅山县陈坊区大沆乡狐狸岩居住,时间约在明末清初。贵溪县畲族相传也是从广东迁入福建,于清雍正、乾隆年间迁入贵溪。

从畲族迁徙的情况看,它具有自发性的特点,大都是一家一户从一个地方再向另一个地方迁徙,"迁迁往往,徐徐而行",因而才形成如此"大散小聚"的分布格局。

(2)强迫同化。上面说到,畲族历史上不间断的反抗斗争遭到失败,都是由于统治者靠军事围剿和政治上强迫同化。尤其是反元斗争失败后,畲族遭到严重的摧残。明清时期统治者全面加

①　周杰:同治《景宁县志》卷十二《风土·畲民》。
②　郑培椿:道光《遂昌县志》卷一《风俗》。
③　吕锡生:《畲族迁移考略》,载《浙江师范学院学报》1981年第2期。
④　周荣椿:光绪《处州府志》卷三十《艺文志》,吴楚椿:《畲民考》。

强对畲族人民的统治。如在汀州"畲即承赋如居民","其有田产者亦必输粮而给官居"。① 王守仁镇压赣南畲民大起义后,在城乡推行"十家牌法"(即"十家连坐"),一人犯上"十家均罪",对畲民进行严密的控制与监视。入清以来,对迁往各地的畲民就地采取"编图隶籍",推行保甲制度。有的畲区还设"畲官"、"畲长",即利用畲族头头充当,达到以畲制畲的目的。这样一来,畲民只能与汉人一样,就地纳粮供赋。所以自清代以后,畲民作长途的迁徙活动已不可能进行。此外,对畲民采取歧视政策。如不准参加科考,畲民流传《钟良弼》歌谣,即道出嘉庆初福鼎县童生畲民钟良弼上书"呈控诉县书串通监生诬指畲民不准与试",②丑化他们的盘瓠信仰,强迫畲民改变民族服饰,据《华美报》载,光绪二十五年(1899年)曾下令畲民要改装,"自示之后,该山民妇等,务将服式改从民俗"。③ 在这种民族高压政策之下,为了生存,有的畲民被迫改换姓氏。傅衣凌《福建畲姓考》一文,从史书记载中列出畲族姓氏约有20多个,如今只有三四个,就是盘、蓝、雷、钟四姓氏有的也改从汉姓,如《闽都别记》载,有的将雷姓改为螺姓。《枣林杂识》载,汀州畲族将盘姓改变潘姓,雷姓改为娄姓。《春明梦余录》载,闽中畲族也有将盘、雷二姓改为潘、吕。一部分被迫同化,也是造成畲族人口减少的原因之一。

(3)自然同化。据史书记载,明清时期在闽粤赣交界区内还有畲民活动,如《天下郡国利病书》云:"漳徭人(徭人应为畲人——笔者注)与虔、汀、潮、循接壤错处,亦以盘、蓝、雷为姓。随山插种,去瘠就腴,编荻架茅为居。善射猎……今酋魁亦有辩华文

---

① 《临汀汇考》卷三,《长汀县志》卷三十五。
② 陈寿祺:《福建通志》卷一四〇《国朝宦官·李殿图》。
③ 福州《华美报》己亥四月,第17号,第15页,1899年。

者。"①《汀州府志》、《嘉应州志》、《潮州府志》、《临汀汇考》等方志
亦见记载。但从行文看已不是当年主体民族的情况,而是辟处山
林,"每山不过十许人,鸟兽聚散无常所"。估计人口已经不多。
据新中国成立初畲族人口统计,广东只有2000多人,福建的漳汀
地区也不足5000人,大都融合于汉族之中。

　　民族间的自然同化也是历史发展过程中的一种必然趋势。随
着汉人大量入迁,汉文化作为主体文化的进程中,畲、汉两族人民
长期相处、通婚,产生融合。最典型的例子就是"客家"的出现。
据罗香林《客家源流考》提出客家先民南迁闽粤赣三省交界地,最
早始于唐末五代,宋元时汉人又大量迁入。何谓"客家",有的学
者认为:"乃宋之中原衣冠旧族,忠义之后也。""客家文化就是中
古汉族民间文化。""客家本是北方土著居民,辗转南迁易地为
客。"我认为这些观点都不够全面。客家先民有一支是南迁的汉
人;"客家"是形成于畲族的聚居区内,故有一部分来源于当地畲
民。因此,客家文化是畲汉两族文化互动的产物。② 客家人的服
饰和山歌明显具有畲文化的特征。昔日畲族的聚居区,今日成为
客家聚集大本营。这个新的族群产生,其中包容了大量的畲族人
口。1988年上杭卢丰、官庄两个乡恢复畲族成分,就是从客家人
中分离出来的。

　　漳州地区与汀州有些不同。自唐代以来,陈氏家族统治100
多年,又有大量唐军落籍。至宋代,汉人入迁人数大大超过汀州。
交通较方便,社会经济较发达,长期以来与潮汕地区形成"福佬
系"。有这一股力量的存在的原因,故该地不是客家的形成区。
于是生活在这一带的畲民更早被汉人同化,故《漳州府志》、《漳浦

---

① 顾炎武:《天下郡国利病书》第十六册《福建备录·防闽山寇议》。

② 蒋炳钊:《客家文化是畲汉两族文化互动的产物》,载《东南民族研
究》,厦门大出版社2002年版。

县志》记载的畲民活动历史大都是元代以前的事,明清时代的事已少有提及。如清代漳浦赤岭涌现出蓝理、蓝迁珍、蓝鼎元几位著名人物,在清代的史书中都没有把他们作为畲族人物记载。1984年恢复赤岭、湖西两个乡的群众为畲族,得知他们与龙海的隆教乡和广东大埔乡都是一祖所分的兄弟,是明代从隆教乡迁出的后裔。由于单姓蓝,遵循"同姓不婚"的训诫,故蓝氏族人一开始便同周边汉人通婚,导致本民族的语言、服饰及宗教信仰都淡忘了,完全接受当地汉文化,同化于汉族之中。

明清时代从聚居区迁出的畲族也有相当一部分同化于汉族中。如1984年恢复的安溪官桥、厦门钟宅、惠安钟厝的畲族成分,原因也是单姓钟,也是一祖所分的兄弟。他们长期与汉人通婚,融合于汉族之中。还有一些地方,如迁往永春、德化的畲族,在清代的县志还有记载,但由于人数少且分散,"今具遵制保甲,从力役,视平民无异。迩近又与土民联婚,并改其焚尸浮葬之习,亦足见一道同风之化矣"。①《建阳县志》亦载该县畲民,"所居在丛箐邃谷,或三四里,或七八里始见一舍,无比居而居者。……近推嘉禾一带畲民,半染华风,欲与汉人为婚,则先为其幼女缠足,稍长,令学针黹,坐闺中,不与习农事。食资亦略如华人。……亦读书识字,习举子业"。② 畲民逐渐被汉化。

综上所述,自唐代以来,畲族历史发生很大变化,从单一民族的聚居区变成汉畲杂居地,后来又从杂居地更换新的聚居区,从一个土著民族变成为汉族统治下的一个少数民族,主要原因是汉文化统治地位的日益扩展与稳固。这一历史性的变化,对畲族历史产生了很大的影响,使畲族从一个聚居的民族变成为一个"大分散小聚居"的散居民族。加速了畲族与汉族社会经济和文化一体

①　郑一崧:乾隆《永春州志》。
②　江远青等:道光《建阳县志》卷二《附畲民风俗》。

化的过程,同时也使畲、汉两族人民之间的友好关系进一步密切。这是畲族社会历史发展的一个特点。

1958 年,我参加畲族社会历史调查组工作,到过闽东、浙南一些畲族村庄,看到他们显明的民族服饰、族谱、祭祀用的祖图、祖杖和听不懂的民族语言。民族的文化特征很突出。为什么在这一个新的聚居区内能保留如此显明的民族文化? 原因之一,首先,闽东地区是一个山区,社会经济在福建省当中发展比较缓慢。畲民"结庐深山,务耕作",寻找到生存的空间。而且人数相对集中。其次,盘瓠信仰的保留与流传产生巨大的民族凝聚力,所以在这区域内的畲民不易被汉人同化。再次,畲族中雷、蓝、钟、李几个姓都有,可以互相通婚,繁衍后代。

畲族从聚居民族变化成为散杂居民族,经历了很长的一个历史过程。唐宋时期基本上还是聚居,外迁的人极少数。宋末元初畲民掀起大规模的反抗斗争失败可能是一个转折点。故明清时期是畲族外迁的一个重要时期。从历史上看,畲民向外迁徙都是自发性,是一家一户进行,"缓缓而行",没有明确的目的地。因而造成居住地十分分散。闽东、浙南地域相连成为新的聚居地,可以说是一条主要迁徙路线。

(原载《畲族文化研究》上册,民族出版社 2001 年版)

畲族是说汉语客家话，
抑是客家话里有畲语

畲族有没有自己的民族语言，或是使用客家话，学术上有不同观点，论著也不少。语言我是门外汉。我认为要解决这一问题，单靠语言的比较研究是不够的，如能结合畲族和客家形成的历史加以考察，也许会有帮助。本文从这两方面历史去探讨畲族的语言，妥否，请指正。

一、闽粤赣三省交界处是畲族历史上的聚居区

公元 13 世纪中期，南宋末年刘克庄（1187—1269 年）《漳州谕畲》一文，称居住在今漳州一带的少数民族为"畲民"。文曰："凡溪洞种类不一：曰蛮、曰瑶、曰黎、曰蛋，在漳曰畲。西畲隶龙溪，就是龙溪人也；南畲隶漳浦，其地西通潮、梅，北通汀、赣，奸人亡命之所窟穴……有国者以不治治之，畲民不悦（役），畲田不税，其来久矣。"①南宋的畲民除

---

① 刘克庄：《后村先生大全集》卷九十三。

漳州外,其分布地区还包括汀州和与之相邻的广东潮州、梅州和江西南部的赣州,即今闽粤赣三省交界处,它是畲族历史上的聚居区。

唐代在同一地区出现的"蛮僚"、"洞蛮"和"蛮夷"的活动,学者大都认为它与畲民有密切的渊源关系,从而开启了与汉族的关系。唐总章二年(669年),唐高宗为了"靖边方",就是要征服蛮僚,选派"朝仪大夫统岭南行军总管事"陈政,"率府兵三千六百将士。自副将许天正以下一百二十三员,从其号令,前往七闽百粤交界绥安县地方,相视山源,开顿建堡,靖寇忠于炎荒,莫皇恩于绝域"。① 当唐军入漳,立即遭到当地蛮僚人民的抵抗。"高宗总章二年,泉、潮间蛮僚啸乱。"②双方一交锋,唐兵便被打败。陈政急忙上书朝廷,"群蛮来侵,自以众寡不敌,退保九龙山,奏请益兵"。唐王朝立即又派其兄陈敏、陈敷"领军校五十八姓来援"。敏、敷二人于途中病死,即由其母魏氏,代领其众入闽,乃进师屯御梁山之云霄镇"。③ 年方17岁的陈政之子陈元光也随祖母入闽。唐王朝对征服蛮僚下了很大的赌注,陈氏家族也倾家而出。

仪凤二年(677年),陈政病死,唐王朝命其子陈元光"代领其众",继续与蛮僚为敌。这时蛮僚首领苗自成、雷万春率众从潮州向福建唐兵发起进攻。"守帅不能制",唐兵又一次被打败。永隆二年(681年),唐廷"檄元光潜师入潮,沿山倍道袭寇垒,俘获以万计,岭表悉平,还军于漳"。④ 起义军被残酷镇压,民族矛盾进一步激化。面对当地人多势众的广大蛮僚,仅靠武力镇压不是持久之计。垂拱二年(686年),陈元光上书朝廷奏章谈到,在对待蛮僚的

---

① 薛凝度:《云霄厅志》(民国版)卷十七《艺文》。
② 薛凝度:《云霄厅志》卷十一《宦绩·陈政》。
③ 薛凝度:《云霄厅志》卷十一《宦绩·陈元光》。
④ 薛凝度:《云霄厅志》卷十一《宦绩·陈元光》。

武装对抗中,"诛之则不可胜诛,徙之则难于屡徙"。请在闽增建"一州于泉、潮间,以控岭表"。漳州设治,陈元光被委任刺史,集军政大权于一身。

陈元光治漳初期,对蛮僚曾采取一些怀柔政策,如招募蛮僚开垦农业,沟通与汉族人民的往来,发展交通贸易,兴办学校等,对开发漳州是有作用的。但是民族矛盾并没有解决。唐中宗景龙二年(708年),又爆发一次更大规模的反唐斗争,这一次蛮僚首领就是30年前被陈元光镇压的苗自成、雷万春的儿子和蓝奉高等人,起义军也在潮州集结向福建挺进。陈元光闻讯后领兵前往镇压。起义军人多势壮,屡败唐兵。蓝奉高率一支起义军乘胜追击,"元光闻报,遽率轻骑御之,援兵后至,为贼将蓝奉高刃伤而卒"。[①] 时睿宗景云二年(711年)十一月。

陈元光21岁袭父职"代领其众",到景云二年被蓝奉高"刃伤而卒",在漳36年的军旅生活中,并未完成唐王朝"靖寇患于炎荒,奠皇恩于绝域"的使命。唐王朝以"岭南多故",又命其子陈珦"代州事",为报父仇,于唐玄宗开元三年(715年)陈珦亲自率兵,"斩前刃父贼蓝奉高"。[②] 但是蛮僚并未被征服。

汀州于唐开元二十一年(733年)设治,比漳州晚47年。汀州设治后,当地洞蛮也不断掀起反抗,规模较大的如昭宗乾宁元年(894年),宁化"黄连洞蛮二万围汀州"。[③]

两宋时期,畲族人民的革命斗争仍在持续展开,其特点是还有汉人参加。《漳州谕畲》有"其中有知书及土人陷畲者"和"汀赣贼入畲者"之语,即为汉人参加当地畲民的抗宋队伍。从高宗建炎中(1127—1130年)开始到理宗宝庆元年(1225年)的近百年间,

---

① 薛凝度:《云霄厅志》卷十一《宦绩·陈元光》。

② 薛凝度:《云霄厅志》卷十一《宦绩·陈珦》。

③ 《资治通鉴》卷二百五十九《唐纪七十五》。

在漳浦、梅州、虔州等地相继爆发畲汉两族人民的起义,规模较大的有赣南李元励、陈三枪和钟全所领导的起义队伍。① 尤以理宗景定二年(1261年)漳汀地区畲民起义规模最大。这次起义的原因,刘克庄也承认是由于"贵家辟产,稍侵其疆,豪干诛货,稍笼其利。官吏又征求土物蜜蜡、虎革、猿皮之类。畲人不堪,愬于郡,弗省,遂怙众据险,剽掠省地"。"夫致盗必有由,余前所谓贵豪辟产诛货,官吏征求土物是也。"官逼民反,各地起义军集结指向郡治中心地漳州,规模宏大,"寇益深,距城仅二十里,郡岌岌甚矣"。"枵然一城,红巾满野,久戍不解,智勇俱困"。统治者眼见起义军强大攻势,胆战心惊,于是变换手法。派人四处张贴榜文:"畲民亦吾民也。前事勿问,许其自新。其中有知书及土人陷畲者,如能挺身来归。当为区处,俾安土者;或畲长能帅将归顺,亦补常资……"《漳州谕畲》一文就是这样出笼的。"畲民"正是因为他们顽强的抗暴精神而闻名于世。

潮州的畲民也掀起抗宋斗争,"潮与漳、汀接壤,盐寇、峯民,群聚剽劫,累政。以州兵单弱,山经多蹊,不能讨"。② 历任知州都没法解决。

进入元代,《元史》记载畲民斗争史事比以前更多,说明元代畲民抗元斗争更为史家所重视。1276年(宋景炎元年)元兵陷临安,宋臣陆秀夫、张世杰拥南宋最后皇帝赵昰、赵昺进入福建,以复宋为号召,组织人民群众抗元。同年十月元兵攻汀州,文天祥率官兵抵抗。1277年春,因知州黄去疾以城降,元兵陷汀州。当时独揽泉州海外贸易大权的蒲寿庚,暗通元朝,助元攻宋。陆秀夫与张世杰会师讨蒲寿庚。漳、汀、潮等地畲民立即起兵响应抗元的号召。

---

① 蒋炳钊:《畲族史稿》,厦门大学出版社1988年版,第166～168页。
② 文天祥:《文山先生大全集》卷十一。

　　元代畲民抗元斗争在各畲区展开,有的规模比起宋代更大,最有影响的是,宋景炎二年(1277年)七月,陈吊眼与畲民妇许夫人率领的漳、汀等地畲民的抗元斗争,组织起自己的武装称为"畲军",配合张世杰围攻泉州。蒲寿庚闭城固守。1279年南宋灭亡,元世祖即下令招抚"漳、泉、汀、邵武等处八十四畲官吏军民,若能举众来降,官吏例加迁赏,军民安堵如故。以泉州经张世杰兵,减今年租税之半"。① 尽管元廷企图瓦解畲民斗志,但事与愿违,斗争仍持续展开。1280年8月,陈吊眼领畲军攻下漳州,处死漳州招讨大员傅全和万户府知事阙文兴。② 起义队伍由最初一万多人发展到"聚众十万,连五十余寨,扼险自固"。据郑所南《铁函心史》载:"陈吊眼据漳已久……年号昌泰,未知拥谁为主……然恐藉大宋之名,鼓舞人心,实私为一方之谋,图集事功。"起义军的寨所,"地通诸山洞,山寨八十余所,据险相维,内可出,外不可入,以一当百"。"官军讨之,久不下"。③ 最后统治者采取极卑劣的手段,以"谈判"诱杀陈吊眼。这次斗争前后坚持六年。

　　1278年(宋景炎三年),闽北爆发了黄华为首的畲汉人民大规模抗元斗争。"建宁政和人黄华,集盐夫,联络建宁、括苍及畲民妇许夫人为乱。"④元廷曾用高官厚禄收买黄华,封他为建宁总管及征蛮副元帅,企图借他的力量镇压陈吊眼起义军。黄华领导起义队伍有众几十万,起义军还剪发文面为标记,号"头陀军"(《元经世大典序录》称"陀头军"),打出复宋旗号,称祥兴五年(祥兴为宋赵昺的年号),与元军进行殊死战斗,前后坚持了六年。

　　1289年(至元二十六年)1月,以汀州畲族钟明亮为首的抗元

①　《元史》卷十《本纪》。
②　沈定均:《漳州府志》卷四十二《灾祥》。
③　郑所南:《铁函心史》之《元鞑攻日本败北歌序》,《大义略序》。
④　《元史》卷十《本纪》。

队伍声势更加浩大,"寇赣州,掠宁都,据秀岭"。"拥众十万,声摇数郡,江、闽、广交病焉"。① 闽粤赣三省交界处又弥漫了抗元斗争的蜂火,沉重地打击了元廷的统治秩序。当时任福建闽海道提刑按察使王恽在向元廷的报告中提到,"福建所辖郡县五十余,连山距海,实为边檄重地,而民情轻诡。自平定以来,官吏贪残,故山寇往往啸集,愚民因而蚁附……时行省讨剧贼钟明亮无功……福建归附之民户几百万,黄华一变,十去四五,今剧贼(指钟明亮——笔者注)又酷于华,其可以寻常草窃视之"。② 钟明亮领导的起义坚持五年之久。其他各地抗元斗争不计其数,直至最后推翻元朝统治,畲族人民作出了积极的贡献。

　　明清时期,畲族历史活动骤然发生变化,《明史》中以"畲民"出现的记载极少,只有王守仁文集中记载明正德十一年(1516 年)江西横水、左溪、桶冈等地爆发畲汉人民大起义,主要领导人中有畲族谢志珊、蓝天凤等人,他们"各又自称盘皇子孙,收有流传宝印画像,惑群贼,悉归约束"。③ 地方志书中,原畲区的畲民活动记载也不多,而在闽东、浙南则出现畲族新的聚居点。畲族从一个聚居民族变成一个杂散居的少数民族大约在这一时期形成。④ 而在同一个聚居区内,由于汉族入迁人口迅速增加,在与当地民族的长期文化互动中产生新的文化共同体。在今汀州、梅州和赣州形成客家民系;潮州、漳州和泉州则形成福佬民系(闽南语系)。这就是畲族历史发展与变化的一个大概脉络。

　　──────────

　　① 《钦定四库全书》集部《水云村稿》卷十三《杂著·汀寇钟明亮事略》。

　　② 《元史》卷一百六十七《王恽传》。

　　③ 王守仁:《王文成公全书》卷十《横水·桶冈捷音疏》。

　　④ 蒋炳钊:《畲族从聚居民族变成散居民族的历史考察》,载《畲族文化研究》(上册),民族出版社 2007 年版。

　　为了说明语言,尚需追述畲族的来源。闽粤赣地区古代都是百越民族的居住区。自汉代百越民族消亡之后,由于汉人入迁和封建郡治的设立,原越人后裔自唐宋起又演变成操壮侗语族的诸多少数民族。唐宋时期的蛮僚作为畲族先民,亦是越人之后。《隋书·南蛮传》载,隋代南蛮诸少数民族,"古先所谓百越是也"。对于畲族的来源,学者早已有提出越人之后的观点。"百越"是多个民族泛称,从历史上考察,汉高祖十二年(前 195 年)诏曰:"南武侯织亦粤之世,立以为南海王。"①南武侯的封地,史家考证大致在今闽粤赣交界处。② 于是我认为畲族与南武侯织这一支越人关系最为密切。③

　　畲族来源于古越人,那么畲语中必然继承越语的成分。越语属于何种语言?韦庆隐《试论百越民族语言》一文,他以西汉刘向《说苑·善说篇》中保留的一首《榜枻越人歌》,用上古壮语按原歌次序排列,认为歌中语词的意义和词性与现代壮语相同,只有个别词在现代壮语中稍有变化。④ 侗族学者研究《越人歌》,认为同现代侗语近似,壮侗语同属一个语系。由此说来,越语即与壮侗语系关系密切。游文良《畲族语言》和游文良、雷楠、蓝瑞汤《凤凰山畲语》两部新作,在《古畲语词汇考》中都提到古畲语中的古壮侗语词语成分,⑤是有根据的。

---

　　① 《汉书·高帝纪》。

　　② (清)全祖望:《鲒埼亭集·经史问答》。潘莳:《汉南海王织考》,载《文史汇刊》第 1 卷第 2 期。

　　③ 蒋炳钊:《畲族史稿》,厦门大学出版社 1988 年版,第 166～168 页。

　　④ 《百越民族史论集》,中国社会科学出版社 1982 年版。

　　⑤ 游文良:《畲族语言》,福建人民出版社 2002 年版。游文良、雷楠、蓝瑞汤:《凤凰山畲语》,吉林出版社 2005 年版。

二、客家民系是在畲族聚居区内形成

自 1992 年在香港中文大学召开第一届世界客家学学术研讨会并成立世界客家学学会以来,海内外掀起一股"客家热",各种客家会纷纷成立,学术会议持续不断,学术成果累累,令人欣慰。随着研究的不断深入,对客家的来源与形成出现不同的学术观点。下面就这一问题谈一点粗浅的看法。

(一)客家的来源

目前学界对客家来源有如下几种观点:

1. 中原士族说。清代徐旭曾《丰湖杂记》云:"今日之客人,其先乃宋之中原衣冠之旧族,忠义之后也。"①罗香林《客家源流考》对客家先民多处提到"衣冠避地,风气渐开","衣冠所萃,文艺儒求为盛"等语。张卫东《客家文化》一书还从三个层次论证:其一,"东晋追随帝室南渡的中原士民,其主体是衣冠士族,官宦大户人家";其二,"侨居江南的许多中原士族大姓,到了唐末又再度南迁";其三,"至宋末元兵南下,这些中原士族的后裔,更大举南迁"。② 李逢蕊《客家人界定初论》一文认为:"客家人所以能成为汉族的独特而稳定的群体,是因为漫长的南徙历史都是大批移民,又都属中原汉贵族。"③

2. 汉族说。张应斌《关于客家学的理论建构》一文提出:"客家文化是中古汉族民间文化在封闭的客居环境中延续、保存至今的文化,它在今日众多的民族和民系的民间文化之林中,以其文化

---

① 刘佐泉:《客家历史与传统文化》,河南大学出版社 1991 年版,第 98 页。

② 张卫东:《客家文化》,北京新华出版社 1991 年版。

③ 《客家学研究》第 2 辑,上海人民出版社 1999 年版。

内容的独立性、丰富性和传统的古老性而格外注目,它对认识中原汉族文化有特殊价值。因此,客家文化就是中古汉族民间文化。"①钟文典《客家与客家研究的几个问题》云:"我们有理由认为,客家本来就是生活在北方的'土著'居民,汉民族中一个民系……因为客家来自北方的广大地区,辗转南迁,易地为客。"②

3. 同化论。谢重光《客家源流新探》一书认为,客家文化是南迁的汉人,以其人数和经济、文化优势同化当地土著民,又吸引了土著民固有有益文化而形成的一种新型的文化。林嘉书《对"客家迟来说"的再研究》一文认为:"闽粤赣三角边区数万平方公里的区域,在中原汉民族移民未来之前,基本上是未开发之地,土著如畲族的经济文化不发达且未形成强大的民族统治实体,人口少而零散。而汉族移民一开始就人多势众,他们能立即站住脚跟,迅速开发形成汉文化区域。"③王东《论客家民系之形成》一文认为:"随着南迁汉人人口的激增……畲民人口少,文化又处于劣势,故而为了保存自己,最后只有举族迁移。"④

4. 融合说。吴炳奎《客家源流新探》一文提出:"汉族由北南下,辗转迁入闽粤赣边区的,在中途和到来之后,又与当地的土著民族融合,从而融合成现在的汉族客家民系。"⑤陈支平《客家源流新论》一书认为:"我对客家源流的看法,概括起来说,就是客家民系是由南方各民系融合形成的,客家血统与闽、粤、赣等地的其他

①　嘉应大学客家研究所编:《客家研究辑刊》第 2 期。

②　嘉应大学客家研究所编:《客家研究辑刊》第 2 期。

③　谢剑主编:《国际客家学研讨会论文集》,香港中文大学华人研究社 1994 年版,第 18 页。

④　谢剑主编:《国际客家学研讨会论文集》,香港中文大学华人研究社 1994 年版,第 36～37 页。

⑤　《中南民族学院学报》1992 年第 3 期。

非客家的汉民血统并无差别。"①房学嘉《客家源流探奥》一书则认为："客家人并不是中原移民……而是由古越族残存者后裔与秦统一中国以来来自中国北部及中原流人，互相混化而形成的人们共同体……客家共同体在形成的过程中，其主体应是生于斯长于斯的本地人。"②

从上所述，可归纳为中原中心论和混合说两种。客家不等于汉族，民系的形成也不可能是以一个民族去同化另一个民族。闽粤赣三省交界地，山高林密，交通闭塞，生态环境差，又是少数民族集居区。中原汉族贵族怎能选择这样的地区迁徙，令人难解。至于说南迁的汉族都属汉贵族，这只能从姓氏谱牒中才能找到证据。谢重光在《客家文化丛书·前言》中有一段话："再如关于客家先民的主体问题，大家经过热烈的讨论，认识到在客家酝酿形成的唐末五代两宋时期，士族已退出社会历史舞台，社会上已不复以士族为事。在与客家形成有关的历次移民中，数量最多的无疑是普通老百姓。因此，客家先民的主体应是普通平民百姓。"③我认为这应该比较合乎历史事实。

我是比较赞同混合说的观点，但是要解决这一问题，首先要界定何谓客家"民系"。我认为民系一般是汉族入迁于少数民族地区，经过两族文化长期互动形成一个新的文化共同体。没有汉人入迁就不可能有客家民系的产生，故汉族为客家先民之一，这是共识。客家是形成于畲族地区，故畲民也应视为客家的又一个先民，客家文化就是畲汉两族文化互动的产物。④畲民作为客家先民之

---

①　陈支平：《客家源流新论》，广西教育出版社1997年版，第3页。

②　房学嘉：《客家源流探奥》，广东高教出版社1994年版，第2~3页。

③　罗美珍、邓晓华：《客家方言》，福建教育出版社1995年版，第4页。

④　蒋炳钊：《关于客家形成时代的讨论》，载福建《客家》杂志2006年第6期。

一,过去史家从未提及。

(二)客家形成于何时

客家最早形成于畲区的汀州、梅州和赣州,即闽粤赣三省交界地。客家的形成,首先必须探讨北方汉人何时入迁于此。在唐以前未见有汉人入迁的记载。唐开元二十年(732年)置汀州时,从福州长吏唐循忠建议,"于潮州北、广州东、福州西光龙洞,检责得诸州避役百姓三千户,奏置州,因长汀溪为名"。①《临汀汇考》云:"唐时初置汀州,徙内地民居之,而本土之苗仍杂处其间,今汀人呼为畲客。"②据研究,在唐代、泉、漳、潮等地还有大量越人后裔。《漳州谕畲》文中还提到南宋时的漳州"省民、山越,往往错居"。山越即越人的后裔。故这批被迫移入汀州的族属成分,不可能都是汉人。唐光启元年(885年),王潮、王审知率领一批山东农民军南下入闽,曾经过汀、漳地区。宁化黄连洞蛮二万围汀州的反抗斗争就是被王潮"遣兵击破之"。

罗香林《客家源流考》提出客家先民入迁分为五个时期,始自东晋,祖籍来自今河南、山西等地,大约自唐末至宋初才迁入赣南,然后从赣南进入闽西,从闽西再转徙粤之东北。客家先民进入今闽粤赣交界地是在第二、三时期即唐末至元代。第四、五时期,即明清时期,又有部分客家再向其他地区或海外迁徙。③ 罗先生这一论述,在学术界还是得到认同的。

学界分歧较大的是客家何时形成。目前大约有南朝、五代至宋初、南宋、明代、清代等几种说法,其中持五代至宋初观点的居多,可谓当前主流派。最早提出这一观点的为罗香林先生,他在1933年出版的《客家研究导论》一书云:"客家民系的形成始于宋

① (唐)李吉甫:《元和郡县图志》卷二十九。

② 杨澜:《临汀汇考》卷三《畲民》。

③ 罗香林:《客家源流考》,中国华侨出版公司1989年版。

代。"后来写成的《客家源流考》一书仍主此说。他说"客家这系统的形成,大体已晚在五代至宋初"。台湾的邓迅之、罗斡青、陈运栋和祖国大陆诸多学者均赞同此说。现就宋代说谈谈自己的一些看法。

民系的形成不是一朝一夕之事,而是要有一个畲汉两族文化长期互动融合的过程。按罗先生之说,客家先民之一的北方汉族迁入汀州、梅州是在五代至宋初。这是汉人入迁的时间。很显然,刚入迁的汉人其身份应该是汉族,怎能一下子就改变身份为客家,于理不合。罗先生为何把客家形成定在宋代,因为在宋代政府簿籍中出现"客户",认为客家之称来源于客户,这又是一个误解。客家与客户是两个完全不同的概念。宋代确有主、客记载,但无"客家"之称出现。客户也不是始于宋代。早在《晋书·王恂传》中已有"客户"记载。宋代将乡村编户齐民划分为主户和客户,并不是以当地的主户和外来的客户划分的,而是以有无田产和向政府纳税服役划分。客户是无地的佃农,依附于主户,与官府无直接关系,亦称无税户。故客家与客户无关。

宋代以来,虽然入迁的汉人不断增多,汉文化得到广泛的传播,但是从上述畲族历史看,自唐初至元末畲民仍然活跃在历史舞台。从汀州设治到《漳州谕畲》一文出笼已历 500 多年。该文所记"有国者以不治治之。畲民不悦(役),畲田不税,其来久矣"。畲民长期不向官府服役纳税。这可能是当时畲区的普遍情况。有的认为是由于生产力低下的缘故,但与他们对朝廷不满不无关系。在反抗斗争时,公开利用"宝印画像"(应是畲民保留至今的祖先历史画卷,俗称祖图)号召族人。直至元代,汀州地区还有畲民反抗斗争之事。《元一统志·汀州路风俗形胜》载:"汀之为郡,山重复而险阻……舟车不通。商旅罕至,惟从麻桑为业。西领赣,南接海湄。山深林密,岩谷阻窍,四境椎埋顽狠之徒,党与相聚。声势相倚,负固保险,动以千百计,号为畲民。时或弄兵,相挺而起,民被其害,官被其扰。"种种史实,怎能说畲民"且未形成强大的民族统治实体,人口少而分散"或以汉人多势众,"经济、文化的优势同化当地原住民"。历史可能不完全是如此。

客家名称首见清光绪温仲和《嘉应州志·方言篇》,讲广州方言自认为地道广东人,以土著自居,把自己的方言称为正音,而认为粤东所说是另一种土音,被称为客话,"土著皆以客称之"。清代为客家形成时间的下限。从客家两大先民的历史考察,畲族抗元斗争失败,畲民被屠杀,在强大的政治、军事压力下有的被强迫同化,有的被迫向汉区迁徙。从上述畲族历史考察,明清时代,闽东、浙南已发展成为畲族新的聚居区,而原住地畲民的历史活动记载骤然减少。因而客家形成应在明代,清代是客家发展壮大和向外迁徙的历史时期。①

畲族没有文字,汉人入迁后,尤其是封建郡县在畲区设治和儒学的兴起,汉文化不仅对客家形成有过促进作用,而且对该地区社会、经济、文化的发展与进步作出积极贡献。

三、客家文化是畲汉两族文化互动的产物

客家民系的形成是汉人入迁在特定的地域(闽粤赣三省交界地)与特定的民族(畲族)的文化互动中发展形成的。文化互动从来都是双向的,形成一种你中有我、我中有你的新的文化共同体。这种新的文化共同体既不是汉文化,也不是畲文化,而是两族文化互相采借、相互吸收的产物。下面列举几个例子说明:

1. 水稻作物。客家地区以稻米为主粮,兼种旱地作物。水稻是百越先民发明的,中原汉人习以旱作农业。故稻作文化不是中

---

① 蒋炳钊:《关于客家民系形成时代的讨论》,载《客家文化研究》(上册),海峡文艺出版社 2007 年版。

原文化的移植，而是在当地固有文化的基础上加以发展。

2. 客家妇女不缠足。客家妇女从事繁重的体力劳动，从来没有缠足习俗，这与古代中原汉族妇女不同。畲族妇女"跣足而行"，不缠足乃是她们的天性，直至清代尚如此。乾隆《嘉应州志》载："其畲民尤作苦……蓬跣往来，未免粗野，然而甘淡泊，服勤劳，其天性也。"①不缠足，是继承当地畲族的传统文化。

3. 居住形式。提起此事必然想起客家土楼。据调查，客家地区保存土楼最多的是福建永定县，约有250座，其次是南靖县，大埔有几座，其中三分之二约150座为客家人建的，另三分之一为闽南人建的。在闽南地区也有土楼，尤以漳属六县居多，粤东也有数座。年代最早建于明代，最晚在1949年以后。② 土楼文化不是来自中原，畲族历史上也不见有住土楼的记载。故土楼作为当地民居的一种选择，应该出于家族居住安全的考虑。

4. 服饰。古代中原汉人盛行"束发冠带"；南方百越族人则流行"断发文身"。陈元光在《请准谢表》中提到唐代漳州蛮僚妇女服饰"椎发卉裳"，即头饰高髻，衣服着花边。畲族先民服饰一直保留到现在，只是更加华丽。客家妇女服饰，据王增能先生对长汀客家妇女装饰的调查，认为"打扮起来活像少数民族"。③显然客家妇女服饰是受畲文化影响，或许她们原来就是畲族的缘故。

5. 山歌。畲族是一个酷爱山歌的民族，历史悠久。潮州人认

---

① 程志远等人整理：乾隆《嘉应州志》卷一《风俗》，广东中山图书馆古籍部，1991年。

② 方拥、杨彦杰：《闽南、粤东北圆楼与客家圆楼的比较》，载《国际客家学研讨会论文集》，1994年。

③ 王增能：《汀州府是历史上畲族之地》，载《闽西文丛》1984年第2期。

为:"畲歌本是潮音的老调",故今称唱山歌仍称为"逗畲歌"。畲歌多七言一句,称四句为一条。歌词都有严格的韵脚,唱法流行假声。山歌中以情歌居多,有定期歌会,如二月二、三月三,称为盘诗会。山歌在畲区有广泛的群众基础,无论劳动或婚丧节日,均"以歌行乐,以歌代言,以歌叙事,以歌叙情"。

客家人也喜欢唱山歌,唱情歌场所亦同畲族一样受到限制。也有歌会。据王耀华先生研究指出,客家山歌是客家人民与畲、瑶人民文化交流的产物。[①] 中原汉人不时兴山歌,客家山歌显然是在畲歌的基础上再发展起来的。

6. 修族谱。谱牒是汉文化的产物。客家人自诩为中原衣冠南迁之后,每个姓氏都很重视修家谱。畲族更重视的是祖先"盘瓠"信仰。大约在明清时期,畲族蓝、雷、钟三大姓也修了族谱,他们的祖先同样出身于中原贵族,如堂号盘姓为"南阳",蓝姓为"汝南",钟姓为"颖川",雷姓为"冯翊"。故畲族修谱明显是受汉文化影响,或请汉人编修。

7. 从客家民系中重新恢复畲族的民族成分。1983 年以来,在福建、广东和江西等省民委,在接受恢复畲族成分申请的调查中,先后恢复了十多万畲族人口,其中有一部分是从客家人中恢复了他们原来的民族成分,如福建上杭县,据 1992 年统计,全县恢复畲族成分的就有 6326 户,33978 人。[②] 说明客家民系中融合了大量畲族。

8. 语言。语言是构成民族(民系)的重要特征之一。作为一个民族应该有自己民族的语言。这种语言是怎样一种语言,1980

① 王耀华、刘茜:《客家山歌音调考源》,载《国际客家学研讨会论文集》,1984 年。

② 黄集良主编:《上杭县畲族志》,厦门大学出版社 1994 年版,第 2 页。

年罗美珍教授提出,99%以上的畲族"使用的语言是汉语客家话"。① 1995年出版的《客家方言》又曰:"客家方言则是一种在古汉语基础上独自发展演变并吸收了百越语成分的汉语方言。操这一方言的人主要是南迁的中原、江淮汉人以及改换了原有语言的畲族。"②按常理而言,汉人入迁时说的应该还是当地方言。作为当地土著民族畲族,其历史远比后来在畲区形成的客家民系年代要早,其优秀文化已在客家文化中得到体现,唯有语言被"改换"。畲语在何时因何因而被"改换",书中未能找到答案。

　　客家文化是畲汉两族文化互动的结晶,语言也不例外。畲族有自己的民族语言,客语中应该含有畲语的成分,才会使客家话成为方言。《现代汉语方言》一书曰:"汉语方言的复杂性还表现在混居于兄弟民族地区的汉人,也使用着不同类型的汉语方言。这些汉语方言往往因居民来源的不同及本地少数民族语言的影响而各具特色。""粤东、粤北客家住地原先有畲族居住,客家迁入后(客家应为汉人——笔者注),有一段客畲杂居的时期(客畲杂居应为汉畲杂居——笔者注)。可以推测,客家方言与畲族语言曾经起过相互影响,相互渗透的作用。"③朱洪《广东畲族研究》一书亦认为,"畲族有自己的民族语言,古代的畲语也许和现代的畲话不一样"。并提出畲语与客语在"语言上互为影响的共生关系","客家话有没有受畲语的影响,学者研究中较少涉及,应该说是双向互动的,互为影响,互相吸收的……正因为

　　① 罗美珍:《畲族所说的客家话》,载《中央民族学院学报》1980年第1期。

　　② 罗美珍、邓晓华:《客家方言》,福建教育出版社1995年版,第6页。

　　③ 詹伯慧:《现代汉语方言》,湖北人民出版社1991年版,第152页。

客家话受畲语的影响而成为具有地方特色的方言"。① 我很赞同这种说法。我提出畲族是客家先民之一的新观点，更加坚信客家话中不仅是受畲语的影响，而是客家话中含有畲语的成分。

游文良《畲族语言》大作问世，他以丰富的资料论证畲族有自己的民族语言，并把畲语划分为古代（隋唐时期）、近代（宋元时期）、现代（明清时期到现在）三个阶段。在畲族语言中与汉语客家方言相同或相近的论述中指出："过去，语言学界的一些同仁多认为：凡畲语中与汉语客家方言相同或相近的成分都是畲语借用汉语客家方言的。显然，这种认识是不够全面的。实际上，畲语和汉语客家方言之间并非单纯的'接受'和'输出'的关系，而是'你中有我，我中有你'的关系。""古代畲语传到宋元时期，只是融入了大量的客家先民的语言成分而演变为近代畲语，并非古代畲语消亡，畲族先民改用汉语客家话。""现代畲语是一种多来源的语言成分的混合体……至少包括了壮侗语族语言、苗瑶语族语言、汉语客家方言和现畲族居住地汉语方言等四个部分的语言成分。"②过了三年，他又同雷楠、蓝瑞汤合著《凤凰山畲语》一书，凤凰山是畲族世代流传的始祖开基地，它在全国畲族心目中享有崇高地位。凤凰山畲语是居于广东潮州凤凰山两头的潮州市和丰顺县畲族使用的语言，也是今畲族所使用的语言。作者"把凤凰山畲语的600多个常用词语与粤、闽、赣、桂4省中的20多点客家话的相关词语作了比较。比较的结果是，凤凰山畲语中有一部分词语源于客家话，而客家话中也有一部分词语却是源于古畲语的。这说明畲语和汉语客家话的关系是'你中有我，我中有你'的互相融合的关系"，"从而也可以为史学界讨论的'畲客文化互动论'提供语言的

---

① 朱洪、姜永兴：《广东畲族研究》，广东人民出版社1991年版，第151～154页。

② 游文良：《畲族语言》，福建人民出版社2002年版，第13、17、27页。

佐证"。① 这两本畲族语言大作的问世,对解决畲族有没有自己的语言、畲语与客家话的关系以及畲汉文化互动在语言上的体现作出了贡献。

综上所述,从语言角度而言,畲族有自己的民族语言,随着汉人入迁人数的激增和汉文化的影响,畲语也发生变化。畲族作为客家先民之一,其形成的历史比客家久远,故客话中含有畲语的成分。畲语历史上的聚居区后来形成福佬和客家两个民系。凤凰山畲语区属福佬系,不属客家方言区。今日畲族语言在两大民系的夹击下,仍保留着自己的民族语言,正体现了畲语具有强大的生命力。

（原载《畲族文化研究》,民族出版社 2009 年版）

---

① 游文良、雷楠、蓝瑞汤:《凤凰山畲语》,吉林人民出版社 2005 年版,第 4 页。

畲乡风情趣闻

　　畲族是我国东南地区一个历史悠久的少数民族,人口有 63 万多人(1990 年)。闽粤赣三省交界地区是畲族历史上的聚居区,后来由于不断向汉族地区迁徙,使得畲族居住区发生了很大变化,如今闽东、浙南成为畲族聚居人数最多的地区,粤东、赣东和皖南也有畲族住地,分布在五省 100 多个县市的畲族,居住异常分散,从一个聚居的民族变成为杂散居的散居民族。这是畲族历史变化的特点之一。

　　随着历史的发展,畲族在与汉族长期的杂居中,加快了两族文化的互动,更加充实了畲族文化的活力,展现了畲族文化的多样性。下面介绍畲族文化中几则趣闻,人们便可以从中了解奇特的畲族文化的奥妙与风采。

"凤凰装"的秘密

1958年秋,我第一次到达福建宁德地区畲族乡村,以后又曾多次访问过福建的连江、罗源、宁德、福安、霞浦、福鼎和浙江的丽水等县市的畲族。初次见到畲族同胞,印象最深刻的是畲族妇女都穿戴着绚丽多彩的民族服饰,一眼便可以认出她们是少数民族。据了解,她们的穿着在不同的场合各有不同,人们习惯用"盛装"和"平装"加以区别,节日或走亲戚是盛装的打扮,平常的穿着称为平装。"盛装"与"平装"之分,主要在衣服的质地、衣饰和头饰上,盛装打扮非常华丽,还佩戴各种银饰。但是当你走过这些县市之后,便会觉察到同是一个民族,因地区不同服饰还有明显差异。

闽东是全国畲族人口最多的地区,浙江的畲族是由闽东迁去的,安徽的畲族是从浙江再迁移去的,故闽东畲族服饰最有代表性。根据潘宏立先生的实地调查,他把闽东畲族服饰分为罗源式、福安式、霞浦式和福鼎式四种。在这四式中已婚和未婚妇女在发饰上都可以加以区别,未婚姑娘的发式不梳髻,只是先将长发梳拢于脑后束紧,用一红色毛线从左往右将头发施扎成股斜盘于头上,各地大同小异,容易与已婚妇女区别。各地不同的特点,除了衣饰外主要表现在头饰上。

罗源式,包括今罗源、连江等县及与罗源交界的宁德飞鸾地区,分布地域最广。该式是畲族服饰中最丰富多彩和颇具特色的一种。其特点是上衣胸前绣有大片的图案花纹,衣领和袖口也都绣有花纹,一件上衣用于手工刺绣要花一个月时间。还有绣花的围兜和按图案编织的腰带。下身穿短裤,打绑腿,这是最为显著的特点。头饰也很特别,妇女头饰梳妆很复杂,先将头发分为两部分拢于脑后,并分别按反时针方向拧成股状,接上一根竹木或铁丝类的硬物,尔后两股头发交叉缠绕,裹住发饰并扎紧。在发饰前端用红毛线束绾于额顶成一前突状,当地称这种发髻为"凤凰髻",相传头顶上的红毛线团裹成的红髻,象征凤凰头上的丹冠。

福安式,主要流行于福安市和宁德市部分地区,它与罗源式风格迥然不同,其发髻需添加假发,显得宽厚。从外形看,少女头仿佛像戴着红边黑绒帽。妇女头则要求发髻外形上下呈直筒状,并稍向后倾,宛如头顶黑色大缎帽,显得庄重。上衣是向右开襟大裾衫,领口、袖口及胸前绣有花纹图案,纹饰较简单,下身穿长裤。

霞浦式,流行于霞浦县西路和松罗等部分地区。少女头饰与福安式大致相似,妇女头饰则云鬓高髻,颇具特色。衣饰与福安类似,上衣为右衽大襟式,不同点是襟角为斜式,福安式为直角,罗源式襟角不明显。另一个特点,上衣反面也可以穿,劳动时穿反面,正面花纹图案较美观。下身着长裤,也有扎绑腿的习惯,仅是代替袜子作为保暖用,与罗源风格不同。

福鼎式,主要流行于福鼎、霞浦部分地区以及浙江的平阳、泰顺、瑞安等县。少女头是将头发梳成三股交叉编成辫子从左往右盘于头顶,头发末端扎上红毛线,不加假发,表现了少女的纯真和雅气。妇女头髻的梳法,先将头发梳直,束以毛线,盘旋成圆发髻,罩上发网。这种打扮显得朴实而又有生气。衣饰与福安、霞浦相似,但仍具有显明的地方特点,即复领,领子分大领小领,领口处饰两颗红绒球,右边大襟上有两条长过衣裙的红色飘带。着长裤。此外各式的衣饰中还配有围兜和围裙。结婚时还戴头冠,穿绣花布鞋。这些在各地也各具显明特色。

说到这里,人们自然会提出一个问题,为什么同是一个民族,只是由于居住地不同便呈现出如此的差异。有的同志作了比较研究,认为这种差异性可能是由于历史上不断迁移过程中所产生的次文化,如果从各地区的服饰加以比较,其共性还是大于异性。这种说法是有一定道理的。经过多年的调查了解,发现各地畲族妇女都称自己的服饰为"凤凰装",称发饰为"凤凰头",称头冠为"凤冠",这也许就是最大的共性。如称罗源式的发型象征凤凰的头部,高耸的红毛线球装的头饰象征凤鸟的丹冠;称福安式发型象征凤鸟的身体,发顶则象征凤鸟的背部,外敞的发髻象征凤鸟收起的翅膀;称霞浦式的高髻象征凤鸟高翘的尾巴。尤其是罗源式的头髻,她们把少女、青年妇女和老年妇女的头饰说是依照小凤凰、大凤凰和老凤凰的模样打扮的,而且还把已婚青年妇女盛装打扮的服饰分别解释为:发髻象征凤冠;衣领和袖口的花边象征凤凰的颈脖、腰和翅膀;围兜象征凤凰的腹部;身后两条绣花的飘带象征美丽的凤尾,各种颜色的绑腿及结婚时穿的绣花鞋象征凤凰的脚爪。宁德市金涵畲族乡的畲族女子都称自己为"凤凰姑娘"。各地畲族服饰都不约而同地与凤凰联系在一起。

"凤"是汉文化中的一种吉祥物,畲族的图腾信仰则是盘瓠,两者明显不同。畲族妇女把她们的服饰比喻为凤凰装,一方面体现了畲族文化与汉族文化的互动关系;另一方面可能含有怀祖之意,因为现在居住在闽东和浙南等地的畲族,都认为他们的祖先是来自广东潮州凤凰山,并载入族谱,且广泛流传于民间歌谣和口碑传说之中。相传广东潮州附近有座凤凰山,山形像凤凰,有一天,金凤凰吃了一颗白玛瑙,三天不能起飞,到了第四天生下个凤凰蛋,不久又从蛋里滚出一个胖娃娃。娃娃诞生后,百鸟抚养他,取名阿郎,即畲民祖先。阿郎与东海龙王大女儿爱莲结婚,三年中生下三个孩子,取蓝、雷、钟三姓。孩子长大后,又同母亲的外甥女婚配。凤凰山经过他们世世代代的辛勤经营,名气愈来愈大,贪馋的官府屡次派员来征税,他们不服,与官府展开斗争,最后祖公祖母为保护本族利益牺牲了,祖坟葬在凤凰山。

福安式服饰中有一块呈三角形的花边装饰,她们认为这是高辛帝留给祖先的一半方印,还有一半留在高辛帝手中。福鼎式服饰在右边襟袖间有两条比衣襟还长的红色绣花飘带,这一特别的装饰,她们认为是高辛帝敕封的标记。畲族中流传始祖盘瓠是高辛帝宫中的一只神犬,它为高辛帝平番有功,并与第三公主结婚的故事,因此,畲族祖先又与高辛帝关系十分密切。

传说往往留下历史的影子,虽然畲族把自己的服饰与凤凰鸟或高辛帝联系起来,这种解释未必能取得人们的信服,但是从服饰文化的奥妙,透露出他们民族来源的信息,这又是值得人们深思的一个历史问题。

凤凰山传奇

"龙凤呈祥"为当今汉文化中的吉祥语。畲族不但把妇女服饰赋予凤凰的解释,而且还把他们的图腾信仰盘瓠传说中的神犬称为"龙麒",把象征祖先头像的"祖杖",也雕刻为龙头状,又别称为"龙拐"。从表象看,似乎汉文化中的龙凤已渗透到畲族文化中,可是在诸多畲族民俗事象中,又往往回溯他们的祖先诞生地。畲族历史与广东潮州凤凰山的关系,多少年来,民族学者一直在深思着这一历史问题。

在畲族中,他们都相传凤凰山是他们祖先聚居地的说法,除了凤凰装的传说和金凤凰的故事外,在畲族中广为流传的祖先歌——《盘瓠王歌》,又称《高皇歌》,此歌被畲民誉为传家宝。它是一篇七言诗体的历史叙事诗歌,歌词长达300多行(七言一句称一行),按其内容分为回忆、出征、成亲、隐居、打猎、殉身、迁居、搬福建、搬浙江和尾声共九节。节节衔接紧凑。每节叙述一件事,主题思想突出,它反映了畲族的起源、迁徙、经济生活、政治斗争、文化习俗和宗教信仰等重要问题。自第一节至第五节,主要记述畲族始祖盘瓠的不平凡经历,反映畲族祖先的历史传说。歌词中有祖先"住在潮州山林深"、"祖公葬地在广东"、"凤凰山上去葬埋"、"三姓(指蓝、雷、钟)搬出凤凰山"等句。

在畲族族谱中,关于他们的祖先的历史也大都是这样的记载,浙江松阳县《雷氏宗谱》云："前朝上祖是广东潮州海洋（阳）县会稽山居住。"昌平县《蓝氏宗谱》亦载："我祖世居潮州。"浙江遂昌县《钟氏创修家谱志》中的《行程簿》一节，曾记载钟集洪祖先于南宋绍熙三年（1192年）从广东潮州迁出，"迁迁往往，徐徐而行"，至万历四十三年（1615年）才迁至浙江景宁县居住。又据《颍川钟氏宗谱》（咸丰十一年修谱序）载："肇启广东凤凰山，子孙繁衍。"

潮州确有一座凤凰山，早在唐代就很有名气，它位于潮州辖属的海阳县北140里，即今广东饶平县至丰顺县一带，是一座绵亘数百里的大山脉，韩江流经其境。韩江上游为汀江，是闽粤赣交界的一处重地。根据《史记》和《汉书》记载，汉高祖时曾封越人后裔织为南海王。据史家考证，南海王织的封地便是在今闽粤赣三省交界地区，即畲族历史上的聚居区。故主张畲族来源于古代百越民族，尤与汉代南武侯织这支越人关系最为密切。于是凤凰山传说与畲族来源之间的关系，越来越引起学者的重视。

在1982年，中央民族学院施联朱教授曾率调查组到凤凰山区对畲族历史进行调查，据介绍，在山犁村畲族祖图上写有"皇恩赐葬狗王之墓"的碑文。石古坪畲族祖图上有"南山祖墓"的题字。雷厝山畲族村祖图上的碑文也写有"狗王之墓"。当地干部雷楠同志提供，凤凰山有一处祖坟，中间有一块碑，上写"皇设（敕）狗王之墓"，两旁有石旗杆，中间仅能容一条牛通过。万峰山林场韦栋老人提供，他小时候放牛曾亲眼见过此坟，但近一两年再去找，已记不清在哪里。

为了揭开凤凰山之谜，1985年3月由畲族分布区民委共同发起，广东省民委牵头筹备的"畲族族源讨论会"在潮州召开。选择在这里召开这次会议，筹办者的用意是很清楚的。笔者有幸受邀参加这次会议，初次登上凤凰山，并访问一些畲村，看到他们珍藏的祖图。凤凰山区历来为广东畲族聚居地区。参观之后，大家对祖图上写着的"祖坟"特别感兴趣，能否在凤凰山找到畲族祖坟，不但学者关心,迁往各地的畲族群众对找祖坟也表现出极大关注。有的给凤凰山族亲去信表示愿意馈赠款项,修葺祖坟。建阳县有一雷姓老人还准备率众前来拜祖。

为了揭开凤凰山畲族祖坟之谜,学者进行考察。群众也自发掀起寻找祖坟的热潮,他们踏遍了凤凰山的每条沟壑,每座山坨。广东民族研究所研究人员在群众的协助和配合下,1986年10月,终于在凤凰山顶的深箐丛荆中,发现了万峰山林场那位老人所见过的古墓,初步揭开凤凰山畲族祖坟之谜。

凤凰山位于潮州市东北面,海拔1497米,是粤东第一高峰。坟墓坐落在凤凰山顶背阴处的悬崖边缘,背依三座高耸挺拔的峰尖。当地群众称这三峰尖为大冠、二冠和三冠,它的形状极像凤凰鸟的髻冠头,凤凰山即据此得名。墓穴是平台掘进,垒石泥盖顶,正面由七八排排列整齐的石碑垂直向两边延伸封住穴口。据调查者言,该墓墓穴造型与粤中、粤东的故茔风格迥然不同,当地群众谓之铁券书型。民间相传墓主人是一位狩猎老人,不幸坠崖摔死,尸体20多天后才发现,后来族人把他安葬在这里,嗣后举族他迁。这种说法与畲族中流传的祖先历史十分符合。

坟是找到了,可是当地大多数畲族群众又反对打开墓穴,认为它会惊动祖灵,殃及祖孙,故今茔地仍未被揭开。调查者认为该墓主人为畲族的祖先可能性很大,这种推断并不是没有根据的。

凤凰山古墓发现传出去之后,各地畲族群众纷纷踏上凤凰山谒祖,凤凰山也因此更加吸引旅游者,成为一处游览胜地。人们企望凤凰山传奇能为畲族历史补上一页,成为信史,圆了学者们和广大畲族群众多年来的梦。

"二月二"盘诗会

每年农历二月初二是畲族传统的节日,俗称歌节,又称盘诗会。现在随着畲区经济的发展,人们生活水平的普遍提高,歌会的规模愈来愈大,除了山歌的独唱和对唱外,还举办其他文娱活动和学术讨论会。这种活动又加上新的名词,叫作"艺术节"。

1990年11月在福建省宁德市举办的"闽东畲族文化艺术节",盛况空前。三天节日期间,宁德市街道到处张灯结彩,迎接各省市的代表团。夜间灯光灿烂,还举行了富有当地特色的踩街活动,有踩高跷的,有舞龙耍麒麟的,场面十分壮观。同时举办了闽东畲族民俗文物展览和学术讨论会,节日活动内容丰富多彩。

当天入场式别开生面,既隆重又精彩。八名青年举着以凤凰图案为主体的艺术节会标走在前头,随后是浙江、安徽、江西、广东、福建和本地区畲族歌舞团等22个代表队步入会场,参加表演的艺术家、歌手和演员有700多人。中国社会科学院民族研究所派出摄影组,拍摄了艺术节的全过程,还有不少专家学者特地到此采风和参加学术活动。这真是畲族人民的一次盛会。

在开幕式上进行的文艺歌舞的演出,充分展现了畲族人民丰富多彩的风情画卷和艺术才华。表演的歌舞有"手铃舞",用铃声召唤畲民团结奋斗,奔向美好幸福的明天。"龙头舞",这是畲族传统的祭祀舞蹈,表现畲族人民庆祝始祖盘瓠与高辛帝三公主联姻的欢乐情景,富有传奇色彩。"裙带系亲情",裙带是畲族姑娘的定情物,舞蹈细腻地表现了姑娘们的内心世界。"婚礼舞"是根据畲族婚礼仪式加工整理而成,具有浓郁的乡土气息和畲族风格的特色。"畲山映酒香",展现了畲族独特的酒文化。丰富多彩的舞蹈,征服了群众,让人们沉醉在欢快的海洋里。过去曾有人认为畲族有歌无舞,这种说法现在看来是没有根据的,歌与舞似乎像一对孪生兄弟,永远是那么亲密无间。

开幕式后,对歌开始了。九个代表队的歌手对唱,把艺术节的活动气氛推向高潮。对歌是畲族群众最喜爱的节目。对歌时,排成相对的两边,人数均等,每边各四人。对歌都是根据对方唱出的内容,然后给予和谐的回唱。台上你唱一首,我回一阕,对唱如流,台下一片赞美声。唱歌的内容都是临场发挥,充分展现畲族人民唱歌的才华,听者无不为之动容。如是平时对歌,则不受人数限制,其中不少人是为了助兴,壮大声势而加入的,那才够乐。

畲歌的歌词特色基本上是七言一句,四句为一阕(畲族称为一条)。山歌曲调基本上是以一阕构成一个乐段,有严格的韵脚,第一、二、四句一定要用同韵。不押韵,他们称为"不平","不平"的歌就唱不好。畲歌只能用畲语唱。发声法普遍流行"假声",上了年纪的人才用真声唱,俗称"平讲"。

这次对歌有独唱、对唱和齐唱。闽东还有二声部重唱,又称"双音",畲民俗称"双条落",技压群芳。"双音"是一种带有轻唱性质的二声部重唱,具有多声民歌的特点。如四人合唱,先由一个歌手领唱一阕歌的前头两句,然后增加一个声部合唱后面的两句。第二阕歌开始又是如此,反复循环,实际上形成唱、和的效果。畲族山歌都是清唱,很少伴随动作,也不需要乐器伴奏。

提起畲民唱山歌,当地汉人无不折服。这是畲民世世代代相传的民族文化。过去畲族人大都是文盲,其中不少人就是利用唱歌学文化的。他们从学哼歌到抄歌本,从抄歌本到唱歌编歌,以此来提高文化水平。因此唱山歌便成为畲族的一种传统习俗,也是一种社交活动。能歌的歌手受到尊敬,唱歌具有广泛的群众性。

人们常说,畲族地区有歌的海洋之称,这一点也不夸张。只要到了畲区,都有机会听到他(她)们悠扬的歌声。如果你能露一手,男女老少马上就云集到你的跟前。但劝君要谨慎,如遇到对歌,那是非决出雌雄不可的。这是他们在长期的歌唱中形成的"比肚才"的竞唱风俗,他们是决不轻易服输的。

传统故事和山歌是畲族民间文学的主要内容。山歌的内容很多,有歌颂祖先英雄业绩的《盘瓠王歌》(又称《高皇歌》);有歌颂民族英雄人物的《钟良弼》、《钟景琪》(亦称《双帕罗香亭》)、《蓝佃王》(亦名《九节金龙鞭》);有改编汉族章回小说的《西游记》、《白蛇传》、《梁祝》和揭露黑暗的旧社会的《末朝歌》、《元朝18帝》、《灾荒歌》。尤其是歌颂党领导下革命斗争的山歌和社会主义革命建设的新歌,起了很大的鼓舞和教育作用。人们常把上述这些歌称为"正歌"。此外还有大量的杂歌,如诉苦歌、劳动歌、喜歌、哀歌、谜歌、字歌和情歌等等,尤以情歌居多。

　　说起畲族山歌,大家都知道少数民族有歌舞的天分,提起"二月二"的来历,知者可能不多。有人曾问起"二月二"这个节日,似乎在不少的少数民族中都有这个节日,畲族的这个节日是怎样来的呢?我请教了一些长辈,他们都说这是祖先传下来的,其中有一位长者给我讲了一个故事:相传在清顺帝下令沿海迁界时,在福鼎双华乡畲族地区曾出现一件离奇的事。有一天晚上,天上突然狂风暴雨,突然在他们祖先开基地的石洞中爬出两条赤黄、青蓝大蛇,盘在厝基上,乡人两次把它们放回水中去,它们却仍然又回到原地。第三次由该村一位祖头公(族长)亲自把它们又送到水口,并点燃香烛祷告:"两位蛇仙请入棠海,成龙上天,若恋故土,请留本境,形象莫现,起宫你住,年年'做福',保护'山哈'(畲民自称)平安,风调雨顺,岁岁平安。"当晚,这两条大蛇便没有再回来,而祖头公却在夜里梦见一位红面和一位青面的将军向他道谢。祖头公醒来,等不及天亮,立即召集族人开会商议此事,并择"二月二"在水口山脚盖起石板宫,塑造这两位将军的形象供奉。时隔一年,有一天,忽然有一阵大风从光华大帝庙那里刮来一个石香炉落在石板宫前。于是人们议论,红面将军可能就是"千里眼",蓝面将军就是"顺风耳",他们正是光华大帝手下两员大将。自此之后,双华地区畲族人丁兴旺,已传了17代。双华畲族祖先来自浙江苍南县的蒲门和甘溪,如今亲戚遍及浙南和闽东各县。于是双华祖头公便定"二月二"为会亲节,从此衍为习俗。每年的这一天,从各地来的客人往往超出本地人口的两三倍,各村举行歌会,这一天成为双华畲区最大的歌节,世代相传,至今不衰。

这则故事虽附有诸多神话色彩,但衍为传统的节日,除了祭祖、会亲用意之外,真正的缘由,还有待进一步稽考。

"三月三"吃乌米饭

畲民一般不过清明节,可是一定要过"三月三"。在农历三月三这一天,家家户户都忙着蒸一种乌米饭祭祖,并馈赠亲友,共同欢度他们这个节日。这种习俗很特别,且由来已久。《建德县志·风俗志》曾记载:"……亦有乌米饭,乃于三月三日取柴汁和米蒸之,相传其始祖盘瓠喜吃此饭也。"畲民笃信始祖盘瓠,至今犹然。据此记载,"三月三"为畲民祭祖日,取柴汁和米蒸成乌米饭,是用来祭祖的特殊供品。

除了这种说法外,在访谈中各地畲民还有一些不同的传说,如福安县小岭乡畲民,他们认为"三月三"是五谷生日,因而在这一天要为大米"穿衣服",即把米染成黑色,据说吃了乌米饭以后上山干活蚂蚁不敢来咬。他们的祖先是从寿宁县迁来的,这是寿宁县故有的习俗。

霞浦县崇儒乡畲族又有另一种解释,他们认为乌米饭先是为了防止官兵抢夺,后衍为敬祖习俗。在旧社会,官府欺侮我们少数民族,官兵经常到畲家抢粮食,当时我们畲家子弟组织起来与官府斗争。他们派来很多官兵包围了我们村,我们畲家青年被迫逃进后山里。每当群众为他们送饭,每每都被官军夺走。于是群众便想了蒸乌米饭的办法,官兵看到饭带黑色,怕中毒不敢吃。以后群众就用这个办法为义军送饭。与此相同意思的还有另一种传说,且说得更为具体。在唐朝时,有位畲族英雄雷万兴,曾率领畲民进行大规模的抗唐斗争,打了很多胜仗,使得唐朝官兵非常害怕,白天不敢出来。后来唐王朝暗中不断增兵,突然包围了义军活动地区,终于寡不敌众,雷万兴被捕入狱。雷万兴的母亲每当探狱时,带去的白米饭都被官兵抢去。后来雷万兴想了一个办法,请他母亲蒸乌米饭送来,果然见效,狱卒见状都不敢吃。雷万兴出狱后继续领兵抗击唐军,不幸于三月三日战死沙场,畲民便在他牺牲的这一天,蒸乌米饭以示悼念。

"三月三"蒸乌米饭是为纪念民族英雄雷万兴,这一说法流传较广,在福安、宁德等主要畲族地区均有相同或类似的说法,但内容有些不同。福安地区普遍是这样传闻的:雷万兴领兵反抗唐王朝官兵的斗争,在广大群众的支持下屡屡取得胜利,唐王朝不甘心败绩,不断增兵,包围起义军,对起义军活动地区进行残酷的镇压和摧残,最后义军被围在大山里。外援完全被切断,粮食断绝,情况万分危急。为了坚持斗争,雷万兴命令畲军到山里寻找野果充饥。当时正是寒冬腊月,山里的各种植物都已经脱叶落果,唯有一种名叫乌稔树的野生植物,叶子虽已掉落,可在枝上还挂着一串串像珍珠一样的甜果。采回来之后,雷万兴尝了一口,立刻感到满嘴流蜜,十分香甜,便传令大家上山大量采集这种野果,终于度过了这严寒的春荒。雷万兴在三月初三这一天率军杀下山,打败了唐军。过后不久,雷万兴又突然想吃这种甜果,可是这时已是春天,乌稔树刚刚长出新芽,尚未开花,哪来的果实。只好采回一些嫩叶,和糯米一起蒸煮,果然其味香甜,于是在军营里也蒸食乌米饭,并传入畲家。为了纪念雷万兴反抗官军胜利,从此畲家于每年"三月三",家家出门"踏青",采集乌稔树叶蒸乌米饭,从而衍为习俗,世代相传。

畲家"三月三"蒸乌米饭的习俗是很特殊的,这在其他少数民族中比较少见。关于乌米饭习俗由来的各种传说,尽管传闻有异,说法不一,但都是与祭祀祖先有关。故"三月三"似为畲家祭祀祖先的日子。

关于乌米饭的制法,我访问了一位畲族老大娘,她说,先将乌稔树叶采回来,漂洗过后先熬成汤,然后把糯米浸在汤里个把小时,捞起后放在木甑里蒸。蒸熟的糯米饭色泽呈蓝绿乌黑,并带油光,吃到嘴里格外可口。她又说:乌稔树有防腐和开胃功效,所以在这一天每家都蒸几斗米的乌米饭,除了当天自家人吃一餐和馈赠亲友外,剩下的装在苎麻袋里,置于通风阴凉处,可数日不腐,吃时再加猪油热炒,更觉美味。"一家蒸饭十家香"的畲家谚语,可能由来于此。如果有幸遇上这个日子到畲区,您定会品尝到这种别有风味的乌米饭。

以歌行乐的婚俗

人们常说畲家爱唱歌,畲区有歌的海洋的美誉,确实是这样。他们以歌行乐、以歌代言、以歌叙事,尤其是婚俗以歌行乐,与汉族有很大不同。

由于历史上畲族与汉族长期杂处,受到汉文化强烈的影响,"父母之命,媒妁之言"的封建婚姻同样占主导地位,但是汉族的婚姻完全是由父母包办,当事人都是彼此不认识。畲族的婚姻,青年男女大都是通过对歌,定下终身时才告之父母,托媒说亲,虽然同样都要取得父母同意,由媒人出面提亲,但这仅是形式而已。畲族男女婚姻自主程度要比当地汉族高。新中国成立前沈作乾《括苍畲民调查记》对浙南地区的畲族婚俗曾谈道:"男女社交完全公开,其婚嫁之权,虽操之父母,然不过名目而已,不干涉也。"新中国成立后,其婚姻自由便更有社会保证。

提起畲族婚俗的确很有特色,从男女定情以至婚礼过程离不开唱歌、对歌。他(她)们寻找对象往往是在劳动、赶集、节日、走亲戚或参加婚礼等场合,通过唱歌、对歌,相互认识并逐步建立起爱情的,故有"歌为媒"的说法。畲族山歌中以情歌(俗称缘歌)居多,所谓"无情则无歌"是也。青年男女初次见面,唱的是情歌,为了解对方是否有情人,一般先唱试心歌,总是小伙子主动而且直率地试探女方。歌词大都有一定格式,比较流行的试心歌,姑娘如果愿意同他交朋友,回答时也十分坦率。

　　　　男唱:少娘十八一枝花,蜜蜂飞来密麻麻;
　　　　　　　有心来采花中蜜,请你少娘作回答。
　　　　女唱:十五月子亮光光,郎到二十好定娘;
　　　　　　　托个媒人到娘寮,有情总会配成双。

　　彼此认识后,以后再经过多次的对歌和约会,才逐渐建立起感情。当感情有了进一步发展,则互赠纪念品和约会,定下终身时才告父母,托媒说亲。

　　福建霞浦县畲族姑娘曾流行婚前"作表姊"的陪客唱歌习俗,当地称这种风俗为"崩女人客"。凡是当年要出嫁的姑娘,她的母舅都会请她和她的母亲去做客,次数不拘。姑娘做客时要盛装打扮。到了舅家后,当天晚上该村的男青年会聚集来到舅家,陪她唱歌,这叫作"作表姊"。如果姑娘善歌,村里又没有好歌手,舅父可再介绍到与舅家有亲戚关系的家中去对歌。有时连唱几个晚上,能唱的姑娘人人夸,不会唱歌的姑娘会遭到不客气的怠慢和讥笑。据说"作表姊"是姑娘出嫁前的一次休息机会,也是对她学歌成绩的一次考验。这种婚俗在当地汉区是没有的。

　　畲家的婚俗还有一种叫"作亲家伯"。在婚前两天,新郎家请一个好歌手,代表男家挑着礼物与媒人一起送到女家。这个歌手叫"亲家伯"。当亲家伯到达新娘家门口时,女家定会把大门关上。这时亲家伯要与女方妇女们对歌,女方认为满意,即迎他们进屋。进屋后还有一番考亲家伯的活动,女方将板凳故意放在厅堂东首(大头)请他坐,懂规矩的人就应把板凳挪到西边(小头),以示谦虚,尊重女方。女方请他抽烟时,他不但不能接受,而且要马上拿出香烟向在场所有的人敬烟，连小孩也不能忘。懂礼则以礼相待，如果不懂规矩，妇女们就会毫不客气地点燃鞭炮往他身上扔去烧他的衣服，甚至把他轰走。

亲家伯在女方家住两个晚上，至婚日才陪同新娘回夫家。这两个晚上都要唱歌、对歌，歌唱得好，受人尊敬，处处以礼相待；如果唱不好，会受妇女们奚落，甚至用灶灰涂成花脸，或罚他扛犁作牛，难堪极了。在对歌场合发生过激行为，双方都不以为意。

浙江畲区的考"行郎"和"赤郎"活动，又有一番情趣。迎娶新娘的当天，男方请来"亲家"（即男方父辈代表）一人，"赤郎"（歌手）一人，"赤娘"（陪伴新娘）两人和"行郎"（送礼物和抬嫁妆）若干人，组织一支人数凑双的迎亲队伍，由媒人带领，挑着礼品和当晚宴请女方的食品前往女家"叫亲"。当迎亲队伍快到女家时，媒人放三只双响鞭炮，以示通报女家，女方也随即燃放鞭炮表示欢迎。这时男方来客还要经过"杉枝邀山歌"和"关门迎赤郎"的考验。

当迎亲队伍快到女家时，新娘家的姊妹、嫂子或女伴会拿来杉刺把他们拦在路上，这叫"拦赤郎"，此时，肩挑礼品的"赤郎"用右手捡起一枝杉树枝折成三段抛在路上，表示夜里用山歌来答礼，然后把树枝移开；有的地方是"关门迎赤郎"，年轻姑娘在迎亲队伍快到门口时把女家大门关上，门外围着一群人看热闹。这时赤郎点燃鞭炮催请开门，放完十响还不行，媒人要掏出两个小红包，俗称"开门包"，从门缝塞进去，门内女青年燃放爆竹，打开大门迎他们进屋。进门后，女方又关起大门，唱起"拦门歌"考"赤郎"，"赤郎"要唱开门歌，女方才迎他们进入正堂。入座后，"行郎"一边唱着"迎亲歌"，一边将礼物一一点交给女方。女主人同样用歌唱形式招待男方来客喝茶、吃点心和行"脱鞋礼"，即脱去草鞋换上布鞋（现在已无人穿草鞋，但此俗尚存）。

晚餐是男方"亲家"宴请女方客人。"赤郎"准备宴席时，还要

"考赤郎",有的称为"借锅"。女方姑嫂事先把能藏的炊具都藏起来,赤郎需编唱含有炊具其名的谜语山歌借炊具,每用一件都要唱借歌,歌词很短,一般要唱40多句借锅语才能借全一切用具。这些难关都闯过了,最后唱点火起厨歌,才由女方厨师接上烧菜。

有的畲区是由新郎到女方家迎接新娘。在宴席上的还有"调新郎",即如《括苍畲民调查记》所言,宴席开始时,"席上不陈一物,必须新郎一一指名而歌之,如要筷子则唱'筷歌',要酒则唱'酒歌'……有一物即有一物之歌。其歌甚简,仅数句而已。新郎唱之,司厨者和之,其物即应声而来,谓之'调新郎',又叫'答歌'"。完毕,新郎还得把席上的东西一一"唱回去",司厨者也唱着歌来收席。宴席间都是通过歌唱形式进行,很有诗意。

上面介绍的只是婚前礼俗上对歌。新娘装扮、婚礼宴席和婚后初次返娘家的礼仪中也离不开唱歌。新娘在梳妆过程,每穿一件衣服和佩戴一种饰物,歌手要围着她不断唱歌,直至梳妆完毕。接着唱"嫁妆歌",新娘将父母送给她的嫁妆摊开放在床上,边哭边唱歌,感谢双亲养育之恩。歌唱毕,新娘由女伴护送到厅堂,先祭祀祖先,后向父母行拜,大家围着唱歌。父母受礼后,要唱"请女歌"、"嫁女歌"、"劝女歌",然后放鞭炮催新人启程。临走时,新娘要唱"别亲歌",告别双亲兄弟姊妹和亲人。

畲族姑娘出嫁一般不坐轿子,过去习惯是在午夜离开娘家,有人数成双的男女陪伴护送,俗称"双喜"。一路上,新郎在前,新娘随后,两人边走边以歌当话,互倾爱慕之情,夫妇步行至男家。

男家宴席开始,"行郎"唱着"劝酒歌"向客人敬酒。劝酒后,举行"举盘说花"仪式,"行郎"手持木盘,盘底垫着红纸,盘内点一对蜡烛,边作揖边唱"捉蛙歌"。这是上第一道菜时唱的祝福歌。这时,从中堂首席开始,客人们将早已准备好的小红包(少量喜钱)放入盘内,然后"行郎"由几位男青年陪伴,举着木盘来到洞房门口,对着新娘唱歌。

酒过三巡,新娘在一位嫂子的陪同下,双手捧着一只米筛,内放一对酒杯,点燃两支红蜡烛,来到席间向客人敬酒,嫂子代新娘唱"敬酒歌"。敬酒必先敬长辈。敬酒时,客人们把小红包投入筛内,这是畲族婚礼中"举盘敬酒"仪式。这种仪式要重复两次,第二次由新娘的妹妹和另一个嫂嫂向客人敬酒,俗称好事要成双。新娘接受宾客馈赠的红包,叫作"讨百家银",相传用这笔钱在将来为孩子购置物品,可图个吉利。宴会结束,主人要唱"感谢歌"、"送神歌"和"扫地歌"。

酒筵一过,搭起歌台,开始长夜对歌。有时新郎和新娘也参加对唱。即兴时,谁也不甘示弱,最后只好由"行郎"唱"十二生肖歌",此歌俗称为"歌盖",至此长夜对歌才告结束。

婚后三日,新郎伴新娘第一次回娘家,还有一场别开生面的对歌。届时,女村的青年男女必将新郎和新娘挡住在路口对歌,先引吭高唱:

> 新娘新郎双双临,可比鸳鸯水面行,
> 欲想进村见亲娘,先对山歌后放行。

新郎新娘对上歌才让进村,如对不上山歌,会受到讥讽和奚落,甚至脸上被抹锅黑。

新郎到岳父家后,见到小孩都要送红包,新郎新娘在岳父母家住两夜或四夜。新女婿至少要对歌一夜。

畲族婚礼简朴,行歌取乐很突出,这些有趣的婚俗再现了畲族人民勤劳、节俭的道德观和纯真质朴的爱情,很有民族特点。

畲家拳

1958年夏,我参加了福建少数民族调查组,分配给我的第一个调查点是罗源县的八井畬族乡。八井地处罗源城南偏僻山区的一个村庄,远望内海,背靠高山,交通不便。初次到畬区,一切都感到陌生,但又觉得样样很新鲜。第一个深刻印象是女民兵,我还赶快按下照相机快门,拍了一张颇为得意的照片。有凤冠丹顶鲜艳的民族服饰,下身短裤又打绑腿,背上一支步枪更显威武。她们英姿飒爽,像是一支训练有素的女兵,让人们自然想起毛主席"中华儿女多奇志,不爱红装爱武装"的著名诗句,她们认真习武的精神令人敬佩。

每当清晨或傍晚,在祠堂前的一方平地上,有一群青年在打拳,有空手打拳,也有舞枪弄棒的各种套路。在旁的一位乐得露出满口只剩几颗牙齿的长者,被我们打断了雅兴。他很客气地告诉我,他们这里的拳术统称为"畬家拳"。顾名思义,这是畬家独特的拳术。有一位刚打完套路的雷某告诉我,他们拳术的特点是博采众家的精华,形成了自己独具一格的武术流派,这些拳术都是祖辈流传下来的。

话题一开,说起他们的祖先最早迁到八井的是雷安和与雷安居两兄弟,现在分住两个村的雷姓就是他们的后裔。据说明朝末年迁到这里时,这里是一片荒山。在旧社会,土匪横行,外来的少数民族更是受欺侮。为了防卫,在他们上代的祖先都学会拳术,当然现在又有新的发展。"现在这么热衷于拳术还是为了防卫吗?"我又发问了,在旁的一位老人马上作出回答:"现在讲理不讲打。但是防卫还是需要,有了武术小偷不敢来。我们村很少有失窃。"一位年轻人则说,现在习拳,主要用来锻炼身体。看了他们那股韧劲,领悟到武术对于陶冶情操和丰富文化生活是一项很有意义的活动,尤其是在文化生活较为贫乏的山区更是如此。由于他们勤学苦练,这种传统武术有较大发展,在多次少数民族体育大会上,畬家拳的表演,不但为畬族赢得了荣誉,而且在全国扬了名,被誉为"拳术之乡"。

八井畲族称拳术为"打工头"。全村300多人中有一半以上都会拳术,其中,年纪最小的仅7岁,大者69岁,13岁以上的男子大都已学会几招拳术。他们那高深的拳术是经过刻苦学习得来的,每当农闲季节,年轻人都要拜师学艺,一次练拳为期一个月,需连续拜三个师傅才算出师。据说该村有资格带徒弟的师傅有20多人。由于学徒能学习各个师傅的绝活,他们便具有较深厚的拳术基础。

八井拳术的攻防套路有半龙虎、虎装、五虎、七星、十八罗汉等,其中以半龙虎为最基本。这一套有十二个动作:三箭、挖鞭、三碰、牵基、圆化、赴掌、牵马、掩耳、断桥、三垮、按手、十字等。

看了他们多次的表演和请教一些拳师,才初步了解到一些畲族拳术的知识。半龙虎是畲家拳攻防套路的基本功,脚立成马步或箭步,进攻时多用手。虎步套路大都是在半龙虎的基础上进一步加工提炼出来的,动作多模仿动物,有时似老鹰展翅,有时如猛虎下山,有时像观音坐莲。每一个动作都有攻有防,攻防结合,节奏分明,连贯自如,步法稳健,简练有力、短促实用。八井拳术既有与我国南方民间传统拳派一样短促有力、迅速凶猛的特点,又具有比较完整的攻防套路和鲜明的民族风格。

福安县金斗洋"畲家拳"也有自己的特点,据说还与少林寺有些关系。相传在清雍正年间,清廷为镇压反抗的义士,焚毁了泉州少林寺,寺僧铁珠、铁柄、铁板等人被迫四处逃生。铁珠流落到金斗洋,为了报仇,他苦练三年,练成一身好武艺,并向当地畲民传授。为纪念铁珠师傅精心传授技艺,把"畲家拳"改名为"牛家桩"。据介绍,这里练拳方法独特,砍伐一节竹筒,凿上孔放入一条毒蛇。待毒蛇尸霉烂后,习武者把手插入筒内,蛇毒使手奇痒难受,再练五指插米糠、大米、沙和铁砂,练就"铁砂拳"本领。

金斗洋拳术有三战、四门、大七步等十多个拳术套路和棒、铁叉等十多种器械,风格各异,特点不同。"三战",是入门基础套路，又称"入门拳"，它练马（步）、架、力，看来简单，可要学到精湛很难，拳师曾说："要想功夫好，'三战'里面找"，就是这个意思。"四门"，当四面受敌时，有左闪右躲、声东击西、前用手、后用肘的四个方向的攻防套路。"大七步"是一种不轻易传授、不轻易出手的绝招套路，如"鲤鱼上滩"，是指直插对方的两眼；"仙人举过"，是用三个指头锁喉，都是伤人致命的绝招。金斗洋拳术流传有"三绝"，即一力、二硬、三快。"一竹功"更是令人叫绝，把一根粗毛竹悬空架起，练功者二人在上面疾走如飞，且一面破枝，一面打拳，进退自如。

　　畲族的拳术有着长久的历史，新中国成立以来又得到较快发展，使之不断完善，畲家拳在全国民间传统武术中已占有一席之地。1982年在内蒙古举行的首届全国少数民族体育运动会上，八井畲家的精彩表演，博得观众的赞赏和很高的评价。

"龙麒"的传承

　　春节贴春联，喜庆贴喜联，以增加节日的喜庆气氛，这是我国的汉族和诸多少数民族都存在的习俗。就以婚联为例，内容多为祝福新婚夫妇幸福、家庭美满的诗句。在闽东地区见到畲族贴在祖祠木柱上的一副对联却是非常特别，内容与当地汉族完全不一样。上联："安邦定国功建前朝帝誉高辛亲敕赐"；下联："驸马金卿名垂后裔皇子王孙免差役"。在另一个村见到的对联，内容大致相同，文字上有些变换，上联："功建前朝高辛皇帝主金銮殿上亲敕赐"；下联："名传后裔皇公子孙日月同休免差役"。起初感到奇异，也不明白其中的意思，后来见到他们的族谱和祭祖用的"祖图"、"祖杖"，又听了老人家对他们祖先历史的叙说之后，才明白了其中的真谛。

　　相传在上古时，高辛皇后耳痛三年，太医从她的耳中挑出一条似蚕的小虫,育于盘中,忽而变成龙犬,毫光显现,遍体锦绣。当时高辛帝正受番王欺侮,曾下诏求贤,榜示有谁能平番者,愿将第三公主嫁他为妻。龙犬得知,揭榜直奔敌国,服侍番王三年。有一日,它乘番王酒醉,咬断其头,渡海衔归,献给高辛帝。帝大喜,但又不愿将公主下嫁与它,正在为难之时,龙犬忽然作人语曰:"将我盖在金钟内,七天七夜便可成人。"入钟六天,公主忧其饿死,打开金钟,果见已成人形,唯头未变。龙犬与公主结婚后,入居深山,开山种田为生。生下三男一女,帝赐姓,长子姓盘名自能,次子姓蓝名光辉,三子姓雷名巨佑,女称淑女,婚配钟志琛。

这一传说故事,成为畲族祖先的历史写入族谱,编成祖先歌——《高皇歌》,世代传唱。还有把祖先一生不平凡的经历用连环画形式绘制的长联,称为"祖图"。用木头雕刻祖先神像,俗称"祖杖"。"祖图"与"祖杖"成为畲族祭祖的重要神器,祭祖时悬挂于祠堂,置于香案上,供族人供奉和膜拜。可能出于禁忌原因,在闽东地区畲族称自己的祖先一般不叫龙犬,通称"龙麒"。在畲区忌呼犬,一般不吃狗肉,至今犹然。

畲族自认祖先为"龙麒",加以供奉。只要进入畲家,随处可见,在家家户户的堂屋正中墙壁上都设有祖先的香案,名为"香火桌",贴上的对联称为"香火榜"。如果是蓝姓家中,榜词:"本家寅奉堂上高辛皇氏敕封忠勇王汝南郡生长香火祖师历代合炉祖先之位"。如是雷姓家只把堂号汝南郡更换为冯翊郡,钟姓家改为颍川郡,其他内容大致相同。这些姓氏堂号的来源相传盘姓始祖盘自能,受封南阳郡"立国侯",蓝姓始祖蓝光辉,受封汝南郡"护国侯",雷姓始祖雷巨佑,受封冯翊郡"武骑侯",钟姓始祖钟志琛,受封颍川郡"国勇侯"。龙麒为忠勇王。这些王侯爵位都是高辛帝封赐的。

对于这样一个传说故事,人们都不会信以为真,可在畲族地区对祖先崇拜物至今有的都还完整地保存下来,被认为是神器,平时不轻易展出，且有专人保管。代表祖先的神器当推"祖图"和"祖杖"，目前还有保留和使用。

"祖图"，系用连环画形式把始祖"龙麒"一生不平凡的经历绘制下来，畲民称为"长联"。我见过的祖图有好几种，质地有布的，也有纸的，纸画的有单张的，也有数张连接，大小如中堂。布制的大都成长条形状。1958 年从宁德漈头畲村搜集到一幅雷氏祖图是所见到最长、内容最为详细的，现陈列于厦门大学人类博物馆。时间是清道光二十九年（1849 年）。全幅长 23 米多，宽 43 厘米。质地为白布，再镶黑布边，全幅共绘制了 37 个图，每个图都附有汉字说明，从龙麒的出生至不幸被山羊斗落山崖致死的一生不平凡的经历。祭祖时张挂于祠堂墙壁上，供人瞻仰。

"祖杖"，系用一根木条或在树根头部雕刻祖先头像，形状似拐杖，故名。在上杭县见到祖杖的头像是呈"龙麒"头；漈头畲村搜集到的则是用木头雕刻的一个龙头，然后套上一根木条，龙头漆成红色，木柄扎捆红布。祭祖时置于香桌上。

畲民的祭祖活动，除祭祀直系祖先外，更重视祭祀始祖龙麒，并把祭祖看成是一件非常荣耀的事。按畲族习俗，凡男子年满 16 岁要举行名为"做醮"的祭祖仪式，畲民俗称"传师"、"学师"，具有成丁礼的意思。男子结婚做大人必须祭祖，如未祭过祖，婚后必须再补做，否则不能为子女主办婚事，不能为父母治丧。畲民祭祖有户祭和村祭（同姓村），户祭在自己家进行，在除夕、大年初一、三月三、五月节、七月半、冬至时举行。唐代刘禹锡曾有"时节祭槃瓠"的诗句。周应枚《畲民诗》云："九族推重缘祭祖，一家珍重是生孩。"说明畲民对祭祖的重视。村祭，有春秋二祭，据说过去每三年一大祭，大祭时要活动三天。祭时，在祠堂门前竖起两丈多高的"火树银花"，昼夜燃烧，光芒四射。先祭谱、图、祖杖，后迎祖游村。出游时，有鼓乐开道，两面"清道"旗子，还有高辛帝的"敕书"和一世至三十六世祖先官衔和姓名的"原序"，还有一面墨书

早婚早育是封建的传统观念,从调查中所见各户生育子女还是比较多,现将生育情况列于表3:

表3　金涵乡新中国成立前后生育情况比较

胎数　来源	女性调查资料	男性调查资料	备　注
0	3 户	1 户	女性 3 户因病不育,男性一户结婚不久
1	2	4	
2	5	15	
3	6	22	
4	4	5	
5	9	3	
6	13	1	
7	4		
8	5		
9	1		
10	1		两对双胞胎
合计	256 人	141 人	

女性婚育期大都是在新中国成立前,少数在新中国成立初期,这个时期生育无限制。在53户女性调查中,除3户因病不育外,共生育子女256人,平均每户5.12人,最多一户生了10胎。男性家庭生育大都在70年代末、80年代和90年代,这是政府大力号召晚婚计划生育时期,提倡城市夫妇生一胎,农村不得超二胎的计生政策。在调查中,群众都能理解政府的计生政策,但从调查资料反映,超生违反计生政策还是占多数,如在男性52户问卷中,除两户未婚和未育外,共有子女141人,平均每户2.82人,这个数字虽然比新中国成立前人口增长数有大幅度的降低,但对现行计生政

"代天征番招有功为驸马"的幡。乐舞，彩旗，场面很壮观。相传在清初的一次畲民迎祖活动曾惊动了衙门知县，那一年，宁德县畲民有1000多人的迎祖游行队伍从县城经过，知县见到队伍中还有"清道"旗帜，最前面竖悬起"代天征番招有功为驸马"的大旗，感到非常吃惊，赶忙带领官员上街迎接，畲民摊开"祖图"，知县从序文中看到有前朝高辛皇帝所赠的敕书，立即跪下来朝拜。此事，今在宁德市的金涵、猴盾等地畲民还一直传颂着。

此外，与畲民祭祀有关的宗教活动，在不同地区还有一些新的内容。广东潮州凤凰山被认为是畲族发源地，这里的畲民有一种"招兵"祭仪，也是祭祀的一种仪式，相传始祖龙麒衔下番王头渡海时，一路上被番兵追赶，幸得神兵神将的帮助，才平安回国。为了酬谢这些兵将对祖先的帮助，故每三五年举行一次规模较大的"招兵"祭祀活动。福建漳平县山羊隔村畲民，每逢猎得山羊，必先祭始祖龙麒，先生祭，煮熟后再以羊头和五脏再祭一次。闽东畲族"拜四爷"也是与祭祖有关，相传始祖龙麒打猎时不幸跌落山崖，寻觅了七天仍找不到尸体，后来"神仙老君"、"仙童姐妹"、"祖师"和"本师"派乌鸦到处喊叫方找到。为纪念"四爷"，故畲族"祖杖"亦称"四爷杖"、"师爷杖"。

在畲族的民情风俗中，只要到过畲族地区，都会觉察出畲民以龙麒为中心的祭祀活动很突出，不仅宗教信仰是这样，还贯穿到精神生活中的诸多方面。"龙麒"实际上就是史书记载的盘瓠。畲族中流传的祖先故事早在东汉应劭《风俗通义》已见记载，晋干宝《搜神记》和六朝范晔《后汉书·南蛮传》所述内容更为详细。盘瓠传说在历史上出现很早，并一直流传下来，畲民仍保留这一古老的盘瓠信仰，这一信仰在现在的苗瑶等少数民族中也有不同程度的存在。

早期人类在进入氏族社会之后，产生了这样一种宗教观念，即相信人本身与某种动植物或其他物体之间存在着特殊的关系，认为它与本民族有亲缘关系从而将之奉为祖先,加以崇拜,这就是所谓图腾崇拜或图腾制度。畲族保留着这样一种图腾信仰,可以让人们看到一个实例。但是这种图腾信仰在原始社会氏族中都普遍存在过,每一个民族都不例外。随着历史的发展与变化,原始的图腾信仰有的只见于史书上或存留于民间传说之中,可是畲族图腾文化却代代相传。有的学者研究曾指出,完整的图腾制度有四个特征:有关本族祖先与自然界某种动植物之间亲缘关系的神话,有对这种祖先的祭仪,有若干关于这个"祖先"的神物使用于行祭时,有与此祖先相关的禁忌及代表符号。这四个特征在现在的畲族中随处可见。可见这种图腾信仰在畲族人民的精神世界中仍有很大的影响力,形成畲族中最突出的一种民族心理和认同感,并升华为民族内部的一种内聚力。这恰是畲族文化的深层民俗心理,既古老,却又现实。

(原载《中国少数民族风土漫记》中册,

农技读物出版社 2001 年重版)

福建省宁德市金涵畲族乡调查报告

金涵畲族乡位于宁德市东南郊,距县城仅 3 公里。东北邻樟湾乡,北连七都乡,西接石后、洋中两乡,西南与罗源县中房乡接壤。全乡总面积 67.4 平方公里。

金涵是取金溪和涵道两个村的首字得名。宁德市是宁德地区所在地,为闽东政治、经济和文化的中心,也是福建畲族人分布最集中的地区,占福建 30 万畲族中的 80%。宁德市有畲族 18000 多人,其中以金涵乡较为集中。为贯彻民族平等和落实民族区域自治政策,1985 年把金涵乡改为金涵畲族乡,为全省 16 个畲族乡之一。本报告是根据 1984 年,特别是 1994 年 10 月、1995 年 11 月和 1996 年 6 月到该乡的调查,现将情况简报于下。

一、历史与自然概况

金涵乡的历史沿革变化较大。宋代宁德划分三乡四里,金涵属安东乡金溪里。明清时期把乡改为都,金涵归四都,沿用至民国初期。1934 年 5 月,宁德建立苏维埃政府,与福安县部分地区合并称安德县苏维埃政府,金涵属横德区。苏维埃政府建立时间很短。1940 年,宁德县辖区共设 24 个区乡镇,金涵属一区。1941 年增设金溪乡,金涵划属金溪乡。这一建置一直沿用到新中国成立后。1950 年,宁德县重新划分 7 个区 82 个乡,金涵属一区。1952 年,金涵又划归樟湾区管辖。1958 年成立人民公社,金涵属樟湾区五里洋公社。1961 年,宁德县增设城郊区,把大公社划为区,大队建立小公社。1966 年 7 月,成立金涵人民公社。1984 年 10 月取消人民公社。改为金涵乡。1985 年 1 月,建立金涵畲族乡。

金涵畲族乡下辖 16 个行政村,包括 125 个自然村。现有总人口 16231 人(1994 年),其中畲族 3139 人,占总人口的 19.3%。乡所在地在涵道村。

金涵乡地势属丘陵地带,部分为冲积而成的河谷小平原,地势西北高、东南低,全乡有小山丘 22 座,大都从西向东延伸。最高的山为莲花山,海拔 855.2 米。其次为金峰、五云岩、拔船丫、企冈山等,因此整个乡呈沟谷交错、山峰重叠。在 16 个行政村中只有 6 个是居住在平原地带,人口相对集中,约占总人口的 62%。在 16 个行政村中,有 2 个纯畲族村,即亭坪村(162 户 798 人)和上金涧村(58 户 252 人)。金涵村为本乡最大的一个行政村,包括 21 个自然村,计有 567 户 2847 人,其中畲族 164 户 858 人,是一个畲汉杂居村。该村由于地处平原地带,又临近城关,交通方便,故历史上人口流动较大,全乡共有 151 个姓,该村姓氏最复杂,也是一个杂姓村。

上述三个行政村为本次调查的主要对象,其中女性问卷大都在金涵村完成,男性问卷则分别在上述三个行政村进行。

金涵乡的畲族有蓝、雷、钟三姓,钟姓居多。畲族并非当地土著。关于该乡畲族历史由来,在文献上找不到可靠的证据,口碑和族谱资料说法也不一致,据 1984 年的调查,金涵下申厝钟姓据说是从亭坪村坑内迁来,至今已传12世。坑里村钟姓据说是从广东迁来,先是迁到宁德九都乡紫坑村,再从紫坑迁到上金贝,后迁到亭坪,再迁至下申厝。亭坪村钟姓有的说是从福安县溪潭乡蓝田村迁来,已传5世。上金贝钟姓有的认为他们的祖先是从汀州武平县迁到广东,再从广东迁到宁德九都紫坑,最后才迁到上金贝。九都紫坑钟姓相传是从汀州迁来,说法与上金贝钟姓同。亭坪村蓝、雷二姓,相传祖先从广东迁到罗源县贝头,从广东迁到闽东是乘船来的。

　　从口碑资料看,畲族来自闽西或粤东是可信的。在畲族三姓的族谱中都有这样的记载:"唐光启二年,盘、蓝、雷、钟、李三百六十余丁口,从闽王王审知为乡导官,至连口马鼻登岸,时徙罗源大贝头居焉。"这是畲族迁往闽东的最早记载。《资治通鉴·唐纪》亦云:当王氏"将兵攻福州,民自请输米饷军,平湖洞及滨海蛮夷者,皆以兵船助之"。这些"滨海蛮夷"显然是指畲族祖先即唐代的"蛮僚"。故族谱的记载是可信的。道光《罗源县志》记载:"(万历)二十九年,群虎伤人,知县陈良谏祷于神,督畲民用毒矢射杀四虎,患方息。"明万历间罗源县已有畲民活动的记载。宁德与罗源相邻,故金涵畲民祖先先是从连江、罗源迁来的说法是可信的。金涵畲族是从九都紫坑迁到上金贝,再迁亭坪和金涵等村,时间可能在清代。

二、经济生产情况

　　金涵乡的村民,由于居住的自然环境不同,所以在经营农业、副业和多种经营方面也不尽相同。平原地区主要以水稻生产为主,山区主要以番薯为主。金涵、亭坪等村水源充足,都是种植双季稻,上金贝村有双季稻,也有种单季中晚稻。金涵乡现有耕地11808亩(其中水田7261亩,农田4547亩),人均0.77亩,丘陵山地9.37万亩,人均6.1亩。可耕地面积不多,也是一个人多地少的地区。

新中国成立以前,金涵、亭坪和上金贝三个村的村民所耕的田地大都是向城关的地主租种,比例占60%以上。自耕农少、佃农多,每年收成后,农民要付给地主高额地租,以中等田为例,每斗(约0.7亩)年租谷一担(100斤)。按这里的习惯,佃农只要如期向地主缴纳田租,便对所租种的田地拥有永佃权。只要双方协商同意,佃农向地主租种土地就不必先付订金(即押租),也不必向地主送礼,或为地主提供特别的劳役。如果遇到自然灾害,收成不好,经地主同意可缓交或少交地租。但有的地主则把缓交的地租作为高利贷,所以遇到灾害,农民负担加大,生活更艰难。就以金涵村为例,除三户富农外,绝大多数农民生活处于饥饿状况。

金涵乡地处县郊,流动人口大,单姓村很少,大部分都没有祠堂。因此很少有宗族田。

由于农业生产单一,又受到自然条件的制约,经济不甚发展,没有形成自己的经济市场(如圩市)。由于距城关近,作物的交换和生活必需品的供求,大都与宁德县城密切联系在一起。在市场出售自家少量的农产品,又从市场购买所需的必需品,汉族是这样,畲族也是如此。由于经济上与汉区的密切联系,畲族除了妇女的特殊衣饰所需的银器(新中国成立后在百货公司设有专框供应)或雇用银匠特殊打制外,其他生活必需品和生产工具都同汉区一样。

新中国成立前,由于农民生活困难,高利贷很发达。高利贷有放青苗和贷款两种。放青苗一般在青黄不接之时,贷出谷子100斤,收成后还谷140~150斤,时间仅两三个月;借钱,月息普遍为5%。高利贷者一般为地主或商人。如果农民缺乏经济来源,付给再高的利息也难以借到。

为了解决农民急需用钱的问题,带有互助性质的标会便应运而生。这种形式在金涵村很普通。新中国成立前主要以谷子为主,参加者大都是亲朋好友,如某家因娶媳妇或修建房屋需要一笔钱,即当会头,亲朋好友支持,一般是每人出资100斤谷子,参加者一般在20人左右,有的多,有的少,每年在夏秋收成后开标,每年标两次。最初是用骰子,谁的点数高即中标,每人付出的数量均相等。后来发展为标数,如100斤谷子,标者标25斤中标,那么"死会"(即已中标者)如数付出100斤谷子,"活会"(即未中标过)则只需付出75斤。因此有些不急于用钱者,或可从中得到一些利息。这种标会组织至今还普遍存在,只是改钱为基数,有50元、100元、200元不等,标期有一个月、两个月或一季度标一次。这样一来,妇女用私房钱参加标会已出现,但为数不多。至于妇女当会首,一般是丈夫已去世,以一家之长的名义出现,否则通常都是男性出面组织的。

1981年以来,农村全面推行土地承包责任制,按人口平均分配,自主经营,改变以往集体生产的经营方式,农民靠工分收入的单一农业经济体系。这样一来,大大提高了农民生产的积极性。特别是近几年来,为了迎合市场经济的需求,种植适时的作物,提高经济效益。如金涵村辟为宁德市的蔬菜基地后,该村农民普遍改种蔬菜。蔬菜虽然花工大,早出晚归,但收入较丰。据对金涵村22位男性的问卷调查,除一户本人身体有病,在村边开一家小食品店外,余者家庭经济生产生活情况大体是:种植水稻,主要解决口粮和交公粮,每户养一两头猪,作为家庭财富的一种积累,养少量鸡鸭,大都自用,日常的费用主要靠副业生产,如种蔬菜和茉莉花。目前菜价看涨,每亩蔬菜年收入达4000元以上。如周某一家七口,是从外乡迁来,没有分到责任田,他承包7亩地,亩付租谷400斤。用3亩地种水稻,用4亩地种蔬菜,经济作物收入年达8000元以上。茉莉花供应茶厂,价格也不低。上金洠是山区,从8户男性调查看,他们利用山区的特点,垦辟茶园和果园,如钟某一家垦种茶园3亩。

改革开放的既定国策,鼓励农民劳动致富。这一政策深得广大农民的拥护,改变单一经济,发展多种经营,是农民谋求改善生活的重要途径。

众所周知,在改革开放以前,农村劳动收入主要靠工分,工分值很低。在金涵乡各村每10个工分值大都在0.8元至1.20元之间,每户平均收入约200元,扣除口粮,只能维持低水平生活。改革开放后,由于资源匮乏,农业基础薄弱,没有兴办企业,生活提高不快,至1987年人均收入不超过400元,列为全省贫困乡之一。1989年以来,通过政府的各项扶贫政策和广大农民自身的努力,生活水平逐步提高,初步改变贫困乡面貌。据对52户男性的问卷调查,1989年,人均收入600元以上的有20户,占38%,特别是1993年以来,农民收入有较大的提高,人均收入达千元的有28户,占54%,人均1500元的有9户,占17%,人均2000元以上的有5户,约占1%,其中一户靠油漆工及子女就业,人均收入达4500元。收入不足400元的仅3户,占0.57%。贫困原因是家庭人口多,这三户分别为6人、7人和9人,且子女年幼,劳动力少。从调查情况看,农民提供总收入的数字一般都偏低,有的是用最低的估算,比如种蔬菜这行"日日见财",农民不可能每日记账,因此,农民实际收入要比他们提供的数字高。但仅以此数字表明,近几年来,金涵乡农民生活水平普遍提高,发展不平衡,有少数人先富起来,他们中有的合股建茶厂,有的办碾米加工厂,有的开小店铺,有的当技术工,就业门路较广。

金涵乡地处城郊,1993年乡政府开设两个工业小区,面积约700亩,以吸引外地资金。是年就有外地私人企业47家来此办厂,规模较大的有味精厂、板材厂、制养厂、蒸笼厂、建筑材料厂等。从调查资料表明,由于这里农民文化素质都不高,靠自己能力办厂尚属少见。

随着经济生活的改善,文化生活也有较大提高,电视机较为普遍,如上金汭村这个山区,全村58户就有电视机40台。

金涵乡农民生活虽然得到某些改善,但同其他发达地区相比,还是处于低水平。

三、宗族组织与祖先崇拜

在农村,三代以内的宗族,大家还是记忆犹新。新中国成立前,金涵乡的宗族组织还比较严密,有共同的祖祠和集体的祭祀活动。新中国成立以后,宗族观念逐渐淡化,在金涵乡,不论是汉族或畲族,已经很少有宗祠和大规模的宗族祭祀活动了。他们祭祀祖先大都在自家的厅堂举行。如金涵村钟姓原来有一个祠堂,1985年建民族中学时,便划为中学用地。亭坪和上金浿畲村的公共祠堂,因年久失修,已破烂不堪。

众所周知,畲族崇信始祖盘瓠,他们把始祖的传说写进族谱,绘成连环画的画卷,称为祖图,还有象征祖先头像的"龙头拐"。图腾信仰保存相当完整。金涵钟姓相传是从九都紫坑迁来,1984年我们到该地调查时,在钟氏祠堂内还挂着祭祖时用的各种用具,有祖图和种种祭旗。祖图内容即反映始祖盘瓠(当地称为"龙公"、"龙麒")一生的经历。说明该地至80年代还有举行祭祖活动。

畲族历来很重视祭祀始祖盘瓠。唐刘禹锡曾有"时节祭盘瓠"的诗句,畲民把祭祖看成是一件非常荣耀的事。按畲族习俗,男子年满16岁时要举行名为"做醮"的祭祖仪式,畲民俗称"传师"、"学师",具有成丁礼的意思。没有祭过祖的,不能作为孝子为父母治丧,不能主持儿子的婚礼。清周应枚《畲民诗》云:"九族推重缘祭祖,一家珍重是生孩。"新中国成立前畲民祭祖活动有家祭、村祭,还有迎祖活动,有时规模很大。相传在清代有一次畲族迎祖活动曾惊动了衙门知县。那一年,宁德县畲民数千名参加迎祖活动,游行队伍从县城经过,知县对这突然出现的队伍,还有旗锣开道,"清道"、"敕书"、"代天征番招有功为驸马"等各种旗帜和祖图(现在这些文物均收藏在厦门大学人类博物馆),非常吃惊,赶忙带领所属官员上街迎接。畲民摊开祖图、敕书,知县从序文中看到有前朝高辛帝和历代皇帝的敕书,马上跪下祭拜。虽然此事已是100多年前的往事,如今在金涵和猴盾等地畲民中还广泛流传着。

据对金涵50多位男性的问卷调查,有的畲民对他们祖先的传说历史并不避讳,有听老人谈起,但未见过祭祖活动。80年代调查时,在亭坪村蓝某家屋的房梁上的神位写着:"麒麟在此化吉"。畲民结婚时往往可以看到这样一副对联:"安邦定国功建前朝帝誉高辛亲敕赐;金卿驸马名垂后裔皇子王孙免差役"。还有厅头上"龙头公"神位,这些都是反映盘瓠信仰的内容。现在虽然不见了,但是在传统的"三月三",畲民家庭还普遍蒸乌米饭祭祖,这一习俗沿用至今不变。乌米饭是用野生乌稔树叶煮汤,然后将糯米泡在汤里数小时,捞起后放在木甑里蒸熟。这是畲民祭祖的特殊祭品。

畲族妇女都有自己的民族服饰,俗称"凤凰装"。相传是为怀念祖先和他们的祖居地广东潮州凤凰山,具有怀祖之意。现在畲族妇女平时都不穿民族服饰,但是在结婚时,一般还要穿民族服饰,畲民称之为"官服",据说是为了让祖先认识,取得祖先的认同,去世时也要穿"官服"入殓,也是为了让祖先认领,以便回到祖先身边。调查资料表明,新中国成立后,畲民祭祖活动已经淡化,但在人们的思想深处,始祖的信仰还是根深蒂固。1994年10月到该乡调查时,省市旅游部门为了开辟一条旅游热线,选择在亭坪畲村着手新建一处"中华畲都",首期工程建一座"忠勇王庙",新塑忠勇王神像,忠勇王即高辛皇帝给盘瓠的封号。这是全国畲区中出现的第一座畲民始祖神像。1995年11月1日首期工程完成,宁德市还因此举办"1995闽东畲族风情旅游节"。是日,畲民穿着自己的民族服饰(甚至请汉族妇女打扮成畲族妇女),举起各姓氏的旗帜,举行大规模的祭祖活动。有外宾及各地群众数万人参加和观看这一庆典活动,场面十分壮观。虽然这是一次人为的活动,但得到广大畲族群众的认同与支持,反映了金涵畲族对祖先崇拜的无限怀念。

畲民祖先崇拜除祭始祖盘瓠外,现在更直接的是祭祀自己的直系祖先,这与当地汉族雷同。据说过去,凡祖先逝世后,都有神主牌,把祖先引入厅堂。起初是用木头,现在大都是用书写,但是没有写出祖先的名讳,而是用镜框装一个祖先总牌位置于厅中,以供祭祀,如金涵村一家钟姓神主牌是这样写的:

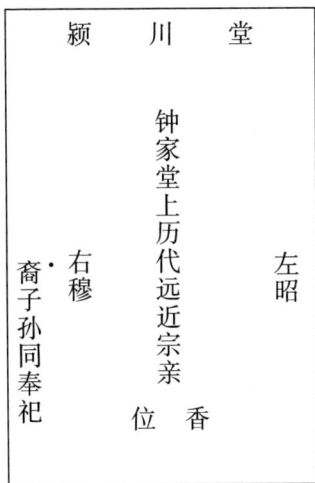

```
┌─────────────────────────────┐
│        颖　川　堂            │
│                             │
│          钟                 │
│          家                 │
│          堂                 │
│          上                 │
│    右　  历           左     │
│    穆　  代           昭     │
│    ·   远                  │
│    裔    近                 │
│    子    宗                 │
│    孙    亲                 │
│    同                      │
│    奉    位　香             │
│    祀                      │
└─────────────────────────────┘
```

未成年而夭折一般不立牌位。入赘者改姓即视为本家祖先。据说早期有家谱,但在调查中未见到,这不是群众有顾虑,确是他们已不大重视谱牒。从祖先牌位的设置就可以看出当地农民对家族世系观念已相当淡化。

祭祖活动一年中主要有三次,即七月十五日中元节、八月十五日中秋节和过年。祖先的卒日,第二年有祭祀,以后就不祭了。不祭祖先的生日。祭品除酒肉外,还必须有五种带壳的东西,如花生、蟹、虾、蛤、虾姑之类,原因不清楚。祭祖都在自己的厅堂举行。

金涵乡农民,鬼魂观念还相当浓厚。认为人死后成鬼,幽魂尚在。鬼有善恶之分,自己的祖先是善鬼,会保佑家人平安。所以在安葬后的当晚要做一夜"功德",为死者超度。节日祭祀,不敢怠慢。对于其他鬼魂,特别是一些孤魂野鬼,也极力与之修好,不敢冒犯,如七月十五日中元节,这是鬼节,家家户户都要祭祀。这里除中元节外,七月没有再做普度的习俗。可是凡有家人去世的当年,丧家都要做一次普度。有的认为祖先刚去世,是为新鬼,做普度是敬奉其他鬼魂,以免祖先在阴间受欺侮。祭品往往比敬祖更丰厚,在户外举祭。此外,如偶尔发现人的骨头,绝不敢随意抛掉,要细心拾起,择地安葬,有的还要办祭品烧香祭拜。据调查,这里群众对死者的亡灵概称鬼魂,没有大众爷、有应公、头目公等其他名称,也未见有专供祭祀孤魂野鬼的庙宇。

四、宗教信仰

金涵不论畲族或汉族,迷信思想相当严重,尤其是妇女。信仰的神祇多种多样。据调查,各村都有庙宇,最大的寺庙是张厝的竹林禅寺,这是佛教寺院。据说以前这寺庙的规模很大,还有不少和尚和尼姑,也有寺庙田。新中国成立后被合成氨厂占用,寺庙濒于废弃。90年代初,政府动员该厂搬迁,恢复寺庙。1993年6月已恢复上下二殿,庙门内有弥勒和韦陀的两尊佛像,上殿"大雄宝殿",只见壁上挂着三张观音佛像。我们参观时正逢农历九月十九观音圣诞。见到一尼姑(据说是宁德县城来的)领着一群妇女正在念经礼佛。寺庙还在修建中。据说来此祭拜的群众不少。

涵道村黄厝有一座"忠烈王庙"，庙宇保存得很好。大殿塑五个神像，正中为"敕封杉洋咸集应林大王香宝位"，右边为"王封田头师公添喜、粮、财香宝位"，塑一白眉老人，似土地爷；另一尊貌似"王封南京大王与夫人合香宝座"。左边为"敕封田、康、马三位大元帅香宝位"，另一尊貌似玉皇神像。下殿搭一戏台。左右有两层回廊作看台，每年农历九月廿二日都要演戏。该庙的祭祀圈大都在本村，至于所祀奉忠烈王为何人，其忠烈历史是怎样的，许多村民也说不出所以然。

各村小庙大都是各村保护神。上金溪村口有一座小庙，供桌正中壁上写着："王封花果山齐天大圣神位"。亭坪村也有两座小庙，也是供奉孙行者，一座有塑偶像；另一座书写许多神位，齐天大圣居其中。其神位排列如下：

封敕	封敕	封敕	封王	封敕	封王	封宣
当境土主刘东安师公香火座前	当境土主林子贵师公香火座前	当境土主吴师公香火座前	花果山水濂洞齐天大圣王座前	相洋感应林公忠平侯王香火座前	杭州府风火院铁板桥头康公元师	护国通天圣母陈村李太后无君座前
左文 右武	右边护符童郎 左边进宝童子	右边捧茶童郎 左边擎香童子	香火	右边喝喊大神 左边握锣将军	右边郑二相公 三 左边郑一相公	香火

康公元帅相传为阴曹地府管家，被奉为村民的生命保护神；李太后是主司生儿育女，保佑人丁兴旺，子孙平安；有的神祇是主除瘟疫，有的是司丰稔。

畲族村民把齐天大圣作为主要保护神，汉族也有祀齐天大圣，在黄厝"忠烈王庙"隔壁有一座"德圣齐气宫"，内塑孙悟空神像，庙虽小，香火却很旺盛。为何把齐天大圣作为主要神祇？村民说，孙行者神通广大,可保护村民平安。

除村中庙宇外,家户堂上很少见到有神像。在金涵乡申厝村一钟家堂上见到一张书写神祇的牌位,内容是:

```
            有  求  必  应
            封           王

威        五                坛
灵        门                前
显        车                香
赫        山                火
保        师                千
平        公                年
安        下                在
          南
          泉          左
          州          郑
          府          将
          百          军
          鹤
          山
          陈
      右          七
      郑          香
      一
      二
      三
      师
      皋
      六
      位
```

所祭陈六、七何许人也,问家人都不清楚。

灶君崇拜很突出,每家厨房灶头都建有一个龛,称此龛为"奏善堂",两边有对联,内容大都为:"四季保平安,一家治德泽"或"位镇东厨迎百福,香升北斗纳个福"。龛内书:"东厨司令定福灶君增寿夫人"或"本家司命定福灶增寿夫人神位"。有的还用瓷砖烧制。

综上所述,金涵村民所崇拜的神祇,严格地说不是宗教信仰,而是盲目的迷信。他们所信仰的神祇,大多是民间信仰。从庙宇看,除灶君神装饰较为整齐外,其他神祇有的塑像,有的只用纸张书写,这可能与该地区经济不发达有关。

五、婚姻与生育

根据男性(35~45岁)和女性(60岁以上)的问卷资料,在婚姻与生育方面男性和女性正好代表两个不同时代。前者都是70年代末、80年代或90年代初结婚,普遍实行自主婚,生育方面是计划生育时代;后者大都是新中国成立前或新中国成立初期结婚,大都是包办婚,生育方面没有任何限制。

从婚礼及习俗看,金涵乡汉族和畲族有相同的一面,其中也有差异。在婚礼的过程中,还是按照"六礼"传统礼俗,包办婚是这样,自主婚也是如此。历史上畲族盛行族内婚,"蓝、雷、钟三姓,自相匹配"。这种婚俗虽然有些变化,畲汉通婚早已存在,但从调查资料看,在纯畲族村内,族内婚还是很明显。据对52位男性的调查看,其中有38位是畲族,他们分别来自金涵、亭坪和上金贝三个村。金涵为畲汉杂居村,在调查的22位男子中,畲族有10人,其中有5人是娶同族女子;有5人是娶汉族女子,各占50%。在12位汉族男子中,只有一人娶畲族女子。上金贝和亭坪这两个畲族村,通婚主要是族内婚。如在上金贝村调查9位畲族男子,除一位的妻子为李姓(闽东畲族有此姓)未明外,余者8人均是族内婚。亭坪村调查的21位畲族男子中,除一人未婚,3人娶汉族女子外,余者均是族内婚,占85%。从上述资料表明,畲族保留传统的族内婚仍相当明显,而且这些家庭都是新中国成立后结婚,可以想象在新中国成立前更是如此。

婚姻类型:根据男性调查资料,嫁娶婚(大婚)36人,占71%;招赘婚8人,占16%,上门女婿6人,占12%。童养媳(小婚)招赘1人。以大婚居多,小婚仅一例。招赘婚比例还是较大。在招赘婚中,如果再包含上门女婿共有14人,其中畲族11人,占78%。据对其他一些地区调查,新中国成立后招赘婿已经很少。而在这里自愿上门入赘或在妻家结婚的上门女婿还有相当比例,尤其在畲族中更为突出。这种情况的存在,可能与历史上畲族盛行招赘婿的婚俗有关。

新中国成立前,福建地区童养媳和缠足,风气很盛。这种情况在宁德地区同样存在。在男性问卷中,其母亲为童养媳者 8 人(其中畲族 6 人),占 16%。缠足 3 人(均为汉族),占 6%。在妇女问卷的 53 人中,畲族 19 人,其母亲为童养媳者 2 人,约占 10%,本人为童养媳 3 人,占 15%。在这 19 位畲族妇女中,其母亲都没有缠足,本人也没有一人缠足。在 34 位汉族妇女中,母亲为童养媳的 7 人,占 20%,本人为童养媳的 13 人,占 38%。母亲缠足的 25 人,占 73%,本人缠足的 6 人,占 17%。上面这些数字表明,畲族和汉族都有童养媳,汉族比例略高于畲族。妇女缠足却在汉族中流行,畲族自古以来妇女不缠足的习惯仍一直保留下来。金涵乡妇女一般不参加田间劳动,只在家里理家务,照料小孩。这可能与妇女缠足的传统习俗有关。畲族妇女则不同,她们承受比男人更复杂更繁重的劳动,体现畲族妇女的传统美德。

从婚龄结构看,农村习惯算虚龄,因此,不论是新中国成立前或是新中国成立后结婚的,有的还是偏早。现将对男性、女性的调查,其婚龄(以下年龄均算虚龄)如表 1:

表 1　金涵乡村民新中国成立前后婚龄比较

婚龄＼性别	男性(新中国成立后)		女性(新中国成立前后)	
	夫	妻	夫	妻
13			0	3
14			1	2
15			1	7
16		1	0	2
17	1	11	4	13

续表

性别 婚龄	男性（新中国成立后）		女性（新中国成立前后）	
	夫	妻	夫	妻
18	0	5	2	3
19	1	12	4	10
20	5	9	5	3
21	2	4	4	2
22	3	4	2	2
23	9	0	6	1
24	7	1	4	1
25	8	1	6	1
26 以上	15	3	14	3
合计	51	51	53	53

　　从上表表明,在男性调查中20岁虚龄以前结婚的男性7人,占14%,女性18岁虚龄以前结婚的17人,占33%。在女性调查中,20岁(含20岁)虚龄以前结婚的男性17人,占32%;女性18岁虚龄以前结婚的30人,占56%。新中国成立前女子有13岁出嫁,男子有14岁结婚;新中国成立后男子有17岁结婚,女子有16岁出嫁。虽然新中国成立后结婚的,早婚的现象比新中国成立前少,但与国家规定的婚姻法,男20周岁,女18周岁,还是不符合。但是从表中也可以看出,符合婚龄和晚婚的比例还是占大多数。如男性资料中的夫妻年龄,男性在21岁以上结婚的有44人,占86%,女性在19岁结婚的有34人,占67%,可见绝大多数村民还是执行政府的婚姻法。

　　早婚与发育早有关,现将妇女经期年龄的调查列于表2:

表2　金涵乡妇女经期年龄

初经年龄	人数	停经年龄	人数	备注
13	9	38	1	因病
14	13	40	2	
15	13	41	3	
16	12	42	2	
17	4	43	5	
18	2	44	2	
		45	3	
		46	3	
		47	6	
		48	5	
		49	4	
		50	4	
		51	6	
		52	2	
		53	2	
		54	1	
		55	1	
		57	1	
合计	53	合计	53	

　　从表中资料表明,妇女初经最早13虚岁,最晚18虚岁。15岁以前占66%。停经最早38岁,最晚57岁,前者已生育3个子女,后者身体有病不再生育。45岁以前停经18人,占34%,50岁以前停经41人,占77%。最长生育年龄为43年,最短24年。

策多有违背,如在 51 户已婚男性家庭中,生育 3 胎以上的有 31 户,占 60%,最多一户有 6 个子女。由此可见,该地区的计生工作还很艰巨。

六、继承与分家

祖先财产由男子继承,女子没有继承权。招赘婚和上门女婿虽然都是在妻家举行婚礼和居住,成为妻家的主要劳力,但性质不同。招赘婚一般是妻家没有男性继承祖祀,即招入丈夫。被招赘的男性必须改从妻姓,子女一般也从母姓,这样便可成为妻家合法的继承人。上门女婿一般是妻家男性年幼,家中缺乏劳力,男子上妻家门,只当女婿。女婿不必改姓,住妻家一段时间后,待妻弟长大成人后,即偕妻子回夫家。也有少数虽然妻家无男性,甚至是独身,他不愿以入赘的身份入妻家门。如金涵村蓝某,妻家只有岳父一人,他以上门女婿到妻家,在岳父百年之后,他又回到自己的家,岳父家财产其妻即为合法继承人。

入赘男性继承妻家财产,一般就不再分享父家财产。兄弟分家,对祖上财产原则上是采取均分办法。在调查中没有发现有留一部分给女儿的例子。由于田地都是政府分配的责任田,则按人口多少分配;房屋则按兄弟份额对等均分。在兄弟关系较好的家庭,大兄或人口较多的家庭有适当照顾。没有长孙田或长孙可多分一份的惯例。由于这里经济较不发达,农民生活一般还是较困难,祖上财产都极有限,因此分家并不复杂。

分家时父母还健在,要留出房间给父母住,父母不分责任田。生活上一般由兄弟轮流供养。分家后,有的家庭父母独立生活,习惯上比较普遍的是同幼子住,幼子如有能力则自己供养父母,即使是这样,其他兄弟也会不定期给父母一些零用钱,或买点东西给父母。也有轮流到兄弟家生活的。分家后父母生活如何,一般与兄弟妯娌间关系有关。不过这里民风淳朴,传统的孝道思想还是很浓厚,不孝敬父母会受到社会舆论的谴责,在调查中很少发现有辱待父母的事发生。

按当地的习惯,兄弟长大后,分家是迟早的事。妯娌间的不睦促使分家早日实现。据调查,由这一原因引起的分家较多。但有的家,儿子成婚不久,便把他们兄弟分了家。分家一般由家长主持,父母健在由父亲出面。决定分家时,家长一般要设一宴席,把娘舅、堂叔伯和亲戚请来,一方面告知分家事;另一方面提出分家方案,征求他们的意见。在这种场合,兄弟不参与。没有单独请姑丈主持分家的习俗。如果兄弟对分配有微词,最终还是由父亲决定。在调查中没有发现因此事而闹大矛盾,他们都说我们这里没有什么家好分。如果财产比较多,据主要报导人说,有请人立阄书的事。

按习俗兄弟只有分家后才分伙,除在城里工作的人平时在机关搭伙,在村民中很少见到在没有分家时便独立起伙的事。

兄弟分家后,祖上神明厅(公婆厅)还是设在原来家中的厅堂,共同祭祀。如果兄弟建了新房,新房设有神明厅,但祭祀自己的祖先还是在旧屋进行。

七、几点认识

1. 金涵地处城郊,交通便捷。宁德市为闽东地区政治、经济和文化中心,随着改革开放的进一步深入,城市经济对农村的辐射愈来愈明显。郊区农村条件较好,可为城市提供劳力,种植城市或工厂需要的作物。如金涵被辟为宁德市蔬菜基地后,对提高当地农民经济收益带来很多好处。调查资料显示,金涵乡农民生活改善,很大的收入是靠种蔬菜。目前金涵乡还不富裕,但已初步脱贫。

2. 金涵乡村民文化水平低,新中国成立前大都为文盲。新中国成立后成长起来的青壮年也大都只有小学程度,从男性53位问卷资料看,没上过学的有3人,占6%,小学程度36人,占68%,初中13人,占24%,高中程度只有1人。文化素质整体水平偏低,故在现今社会改革大潮中缺乏作为,本乡办了一些企业,都是外地人来此开厂。本地村民从商或经营其他企业极少,就使搞些养殖业、种植业,往往由于经验不足,缺乏技术,经济收益不明显,有的甚至亏本。因此脱贫致富门路不广。

3. 金涵虽为畲族乡,但畲族人口仅占20%左右,因此严格意义上还是一个以汉族为主的乡镇,汉文化占主导地位。调查资料表明,畲族汉化程度日益加深,妇女不穿民族服饰,讲当地汉语方言,崇拜当地汉族神灵,顺应当地汉族的风俗习惯等。

虽然还保留畲族一些传统文化,如始祖信仰、族内婚俗和传统的节日三月三,民族意识尚存,忠勇王庙的新建迎合他们想而无力办到的事;但是从总体来看,民族意识已日渐淡化。尽管如此,作为民族乡,从现行民族政策规定,尊重民族平等权利,是杂居村必须特别引为重视的事。

4. 随着改革开放的进一步深入,畲汉人民在政治、经济和文化上更加密切,形成了一个密不可分的社会整体。文化上的互动和认同,推进了民族友好关系的不断发展,如二月二、三月三畲族传统歌会,现又改称"闽东畲族艺术节",由政府出面组织,畲族主唱,汉族群众的参与与支持,已成为宁德地区畲汉人民共同的节日。

蓝鼎元经理台湾等若干政治主张的重要意义

　　蓝鼎元（1680—1733），字玉霖，别号任庵，号鹿洲，清康雍时人。幼年丧父，得力母教，感奋励志，"宁可清饥，不可浊饱"，刻苦学习，成为清代著名学者。康熙六十年（1721年），应族兄蓝廷珍之邀，"遂参戎幕"，到了台湾。雍正二年（1724年）入贡京师，校书内廷，分修《大清一统志》。五年，出宰广东普宁县，兼摄潮阳篆。十一年，为广州知府。45岁开始他的政治生涯，54岁逝世，可谓大器晚成。

　　鼎元自幼好学，出经入史，泛滥诸家，努力著述，深造自得，文章光华，虽与科举无缘，却以他渊博的学识，卓越的政见受到清王朝的赏识。他关心国家大事，处处以国家民族利益为重，不计个人安危得失，敢于向当权者提出并坚持自己正确的主张，经世济民的"经济文章"是他著作的一大特色，也是他成功之处，堪称我国知识分子的楷模。他为政清正严明，刚直不阿，为民办实事，有"蓝包公"之称。他著作等身，涉及面很广，本文主要介绍他经理台湾等若干政治主张。不妥之处,请识者斧正。

(一)反对台镇移澎的主张

1683 年清朝统一台湾后,清廷及一些官吏对台湾的重要性很缺乏认识,廷议"以台湾险远,欲墟其地"①。福建官员的认识也是如此,由清廷特派大臣苏拜召开的关于台湾的善议中,亦有"宜迁其人,弃其地"之说以及"留恐无益,弃虑有害"之议。② 对于台湾的弃留,议论不一,康熙皇帝也认为从郑氏手中收复台湾,仅看成是消灭了一个"夙敌",把台湾看成是"弹丸之地,得之无所加,不得无所损"。当时清廷的意见主要采取"守澎湖,徙台湾人民而弃其地"。唯独东征统帅施琅,力排众议,坚决主张不能放弃台湾。他说,"弃之必酿成大祸,留之诚永固边围"。③ 清廷采纳其设官置兵的建议,在台设一府三县,驻兵七千,以总兵一员驻府治,澎湖设水师副将一员。

朱一贵起义被平定后,如何经营台湾,清廷弃台主张又冒出来,拟将总兵从台湾移至澎湖。蓝鼎元以蓝廷珍名义檄书闽浙总督觉罗满保,力主台镇总兵切不可以移至澎湖,而且尚需加强台湾的防务力量,反复强调台湾的重要性。《东征集·与制军再论筑城书》曰:"统计宇内全局,则台湾为海外弹丸黑子,似无足重轻之数。然沃野千里,粮糈足食,舟楫之利通天下。万一为盗贼所有,或为荷兰、日本所据,则沿海六七省皆不得安枕而卧,关系东南半壁治乱,非浅尟也。"后来,他在《复制军台疆经理书》、《论台中时事书》以及上书雍正皇帝的《经理台湾疏》中都反复强调台湾"实为东南沿海封疆要地,非寻常岛屿比也"。

为说服清廷放弃台镇移澎的主张,他深刻地阐明台湾的重要

① 连横:《台湾通史》卷三十《施琅传》。
② 《台湾省通志》卷三《政事志综论》第一册,第 22 页。
③ 施琅:《恭陈台湾弃留疏》,《靖海纪事》下卷,第 62 页。

性,并与澎湖作比较,他在《论台镇不可移澎书》中曾对持这一主张的人提出尖锐批评,他说:"部臣不识海外地理情况,凭臆妄断,看得澎湖太重,意以前此癸亥平台,正在澎湖战胜,便尔归降;今夏澎湖未失,故台郡七日可复,是以澎湖一区为可控制全台,乃有此议。不知台之视澎,犹太仓外一粒耳。澎湖不过水面一撮沙滩,山不能长树林,地不能生米粟,人民不足资捍御,形势不足力依据,一草一木,皆需台厦。若一二月舟楫不通,则不待战自毙矣。台湾沃野千里,山海形势,皆非寻常。其地大于福建一省,论理尚当添兵……乃兵不增反而减,又欲调离其帅于二三百里之海中,而以副将处之乎! 台湾总兵果易以副将,则水陆相去咫尺,两副将岂能相下? 南北二路参将,止去副将一阶,岂能俯听调遣? 各人自大,不相统属,万一有事,呼应莫灵。贻误封疆,谁任其咎? ……以澎湖总兵控制台湾,犹执牛尾一毛,欲制全牛,虽有孟贲、乌获之力,总无所用。今在廷臣工,莫有敢出一言为皇上东南半壁封疆之计,何异欲弃台湾乎? ……若遵部议而行,必误封疆。彼时九卿岂肯平分其咎? 某杞日妄忧,心中如焚,非特为桑梓身家之虑! 惟望恕其狂瞽,且赐明示解惑焉。"他这种不顾个人安危,而一心为国分忧的精神,使听者无不为之动容。清人王者辅在评读该文时写道:"危言切论,几同贾生痛哭,缘地方安危所系,不激烈不能动听,一片公忠,为国苦心,令读者亦为之忙幸……全台治安,斯文之力也。"说得十分中肯。此事由于鼎元不断上书,力陈利害关系,终于说服了闽浙总督,满保据以入奏,提督姚堂、巡抚御史黄淑璥亦以为言,移镇之议乃止。这个事关台湾前途、国家安危的中肯建议被采纳了,蓝鼎元是作出了卓越贡献的。

(二)全面提出治台若干措施

蓝鼎元是继施琅之后反对放弃台湾,或将台镇总兵移至澎湖的有识之士。可是施琅的主张只是着眼于海防守卫,蓝鼎元则进一步提出治台的一系列建议,这在当时朝野人士中,堪称有识之士。他的治台构想,《平台纪略》中有一段论述,"欲谋善后之策,非添兵设官措置不可也。……均赋役、平狱讼、设义学、兴教化、奖考第力田之彦,行保甲民兵之法,听民垦以尽地力,建城池以资守御……而以实心行实政……一年而民气可静,二年而疆围可固,三年而礼让可兴。而生番化为熟番,熟番化为人民,而全台不久安长治,吾不信也"。并且在每一项措施中都提出了具体意见和做法,兹列其中凡例如下:

1. 添兵设官增强地方的防务力量

增加台湾防务力量是他在治台方略中列为首要的一项。《东征集·论复设营汛书》和《鹿洲奏疏·台湾水陆兵防》诸文均指出,台湾幅员辽阔,历来患在地广兵少。台湾一府三县都设在以台南平原为中心的西南部一带,北部军事空虚,建议在半线(今彰化)添设守备一营。在淡水八里岔设巡检一员,以佐半线守备之不足。在罗汉内门(今高雄县内门一带)设千总一员。在下淡水新园设守备一营。琅峤(今恒春)极南僻远,亦设千总一员。这样一来,使千余里幅员声息相通。可募民为兵,实行屯垦,亦可允许官兵携带家属助耕。这样既充实防务力量,又开垦土地,利国利民。

2. 向北扩展增置县治

台湾统治中心和防务力量都集中在西南部,难以实行对台湾的有效管理。他在《经理台湾疏》中提出:"有地不可无人","设郡县,遂成乐郊"。北部地方辽阔,半线上下六百余里,自若空虚。针对这种情况,鼎元建议在虎溪尾以北、大田溪以南增设彰化县,驻扎半线。又鉴于淡水形势重要,可在此设淡水厅,暂住彰化。将来在虎溪尾、竹堑埔都可设县。"天下无难为之事,难得有心之人。"他的建议后来都得到实现。他主张自南向北开发,这对台湾开发和建议起了重大作用。史家对此加以充分肯定。《台湾通史》云:"善乎鼎元之言也,天下气运所趋,每每自北而往,而台湾则自南而北。郑氏之时,仅有承天、浊水以北,羁縻而已。及朱一贵平,半线作县,而竹堑置淡水厅,戍兵保民,以启北鄙,骎骎乎且日进矣。"①

3. 应该允许大陆家属渡台

郑成功收复台湾,清廷曾在沿海实行迁界移民,对大陆来台人员进行种种限制。复台之后,清廷出于"为防台而治台"的考虑,在这一思想指导下,严禁大陆人员赴台。康熙六十年又进一步严申,"嗣后台属,文武大小各官,不许携家带眷"。平定朱一贵后,这种限制并未改变。鼎元在《经理台湾》的奏疏中极力主张应该允许大陆家眷来台。他说,台湾居民多来自大陆闽粤二省,家眷大都留在大陆,"统计台湾一府,惟中路台邑所属有夫妻子女之人民,自北路诸罗、彰化以上,淡水、鸡笼山后,千有余里,通共妇女不及数百人;南路凤山、新园、琅峤以下四五百里,妇女亦不及数百人。合各府各县之倾侧无赖群聚至数百万人,无父母妻子宗族之系累,似不可不为筹划者也。今欲驱之使去,则势又不能,纵其所如,恐为地方之害"。解决这一问题的办法,鼎元认为只有让他们"有室有家之愿"。有了家庭,他们自然会"力农负贩,计图升斗","虽有奸豪意气,亦将销磨净尽"。于是他建议,"凡民人欲赴台耕种者,务必带有眷口,方许给照载渡","有妻子在内地者,俱听搬取渡台完聚,地方汛口,不得需索留难"。他认为只有这样,官吏才安心,有家属者便会致力生产。同时增加了劳动力,肥沃土地得到开垦,这对于安定社会和发展生产都是有利的。

4. 听民开垦反对"迁民划界"

平定朱一贵后,觉罗满保开列"台湾经理事宜"十二条,其中第一条至第四条规定:"罗汉门、黄殿庄朱一贵起义之所,应将房

---

①　连横:《台湾通史》,台湾文献委员会1994年版,第621页。

屋尽行烧毁,人民尽行驱逐,不许往来耕种。阿猴林山径四达,大木丛茂,竟三四十里,抽藤、锯板、烧柴、耕种之人甚多,亦应尽数撤回,篷厂尽行烧毁。槟榔林为杜君英起手之处,瑯𤧟为极边藏奸之所,房屋人民,皆当烧毁、驱逐,不许再种田园,砍柴来往。"①其目的在于"防患拔根",不惜施行"焦土"政策。

面对清廷这一既定政策,蓝廷珍、蓝鼎元极力反对。他们立即上书《复制军台疆经理书》,这份报告"尚在舟中",又接到满保"迁民划界"的檄文,命令将"台、凤、诸三县山中居民尽行驱逐,房屋尽行折毁,各山口俱用巨木塞断,不许一人出入。山外以十里为界,凡附山十里内人家,俱令迁移他处,田地俱置荒芜。自北路起至南路止,筑土墙高五六尺,深挖壕堑,永为定界,越者以盗贼论"。这样一来,"则奸民无窝顿之处,而野番不能出为害矣"。②蓝鼎元对清廷"划界迁民"之举同样认为不可行。他说:"疆土既开,有日辟,无日蹙",对前者曾提出"有六虑之处",对后者也提出六点"所当筹度者"。觉罗满保接连收到鼎元两件复书,亦觉得其议可采,于是放弃原议,使台湾人民避免一场倾家荡产、流离失所之苦。

蓝鼎元的治台主张与清廷"划界迁民"或驱赶山区人民的政策正相反。他认为不但不应驱赶,还应积极倡导"劝民尽力开垦"。他在《纪竹堑埔》、《与吴观察论治台事宜书》和上疏的《经理台湾》中都反复申明,只有鼓励人民入山开垦,田园开垦了,"益国赋,裕民食","地一垦辟",生番不敢恣意出没,"则无此患,可以渐次招抚,收为熟番"。同时还提出"宽租赋,以裕其民"的建议。认为对于新开垦的土地,"万万不可加赋,惟募民垦僻,使地无遗利,则赋不期加而

---

① 《东征集》卷三《复制军台疆经理书》。
② 《东征集》卷三《复制军迁民划界书》。

自加矣"。① 他的这一主张,对台湾的开发产生积极的影响。

5."理番"主张

自从汉人入迁台湾后,如何处理好汉人与当地番人(即今高山族)的关系,都是当政者议事的一大内容。清政府认为高山族性"野蛮"、"凶残",经常闹事,故采用"划界""隔绝"的简单办法来处理汉番关系。蓝鼎元对清廷的"理番"政策,则持不同看法。他到了台湾后,先后考察了水沙连、竹堑埔、火山、荷包屿、崇爻等高山族地区,他一再强调指出,不能因番族有"猎首"习俗,便以此视为畏途,而把他们加以"隔绝"。他曾感慨地说:"大抵当路大人未由至此,故不能知,而至此者虽知,而不能言之故也。留心经济之君子当不以余言为河汉夫!"他在《纪竹堑埔》、《复吕抚军论生番书》、《纪水沙连》、《纪台湾山后崇爻八社》等文章都深刻阐明他的理番主张,他认为"理番"不应看成是一项孤立的事,应与拓地设县、听民垦耕和振兴文教等联系在一起考虑,只有采取综合治理,才能取得积极效果。这一主张是很有见地的,尔后治台者都效法这一做法。

蓝鼎元治台主张还有"整饬吏治"、"平狱论"、"除恶棍"、"去豪奢"、"禁鸦片"、"禁赌博"、"革除买卖婚俗"、"制止械斗"等。这些主张如何实施,在他《与吴观察论治台事宜书》和《经理台湾疏》等文中,均有详细的论述,后人称他为"筹台之宗匠",实不虚也。

(三)主张"改土归流"推进统一多民族国家的发展

我国是一个统一多民族国家,各个民族社会历史发展不同,习俗不一。自唐代在少数民族聚居区推行羁縻州县制度,利用少数民族酋长统治本地区,实行羁縻统治。宋代至明代继续推行土官土司制度,"树其酋长,使其镇抚"。这些地方上酋长可以世袭。由于久居其地,各霸一方,拥兵争斗,扰攘不息,致使社会动荡不安。这种制度已经不能适应清代社会经济发展的需要,反而成为

---

① 《鹿洲初集》卷二《与吴观察论治台事宜书》。

社会发展的障碍。"欲百年无事,非改土归流不可。"①雍正四年(1726年),云贵苗疆久乱不息,鄂尔泰上改土归流奏疏,建议全面推行改流。朝廷委鄂尔泰以云贵广西三省总督之任,负责改土归流事宜。

早在雍正二年,鼎元在《论边省苗蛮事宜书》中已提出改土归流的必要性,文中指出楚、蜀、滇、黔、两粤"苗蛮","呈请地方大吏改土籍归流官管辖",理由是"土司多冥顽不法,坐纵其行凶杀夺,而因以为利","苗民受土司荼毒更极可怜"、"土徭较汉民丁粮加多十倍,土司一日为子娶妇,则上民三载不敢婚姻"。土民"犯罪"被杀,其家属还要"敛银以奉土司",称为"沾刀银"。土司暴虐,其犯法又无法与汉官一样受到处分。于是"惟有削土之一法",实行改土归流,这样才有利于促进民族关系的发展,使得土司统治下的人民免于"忍受摧残,然其望见天日,愿如汉民沾被皇恩。则千万人如一心,四五省如一辙也"。尤为可贵的,他还具有民族平等的思想,"愚以为苗瑶僮黎均属朝廷赤子,当与汉民一例,轸恤教化"。

清代改土归流,是一次自上而下的政治变革,具有进步作用,它对于中围边疆巩固和全国统一多民族国家的发展以及推进各民族间经济文化交流有积极的作用。由此可见,蓝鼎元的上书,对清代改土归流的全面推行起了积极的推动作用。

(四)主张"大开禁纲,听民贸易"

清代实行锁国政策,尤其是郑成功占领台湾后,对沿海地区还实行移民。清政府统一台湾后,对于派往台湾的官吏,其在大陆的眷属都禁止渡台。可想而知,到台湾都受禁止,更谈不上让人民与南洋诸国自由贸易。在当时的情况下,鼎元则主张开海禁与南洋诸国通商,认为这是利国利民的一件大事。雍正二年,

---

① 《国朝先政事略·鄂文端公》卷十三。

他在《论南洋事宜书》中表现出他非凡的见识和胆略。他说：
"南洋诸番不能为害，宜大开禁纲，听民贸易，以海外之有余，补
内地之不足，此岂容缓须臾哉。"文中特别指出，"昔闽抚密陈，疑
洋商卖船与番或载米接济异域，恐将来为中国患；又虑洋船盗
劫，请禁艘舶出洋，以省盗案"。他认为这种说法是"迂谬书生，
坐井观天之见"。"夫惟知海国情况，乃可言弛张利害。海外诸
岛，星罗棋布……东方之国，日本最为强大……南洋番族最多，
吕宋、噶罗吧为大，文莱、苏禄、麻六甲、丁机宜、哑齐、柔佛、马
承、吉里问等数十国，皆渺小，不堪罔敢稍荫异念。安南占城，势
与两粤相接。此外有柬埔寨、六坤、斜仔、六泥诸国，而暹罗为西
洋之最。极西则红毛、西洋为强悍莫敌之国，非诸番比矣。红毛
乃西岛番统名，其中英圭黎、千丝蜡、佛兰西、荷兰、大西洋、小西
洋诸国，皆凶悍异常……性情阴险叵测，到处窥觇，图谋人国。
统计天下海岛诸番，惟红毛、西洋、日本三者可虑耳"。他认为对
海外诸国贸易，应区别对待，只有对红毛、西洋、日本这些到处
"图谋人国"的国家要慎重些，但开放与南洋诸国贸易则是利国
利民的举措，不要无区别地统统加以禁止。他说："开南洋有利
而无害，外通货，则内消奸宄，百万生灵仰事俯畜之有资。各处
钞关，且可多征课税，以足民者裕国，其利甚为不少。"如果对南
洋贸易也禁止，势必影响沿海地区人民的生计和社会的安定。
"闽广人稠地狭，田园不足于耕，望海谋生十之五六。内地贱菲
无足重轻之物，载至番境，皆同珍贝。是以沿海居民造作小巧技
艺以及女红针黹，皆于洋船行销，岁收诸岛银钱货物百十万，入
我中土，所关为不细矣。南洋未禁之先，闽广家给人足，游手无
赖亦为欲富所驱，尽入番岛，鲜有在家饥寒窃劫为非之患。既禁
之后，百货不通，民生日蹙，居者苦艺能之罔用，行者叹至远之无
方……沿海居民萧索岑寂，穷困不聊之状，皆因洋禁……"
　　虽然他的这一建议与主张，未能得到清政府的重视，但在当时

能提出这个问题,而且措辞如此激烈,这是需要胆识的,充分体现他的公而忘私,为国为民分忧的可敬精神。

　　(五)重视教育作育人才

　　鼎元对教育很重视,而且把它作为治国兴邦的大事来提倡。他在治台的主张中曾说过:"台湾之患,不在于富,而在于教。"只有兴办学校,"着力开导",使人们"皆知为善之乐,则风俗自化矣"。他在治普宁县时,自己捐奉兴建潮邑义学,建棉阳书院时,他曾为书院写了《棉阳学准》一书,还专门拨款,提供"师生膏火之资"。在普宁东郊昆安寨,兴建文明阁,中祀濂、洛、关、闽五先生,旁设文明书院,为普邑人士读书讲学之所。

　　对于教育的宗旨,鼎元又有自己的见解。他认为教育不是为了科举,而是为了"兴贤育才"。他说:"科举之学固是人生不可少之一端,虽孔孟生于今日,不能不应有举。但以科举文章逐尽一生之事业,则醯鸡蜗牛渺少耳!"关于如何培养人才,《棉阳书院碑记》曰:"欲正风俗,必先正人心,息邪说,距诐行。贤才不可多得,当培养而玉成之。然则化民俗之方,兴贤育才之道,莫先于明正学。""正学"即孔孟之学。要正风俗、正人心,必须通过"正学",才能造就有用之才。提出了教育必须以"化民成俗"、"兴贤育才"为宗旨,这是一种教育为统治阶级的政治服务的思想。

　　上述几点,仅是《鹿洲全集》中录出的一小部分。但是从这些政见中,我们不难看出蓝鼎元不仅是一位饱学诗书的大儒,而且是一位高瞻远瞩、宏图大略的政治家和思想家。他一生最大的贡献还是关于台湾问题。他对经理台湾的政见,这在清初朝野人士中确是略高一筹,堪称有识之士。清廷放弃台镇移澎的主张,这一政策的转变,使得清廷治台政策从消极趋向积极,由防范转向开发的转变产生重大作用,为台湾的开发与建设奠定了基础,蓝鼎元的功劳是不可磨灭的。

　　蓝鼎元治台的方略是系统和全面的,他的这些主张有的被立即采纳,有的为以后治台者所采用。雍正二年被派往台湾的官吏吴昌祚(达礼)就曾向鼎元请教"治台"方略。雍正六年,清世宗看到他上疏的《经理台湾》一文,极力称赞他的才华。乾隆五十二年,清廷在平定林爽文起义后,对如何经理台湾,乾隆皇帝曾令闽督李侍尧等人参考蓝鼎元的《东征集》,并称赞蓝鼎元"所论台湾形势及经理台湾,其言大有可采。……蓝鼎元之语,适与朕意相合"。① 道光八年(1828年),鹿港文开书院奉祀朱子以次八人,有清一代,只有鼎元一人而已。是知鼎元道德文章、人品经济、治台功绩,自有定论。光绪十一年(1885年)成立台湾省,首任台湾巡抚刘铭传"精读鹿洲公之著述,作为重要施政之参考"。② 可见鼎元有关治台的著作,已成为经理台湾的蓝本。

蓝鼎元的治台方略,后代史家也给予很高的评价。嘉庆时,嘉义县教谕谢金銮《蛤仔滩纪略》一书,曾称蓝鼎元为"筹台之宗匠"。《清史稿·蓝鼎元传》曰:"谓诸罗宜划地更设一县,总兵不可移澎。后诸罗析彰化,更设北路三营,总官兵仍驻台湾,皆如鼎元言。"台湾史专家连横的《台湾通史》,对蓝鼎元治台主张也给予充分的肯定和很高的评价。他说:"蓝鼎元著《平台纪略》,其言多有可采","鼎元著书多关台事,其后官台者多取资焉"。

蓝鼎元崇尚理学,对朱熹的理学思想推崇备至。"晚年一意濂洛关闽之学,辟异端,斥佛志。"他毕竟是一个旧的知识分子,又是封建官僚,他所提出的一切主张都是为清王朝统治者服务的。在对待人民的不满情绪和反抗统治者的斗争上,他同其他官吏的态度是一样的,仇视人民的反抗斗争。

尽管如此,综观他的一生,他是一位杰出的封建官吏,是人民心目中的"蓝包公"。为了国家民族的利益和台湾的前途,他

---

① 《大清高宗纯皇帝实录》卷一二八一。
② 《台北市蓝氏宗亲会第三届会员大会手册》第23页。

从不计较个人安危得失的精神,是难能可贵的。在他治台的政论中,事发于沉思,切乎人情物理,明心具性,不假外求,表现出非凡的才华与卓识。他的事迹和文章,史家多加赞赏。蓝鼎元不仅是清代一名大学者、一代名宦,也是一位运筹帷幄的军事家和深明治乱的政治家。

（原载《蓝鼎元研究》,厦门大学出版社 1994 年版）

"筹台宗匠"蓝鼎元

——评述蓝鼎元治台方略及其意义

　　蓝鼎元(1680—1733),字玉霖,别号任庵,号鹿洲,清康雍时人。自幼好学,泛览诸家,努力著述,深造自得,文章光华,尤以经世济民的"经济文章"见长。康熙六十年(1721 年)四月,台湾爆发了朱一贵事件,鼎元应族兄蓝廷珍之邀,"遂募戎伍"。朱一贵事件平息后,对于如何治理台湾,鼎元提出了一些重大举措,为台湾的开发和建设作出重大贡献,被史家誉为"筹台之宗匠"。本文仅就蓝鼎元治台的一些政见和办法加以综合介绍。

对台湾重要性的宏远见识

　　1683 年清廷统一台湾后,设府县,调兵分防,以总兵一员驻府治,水师副将一员驻安平,陆路参将二员分驻诸、凤,兵八千;澎湖设水师副将一员,兵二千,皆调自福建各营,三年一换,谓之班兵。平息朱一贵后,闽浙总督觉罗满保开列"台湾经理事宜"十二条,以澎湖为海疆重地,欲把台湾总兵移设澎湖,而台湾设副将,裁水陆两中营。同时又提出"迁民划界",拟将朱一贵和杜君英起义所及附近地区的人民尽行迁出,土地弃置,命蓝廷珍付诸实施,以"防患拔根"。事关国家安危和台湾前途这两件大事,蓝鼎元以蓝廷珍名义复书满保的《论台镇不可移澎书》和《复制军迁民划界书》,主张不能这样做,并对经理台湾提出诸多建设性的意见,终于说服了清廷,中止了清廷统治者的错误主张。

（一）反对台镇移澎的错误主张

清廷统一台湾后,清朝官吏甚至康熙皇帝对台湾的重要性都缺乏认识,廷议"以台湾险远,欲墟其地"①。由清廷特派大臣苏拜召开的关于台湾的善议中,福建官员亦有"宜迁其人,弃其地"之说,和"留恐无益,弃虑有害"之议②。康熙帝也把从郑氏手中收复台湾,仅看成是消灭了一个"凤敌",认为台湾是"弹丸之地,得之无所加,不得无所损"。故当时清廷官吏大都主张"守澎湖,徙台湾人民而弃其地"。唯有东征统帅施琅,力排众议,坚决主张不能放弃台湾,"弃之必酿成大祸,留之诚永固边围"③。清廷采纳其设官置兵的建议。

平息朱一贵后,清廷弃台的主张又冒了出来,拟将总兵从台湾移至澎湖。鼎元在上书《论台镇不可移澎书》中,深刻地阐明了台湾的重要性,并把台湾与澎湖作了比较。他说:"况廷议已令台镇移澎,易来副将。……若果台镇移澎则海疆危若累卵……部臣不识海外地理情况,凭臆妄断,看得澎湖太重,意以前此。……澎湖不过水面一撮沙滩,山不能长树木,地不能生米粟,人民不足资捍御,形势不足为依据,一草一木皆需台厦,若一二月舟楫不通,则不待战自毙

---

① 连横:《台湾通史》卷三十《施琅传》。
② 《台湾省通志》卷三《政事志综论篇》第一册。
③ 施琅:《恭陈台湾弃留疏》,《靖海纪事》下卷,第62页。

矣。台湾沃野千里,山海形势,皆非寻常。……台湾总兵果易以副将,则水陆相去咫尺,两副将岂能相下?……万一有事,呼应莫灵,贻误封疆,谁任其咎?……以澎湖总兵控制台湾,犹执牛尾一毛,欲制全牛。"《与制军再论筑城书》又曰:台湾"沃野千里,粮糈足食,舟楫之利通天下。万一为盗贼所有,或为荷兰、日本所据,则沿海六七省皆不得安枕而卧,关系东南半壁治乱,非浅尠也"。《复制军台疆经理书》再曰:"台湾海外天险,治乱安危关系国家东南甚钜。其地高山百重,平原万顷,舟楫往来,四通八达。外则日本、琉球、吕宋、噶罗巴、暹罗、安南、西洋荷兰诸番,一苇可航;内则福建、广东、浙江、江西、山东、辽阳,不啻同室而居,比邻相处,门户相通,曾无藩篱之限,非若寻常岛屿郡邑,介在可有可无间。"

为了制止台镇移澎和弃台的种种议论,鼎元不顾个人安危,不断上书陈述台湾的重要性,使听者无不为之动容。清人王者辅在译读该文时写道:"危言切论,几同贾生痛哭,缘地方安危所系,不激烈不能动听。一片公忠,为国苦心,令读者亦为之忙幸。……全台治安,斯文之力也。"由于鼎元层层陈述弃台的危害性,终于说服了闽浙总督,满保据以入奏,提督姚堂、巡抚御史黄淑璥亦以为言,移镇之议乃止。

蓝鼎元离开台湾后,仍不忘台湾的开发与建设。他在向雍正皇帝上书《经理台湾》时又再次强调,台湾"实为国家东南沿海封疆之要地,非寻常岛屿比也"。《与吴观察论治台事宜书》对台湾的重要性和治台方略又有了更详尽的论述。

(二)反对"迁民划界"的错误治台方略

在鼎元《复制军台疆经理书》这份反对将台镇移澎的报告"尚在舟中",又接到满保"迁民划界"的檄文。檄文规定:"罗汉门、黄殿庄朱一贵起义之所,应将房屋尽行烧毁,人民尽行驱逐,不许往来耕种。阿猴林山径四达,大木丛茂,竟三四十里,抽藤、锯板、烧柴、耕种之人甚多,亦应尽数撤回,篷厂尽行烧毁。槟榔林为杜君英起手之处,瑯琇为极边藏奸之所,房屋人民,皆当烧毁、驱逐,不许再种田园,砍柴来往。"①同时又命令蓝廷珍立即将"台、凤、诸三县山中居民尽行驱逐,房屋尽行拆毁,各山口俱用巨木塞断,不许一人出入。山外以十里为界,凡附山十里内人家,俱令迁移他处,田地俱置荒芜。自北路起至南路止,筑土墙高五六尺,深挖壕堑,永为定界,越者以盗贼论"。这样"奸民无窝顿之处,而野番不能出为害矣"②。清廷以为这样做,就可以"防患拔根"。

面对清廷这一政策,蓝廷珍和蓝鼎元的态度是:一是"秘而不宣",不透露清廷的这一政策;二是马上上书,列举大量事实,说明这样做对社会安定和发展台湾经济以及民族关系都是不利的,是一种扰民的举措。鼎元指出:"自古以来,有安民,无扰民,有治民,无移民。……无故而掷千五百里,如带之封疆,为民乎? 为国乎? 为土番、盗贼乎? 以为民,则民呼冤;以为国,则国已蹙;以为生番杀人,则划去一尺,彼将出来一尺,界墙可以潜伏,可以捍追,正好射杀民人;以为欲穷盗贼,则千五百无人之地,有山有田,天生自然之巢穴,此又盗贼逞志之区。"③满保看到蓝鼎元复制军的这个文件后,觉得其议可采,于是放弃原议,使台湾人民避免一场倾家荡产、流离失所之苦,也为台湾的开发与建设奠定了基础。

蓝鼎元治台的若干主张

蓝鼎元是继施琅之后反对放弃台湾,或将台镇总兵移至澎湖的有识之士。而施琅的主张只是着眼于海防守卫,鼎元不但重视台湾海疆的防务建设,而且提出经理台湾的一系列建议和具体措

---

① 《东征集》卷三。
② 《东征集》卷三《复制军迁民划界书》。
③ 《东征集》卷三《复制军迁民划界书》。

施。他的治台方略包括军事、政治、经济和文化等各个方面,兹择其中几项举措介绍于下:

（一）必须增强台湾的军事防务力量

台湾是个孤岛,增强军事防御力量是鼎元治台方略中的首要问题。他在《东征集·论复设营汛书》和《鹿洲奏疏·台湾水陆兵防》中均指出,台湾幅员辽阔,历来"患在地广兵少"。关于台湾水陆官兵布防,清廷原议令在营把总驻冈山,在营驻防下冬加,水师驻笨港。鼎元则认为,冈山"不如罗汉门要害","将守备弁兵,安置罗汉门内,以扼南中二路之咽,上可控制大武垄,下可弹压冈山。"下加冬、笨港、盐水港三处不如台北、半线、鹿子港险要,应在半线设县,"安顿游击之区","可径拨一营在外,以为犄角,不必蚁聚安平。将左营游击带兵船驻扎鹿子港,兼顾半线。""自蚊港以上直至淡水营交界,皆听鹿子港游击管辖,则台北沿海一带可以无忧,可以补北路陆营兵力所不及,无千里空虚之患。"[1]后来他在向雍正皇帝的奏疏中进一步提出:"北路鸡笼地方,为全台腹背旁门要害。……臣以为宜修补炮城,添设水师一营以守备。"淡水以南的后垅港,"此亦入台辟路,为水陆要区,宜设墩台,以千把总轮防"。北路半线虽设彰化县治,但在这六七百里间仅守备一营防守,力量不足。"臣谓竹堑埔,广饶沃野,可辟良田数千顷,宜特设屯田守备一营,驻兵屯垦,并募民共耕";"琅𤩝乃台南要害,亦宜特设屯田守备一营。"[2]

关于台澎水师,清廷原议"悉数遣发,不使私留一人",要全部换防。鼎元在《论哨船兵广换班师》中又提出相左意见,认为:"台澎洋面横截,两重潮流汛急,岛澳丛杂,暗礁浅沙,处处险恶,与内地迥然不同,非二十分熟悉谙练",难以胜任。"内地所来换班之

①　《东征集》卷五。

②　《鹿洲奏疏·台湾水陆兵防》。

兵,虽晓水务,毕竟礁脉生疏,不可依赖。而习熟可赖之舵工水手,则内地水师各营,俱欲留以自用,谁肯舍己让人?"并以前事"朝廷战舰官兵断送于换班"为戒,主张不能全部换防,应保留那些有技术专长的人。

（二）向北增置县治,实行有效管理

清朝统一台湾后,设台湾府和台湾、诸罗、凤山三县。这一府三县均在今台南平原的西南部一带,难以对台湾实行全面有效的管理。鼎元在《东征集》的《纪虎溪尾》和《纪竹堑埔》等文中提出,北路地方辽阔,半线上下六百余里,自若空虚,请在虎溪尾以上、大甲溪以南设彰化县,县治设在半线。又鉴于淡水形势重要,可在此设淡水厅,暂住彰化。这样,"北路不至空虚,无地广兵单之患,吏治民事,大有裨益。"竹堑铺,"其地平坦,极膏腴……可得良田数十顷,岁增民谷数十万,台北民生之大利……即使半线设县,距竹堑尚有二百四十里,不二十年,此处又将作县。流寓开垦,日增日众,再二十年,淡水八里岔又将设县。气运将开,非人力所能遏制,必当因势而利导之。……有官吏、有兵防,则民就垦如归市,立致万家"。历史证明,他的这些建议是正确的,有的在当时立即得到采纳,如划虎溪尾以北至大甲溪,设彰化县,溪北至鸡笼设淡水同知,驻竹堑,以理民番之事。史家对此给予充分肯定,《台湾通史》云:"善乎鼎元之言也,天下气运所趋,每每自北而南,而台湾则自南而北。……半线作县,而竹堑置淡水厅,戍兵保民,以启北鄙,骎骎乎且日进矣。"①

（三）整饬吏治,严赏罚

朱一贵起义,暴露出台湾政务存在的种种弊端。"文恬武嬉,兵有名而无人,民逸居而无教。"官吏腐败,"此辈平日享荣华,糜禄俸,无事则耀武扬威,小警则垂头丧气"。平时孳孳以为利薮,

① 连横:《台湾通史》,台湾省文献委员会1994年版,第621页。

欺压百姓；有事则推诿逃避，缺乏担当负责、守土保民的观念。要搞好台湾政务，对日前的吏治必须加以整顿。其要者必须严赏罚。他说："国家刑赏异用，所以鼓励臣节为斯世存三纲五常，使知礼义廉耻之外，尚有诛戮可畏耳。……有庆赏而无刑威则乱。"对官吏必须赏罚分明，文武官员应一视同仁。当时福建省处理朱一贵起义时，文武官员失职之罪，文员骈守市曹，武员反而晏然，从宽发落。鼎元认为苛文职宽武职的处理是不公平的，不能使人信服。只有公正严明，才可以使人心悦诚服，维护世道人心，纲纪可兴，国家的事情才能办好。

整饬吏治，任用官吏是极为重要的。他在《复军前将弁可当大任书》中指出，官员必须有"大节人品"，"刚毅果敢"。他认为有才有德，不论其"名位微末"，也可以大胆提拔。对于国家骁将，只要胆略可嘉，有事疆场，不惜躯命，就应该"计功录用"、"破格题迁"或"急加擢用"。①

在整顿吏治的同时，也必须解决官吏中存在的实际问题，如"米贵"、"各官穷蹙"。他在《论台中时事书》中提出，首先应开仓减价，以解决人民生活用粮问题，"人心易动"的问题解决了，官吏才能有信心"尽心竭力"。再者"台道各县强忍，不敢言贫，九营将弁，人人有救口不赡之叹"。"各官穷蹙"的原因是由于台湾旧有的官庄归入公家，"平时缺养廉之资，乱时百无所出"。解决办法是再建官庄，鼓励文武各官于北路屯田，以为官府之恒产，俾足养廉之用。

官庄是施琅平定台湾后，以台地肥沃，地旷人稀奏设的，它可以召民开垦，按其所入，以助经费。康熙四十九年，兵备道陈璸以其有弊，奏请废止，其款入官。雍正元年，鼎元再次上书，巡台御史吴达礼再建官庄，鼎元之言得以实现。

① 《东征集》卷六《复将弁矜功触望书》。

(四)应允许大陆家属来台团聚

郑成功收复台湾后,清廷曾在沿海实行迁界移民政策,限制大陆人员到台湾。复台之后,清廷还是严禁大陆人员赴台。康熙六十年又严申:"嗣后台属文武大小各官,不许携家带眷。"连去台湾的官吏都不准带去家眷,其他人员就更不用说了。针对这种情况,鼎元极力建议,应该解决在台官吏和一般人员家属在大陆的实际困难。允许他们的家属来台团聚。这样既可安定官员的心,让他们无后顾之忧,同时也为台湾增加劳力,对台湾的开发与建设都有好处。

为此,他曾做了一番调查,反映台湾地区由于限制大陆家属来台,出现了男多女少的畸形社会现象。过去来台开垦或做生意的大陆人,大都是春来冬归,现在限制了大陆家属渡台,当然也就限制了他们回大陆探亲。他说,台湾移民多来自闽粤二省,"粤民全无妻室",因而导致"结党尚争,好讼乐斗,或殴杀人"。"统计台湾一府,惟中路台邑所属有夫妻子女之人民,自北路诸罗、彰化以上,淡水、鸡笼山后,千有余里,通共妇女不及数百人;南路凤山、新园、琅峤以下四五百里,妇女亦不及数百人。"解决的办法之一,只有让他们"有室有家之愿"。有了家庭,他们"则无轻弃走险之思,设有不肖,欲为盗贼,不能不念妻子亲属之株连。而且一妻入门,则欲食欲衣,有子有女,厮衣食日繁,不得不力农负贩,计图升斗,以免妻子一日之饥寒。虽有奸豪意气,亦将销磨净尽。此不待禁令,而自然驯服者也"[1]。如能实现,这对台湾的社会安定和建设都有积极意义。他建议,凡大陆来台的人必须携带家属,"谕旨饬着文武地方官,凡民人欲赴台耕种者,务必带有眷口,方许给照载渡,编甲安插。其先在台湾垦田编甲之民,有妻子在内地者,俱听搬取渡

---

[1] 《鹿洲奏疏·经理台湾》。

台完聚,地方汛口不得需索留难"。①

另外,为了台湾社会安定,鼎元的《谕闽粤民人》告诫在台的闽粤移民说,你们迁到台湾,"均是台湾的百姓","同居一郡,正宜相亲相爱",不应拉帮结派,互相仇杀。官吏对来自各地的移民也不应该有"轻重厚薄之意"。"同自内地出来,同属天涯海外,离乡背井之客,为贫所驱,彼此同痛,幸得同居一郡,正宜相亲相爱,何苦无故妄生嫌隙,以致相仇相怨,互相戕贼? 本镇每念及此,辄为汝等寒心。今与汝民约,从前之事,尽停逝流,一概勿论,以后不许再分党羽,再寻仇衅,各释前怒,共敦新好,为盛世之良民。"可见鼎元筹台方略考虑得很周全。

(五)"理番"政策

台湾的少数民族高山族(清代称为番族),又按其社会经济发展程度和居处的不同,被分别称平埔番、高山番和野番。清廷对待番族,主要采取汉番"隔离"政策,严禁汉人进入番地。如"私入番地首杖一百,如在近番处所抽藤、钓鹿、伐木、采棕者,杖二百,徒三年"。"运货偷入番界者,已察之官降调,上司罚俸一年。""不得与番民结亲"等等规定。

鼎元的理番主张则是鼓励汉人与番族接触,通过密切的交往,通过安抚,搞好汉番关系。他的这一主张主要来自他亲身调查的实践。他到台湾后,曾数次深入番族地区调查,先后考察了水沙连、竹堑埔、火山、荷包屿、崇爻八社等地。经过实地调查,看到番族地区是一片肥沃土地,他认为应该鼓励开垦,多与他们接触,进行"教化"。

番地的开发,鼎元认为首先应鼓励当地人民自己开垦,然后鼓励汉人去开垦。他说:"宜先出示,令各土番自行垦辟,限以一年之内尽成田园。不垦者,听民垦耕,照依部例,即成业主;或令民贴

————————————

① 《鹿洲奏疏·经理台湾》。

番纳饷,易地开垦,亦两便之道也。"①这种做法有利于番地开发,减少汉番的矛盾与冲突,是处理民族问题的一个好举措。

台湾土著民是高山族,汉人是后来移入的。如果采取"禁民入番地"的措施,对台湾开发不利,且人为制造汉番隔阂。他曾批评持这种论调的人说:"前此皆以番地,禁民侵耕,今已设县治,无仍弃抛荒之理。若云番地,则全台皆取之番,故还不胜还也。"同时,鼎元还认为"理番"不应看成是一项孤立的事,还应与拓地设县、听民开垦和振兴文教等联系在一起考虑。只有采取综合治理,才能取得积极效果。尔后治台者都效法他的这一主张,可见他的"理番"主张是很有见地的。

（六）兴教化

蓝鼎元对教育十分重视,他在《东征集》、《平台纪略》二书以及其他的文章中,都有一些对发展台湾文化教育重要性的专门论述。如在《复制军台湾经理书》中指出:"而台湾之患,又不在富,而在教。重师儒。自郡邑以至乡村,多设义学,延用有品行者为师,朔望宣讲圣谕十六条,多方开导,家喻户晓。"他在向雍正皇帝提交的关于经理台湾的奏疏中也强调振兴教化的重要性。"今民人已数百万,糠谷食货出产亦蓄迩年,文武协衷防范安戢可云尽善。但人心风俗倾倒无根,不思室家根本之图,未知孝弟忠信之道,宜烦有司整顿,使之乐业安心。"要转变"人心风俗",必须"再令有司多设义学、振兴教化,集诸生讲明正学,使知读书立品,共勉为忠孝礼让之士"。雍正二年,他在《与吴观察论治台事宜书》中对振兴台湾教育又有详细论述。他提出应在府城设书院,在各县设义学,并奖励优秀师生,以提高教与学的积极性,尤其是提出台湾可从大陆引进一批优秀学者任教的建议。由此可见,鼎元对教育在社会发展中的重要性有较深刻的认识。

---

① 《鹿洲初集》卷二《与吴观察论治台事宜书》。

除了上述六个方面外,鼎元的治台方略中,还有推行保甲制度,建全乡、保、甲统治秩序,筑城垣,平狱讼,除恶棍,去豪奢,禁鸦片,禁赌博,革除买卖婚俗等。这些主张的具体措施,在他的《请行保甲责成乡长书》、《复制军筑城书》和《与吴观察论治台事宜书》、《经理台湾疏》等文中,均有详细的论述。总之,鼎元治台方略是全面的,这些措施的实现对台湾的开发和建设,具有重要的历史意义。

治台主张的作用及其影响

鼎元提出的治台主张,包括了治军、治官、治政、治民等方面的内容。从他提出的这些政见中,不难看出蓝鼎元确是一位饱学诗书的大儒。更重要的是,他很重视经世济民,故以"经济文章"见长。他能事事从国家民族利益着想,是一位高瞻远瞩、宏图大略的思想家,也是一位运筹帷幄的军事家和政治家。虽然他所提出的一切主张都是为巩固清王朝的统治服务的,但对台湾的开发和建设产生了积极而深远的影响。

清廷放弃台镇移澎的主张,鼎元的功劳是不言而喻的。这一政策的转变,使得清廷治台的政策从消极趋向积极,由防范转向开发,这为台湾的开发与建设奠定了基础。

鼎元的治台方略,有的被清廷立即采纳;有的被以后治台者所采用。雍正二年被派往台湾的官吏吴昌祚(达礼),行前就曾向鼎元请教"治台"办法。雍正帝看到他上疏的《经理台湾》等文,很赞赏他的才华。乾隆五十二年,乾隆帝曾令闽督李侍尧等人治理台湾可参考蓝鼎元所著的《东征集》,并称赞鼎元"所论台湾形势及经理台湾,其言大有可采。……蓝鼎元之语,适与朕意相合"①。

---

① 《大清高宗纯皇帝实录》卷一二八一。

光绪十一年(1885年)设立台湾省,首任台湾巡抚刘铭传"精读鹿洲公元著作,作为重要施政之参考"①。正因为鼎元在经理台湾方面有突出贡献,嘉庆时,嘉义县教谕谢金銮的《蛤仔滩纪略》一书,赞誉蓝鼎元为"筹台之宗匠"。道光八年(1828年),鹿港文开书院祭祀朱子以下八人,有清一代,只有鼎元一人而已。可见鼎元在台地是一位较有影响的历史人物。

　　近代史家对鼎元的治台主张,大都持肯定的态度,《清史稿・蓝鼎元传》曰:"谓诸罗宜划地更设一县,总兵不可移澎。后诸罗析彰化,更设北路三营,总官兵仍驻台湾,皆如鼎元言。"台湾史专家连横在其《台湾通史》中说:"蓝鼎元著《平台纪略》,其言多有可采。""鼎元著书多关台事,其后官台者多取资焉。"郭廷以《台湾史事概说》认为,蓝鼎元治台的主张,其见识之远大,前无古人。这些评价并非过誉。鼎元有关治台的著作,不少成为后人经理台湾的蓝本,其学术价值之高,影响之深远是有目共睹的,"筹台之宗匠",不虚也。

(原载《福建师范大学学报》(社科版)1995年第1期)

---

① 《台北市蓝氏宗亲会第三届会员大会手册》第23页。

福建漳浦县与台湾屏东县
蓝氏族人的历史渊源

　　我于 1984 年受福建省民委之托,到漳浦县赤岭乡调查与识别蓝姓的民族成分,第一次介入蓝姓族人的姓氏历史;并于 1994 年应台北"中研院"民族研究所之邀访台,有机会接触台北蓝氏宗亲会。本文仅就赤岭蓝姓与屏东县里港乡蓝姓的历史渊源关系以及被台湾誉为"先贤"的蓝鼎元的事迹,谈一些粗浅的看法,不妥之处,请予斧正。

一、漳浦县赤岭乡蓝姓族人的历史源流

　　赤岭乡位于漳浦县东北部山区,距县城 80 多公里,与龙海市接壤,是该县最边缘的一个乡。全乡总面积 99.2 平方公里,有 78 个自然村,划分为 9 个行政村,共有 2585 户,11839 人(1992 年),是一个地旷人稀的山乡。

　　1983 年,该乡与湖西乡及相邻的几个村镇有 16000 多蓝姓住

民联名向省政府提出申请,要求恢复他们原来的畲族成分。当时,本人就参与了这项工作。经过调查识别,政府批准了他们的请求。为贯彻民族平等政策,1984 年,“漳浦县赤岭畲族民族乡”成立。该乡为蓝姓畲族聚居的地方,畲族人口占全乡总人口的 87% 。湖西乡蓝姓是从赤岭乡迁去的,故同时也成立“漳浦县湖西畲族民族乡”。

据调查,赤岭蓝姓并非土著,其始祖是从龙海县隆教迁来的。石椅村是该乡蓝姓发迹的地方,以“蓝氏家庙”为证。修缮一新的石椅村“蓝氏家庙”有前后二厅、左右二廊,具有一定规模。庙门有副对联:“由镇海而分枝,木本水源思先德;卜苌谿以衍派,文经武纬振后昆。”镇海,即今龙海市隆教乡;苌谿,又称长卿,俗称张坑,即指今赤岭。由此可知,赤岭蓝姓是从今龙海市隆教乡迁来的。隆教乡也是单姓蓝,1985 年恢复畲族成分,1988 年成立“龙海市隆教畲族民族乡”。

赤岭蓝姓始祖是谁?何时从隆教迁来的?据 1991 年编的《漳浦石椅种玉堂蓝氏族谱》(以下简称族谱)记载,其始迁祖为蓝庆福,其父蓝廷瑞先居于前亭镇高砛下尾社(今佛昙镇前亭村),后移居隆教乡。廷瑞生三子:长庆福、次庆禄、三庆寿。长子庆福迁张坑石椅社开基,被尊为长卿一世祖;三子庆寿迁居广东大埔河廖(今称湖寮,也是畲族乡)。又据《隆教蓝氏新厝三房志谱》引江西会昌湘乡《蓝氏族谱》(又称《闽汀谱源流世系》)载,蓝廷瑞为蓝氏第二十三世,其父蓝邦献,任江西抚州临川令,生三子,廷瑞居长,在元末明初(1368 年)之间,父子迁漳浦前亭霞美,后廷瑞又移迁隆教。

蓝庆福何时移居赤岭石椅?“蓝氏家庙”保留一方清康熙三十四年(1695 年)蓝理《重修祖庙碑记》,碑文曰:“始祖庆福公,由霞美移居于兹,初而披荆抽棘,□原筑室。迨后本支蕃衍,至嘉靖末年(1566 年),始考卜龟,正建奉先之祠。”可见,嘉靖末年建的家庙并非庆福祖时建的，而是经过数代繁衍之后才建的。事实确是如此。相传庆福始迁石椅时，搭盖草寮，以养鸭母为生。先与冯氏结婚，多年未育。冯氏去世后，庆福又与佛昙杨氏结婚，育三子：长名蔓、次曰渐、三曰番（桓），分为三房。相传二房晚得子，三房番便将他的第三个儿子五才继嗣二房。后来二房渐又生二子，名叫大才和二才，二房家产由他亲生二子分析，于是五才便自立一房为四房。石椅祖庙厅堂并列五个神主龛，正中为蓝庆福及冯氏、杨氏神位，左右两房分别为大房、二房、三房、四房公妈神位。现在从赤岭移居海内外的蓝姓族人均为这四房的后裔。

根据《族谱》记载，开漳始祖蓝廷瑞，生卒年月未详。蓝庆福生于元至元十五年（1278 年）正月，卒于明永乐二年（1404 年）十月，享年 127 岁。妻杨氏，生于元至元十五年八月，卒于明永乐二年十二月，享年 127 岁，夫妇生卒年月几乎相同。二世三房番公，生于元仁宗延祐五年（1318 年）正月，卒于明永乐十八年（1420年）十二月，享年 103 岁；四房五才公，生于元至正二十三年（1363年）十二月，卒于明永乐十六年（1418 年）正月，享年 55 岁。如从谱载，蓝庆福迁石椅应在元大德至至大（1297—1311 年）年间。这与前述其父蓝廷瑞在元末明初迁至隆教不合，故谱记不足为信。

蓝理系十二世，生于清顺治六年（1649 年），卒于康熙五十九年（1720 年），享年 72 岁。他在 34 岁时随施琅将军平定台湾，屡立战功。在浙江四十余年间，四署提督，后调京镇守天津，57 岁（1706 年）迁福建陆路提督。蓝理 46 岁捐资修建家庙是可信的。这座"家庙"是经过 130 年后才修建的。始建家庙是经过"迨后本支蓄衍"，也就是经过几代人之后才建的。如以一代 25 年计算，至蓝理修建家庙又经历了五代，因此始建家庙的时间可能在第五世和第六世之间。如此再往前推算 150 年，即明永乐年间（1403—1424 年）。这与相传蓝庆福开基石椅是在明代初年大致相符。

"蓝氏家庙"选址石椅，意味着这是蓝氏发迹之地。石椅村背依燕山，风水很好，故蓝氏墓碑有的以燕山为堂号，盖源于此。

从历史上考察，赤岭和隆教地缘相近，本属一个县辖地。唐嗣圣三年（686年）建漳浦县，隆教地属漳浦。明嘉靖四十五年（1566年）设海澄县，清雍正十二年（1734年），隆教划归海澄县。1960年才改属龙海市。

赤岭蓝氏恢复畲族，这与南宋刘克庄（1187—1269年）《后村先生大全集·漳州谕畲》一文所载，漳州和漳浦一带当时都是"畲民"的聚居地有关。至于追述蓝廷瑞以前蓝氏世系历史已不在本文之列，有待学者继续研究。

自庆福开基长卿以来，已经历经600年，传世26代（至1991年），子孙散布国内外，可谓枝繁叶茂，瓜瓞绵绵。据不完全统计，从赤岭、湖西乡迁出的蓝姓后裔已分布在漳州、华安、南靖、平和、南安、晋江、闽东、闽北和广东、浙江、香港、台湾以及印尼、缅甸、泰国、澳大利亚等地开基落籍。

二、台湾屏东县里港乡为赤岭蓝姓后裔开发地之一

在这个穷乡僻壤的小山村赤岭，蓝姓族人经过几百年的艰辛创业，人口大增，播迁海内外，且涌现出一批文官武将，为世人所注目。如明崇祯元年进士江西道御史蓝紫陶，康熙朝福建陆路提督蓝理，雍正朝福建水师提督蓝廷珍和广州知府蓝鼎元等等。尤其是蓝理、蓝廷珍和蓝鼎元等人，为清代统一台湾、平定朱一贵起事和经理台湾都作出很大贡献。赤岭蓝氏第十六世有一支迁往台湾屏东里港乡，它的始祖即蓝鼎元长子蓝云锦。这与他随蓝鼎元"遂募戎伍"到过台湾是有一定关系的。

清廷统一台湾后，清廷和福建一些高官对台湾的"弃留"意见不一。清廷有的主张"以其地（台湾）险远，欲墟其地"。在福建，

由清廷转派大臣苏拜所召开的台湾善后会议中,亦有"宜迁其人,弃其地"以及"留恐无益,弃虞有害"之议。康熙皇帝也仅认为于郑氏手中收回台湾只是消灭一个"夙敌",把台湾看成是"弹丸之地,得之无所加,不得无所损",唯留心海防的东征统帅施琅力排众议,坚决反对放弃台湾。清廷最后采纳其设官置兵的建议,在台设一府(台湾府)三县(台湾、诸罗、凤山),驻兵七千,划归福建省管理。

　　台湾是一个孤岛,清廷对台湾的经理一开始是采取为防台而治台的消极政策,同时派往台湾的官吏又大都昏庸无能,贪赃枉法,因而引起人民的不满与反抗。康熙六十年(1721年)四月,台湾爆发朱一贵事件,七日之内,全台陷落。

　　康熙帝急派南澳总兵蓝廷珍率军会提督施世骠(施琅之子)平台。蓝廷珍(1663—1729年)字荆璞,湖西乡人,为蓝氏第十五世,生于康熙二年。蓝廷珍自幼务农,在族亲蓝理提携下,参与戎伍,英勇善战,从定海营把总擢升澎湖副将、南澳总官兵。雍正元年升福建水师提督、加左都督衔、世袭三等哈哈番(轻车都尉)。雍正七年冬因病卒于任内,赠太子少保,谥号"襄毅"。蓝廷珍受命东征台湾,深感军中缺乏谋士,他深知族弟蓝鼎元的学识谋略与人品,便邀他同往。蓝鼎元(1680—1733年)字玉霖,号鹿洲,赤岭山尾顶人,小廷珍17岁。鼎元虽一介儒生,但自小关心时政,"其志存乎世道人心,其心系乎生民社稷"。他也认为这是一次报效朝廷和施展才华的机会,所以当得知荆璞受平台重任时,就多次给他写信并提出治台方略。鼎元"遂募戎伍",肩负"高参"重任,在平台时发挥了很大作用。蓝廷珍《东征集·序》曰:"自是军中谋划,独予弟玉霖一人。"又曰:"予胸中每有算划,玉霖奋笔疾书,能达吾意。又深谙全台地理情况,调遣指挥,并中要害,决战擒贼,手到成功。当羽檄交驰,案牍山积,裁决如流,倚马立办。犹且篝火,连宵不寐,而筹民瘼。海外军中,风沙腥秽,兄弟相对,竟日念念地方，不自其苦也。"可见，鼎元确是一位文韬武略的人才。

由于采取正确的战略战术，清军经过七日苦战，便控制台湾局势。雍正元年，平定朱一贵起事已取得决定性胜利，台湾"地方宁静"，鼎元便"鼓棹西归"，回到家乡。

鼎元膝下有六男二女，长曰云锦，"少不嗜书，好走马击剑，弯刀习炮以为乐，余恶之"。虽然鼎元对每个儿女的命名都作了"字说"，表达了对他们的希冀和寄托，但是云锦年轻时对读书不用心，身体又不好，经常生病。鼎元眼见他不是读书的料子，经过习武，身体却日渐好转，也就不勉强他去读书了。当得知父亲要随军去台湾，19 岁的蓝云锦便向堂伯父请求随父入台，鼎元也有意让他去锻炼，就同意了。入台后，云锦在平定朱一贵的战役中表现很英勇，一年后随父返乡。云锦虽然读书不多，可也是一名知书达理之人，孝事双亲，照顾弟妹，深得鼎元钟爱，常伴左右。

蓝云锦后来迁居台湾显然与这次随父入台、熟识台湾一些情况有关，但他何时二度入台并在里港落户？我于 1994 年 4 月应台湾"中研院"民族研究所所长庄英章教授之邀，到台湾作两个月短期研究，借此机会，我拜会了台北蓝氏宗亲会，承告屏东县里港乡为蓝云锦来台最早的落足地，蓝姓已成为该地一大姓，并迁往台湾各地。后来在蓝鼎元后裔蓝敏女士的陪同下到里港访问，承里港蓝氏族长蓝家芳先生介绍，在蓝廷珍平定朱一贵后，其麾下漳泉士兵有不急于回大陆者百余人留在里港从事垦荒，始成村落。雍正四年，漳州籍庄乡生、张者原、蓝仲观、陈逊行等人又率其族人来此垦殖，使得里港逐渐发展。

据历史考察，蓝云锦第二次入台并落籍里港的时间应在乾隆初年，因为乾隆初年大陆移民台湾又掀起一次高潮。雍正九年，蓝鼎元撰写《高叟洞可堂记》，云锦曾随父左右。雍正十一年鼎元病逝广州时，云锦也在他的身边。雍正朝只有十三年，故云锦偕同家属入台，应是在双亲去世之后，为今台湾屏东里港蓝氏一世祖。他死后更名国祥,安葬在今高雄县中寮山,同治甲戌年(1874年)重新修建,该墓至今保存完好。

笔者在访问时,耳闻目睹,发现里港确是一个好地方。大厝(祖宅)建筑很有气派,有住家、厅堂,供族人拜祖。可见200多年来,蓝氏族人对开发里港作出了很大贡献。随着农村的城市化,里港已经旧貌换新颜,不少族人迁往台湾各地发展,但是里港大厝厅堂的香火仍召唤着外迁的蓝氏族人。在每年农历正月初二,他们都要回家祭祀祖先,至今从不间断。

现在里港蓝氏后裔有多少人?据蓝鸿博先生提供的《鹿洲公在台的家系》谱牒,把蓝鼎元列为第九世,一世祖蓝云锦(国祥)为第十世,1998年统计为二十世。如按此谱系计算,云锦来台后至今已传十世。如按赤岭《蓝氏族谱》世系,蓝鼎元为第十五世,云锦为第十六世,蓝敏为第二十二世,蓝鸿博为二十三世,台湾蓝氏世系至今为二十六世,这与赤岭《蓝氏族谱》所列出的自庆福祖相传至今的二十六世相同。

随着台湾经济的发展与变化,里港蓝氏族人后裔有很大一部分迁往台湾各地。《蓝敏先生访问记录》一书曰:"1990年3月11日,屏东县蓝氏宗亲会成立。成立本地宗亲会较容易,因为光是里港就有好几千人。""高雄县蓝氏宗亲会于1991年5月成立,地址在高雄县大寮里。大寮里全是姓蓝,早先亦为里港大厝的分支。"还有分散迁往台北、台中、南投等地。据说,台湾蓝姓有5万~6万人,列台湾1000多个姓氏中的第66位。

三、被誉为台湾"先贤"的蓝鼎元的事功

清康熙年间,在统一台湾和平定朱一贵起事的两大历史事件中,赤岭蓝氏族人蓝理、蓝廷珍和蓝鼎元等人发挥了很大作用,《清史稿》都有他们的传略。对于善后如何经理台湾,蓝鼎元提出

若干措施则很关键,被誉为"筹台之宗匠"、台湾的"先贤",得到后来治台者和史家高度的评价和赞扬。

蓝鼎元随蓝廷珍入台平定朱一贵起事,在仅一年多的时间里,他考察台湾山川形胜,深入高山族地区调查,对台湾的社会状况有了进一步了解。在蓝鼎元的著作中有很多关于经理台湾的文章,尤其是《东征集》和《平台纪略》两书,已成为后来治台者的必读之书。

《东征集》系蓝廷珍和蓝鼎元出军以来公檄、书禀的辑略,凡六卷共六十篇。这些文件都是鼎元"奋笔疾书",而以廷珍名义上疏闽浙总督或清廷。此书是鼎元离台后由蓝廷珍检出"付之剞劂"。《东征集·旧序》称择其可存者百篇,后经鼎元再删节,存其要者,故雍正新刻本仅存六十篇,光绪五年版亦同。《四库全书总目》云,该书"虽廷珍署名,而其文则皆鼎元作"。

《平台纪略》一书是鼎元从台湾回来后所作。因当时市面上出现一本《靖台实录》伪作,他在《平台纪略·自序》中说:"嗟呼!此有志著述,惜未经身历目睹,徒得之道路之传闻者。其地、其人、其时、其事,多谬误舛错,将天下后世以为实然,而史氏据以征信,为害可胜言哉!"他说他写这本书是"据事直书,功无遗漏,罪无掩讳,自谓可见天日,质鬼神"。在这两本书中,阐发了他对经理台湾诸多宏远见识,其文献价值很高。

鼎元生前受人敬仰,死后又得到人们的推崇与怀念,主要是因为他有一颗忠诚爱国之心。鼎元学识渊博,他提出诸多政论文章,发于沉思,切乎人情物理,明心具性,充分展现了他识见宏远的非凡才华;在治台方略中,切以国家民族利益和台湾安危为重,从不考虑个人得失。如在平定朱一贵起事后,他极力反对清廷既定的"划界迁民"和"台镇移澎"的错误政策,强调台湾并非寻常岛屿可比,它关系着东南半壁江山的安危;极力主张添兵设防,向北增设县治,放宽在大陆的家属来台团聚,听民开垦,大力发展地方经济,振兴文教,改善族群关系等等。其中增设彰化县的建议立即得到了实现,从而为台湾的开发和建设奠定了基础,影响极其深远,同时也因此促进了清廷治台政策从消极向积极、由防御向开发的转变。

蓝鼎元提出经理台湾的诸多正确主张对后世亦颇具影响。据说,乾隆皇帝对蓝鼎元治台方略很赏识。他曾说:"(蓝鼎元)所论台湾形胜及经理事宜,其言大有可采……蓝鼎元之语,适与朕意相合。"首任台湾巡抚刘铭传曾"精读鹿洲公之著作,作为重要施政之参考"。嘉庆时,嘉义县教谕谢金銮撰《哈仔滩纪略》一书,称鼎元为"筹台之宗匠"。《清史稿·蓝鼎元传》曰:"谓诸罗宜划地更设一县,总官兵不可移澎。后诸罗析彰化,更设北路三营,总兵仍驻台湾,皆如鼎元言。"道光八年(1828年),台湾北路理番同治邓传安在今彰化县鹿港镇倡建"文开书院",祀奉宋代朱子以次八人,清代只有蓝鼎元一人。在该地保留有二方碑文:一为邓传安《新建鹿港文开书院记》,碑文曰:"……至漳浦蓝鹿洲鼎元,曾赞族兄元戎廷珍,平朱一贵之乱,所著《平台纪略》及《东征集》,仁义之言蔼如,不但堪备掌故,以劳定国,祀典宜然。"另一方为《台郡银同祖庙碑》(道光二十五年),其文曰:"……及鹿洲蓝先贤以募从征,凡所以立制度而式多士者,悉本所学而见之实用,以故年来文风日盛,登进士第者踵踵相接。苟兹庙后盖成,则予拟中塑五文昌,旁塑朱夫子、蓝先贤神像。"①清道光年间,鼎元已为台湾誉为"先贤",建庙宇,塑神像,立碑纪念,垂名千古,流芳百世。

现代台湾史家也对蓝鼎元给予很高的评价,如连横《台湾通史》把蓝鼎元写入《流寓列传》,并称:"(蓝鼎元)著《东征集》三卷,其讨论机宜,经理善后,尤中肯要……其后增设彰化县及淡防厅,升澎湖通判为海防同治,添兵分戍,皆如其言。鼎元著书多关

---

① 蓝国荣硕士论文《蓝鼎元研究》附录,1989年,未刊。

台事,其后官台者多取资焉。"郭廷以评鼎元"对台湾善后计划之贡献,了解之深切,见识之远大,尤为前无古人"①。周宪文称鼎元"识见之远大,使二百三十余年后的读者看来,犹有亲切之感……凡此,在军事行动上,其人如无相当的见识与担当,都是不易做到的……其料事之正确……处事的精细……负责与敢言……皆非他人所能及"②。学者评述,深切中肯,鼎元学养事功,益见其深,令人叹为观止。

为配合台湾历史文化园区的兴建,表彰历代开台先贤先烈事功,台湾省文献委员会于1992年制定《台湾先贤先烈专辑》出版计划。时任台湾省省长宋楚瑜先生在该专辑《辑序》言:"回顾台湾的历史,就是一部先民的奋斗史,先民们不分族群,不分地域,不分来台先后,胼手胝足,共同为台湾宝岛而奋斗……为有功台湾的先贤先烈撰写传记,供后人追怀效法,让先贤先烈的精神永远传承下去。"蓝鼎元被选为台湾先贤,要撰写传记。笔者得知此事后即与台湾省文献会联系,很快就得到台湾省文献会主任简荣聪先生回应,并撰写《蓝鼎元传》。该书已于1998年由台湾文献会出版。文献会主任谢嘉梁先生在《蓝鼎元传·辑序》中云:"康熙六十年,台湾朱一贵起事,鼎元参赞族兄总兵蓝廷珍戎幕渡台,多所擘划,卓有见地。事年,鼎元鼓棹西归,著有《东征集》、《平台纪略》等书,除于事件始末,记述周详,并于台地之规划,多所创议,后悉如其言。"对蓝鼎元经理台湾事功予以充分肯定。

蓝鼎元曾任普宁、潮阳县知县。他勤政善政,平狱讼、倡廉吏、惩贪官、兴教化,政声大振,被誉为"蓝包公"。由于他办事清正廉明,因而得罪当地一些贪官,被罗织罪名,受冤入狱三年。雍正十

---

① 郭廷以:《台湾史事概说》,正中书局1984年版。

② 周宪文:《台湾通志》,台湾文献史料丛刊第1辑,大通书局1984年版。

一年三月,雍正皇帝再次召见他,冤案昭雪,又委以广州知府。

蓝鼎元的官阶并不高,从政时间也不长,可在当时及身份名气却相当大,曾被目为清代名人之一。《中国人名大辞典》、《中国文学家大辞典》、《中国历史人物生卒年表》、《中国历史名人辞典》等书,都有蓝鼎元大名,可见他不仅是地方上一个出类拔萃的人物,也是全国性知名的历史人物。

蓝鼎元是位知名学者,著作等身,计有《鹿洲初集》二十卷,《女学》六卷、《东征集》六卷、《平台纪略》一卷、《棉阳学准》五卷、《修史试笔》上下二卷、《鹿洲公案》上下二卷、《鹿洲奏疏》一卷六条,共八种,统辑称《鹿洲全集》,据悉在雍正十年和同治四年已有刻本,光绪五年(1879年)蓝谦重印,光绪六年蓝王佑再补刊本,闽漳素位堂代印本。1977年,台湾"中研院"《近代中国史料丛书续编》第41辑,收入《鹿洲全集》。1987年,大陆蓝姓族人又影印《鹿洲全集》线装本一套24册。1994年笔者访台时,台湾蓝氏族人又捐资要重印,笔者接受此事,重新校注、标点。过去所见《鹿洲全集》收录只有上述八种书稿,此次重印又增加《鹿洲藏稿》、《鹿洲诗选》共十种,分上下二册,已于1995年由厦门大学出版社出版发行。

1984年,漳浦县人民政府把位于湖西乡的蓝鼎元墓列为文物保护单位。1990年3月,台湾里港蓝氏乡亲捐资整修鹿洲公墓园及建立鹿洲史迹纪念碑。1993年11月,为纪念蓝鼎元逝世260周年,由漳州市历史学会、漳浦县博物馆和台湾蓝氏宗亲会联合发起在漳浦宾馆召开"蓝鼎元学术讨论会",台湾里港蓝氏宗亲派出十余人专程前来参加会议,会后出版论文集《蓝鼎元研究》一书。

随着台湾开放大陆探亲以来,海峡两岸蓝氏族人来往更加密切。共同的亲缘关系是任何力量都不可以割断的,赤岭"蓝氏家庙"已成为海内外蓝氏族人寻根谒祖的向往之地。

（原载《首届海峡百姓论坛文选》,2007年编印）

关于客家民系形成时代的讨论

　　客家民系的研究在全国七大民系中可谓首屈一指,尤其是1992年国际客家学学会成立以来,几乎年年都有客家学研究的各种学术会议。出版了一大批专著和文集,成果累累,呈现出一片喜人的学术氛围。但是在客家研究诸多问题中,关于客家形成于何时这个重要问题在学界还存在不少分歧。本文试就这个问题谈一点不成熟的意见,不当之处,请斧正。

一、关于客家民系形成时代的几种说法

　　关于客家民系形成于哪个年代,目前在学术界主要有三种观点:
　　1. 五代至宋初。这是罗香林先生1933年《客家研究导论》一书最早提出的观点。他说:“鄙意欲是客家界说,自时间言之,当以赵宋一代为起点。客家先民的迁移运动在五代或宋初是一种极

其显著的事象，'客家'一名亦必起于是时。是时，客家居地虽说尚杂有无数的主户，然而新种一入，旧种日衰，主户的言语日为客语所排驱，主户的苗裔亦渐渐为客家所同化，而失去其特殊的属性。观此种种，可知客家的形成年代，确在赵宋初年。"[1] 1951 年罗先生又出版《客家源流考》，该书对客家的源流、分布、语言特点以及五次迁徙的原因与路线，作了十分详细的考证和阐释。关于客家形成年代的观点并没有改变。他说："客家这系统的形成，大体已晚在五代至宋初。"[2] 罗先生的观点，长期以来在客家学研究中影响很大，不少学者均赞同此说。如台湾邓迅之先生说："客家这个系统的形成，大体已晚在五代至宋初。"[3] 罗翰青先生亦认为："鄙意客家先民其南徙虽启自东晋，然其形成特殊的系统则在五代以后。"[4] 陈运栋先生说："五胡乱华直至唐末黄巢之乱，这个时候，客家民系尚未形成，客家名称尚未确立。黄巢之乱以后，客家先民避难迁徙至闽粤赣的三角地带，经过五代纷争及宋朝的统一中国，客家民系才由其他民系演化而自成一系。"[5] 大陆一些中青年学者中赞同此说也不少，如吴福文先生《试论客家民系的形成》一文亦云："客家民系形成于唐末至北宋这一历史时期。"[6] 罗勇先

---

①　罗香林：《客家研究导论》，上海文艺出版社 1992 年版，第 18～19 页。

②　罗香林：《客家源流考》，中国华侨出版公司 1989 年版，第 41 页。

③　邓迅之：《客家源流研究》，台湾天明出版社 1982 年版，第 136～137 页。

④　邓迅之：《客家源流研究》，台湾天明出版社 1982 年版，第 136～137 页。

⑤　陈运栋：《客家人》，台北联亚出版社 1985 年版，第 12 页。

⑥　吴福文：《试论客家民系的形成》，载《客家研究》第 3 辑，上海人民出版社 1991 年版。

生亦认为:"客家民系的形成应当在宋代前期。"①笔者认为此说疑点颇多,下文详述。

2.清代说。这是刘佐泉先生《客家历史与传统文化》一书的观点。他认为客家民系是否形成,取决于集团自觉性意识是否形成。"客家高度的种族集团(民系)自觉性意识形成,乃至客家民系最后形成的标志是清嘉庆戊辰年(十三年,1808年),客家学者徐旭曾先生所作的《丰湖杂记》,它可以说是一篇'客家人宣言'。"②

徐旭曾1808年执教于广东惠州丰湖书院,他在讲述客家人独特的文化历史传统时,自谓其先人"乃宋之中原衣冠士族,忠义之后",誉美先人,"崇礼让,重廉耻,习劳耐苦,质而有文",并郑重而言:"土自土,客自客,土其所土,客吾所客。"这是历史上第一次较系统地阐述了客家人的源流、语言、风格及其"中原衣冠"的归属感。此讲稿经整理名为《丰湖杂记》③。书中提出"土"、"客"族团的概念,此"客"即指客家。笔者认为客家名称的出现应是客家民系形成时代的下限,其形成时间应在此之前。

3.南朝说。这是吴炳奎先生《客家源流新探》一文的观点。他说:"经过长期的考察,我认为在南朝客家这个民系就已经形成。"④此说不可信,因为在南朝时汉人尚未入迁于闽粤赣三省交界的地域内。

上述三种观点,主张客家民系形成于宋代是目前学术界最为

---

①　罗勇:《客家民系形成的地域分布》,载《赣南师院学报》1992年增刊。

②　刘佐泉:《客家历史与传统文化》,河南大学出版社1991年版。

③　罗香林:《客家史料汇编》,岭南出版公司1965年版,第297~299页。

④　吴炳奎:《客家源流新探》,载《中南民族学院学报》1992年第3期。

流行的观点,几乎已成定论。持这一观点的主要理由和论据有三:
(1)客家先民——中原汉人于五代宋初开始入迁于闽粤赣三省交
界区内;(2)客家的名称来源于宋代户籍中的"客户";(3)汉人的
迁入,便以其先进的汉文化去融合和同化当地的土著文化。

　　我们认为仅从这三点论说来证实客家民系形成于宋代,无论
从理论上和史实上都站不住脚,很值得商榷。从理论上说,何谓民
系?民系是怎样形成的?客家"先民"除入迁的中原汉人外,当地
的土著民畲民是否亦可称为客家先民之一?客家文化的真正内涵
是什么?从史实上看,客家名称是否来源于客户?这些都是探讨
客家民系形成必须作出的正面回答。可是在过去的诸多文章中,
在谈论客家时,往往只注重汉人入迁这一面而忽略甚至抹杀当地
土著民族文化的作用。谈到客家民系的形成,同样只注意考察中
原汉人入迁的路线和时间,而忽视了入迁汉人与当地土著民族在
文化互动与重组这一重要问题的探述。因而导致了把汉人入迁时
间与客家民系的形成等同起来,把汉文化与客家文化等同起来的
种种误解。下面就上述几个问题谈一些看法。

二、探讨客家民系形成必须厘清的几个问题

　　关于客家形成这个问题所以会存在很大的不同观点,究其原
因有二:一是把汉人入迁时间与客家民系形成等同,片面强调汉人
入迁及汉文化作用,二是对民系形成的几个基本概念缺乏共识。
笔者认为只要对这些问题有个基本认同,那么对客家民系的来源
和形成的讨论就有了共同的基础。下面提出几个供共同讨论的
问题:

　　(一)何谓民系?

　　民系的划分缘自汉语方言区而言。全国依地域划分为江浙区
的"越海系",湖南、江西交界的"湘赣系",两广区的"南海系",闽

粤交界的"福佬系",闽粤赣交界的"客家系"和闽中系等。如果再细分就更多,如福建就有福州人、兴化人、闽南人、闽北人、客家人和龙岩人等六大民系。[①] 这些民系(方言)为何都是分布在我国东南地区?这一地区古代并不是汉人居住地。《吕氏春秋·恃君》载:"扬汉之南,百越之际。"首次提出长江下流及以东南部地区是古代"百越"的分布区。《汉书·地理志》注引臣瓒言:"自交趾至会稽七八千里,百越杂处,各有种姓。"这些民系都是在古代百越民族区域内形成的。百越"各有种姓",说明它不是一个单一的民族,是众多民族的泛称。如江浙地区为春秋战国吴、越民族居住地。江西地区有干越,福建有闽越,湖南南部有扬越,两广有南越、西瓯、骆越,闽粤赣三省交界区内是汉武帝时所封的南武侯织为南海国的封地。由此可知,这些民系的形成与百越各族的历史发展与变化是息息相关的。

民系是怎样形成的?在学者中很少提及,但这又是一个很关切的问题。1993 年笔者在《客家源》创刊号上发表《关于深化客家研究的思考》一文提出:"民系的形成,都是由中原入迁的汉人与当地土著民族结合而成的。"也就是说民系是汉人迁于非汉地区与土著民族发生文化互动而形成的既有别于汉族又不同于土著民族的新的人们的共同体。他们具有共同地域、语言、经济生活和文化特征。

笔者对民系及其形成是这样理解和认识的,于是要研究某个民系的来源与形成,既要研究中原汉人入迁的历史,同时也要研究当地土著民族历史,尤为重要的还要研究这批汉人如何同当地土著民族结合的历史,也就是他们彼此间文化的采措与涵化的过程。在这个问题研究中,罗香林先生《客家源流考》一书中曾提出一个很好的意见,他说:"按民系的形成,实基于外缘、天截、内演三种

---

① 陈支平:《福建六大民系》,福建人民出版社 2000 年版。

重要作用。"所谓"外缘",是指各个比邻而居的民族相互间的接触和影响;所谓"天截",是指各种民族因受自然环境变化的影响,使其族众化分若干不同的民系而言;所谓"内演",是指民族内部的演化。但是在全书中对客家形成却没有阐述这些观点,而是片面强调汉人入迁和汉文化作用而得出上述的论点。如何深化客家学研究,吴泽先生《建立客家学刍议》也提出一些很好的意见。他说:"以民族学的基本理论为依据深入细微地研究客家民系这四大要素的形成、发展及其与汉民族共同体中诸共同要素的相互关系,进而科学地分析客家先民的南迁过程及客家民系的形成。这是客家学学科建设的基础工作之一。"提出研究客家民系的形成是客家学科建设的一项基础工作。

客家民系是形成于闽粤赣三省交界这一特定的地域里,它是入迁的汉人与当地土著畬民在长期共处过程中,两族文化在互动中产生文化重组而形成的一个新的文化共同体,即客家民系。因此,所谓客家文化,应该是指在畬、汉两族文化互动中,既体现汉文化特征,又含有当地土著民文化而形成的一支既不同于汉族又别于当地民族的独特文化特征。说得更具体些,客家文化并不等同于汉文化,而是"畬、汉两族文化互动的产物"。[①] 五代至宋初汉人开始入迁于闽粤赣交界区内,充其量只能说畬、汉两族文化互动的开始,文化重组还要有一段很长的历史发展变化过程。于是持客家形成于宋代的论说是值得怀疑的。

(二)"客家"名称与"客户"无关

"客家"一名在清代以前的史书中都不见记载。罗香林先生主张"客家"是形成于五代或宋初的主要理由和依据:一是依据这

---

① 蒋炳钊:《客家文化是畬、汉两族文化互动的产物》,载第四届国际客家学研讨会文集《聚落、宗族与族群关系》,台北"中研院"民族学研究所编印,2000年。

时中原汉人已经迁入闽粤赣三省交界地域里;二是依据宋代在梅州地区户籍中出现"主、客户",因而认定"客家"名称即来源于宋代的"客户"。他的观点又是依据清光绪温仲和《嘉应州志》所载并加以发挥。书曰:"然由其说,可知南宋以前,土著之少,而汀赣客民侨寓之多⋯⋯故《太平寰宇记》记载梅州户,主一千二百一,客三百六十七。而《元丰九域志》载梅州,主五千八百二十四,客六千五百四十八,则是宋初至元丰,不及百年而客户顿增数倍,而较之于主,且浮出十之一二矣。"于是罗先生认为:"到了元末,广东东部北部诸客家移民的住地,政府已无法将主客户分别立册了。"正如《嘉应州志》云:"其后屡经丧乱,主愈弱,客愈强。至元初大袛无虑皆客。《元史》所载,亦不分主客,疑其时客家之名已成无主之非客矣。"[①]因而是"从客家住地各方志所载其地户口,宋时主客分列一史实观察,亦可推知客家先民的迁移运动在五代或宋初是一种极其显著的事象。'客家'一名亦必起于是时。⋯⋯观此种种,可知客家的形成年代,确在赵宋初年"。[②]

　　时隔近 20 年后,罗先生又出版《客家源流考》一书,他在该书中又把客家的名称由来,往上推至东晋元帝"给客制度"的诏书。《南齐书·州郡志》载:"南兖州,镇广陵。时百姓遭难,流移此境,流民多庇大姓以为客。元帝大兴四年(321 年),诏以流民失籍。使条名上有司,为给客制度。"他说:"至于客家的名称由来,则在五胡乱华中原人民辗转南迁的时候,已有给客制度。可知客家的客字是沿袭晋元帝诏书所定的。其后到了唐宋,政府簿籍,乃有客户的专称。而客家一词,则为民间的通称。'客'的称谓,虽说由

---

　　① 　罗香林:《客家研究导论》,上海文艺出版社 1992 年版,第 57～58 页。

　　② 　罗香林:《客家研究导论》,上海文艺出版社 1992 年版,第 18～19 页。

来已早,然其民系的系统构成,则当如上述的在五代以后。"①

目前在客家研究学者中赞同罗先生的"客家"之名来源于"客户"之说不在少数。如台湾学者陈运栋《客家人》一书对"给客制度"又作了进一步具体分析。他说:"客家名称的由来,虽然出自晋元帝的给客制度的诏书,但这里所说的'客'应是广义的'客',而不是单纯指今日客家人的'客'。这种广义的'客',一部分演化为'越海系',一部分演化为'湘赣系',各派演化之后,各有各的专有名称。宋以后,越海、闽海、湘赣、南海各系已经形成,初虽以'客',然因长久客居以后,已不自知其为客,倒变成'反客为主'了。这样情况下,很自然地他们便把宋以后由其他地区南迁的汉人称之为'客'了。因此,客家的由来,必定是在各个民系形成之后。"②

主张"客家"名称来源于宋代"客户"之说,纯属一种推论。从文献资料记载上看,"客户"并不是始于宋代,《晋书·王恂传》曰:"魏氏给公卿已下租牛客户,数各有差。"唐代也有主客户之别。故户籍上的主客户系全国性,不是宋代梅州地区所特有的现象。因此以宋代出现"客户"就推断客家名称由来于此,并断定客家民系的形成也是在这一时期,显然是不妥的。

我国历史上主客户标准不是按居民是土著或是外来的来区分的,而是按土地占有而言。宋代将乡村的编户齐民划分为主户和客户,并不是以当地的主户和外来客户区分的,而是以有无田产和向政府纳税服役划分的。主户是指有土地的税户,与官府直接发生关系,凡有田产缴纳两税的称"主户",并称"有产税户";客户是无地的佃农,依附于主户,与官府无直接关系,没有田产,不缴纳两

①   罗香林:《客家源流考》,中国华侨出版公司1989年版,第41~42页。

②   陈运栋:《客家人》,台北联亚出版社1985年版,第12页。

税,故称为"客户"或"无税户"。晋元帝"给客制度"诏书说得也很明白,由于南兖州"流民多庇大姓以为客",为了"诏以流民失籍",晋元帝才下此诏书。显然"客户"与"客家"扯不上渊源关系。把客家与客户混同,正如张卫东先生所言:"温、罗二先生都把主客之分与土客之别混为一谈,这就犯了一个知识性的错误。"①

客家与客户是两个不同的概念,客家是一个民系,它是以方言来界定的。"客家"一名最早始见于清光绪温仲和《嘉应州志·方言篇》,文曰:"嘉应州及所属兴宁、长远、平远、镇平四镇并潮州府属大埔、丰顺二县。惠州府属之永安、龙川、河源、连平、长宁、和平、归善、博罗一州七县,其土音大致可相通……广州之人谓以上各州县人为客家,谓其话为客话。由以上各州县人迁移他县者所在皆有,大江以南各省皆占籍焉。而两广为最多,土著皆以客称之,以其话为客话也。"由此可知"客家"之称首先是广州人对粤东各县说一种共同"土音"的这一群体的一种称谓,以别于说广东话的群体。讲广州方言的民系自认为是地道的广东人,以土著自居,把自己的方言称为正音,而认为粤东人说的是另一种土音,被称为客话。"土著皆以客称之",正是这个原因。

客家民系与客户无关。汉人入迁只是客家民系形成的前提,其身份最初还是汉人,因而把汉人入迁与客家形成等同,显然不妥。于是持客家形成于宋代的论说是难以令人置信的。

(三)关于客家"先民"的问题

汉人入迁是客家民系形成的重要前提,也就是说没有汉人入迁就没客家的出现,故把汉人入迁作为客家先民是不容怀疑的。但如果只看到这一面也不足取。现在看到的文章中提到客家先民往往只注意到汉人入迁这一面,因而才会导致把汉人入迁时间与

---

①　张卫东:《论客家研究的几个基本问题》,载《客家研究》第 1 辑,同济大学出版社 1989 年版。

客家民系形成等同的误区。也就忽略了对当地土著民文化的研究。虽然有的也关照到当地民族文化的作用问题，但又总是认为由于汉文化较先进，汉人迁入后，便逐渐淘汰、同化当地土著民。罗先生的观点最有代表性，他说："新种一入，旧种日衰，主户的言语日为客语所排驱，主户的苗裔亦渐渐为客家所同化，而失却其特殊的属性。"于是长期以来，往往把客家文化界定为一种以"中原文化"、"汉文化"为主体的文化。如有的学者提出，客家人是中原移民，故中原文化构成了客家文化的主体，"客家文化就是中古汉族民间文化"。① 有的又用肯定的话语说："我们有理由认为，客家本来就是生活在北方的土著居民，汉民族中的一支民系……因为客家来自北方的广大地区，辗转南迁，易地为'客'。"②

客家文化与汉文化不能等同。汉人入迁是为客家先民之一，汉人开始入迁时，其身份只能作为汉族一员。要形成一个民系，即形成一种新的文化共同体，只有汉人及其文化是形成不了民系的，还必须包括当地土著民。闽粤赣三省交界地的土著民是畲民。民系的形成是外来民族即汉族人的入迁同当地土著民族长期相处，通过两族文化的互动，进行文化重组，产生一种新的文化群体。客家民系的形成也是这样。故客家先民尚需包括当地土著民在内，故畲民也应是形成客家的先民之一。

三、客家民系形成时代的讨论

民系的形成是一个很复杂的问题，客家民系也不例外。客家

---

① 张应斌：《关于客家学的理论建构》，载嘉应大学客家研究所编：《客家研究辑刊》1996 年第 2 期。

② 钟文典：《客家与客家学研究的几个问题》，载嘉应大学客家研究所编：《客家研究辑刊》1996 年第 2 期。

民系的形成,首先必须考察汉人入迁与当地民族文化交融为前提,进而探讨畲、汉两族文化互动与重组的历史过程。于是民系的形成不可能是一朝一夕的事,而必须有一个相当长的历史发展变化的过程。

闽、粤、赣三省交界地区,即今汀州、梅州和赣州是客家形成的最早聚居地,亦称"客家大本营"。这已得到了学术界的共识。因此要探讨客家民系的形成,首先必须对这地区内客家先民的活动历史有一个基本的了解。

闽西包括古汀州的八县,即龙岩市的大部分与三明市的一部分,其地形地貌以山地丘陵为主,故有"八山一水一分田"之称。粤东主要包括今属梅州市所辖的梅县、蕉岭、大埔、丰顺、五华、兴宁、平远等县(市),在自然生态环境与闽西地域连成一整体。赣南地处属长江水系的赣江上游,东接福建省三明市与龙岩地区,属古汀州的边境,南临广东省梅州市、韶关市和惠阳市,属古嘉应州、循州与惠州之北缘。赣南、闽西和粤东地缘相连。三地作为一个整体的地理意义,大约可以追溯到秦汉时期,同属百越民族分布区。当时福建属闽越,广东属南越,而介于闽越与南越交界处地区的闽、粤、赣三省交界地亦属于百越的一支,学者考证这一支越人,即汉高帝十二年(前195年)封南武侯为南海王的封地。

自秦汉以来,该地区的土著民均为越人后裔。后来见于史书记载又有不同的族称出现,如有的记载,六朝以来,九龙江两岸"尽属蛮僚"。① 唐人刘禹锡曾提到唐代福建除汉人外,尚有"居洞砦","家桴筏",即山居和水居两种民族。文曰:"闽有负海之饶,其民悍而俗鬼,居洞砦,桴筏者,与华语不通。"② 总章二年(669年),唐高宗曾先后命陈政、陈元光父子率大量唐军进驻漳潮,"蛮

---

① (清)郝玉麟修:《福建通志》卷八十五《关隘》引《丁氏古谱》。
② (唐)刘禹锡:《刘宾客文集》卷三。

獠啸乱",此举即遭到当地土著民族"蛮僚"旷日持久的武装对抗。潮州土著民则被称为"蛮夷"。元和十四年(819年),韩愈被贬潮州刺史时自叹曰:"居蛮夷之地,与魑魅为群。"①《资治通鉴·唐纪》曾载,"唐昭宗乾宁元年(894年),黄连洞(在今宁化县)蛮二万围汀州"。宋《太平寰宇记》曾载有一种古民族叫"山都木客",他们主要聚居在汀州、潮州和虔州。至南宋时,在这区域内才出现现代意义的族称"畲民",即今畲族。刘克庄《漳州谕畲》曰:"凡溪洞种类不一……在漳曰畲。西畲隶龙溪,就是龙溪人也;南畲隶漳浦,其地西通潮、梅,北通汀、赣,奸人亡命之所窟穴。畲民拨止于机毒矣。汀、赣贼人畲者,教以短兵接战,故南畲之祸尤烈。二畲皆刀耕火耘,崖栖谷汲,如猱升鼠伏,有国者以不治治之。畲民不悦(役),畲田不税,其来久矣。"②

从《漳州谕畲》一文可以看出,至南宋时,漳州地区还聚居大量土著民——畲民,他们以其果敢的抗争精神而被载入史册。并指出畲民的分布除漳州龙溪有东畲,漳浦有西畲外,汀州和广东的潮州、梅州以及江西的赣州都是畲民的分布区。

由此可知,唐宋时代在闽粤赣交界地的土著民,不论其名称叫"居洞砦"、"蛮僚"、"洞蛮"或"蛮夷",都与南宋时代的畲民有密切的渊源关系。也就是说在这一地域内,在汉人未迁入时,都是畲民及其先民的聚居区。因而在这地域内形成的"客家民系",畲民无疑也是其先民之一。

除了探讨闽粤赣三省交界处的土著民族外,汉人何时入迁于这一地区,这是探讨客家民系来源与形成的前提。众所周知,闽粤赣三省交界地是一处山高林立、交通十分不便的大山区,经济发展滞后。比如汀州一直到清代尚未得到很好的开发。清杨澜《临汀

①　《旧唐书·韩愈传》。
②　刘克庄:《后村先生大全集》卷九十三。

汇考》载:"天宝之乱,列郡望风而靡。汀七闽穷处也,蕞尔一城,孑然于蛮风瘴雨中。""(汀)郡之北,莽莽万重山,苍然一色,人迹罕到。"由于自然生态环境的制约,从这三个省中的汉人入迁的历史考察,这一交界处不仅是三省中封建郡县设治最晚的地区,汉人入迁的时间也是最迟的。

从文献记载看,在唐代以前没有中原汉人入迁闽粤赣三省交界处。根据罗香林《客家源流考》列举客家迁徙所划分的路线并以此分为五个时期,"自唐末受黄巢事变影响,自皖豫鄂赣等第一时期旧居,再迁至皖南,及赣之东南,闽之西南,以至粤之东北边界,为迁移的第二时期(880—1126 年)。自宋高宗南渡,受金人南下之人入主之影响,客家先民之一部分,由第二时期旧居,分迁至粤之东部北部,为迁移之第三时期(1127—1144 年)"。罗先生根据大量的族谱和方志资料得出唐末宋初是中原汉人入迁至闽粤赣三省交界的最早时期。这一观点已为学者广泛引用。笔者亦认为这一说法是有根据的。但是应该指出的是,这一时期只是说明汉人(客家先民)开始入迁的时期,其身份还是汉族人,与客家根本无关。

闽粤赣三省交界地设置封建郡县大都在隋唐时期。隋朝末年,群雄并起,俚酋杨世略割据循、潮二州。唐朝建立,封杨为循州总管,其割地住民基本上还是少数民族。汀州是福建设治最晚的地区,开元二十一年(733 年),福州长吏唐循忠建议:"于潮州北、广东东、福州西光龙洞,检责得诸州避役百姓共三千余户,奏置州,因长汀溪为名。"①这是一次强迫性的移民。虽然他们不是从中原移入的汉人,但从这三地区迁入的三千户中,可能已有先前迁入该地的汉人,故《临汀汇考·风俗考》云:"唐时初置汀州,徙内地民居之,而本土之苗仍杂处其间,今汀人呼曰畲客。"

---

① (唐)李吉甫:《元和郡县图志》卷二十九《江南道五》。

　　至唐代,封建郡县在闽粤赣三省交界区内已普遍地建立起来,这为汉人的入迁提供了条件。唐光启元年(885年)正月,王潮、王审知兄弟率淮南郡光、寿二州数千农民军渡江,同年八月由赣南入闽西。王潮夺取汀州政权,自称刺史,继而占领漳州,并于唐昭宗景福元年(892年)攻占福州。王潮死,王审知继任"威武节度使"。审知死,其子王延翰称帝,建立闽国(909—945年)。这是一支中原汉人武装入闽。在闽国统治的30多年间,福建社会稳定,许多北方汉人移民闽中,导致福建汉族人口大增。北宋统一,福建省人口为470809户,比唐代增加了4~5倍。学者普遍认为,增长的人口主要是二王统治时期的北方移民。[①]

　　在闽粤赣三省交界地区,自唐代后期至南宋,人口也得到迅速的增长。赣南(虔州、南安等),在元丰元年(1078年)户数为133929户,至徽宗崇宁初(1102年)户数增进至310153户,仅20多年,人口增幅达132%。闽西的汀州,唐元和时仅有2618户,到北宋神宗熙宁元年(1068年)增至81454户。粤东的梅州在唐代只是潮州属下的程乡县,自唐末至北宋元丰年间,循、梅二州户口迅速增长。循州北部在唐元和时的户数约1404户,而面积尚不足唐循州北部三县的宋代循州,太平兴国年间主客户已达8339户,约为唐代时的5.9倍。梅州的户口到太平兴国至端拱二年之间有户1577户,至元丰初增至12372户。[②]

　　闽粤赣三省交界地原是开发较晚地区,又是畲民及其先民的聚居区。自唐末至两宋时期人口大量增长。这些人口中有一部分是汉人的迁入,还有大量是土著民被"编图录籍"。但与三省中其

　　① 徐晓望:《论闽国时期福建的人口问题》,载《福建史志》1994年第2期。
　　② 谢重光:《客家源流新探》,福建教育出版社1995年版,第36~56页。

他地区相比,其人口增长率都还是比较低的。宋以后,人口流动与汉人的持续增加,这也是可以预想到的。

汉人开始入迁畲族地区后,充其量只是畲汉两族文化互动的开始,要达到畲、汉两族文化重组,形成一个新的文化共同体——客家民系,尚需一段相当长的历史发展变化的过程。现就畲族地区内形成的"福佬"、"客家"两个民系的历史进程加以比较和论述。

唐总章二年(669年),唐高宗为了"靖边方",派出"朝仪大夫统领南行军总管事"陈政,"率府兵三千六百将士,自副将许天正以下一百二十三员,从其号令,前往七闽百粤绥安县地方,相视山源,开屯建堡,靖寇患于炎荒,奠皇恩于绝域"。企图用军事的力量实现对畲民的统治。可是当唐军进入漳潮地区,"泉、潮间蛮僚啸乱",立即遭到畲族先民的武装反抗。"几经交锋",陈政不得不认输,向唐王朝讨救兵。他说:"群蛮来侵,自以众寡不敌,退保九龙山,奏请益兵。"唐王随即命其兄陈敏、陈敷"领军校五十八姓来援"。敏、敷二人在途中死去,后由其母魏氏"代领其众入闽,乃进师屯御梁山之云霄镇"。陈政之子陈元光也随祖母来闽。仪凤二年(677年),陈政病死。唐王朝命其子陈元光"代领其众"。双方武装斗争愈演愈烈,在"诛之难于屡诛,徙之难于屡徙"的情况下,垂拱二年(686年),陈元光上疏朝廷,在闽增建"一州于泉潮间,以控岭表"。唐王朝批准陈元光的建议,并命他出任漳州刺史。尽管陈元光也采取了一些措施缓和民族矛盾,但是当地土著"蛮僚"不畏强敌,坚持与唐军武装对抗,并屡败唐军。如睿宗景云二年(711年)十一月爆发的畲民大规模起义,其首领即是30年前被陈元光镇压的雷万兴、苗自成的儿子和蓝奉高等人。集军政大权于一身的陈元光竟被蓝奉高"刃伤而卒"。陈元光死后,唐王朝以"岭南多故",又命其子陈晌"代州事"。陈氏四世守漳达百余年。唐王朝为了强化对该地区的统治,又将大部分将士长期落籍在漳州。

从史实看,唐王朝企图用军事力量征服漳潮地区的少数民族,但从结果来看目的并未达到。直到南宋时期,畲、汉两族的民族界线尚很分明,畲民的民族意识还相当强烈,不断掀起反抗统治者的斗争,如南宋理宗景定二年(1261 年)畲民大起义,究其原因,"由于贵家辟产,稍侵其疆。豪干诛货,稍笼其利。官吏又征求土物蜜蜡、虎革、猿皮之类。畲人不堪,诉于郡,弗省,遂怙众据险,剽掠省地"。所谓"群盗益深,距城(漳州)仅二十里,郡岌岌危矣"。"一城红巾满野,久戍不解,智勇俱困。"可见畲民起义规模之大,予统治者以沉重的打击。面对强大畲民的抗争力量,统治者变换手法,招抚畲民中长老纳款,以瓦解畲民反抗斗争的力量。刘克庄《漳州谕畲》一文就是这样出笼的。畲民名称也是由此而来并首见于史书。

从这一史实表明,自唐军入漳到这次畲民起义已有 592 年。如从漳州设治算起也有 575 年。畲族人民的民族意识并没有因汉人的入迁和封建郡县设治以及屡遭统治者军事上的镇压而消失。如《漳州谕畲》曰:"余读诸畲款状,有自称盘护孙者。"作为维系畲族感情纽带的盘瓠信仰仍完整地保存着。又云:"有国者以不治治之。畲民不役,畲田不税,其来久矣。"在畲族聚居区内虽早已设治,但畲民仍不服,不向政府交税,且不断展开武装斗争反抗。"潮与漳、汀接琅,盐寇、畲民群聚剽劫,累政。"①从南宋畲民的反抗斗争规模来看,说明他们仍有广泛的群众基础,人数也不会是很少。

漳州和潮州是"福佬"民系形成的地区,缘自陈元光武装戍边。这些唐军虽是来自中原的汉人,从上面的史实也说明这个民系形成不能始于唐代,因为直到南宋时,畲、汉两族文化各显特色,文化重组还远远没有完成。到了元代,漳、潮地区畲民的抗元斗争

---

① 文天祥:《文山先生全集》卷十二。

在《元史》中仍屡见不鲜,还组织起自己的武装"畲军"。因而从历史上考察,"福佬"民系的形成应在元代之后。

与"福佬"系相邻的闽粤赣三省交界地,它是客家民系形成地域。从生态环境而论,它比起漳潮地区更闭塞;从封建郡县设治而论也是今三省中最晚的,如粤东地区晋立义安郡,隋开皇十一年于义安县立潮州,大业二年罢州为义安郡,唐武德四年复为潮州,辖海阳、潮阳、程乡三县。唐代的潮州包括今梅州各县。赣南地区,晋立南康郡,隋罢南康为虔州,大业三年复置南康郡,唐武德五年又改为虔州,领赣、南康、信丰、大庾、雩都、虔化、安远七县。汀州是开元二十一年设置,它是福建也是三省交界地设治最晚的一个州,比漳州晚47年。从汉人入迁该地域加以考察,时间也是最晚。唐人李吉甫《元和郡县志》载,汀州设治时曾从福州、广州和潮州等地移入3000户。历史上汀州是福建最不发达的地区之一,直到清代,《临汀汇考》云:"汀,七闽穷处也,蕞尔一域,孑然于蛮风瘴雨中"。汀州设治后,当地土著民"洞蛮"与漳州住民"蛮僚"一样,不断展开反抗统治阶级的武装斗争。《资治通鉴·唐纪》载:"(唐昭宗乾宁元年)是岁(894),黄连洞蛮二万围汀州(黄连洞在汀州宁化县南)。"是知至唐代,闽粤赣三省交界区还是畲族先民的聚居区。

客家先民之一的汉人是避中原战乱而被迫南迁,它与福佬系陈元光的武装移民还有不同,入迁时间更晚,人数也不会很多。罗香林先生考证汉人入迁闽粤赣三省交界地域是在唐末五代至宋初是可信的。林达泉《客说》一文亦曰:"凡膏腴之地先为土著,故客家(应为客家先民——笔者注)所据地多硗瘠。"这说法应该是合乎初时汉人入迁的情况。

宋元时期,"畲民"名称首见史册,而且表现相当活跃,与统治者展开不屈不挠的武装斗争,成为东南地区一支颇有实力的农民军,在全国农民战争史上颇具影响。当代史家写《中国通史》均把宋元时代畲民的英勇斗争史写入史册。南宋《漳州谕畲》一文也记载当时漳潮地区畲民反抗统治者的种种事实。《元史》对畲民的抗元斗争记载随处可见。这就让我们相信，畲民这个民族名称在南宋私人著作中出现后，至元代，它已被史家所认同。畲民在抗元斗争中最有影响的事例，如宋末元初，以畲民陈吊眼为首的抗元队伍，"聚众十万，连五十余寨"，"官军讨之，久不下"。前后坚守六年。在闽北以政和人黄华为首的起义队伍，并联络闽北、浙南和畲民妇许夫人等畲、汉等部有众几十万，武装人员还以剪发文面为标志，史称"头陀军"，亦称"畲军"。与陈吊眼的抗元队伍相呼应，均以"复宋"为旗号，称祥兴五年（祥兴为赵昺的年号）。前后坚持斗争达七年之久。1289 年（至元二十六年）在汀州、粤东又爆发钟明亮为首的抗元斗争，"拥众十万，声摇数郡，江、闽、广、交病焉"。①黄、钟领导的抗元斗争规模大，统治者都感到万分恐慌。时任福建闽海道提刑按察使王恽上书元廷曾道出："福建归附之民户几百万，黄华一变，十去四五。今剧贼（指钟明亮抗元队伍——笔者注）猖獗，又酷于华，其可以寻常草窃视之。况其地有溪山之险，东击西走，出没难测，招之不降，攻之不克。"②自从畲民抗元队伍不断壮大，敢与元朝贵族进行持续不断的斗争，说明至元代，畲民作为一个民族仍活跃在自己的聚居区内。《元一统志·汀州路》载："汀之为郡，山重复而险阻——舟车不通，商旅罕至，惟从麻桑之业。西领赣，南接海眉，山深林密，四境椎埋顽狠之徒，党与相聚，声势相恃，负固保险，动以千百计，号为畲民。"在闽粤赣三省交界区内，畲民的人数还是不少。至元代畲族名称仍光耀史册。

从上面所述得知，在畲族聚居内形成的"福佬"和"客家"两个

---

① 《钦定四库全书》集部《水云村稿》卷二《参政陇公平寇碑》。
② 《元史》卷一六七七《王恽传》。

民系,在元代以前均尚未形成。民系的形成必须经过量变到质变,
局部到更大范围的形成发展过程。它的形成必须以畲文化与汉文
化交融为前提。当然这个文化交融有自然融合,也有强迫同化。
在封建统治阶级统治下的畲区,后者产生很大作用。如两宋时期,
统治者运用其统治机器,一方面以武力相威逼,另一方面采用招
抚,以瓦解畲民的抗争力量。《漳州谕畲》一文曾载,在畲民反抗
斗争紧迫之下,统治者感到十分害怕,于是先招抚龙溪西畲最大的
酋长李德,继而招抚漳浦的南畲。"南畲三十余酋长,各籍户口三
十余家,愿为版籍民。"

　　元代统治者对畲民的招抚和强迫同化比起宋代更进一步强
化,如元军占领福建后,元世祖即下令"招谕漳、泉、汀、邵武等处
暨八十四畲官兵军民,若能举众来降,官吏例加迁赏,官民安堵如
故"。继而流放起义军首领的家属,如陈吊眼起义失败后,元廷
"遣扬州射士戍泉州。陈吊眼父文桂及兄弟桂龙满安纳款,令护
送至京师。……流叛贼陈吊眼叔陈桂龙于憨答孙之地"。收编畲
军及其将领,先是"放福建畲军,收其军器,其部长于近处州郡民
官迁转"。接着又"令福建黄华畲军,有恒产者为民,无恒产与妻
子编为守城军"。①　又诏"以宋畲军将校授管民官,散之郡邑"。②
采取屯田。成宗元贞三年(1297 年),"命午南诏黎、畲各立屯田。
调拨见戍军人,每屯置一千五百名,及将所招陈吊眼等余党入屯,
与军人相参耕种为户。汀州屯一千五百二十五名,漳州屯一千五
百一十三名。为田汀州屯二百二十五顷、漳州屯二百五十顷。"③
皇庆元年(1312 年),"又调汀、漳畲军代亳州等翼汉军于本处屯

---

①　《元史》卷十三《世祖本纪》。

②　《元史》卷十三《世祖本纪》。

③　《元史》卷一百《兵志三》。

田"。①

明代统治者对畲民的统治政策,招抚畲民酋长仍是其中之一。《明实录》载:"(永乐十五年十一月),广东畲蛮雷纹用等来朝。初,潮州卫卒谢辅言,海阳县凤凰山诸处畲蛮,遁入山谷中,不供徭赋,乞与耆老陈晚往招之,于是畲长雷纹用等凡四十九户,俱愿复业。"

自唐代以来,统治者采取军事、政治以及强迫同化等种种手段,确有一部分畲民被逼同化。但从另一角度看,统治者采取这些措施,也正反映了畲民尚具有强大的力量足以与统治者相抗衡。宋元时代畲民大规模反抗斗争的史实即充分说明这个问题。

"福佬"和"客家"两个民系应是形成于明代,发展于清代。这与畲族的历史发展息息相关。其根据有四:一是自宋元时起,畲民被迫向汉区迁徙,至明代,畲族的聚居地已从闽粤赣三省交界地向闽东、浙南转移。畲族古今的聚居地已有明显不同。从此畲族也从一个聚居民族变成为一个大散小聚的杂居民族。②二是文献记载畲族原聚居区的活动骤然减少,如《明史》和《清史稿》等正史已很少有畲民活动的记载。地方志书记载也大大减少,如《云霄厅志》、《漳州府志》、《漳浦县志》等书所记畲民史事大都是元代及以前的事。清初在漳浦赤岭涌现出的蓝理、蓝廷珍和蓝鼎元等著名人物,史书都不把他们当作畲民来记载。赤岭、湖西两个蓝姓居民的畲族乡都是1984年恢复畲族民族成分后建立的。而在闽粤赣交界地内,自明代以来畲民的历史活动也很少记载,如清代的《临汀汇考》、《汀州府志》、《长汀县志》、《上杭县志》和《广东通志》、《潮州府志》以及《江西通志》、《贵溪县志》等。这些方志虽记载了一些畲民的事,但内容甚简,

---

① 《元史》卷二十四《仁宗本纪》。
② 蒋炳钊:《畲族从一个聚居民族变为杂散居民族的历史考察》。

大都是关于他们来源的各种传说和一些习俗。从书中所反映了该地畲民情况，都把它们当作异类。人数少，且居住地都在偏远的山区，反映该地区主体民族已发生变化。大部分畲族已同入迁的汉人融合为客家。而在闽东的《福安县志》、《罗源县志》以及浙江的《处州府志》、《景宁县志》等中，则出现大量畲民活动的记载。畲族历史的变化，导出了原畲族聚居区内民系形成的历史轨迹。三是"客家"名称在史书上的出现是在清代。嘉庆徐旭曾《丰湖杂识》中提出"土"、"客"族群概念，有的认为此"客"即指客家。清光绪温仲和《嘉应州志》方言篇中首次提出"客家"一名。"客家"名称出现在清代，则标志这个民系已经形成。名称出现的时代，即是民系形成时间的下限，所以客家民系形成时代应在清代以前的明代。这与上述畲族历史的发展变化是相符合的。四是文化重组已经形成。客家民系的形成是畲、汉两族文化互动和重组的结果。如乾隆版《嘉应州志》曾详细记载该地畲民的一些风俗，而这些习俗则与当地（梅州客家）"亦无他异"。文曰："其畲民，尤作苦崎崟嵁岩，率妇子锄辟。一种姜薯芋粟之类，以充稻食。然世居深山，不知礼节，故性独顽鄙。中上人家，妇女纺织缝纫，粗衣薄妆，以贞淑相，尚至村乡妇妪，椎髻短裳，任田园诸务，采山负檐，蓬跣往来，未免鄙野。然而甘淡泊、服勤劳，其天性也。……婚自幼小时即定议、送年庚，于是有指日之礼，有问名之礼。将娶有行聘之礼，女嫁前一日髻，谓之上头，男不亲迎，女有送嫁。而还丧始死，子往河浒，焚纸钱，取水俗尸，谓之买水。日不吉，不敢哭，不敢闭棺、盖棺，夜即作佛事，谓之救苦……葬数年必启视，洗骸，贮以瓦罐。或屡经起迁，转徙不已。甚至听信堪舆，营谋吉穴。……八月初一谓之大清明。或清明不祭，必祭于大清明，此虽不尽合礼，犹有敬祖睦族之义，未可厚非也。"除了婚礼葬俗外，还有立春打土牛，牛不疫。清明日，挂柳于门。端午，缚艾悬于室，以辟厉。立秋日不操作，谓之歇秋,保秋收也。中元,以竹竿插挂纸钱,遍插田园,谓之"标园",迎神驱虫歹也。冬至,取水作酒,谓"水视",他日独重,故作酒佳。腊月二十四日,楮画灶君,送灶神上天。新正初五日,设酒馔烧灶疏,谓之接灶。而与当时嘉应州客家的风俗相比较,"犹近淳朴,其岁时礼节,亦无他异,故不多赘"。此外,还有一些畲民,因受到民族歧视和压迫而被逼改变姓氏。

从上述畲民习俗中可以看出汉文化对畲文化的影响,从现在客家文化中也可找到一些畲文化的因子。关于这个问题,笔者在《客家文化是畲、汉两族文化互动的产物》中已有论述。

文化重组还可能因地而异,有的地区可能更晚。如赣南的一部分地区,据载,明正德十一年(1516 年),江西的横水、左溪、桶冈等地曾爆发一次畲汉人民联合的大规模反抗明王朝的斗争。这次起义的首领有畲民谢志珊和蓝天凤等人,"谢志珊、蓝天凤各又自称盘皇子孙,收有传统宝印画像,蛊惑群贼,悉归约束"。[1]"宝印画像"即畲族祖传盘瓠祖图。从镇压这次起义的刽子手王守仁的笔下可以看出,至明正德时,畲汉两族的民族界线还很清楚,畲族起义首领能利用"祖图"号召族人,可见该地畲族的民族意识还很浓厚。此时该地的畲民尚未融合为客家。

四、余论

(一)民族与民系形成是否可以不受年代迟早的限制

罗香林先生《客家源流考》一书提出:"民族民系的形成,实可说不受年代迟早的限制。古时有无数的民族民系,近今亦有无数的民族民系;文教高的,历阶多的,活力大的,在相当条件下,固可成为民族或民系。而文教不高,历阶不多,活力不大的人们团体,

---

[1]　(明)王守仁:《王文成公全书》卷十《立崇义县治疏》。

在相当的条件下,亦可成为民族或民系……故欲论某种民族或民系的优秀与否,只能就其文教的高低、历阶的多少、活力的大小衡之,无庸涉及其年代;欲论某种民族民系形成的年代,只须就其人们团体属性的赋予或变化诸事实,或迹象,求之,而无庸论及文教的高低……"①这里我们有两点不同的看法:一是民族与民系是不同的两个概念,民族与民系不同,它们之间的形成不是不受年代迟早的限制,而是有严格的区别。民族的形成,按照恩格斯"从部落发展为民族"的理论,民族形成于原始社会即将解体、国家即将形成的那个历史时期。民系则是汉民族入迁于非汉地区后,在与当地民族经过长期共处交往过程中,产生文化的互动与重组而形成的一个新的文化共同体。民族形成较早,民系形成则因各地历史情况各不相同而有时间的早晚。二是过分强调所谓"文教高的,历阶多的,活力大的"民族的作用。这里主要是指客家先民的汉人。持民系形成不受年代早晚的限制,并且强调汉文化在民系形成中的主导作用。这就是罗先生把汉人入迁的时代当作客家形成时代的理论根据。我们从上面的分析可知,客家民系的形成须经过畲汉两族文化的互动重组,是需要一段历史发展变化过程。汉人入迁只是族群互动的开始,并不是文化重组的形成。

(二)客家为什么被认定为"汉族民系"之一

客家文化不等同于汉文化,客家民系是形成于闽粤赣三省交界处的特定区域里,故有的称客家文化为区域文化。民系与民族不同。客家民系是畲、汉两族文化互动的产物。汉人是客家先民之一,故客家文化中有汉文化因素。

客家民系是在封建中央集权统治下形成的。汉族是我国的主体民族,汉文化通过封建郡县的设置而扩大它的影响,它在我国的

---

　　①　罗香林:《客家源流考》,中国华侨出版公司1989年版,第39～40页。

政治、经济和文化诸方面起着主导作用,在我国统一多民族国家中的少数民族也是如此。所以在这样的历史背景下形成的民系只能是汉族中的民系,而不可能为某个少数民族的民系。

儒学的创建和传播在民系形成中起着重要作用。畲族文化比汉族滞后,行"刻木纪事",没有自己民族的文字。唐统一全国后,唐王朝把传播儒学作为开发江南的重要措施。唐武德七年(624年),唐高祖下诏诸州置学,传播儒学。陈元光倡建漳州后,曾创建学校。韩愈官潮州时也创建儒学。在客家地区的州郡县,先后创办儒学,传播汉文化。宋代理学的兴起,儒学得到进一步深化。这在畲族中产生深刻影响。因而一个外来的民族能够在少数民族区域中存在,并能推动彼此文化的互动共融,其文化的先进性在文化的互动中得到认同。

综上所述,客家文化虽不等同于汉文化,但也不是少数民族文化。客家文化中虽然吸收了不少畲族的文化,但它是在汉人入迁后和汉文化的氛围中形成的,故认定客家为汉族中的一个民系是恰当的。

(三)文化的互动历来都是双向的

汉文化是我国封建社会中的统治文化。它的先进性得到各族的认同。但是汉文化的丰富多彩是不断融合和吸收周边少数民族文化而形成的一种复合文化。我国是一个多民族国家,每一个民族都有着自己的特色文化。在闽粤赣三省交界的地域聚居的畲族,长期形成的民族文化有着深厚的群众基础,这种文化绝不可能轻意被异族文化所改变或替代。客家文化也是一样,它不可能是由于汉人入迁,"新种一入,旧种日衰",或汉人"文教高的,历阶多的,活力大的"而排驱和同化土著民族及其变化。历史的事实是,客家民系的形成,正是畲、汉两族经过长期的文化互动,互为影响,相为吸收,双向交流。如客家妇女,"跣足而行",不缠足;客家妇女的服饰,客家人热爱山歌,这些都是畲族固有的文化特征。客家人的讳名制源于畲族。[①] 畲族的婚丧习俗,重视修祖谱,这明显是受汉文化的影响。畲族读书学文更是汉文化传承。这种文化的互动整合,随着历史的发展,这种关系与日俱增,必然深化到各个层面,形成一种你中有我,我中有你的新的文化共同体。从客家文化中保留诸多畲文化因子这点,正说明了这一道理,也证实了客家文化不是汉人人迁后凭着自己的文化优势去淘汰或融合当地的土著文化。在我国诸多少数民族地区的汉文化中,尚未见到有一个纯汉文化例子存在着。

(原载《客家文化研究》上册,海峡文艺出版社 2007 年版)

---

① 吴永章:《客家人的讳名制源于畲族》,载《福建民族》2004 年第 4 期。

古代越人是客家先民之一
——汉南海王国越人及畲族与客家形成的密切关系

　　客家形成于闽粤赣三省地区。在这个特定的地域里,比客家更早的住民是越人以及后来相继出现的"蛮僚"、"畲民"。越人、蛮僚和畲民的先后出现,其历史渊源是一脉相承的。客家即是汉人入迁后与当地土著民族文化互动中产生的一个新的人们共同体。本文试就这一地区历史住民进行一番考察,并就客家的形成与越人、畲民的关系谈一些不成熟的意见,供讨论。

一、汉南海王国地望即在今闽粤赣三省交界地

　　我国古代东南地区均为百越民族的居住区,《吕氏春秋·恃君》曰:"扬汉之南,百越之际","百越"一名始见于此。《汉书·地理志》颜师古注引臣瓒曰:"自交趾至会稽七八千里,百粤(越)杂处,各有种姓。"近人学者曾具体指出:"百越所居之地甚广,占中国东南及南方,如今之浙江、江西、福建、广东、广西、越

南或至安徽、湖南诸者。"①这个看法，应该说是比较接近史实的。

　　百越民族分布地区甚广，百越非止一族之名，汉以来学者已多道及，故"百越"并不是指单一民族，也不是"越有百种"，而是多个民族的泛称。见于《史记》记载的有于越、扬越、夷越、东越、闽越、东瓯、南越、西瓯、骆越等越人国名和族名。汉代的福建和广东为闽越和南越的住区。西汉王朝建立后，闽越王无诸因率兵助汉有功，汉高祖五年（前202年），"复立无诸为闽越王，王闽中故地，都东冶"。汉高祖十一年（前196年），派陆贾出使南越，封秦末刘据岭南三郡的赵佗为南越王。汉高祖十二年（前195年）又"诏曰：南武侯织亦粤之世也，立以为南海王。"②西汉王朝建立后的十二年间，先后封了无诸、赵佗和织为闽越、南越和南海三个王国的首领。其地望，闽越主要在福建，南越在广东，南海王国在哪里？史家意见不一。

　　《汉书》明确指出"南武侯织亦粤之世也"，南海国王的先世也是越人，因此他所受封的地域应与闽越、南越不同。关于南海王国的历史，史书记载很少。《汉书·淮南王传》曰："南海民处庐江界中者反，淮南吏卒击之。陛下遣使赙帛五十匹，以赐吏卒劳苦者。长不欲受赐，谩曰：'无劳苦者'。南海王织上书献璧帛皇帝，忌擅燔其书，不以闻……"《汉书·严助传》载，淮南王安上书亦曰："前时南海王反，陛下先臣使将军间忌将兵击之，以其军降，处之上淦。"根据这些记载，南海王织确有其人，也曾与汉王朝产生过对抗。但是对他的封地看法不一，清人全祖望考证应在今闽粤赣三省交界地区③；今人学者有的推断当位于汉代庐江郡之南，在今安

---

①　林惠祥：《中国民族史》，商务印书馆1936年版，第111页。

②　《汉书·高帝纪》。

③　全祖望：《鲒埼亭集·经史问答》。

徽南部。① 潘酊《汉南海王织考》一文对此曾作了详细的考证,他说:"史书这二处记载南海王国史事均在淮南厉王时。按厉王传只云淮南吏卒击庐江界反者,而无间忌入越之说,则淮南吏卒所击者,必与间忌所击者有异。《淮南王传》又云:南海王织(《史记》作南海民王织)上献璧帛皇帝,忌擅燔其书不以闻。可见南海终厉王之世,尚复存在,未为淮南吏卒所击。织自称为南武侯,武侯,海上之豪语也,以此威其众。织所据也,在今江西之东南以迄福建之西南,介于闽越和南越之间。"②

我们认为全、潘二氏考证南海王国的地域在今闽粤赣三省交界地区是可信的。其理由尚可充实一二:

首先,在现在闽西有些县的命名尚保存着"南武"的痕迹,清杨澜《临汀汇考》认为武平县的来历就与南武侯织有关,该书说:"今武平县本长汀也,唐置州后,以本州西南境的南安、武平二镇,观其命名之意,因南武二字分析并举,当时因其地为汉武侯织所封也。宋升镇为县,乃专武平之名,而其地正在汀、潮、赣之间,全氏南海境中有地名南武之说,此其是也。"③

其次,南海王国介于闽越和南越之间。福建、广东、江西等地古代均属百越民族分布区。从考古资料看,我国东南地区与中原的文化有明显的不同,最主要的文化特征之一,即在陶器表面拍印几何印纹,考古学界称东南区的这种文化为"印纹陶文化",并普遍认为创造这种文化的主人就是百越民族。根据考古的发现与研究,这种文化它产生于新石器时代晚期,发展于相当中原的商周,衰落于战国秦汉。从印纹陶文化的产生、发展和衰落的过程看,同

---

① 叶国庆、辛土成:《西汉闽越族的居住地和社会结构试探》,载《厦门大学学报》1963 年第 4 期。

② 藩酊:《汉南海王织考》,载《文史汇刊》第 1 卷第 2 期。

③ 杨澜:《临汀汇考》卷一《方域》。

"百越"民族的兴衰历史正相符合。从目前所发现的印纹陶文化的主要地区看,其分布范围正与"百越"各族的分布地域也大致吻合。闽粤赣三省交界地出土的先秦时期的陶器也是属于印纹陶文化系统的,同属于百越民族之列。由于百越民族分布地域广,民族不一,因而在同一文化中又显示地域性的特点。李伯谦先生根据南方各地出土的印纹陶加以比较研究,把它分为七个区:宁镇区(包括皖南)、太湖区(包括杭州湾地区)、赣鄱区(以赣江、鄱江、鄱阳湖为中心)、湖南区(洞庭湖周围及以南地区)、岭南区(包括广东、广西东部)、闽台区(包括福建、台湾和浙江南部)和粤东闽南区(包括福建九龙江以南和广东东江流域以东的海滨地区)①。这些分区,同史载"自交趾至会稽",以及"各有种姓"的"百越"各分支的分布地区也大致相符。其中"粤东闽南区"的分布范围,大致即今闽粤赣三省交界区。由此可见,在先秦时期,闽粤赣交界区不仅是越人居住地,且形成有自己的文化特色,说明汉立南海王国不是突然冒出来的,而是有它长期发展的历史。

再次,汉封南武侯织为南海王,故名思义,它必定是在南边,且与海有关。正如潘盯先生所言:"织自称南武侯,武侯,海上之豪语也,以此威其众。"上面说过,在西汉初年,汉高祖在东越地区首封无诸为闽越王,次封南武侯织为南海王,惠帝时又封摇为东瓯王。这样一来,势必加剧东越地区诸王的矛盾与斗争。无诸死后,子郢继位,闽越内部为争权夺利相互残杀,对外不断用兵,企图兼并邻国,导致汉越矛盾尖锐化。严助上汉武帝书曾说:"今闽越王狼戾不仁,杀其骨肉,离其亲戚,所为甚多不义,又数举兵侵陵百越,并兼邻国,以为暴疆……今者,边又言闽王率两国击南

---

① 李伯谦:《我国南方几何印纹陶遗存的分区分期及有关问题》,载《北京大学学报》1981 年第 1 期。

越……"①

这里所谓"并兼邻国",是指建元三年(前138年),"闽越发兵围东瓯,东瓯食尽,困,且降。乃使人告急天子"。汉武帝派严助领会稽兵"遂发兵浮海救东瓯。未至,闽越引兵而去"。②"闽王率两国击南越",据载,闽越王率兵击南越共有两次,第一次是闽越王郢进击东瓯,受到汉兵阻止,吞并东瓯的企图未能如愿。事隔三年,闽越王郢又乘南越王赵佗刚死,内部混乱之机,发兵攻南越,"至建元六年(前135年),闽越击南越,南越守天子约,不敢擅发兵击而以闻"。南越王赵胡上书汉武帝曰:"两越(指南越和闽越——笔者注)俱为藩臣,毋得擅兴兵相攻击。今闽越兴兵侵臣,臣不敢兴兵,唯天子诏之。"③汉武帝认为南越王"守约",于是"上遣大行王恢出豫章,大农韩安国击会稽,皆为将军。兵未逾岭,闽越王郢发兵拒险"。在这即将酿成一场汉越大规模战争的关键时刻,闽越王内部以其弟余善为首伙同诸王族人把郢杀了,"今杀王以谢天子",汉武帝"诏罢两将兵",暂停向闽越的进攻。

余善夺取闽越国大权,被封为东越王。但他对汉廷阳奉阴违,暗地里罗织力量,伺机反汉。闽越第二次攻南越是在元鼎五年(前112年),南越相吕嘉公开扯起抗汉大旗,余善认为时机已到,派人暗中与吕嘉合谋。当闻知汉武帝即将派兵镇压吕嘉时,余善表面上又上书汉武帝,表示支持政府的行动,并答应带领本族八千士兵配合楼船将军杨仆进击南越。可是当队伍开到广东揭阳时,却借口"以海风波未解,不行,持两端,阴使南越",暗中给南越通风报信,一直到汉兵破番禺(广州),余善所率领的闽越兵仍按兵不动。

---

① 《汉书·严助传》。
② 《史记·东越列传》。
③ 《史记·南越列传》。

闽越两次出兵南越,一次是真的,一次是假的,但是闽越军队要进击南越,必须经过南海王国的地区,若得不到南武侯织的许可是办不到的。于是闽王率"两国"击南越,两国即闽越和南海。南海王国也因抗汉被灭国迁众。

二、越、蛮僚和畲民的历史渊源关系

汉武帝统一南越、闽越之后,百越名称在历史上消失,但是越人还大量存在。东汉末至三国时,史书上大量出现的"山越",史家认为,山越就是越人的后裔。《资治通鉴·汉纪》胡三省注曰:"山越本亦越人,依阻山险,不纳王租,故曰山越。"《三国志·吴志》记载山越的活动最多,这是因为孙吴统治的南方大都是越人的居住区的缘故。从孙吴设置的郡治看,三国时代山越分布相当广大,基本上是秦汉时越人的旧居地和新定居之地。福建省首置建安郡,就是孙吴镇压闽北地区山越反抗斗争之后,于公元260年分南部都尉而设立的。

闽粤赣三省交界地域里,自南海王国国除后,在这一地域里的越人,史书上缺乏记载,也不见有山越之名。三国以后,山越名称在史书上也很少出现,最晚的一条材料"省民、山越,往往错居",这是见于南宋福建莆田人刘克庄《漳州谕畲》一文中的记载。在唐代史书上较多地用"蛮僚"和"蛮夷"、"洞蛮"来称呼这一地区的少数民族。史载,六朝以来,九龙江两岸"尽属蛮僚"[1]。唐人刘禹锡曾指出福建少数民族有"居洞砦"与"家桴筏者",即有山居和水居两种。"闽有负海之饶,其民悍而俗鬼,居洞砦,家桴筏者,与华语不通。"[2]唐总章二年(669年),唐高宗为了"靖边方",派出

---

① 郝玉麟修:《福建通志》卷八十五《关隘》引《丁氏古谱》。
② 《刘宾客文集》卷三。

"朝仪大夫统岭南行军总管事"陈政,率领大量唐兵进驻漳潮地区,此举立即引起当地少数民族的反抗,"泉、潮间,蛮僚啸乱"①。陈政死后,子陈元光"代领其众",并于686年请建漳州。711年,陈元光被蛮僚首领蓝奉高"刃伤而卒"。《资治通鉴》记载,唐昭宗乾宁元年(894年)宁化"黄连洞蛮二万围汀州"。②。

唐代居住在漳州的少数民族被称为"蛮僚",居住汀州被称为"洞蛮",居住于潮州亦被称为"蛮夷"。唐元和十四年(819年),唐宪宗迎佛骨入大内,韩愈奋不顾身上表力谏,因此被贬潮州刺史。《旧唐书·韩愈传》载:"州南近界,涨海连天,毒雾瘴气,日夕发作……处远恶,忧惶惭悸,死亡无日。单立一身,朝无亲党,居蛮夷之地,与魑魅为群。"赣南地区的住民也是被称为"蛮僚",唐僖宗中和年间(881—884年),"王仙芝寇掠江西,高安人钟传聚蛮僚,依山为堡"③。

汉代南海王国国际后,闽粤赣交界处仍有大量越人。在这地域里,自汉到晋以来,汉人迁入不多,至唐代,作为这地区的土著民就是史书出现的蛮僚、蛮夷和洞蛮,人数很多。在漳州地区,他们能够长期与唐王朝进行武装斗争,最后并把集军政大权于一身的陈元光"刃伤而卒"。汀州宁化县的"洞蛮"围攻汀州,一次就出动了两万人。在潮州,韩愈深有感慨地说:"单立一身,居蛮夷之地,与魑魅为群。"在江西,"钟传聚蛮僚,依山为堡"。可见至唐代,在闽粤赣交界地虽然已有汉人入迁,并置郡治,但土著民的势力还相当强大。虽然各地名称记载不一,都是指少数民族。很显然他们与该地区古代越人有着密切的渊源关系。《隋书·南蛮传》载,南蛮杂类,名称很多,"古先所谓百越是也",提出了南方各少数民族

---

① 《云霄厅志》卷十七《艺文》。
② 《资治通鉴》卷二五九《唐纪七十五》。
③ 《资治通鉴》卷二五五《唐纪九十三》。

的族源与古代百越民族的密切关系。《南海县志》亦曰："岭表溪峒之民,号峒僚,古称山越。"①《嘉应州志》亦云："峒僚,岭表溪峒之民,古称山越。"②当代学者也大都持这一种观点。

两宋时期,闽粤赣交界地区,除有入迁的汉人外,其土著民仍称蛮僚、洞蛮,南宋时才出现"畲民"之名。畲民即今畲族。南宋理宗景定二年(1261年),漳州地区爆发了一次大规模的少数民族反抗斗争,由于人多势众,统治者变换手法对畲民进行招抚,宋刘克庄《漳州谕畲》一文就是这样出笼的。文曰:"凡溪洞种类不一:曰蛮、曰瑶、曰黎、曰蛋,在漳曰畲。西畲隶龙溪,就是龙溪人也。南畲隶漳浦,其地西通潮、梅,北通汀、赣,奸人亡命之所窟穴。……有国者以不治治之,畲民不悦(役),畲田不税,其来久矣。"③文内明确指出畲民的分布地区,除福建的漳州、汀州外,还包括广东的潮州、梅州和江西的赣州,都是"奸人亡命之所窟穴"。这些地区,即今闽粤赣三省交界地。

与"畲民"同时出现的还有"輋民"名称,文天祥在《知潮州寺丞东岩先生洪公行状》云:"潮与漳、汀接壤,盐寇、輋民群聚……"④胡曦《兴宁图志考》"輋人条"载:"輋,本粤中俗字,或又书作畲字,土音并读斜。"輋与畲语音相同,是指同一个民族。

宋代出现的畲民是唐宋时期在同一地区出现的蛮僚的后裔,抑是从域外迁入的?学界对此有截然不同的意见。一种观点认为畲族为武陵蛮后裔,并提出:"畲族是出于唐宋时代住在五岭东端的'瑶人',而远源于汉晋时代的五溪蛮。""瑶人的一支约在唐初进入粤、赣、闽三省交界地区。""唐宋时,蛮、瑶混称,所谓'蛮',或

①　梁绍猷:《南海县志》卷三十五《杂录》。

②　《嘉应州志》卷三十二《丛谈》。

③　刘克庄:《后村先生大全集》卷九十三。

④　文天祥:《文山先生全集》卷十一。

'峒蛮',实即瑶人也,也就是畲民的祖先。他们在这里繁衍生息,和当地汉族接触频繁,被称为'畲民'。"①有的认为:"畲族源于汉晋时代的'武陵蛮',与瑶族有密切的渊源关系","可以肯定的是,畲族不是东南沿海地区的土著居民,而是起于'荆湖地区',从中原地区或长江中游南迁,他们至少有一部分在广东停留了一个比较长的时期,大概汉晋以后,隋唐之际已遍布闽、粤、赣三处交界地区"②。还有的主张畲族与东夷的关系③。上述这些观点都是主张畲族是外来的,不是本地的土著。

另一种观点主张畲族为古代越族的后裔。清杨澜《临汀汇考》曰:"唐时初置汀州,徙内地民居之,而本土之苗裔乃杂居其间,今汀人呼曰畲客。"徐松石《粤江流域人民史·广东畲人》一书曰:"唐代蛮人即今之畲族,是闽地之蛮皆称畲也。"傅衣凌《福建畲姓考》亦曰:"在福建特殊部族中,畲与蜑实推巨擘,此两族其先盖同出于越……以其有居山、居水之异,爰分为二,实则一也。惟山居之民,在宋以前,多称越、南蛮、峒蛮或洞僚。宋元之际,畲名始渐通行。"④还有的主张畲族为古代南蛮族的一支⑤,或闽族的后裔⑥。这些观点主张畲族为土著。

从闽粤赣三省交界地民族发展变化的历史考察,在秦汉以前,

①　徐规:《畲族的名称来源和迁徙》,载《杭州大学学报》1962年第1期。

②　施联朱:《关于畲族的来源与迁徙》,载《中央民族学院学报》1983年第2期。

③　张崇根:《畲族族源东夷说新证》,载《中央民族学院学报》1986年第4期。

④　傅衣凌:《福建畲姓考》,载《福建文化》1944年第2卷第1期。

⑤　王克旺等:《关于畲族的来源》,载《中央民族学院学报》1982年第2期。

⑥　陈元煦:《试论闽越与畲族的关系》,载《福建论坛》1984年第6期。

该地区是越人居住地,即汉代南海王国的封地。南海国除后,六朝至唐宋出现的蛮僚、洞蛮及"山都木客"名称的少数民族,即是居住在这一地区的越人的后裔。从唐代蛮僚与陈元光统领唐军长期剧烈的对抗中,完全可以肯定他们是土著,才有如此的凝聚力量,绝不可能是从武陵地区迁来的。宋代畲、瑶名称均同时见于史书上,而且两族的分布地区明显不同,故畲族不可能为瑶族一支。闽粤赣三省交界地,历史上并没有过民族的大迁徙的事发生,况且这里高山重阻,交通不便,就汉人入迁和设置郡治而言也是最晚的地区。因此,从汉至宋,在这区域内,虽然各个时代的民族名称有不同。这种不同只是史家的不同记载,全国各地也是如此。但是从民族渊源关系来说,则是一脉相承。畲族为古代百越的后裔,其中与南武侯织这支越人的关系最为密切。①

三、客家文化是畲汉两族文化互动的产物

闽粤赣三省的汉人最早都是由中原一带迁来的,现在这些汉人尽管有地区间方言的不同,但都以汉族自称。唯独居住于闽粤赣三省交界地的住民则被称为客家。这同历史上这里长期是少数民族的住民有密切关系,也说明这支汉族民系与其他汉族还有某些区别。

据史书记载,汉人入迁于闽粤赣交界地区不会早于唐代,罗香林先生《客家源流考》考证始于唐末五代。宋代汉人南迁大增,使得这一地区的人口同样得到迅速的增长。如赣州(虔州、南安等),在元丰初(1078 年)有 133929 户,至徽宗崇宁初(1102 年),人口增至 310153 户,仅 20 年间人口增幅达 132%。闽西的汀州,唐元和时有 2618 户,到北宋神宗元年增至 81454 户,从北宋末至

① 蒋炳钊:《畲族史稿》,厦门大学出版社 1988 年版。

南宋中叶的宁宗庆元时的百年间，又增至218570户。粤东的梅
州，在唐代只是潮州下属程乡县，自唐末至北宋元丰年间，循州、梅
州人口增幅很大。循州北部在唐元和时的户数约1404户，而面积
尚不足唐循州北部三县的宋代循州，太平兴国年间主客户已达
8339户，约有唐代的5.8倍，至神宗元丰年间，循州主客户高达
47192户，约为太平兴国时的5.6倍多。梅州的户口，到宋太平兴
国至端拱二年之间，有1577户，元丰初增至12372户①。可见自唐
末宋初及两宋时期，闽粤赣交界地的几个州县人口大增。在这些
人口中，除了自然增长和大量土著民族被"编图隶籍"外，还有大
量汉人南迁于此。客家各姓氏族谱所载其祖先入迁也大都在这一
时期，这与历史符合。

　　但是，在当前的客家研究中，有的学者把汉人入迁与客家形成
等同起来，把宋代的客户作为客家出现的依据，或主张由于"客家
来自北方的广大地区，辗转南徙，易地为客"，因而有的把客家文
化说成是"中古汉族民间文化"。这些观点笔者都不敢苟同。

　　客家何以形成于闽粤赣三省交界这一特定地域里，而在这一
地域里，在汉人入迁以前，都是少数民族聚居区，也就是现在畲族
历史上的居住地。这就提示我们这个客家民系的形成必定与畲族
有密切关系。

　　语言学家把汉语方言分为八个区，客家方言即是其中之一。
清代温仲和《嘉应州志·方言篇》提出客家这一名称，就是以方言
来界定的。"客"是相对于"主"而言。何以称客家，即讲广府话的
汉人以主自居，而称粤东一带讲不同广府方言的族群为客。方言
不同说明社区族群历史来源不一样。在这八大方言中，都是产生
于古代百越民族分布区内，这些不同的方言区都可以如同客家一
样称为一个民系。如果再细分还可以分很多，如闽方言还可分为

---

　　①　谢重光：《客家源流新探》，福建教育出版社1995年版，第12页。

闽南、莆仙和福州,它们地区间的方言差异很大,彼此不能相通,亦可称为一个民系。由此可见,这些不同方言的民系都是中原汉人入迁于百越民族地区在不同时期形成的,客家民系也不例外。

　　费孝通先生说过:"生活在一个共同社区之内的人,如果不和外界接触不会自觉地认同。民族是一个具有共同生活方式的人们共同体,必须和'非我种类'的外人接触才发生民族的认同,也就是所谓民族意识。"①民族意识产生的前提是社会存在的客观差异,或者说是人们共同体生活方式的客观不同。基于这个认识,当汉人入迁畲区后,异族文化的介入,畲族民族意识增强了。唐宋时代畲民的大规模的反抗汉族统治阶级的斗争就是一种表现。但是也应该看到,我国是一个以汉族为主体的多民族国家,因此民族间文化的互动、融合与整合是历史发展的必然趋势。汉人入迁和封建郡县的设置即标志着畲、汉两族文化互动的开始。

　　文化的互动是双向的。不可能是以一种民族文化去淘汰另一种文化,而是相互吸收、互为影响、双方交流,以谋求共同的发展与进步。闽粤赣三省交界地区,是历代统治阶级统治较为薄弱的地区,而长期形成的土著文化有深厚的基础,是不容易轻易被改变或替代的。汉族入主该地区后,一方面传播和推广汉文化,另一方面吸收当地文化作为自己的文化保存下来。随着历史的发展,畲汉两族文化经过长期互动,而这种文化变迁互动整合必然深化到各个方面。因此,客家文化并不是入迁的汉人凭借自己的文化优势或者靠人多势众去淘汰或融合当地土著文化而成的一种纯粹的汉文化。可以说,客家的出现,即代表着一种新的文化的产生。这种文化就是汉族和当地畲族之间文化互动的结果。所以客家文化可以理解为既体现汉文化的某些特征,又含有大量当地民族文化而形成的一支不同于汉族又区别于当地民族的具有独特文化特征的

---

　　①　费孝通:《中华族多元一体格局》,中央民族大学出版社1989年版。

民系。

文化互动、融合,直到形成一支独特民系,并非一朝一夕的事,而应是一个较长时间的发展变化过程。因此客家的形成不可能如有人所说,"以赵宋一代为起点",更不是"秦至六朝,客家共同体的初步形成"。唐宋时代,畲族名称出现,畲族及其先民活动相当活跃,直至元代还是如此。《元一统志》记载当时汀州情况时曾说:"汀之为郡,山重复而险阻……舟车不通,商旅罕至,惟以耕凿为业,故无甚贫甚富之家。蚕业不宜,丝棉罕得,惟从桑麻为业。西邻赣,南接海眉。山深林密,四境椎埋顽狠之徒,党与相聚,声势相恃,负固保险,动以千百计,号为畲民。"①元代畲民的抗元斗争在全国很有影响,《元史》记载很多畲民的抗元之事。客家的形成必须以畲文化与汉文化的交融为前提,从畲族的历史发展变化看,畲族迁往闽东、浙南之后形成新的聚居区,客家的形成可能在这一时期。

为了说明客家文化是畲、汉两族文化互动的产物,兹将客家文化作个剖析:

从政治文化看,客家地区先后设立封建郡县,这是汉文化的产物。客家地区通用汉族语言文字,这也是汉族文化的流传。

从经济生活看,北方汉人农业是以旱地作物为主,客家地区是以稻作农业为主,兼种旱地作物,这种文化不是中原汉文化的移植,而是在当地固有文化的基础上加以发展。客家妇女从事繁重的体力劳动,没有缠足习俗,这是继承畲族"跣足而行"的传统习俗。提到客家居住形式,自然会联想到土楼。但是这种文化也不是中原传入的。土楼在客家地区和非客家地区都有,年代最早的为明正德年间。土楼的功能,明显是为了防御,确保居住安全而建。客家妇女的服饰不同于中原汉族,如长汀客家妇女打扮:高

---

① 《元一统志》卷八《汀州路·风俗形势》。

髻,衣服着花边,"打扮起来活像少数民族"①。这种文化明显是受到畲族"椎髻卉眼"的影响,不是汉文化的传承。畲族是一个酷爱山歌的民族,客家人唱山歌也有广泛的群众基础。但是中原汉文化并不崇尚山歌,因此有人认为客家山歌是汉人入迁畲区后受到畲文化的影响,是有道理的。客家人和汉人自诩其祖先是中原衣冠南渡的士族,每个姓都很重视修族谱,都有堂号、堂联。族谱是汉文化的产物。现在畲族各姓氏也都修有族谱,而且把他们的祖先也是同样说成是来自中原的贵族或宦家,也有堂号。如盘姓为"南阳",蓝姓为"汝南",钟姓为"颍川",雷姓为"冯翊"。南阳、汝南、颍川、冯翊均在河南、山西一带。很显然畲族修谱是受到汉文化的影响。

　　关于客家方言问题,学界意见分歧较大。有的学者认为客语的词汇特点大量反映了宋代汉语的特点,认为客方言是宋代定型的;有的认为现在畲族99%以上人口使用汉语客家方言。畲族有没有自己的语言,学者有过争议。我们认为一个民族如果没有自己的语言也就构成不了一个民族。为什么畲族所说的话被认为是客家话,那么所谓客语中是否就含有畲语的成分,这个推论并不过分。房学嘉先生最近对客方言提出一种新见解,他说:"客家方言又叫客家话,在当地民间叫'阿姆话'。'阿姆'与普通话的'母亲'同意,即客家话为母亲话。……历史上聚居于闽粤赣三角地带的少数中原人跟当地古百越人等少数民族妇女通婚,建立家庭,其后代语言、文化、习俗自然跟随母亲的民族,此即客话叫阿姆话之故。客家话的母语是闽粤赣三角地区的古越族语。客家话中夹

---

①　王增能:《汀州府是历史上畲族之地》,载《闽西文丛》1984年第2期。

杂有相当多的中原古音,则是南迁的中原汉人带来的。"①提出了客话主要就是当地土著民族语言的意见。客家先民之一从原操北方方言演变成为另一种具有地方特色的客家方言,这正是汉语与畲语互动影响的共生关系。

文化的传播与交融因时因地而异。历史证明,在汉文化影响较为薄弱的地区,本地土著民族文化保留程度相对多些。闽粤赣交界地情况大致是这样,因而我们从现在客家和畲族的文化考察中尚可看到畲汉文化互动留下的历史轨迹。

---

① 房学嘉:《客家源流探奥》,广东高等教育出版社1994年版,第51页。

闽台地区汉族的由来及其发展成为主体民族的历史过程

　　闽台地区古代均为百越民族的聚居区,自汉武帝统一闽越之后,汉文化开始在福建地区传播。先是通过汉人的入迁和封建郡县的设置,随之而来便是代表汉族传统文化的语言文字的推行,儒道释思想的灌输以及汉族民俗节日的流传。汉文化在与当地土著文化的互动中,相互吸收,互相融合,形成了具有地方特色的汉文化。

　　台湾的汉文化源于福建,是通过福建移民的传播。闽台地区社会经济的发展都同汉人的入迁和汉文化的传播和影响分不开。本文试就汉人入迁闽台地区,并发展成为主体民族的历史进程谈一些不成熟的意见,不妥之处,敬请斧正。

一、汉人入闽的几个时期及其特点

　　据《史记·东越列传》载:"闽越王无诸及越东海王摇者……秦已并天下,皆废为君长,以其地为闽中郡。"在秦统一以前,福建为无诸统治的闽越王国,其族人为闽越族。秦末,无诸率众"佐诸侯灭秦",后来又从"附楚"到"佐汉"。西汉王朝建立之后,汉高祖五年(前202年)"复立无诸为闽越王,王闽中故地,都东冶"。秦置闽中郡于闽越,西汉时闽中已成故地,故史家大都认为秦的闽中郡并没有成为政治实体。王鸣盛《十七史商榷》"故郡"条已指出:"且秦虽置郡(指闽中郡),仍为无诸和摇所据,秦不得而有之,所以汉击楚,二人即率兵来助。"闽越王时期,闽越王国虽与汉廷建立起藩臣关系,但仍保留相对独立的地位。

闽越王国至汉武帝元封元年(前110年)国除,历三代计92年。福建虽然离中原较远,且生态环境较为闭塞,但并不是如淮南王刘安上汉武帝书所说的那样,"以为不居之地,不牧之区","不可郡县"的一个荒凉之地。我国是一个多民族国家,各族之间的文化交流早已存在,福建地区曾出土一些先秦时期的异文化,如建瓯县发现一件重200斤的西周大铜钟;莆田出土春秋战国时期的青铜镶;闽侯庄边山发掘九座墓葬,其中有战国楚墓。由此可知,在先秦时期可能已有少数楚人或中原华夏人入迁福建。汉景帝时发生吴楚七国叛乱,吴王被东瓯王弑,其子"驹亡走闽越,怒东瓯杀其父,常劝闽越击东瓯"。这是汉初汉人入闽的具体记载。估计在闽越国时期入闽的汉人仍是少数,福建的文化还是以闽越文化为主体。

汉文化对福建产生直接的影响应是从汉武帝统一闽越之后开始的。《史记·东越列传》云,汉武帝统一闽越后,曾以闽越地险阻,数反复,"诏军吏皆将其民徙处江淮间,东越地遂虚"。如果依此记载,汉王朝对闽越地区的治理是采取移民虚其地的措施,并把它划归会稽郡管辖。可是在后来的一些记载中,汉王朝当时又曾在闽地置都尉、侯官和冶县,因而引发史学界一番争议。尤其是1959年在闽北崇安发现一座汉代城址,经过多次的探测和发掘,规模很大,东西长约860米,南北宽约550米,面积约48万平方米。关于该城的时代与性质曾有各种意见，其中有的认为："崇安汉城遗址出土的陶器以及福建其他地区出土相类似陶器，尤其是闽越式陶器大部分，其使用的上限可能至秦汉之际，下限则持续至西汉晚期。"①有的明确提出该城上限不超汉高祖五年封闽越国之前，因而该城的始建年代应是在"汉廷封立闽越国之后"，"城址的下限年代……闽越灭国年代……即汉武帝元封元年"。②

　　汉城出土的遗物很丰富，获得 2000 多件完整或可复原的铜、铁、陶器以及建筑构件，还有"乐未央"、"万岁"、"常乐万岁"的文字瓦当和"河内工官"铭文的青铜弩机。笔者曾根据 1959 年初次探掘中出土的 156 件铁器进行分析研究，认为这批铁器是汉王朝统治福建后从中原引进的，该城系汉代的一处军事城堡。后来该城址又进行多次发掘和探测，基本上摸清了城址的布局，如是汉代建的军事城堡不可能有这么大的规模。这座城很可能为闽越王时期的王城。闽越国除后，汉王朝即利用它作为军事驻所。如果这个推断可信，这是汉王朝统治福建历史的开始，汉文化从此在福建得到传播。③ 福建出土的汉代文物，除汉城外，自 1957 年以来，在汉城附近的三姑一带陆续发现汉代的五铢钱和货泉；1976 年又在角亭出土同类钱币数千枚，它既反映了闽北地区与中原的经济交往，也说明汉人入闽及汉文化传播首先是从闽北开始。

　　自汉武帝统一南越和闽越之后，百越民族活动历史在史书上逐渐消失。但是越人仍大量存在，福建也是如此。《后汉书·灵帝纪》出现"山越"名称，三国时代孙吴统治的地区则是越人聚居地，因此在《三国志·吴志》中记载"山越"的事最为集中。所谓

----

① 林忠干：《论福建地区的汉代陶器》，载《考古》1987 年第 1 期。
② 杨琮：《论崇安城村汉城的年代和性质》，载《考古》1990 年第 10 期。
③ 蒋炳钊：《再论福建崇安古城的时代和性质》，载福建省博物馆编：《福建历史文化与博物馆学研究》，福建教育出版社 1993 年版。

"山越",胡三省注曰:"山越本亦越人,依阻山险,不纳王租,故曰山越。"①这个看法是可信的。孙策在草创吴国时便把矛头对准当地的越人。孙权继位也把镇压山越的反抗斗争作为大事,以求稳固其统治地位。《三国志·孙权传》曰:"初,权外托事魏,而诚心不欵……时扬越蛮夷多未平集,内难外弭,故权卑词上事,求自改励。"陆逊也说:"山寇旧恶,依阻深地,夫心腹未平,难以图远。"镇压山越的反抗之后,设置郡治,福建情况也是如此,"(永安三年)秋,以会稽郡南部为建安郡"。三国时代福建首置建安郡治便是孙吴镇压汉兴、南平、建安等地山越反抗斗争之后设置的。

封建郡县的设置,标志着汉文化统治地位在闽北的确立,闽北成为汉人入闽最先到达的地区。除了军队和官吏外,据载,早在孙策时,"孙策检江左邻郡逃亡,或为公私苛乱者,悉投于此,因是有长乐、将检二村之名"。②建郡后,甘露元年(265年)二月,孙皓遣使跟随昔吴寿春降魏将徐绍,濡,"行至,濡须召而杀之,徙其家属建安"。③左丞相陆凯因对孙皓的一些做法提意见,引起孙皓不满,陆凯死后,将其家属迁至建安。④

从西汉派兵戍闽到三国时置建安郡,其统治范围均在闽北一带,且都带有军事性质。估计在这一时期入闽的汉人还很有限。两晋至南北朝时是北方汉人入闽的一个重要时期。永嘉年间"八王之乱",中原汉人为避战乱而大批南迁,《建阳县志·礼俗志》载:"晋永嘉末,中原丧乱,士大夫多携家避难入闽。"闽北的建阳、建瓯等地,相传危京在这里当过官,曾把他的亲族迁来。"晋永嘉时,光州危京官建安,十有六年而卒……先是其乡避乱之民率从亡

---

① 《资治通鉴·汉纪》,胡三省注。
② 张景祁:《邵武府志》卷二十八《古迹》。
③ 《三国志·吴志·三嗣主传第三》。
④ 《三国志·陆凯传》。

来，至是遂占籍焉。故建宁土人知尚之学，实自危京始。"①"晋永
嘉末，中原士大夫多携家避乱入闽，建为闽上游，大率流寓者多。
时危京为建州刺史，亦率其乡族来避兵，遂占籍。"②福州广泛流传
着"八姓入闽"的事，据载："永嘉二年（308年），中原板荡，衣冠始
入闽者八族，林、黄、陈、郑、詹、邱、何、胡是也。"③林諝《闽中记》载
八姓入闽事，其中林、黄、陈、郑四姓先入闽。

西晋南北朝时期，入闽的汉人除闽北、闽东外，还扩散到闽中
和闽南等地。如闽中的莆田有陈、王、周等800家迁入的记载，
"颖川（陈氏）衣冠旧族与周伯仁、王茂弘系渡江八百余家"。④闽
南的晋江，正是"以晋南渡时衣冠避地者，多沿江而居，故名"⑤。
据福建省博物馆从1953年至1978年共清理出这一时期墓葬126
座，按墓砖的纪年统计，属西晋的有永兴三年、永嘉五年，属于东晋
有咸和六年、咸康元年、永和元年、永和七年、永和十年、永和十二
年、升平元年、升平四年、太元□年、隆安三年、义熙十二年；属于南
朝的有刘宋元嘉四年、元嘉十七年、元嘉二十六年、元嘉二十九年、
大明四年、大明九年；属萧齐的有永明元年、永明四年、永明七年、
永明十二年、建武四年；属萧梁的有天监五年、天监十四年等。随
葬品有青瓷器、陶器、铜器、铁器、金银器和钱币等，反映了当时南
下贵族的奢侈生活。⑥

随着入闽汉人的增多，西晋时又增置晋安郡，治所在今福州，
南朝时又增设南安郡，治所在今南安，辖地兼今泉、莆、漳一带，汉

---

① 《建阳县志》卷八，引《景泰志》（民国版）。
② 《建瓯县志》卷九《礼俗》。
③ 乾隆《福州府志》卷七十五《外纪一》，引《九国志》。
④ 莆田文峰《陈氏族谱·闽中草寓记》，转引自朱维干《福建史稿》。
⑤ 《晋江县志》卷一《沿革》。
⑥ 福建省博物馆：《建国以来考古工作的主要收获》，载文物编辑委员
会编：《文物考古三十年》，文物出版社1979年版。

文化已在福建的大部分地区得到传播。

唐朝是我国封建经济空前繁荣和发展的时代,也是政治上空前大统一的时期。这时的汉文化不仅在汉族地区,而且在边远的少数民族地区同样都具有强大的影响。公元 669 年,唐高宗为了"靖边方",曾派陈政"率府兵三千六百将士,自副将许天正以下一百二十员,从其号令,前往七闽百粤交界绥安县地方,相视山源,开屯建堡,靖寇患于炎黄,奠皇恩于绝域"。大量唐兵进入少数民族聚居的漳州地区。陈政死后,子陈元光代领其众。为了实现长期的统治目的,公元 686 年(垂拱二年)请置漳州郡治,陈元光被任命为首任刺史。陈氏四世守漳达百年之久。陈元光被誉为"开漳圣王"。陈系河南光州固始人,其将领和唐兵后来大都在漳州落籍,其子孙繁衍为今龙溪、漳州、长泰、诏安、云霄、南靖等地汉族居民。开元二十一年(733 年),"福州长吏唐循忠于潮州北、广州东、福州西光龙洞,检责诸州避役百姓三千户,奏置州,因而汀溪为名",置汀州郡。①

至唐代,福建境内的封建郡治已基本建立,尤其是漳汀设治,民族成分发生了变化,由少数民族聚居区变成为"民僚杂处"之地。后来在汀州形成的"客家",即是汉人入迁后与当地少数民族在文化互动中形成的一个新的人们共同体。唐末由节度使领福、建、泉、漳、汀五个州,置福建经略使,福建一名开始出现。

唐末五代,王绪和王审知兄弟又率中州一支农民军入闽,落籍福建,建立"闽国",汉文化在福建的统治地位完全确立。王氏治闽时,实行一些有利社会发展的措施,社会安定;同时又在福州、泉州设"招贤馆",招揽多方有识之士,如刘山甫、韩偓、杜袭礼等社会名流均先后携眷来闽,对传播汉文化产生了很大的作用。

从上述的事实说明,汉人入闽在武装移民的基础上逐步得到扩

---

① 　(唐)李吉甫:《元和郡县图志·江南道五·汀州》。

大,尤其是自唐中叶以来,随着我国经济重心的南移,汉人入闽后,提供了大批劳力,使得福建的物质资源得到开发,大大促进了福建社会经济的发展,迅速赶上并超过中原的发展水平。入宋以来,又充分利用福建的海洋有利条件发展海上贸易,泉州港一跃成为世界一大贸易港,因而吸引着更多的北方汉人,使得福建人口迅速膨胀起来。自唐末至南宋 400 余年间,北方每经过一次战乱,福建人口就有一次显著的增长。三国时,建安郡只有 3042 户,西晋时晋安郡只有 5579 户,两郡合计人口只有 8600 户。① 至北宋初年,福建已设 6 州 3 军,包括 47 县,较唐后期元和年间(806—820 年)增加 1 州 2 军 23 县,人口增长为唐后期的 6 倍多。南宋初年人口又比北宋末增长 31%。在南宋交替的 60 年间,福建激增 33 万,每平方公里人口密度也是江南诸路中增长最快的。② 详见下表 1、表 2、表 3:

表 1

年度	户数	以元和年间为基数的增长率(%)	口数	以元和年间为基数的增长率(%)
唐元和年间(806—820)	74467		315740	
北宋太平兴国五年至端拱二年(980—989)	467815	682		
北宋元丰三年(1080)	992087	1332	2043032	647
崇宁元年(1102)	1061759	1425.8		
南宋绍兴三十二年(1162)	1390566	1867	2808851	889.6
嘉定十六年(1223)	1599214	2147.5	3230578	1023

　　① 何敦铧:《中原—福建—台湾人口迁徙之探索》,载《福建学刊》1989 年第 4 期。

　　② 《福建经济发展简史》,厦门大学出版社 1989 年版,第 6 页。

表2

每平方公里口数　　路别 年度	福建路	两浙路	江南东路	江南西路
北宋末(1088—1102)	16.0	30.7	24.9	27.3
南宋嘉定十六年(1223)	25.4	32.5	27.7	37.7

表3

户　数　　年度 州　军	太平兴国五年(980) —端拱二年(989)	元丰年间 (1078—1086)	增长比例 (%)
福州	94470	211552	224
南剑州	56670	119561	211
建州	90492	186566	206
邵武军	47881	87594	183
泉州	96581	201406	208.5
兴化军	33707	55237	164
漳州	24007	100469	418.5
汀州	24007	81454	339

　　注:参考梁方仲:《中国历代户口、田地、田赋统计》第104、164、135页,转引自《福建经济发展简史》,第7~8页。

　　从上表反映这样一个事实,福州、泉州、建州是福建户口最集中的地区,是知汉人已从最早开发的闽北地区向沿海的福州、泉州转移。漳州和汀州的户数也有大幅度增长。以漳州为例,"自宋以后,民生日繁,鸟兽避迹"。[①]"白水青秧纵横,远近布棋局;平原

---

　　① 《龙溪县志》卷二十一《杂记》。

旷野参差,高下叠龙麟。"①

　　两宋福建人口的迅速增加,促进福建的开发。这些人口中除了入迁的汉人及其后代,还包括一部分被汉化的福建土著和少数民族人口。汉族人口在各地已明显占优势,汉族已成为福建的主体民族。

二、汉文化在福建的传播及其影响

　　移居福建的汉人,最初大都以武装移民为主。伴随入闽汉人的增加,封建郡治自北往南不断扩大。这样一来,又为汉人入闽创造了条件。可是,福建从一个少数民族的住地变成为以汉族为主的省区,汉文化发展成为主体文化,这并非一朝一夕之事,其间经历了汉文化与当地文化互动的逐渐变化过程,其中汉文化的传播与影响起着重要作用。

　　汉文化的传播一般包括物质、精神和政治制度。首先,物质方面主要表现在先进生产方式随着汉人入闽而得到推广与应用。如铁器工具、犁耕农业和水利灌溉,使得福建资源得到开发。政治制度的确立是推行文化的基础条件,作为汉族主要的政治制度,就是秦汉以来推行的加强中央集权制度的郡县制。汉文化在福建的传播首先是从建立郡县制开始的。福建虽是少数民族地区,但从一开始就实行同中原汉族地区一样的郡县制,直接推行汉文化。随着郡县制的普遍设立,汉文化便逐步确立了统治地位。

　　其次,作为汉文化核心的汉族语言文字的推广与应用。汉语文字的推广首先通过创办学堂,发展儒学。据载,早在南朝宋时,就有地方官在闽提倡儒学,"阮弥之,江左人,元嘉中为昌国太守(昌国即晋安郡)。昌国初为蛮地,俗不知学,弥之教之稼穑,兴学

---

　　① 《漳州府志》卷四十二《艺文》,郑解元:《鸿江赋》。

校,家有诗书,市无斗嚣"。① 稍后,入闽官吏虞愿亦"在郡立学堂教授",王秀之继任,亦"与朝士曰:此郡承虞公之后,善政犹存,遗风易遵"。②

唐代,福建仍被视为边陲蛮夷之区。唐王朝开发南方主要还是通过传播儒学。唐武德七年(624年),唐高祖下诏诸州县并令置学,从此,州县设学成为历代相沿不替的制度。大历年间,李椅出任福建观察使,重建州学,"是以易其地,大其制,新其栋宇,盛其俎豆。俎豆既备,乃以五经训民,考校必精,弦诵必时。于是,一年人知敬学,二年学者功倍,三年而生徒祁祁。贤不肖竞劝,家有洙泗,户有邹鲁,儒风济济,被于庶政"。③ 常衮继李椅之后,以前宰相的身份亲自教导学生,大大鼓舞了福建士子求学扬名的志向,参加科举,如泉州学子欧阳詹"声腾江淮间,达于京师",登科第的人开始在闽地涌现。

唐末五代,国内陷入军阀混战,儒学一度遭到破坏。可在当时割据福建的几个统治者,为了自身的需要,对儒学特别重视,赢得了一个发展机会。如继任福建观察使的陈岩,在闽北复修公府学校。④ 王潮任威武军节度使时,在他任内创"四门义学";王审知时,他"兴崇儒学,好尚文艺,建学校以训诲,设厨馔以供给。于是兵革之后,庠序皆亡,独振古风。郁更旧俗,岂须齐鲁之变,自成洙泗之乡,此得以称善教化矣。怀尊贤之志,宏爱客之道。四方名士,万里咸来"。⑤ "王氏据有全闽,虽不知书,一时浮光士族,与之

---

① 道光《福建通志》卷一百二十一。

② 《南史》卷七十《循吏传》。

③ (唐)独孤及:《都督府儒学记》,转自徐晓望主编:《福建思想文化史纲》,福建教育出版社1996年版,第38页。

④ 嘉靖《邵武府志》卷十二《名宦》。

⑤ 《十国春秋》卷九十附:钱昱《忠懿王庙碑》,中华书局点校本。

俱南。其后折节下士,开四门学,以育才为急,凡唐宋士大夫避地而南者,皆厚礼延纳,作招贤院以馆之。闽之风声,与上国争列。"[1]

　　闽国时期,由于福建地方安定,统治者又重视儒学,招纳了北方大批名人入闽,"唐衣冠卿士跋涉来奔,若李洵、韩偓、王标、夏侯淑、王淡、杨承休、王涤、崔道融,王拯、杨赞阁,王倜、杨沂丰,归传懿诸人,未易指屈。"[2]他们的到来,一方面提高了福建文化的品位,同时又为福建儒学的发展作出重要贡献。在唐中叶以前,中原士林所知晓者,福建仅欧阳詹等少数人,到了唐末文宗开成三年,陈嘏等四位闽籍举子同时进士及第,士林为之震惊,"闽中自是号为文儒之乡"。[3] 五代时,在士林中可称道者可推韩偓、黄滔、徐寅,其中黄滔影响最大,"其文赡蔚典则,诗清淳丰润,有贞元长庆风。《马嵬》、《馆娃》、《景阳》、《水殿》诸赋,雄新隽永,称一时绝调"。[4] 韩偓为京兆人,黄、徐系莆田人,是本地土生土长的文士。据《八闽通志·选举》载,唐五代时期,福州进士及第36人,泉州21人,漳州2人,汀州1人,建州4人,总计64人。泉州诸县中,以莆田人居多。

　　两宋时期,福建社会经济发展水平已迅速赶上并超越了中原地区,文化方面也一扫过去的蒙昧落后的形象而被誉为"海滨邹鲁"。福建的文人继承和发扬了唐诗所代表的盛唐文化传统,人才辈出,在全国已有一定的地位。《宋史·文苑传》登录宋代著名文人90人,其中福建就有8人,名列全国第6位。《全宋词》辑录千余位作家,北宋福建词人有14人,居全国第6位。南宋则有63

<hr>

① 　陈云程:《闽中摭闻》卷一,乾隆晋江陈氏刊本。

② 　《十国春秋》卷九十五。

③ 　《福建通志·文苑传》卷一。

④ 　《十国春秋》卷九十五。

位,跃居全国第3位。《宋史·道学传》、《宋史·儒林传》共载89人,其中福建有17人,居全国首位。[①] 甚至在某些领域,如理学一主潮流,朱熹所创立的考亭学派举世闻名。

宋代福建科举兴盛,南宋人陈必复说,福建举子"负笈来试京者,常半天下","而今世之言衣冠文物之盛,必称七闽"。[②] 两宋320年间,福建中进士者多达5986人,约占宋代进士总数的近五分之一。官至宰相者有数十人,登科者不乏佼佼者,如朱熹、蔡襄、李纲、曾公亮、袁枢、杨亿、宋慈、苏颂、真德秀、刘烨、梁克家等。状元及第的福建有24人,在全国名列前茅。[③]

书院制度确立于宋代,书院教育培养了宋代新的士风。许多硕学鸿儒致力于下层社会教育,热心于文化和学术普及,创办书院。据《八闽通志》等记载,宋代福建有书院60所。教育的发展和书院的兴盛,无疑为福建思想文化发展提供了良好的条件。由此可知,汉语汉文和儒学已成为福建的主体文化了。

除了儒学外,佛教、道教等在汉区流行的意识文化,也随着汉人的入迁很早传入福建。闽越族本来的"信巫鬼、重淫祀"的巫觋文化已融合于其他宗教意识中。如萌芽于汉晋之际的道教,至唐代,由于李唐王朝的推崇,已有道士入闽修道。由于民间有许多和道教性质相类似的神祇崇拜,官府倡设的社稷坛、天地山川坛遍及各州郡。还有一些历史上的著名人物,因受到百姓崇敬而设庙祭祀,如漳州的"开漳圣王"陈元光,置威惠庙。建州的李频庙,李频为唐建州刺史。惠安青山王庙(祀张悃)。还有关帝庙(祀关羽)。

---

① 参见陈明光:《试论两宋八闽文化的发展》,载《中国文化研究集刊》第5辑,复旦大学出版社1987年版。

② 《南末群贤小集·端隐吟稿序》。

③ 徐晓望主编:《福建思想文化史纲》,福建教育出版社1996年版,第93页。

各地受尊敬的本地人物,死后,人们也设庙祭祀,如宋代莆田湄洲妈祖庙(祀林默娘)、漳泉一带的慈济宫(祀神医吴夲)、福州一带的临水夫人(祀陈靖姑)、安溪的清水祖师(祀普足和尚),形成一个庞杂的神祇系统,流传至今。

佛教自东汉传入中国后,由于统治者的提倡,迅速得到传播。福建也是佛教最早传入的地区之一,在西晋太康年间(280—289年)就有南安的延福寺、侯官的绍因寺和建安的林泉寺等。隋唐五代,由于统治者的推崇,形成民间的崇佛热潮,有些人慷慨地将家产田地施舍给寺院,如泉州开元寺寺宅当地居民黄守恭捐献。雪峰寺寺产也是由古田人蓝文卿、蓝应潮父子施舍的。福建在王审知时,礼佛敬僧已达到狂热地步,"乃大读儒释之书,研古今之理,常曰:文武与释氏盖同波而异流,若儒之五常:仁、义、礼、智、信,仁者,含弘也,比释之慈悲为之近;礼者,谦让也,比释之恭敬为之近;智者,通识也,比释之圣觉为之近;信者,直诚也,比释之正直为之近"。[①] 在王审知看来,佛与儒实际上是一致的,故在王氏治闽时,他捐钱90万贯,将雪峰寺修饰一新。有一次,他召开佛教法会,"饭僧二十万"。子王延钧称帝时,"许饭僧三百万,缮经二百藏"。[②] 闽国时期,仅福州诸县就增加了267座寺院。福建僧人还积极收罗佛教经典,使福建成为佛教文献中心之一。唐代福建名僧辈出,被视为禅宗佛教中心。[③]

宋元时期福建经济的繁荣也带来宗教的兴盛,成为国内佛教最发达的地区,寺院之盛与僧人之多,闻名全国。宋人汪应辰说:

① 黄滔:《丈六金身碑》,《定光塔碑记》收入《黄御史集》。

② 徐晓望主编:《福建思想文化史纲》,福建教育出版社1996年版,第60页。

③ 徐晓望主编:《福建思想文化史纲》,福建教育出版社1996年版,第64页。

"闽中地狭人稠,常产有限,生齿即繁,家有三丁,率一人、或二人舍俗入寺观,所以,近来出卖度牒,本路比他处率先办集契,堪诸路出卖度牒,惟福建一路为多。① 据北宋天禧五年(1021 年)统计,其时全国僧人有 40 余万,其中福建路为 7.1 万人,占总数的 1/6 强,而当时福建人口数仅为全国人口数的 1/15。②

南宋中叶以后,由于寺院负担开始加重,不少寺院破产,佛教开始走下坡路。至元代,由于政府鼓励宗教,免去寺院的各种税收,又刺激各地佛教的发展,泉州开元寺为闽南最大的寺院之一。"至元乙酉(1285),僧录刘鉴义向福建行省平章伯颜,奏请合支院为一寺,赐额'大开元万寿禅寺',明年延僧玄恩住持,为第一世。禅风远播,衲子竞集,复得契祖继之,垂四十年,食常万指。"③可见元代泉州开元寺之盛况。

此外,随着泉州港贸易地位的确立,域外宗教文化相继传入。阿拉伯人创立的伊斯兰教,在唐代已传入泉州,现泉州有传教士三贤四贤的墓地。宋元时期泉州一地就有六七座清真寺。目前已知的就有"北宋圣友寺"(建于 1009 年),"南宋清净寺(建于 1131 年,1349 年重修),"宋也门寺"(建于 12 世纪以前),"元穆罕默德寺"(建于 14 世纪初),"元纳希德重修寺"(建于 1322 年),"元无名大寺"(建于元代)等。④ "南宋清净寺"至今尚存,是我国现存最古老的清真寺,列为全国重点文物保护单位。

波斯人创办的摩尼教,唐时传入中国。何乔远在《闽书》中说:"会昌中,汰僧明教在汶中。有呼禄法师者来,入福唐,授侣三

---

① 汪应辰:《文定集》卷十三《请免卖寺观趱剩田书》,丛书集成初编。

② 《宋会要辑稿·道释十三》,中华书局影印本,第 7875 页。

③ 《泉州开元寺志·建置》。

④ 庄为玑、陈达生:《泉州清真寺史迹新考》,载《泉州伊斯兰教研究论文选》,福建人民出版社 1983 年版。

山,游方泉郡,卒葬郡北山下。"①有人认为,这是摩尼教传入福建之始。约在五代时,福建摩尼教发展为明教会。宋元时期,明教在福建流传甚广。南宋洪迈《夷坚志》载:"吃菜事魔,三山尤炽。为首者紫帽宽衫,妇女黑冠白服,称为明教会。"②泉州草庵保存有元代摩尼教遗址,1988年莆田涵江发现一块摩尼教碑刻,残存"大力智慧,摩尼光佛"八个字。

基督教早于唐代便传入中国,当时人们把它称为景教。从唐末以来,泉州聚居了不少外国侨民,西方基督教随之传入,泉州曾出土多方十字石碑。

综上所述,至宋元时期,作为汉文化推行的佛教、道教在福建已进入鼎盛时期,域外文化(阿拉伯、波斯、印度文化)在福建沿海传播,形成了各种宗教交相辉映的状况,增添了福建文化的色彩。

此外,汉族传统的伦理观念和生活习俗礼俗、节庆,同样随着汉人入闽和汉文化的传播,也逐渐发展成为福建的主要民俗。尤其是朱熹的理学体系在福建形成后,对福建影响很大。朱熹是宋代一位学识十分渊博的杰出学者、理学家和教育家,他生在福建,长在福建,一生讲学著述主要亦在福建,因而他的学说被称为"闽学"。

朱熹学说是以孔孟儒家思想为核心,以《易》、《大学》、《中庸》为理论基础,并糅合佛、道及诸子之说,并加以创造性的发挥而形成的一种博大精微的思想体系。朱熹的理学发挥孔孟的儒家思想,被称为正学。福建居民中所奉行的伦理道德、生活习俗和岁时节庆,在汉文化的影响下,已同中原汉人的传统习俗大致相同。

从上所述,汉人发展成为福建主体民族的原因,除了汉人大量入迁及其繁衍发展,人口居于多数,而且还通过汉文化的传播,使

---

① 《闽书》卷七《山川·晋江县》。
② 释志磐:《佛祖统纪》卷四十四。

得这个群体在异地能够得到发展和巩固。

三、台湾汉文化源于福建

福建与台湾仅一水之隔，从古地理学或考古资料证明，远古时代的台湾曾与大陆连在一起。闽台两地地缘相连，福建的"东山陆桥"应是华南古人类进入台湾的一条最早通道，两地的文化基本上形成了同一远古文化区。

囿于文献记载，三国以前台湾的历史情况知之甚少。三国时沈莹《临海水土志》记载夷州（台湾）居民的生活状况，与福建古代闽越族十分相似，故有人主张台湾古代住民属闽越族，大陆向台湾的移民早已存在。

大陆的汉人最早进入台澎地区始于何时？根据文献记载，黄龙二年（230年），孙权曾派卫温、诸葛直率"甲士万人"航海到台湾（当时称为夷州），"军行经岁"，进行了短暂的统治。后来由于水土不服、疾疫流行，士卒死亡十之八九，不得不带领数千名夷州人，一起撤离夷州而返回大陆。这是中国封建王朝首次对台湾的开拓。隋炀帝即位，有一位海师何蛮对他说："每春、秋二时，天晴风静，东望依稀，似有烟雾之气，亦不知几千里。"大业三年（607年），隋炀帝令羽骑尉朱宽与何蛮一同入海，经过艰难的航行，终于到达台湾（当时称为流求），因"言不相通，掠一人而返"。第二年，隋炀帝又令朱宽，再去慰抚，但"流求不从，仅取布甲而返"。大业六年，再派武贲郎将陈稜及朝请大夫张镇州率领东阳（今浙江金华、永康等地）兵万余人，自义安（今广东潮州）起航，经三日到达台湾。当地土著民"初见船舰，以为商旅"，相继前来贸易。于是有的认为，"当时已常有大陆商人在那里通商，所以当地居民见到船舰才习以为常"。① 这次军事行动,陈稜要求当地酋长欢斯渴剌兜投降,遭到拒绝,最后只是"虏其男女数千人,载军实而返"。② 这是继三国后中央王朝对台湾的又一次军事行动。估计这两次军事行动没有士卒留驻在台湾。

汉人入迁台澎始于何时,连横《台湾通史·开辟纪》认为:"及唐中叶,施肩吾始率其族,迁居澎湖……其《题澎湖》一诗,鬼市盐水,是写当时之景象",施肩吾《岛夷行》一诗所述及的,因没有其他史料可证,许多学者怀疑其真实性。到宋代,楼钥《汪大猷行状》云:"乾道七年四月起知泉,到郡……郡实濒海,中有沙洲数万亩,号子湖,忽为岛夷号毗舍耶奄至,尽刈所种。他日,又登海岸杀略,禽四百余人,歼其渠魁,余分配诸郡。初则每遇南风,遣戍为备,更迭劳扰。公即其地,造屋二百间,遣将分屯,军民皆以为便。"③宋宁宗嘉定十年(1217 年)知泉州的真德秀写下《中枢密院措置沿海事宜状》亦云:"永宁寨(地名水澳)去法石七十里。初乾道间,毗舍耶国入寇杀害居民,遂置寨于此。其地阚临大海,直望东洋,一日一夜可至澎湖。澎湖人之遇夜不敢举烟,以为流求国望见,未来作过,以此言之置寨,诚得其地。"④《汪大猷行状》所云海中大洲"平湖",即与真德秀所云"澎湖"是一回事。是知南宋乾道七年(1171 年),汪大猷认为原来春季遣戍,秋暮始归的管理办法,不但花费大,且无法进行有效的治理,因而就在当地建屋 200 间,"遣将分屯",派兵驻守。宋人赵汝适的《诸番志》写道:"泉有海岛曰澎湖,隶晋江县",澎湖在建制上已经归福建晋江县管辖了。

---

① 陈孔立主编:《台湾历史纲要》,九州图书出版社 1996 年版,第 23 页。
② 《隋书》卷八十一《流求国传》。
③ 楼钥:《攻媿集》卷八十八。
④ 真德秀:《西山先生真文忠公文集》卷八。

宋代大陆人民除了向澎湖地区迁移，还有的已迁入台湾。沈文开《杂记》中云："土番种类各异，有土产者，有自海舶飘来，及宋时零丁洋之败，循逃至此者，聚众已居，男女分配，故番语处处不同。"[1]《噶玛兰志略》也说："琅峤后，为全台适中之地。番踞之，统内外社。或云，宋零丁洋之败，有航海者至此。或云为云南梁王之支庶。"[2]除文献记载外，还有大量考古资料，如乾隆三十七年（1772年）任台湾海防同知的朱景英在《海东札记》中说："台地多用宋钱，如太平、元祐、天禧、至道等年号钱，钱质小薄，千钱贯之。长不蕴尺，重不逾二斤。相传初辟时，土中有掘出古钱千百瓮者。"[3]台湾大学考古专家黄士强教授曾多次到澎湖进行考古调查，发现大量宋代瓷片和铜钱。[4]　证实了宋代确有较多大陆汉人东渡台湾海峡，到澎湖从事打鱼、捞贝和耕种，有的已向台湾迁移。

　　元代，迁居澎湖居住的汉人，以泉州人居多。据元人汪大渊亲身所见，他们已在当地建造茅屋，过着定居的生活。因"土瘠不宜禾稻"，他们不仅到海上捕捞鱼虾，而且在岛上种植胡麻、绿豆，放牧成群的山羊。[5]　书中还记载当时台湾东部高山峻岭，林木葱郁，西部平原土地肥沃，种植黄豆、黍子。大陆商人将处州的瓷品等货物运到台湾与当地土著居民交换硫黄、黄蜡和鹿皮。还记载汪大渊到台湾时，"余登此山则观海潮之消长，夜半则望暘谷之日出"的情况，有的指出他能这样自如自在地活动，必须有当地汉人的指引才能做到。

---

①　周钟宣：《诸罗县志》卷十二。

②　柯培元：《噶玛兰志略》卷十四。

③　朱景英：《海东札记》卷四。

④　引自林仁川：《大陆与台湾的历史渊源》，文汇出版社1991年版，第28页。

⑤　汪大渊：《岛夷志略》"澎湖"条。

　　随着大陆人民不断迁居澎湖、台湾,中央政府为加强对台澎地区的治理,南宋政府在澎湖设防。元朝则进一步进行招抚,至元二十八年(1291年)海船副万户杨祥请求带兵6000人前往流求招降。当年十月,元政府命杨祥为宣抚使,给金符,吴志斗为礼部员外郎、阮鉴为兵部员外郎,给银符往使流求。这是元朝当局经营流求的开始。这次招谕没有成功。过了五年,成宗元贞三年(1297年)九月,福建平章政事高兴派省都镇抚张浩、福州新军百户张进二人率军再次赴流求招抚。为了便于对流求的活动,在这一时期间,元朝当局在澎湖设立巡检司,建立了行政管理机构。

　　明代是大陆汉人向台澎移民与开发的重要时期。明朝建立后,朱元璋为了防止方国珍、张士诚部逃亡海上残余势力卷土重来和倭寇的骚扰,在东南沿海实行坚壁清野的政策。澎湖"以滨海多与寇通,难驭以法,故国朝移其民于郡城南关外,而墟其地"。①把澎湖人迁移至漳州、泉州一带安置。但是迁界政策并不能完全阻止福建沿海人民继续迁居澎湖的趋势,顾祖禹《读史方舆纪要》曾说:"尽徙屿民,废巡司而墟其地,继而不逞者,潜聚其中。"内地农民为了逃避沉重的赋税负担,"往往逃于其中,而同安、漳州之民为多"。②澎湖便成为沿海亡命、海盗等遁逃之渊薮。

　　永乐年间,明政府改变初期闭关锁国的政策,积极发展对外关系,出现了郑和下西洋的壮举。郑和船队在下西洋途中曾到过台、澎,从而出现向台澎地区移民的新趋势。其中有的渔民先在澎湖列岛捕鱼,然后又到台湾中南部的魍港一带,后又扩展到鸡笼、淡水等北部渔场。这些渔民在岛上搭寨居住,成为常住的居民。荷兰《巴达维亚城日记》记载,他们的舰队到达澎湖和台湾时,都发

---

① 沈有容:《闽海赠言》卷四。
② 林谦光:《台湾纪略》,台湾文献丛刊第104种,第64页。

现有汉人渔民,还饲养山羊、猪牛情况。① 天启六年(1626 年)西班牙人初据基隆时,港岸也有汉族移民部落。

大陆汉人移居台澎,一般来说先到澎湖,然后再到台湾,渔民可能是打头阵的。还有一些海盗商人经常出没于台澎等地,如林道乾、曾一本、林凤等。这些较大的海上武装集团因受到明朝军队的打击,无法在台澎长期居留。但大陆一般商人是不会放弃到台澎做生意的机会。如 1582 年,西班牙船长嘉列(F. Cualle)在台湾遇见一位中国商人"三弟"(Sauty 译音),曾 9 次到达台湾收购野鹿皮、砂金,运回中国大陆。② 万历三十一年(1603 年),陈第跟沈有容到达台湾与澎湖,看见"漳泉之惠民、充龙、烈屿诸澳,往往译其语,与贸易"。③ 他们用大陆运去的玛瑙、瓷器、布、盐、铜簪环等货,交换当地出产的鹿脯和皮、角。每年漳泉商船都有数次往返于台澎各港口,从事两岸的贸易活动。

荷兰占领台湾的 38 年中,大陆移民不仅没有停顿,而且出现更大规模的移民运动。这是由于明末清初大陆战火连绵,沿海丧失土地的破产农民横越海峡到台湾谋生,如崇祯十三年(1640 年)吏部都给事中王家彦所云:"闽省海壖 地如中帨,民耕无所,且砂砾相薄,耕亦弗收,加以荒年赋急,穷民缘是走海如鹜,长子孙于唐市,指窟穴于台湾。"④C. E. S 在《被遗误的台湾》中也记载说:"有许多中国人为战争逐出大陆而移住台湾,在台湾设立一个殖民区,除了妇孺之外,人数有 25000 人之多。他们

① 村上宣次郎译注,中村孝志校注:《巴达维亚城日记》第 1 册,东京平凡社 1974 年版,第 10 页。

② 转引陈孔立主编:《台湾历史纲要》,九州图书出版社 1996 年版,第 30 页。

③ 陈第:《东番记》,《闽海赠言》卷二。

④ 孙承泽:《春明梦余录》卷四十二。

从事于商业和农业,种植了大量的稻子和甘蔗,不但足以供给全岛人民的需要,而且每年用许多船装运到其他印度诸国去。"[1]特别是在明末,郑芝龙曾协助大批大陆饥民移住台湾,"崇祯间,熊文灿抚闽,值大旱,民饥,上下无策。文灿向芝龙谋之,芝龙曰'公第听某所为',文灿曰'诺',乃招饥民数万人,人给银三两,三人给牛一头,用海舶载至台湾,令其发舍,开垦荒地为田。厥田惟上上,秋成所获,倍于中土。其人以食之余,纳租郑民"。[2]由于这批大陆农民入台,"使垦岛荒,渐成邑聚。时郑氏已去台湾,惟荷兰夷二千踞城中,流民数万,散屯城外,荷兰专治市舶……鸿荒甫辟,土膏愤盈,一岁三熟。厥田惟上上,漳泉之人,赴之如归市"。[3]有的学者经过比较研究,认为当时在台澎的汉族人口大约有 3 万人。[4]

明永历十六年(1662 年)郑成功率军东渡台湾,驱逐荷兰侵略者,收复台湾。郑成功带去的军队及眷属,据施琅在《尽陈所见疏》中所说:"至顺治十八年,郑成功带去水陆伪官兵并眷口共计三万有奇……又康熙三年郑经复带去伪官兵并眷口约有六七千人……此数年彼此不服水土,病故及伤亡者五六千。历年过来窥犯,被我水师擒杀亦有数千。陆续前来投诚者计有数百……计算不满二万之众。"[5]有的认为郑成功东渡台湾时,带去的军队约 25000人,加上一部分眷属,约 3 万人。[6]

郑成功抗清根据地是以闽南地区为中心,因此他的军队以福

① 　C. E. S:《被遗误的台湾》(《台湾经济史》三集第 44 页)。

② 　黄宗羲:《赐姓始末》,第 6 页。

③ 　魏源:《圣武纪》卷八。

④ 　林仁川:《大陆与台湾的历史渊源》,文汇出版社 1991 年版,第 42 页。

⑤ 　林仁川:《大陆与台湾的历史渊源》,文汇出版社 1991 年版,第 46 页。

⑥ 　施琅:《靖海纪事》上卷。

建为主,尤其是漳泉之人居多。这批军队东渡台湾后,进行屯垦,成为开发台湾的新的主力军。

郑氏时期,清政府为了困死台湾郑氏政权,在沿海实行移民迁界。"迁界以后,无家可归,无地可营,有许多人饿死或变为游民,于是有许多百姓不顾禁令,越界潜出,归锦舍(郑经)充兵卒,故锦舍方面愈见得势。"[①]由此可见,在郑氏时期,大陆移民进入台湾仍未终止。

康熙二十二年(1683年),请政府统一台湾以后,开始了大陆人口向台湾流动的新局面。大陆人民渡台,起初大多是"春时往耕,秋成回籍,只身往来,习以为常"。[②]后来由于入台人数剧增,清政府开始查禁,康熙五十八年明文规定:"又往台之人,必由地方官给照,单身游民无照偷渡者,严行禁止",同时还限制渡台者不得携眷,在台的文武官员亦不例外。因而有一部分"立业在台湾者",不能弃其田园,就地住居。因而在一个时期内,台湾人口性别比例严重失调,"男多于女,有的村庄数百人而无一眷口者"。当时,蓝鼎元有一个调查:"自北路诸罗、彰化以上,淡水、鸡笼山后千有余里,通共妇女不及数百人。南部凤山、新园、琅㛹以下四五百里,妇女亦不及数百人"。[③]诸罗县有一大埔庄,有"居民七十九家,计二百五十七人,多潮籍,无土著。或有漳泉人杂其间,犹未及十分之一也。中有女眷者一人。年六十以上者六人,十六以下者无一人。皆丁壮力农,无妻室,无老耆幼稚"。[④]为了社会的安定,为了台湾的开发建设,不少有识之士曾建议允许大陆家眷搬往入台。雍正十年五月大学士鄂尔泰等

---

① 林春胜等编:《华夷变态》上册卷七。
② 余文仪:《续修台湾府志》卷二十。
③ 蓝鼎元:《鹿洲奏疏·经理台湾》。
④ 蓝鼎元:《东征集》卷六《纪十八重溪示诸将弁》。

议奏:"台北开垦承佃,雇工贸易均系闽粤人,不啻数十万之众,其中淳顽不等,若终岁群居,皆无家屋,则其心不靖,难以久安。"他建议"有田产生业,平日守分循良之人,情愿携眷来台入籍者,地方官申详该管道府查实给照,令其渡海回籍,一面移明原籍地方官,查明本人眷口,填给路引,准其搬眷入台"。① 此议获得朝廷的准许,"于是至者日多,皆有辟田庐,长子孙之志矣"。从此出现了人口流动的新高潮。但是由于获准搬眷者,手续繁冗,官吏敲诈,偷渡之事,仍无法禁止。台湾地方官员报告说:"自数十年以来,土著之生齿日繁,闽粤之梯航日众,综稽簿籍,每岁以十数万计。"② 乾隆五十四年(1789 年)闽浙总督福康安奏明设官渡以杜绝私渡之弊。官渡的设立为大陆人民入台提供方便,加速了人口的流动。同治十三年(1874 年)钦差大臣沈葆桢建议开放人民渡台入山之禁,准许大陆人民自由入台,于是历时 200 年的对台湾实行半封锁政策宣告结束。接着,清政府又设立"招垦委员",招募大陆人民赴台开垦,并规定"凡应募者与以便宜,日给口粮,人授地一甲,助以牛种农具,三年之后,始征其税"。③ 光绪十二年(1886 年)台湾建省,清政府在台湾设立招垦总局。这些措施对大陆人民迁台谋生以及开发和建设台湾无疑起了一定的促进作用。

　　清代台湾经济的发展,是以土地开发为前提,荷郑时期,台湾的开发主要局限于府城(今台南)为中心的一带及凤山县(今高雄)的部分地区,鸡笼、竹堑、琅峤的一些地方,因军事需要带动某些开发,而中部、北部和最南部尚处于未开发状态。清廷领台后,

---

　　① 　余文仪:《续修台湾府志》卷二十。

　　② 　周元文:《重修台湾府志》卷十《艺文志·申请严禁偷贩米谷详文》。

　　③ 　《沈文肃公政书》卷五。

最初几年仍以开发台南平原中心地带为依托向南北两路进垦,于是嘉南平地和浊水溪的平地相继得到开发。平地开发后,诸罗县的闽南移民招徕汀州府的客家人进垦楠梓山溪、老浓溪上游的山地。新竹地区是康熙三十年至四十年间,由同安人王世杰组织开发的。浊水流域的台中盆地和彰化平原则由著名垦户晋江人施世榜等人招佃垦殖。桃源地区于康熙末至乾隆中期,由粤东客家和闽南移民进行垦辟,从乾隆后期移民拓垦已转向丘陵山地和深入交通不便的宜兰平原和埔里盆地等地,如嘉庆三年(1798年)漳州人吴沙率本籍人入宜兰开垦。到了咸丰年间,埔里盆地也基本开垦,西部开发已基本完成。

　　台湾土地得到广泛地开发是与移民大量入台分不开的,据估计,康熙二十四年(1685年)在台的汉人人口约7万人,从1685年到1811年(嘉庆十六年),台湾人口大约增加180万,具体增长数如表4:①

表4

年　　代	人口数
乾隆二十八年(1763)	666040
乾隆二十九年(1764)	666210
乾隆三十年(1765)	666380
乾隆三十二年(1767)	687290
乾隆三十三年(1768)	691338
乾隆四十二年(1777)	839803
乾隆四十三年(1778)	845770

　　① 陈孔立主编:《台湾历史纲要》,九州图书出版社1996年版,第140页。

续表

年　　　代	人口数
乾隆四十六年（1781）	900940
乾隆四十七年（1782）	912920
嘉庆十六年（1811）	1901833

这些人口数可能还不包括军队，清代驻台澎军队有 8000 人，采用班兵制，三年一换，多从福建军营调配。台湾人口不断增长，为台湾开发提供了最重要的生产力。这批大陆移民（包括客家）大都为汉族，来自福建居多，故台湾汉文化源自福建。

随着汉人的入迁台湾，汉文化在台湾得到迅速的传播。确立汉文化在台湾的统治地位，应以郑成功收复台湾后为起点。郑成功到达台湾后，推翻荷兰殖民统治制度，改赤嵌为明京，称台湾为东都，下设一府二县，以赤嵌为成天府，北部为天兴县，南部为万年县，澎湖设安抚司。将明朝的行政管理制度全面移置台湾。郑经时，改东都为东宁，在中央设立吏官、户官、礼官、兵官、刑官和工官，六官之下并置都事、行人、给事中等，将两个县升为州，并设北路、南路和澎湖三个安抚司，使台湾第一次建立了与大陆同一模式的行政机构及管理系统。郑氏军队（编制）基本上也是沿袭明制，大陆长期实行的乡治及保甲制度也同样移入台湾。

清朝统一台湾后，在台湾府下面设置台湾、凤山、诸罗三个县，澎湖设巡检司，台湾正式纳入清朝版图，成为福建省的一个府。为加强对台湾的管理，康熙二十三年（1684 年），在台湾设立台厦道，管理台湾和厦门两个行政区。雍正五年（1727 年）又改台厦道为台湾道。乾隆五十一年（1786 年）又加按察使衔，进一步提高台湾道的地位。随着移民的增加和台湾的开发，行政设置由南向北不断扩展，至光绪十年，台湾已设有台湾知县、凤山知县、嘉义知县、彰化知县、恒春知县、澎湖通判、卑南同知、埔里社同知、新竹知县、宜兰知县和基隆通判,由一府三县变为一府十一厅县,仍属福建省管辖。光绪十二年(1886年)台湾建省。台湾的行政管理才与福建分开。闽、台两地历史上关系十分密切。

台湾的教育与科举制度也是从大陆直接移植过去的。郑氏时期,郑经接受陈永华的建议,乃"择地兴建圣庙,设学校于承天府鬼仔埔上,鸠工筑坚基址,大兴土木起盖"。1666年孔庙建成,旁建明伦堂,三月又建学院,命陈永华为主持人,以礼官叶享为国子助教。接着"又各社令设学校,延师令弟子读书"。① 并规定,凡民年及8岁,须入小学,课以经史文章,"自此台人始知学"。

清朝统一台湾后,就任台湾的官吏对教育颇为重视,相继建立了府学和县学,大陆的教育制度在台湾得到进一步的发展与普及。除了官办的府县儒学外,明清时期大陆城乡的社学、义学也在台湾兴起,大陆流行的民间私塾也在台湾流行起来。特别是在高山族地区倡办社学、义学,"各社遵设义学,延师教训番童,讲明经礼义,课读诗书"。② 这些学校对于提高高山族的文化和传播大陆汉文化起了重要作用。此外,大陆十分盛行的书院遍及台湾各地,据黄秀政先生统计,清代台湾书院有45所。最多的是彰化县,有13所,最少的县也有一两所。教育思想都是祀孔孟、尊理学,以灌输儒家思想为主。由于台湾住民大部分是从福建漳泉一带迁去的,所以对朱熹的思想特别崇拜。康熙五十一年(1712年)厦兵备道陈瑸重修台湾府学时,增建朱子祠,自此以后,遂成定例。有的书院如鹿港同知邓传安于道光四年新建鹿港文开书院,在朱子的两旁配祀明末清初寓贤沈光文、徐孚远、卢若腾、王忠孝、沈佺期、辜朝荐、郭贞一、蓝鼎元,这八个人对台湾文教事业作出了重要贡献,故从祀之。

---

①　江日升:《台湾外纪》卷六。

②　尹士俍:《台湾志略》。

　　大陆的科举制度,在明郑时期已开始移入台湾。清统一台湾后,在台湾也同样实行同大陆一样的科举制度。礼部考虑台湾"文教初开",同意"照甘肃宁夏例另编字号,额外取中举人一人,以鼓励士子",[①]对台湾士子采取特殊的优待。

　　自宋元以来,大陆汉族人口大量移居台湾。在这些移民中,由于地缘相近,以福建人居多,尤以漳泉人为众,几占今台湾人口中的80%以上,故台湾的方言中,除了小部分粤东、闽西的客家讲客家话外,漳泉人讲的闽南方言则成为台湾的主要方言,闽台两地语言相通。

　　福建人移居台湾后,他们原来的风俗习惯便移植到了台湾,因此闽台两地物质生活和生活习俗大致相同。在宗教信仰方面,尤其是民间信仰最为显著,如上述的开漳圣王庙、慈济宫庙、清水祖师庙、临水夫人庙、青山王庙和妈祖庙,还有客家人祀奉三山国王等,目前在台湾此类庙宇很多。只要从这些庙宇便可辨认他们的祖籍地。又如妈祖则发展成为闽台两地最为普遍的民间信仰。故闽台两地习俗相近,这些都是历史上形成的。

　　从经济制度看,大陆的封建土地所有制随着郑成功复台在台湾确立。大陆的先进生产技术也随着移民传入台湾。郑成功入台时,当地住民的农业生产很落后,"逐穗采拔,不识钩镶割获之用","不知犁耙锄斧之快"。郑氏派人教以牛耕,提供生产技术,从而为发展农业奠定基础。农作物品种,如唐山稻"种出福建",番薯(地瓜)系由漳泉移民带入台湾,还有各种蔬菜、水果,甚至家禽也大都来自福建。手工业如制糖、晒盐、制茶、制陶、纺织等技术都是从福建的移民中引进的。樟脑为台湾特产,但制作之法也传自大陆。

　　综上所述,可以得出如下几点认识:

　　　　────────

　　① 　高拱乾:《台湾府志》卷十。

一定的文化和一定社会的政治经济是密切相连、密不可分的。闽台两地社会历史发展有早有晚，但是它们都沿着一条相同的道路，即与汉人的入迁和汉文化的传播分不开。福建开发比台湾早，自汉代以来，随着北方汉人不断入迁和汉文化传播，它不仅在政治、经济和文化诸方面对福建的社会发展和进步起了不可估量的作用，而且使福建同祖国各地密切联系在一起。

福建社会经济和文化发展起来之后，汉族及其文化成为福建的主体文化，汉文化又通过福建的移民向台湾传播。特别是郑成功收复台湾废除荷兰殖民统治和清朝统一台湾以来，大陆文化全面移植台湾，汉文化也成为台湾的主体文化。由于在这些移民中，有80%以上是来自福建的闽南人，他们聚族而居，致力于台湾的开发，因而他们又把福建有地方特色的文化广泛地传播到台湾，改变了台湾的政治、经济和文化的发展关系。故台湾文化来源于福建文化。汉族入闽是自北往南，同时又向东西两翼开展；台湾的开发则是由南而北不断拓展。虽然各地发展有先后，但最终都达到全面开发的结果。闽台两地地缘相近，台湾建省前属福建省的一个府，因此历史形成闽台文化的地域属性。现在居住在台湾的汉人都可寻根到福建。福建的汉人又以中原为祖地，闽台汉人的这种血缘文化渊源，最终都是对中华炎黄文化的追寻和认同。

闽台地区古今民族经历了很大变化，这种变化是与我国政治历史相联系的。汉族作为我国的主体民族，汉文化作为我国的主体文化，是在长期历史发展的进程中形成的。由于汉文化的先进性，因而具有很大的吸引力和凝聚力。随着社会的发展与进步，它必然会对我国其他民族产生影响，并在实际的运作中发挥它的作用，汉文化发展成为闽台主体文化也说明了这一点。

闽台两地从一个非汉族地区变成汉族为主的省区，其间经历了一段相当长的历史发展变化的过程。但是从这一过程中可以看出，在民族文化的互动中，不可能是以一个民族文化去淘汰另一个民族文化,而是相互吸收,互为补充,既有同一性,而又各具特色。闽台两地的汉文化中仍保留着一些不同于中原汉民族的文化,可能就是这个原因。

福建"惠东女"是否少数民族

　　福建惠安"东南则崇武与小岞,俱大海矣,纵九十里,横八十里",①惠东包括今崇武、山霞、涂寨、东岭、净峰、小岞、辋川等七个乡,共有387000多人,约占全县人口的45%。② 这些地区至今还保留着与邻近汉族地区不同的婚后妇女长住娘家的古老婚俗,尤其是崇武与小岞(包括净峰一部分)的妇女的装束很有特色。时下在影视、画册都可看到她们的风采,引起人们的兴趣。很自然地就会提问这一相同的话题,她们是否少数民族。这不仅是学术界,而且也是社会上普遍关心的问题。过去诸多学者已作了一些研究,发表过一些有关文章。本文根据实地调查的一些情况,仅就族属这个问题谈一点粗浅看法。

---

　　① 　(明)张岳:《惠安县志》卷一《封域》。
　　② 　陈国华:《惠东女族源初探》,载《泉州学刊》1986年第4期。

一、对惠东南婚俗和服饰由来几种观点的看法

惠东女会被认为是少数民族，主要是由于长期保留有长住娘家的婚俗和独特的服饰，这些都与现在福建其他地区有明显不同。

长住娘家，俗称"不欠债"。结婚后，新婚只有头三天在夫家住，第四天就要回娘家，以后仅逢年过节或农忙才许回夫家数次，直至怀孕临产，才能住到夫家去。平时如常回夫家将受到舆论的谴责。这种古旧婚俗延续至今。

服饰方面很有特色，不论寒暑季节，头上都披着头巾，戴着黄色斗笠，故有"戴着黄斗笠的姑娘"的美称。上衣短，短及脐部，裤子是"大折裤"，裤筒肥大，裤头常用红、蓝、黄等布料缝接，间用五色丝线绣上各种图案花纹。裤带是两条精心编织的塑料带，近期又加上银裤链。腰间的装饰露出，显得醒目美观。有人戏称它为"封建头，民主肚，节约衫，浪费裤"。据说戴黄斗笠是1958年因修建惠女水库时才改换的头饰。在此之前，尤其是新中国成立前，妇女结婚梳大髻头，大如簸箕，俗称"簸箕髻"，直径达二尺左右，髻上插上密密麻麻的首簪，铜制的关刀、戟、控鼓，长的近尺，发髻重约20斤。两耳挂帐钩形的大耳环。以后逐渐改变梳"趴只头"、"双髻头"、"螺棕头"，发式由繁变简，变化较大。早期的发髻显得笨重、古朴。

惠东妇女保留的这种婚俗和服饰，与福建其他地区明显不同。关于这种习俗的由来及其族属，多年来诸多学者都在努力探索，先后发表了一些文章。

文化人类学家林惠祥教授1951年到惠东参加土改，亲眼看到这种婚俗，曾著文《论长住娘家风俗的起源及母系制到父系制的过渡》，指出长住娘家是母系制向父系制过渡期遗留的一种古婚俗，并认为，"在古时闽粤的土著是少数民族……长住娘家应是这

种由古时遗留下来的古风俗"。① 关于族属问题,有的认为它是
"新石器时代的残遗,亦是古越人的残遗"。有的提出"这种惠安
妇女的服饰,曾夹杂着瑶人、壮人、蛋民等等遥远文化余绪,有采长
补短后的糅合,也有发明改革后的创新"。② 有的根据"东下坑李
姓相传祖先是陇西的淡水族","'淡水族'是水居之族"。《蛮书》
记载的"赕蛮","赕"应通"淡",即通蛋。因而提出"惠东沿海异
服之人,应是蛋民"。③ 有的认为"惠东奇异服饰、长住娘家的妇女
应与黎族等少数民族一样是为少数民族"。④ 因此,惠东这部人的
族属是一个很值得探讨的重要问题。

　　我们是赞同惠东这种习俗不是从外地移入的,而是土著古越
族遗存的观点。

　　根据史书和考古资料,我国东南和南部地区古代是"百越"
(或称越)的聚居区。惠东地区发现有几何印纹陶文化遗址,有凿
牙(拔牙)遗风、长住娘家婚俗以及独特服饰等具有百越民族特色
的文化特征。于是大都学者均以此推断它同古代越人(百越)有
密切关系,或说是该族的文化遗存,这是有道理的。但是这仅说到
问题的一半,因为越族(百越)是一个多民族的泛称,不是单一的
族称,因此惠东这种习俗是来自"百越"的哪一支,尚必须辨明。

　　根据《史记》、《汉书》记载,至西汉时,福建是百越的一支——
闽越族主要聚居区。秦汉王期建立的闽越王国,至西汉元封元年
(公元前110年)被汉武帝灭国迁众后,"百越"及其各族名称在历

---

　　① 　见《厦门大学学报》1962年第4期。

　　② 　朱飞:《净峰乡五十年前妇女发式追记》,新加坡惠安公会编:《新加
坡惠安公会五十周年纪念特刊》。

　　③ 　若英:《惠安妇女服饰的研究》,新加坡惠安公会编:《新加坡惠安公
会五十周年纪念特刊》。

　　④ 　林瑞峰:《惠东沿海异服族属初探》,载《薯花》1983年第2期。

史上消失,福建的闽越虽经汉武帝强行迁徙一部分于江淮,但仍有大量闽越后裔"山越"的存在。三国时,孙吴统治的地域大都就是"百越"原来的聚居区。在这个时期内,到处不断地爆发大规模"山越"的抗吴斗争。"山越",史家大都认为是越人后裔。公元260年,孙吴镇压了闽北山越的反抗斗争后,设立建安郡。史书记载"山越"最晚的一条史料见于南宋福建莆田人刘克庄《漳州谕畲》,文曰:"然炎昭以来常驻军,于是岂非以其壤接溪峒,苑茇极目,林菁深阻。省民、山越往往错居,先朝思患豫防之意远矣。凡溪峒种类不一:曰蛮、曰瑶、曰黎、曰蛋,在漳曰畲。"①该文明确提出福建"省民、山越",同时还提到当时南方有蛮、瑶、黎、蛋和畲等少数民族。可见,百越民族消失后,在百越居住区内,出现的一些其他民族,其来源都同古代越族有密切的渊源关系。百越(越族)是一个多民族泛称,居住在福建惠东地区的越人应属于闽越。

福建历史上有蛋民,但惠东保留这种风俗与蛋民无关。蛋,又称蜑,俗称水上居民,大都分布在江南水乡、两广和福建。宋范成大《桂海虞衡志》曰:"蜑,海上水居蛮也,舟楫为家,采海物为生,且生食之。"福建蛋民早在唐朝已见记载,诗人刘禹锡曰:"闽有负海之饶,其民悍而俗鬼,居洞砦(音寨),家桴筏者,与华言不通",②"家桴筏者",即指水居民族。《元史》出现"福建蛋民"之称。③ 新中国成立前生活于闽江口的水上居民,福州人称之为"科题"、"曲题",古今出现的这些不同名称均指蛋民。

关于蛋民来源,说法不一。主张蛋民为越人后裔的理由是比较充分的,也是可信的。因为越人"习于水斗,便于行舟",有习惯于江河湖海的生活习惯。但是古代越族并不是全部从事航海事

① 刘克庄:《后村先生大全集》卷九十三。
② 刘禹锡:《刘宾客文集》卷三。
③ 《元史·食货志》。

业,它还是一个以农业为主的民族。持惠东习俗为蛋民说者,从表面上看,似乎有些道理。但是只要从婚俗、服饰和经济生活加以比较研究,则可发现它们之间存在有很大的差别。蛋民是全家都生活在船上,《闽杂记》云:"兴、泉、漳等处海汉中有一种船,专运客货与渡人来往者,名五帆船。其中妇女名曰水婆,自相婚配,从不上岸。"《福建通志》亦曰:"泉郎即泉州之夷人,亦曰游艇子……其居址常在船中,或结庐海上,随时移徙。"《厦门志》亦载:"港之内,或维舟而水处,为人通往来,输货物,浮家泛宅……妇曰白水婆,自相婚嫁。"夫妻共同生活在水上,随船转徙,根本不存在长住娘家的婚俗,这与惠东情况明显不同。

也许有的还会提出,蛋民也有移住陆上,从事农业生产的。历史上确有这一事实,据陈序经《蛋民的研究》一书提到,广东蛋民住所可分为屋、栅、簿、艇四种,只有广州二沙头蛋民在岸上建砖木结构房屋,其他三种都是在水边临时搭起的浮屋,作为暂时的住所。另据《侯官乡土志》记载,清末侯官县所属水上居民,陆居的乡村有尾境("杂姓三十余户,皆渔民登岸者业农")、沙墩("卜、江两姓,四五十户,皆渔户陆居者")、小桥("杂姓渔户附籍,共三十余户,业农,兼习操舟")。可见,蛋民大多还是靠水上谋生,仅有一部分上陆当佃户而转化为农民的。而且在闽侯县上陆务农的这些水上居民,并不存在长住娘家的婚俗。故此我们认为惠东居民不可能属于蛋民。

我们认为,长住娘家的婚俗只能产生于农业民族。水上居民与游牧民族一样,由于他们的生产和生活诸条件所决定,他们不行长住娘家的婚俗。从目前保留的长住娘家的民族来看,都是发生于农业民族,惠东的情况当不例外。

至于主张惠东女族源是黎族,以黎族也是古代越人后裔,有长住娘家和文身、崇拜雷公神等等为由,认为惠东女服饰与"海南黎族一模一样"。并提出惠东地区亦和黎族一样有"生黎"和"熟黎"

之分。我们认为这些理由很不充分,惠东的历史和民族与黎族很不一样。

黎族和惠东的先住民虽同属"百越",但并不是来源于同一个民族。黎族是海南岛的土著居民,《汉书·贾捐之传》称海南的土著民族为"骆越之人"。《后汉书·南蛮传》称之为"里"、"蛮",《隋书·谯国夫人传》又称为"俚"、"僚"。《新唐书·杜佑传》出现"黎民"名称。"黎"这个族称从宋代一直沿用至今。黎族的来源与骆越关系密切。"女子婚后几天便回娘家,俗称'不落夫家'。非婚生子女一般不受歧视。"①他们回娘家住在"寮房"里,可以和不同血缘关系的男子来往,直到怀孕和生育后才回夫家定居。这与惠东完全不同。黎族内部还有若干支系,妇女均行文身和文面的习俗;惠东妇女不存在此俗。黎族妇女服饰上衣无扣,对胸开襟,有的地方(白沙县的"本地黎")穿"贯头式"上衣,下身穿桶,似裙而无褶,俗称"桶裙"。这与惠东妇女装束也很不一样。笔者1984年底曾到海南岛黎族苗族自治州首府通什,调查了黎族一些习俗,很难找到它们之间有哪些相同之处。因此,主张惠东女为黎族说的观点,难以令人置信。

二、惠东南婚俗服饰的由来与族属的考察

要判定惠东这种婚俗和服饰的由来和族属,首先,应该从该地区的历史和住民情况加以考察。福建历史上是闽越族的聚居区,汉族是后来才迁入的,因此,惠东这种旧婚俗不是汉族带来的。从考古提供的资料说明,惠东地区很早就有人居住,在崇武大岞的龙喉山曾发现一处"印纹陶文化"遗址,它的文化内涵与我省其他地区发现的均属同一文化系统。由此可见,至迟在秦汉时期,崇武已

---

① 《黎族简史》编写组:《黎族简史》,广东人民出版社1982年版,第104页。

有闽越人生息着。大岞是个孤岛,"大岞山在大海中,山顶有洞,山小,石门入丈余,折而左转,巨石如屏可蔽,内外中容数百人,一人持戟守门,千百人攻之不入。洪武间倭寇作梗,居人避之于此,寇不能攻,乃去。山多怪石,有如钟磬者,扣之,声闻数里"。① 在崇武建城以前,惠东还是一个人口稀少的地区。

关于小岞地区的情况,目前尚缺乏考古资料。可在《惠安县志》中特别记载了小岞人有自己的穿着打扮,"衣服稍美者别藏之,有嘉事递服以出"。"士大夫好事者或往观其家,甚有古朴之风,至今不替。"可以相信,当时小岞地区的生产方式和人们的穿着明显与汉族不同,才会吸引不少人前去观看。我们认为这是小岞的真实情况。这里的居民衣着和习俗至明代时还仍然保存着。由此可见现在小岞地区保留的习俗显然是明代及以前居住在这里的人们遗留下来的。弘一法师曾经住过净峰寺,净峰的习俗与小岞相同,他亲身观感这里的习俗,在他给胜进居士的信中曾说道:"净峰居半岛之中……民风古朴,犹存千年来之装饰,有如世外桃源。"②净峰小岞保留的这种风俗由来已久,这是完全可信的。

《惠安县志》提供了小岞人有特异服饰,虽然记载极为简单,可为我们探讨其族属来源提供了极为重要的线索。至于长住娘家的婚俗虽然没有直接的记载,可是从南方的一些少数民族和汉族中尚保留有此俗,说明在他们的祖先百越民族中曾经流行过。从文献记载看,百越民族中确曾普遍流行着"妻方居住婚"。《史记·秦始皇本纪》记载,秦始皇于"三十有七年,亲迎天下",至会稽,刻石立法:"夫为寄豭,杀之无罪。"《索隐》注:"豭,牡猪也。言夫淫他室,若奇豭之猪也。"所谓"寄豭"或"夫淫"指的是这地区流行男子入赘女家。这种婚俗是母系氏族社会"从妻居"的残俗。秦

① 张岳:《惠安县志》卷二《诸山大势》。
② 惠安县文化馆等单位编:《弘一法师在惠安》,1986 年。

始皇认为这是与封建社会男娶女嫁的婚俗相违背的,是一种"非礼"的严重恶习,故在刻石立法中明确规定加以废止,违者"杀之无罪"。可见当时会稽地区越人保留从妻居的婚俗还是普遍的。会稽是于越的政治中心。于越在百越族中是生产力水平发展较高的民族之一。于越地区尚保留如此浓厚的旧婚俗,可想而知,在其他百越地区保留下来的这种从母系社会向父系社会过渡的妻方居住婚——长住娘家,便不足为奇了。

从上所述,惠东地区存在长住娘家的旧婚俗和奇异的服饰,由来已久。这种文化应该是古代闽越族的遗存。但现在惠东这部分居民应该算什么民族,这个问题尚未解决。为此,我们尚需对惠东地区现住民的历史作进一步探查。我们在调查这个问题时,发现这一地区居民大都是明代以来从其他地区迁入的。

崇武乡大岞村有 1995 户,9870 人(1983 年,下同),有张、廖、龚、蒋四姓,都是从其他地区迁入的。蒋姓是从邻近的五峰村迁来,五峰蒋姓灯号"福全",系来自泉州。

港墘村与大岞村相邻,人口 1350 户 5773 人,有张、李、温三姓。张为大姓,李姓不多,温姓仅有一女孩。李姓相传是明代从惠安北门外东进乡迁来。张姓与大岞张姓来源不同,据说是从泉州东门外湖垱迁来(一说湖垱在晋江青阳一带),大约在明万历或天启时迁来。

五峰村有 758 户,3482 人,有张、蒋二姓。相传其祖先是明代被征调建崇武城的民工留下来的。霞坡片过去称溪底铺十三乡,该地陈为大姓,相传他们原籍兴化,至第四世才迁来。居住在这里已有 400 多年。

小岞乡有 5052 户,24057 人,包括七个村(大队)。新桥村陈为大姓,系自涂岭岭头迁来后内,后再移居新桥。东山村黄姓为主,相传是泉州开元寺黄盘的后裔。几户姓郑,相传是郑成功复台时船泊东山前楼村时留下来的。后内村有李、陈、潘、叶、牛、王、肖等姓。王姓来自泉州新桥。潘姓自霞浦三沙迁来。《惠安县志》记载小岞陈姓,"其先侯官人"。李姓传为李文会后代。这些虽有待稽考,但也说明住民都是从外地迁入的。南赛村有庄、洪、邱三姓,庄为大姓。相传最早居住在这里的是纪、曾、陈三姓。庄姓先是从永春乌洋迁至晋江青阳,再迁净峰熊厝,后至南赛,至今已有十余世。庄姓最后迁入,洪姓相传为洪宪总兵后代。邱姓系从净峰迁入。前内村(包括前群、前海、前峰三个村),据说最早为温、曾二姓,他们是明初从惠安西部迁来的,现康为大姓。关于康姓来源,据《康氏祖谱》(手抄本)云:康氏祖为周武王母弟康叔,元末避寇入闽至晋、惠、永春。其二世祖出生于万历四十六年,再加上一世祖,也是在明万历年间,从外地迁入小岞前内村的。

上述资料说明,现在惠东地区,尤其是崇武和小岞的住民大都是明代从其他汉族地区迁来的,并非原来的土著民后代,因而惠东的居民成分组成古今有很大不同。

我国是一个多民族的国家,民族间的相互迁徙是经常发生的。一般来说,汉族的文化水平较高,随着汉族的迁入,汉文化传播往往起着同化其他少数民族的作用。可是也有少数汉族迁入少数民族地区后,而成为当地的少数民族。有的汉族迁到一个新的地区,接受了当地少数民族的风俗习惯,惠东大概是属于这种情况的。

众所周知,婚俗、服饰属于文化习俗,每个民族(或地区)都由于历史上的原因形成了各不相同的一些风俗习惯。由于这种习俗是历史上长期形成的,因而就有相当的稳固性,并具有全民性和社会性的特点,往往成为人们行为的一种模式或准则,被当作行为的规范来衡量,有的还起着习惯法作用。所以一旦形成了风俗便具有一定的约束力,惠东地区长期以来一直保留着这些旧习俗,就是一个例证。

由此可见,惠东保留长住娘家的婚俗和独特的服饰是当地先住民固有文化的遗留,可认为它是闽越族文化的一种遗存。从现住民的历史考察,原来闽越族的后裔,已被迁入的汉族所同化。从崇武和小岞一些主要姓氏的调查看,他们迁入大都在明代。由于人口发展迅速成为大姓,住民成分发生了变化,原住民则陆续被同化成为当地汉族的一个来源。为什么这种原来的旧俗又会被后来迁入的汉人接受呢? 这是因为他们刚迁入时,大都是一家一户,有的还是单个人,时间延续比较长。他们来到这里开垦农业,有的便同当地人结婚。由于传统的封建迷信思想的束缚,他们迁入之后,要生存下来,必须按当地风俗行事,闽南地区有一句谚语叫"入风随俗",就是这个意思。于是我们认为惠东这些习俗能够延续到现在,入迁的汉人又帮了大忙。他们接受了当地原来的文化又作为自己的文化继续保存下来。

我们又调查了涂寨乡的回族和畲族两个少数民族。下郭村的回族有 700 多人,新亭村的畲族有 300 多人。这两个少数民族也都是明清时期从省内其他地区迁入的。这两个民族都有自己的婚俗和服饰,都不存在长住娘家的婚俗。可是他们入迁涂寨后,现在的一切习俗包括婚俗和服饰都同当地一模一样,这就是"入风随俗"的缘故。

综上所述,惠东保存的长住娘家的婚俗和独特的服饰,是古代当地闽越文化的遗留。闽越人的后裔,后来虽被入迁的汉人所同化,可是闽越族的这种土著文化又被入迁的汉族所继承。由于惠东居民成分的变化,明代大量入迁的汉人已成为现在惠东的主要居民。所以保留独特的婚俗和服饰的这部分惠东居民不能算为少数民族,应该属于汉族。

略论俞大猷治理民族问题的若干主张

俞大猷一生主要活动于明嘉靖和隆庆时代。这时,"山寇"、"海寇"频繁,尤以东南沿海及岭南一带为剧。为了维护明王朝的封建统治,作为明王朝的一员武官,他不断被派用于"征蛮"和平倭,并因此从一个千户屡迁至福建总兵要职。在抗倭方面,他屡建奇功,是一位抗倭名将;对征剿岭南地区的少数民族起义,他也很卖力,镇压了多次起义。本文仅就俞大猷治理民族问题的若干主张,谈一点粗浅的看法。

一

俞大猷,泉州人,原袭祖职福建都司泉州卫前所百户。嘉靖十四年(1535 年),武举中试,升本署正千户,守御金门。十七年(1538 年),参与征剿海寇杨志新一伙取胜。嘉靖二十三年(1544年)三月,升守备福建汀、漳二府,以都指挥体统行事署指挥金事。

嘉靖二十六年(1547年)五月,又因捕获海寇康老等有功,同年十二月,升广东都司军政佥书署都指挥佥事。次年十月,受两广军门欧阳必进令,领陆兵平新兴县谭元清、谭青蛇、苏青竹等义军。嘉靖二十八年(1549年)六月,又督水陆官兵平安南"黎寇"。嘉靖二十九年三月,又督右哨土汉官兵征剿"黎寇"有功,同年七月,提升为琼州府地方右参将,后又授予都指挥佥事。嘉靖三十一年(1552年)十一月,改任分守宁、绍、温、台等处地方参将。因平倭屡建奇功,嘉靖三十三年三月,升镇守浙直总兵官,又因督战吴松口,平倭大捷。嘉靖三十六年四月,升署都督同知。在沈家门又因诱擒倭首四郎、大郎等52人,并配合参将刘显、戚继光、张四维等围剿倭寇,嘉靖三十八年被弹劾,"此为御史李瑚所劾,则委罪大猷纵贼以自解。帝怒,逮系入狱,再夺世荫",①受冤被发配大同。时"大同巡抚李文进习其才,与筹军事……大挫敌安银堡,文进上其制于朝……诏还世荫"。②嘉靖三十九年(1560年)十二月,又任浙直总兵官。嘉靖四十一年十一月,改派镇守南赣、汀、漳、惠、潮、郴、桂等处地方总兵官侍生,后擢福建总兵。次年二月,为镇守福建、南赣、惠、潮等处都督佥事。嘉靖四十四年,为镇守南赣、汀、漳、惠、潮等处伸威营总兵官署都督佥事。次年一月,又被革职,其职由福建总兵戚继光兼管。俞被革职的原因,据《世宗实录》载:"先是四十四年十月初,官军围海贼于南澳,继光将陆兵,大猷将水兵,夹击大破之。平仅以身免,奔饶平县之凤凰山,其众稍集,势复振。时继光留击南澳贼,独大猷所部参将汤克宽、李超、都司白翰纪、傅应嘉等引兵蹑平后,连战俱不利,平遂走樟林,掠民舟出海。事闻,福建巡按御史陈万言奏:'平初溃围得脱,系大猷等所分信地。及追贼又不力,法当重处。'广东巡按御史陈联芳复

---

① 《明史》卷二一二《俞大猷传》。
② 《明史》卷二一二《俞大猷传》。

劾大猷在广肆(年),民兵相继煽乱,束手无策,宜急择良将代之。上乃黜大猷,而命继光兼镇闽广。"① 嘉靖四十五年,大猷又因领军平李亚元"山贼"有功,"大猷原职听用"。② 同年九月,朝廷又"命原任广东总兵俞大猷仍总兵官,镇守广西"。③ 隆庆元年(1567年),为镇守广西地方总兵官征蛮将军前军都督府右都督。次年四月,又因平广东英德"山贼"有功,"升总兵俞大猷祖职一级"。同年十月,升广西总兵官征蛮将军署都督同知。隆庆六年(1572年),调任镇守福建的福、兴、泉、延、建、邵、福宁,并浙江金、温地方总兵官前军都督府右都督。

俞大猷一生,主要在福建、江西、浙江、广东、广西和海南等东南沿海任职。他所处的时代,正是明代走向衰败的嘉靖和隆庆。这个时期,由于统治阶级昏聩,导致政治腐败。世宗即位,不思朝政,乐于祈求长生,崇拜仙道,成为一个昏庸皇帝。帝王昏聩,使奸臣有机可乘,明代大奸臣严嵩就是在这个时候出现的。严嵩父子倚仗权势,弄权达20多年。上不正则下歪,地方官吏巧取豪夺,少数民族地区土司也不例外。土地兼并成为明代一大社会祸害,广大人民失去土地,"官迫民反",到处爆发农民起义。另外,明代自明初至嘉靖年间,商品经济有了进一步发展。这时,除了明王朝控制的官方对外的"朝贡"贸易之外,沿海一带私人经营的海上贸易也相当活跃。这些商人不顾朝廷海禁的命令,和"番舶夷商""私相交易",牟取暴利,且成群结伙,形成了海上走私集团,往来日本和南洋一带,并对沿海村民进行劫掠。有些海盗商人与倭寇相互勾结,"倭人借华人为耳目,华人以倭奴为爪牙,彼此相附,出没海岛",酿成"倭寇",祸害更为严重。

① 《世宗实录》卷五五四。
② 《世宗实录》卷五六一。
③ 《世宗实录》卷五六二。

二

　　倭寇在嘉靖年间特别猖獗,与明王朝的政治腐败、军事力量薄弱有密切关系。国内农民起义四起,也是阶级压迫的结果。俞大猷所处的时代,阶级矛盾和民族矛盾十分尖锐。作为明王朝的一员武将,他面临的任务,就是保卫明王朝的江山,抗击倭寇和平息农民起义两件大事。这里仅就与俞大猷有关的壮族韦银豹领导的广西古田县各族人民起义,以及那燕等领导海南黎族起义和闽粤赣交界地的张琏、余长春、蓝松三领导的三次起义作个介绍,俞大猷在平息这些起义过程中采取了哪些措施。

　　古田县,即今永福县的大部、融安县的东南和鹿寨县的北部。这里高山连绵,隘口险要,"幅员千里,籍民千户……田膏民朴,亦称沃饶地也"。① 但是,以皇族靖江王为首的官僚、地主和土官朋比为奸,侵占民田,"据其巢,耕其田,凡贼之美田肥土,我兵无不愿得之者"。② 韦银豹家乡古田,更是"民无宁居",③"村落之间几无宁宇"。④ 早在景泰年间,古田壮族农民韦朝威、覃万贤曾率众起义,很快地占领全县,赶走了官吏。弘治五年(1492 年),明朝政府集湖广、广东、广西士兵数万人,对古田进行大规模征剿,韦朝威壮烈牺牲。

　　韦银豹是韦朝威的儿子,决心继承父亲的事业。早在正德十四年(1519 年),他便率领义军出击永福的理定、矮山、头陂等地。

---

①　唐执中:《古田升州记》,见联丰《永宁州志》卷一四《文艺》。

②　《粤西丛载》卷二六。

③　《永福县志》。

④　《古今图书集成》卷一四○三。

党二万,不戮一人。"有的记载,张琏并没被捕,而是被迫逃往海外。万历初,他与林朝曦在三佛齐"列肆为番舶长",后来成为广东著名的海盗之一。

次者为广东程乡蓝松三和大埔余长春领导的起义。嘉靖四十三年(1564年)二月,"合寇三河镇,蔓延闽省之平和、上杭,六月还三河。生员张显志、在籍运使张子阳统乡兵伏万江夹中要击之,贼多溺死,生擒数十人。平和、上杭两县会剿于银溪尾、铜鼓嶂,获大春、松三,械送赣抚吴百朋,磔于市"。① 俞大猷此时为镇守福建南赣、惠、潮等处都督佥事,当然也参与镇压。他在《宜援诸剿而急征倭》一文中曾提及此事,"蓝松三贼闻大兵至,退回旧巢"。

此外,据《俞大猷传》载,俞大猷参与镇压农民起义还有"新兴、恩平贼谭元清等屡叛,总督欧阳必进以属大猷。乃令良民自为守,而亲率数人遍诣贼洞,晓以祸福,且教之击剑,贼骇服。有苏青蛇者,力格猛虎,大猷给斩之,贼益惊。乃诣何老猫洞,令归民侵田,而招降渠魁数辈。二邑以宁"。"河源、翁源贼李亚元猖獗,总督吴桂芳留大猷讨之。征兵十万,分五哨进。大猷使间,携贼党而亲捣其巢,生擒亚元,俘斩一万四百,夺还男妇八万余人。乃还大猷职,以为广西总兵官。"

三

综上所述,可以看出俞大猷一生是靠平倭和镇压农民起义发迹的,因而职位步步高升。在平倭方面,抗击外来势力的侵扰,维护国家安全,有他突出的贡献,这是应该肯定的。在对待国内人民的不满和反抗,尤其是少数民族的反抗,他与其他封建官吏是一样的,对人民的反抗斗争是仇视的,对少数民族也极尽污蔑之能事,

① 　周硕勋:《潮州府志》卷三八《征抚》。

镇压的手段很残酷，这些都是不值得称道的。但是他不是一介鲁莽的武夫，有很清醒的政治头脑，能深明历史上治乱的因由及经理的策略，故在对待平息农民起义及善后治理的做法上，与一般当权者还略有不同。这里着重分析他在治理民族问题上的一些做法。

探讨这个问题，首先从明代的民族政策说起。明朝建立后，对待少数民族的政策仍继承前代的做法，实行以抚为主的政策，在少数民族聚居区实行土司土舍制度。这个制度在历史上已实行很长时期，自唐代开始，便在少数民族地区实行羁縻州县制，培植当地酋长，实行"以夷制夷"的统治政策。宋代因之，实行以怀柔为主的羁縻制度，正如宋哲宗所说："国家疆理，务在怀柔。"推行土官制度，"树其酋长，使镇自抚"。元代继续推行土官制度，采取"怀柔"、"恩宥"，以资笼络。明初继续执行这一政策，且对民族地区实行减免赋税二至三年，收到很大效果。尤其是明成祖永乐年间，各地少数民族纷纷归附，向中央王朝"朝贡"，"黎峒、瑶山编入籍"。仅永乐年间，受抚黎峒达1670处，约3万户。① 这是明朝绥抚海南黎族峒首的高潮时期，授给许多峒首以土官，建立了海南治黎的土官土舍制度。黎族首领频繁来朝，民族关系处理得较好，因而没有发生过一起土官土舍的反叛和黎族人民起义的事。其他地区的民族关系也比较正常，因而国家比较稳定。

但是自明中叶以后，明朝政府改变了明初以抚为主的羁縻政策，对民族地区实行了政治上直接统治和军事上以剿为主的策略，加上政治腐败，官吏贪污暴敛，土司间相互争夺，土地兼并成为明代一大社会问题。如明初在海南设军屯11处，至嘉靖时全岛屯田增至22处，4964亩。海南屯田则来自镇压黎区反抗，没收黎民已垦熟的土地，实行"绝黎田土"，以赏赐"剿黎有功"者。如嘉靖二十八年(1549年)镇压那燕起义时，给事中郑廷鹄议琼州事，就建

---

① 《世宗实录》卷三五一。

议将"德霞、千家、罗活等膏腴之地尽建州县,设立屯田,且耕且守"。① 这样一来,势必加剧了民族矛盾和对抗。靠用武力镇压,人民是不会被压服的,所以起义不断,社会得不到安宁,人民备受苦难。

俞大猷作为明王朝一员武将。为维护王朝的统治,他受命参与镇压起义,但是在执行过程中,他还是有自己的政治主张,这些主张虽不见得有很大的创见,但在同僚中还是比较有见地的。试举几例以证之:

1. 主张剿抚并用,以抚为主。上面说过,明中叶以后,明王朝已改变了前期以抚为主的羁縻政策,在对待人民起义则实行以剿为主的政策。俞大猷虽然无法摆脱这一既定的政策,但他则极力建议应以抚为主,他自己在征剿中就是这样做的。同时在《论招抚欲诚征剿规模欲大》一文,还提出招抚要"诚",就是说要真心实意。这种思想在当时同僚中是比较有见地的。他说:"各县官原有父母之责,务要体悉此意,多方劝谕,但能招抚贼人一百就抚,是该县救活数百人之命,招得一千就抚,是该县救活数千人之命,其阴骘亦甚大,乃见该县官之才能。"②《论早安抚使贼不出》一文又曰:"申明招抚告示,切责各县官招抚……此为今日之急务。"③

2. 主张只征"首恶",对其他群众应力劝其归善,不能滥杀,这就是俞大猷所谓"诛暴安民"的思想。这个思想与那些主张斩草除根,血洗起义地区的做法,还是有区别的。前任巡抚两广都御史蔡经、总兵官柳殉,他们嗜杀黎民,主张血腥镇压,故对起义队伍"擒斩"就是五千有奇,俘获"又是男妇数千"。嘉靖二十八年镇压那燕领导的黎民起义,总督欧阳必进,总兵官陈圭,对那燕义军

① 《世宗实录》卷三五一。
② 《正气堂集》卷一一。
③ 《正气堂集》卷二一。

"擒斩"的残酷手段,更是有过之而无不及。当时身为参将的俞大猷曾向总督进言:"黎亦人也,率数年一反一征,岂上天生人意?宜建城设市,用汉法杂治之。""必进纳其言,大猷乃单骑入峒,与黎民要约,海南遂安。"可见他在对待人民起义的做法上与群僚还是有不同的看法的,极力阻止大规模的流血事件发生。他提出"黎亦人也"的思想是可贵的,既然是人,就应该给予生路,应该采取一些更有效的办法来治理黎区。为了此事,他"单骑入峒,与黎民要约"。这种较能体贴和关心黎族人民生活和前途的做法,在当时的同僚中还是少见的。

又如捕获张琏一事,他写了《请迫张琏巢以致其归》、《击张琏贼早发援兵》、《再请援兵》、《计擒张琏》等文。张琏被获后,对俘获张琏余党二万多人,"不戮一人",而且马上颁布《请退兵》檄文。他在《正气堂集》中多次提到,官府每次征剿,不但花费大量财物,而且给百姓造成不安宁,"但得官兵早散一日,则斯民早沾一日回春之恩"。对古田起义,他说得更明白,"如军务事,照得征订,重在首恶,胁从从来罔治。迩者欲动三十万之兵讨古田六十年背叛,只为韦银豹一人"。[①] 古田人民前后坚持百年的反抗斗争,一些嗜杀成性的官吏都主张对起义地区实行焦土政策,以绝"寇犯",而俞大猷主张只镇压重要首领,古田起事,"只为韦银豹一人",对其他群众不应滥杀。

3. 提出征剿只是短视行为,只有正确的治理方略才是解决问题的关键。这就是俞大猷比起一般官吏更有政治眼光的所在。他曾多次说过,征剿是容易的,但善后处理才是最重要的,才是长治久安之策,而且提出在考虑这个问题时不是在征剿后,而是在此之前。他在《论善后》一文中提出:"议在以古田之事不难于大征,而难于善后,此诚为地方经略久安之要言。愚窃谓:'善后之难不在

---

①　《正气堂集》卷一六《先发各瑶僮村告示》。

于既征之后,全在于进剿之时'。"①从而可以看出,俞大猷具有深谋远虑、探明治乱的政治眼光。他不但这样说,而且在实际过程中,曾根据不同地区情况提出了不同的善后处理方案。如对于在闽粤赣三省交界边远地区,他提出建州意见。他说:"杜三省(闽粤赣)盗源,以图长治久安……程乡、兴宁、安远、武平四县之中,虽山嶂重叠,实有许多宽广平地,膏腴田土。只因离城太远,政务不及,民易生乱。议于适当去处建立一州,以四县属州管辖","征剿事乃一时之功,建州实万世之利"。② 对于古田地区,他主张"善后之方,处钱粮,设立土官,为千百年长久之计。如钱粮不足,设兵防守,为百十年之安,亦可也"。③ 对黎族的治理,是当时明代政府长期议论的课题。嘉靖二十八年,海瑞上《治黎策》中试成举人,次年又上《平黎疏》。他的主张在当时比较有代表性,其中心内容是主张开通道路,设立州县。嘉靖二十九年,被派往海南任琼州府参将的俞大猷也极重视治黎之策,曾深入黎族腹地五指山调查。他在《论处黎长久之策》中说:"然抚黎之策,非无土舍以约之……则今治黎之上策……择其智力最雄之长,信以孚之,仁以怀之,义以制之,智以驭之,请授以官,使其允然……并立县治……辟道路,筑城穿池,设墟立市,一如流官。"④他还著有《议立州县图说》,议立参将府,迁设县司屯所于罗活、抱显、沙湾、岭脚、古镇州等处。⑤并提出设学堂,"用汉法杂治之"。他的观点与海瑞《治黎策》和《平黎疏》,均有相似之处。这些想法还是有见地的,有利于汉黎交往和相互间的经济文化交流。但是他的这些建议包括海瑞的主

---

①　《正气堂集》卷一六。

②　《正气堂集》卷一三,《论建州》、《再请坚意建州》。

③　《正气堂集》卷一六。

④　《正气堂集》卷二。

⑤　萧应植:乾隆《琼州府志》。

张,当时都无法付诸实施。

4.内外有别,应先对外。对"山寇"和"海寇"的爆发,他认为首先应该征"海寇"。他在《宜缓诸巢而急征倭》和《论山寇多宜剿抚并用》等文,阐明了这一观点。程乡蓝松三、余长春"闻大兵至,退回旧巢,既回旧巢不流突,且宜安之"。"山寇流突总在域内,徐皆可图。倭寇奉有明旨,如不早灭,入闽合伙,猷罪难逭矣。"①这比起朝廷中那些纵容通倭的官僚,打击陷害抗倭名将的奸臣,是个显明的对照。

总之,俞大猷处理民族问题,是立足于"安抚"、"教化"的。他很重视社会安定,使人民能安居乐业,这比起当时主张用军事征剿的做法,还是有些可取之处的。他在《与龚春所书》中曰:"古田齐以政令,必能贻百年之治安,教以诗书,必能开一方之文宪,猷之私喜实有异于恒人也。"可见他尚能关心人民的疾苦,征剿之后,极力主张官兵应尽快撤离。他多次提到:"第一次调动士兵,经过地方,杀人掠财,平民之受殃亦惨矣。"②"事定之后,一体为汝处分,必革有司贪毒之弊,必除里书剥害之奸,必禁土舍公差索残虐之蠹,使汝与民生生无穷",③说出了人民想说的话。敢于道出地方官吏残暴贪敛的腐败行为,史家评说他"为人耿直",诚不虚也。俞大猷抗倭业绩代代相传,为人们所称颂。从处理国内民族问题来看,他也是一位较有作为的封建官吏。

　　　　　　　　　　（原载《俞大猷研究》,厦门大学出版社 1998 年版）

---

① 《正气堂集》卷一五。
② 《正气堂集》卷二《论处黎长久之策》。
③ 《正气堂集》卷二《论良策》。

再版林惠祥教授《文化人类学》感言

　　顷接商务印书馆函,承告该馆拟将林惠祥教授《文化人类学》收入"中华现代学术名著丛书",嘱为此书撰写导读。作为林先生的学生,我感到十分荣幸,但思之再三,要为老师大著写导读,我感到力不从心。今年是林先生诞辰110周年,写点感言,愿以这种方式寄托我对老师的缅怀与追思。

一、《文化人类学》是我国第一本人类学教科书

　　林先生1901年6月出生于福建晋江莲埭乡(今石狮市),1958年2月13日因病英年早逝。林先生30年学术生涯,著作等身,是我国著名的人类学家、民族学家和考古学家,中国人类学事业的奠基人之一。尤其是其1934年出版我国第一本人类学专著《文化人类学》,被商务印书馆列为"大学丛书",自出版后即成为国内通行甚广的大学教科书,单就台湾地区而言,台北商务印书馆一再刊行

至第 8 版(1993 年刊出），至 80 年代尚为台湾大学和台湾"清华大学"等学校人类学系中所常用，可见其影响之深巨。林先生当时为什么想写此书，生前在同老师的交往中从未得到什么信息。2001 年为纪念林先生 100 周年诞辰，出版《天风海涛室遗稿》①，书中收录林先生几种书稿，其中有一篇《自传》。《自传》中载述了林先生自出生至新中国成立的学习、工作和思想活动的全过程，从中我们可以了解这位著名学者的成长道路和传奇逸事。

在《自传》中虽然没有直接谈到写作此书的事，但从中可以觉察出一些端倪。林先生 1921 年报考厦门大学，先入预科一年，后被录取于社会学系。1925 年毕业后留任厦大预科教员一年，1927 年自费赴菲律宾大学研究院人类学系，师从美国导师拜耶教授（H. Otheyu Beyes）做人类学研究之实地工作。因林先生未入学前曾预备一年，故得越常例，一年即毕业，受人类学硕士学位。是知林先生对人类学专业的热爱。

1928 年菲律宾大学毕业回国，即入中央研究院任著作员。后研究院成立民族学组，蔡元培院长兼组长，林先生被委任民族学组助理员。1929 年林父病逝台湾，林先生告假前往奔丧，领中国护照，化名林石仁，假托为商人前往。事毕，即利用赴台之机，只身首次深入番族地区（今高山族）采购高山族标本和考察台北圆山考古遗址。经过近两个月的艰险，获得一大批珍贵的高山族标本和史前文物，撰写成《台湾番族之原始文化》一书，并于 1930 年出版，为大陆学者研究台湾高山族的第一本专著。此行得到蔡院长的支持，大作出版后，得到蔡院长赏识，破格"擢余为专任研究员"，是个年方 29 岁的年轻教授。

林先生在中央研究院工作两年。1931 年秋，被母校厦门大学招聘为人类学、社会学教授，后兼历史社会学系主任。他说："迫

---

① 蒋炳钊编：《天风海涛室遗稿》，鹭江出版社 2001 年版。

任职厦大后,以当时人类学书籍甚少,仍编写讲义,搜罗中外材料理论,综合编述。"从专门做研究工作转变为专职教学,这是一个很大的转变。林先生是一个很负责的老师,为了做好人类学、社会学教学工作,"以当时人类学书籍甚少"无法满足教学需要,这也许就是林先生酝酿撰写《文化人类学》一书的缘起。

人类学这门学科起源于西方,中国的人类学是从西方引进的。19世纪中叶,人类学已发展成为一门现代的独立学科。1901年,美国考古学家W.H.霍姆斯正式提出"文化人类学"这个学科名称。在中国正式使用"人类学"一词是1916年张学悟在中国《科学》杂志上发表《人类学之概略》(第2卷第4期),对欧美人类学作了简单的介绍。留学德国的蔡元培先生在任北京大学校长时(1917—1927年)曾设立人类学讲座。1926年他写了《说民族》一文,正式介绍民族学。摩尔根调查美洲印第安人编写的《古代社会》一书,中译本于1929年在上海出版。1928年蔡元培先生任中央研究院院长时,他先在社会科学研究所设民族学研究组,自兼主任,后又设人类学组,鼓励研究人员到少数民族地区进行实地调查。早在1927年,广州中山大学历史语言研究所也设立人类学组。中国人类学已处在起步并向前发展的阶段。

1931年秋,林先生应聘回厦门大学教授人类学时,人类学尚是一门新的学科,在当时的高等学校中尚未正式开设这门课程,所以也急需可用的课本。

要写就这本书必须具备广泛之知识基础。林先生选择人类学专业为主攻方向,必备有这方面的基本素质。加之教学的迫切需要,又增进他撰写此书的使命感。最近在整理他的遗著时,发现一本英文本《文化人类学》手抄本,全书45页,每日抄10页,字迹规整,令人赞叹。虽不知抄于何时,但可看出他对文化人类学的向往与关注。

此外,林先生在毕业后工作几年也得到不少锻炼与提高,如

《台湾番族之原始文化》一书获得成功。他说,在中央研究院工作两年,"经手选购该科图书颇多,学问上亦甚大获益",为写好这本书奠定了基础。

外界的促进,也是成功的一大因素。林先生对蔡院长提携,"深感其知遇"。蔡院长又是倡导人类学、民族学,这增强了他写好这本书的信心。林先生《文化人类学》一书刊行,蔡院长还题赠"博学慎思",以资鼓励。

在《文化人类学》出版前,林先生试笔《民俗学》(1931年)和《世界人种志》(1932年)两书,并由商务印书馆先后刊行。不到两年时间又相继出版《中国民族史》、《神话学》等一系列文化丛书。是知他的文化人类学的根基相当牢固,知识面广,学识深厚。

我推想,林先生撰写《文化人类学》,正是其离开中央研究院应聘回厦大后,利用这一历史机遇,用近两年时间催生的。此书一经出版,便成为厦门大学人类学课程教科书,也因此被商务印书馆列为"大学丛书"。综上所述,林先生利用这一历史机遇,迎难而上,他成功了,为中国人类学发展作出了重大贡献。

林先生为了办好厦大历史社会学系(当时尚未设人类学系)费尽苦心。除了编教材、出版专著外,还创办私立人类博物馆。林先生是行家出身,他深知教授人类学"需要有原始文化标本,以供参考,而学校不能供给采集之费"。林先生一生生活俭朴,"薪俸稿费月有赢余"。1933年在厦大顶澳仔申请一块地,"乃自建一屋,留前厅为人类学标本陈列室,自费四处搜买标本及发掘古物,又得南洋热心家捐赠,合计得三四百件,陈满两室,颇为可观。此小陈列室所曾声明愿供厦大历史、社会学之用,并欢迎各中小学师生参观,盖兼有通俗教育之效"。① 1934年扩充为"厦门人类博物馆筹备处",后正式更名为"厦门人类学陈列所"。此乃现在厦门

---

① 以上引文未见出处,均见《自传》。

大学人类博物馆之雏形。为充实陈列室内容,1935年他又利用暑假期间再度到台湾调查和采集高山族及其民族标本,再次考察台北圆山贝冢遗址。是知,林先生是一位可敬可佩、极端负责任的好老师。

二、《文化人类学》关于人类学基础理论的新思维

1998年8月,厦门大学召开"纪念林惠祥教授逝世40周年学术研讨会",与会的诸多学者对林先生《文化人类学》有很好的评述,如台湾"中研院"院士李亦园《林惠祥的人类学贡献》、石奕龙《林惠祥的人类学思想》等①文章提到,林先生这本大作虽引用大量外文翻译资料,但他对人类学的定义与分科等重大学术问题有着新思维。归根到一点就是他把人类学定义为一门用历史眼光研究人类及其文化的科学。这与当时古典进化论、传播论派、功能主义、历史学派等理论有不同之处。

林先生在20世纪30年代撰写《文化人类学》一书,如他在该书导言所述:"本书材料是由各书取来编译的,但这些材料常错综参杂,有时且由编译者参考众说加以修改。此外还有少数地方是编者自己的臆说(例如中国的姑舅表婚、兄弟妇婚、原始社会组织的通性等),也插入其中。每篇之末备附参考书目,以明来源,并当介绍。"故知本书资料来源既吸收当时各家之说,又明确指出有些是加以"修改",又增加"自己的臆说",已具备很先进的人类学观念,在当时同类的人类学著作中有着显明的特色。

《文化人类学》全书共分七篇,第一篇为人类学总论,第二篇为文化人类学略史,第三篇至第七篇为主体论述,包括物质文化、社会组织、宗教信仰、原始艺术,以及语言文字等部分。其主体论

---

① 　参见《纪念林惠祥文集》,厦门大学出版社2001年版。

述各篇内容已相当完备,基础观念陈述至为清晰,故为一般初入门者所喜爱。其主体论述即以当代的教科书标准而言,也颇具特色。在讨论物质文化、社会组织与原始宗教各篇,观念清晰。还有学者认为本书最重要的特色是在最后两篇,即关于原始艺术与语言文字的讨论。本书的新解和特点有如下几个方面:

1. 关于人类学的定义:该书在考察当时各学派的理论时认为,若研究人类学只偏于躯体而不问其文化,这不能算是完整的人类学。他提出:"人类学是用历史的眼光研究人类及其文化之科学:包括人类的起源、种族的区分,以及物质生活、社会构造、心灵反应等的原始状态之研究。换言之,人类学便是一部'人类自然史',包括史前时代与有史时代,以及野蛮民族与文明民族之研究;但其重点系在史前时代与野蛮民族。"①为什么要用"历史的眼光"去研究人类学的问题与通则,首先是因为人类学原本就具有历史性质,人类学所要考察与研究的对象,原本就是历史长河中的各种事实,而不是其他。其次,人类学研究所使用的方法主要是历史方法,而不是用他称之为"玄想"的思辨方法或其他别种方法来进行研究的。所以历史学与人类学"很相近,没有确切明显的界限"。不过,两者还是有区别的,历史学是研究某个民族生活的过程,是较为具体的研究。关注范围几乎全是有史时代及文明民族。人类学是研究全人类的生活的过程,是较为普通的研究,更偏重史前时代及野蛮民族。

林先生把人类学看成一门历史的科学,是人类的自然史,要用历史的方法去研究人类长河中的各方面事实,从中归纳出通则来,从而较早提出人类学中所具有的历史人类学的含义来。同时,他认为人类学是一门综合的、跨学科的科学,它至少应该包括对人类的体质和文化两个方面的研究。例如他说,"人类的起源"与"种

---

①　林惠祥:《文化人类学》,商务印书馆 2011 年版,第 11 页。

族区别"是体质人类学研究的两大问题,而"物质生活"就是功能主义大师马林诺斯基所说的"文明"的意思。但是,使用"物质生活"一词可以更加一目了然。至于"心灵效应"指的是迷信、魔术(巫术)、神话、宗教、知识、美的观念,以明文化的广泛含义。林先生的文化含义包括人类的物质文化、精神文化、社会文化、制度文化等等方面。

林先生虽然认为人类学是一门研究人类发生、发展的科学,其重点在研究人类的原始状况、史前时代与野蛮民族,故全书内容都偏重于人类文化的原始状况和文化的起源,如原始物质文化、原始社会组织、原始宗教、原始艺术和原始语言文字等。但他并没有忽略文明民族和有史时代。他认为人类学并不单纯只研究人类原始状况,而应该"兼含有史时代与文明民族之研究"。理由是:①人类学既然是人类的全部自然史,虽然应当偏重史前时代,但也应当涉及有史以后,方才算得完全;②有史时代与史前时代的文化是相联系的,文明民族与野蛮民族的文化也是相关的,不能硬把文化分成两截,绝对不过问有史时代及文明民族的文化;③有史之物,人类的状况虽略有记载,究竟也是荒渺难稽,不很明白,与史前时代也差不很多,还须兼用人类学的方法探究它;④所谓有史以来的文明民族的文化也有与史前时代及野蛮民族无甚差异之处,他们的战争、迷信、魔术、宗教、婚姻等等,也常见有原始的色彩。所以有时也很可以由文明民族中找出低等的文明来研究,而所谓汗牛充栋的文明典籍中也尽有野蛮的原料为人类学家所观赏。①

2. 关于人类学的分科:在 20 世纪 30 年代及以前,人类学家"都按照自己的心得建立一个系统,以此分类法至少有三四十种之多",有些"分科名目虽也有些很特别","有的是门类太琐碎了,

---

① 林惠祥:《文化人类学》,商务印书馆 2011 年版,第 13 页。

不能简括"。①

从管理学上看来,人类学是应当"倾于二分的,即体质人类学和文化人类学。此外各科都可归入这二科里面,如语言、宗教、工艺学之关于起源的一部分应当划入文化人类学内;民俗学、种族学全部属于文化人类学;社会学与心理学是人类学以外的科学,但原始社会组织与原人心理研究,也属于文化人类学内。至于史前考古学中,关于人类遗骸的研究可以归入体质人类学;关于原始遗器的考究,可以归入文化人类学;民族志中关于记载各民族的肤色、体格、鼻、眼、毛发等事的,可以并入体质人类学;关于叙述各民族生活状况、风俗习惯的,可以附属于文化人类学"。②

林先生认为:为研究便利并顾及从来的习惯起见,人类学的分科不妨扩为四种,即文化人类学、体质人类学、史前考古学和民族志四门并行的人类学分支科。把史前考古学及民族志仍旧提出来,给它们独立做二科。这是因为"若把史前考古学中关于人类遗骸及其遗器的研究硬分为两截,划给体质人类学及文化人类学,恐怕对于原始人类不能通盘观察而得到完全的了解。如把它合在一起研究便无此弊。至于民族志原是要记载一民族全相的,更不可把体质与文化分开的,因此这二科也应当独立起来与上二者合而为四科"③。

林先生把人类学分为四科,与英美或欧洲大陆二分科明显不同。至于各科间的相互关系,在该书中也有明显的展开。林先生认为史前考古学和民族志都要研究生物与文化特征,只不过考古学研究的是古人类的,民族志研究的是现存的民族的,因此应作为体质人类学与文化人类学并行的人类学分支学科。文化人类学和

---

① 林惠祥:《文化人类学》,商务印书馆2011年版,第17页。
② 林惠祥:《文化人类学》,商务印书馆2011年版,第17~18页。
③ 林惠祥:《文化人类学》,商务印书馆2011年版,第18页。

体质人类学是"综括的、理论的,重在原理的研究,而史前学与民族志则为具体的、叙述的,重在事实的叙述",它们之间的关系是相辅相成的。

3.人类学是一门经世之学,不是为研究而研究,它肩负着人类历史六大使命。首先是人类历史的还原。他说:"人类历史的还原便是要把人类已经淹没的过去的行为考证出来,使我们后来的人能够晓得原来的情况。""人类学家得了原人的遗骸遗器,并不像古董家一样,拿来欣赏欣赏,当作好玩的东西;他们是要根据这些实物,推出原人躯体的形状,人类发生的地方,种族区分的陈迹,器物、制度发展的程序,原人心理状态等问题。这便是人类历史的还原。"①

其次,文化人类学研究,重在对文化原理的发见。"这是要用综括的方法,探索人类文化所蕴藏的原理,使我们晓得它的性质,而用人为的方法以促进它。分析言之,例如文化以何种条件而发生? 文化的发展遵何程序? 文化何故有不同的形式? 文化的各种要素,如社会组织、物质生活、宗教艺术、语言文字的起源演进各如何? 这些问题都是人类学,特别是其中的文化人类学所希望解决的。"②

此外,通过研究,可以使种族偏见的消灭、蛮族的开化、文明民族中野蛮遗存物的扫除、国内民族的同化。"人类学的目的还不止上述六种,不过这六种是最为明显易见的,只此六种也可证明人类学使命的重大了。"③

4.书中提出一些人类学的基本名词,今日在人类学研究中常用的基本名词如内婚、外婚、买卖婚、掠夺婚以至于禁忌、图腾等

---

① 　林惠祥:《文化人类学》,商务印书馆 2011 年版,第 25～26 页。
② 　林惠祥:《文化人类学》,商务印书馆 2011 年版,第 26 页。
③ 　林惠祥:《文化人类学》,商务印书馆 2011 年版,第 28 页。

等,都是因林先生的采用而普遍起来。

又如更早出版的《民俗学》一书,至今仍然常被作为入门的导读,且若干观感被认为具有创意而引为教学范例。林先生认为民俗学完全属于文化人类学的思想,也使得目前不少人类学工作者从事民俗学的研究工作,而在民俗学中形成一般比较注重个案与理论解释的力量。如此可见林先生的学术远见确是很难得的。

三、《文化人类学》出版,对促进和推动中国人类学的发展产生重大的影响

在20世纪30年代,中国人类学还处在起步的阶段,不但资料少,专门从事人类学研究的学者也不多,更谈不上列为大学的学科建设。这部由中国人类学家自己写的第一本人类学专著,引起出版界重视。商务印书馆把它列为"大学丛书",意在培养人才,并由此引起国人的重视,为发展中国人类学起了引导作用。

本书在传播人类学知识方面也取得明显效果。全书其主体论述各篇,内容也相当完备,基础观念陈述至为清晰,故为一般初入门者所喜爱,至今仍具启示作用。作为"大学丛书"中的一种,其主体论述便以当代的教科书标准而言,也颇具特色。李亦园院士认为,本书最后两篇关于原始艺术与语言文字的讨论,在30年代可说是非常先进的观念,例如在语言文字一篇中所介绍的信号、记号等观感,都是极为难得而深具引导性的阐述。在今天的教科书中,也少有这样精微的表述。另外,林先生在讨论妇女部分的论述,实际上已与当代"两性关系"与"性别研究"者的论述无大差别,这也是难能可贵之处。

林惠祥《文化人类学》一书得到广大学者的赞誉,其本人也被公认为我国人类学研究的先驱、奠基者。其所在的厦门大学,如今已建立人类学研究所、人类学系和人类博物馆,不仅成为中国人类

学在我国东南地区的传播中心,而且奠定了厦门大学人类学研究的学科传统。为纪念林惠祥教授对中国人类学的贡献,1980 年成立的"中国人类学学会",会址就设在林先生创办的厦门大学人类博物馆。

林先生一生对人类学研究事业执著追求的精神,有着一股强烈的时代感、迫切感和民族自豪感。由于师承拜耶教授的传统,所以他的人类学学术背景是全域性的,他对考古学、民族学(文化人类学)以至体质人类学各分支都通晓擅长,特别对一般人类学的贡献最为突出。这在今日分工精细的专业领域中,实是不常见到的全才学者。林先生为学最为特别之处是精细、有系统,但又能提出创见,为后人开拓新研究领域,实为我们学术界一位重要的先驱者。

(原载林惠祥《文化人类学》,商务印书馆 2011 年版)

林惠祥人类学著作及其述评

　　林先生离开我们已经 53 年了。他一生执著追求人类学研究，取得丰硕成果，至今在人类学界颇具影响，不少创见仍视为经典之作。林先生自 1927 年菲大人类学系毕业后，1928 年入中央研究院工作，1931 年应聘厦门大学以至逝世，整整奋斗 30 余年。如从工作经历而论，这 30 年间大体可分为三个时期：1937 年以前、1937—1946 年和 1947—1958 年。

一、1937 年以前：从书斋走向田野，构建文化人类学学科体系

　　1927 年，林先生在《归纳学报》第 1 期发表第一篇论文《由民族学社会学所见文化之意义及其内容》，自此以后，开始从事大量艰苦的田野调查工作，力求把所学理论与知识结合起来。

　　1930 年、1931 年、1932 年，林先生在厦门、惠安、南安等地进

行史前遗址调查,成果收入《厦门史前遗物研究》和《福建南部的新石器时代遗址》。[①] 1929 年、1935 年两次赴台北圆山贝冢遗址考察。1937 年,参与福建武平发掘等,发表《福建武平新石器》。[②]

在民族调查方面,1929 年和 1935 年两渡台湾,只身冒险至日人占领下的台湾高山族地区调查和采购民族标本。之后出版了《台湾番族之原始文化》一书,该书被列为社会科学研究所专刊,1930 年由中央研究院出版。该书是林先生第一部大著,内容涉及高山族各支系来源体质、生活状况、社会组织、社会冲突、宗教艺术、语言、知识等方面。为日后研究台湾的学者必读之书,林先生也因此被誉为大陆学者高山族研究和台湾考古的第一人。《台湾番族之原始文化》一书是林先生的成名之作,他也因此书得到蔡元培院长的赏识,被破格晋升为研究员。

1931 年秋,林先生应聘为母校厦门大学人类学、社会学教授,后兼历史系主任,同时还兼任中央研究院特约研究员一年,完成《倮倮标本图说》一书,并于 1931 年出版此书。

林先生迨任厦大教学工作,由于中国人类学还处于起步阶段,各种资料很缺乏。为了教学需要,他用五六年时间先后编写《世界人种志》、《神话学》、《文化人类学》、《中国民族史》、《民俗学》等书,由商务印书馆刊行。其中《文化人类学》、《中国民族史》两书影响最大。

《中国民族史》系中国文化史丛书之一,全书分上下两册,约14 万字,共分 18 章。其中关于古今民族之分类和历史发展之分期两项工作尤其有创见,对后世的中国民族史研究影响至为深远。他提出了中国历史上 16 系民族类别及现代八大中国民族:汉、满、

---

① 《厦门史前遗物研究》,载《厦大周刊》1930 年;《福建南部的新石器时代遗址》,载《考古学报》1954 年第 8 期。

② 《福建武平新石器》,载《古代文化》第 18 期。

回、蒙古、藏、苗瑶、罗缅、僰掸。这个分类被认为是"早期人类发展上最具系统的一种",人称"林惠祥分类"①。

　　林先生的《中国民族史》具有承先启后的作用,即综合此前民族史与民族源流的各家研究,再加上近代民族志的资料而成,既有历史的轨迹,又有现代族类的理念,开启了当代民族系统分类的先河,对当代民族分类颇有影响。林先生自己也觉得很满意,他在《自传》中云:该书"最后出,在同类书中最详者,余之创见也颇多,出版四个月销至四版,可见颇受国人错爱也"。日人中村、大石二人合译为日文,于1940年在日本出版。

　　《文化人类学》被列为当时"大学丛书"之一,全书共20余万字,是国内有关人类学方面的重要著作,具有鲜明的时代印记。在19世纪末至20世纪初人类学理论发展史上,文化进化论占主导地位,其研究的目的是建立人类社会的演进程序。20世纪20年代至40年代则是美国历史学派盛行的时代,它强调历史研究的重要性。这一时期人类学研究深受进化论和美国学派的影响,通过考古和民族志资料,推进人类文化发展的总体历程。林先生的学术观点颇受其导师拜耶的影响。故有的学者认为,林先生学成回国后遂成为"美国模式人类学在中国的主要传播者"②。

　　1934年林先生在家中创办私人博物馆,名为"厦门人类学陈列所"。后又到泉州古迹调查、发掘唐墓。1937年到福建武平发掘新石器时代遗址,并以《福建武平新石器时代遗址》(英文)参加1938年1月在新加坡召开的第三届远东史前学家大会。该文被

---

　　①　吴燕和:《中国人类学发展与中国民族分类问题》,载台湾"清华大学"《考古人类学刊》第47期,第37页。

　　②　顾定国著:《中国人类学逸史》,胡鸿保、周燕译,社会科学文献出版社2000年版,第48页。

收入会刊,新中国成立后重新用中文发表。① 文中首次提出以武平印纹陶和有段石锛为代表因素的"亚洲东南海洋地带"文化不同于华北地区的看法。

原来计划待武平发掘完毕,拟利用暑假自费再往海南岛五指山调查黎族,采取标本。不幸"七七"战事爆发,"八·一三"继之,日兵占领金门,厦门危在旦夕,只好放弃这次计划。

二、1938—1947 年:避难南洋,开拓南洋民族研究

林先生挈家老小避难南洋,先在香港住数月,曾在香港本岛、南丫岛、大潭山发现新石器。② 之后,见战事无速了之望,又恰逢新加坡政府博物馆方召集第三届远东史前学家大会,便南下参会,并在会上宣读《福建武平之新石器时代遗址》。会后,林先生陪华侨李俊承到印度游历,经恒河流域,登贡鹫山至尼泊尔边境之古舍卫国等处,途经仰光,历两个月始回新加坡,获得一些有关印度的考古及民族文物标本。③

初抵新加坡时,同学陈育崧本欲介绍到苏门答腊之苏东中学任教,被林先生婉拒。"余以新加坡有博物馆及图书馆,可供研究人类学,故辞该中学之聘,而就新加坡之某女中教员,薪差一半,然余宁愿少获收入,而不愿放弃学问也。"任教不久,又改以卖稿为生,撰写南洋各地民族志。1938 年在新加坡《星洲半月刊》先后发表《马来人与中国东南方人同源论》、《南洋华侨应发展教育事业》、《南洋高架屋起源略考》、《南洋人种总说》、《马

---

① 参见《林惠祥人类学论著》,福建人民出版社 1981 年版。

② 参见《香港新石器时代遗址发现追记》,载《厦门大学学报》(社科版)1959 年第 2 期。

③ 参见《印度古迹研究》,载新加坡《星洲半月刊》1939 年。

来半岛的马来人》、《马来半岛的最古土著塞芒人》、《马来半岛的怪民族沙盖人》、《苏门答腊阿齐人》、《苏门答腊民南加堡人》、《马来谚语》、《古代的加坡》、《菲律宾石器发现记》、《人类学学说研究》等研究文章。1939年冬，林先生受聘槟榔屿的钟灵中学，主持校务。

离开钟灵中学后，林先生遂回新加坡"复从事著述"。原来拟译《苏门答腊民族志》、《婆罗洲民族志》和《菲律宾民族志》三巨著，而苦于无暇，"兹乃承张礼千君介绍于郑天送君，加入于纪念其尊翁成快之丛书中，而由郑先生送余稿费，此外，余又就家中设私塾教国文"。他在《自传》中说："余来新加坡之目的，一因日人占厦，避免被逼作汉奸；二因欲研究南洋之人类学材料，盖新加坡素有'人种博物馆'之称，且有富于人类学材料之博物馆及图书馆，乃南洋附近各岛皆多原始民族；三可服务华侨教育文化工作……坚持学术报国之宗旨，故生活困难亦不改业。"之后，陆续发表《印度古迹研究》、《马来吉打州石器时代洞穴遗址》、《印度尼西亚名称考释》等研究文章。

1941年12月，日军大肆对新加坡进行轰炸，南洋战争爆发了。当时林先生职业未定，家境困苦，致使前妻得病，并因缺乏医药而死，一幼儿也因战乱死去。1942年2月，日军占领新加坡。在日寇占领南洋时期，林先生宁为玉碎不为瓦全。他隐瞒自己精通日语的情况，日军审查时，不以日语回答，险遭杀害。当地人因他留平头有似日本人，他便改蓄长发。有人为其介绍做日人翻译或到日本机构、报社工作，均被他严词拒绝，仅以卖文稿维护家用。林先生在《自传》中写道："在南洋沦陷期间，更坚守我之本意，不因日本之胜利而攀附为日籍，以取得势力富厚；反以我国之被侵略而愿与华侨同受危险与苦病。"为了养家糊口和躲避日人之干扰，最后，举家迁往距新加坡市区约7公里的后港，住草房，开荒种菜，种番薯，还兼作小贩。在艰苦的岁月里,林先生坚信祖国抗战必胜,中华民族必兴。他在仿陆游的诗中吟道:"国破家倾万事空,飘零未解叹穷途;王师北定中原日,好句犹能续放翁。"林先生崇高的民族气节和伟大的人格魅力为国人所敬仰。

尽管生活工作条件十分困难,林先生在乡下仍坚持为郑天送君编译未完稿。《婆罗洲民族志》便完成于1946年10月。在避难南洋10年间,林先生致力于南洋民族的研究,发表大量文章并翻译三部大著,尤其是对华南民族和南洋马来族关系的开拓性研究作出很大贡献。新中国成立后,林先生极力支持厦门大学创办南洋研究所,并兼任副所长,是我国南洋问题研究的开拓者和倡导者之一。

1945年抗战胜利了,林先生开始写《自传》。《自传》分上下两篇。上篇"二十五年之秘密——主要放弃日籍的事情";下篇"对国内反动派的认识",写他回国后对国内政局的认识。上篇开篇便说:"余有一事,秘藏于怀,已有二十五年矣。余为此事而受尽痛苦,费尽心机,古人所谓'独孤臣孽子,其操心也危,其虑患也深',余乃身经而体验之。"林先生1901年出生于福建省晋江县南门外之近海小村莲埭乡,曾祖赴台湾,从事航海经商,因而起家。至他父亲时虽已衰落,然仍在台湾经营小生意继承家业。甲午战争后,日本占领我国台湾,强迫居民改隶日籍。依国际法,以血统和户主为原则,因此他家被隶为日籍。而家眷则仍居泉州。所谓"二十五年",即从林先生考入厦门大学的1921年算起,当时他入厦大后"即放弃日籍,专认中国籍,惟未能经由退籍之手续,故自秘其事,以至于今"。入厦大后"由此立志专为中国国民,决意退出日籍。自回国前,余之归入口字交菲海关,领回国新字,则改作中国福建人。回国以后,亦不向日本领事馆报到矣"。1929年赴台奔丧,领中国护照,并化名,假托商人前往。1935年再度赴台调查番族,也是化名,假托为青年会老师。1937年避难南洋,也是担心"日本占领厦门,台人来者必多,若被发现,即免受惩罚,亦必被强逼当汉奸"。日寇占领新加坡后,尽管生活处于十分穷境,自愿远离城市,到郊外住草房,开荒种地自食其力,也不愿与日人为伍,不愿在日本统治机关工作。他的一生,闪耀着崇高的爱国情怀和坚韧的民族气节的光辉,是具有光荣爱国主义传统的台湾同胞的优秀代表。

三、1947 年至 1958 年:迈向新社会再续辉煌

日本投降后,林先生解除了他 25 年国籍上的困难危险,心情十分高兴。当时陈嘉庚先生要发表他的《南侨回忆录》,特来找林先生为其润筛文字。经数月完成后,陈老先生又邀林先生参加南侨筹赈总会编辑一本书,名为《大战与南洋:马来西亚之部》,是记载华侨在战争中所受的痛苦,其工作就是从应征的文章中加以润筛,共费去 7 个月时间。

1946 年夏,接厦门大学来函,请林先生回国续任旧职。林先生将此事告知陈老先生,校主陈老先生很高兴,并送 1000 元给林先生作路费。林先生对陈老先生为人很敬佩,便请陈老将他的持己立身的方针写在纸上,以作为座右铭。陈老欣然应允写下一首《述志诗》赠与林先生留念。并曰:"对于轻金钱,重义务,诚信果毅,疾恶好善,爱乡爱国诸点,尤为服膺向往,而自愧未能达其万一,深愿与国人勉之。"

1947 年夏,接到厦门大学聘书及津贴路费,林先生如期率家眷回厦门大学,续任历史系主任,随身转移的文物标本和图书也如数随行,安全到达厦门。回厦大后办的第一件事就是把他带回的文物标本,开了一次为期三天的人类学标本展览会,并作一次学术讲座,题为"错认雷公当祖先"。同时期,发表《福建民族之由来》、《晋江新志·校订者序》、《广东雷斧的获得及雷斧、雷楔、雷碱略

考》诸文。还在厦门《江声报》星期专论发表《道德阶段论》、《作为常识之一种的人类学》、《文化相关与文化失调》等文章和书稿《南洋人种风俗概说》。

1949 年 10 月 1 日，新中国成立时，厦门尚未解放。国民党大肆捕杀共产党员和民主进步人士。10 月 15 日晚 9 时许，一群人包围了林先生住家，以"匪嫌"强行把他绑走，关进厦门警察局。幸好解放军进展神速，反动头子毛森一伙逃跑了。17 日凌晨，管狱员在"犯人"的逼迫下打开牢门，林先生提着铺盖走出牢门回家。这一天是 1949 年 10 月 17 日，即厦门解放的日子。

新中国成立后 8 年间，林先生主要做下面几项工作：

1. 积极参加各项社会活动

1949 年 12 月，林先生便被厦门军管会和市人民政府聘为第一届人民代表、市侨联筹委会主任。1950 年又被聘为市第二届人民代表、市文化教育委员会委员、中苏友协厦门支会副会长。受王亚南校长聘任，担任"厦门大学南洋研究馆馆长"。1955 年被聘为福建省文管会委员、福建省博物馆学术辅导员，编写《为什么要保存古物》一书，后被收入《遗稿》一书中。1957 年加入中国共产党。

2. 教学和科研工作

林先生以历史系主任号召全体教师新编《中国通史讲义》，并牵头编写《中国史前时代略史》（即《中国原始社会史》）和《考古学通论》。

1956 年，林先生受高教部委托，培养两名考古学副博士研究生。带领学生考古实习和田野考古发掘工作。1956 年到北京参加全国考古工作会议，林先生被选入主席团，在会上宣读《福建长汀河田区新石器时代遗址的调查》一文。这一时期，还发表《福建闽侯县甘蔗恒心联乡新石器时代遗址考察报告》、《雷公石考》、《1956 年厦门大学考古实习队报告》、《福建长汀县河田区新石器时代遗址》、《福建龙岩石器时代遗址》等文章。[1] 1951 年参加惠安县瑞东乡土改工作,见当地妇女尚存婚后长住娘家的陋习,为配合贯彻新婚姻法,经过实地调查,写出了《论长住婚家婚俗的起源及母系制到父系制过渡》一文。

3. 创办厦门大学人类博物馆

厦门刚解放不久,林先生即向军代表呈送并请转呈教育部《关于厦门大学应设人类学系、人类学研究所及人类博物馆的建议书》。1951 年 3 月 15 日,林先生正式呈文《捐赠古物标本及图书建议设立人类博物馆函》给校长王亚南先生,并请转华东教育部审批。7 月 12 日,林先生又呈文《厦门大学设立人类博物馆筹备处计划书》。12 月 4 日,华东教育部批复,经中央教育部同意,暂时成立人类博物馆筹备处。经过一年多的筹备,1953 年 3 月 15 日"厦门大学人类博物馆"正式开馆,徐悲鸿题写馆名。从此,林先生辞去历史系主任之职,专任馆长一职,专心致志办馆,实现了他多年的夙愿。人类博物馆是全国第一家专业性博物馆,也是高校中唯一的一所人类博物馆。

林先生一生俭朴,但工资和稿酬有一半是用于购买文物标本。后又全部无偿地捐献给国家。他第一次捐献文物标本有七大类643 件(货币、邮票和照片不计在内);第二次捐献有 54 号(每号一件或数件);图书两次捐赠合计有 961 部 1307 册,其中不少是珍本和孤本。这些文物图书均有清单造册。

---

① 《福建闽侯县甘蔗恒心联乡新石器时代考古报告》,载《厦门大学学报》1954 年第 5 期。《雷公石考》,载《厦门大学学报》1956 年第 1 期。《1956年厦门大学考古实习队报告》,载《厦门大学学报》1956 年第 6 期。《福建长汀县河田区新石器时代遗址》,载《考古学报》1957 年第 1 期。《福建龙岩新石器时代遗址》,载《厦门大学学报》1960 年第 2 期。

4. 进行综合研究

创建新成果：林先生30年学术生涯，在我国东南地区和东南亚地区的田野考古工作和民族调查研究方面，既是开拓者，又是收获者。尤其是新中国成立后，他运用人类学、考古学和民族学的综合研究，写出几篇很有见地的综合性论文，如1955年《台湾石器时代遗物研究》、《南洋民族与华南古民族关系》和《中国东南区新石器文化特征之一——有段石锛》等文。① 提出的一些新创见，至今仍被学术界广泛采纳，其主要有：

1. 闽台关系

1929年，林先生首先在日本占领下的台湾考察高山族文化，同时调查了台北圆山贝冢遗址，采集100多件石器和陶片标本，这是大陆学者在台湾史前考古上的第一次田野调查。他将考古资料和高山族调查以及采得的民族标本合编成《台湾番族之原始文化》一书，这是台湾考古和民族研究的最重要的文献之一。

他在《台湾石器时代遗物的研究》一文中，列举两地共有的石段石锛、有肩石斧、印纹陶、彩陶等特征显明的文化特质，比较研究得出："台湾的新石器时代文化虽有一点地方特点，但从大体上看，却属于祖国大陆东南一带的系统。"关于台湾史前民族的来源认为："台湾新石器时代人类应是由大陆东南部漂去"，"是古越族的一支"。同时也补充道，"台湾南端接近菲律宾，也不能说没有互相漂流来往的人"。近20年来，台湾史前考古发现中，东、西海岸的明显文化差异，与林先生当年的推论不谋而合。今台湾研究学者极赞同林先生既强调两岸之历史的共同性，又重视台湾历史的特殊性的学术见解。

---

① 《台湾石器时代遗物研究》，载《厦门大学学报》1955年第4期。《南洋民族与华南古民族关系》，载《厦门大学学报》1958年第1期。《中国东南区新石器文化特征之一——有段石锛》，载《考古学报》1958年第3期。

2. 中国东南土著与马来人的历史渊源关系

林先生对这个课题的关注,发轫于 1936 年出版《中国民族史》。1937 年在研究福建武平新石器遗址的发掘资料时又有进一步论述。之后,林先生长期保持相关课题的思考。1957 年写成《马来族与华南古民族的关系》一文,进一步提出马来族"在印度支那以至华南一带"形成后,"逐渐南迁南洋群岛"。"马来族南迁的路线有两条:第一是西线,是主要的,即由印度支那经苏门答腊、爪哇等至菲律宾,其证据是印纹陶和有肩石斧。第二条是东线,是由闽粤沿海到台湾,然后转到菲律宾、苏拉威西、苏禄、婆罗洲,其证据是有段石锛、有肩石斧。"马来人和中国东南方同源说在南洋的学者中有着强烈的影响。

3. 关于南岛语族的问题

中国古代东南地区的古老民族越族,由于支系多,史称"百越",已经消亡,先民遗留的历史语言只有从现存南方民族和东南亚土著民族语言文化的比较研究中去"重建"。

林先生是中国学者在台湾研究南岛系民族文化的先驱。在《台湾番族之原始文化》一书中提及,汉人于 300 多年前移入台湾时,台湾西部海岸平原另有现被称为平埔族的南岛语系族群所居住,后来平埔族都已被汉人所同化。南岛语系民族,当时称为"马来族"。林先生后来在《南洋马来族与华南古民族的关系》中又再次论证。他说:"马来族的祖先原住华南,马来族的祖先一部分南迁到印度支那和南洋群岛,其留下的一部分便是华南古民族即越族。"林先生这一观点实是一种创见,开辟了华南与太平洋文化关系研究的先河。

4. 构建中国东南区和东南亚古代文化区系性科学理论

林先生在诸多研究文章中,都系统论说华南(以福建、广东为主)与邻省及台湾和东南亚地区古代文化的密切关系。

在林先生 30 年考古生涯中,主要就是中国东南区史前文化特殊性的研究,他立足于中国东南沿海,联系东南亚和西南太平洋岛民文化。从武平新石器遗物、香港南丫岛贝丘遗址出土石器以及福建南部诸多地方的考察发现中,增进了印纹陶文化为东南区域史前文化特征的认识。林先生人生最后一篇研究报告《中国东南区新石器时代文化特征之一:有段石锛》,正式提出了考古文化区系上的"东南区",他通过对有段石锛类型学的考察,区分出了"原始型"、"成熟型"和"高级型"等不同的空间分布规律,从而得出这种特征性器物"在中国大陆东南即闽、粤、浙、赣和苏皖一带地方发生后,然后北向传于华北、东北、东南而传入台湾、菲律宾以至于波利尼西亚诸岛"。并提出有段石锛应是在闽粤赣发生,发展至高级型阶段然后向北方及海外发展。

该文是林先生最后的遗作,1958年2月12日夜,林先生正写完此文的英文提要后,于次日凌晨不幸因脑出血抢救无效辞世。

林惠祥教授毕生从事人类学研究,从书斋到田野,服务于社会人类学,其所取得的巨大学术成就泽被无穷。今年是林惠祥教授诞辰110周年,母校厦门大学出版社将出版《林惠祥全集》,商务印书馆又将重版《文化人类学》,这些都是对林先生最好的纪念了。

(原载林惠祥《文化人类学》,商务印书馆2011年版)

后　记

本书所选出的论文结集出版,大部分是退休后写成的,且大都已在各类刊物发表。涵盖的内容与已出版的《东南民族研究》一书大致相同,是他的续集,故定名为《东南民族研究》第二集。

今年恰逢纪念导师林惠祥教授诞辰 110 周年,厦门大学出版社决定出版《林惠祥教授全集》纪念我校这位杰出的人类学家、考古学家和民族学家。我有幸参与主编该书工作,并愿以此书寄托我对恩师的缅怀与追思。

本书能够顺利出版,得到同行好友、家人和厦门大学出版社的关怀与支持,在此向他们表示感谢!

蒋炳钊

2012 年 2 月

图书在版编目(CIP)数据

东南民族研究. 第 2 集/蒋炳钊著. —厦门:厦门大学出版社,
2013.1
ISBN 978-7-5615-4520-1

Ⅰ.①东… Ⅱ.①蒋… Ⅲ.①少数民族-民族历史-中国-文集
②少数民族-民族文化-中国-文集 Ⅳ.①K28-53

中国版本图书馆 CIP 数据核字(2013)第 002435 号

厦门大学出版社出版发行

(地址:厦门市软件园二期望海路 39 号 邮编:361008)

http://www.xmupress.com

xmup @ xmupress.com

厦门集大印刷厂印刷

2013 年 1 月第 1 版 2013 年 1 月第 1 次印刷

开本:850×1168 1/32 印张:19.25 插页:2

字数:470 千字 印数:1~1 500 册

定价:58.00 元

本书如有印装质量问题请直接寄承印厂调换